Wine & Alcoholic Beverage

와인&주류

윤용보 著

21세기사

Preface

경제적인 여건이 나아지면서 사람들은 명품(名品)을 가짐으로서 자신을 드러내고자 하는 경우가 있다. 이것이 소위 '보이는 잉크(visible ink)'이다. 그러나 계층의 이동이 급격하고, 전통문화 특히 술에 대한 문화가 단절된 적이 있었던 우리나라에서 문학과 예술의 영역 즉 고전음악이나 오페라와 재즈나 와인 등에 대한 관심은 이 '보이는 잉크'에서 '보이지 않는 잉크(invisible ink)' 즉 사람의 내면에 감추어진, 은근히 드러나는 품격으로의 이동으로 가는 통로이자 징후로 보인다.

와인은 더구나 하루아침에 쉽게 이해되지 않는 부분이 많고 알면 알수록 재미 마 져 붙는 스토리와 전통이 있어 와인의 이해에 대한 욕구는 점차 많이 생길 것이 불문가지이다.

술과 와인은 문화다. 지금의 비즈니스 환경은 이미 글로벌화 되어 있고 국제 비즈니스의 공식 주류는 이미 와인으로 국제 통용어로 된 셈이다.

FTA를 통해서 유럽이나 미국과의 경제적 거리도 좁아드는 만큼 언제부터인가 모르게 우리 곁에 성큼 다가와 있는 와인이 한층 더 우리 곁에 가까이 다가올 것이다.

또한 커피는 이성의 음료이며 술은 감성의 음료라는 말이 있다. 감성을 일깨우는 술은 우리에게 보약이 되기도 하지만 정도가 지나치면 독이 되기도 한다. 올바른 음주문화와 더불어 아무쪼록 주류와 와인에 대한 바른 이해로 우리의 삶을 조금이나마 더욱 풍요롭게 하는 한 방편으로 삼았으면 한다.

저자

Contents

PART **1**

음료와 주류

제 1 절 음료(飮料)의 이해

1.1 음료의 분류

음료는 비알코올음료(Non Alcoholic Beverage, Soft Beverage)와 알코올음료(Alcoholic Beverage, Hard Beverage)로 구별된다.

표 1-1 음료의 구분

음료	구분	세부구분	해당 음료
비알코올 음료	청량음료	탄산음료	콜라, 사이다, 소다수, 토닉워터, 진저엘, 카린스 믹서 등
		비탄산음료	광천수 : 에비앙(Evian), 비시(Vichy), 셀처(Selzer)
	기호음료		커피, 홍차, 녹차, 코코아 등
	영양음료	과일 주스	오렌지, 포도, 레몬, 사과, 파인애플, 라임, 키위, 매실, 감귤, 망고, 노니, 구아바 등
		야채 주스	토마토, 당근, 케일, 알로에 등
		우유 류	살균우유, 미살균우유, 발효유
	기능성음료(이온음료)		포카리스웨터, 게토레이, 화이브미니 등
알코올 음료	양조주 (Fermented)	곡류	맥주, 막걸리, 청주
		과일	포도주, 사과주, 체리주 등
	증류주 (Distilled)	곡류	위스키, 보드카, 소주, 고량주
		과일, 과실	브랜디, 진(두송자 열매)
		사탕수수	럼
		용설란	테킬라
	혼성주(Compounded)		Liqueur, Cordial : 슬로진, 드람뷔, 꼬인트로, 베네딕틴, 깔루아 등
	조주(Mixed Drink)		칵테일(cocktail)

1.2 주류(酒類)의 개념

주류란 '주정(酒精)과 알코올 성분 1% 이상의 음료'를 통칭하여 술이라 부르고 있다. 알코올 도수는 알코올 농도를 수치로 표시한 것으로서 °, 또는 %로 표시하고 있다. 즉, 100ml에 1ml 이상의 알코올을 포함한 음료를 가리키는 것으로 함유율이 1%이면 알코올 도수가 1°가 되는 것이다. 우리나라에서는 프랑스의 게이 뤼삭(Gay Lussac)이 고안한 용량분을 사용하여 도수로 표기하지만 미국에서는 프루프(Proof)로 표기하며 100%의 알코올을 200프루프로 표기한다. 따라서 미국의 프루프(Proof)는 우리가 사용하는 용량분보다 2배의 수치가 된다.

1.2.1 양조주(Fermented Liquor)

양조주는 효모(yeast)의 발효작용에 의하여 만들어지는 술로서, 과실(fruits)이나 곡물(grain)에 함유되어 있는 당분이 효모(yeast)에 의해 에틸알코올과 탄산가스를 발생시키는 것이다. 그러나 당분을 가지고 있는 것은 바로 발효가 되지만 전분질은 엿기름(malt)으로 당화시켜 만들게 된다.
넓은 의미로 과일로 만든 양조주는 모두 와인(Wine)이라 하며 특히 포도(grape)로 만든 포도주를 일반적으로 와인이라 부르고, 곡물을 원료로 한 양조주로는 맥주가 대표적이며 그 외에 막걸리, 청주 등이 있다.

1.2.2 증류주(Spirits)

발효작용에 의하여 만들어진 양조주를 증류하여 알코올 도수가 높은 술로 만들어진 것을 말한다. 즉 알코올과 물의 비등점(沸騰點)이 다른 것을 이용하여 양조주를 가열하면 끓는 점이 낮은 알코올이 먼저 증발하게 된다. 이러한 증기를 모아 냉각시킨 것이 증류주가 된다. 알코올이 끓는 온도는 64.65℃로서 비등점 78.325°, 즉 64~78℃ 사이에 알코올이 기화되므로 78°를 넘기지 않으면 물은 기체화되지 않고 알코올만 증발하게 되는 것이다. 진, 보드카, 럼, 테킬라를 비롯하여 위스키, 브랜디도 이에 포함된다.

1.2.3 혼성주(Liqueur)

혼성주는 증류주를 기본으로 하여 이에 초근목피(草根木皮), 향료, 과실, 꽃 등을 배합하고 감미료를 배합한 술이다.

1.2.4 조주(Mixed Drink)

칵테일은 알코올음료에 또 다른 술을 섞거나 또는 한 종류 이상의 술에 과즙류나 탄산음료, 향료 등의 부재료를 혼합하여 만든 조주(mixed drink)이다. 주재료로 쓰이는 술을 베이스(Base Liquor)라 하고 베이스에 따라 진 베이스, 위스키 베이스, 보드카 베이스 등으로 구별하여 부른다. 칵테일(Cocktail)이라는 이름의 유래는 다양하지만 'Tail of Cock(수탉의 꼬리)'이라는 설이 제일 유력하다.

제 2 절 양조주

2.1 맥주(Beer)

맥주는 물, 보리, 호프(hop), 효모가 원료가 된다. 다른 알코올에 비하여 알코올 농도가 낮으며, 탄수화물, 단백질, 비타민, 미네랄 등의 많은 영양분을 함유하고 있어 액체로 된 빵이라고까지 일컫기도 한다.

기원전 약 4000년경 메소포타미아의 수메르인들이 남긴 문자판에 보리로 맥주를 만드는 그림이 그려져 있었고 기원전 3000년경의 이집트 벽화에도 맥주를 만드는 그림이 있다. 기원전 1700년경의 바빌로니아 함무라비 법전에는 맥주에 관한 조항이 4개나 들어있다.

기원후 1세기경의 게르만족은 지금의 맥주 만드는 방법과 비슷하였지만 호프를 사용하지 않고 자연발효를 시켰다. 호프는 맥주에 거품을 잘 만들고 구수한 맛과 향을 낸다. 호프를 사용한 맥주가 일반화 된 것은 15~16세기경의 유럽이었다.

2.1.1 맥주의 성분

맥주의 성분은 물, 보리, 호프, 효모로서, 물은 맥주 성분의 90% 이상을 차지하므로 물에 따라 맥주의 맛이 달라진다. 맥주를 만드는 양조용수는 무색, 무취, 무미하여야 한다.

표 1-2 맥주의 구성

물	85 ~ 90%	중량 대비
알코올	3.2 ~ 8%	
탄수화물(당분)	3 ~ 6%	
단백질	0.3 ~ 0.5%	
칼로리	10 ~ 17%	온스 당[1]

보리(barley)는 발아할 때 효소를 생성하여 전분을 분해하고 당분을 만들어낸다. 껍질이 얇고 담황색으로 95% 이상 발아율이 있는 것으로서, 알맹이가 고르고 윤택이 나며 잘 건조된 것이 좋다.

호프(hop)는 맥주 고유의 맛인 씁쌀한 맛과 향과 거품을 내는 성분이다. 단백질과 결합하여 침전 혼탁 방지, 효모 이외의 미생물 발육을 억제한다.

효모(yeast)는 당(糖)을 분해하여 알코올과 탄산가스로 변화시키며 향과 영양소를 생성시키는 미생물이다. 또한 맥주의 알코올 도수와 맛을 결정하는 필수요소가 된다.

1) Harriet Lembeck, "Grossman's Guide to Wines, Beers, & Spirits", Wiley Publishing Inc, 7th Revised Edition 2006, p.295

2.1.2 맥주의 분류

맥주는 발효방법이나 살균처리에 따라 구분된다.

1 발효방법에 의한 분류

(1) 하면발효(Bottom Fermentation)

하면발효는 맥아즙의 온도가 비교적 저온인 7~12°일 때 효모를 넣어 발효가 끝날 무렵 효모가 양조통 아래로 가라앉는 것을 말한다. 세계 맥주의 70% 정도가 이러한 하면발효방식을 사용하며, 저온에서 발효시켰으므로 맥주에 탄산가스가 많아 가벼운 느낌을 준다.

- **라거비어(Lager Beer)** : 가장 보편적인 병맥주 스타일로 맛이 깨끗하고 부드럽다. 저장기간이 길고 향이 좋다. 알코올 함유량은 4% 정도
- **필스너(Pilsener)** : 황금색의 맥아를 사용하므로 색상이 짙고 쓴맛이 강하다.
- **뮌휀(Munchener)** : 맥아향이 짙고 감미로운 흑맥주로서 알코올 함유량이 4%.
- **도르트문트(Dortmunt)** : 향미가 산뜻하고 쓴맛이 적은 황금색
- 보크(Bock) 독일, 오스트리아에서 생산되는 것으로 색과 향미가 짙다. 알코올 함유량은 6~11%로 높은 편

(2) 상면발효(Top Fermentation)

상면발효는 맥아즙의 온도가 높은 15~18°일 때 효모를 넣으므로 발효가 끝날 무렵 효모가 양조통 위로 올라오는 방식을 말한다.
상면발효의 대표주자는 독일의 밀 맥주로서 독일 북부지방에서 바이첸비어(Weizenbier), 남쪽 지방에서는 바이스비어(Weissbier)라고 부른다. 독일어의 '바이스'는 영어의 '화이트'에 해당되지만 '바이스'가 바이에른 사투리로 '밀'을 의미하기도 하여 흰 맥주라는 뜻이 아니고 밀 맥아를 사용하여 만든 밀 맥주라는 말로도 사용된다. 발효에 쓰인 효모를 거르지 않아서 씁쓸한 맛이 난다.

- **스타우트(Stout)** : 흑맥주의 대명사격으로, 맥아를 검은 색이 날 때까지 볶음으로 향과 색이 짙다. 알코올은 8~11% 정도로 높은 편
- **에일(Ale)** : 보통의 맥주보다 호프(hop)를 1.5~2배 정도 더 넣은 쓴 맛이 강한 맥주. 색깔은 짙으나 탄산가스와 거품은 적다. Pale Ale, Bright Ale, Mild Ale, Scotch Ale이 있다.
- **포터(Porter)** : 에일(Ale)과 같은 영국식 타입. 알코올 도수가 스타우트보다 조금 약한 편이다.
- **람빅(Lambic)** : 벨기에의 브뤼셀 지역에서 생산되는 맥주. 전통적인 제조방법을 사용하여 자연발생적 발효에 의하므로 발효기간이 2년 이상이 되어야 음용할 수 있다.

2 살균처리에 의한 분류

열처리 맥주(Pasteurized Beer)는 저온에서 살균하여 효모의 활동을 중지시켰으므로 장기간 보관이 가능하게 한 맥주이다. 병 또는 캔에 담아 판매하며, 직사광선을 막기 위하여 병 색깔을 갈색이나 녹색으로 하고 있다.

비열처리 맥주(Draft Beer)는 생맥주라 부르기도 하며 열처리를 하지 않아 효모가 살아있어 맥주 고유의 맛과 향이 느껴지는 맥주다. 발효가 끝나서 숙성된 맥주를 살균하지 않고 그대로 통에 담은 것으로서 신선한 맛을 느낄 수 있으나, 효모의 활동으로 맥주가 변질될 우려가 있어 운반과 보존에 유념해야 하며 유통기간이 짧다.

Tip 맥주의 제조 과정

① 맥아제조 과정을 시작하기 전에 보리낟알을 깨끗이 씻어 저장한다.
② 곡물이 부드럽게 하기 위해서 따뜻한 물에 담근다.
③ 연해진 보리는 과학적으로 습도와 온도가 각기 조절되어 발아된다.
④ 푸른 맥아로 변한 발아된 보리를 가마 속에 넣어 더운 열기로 건조시킨다.
⑤ 건조시킨 맥아를 씻어서 숙성시키기 위해 저장한다
⑥ 숙성된 맥아를 분쇄기에 넣고 빻아서 가루로 만든다. 보리맥아는 껍질이 손상되지 않도록 하며, 밀맥아는 잘게 분쇄한다.
⑦ 빻은 맥아와 가루를 적당히 섞는다.
⑧ 맥아와 가루를 뜨거운 물로 섞어 잠시 굽는다.
⑨ 풀처럼 곤죽이 된 용액은 맥아당으로 전환되어 액체가 맥아즙으로 변한다.
⑩ 고체인 곡물에서 변한 맥아즙은, 곡류(穀類)의 당화액(糖化液)에서 맥즙을 걸러내는 그물눈층(層)이 달린 탱크인 맥즙(麥汁) 여과기를 통해 걸러진다.
⑪ 걸러진 맥아즙은 100° 이상의 온도에서 한 시간 동안 양조탕관에서 끓인다. 이 때 호프를 첨가하여 맥주 특유의 향이 생성되게 한다.
⑫ 양조탕관이 비면서 호프가 맥아즙에서 분리된다.
⑬ 맥아즙이 냉각기를 통과하게 하여 맥주의 종류에 따라 9~15°로 냉각시켜 수집탱크에서 맥아즙이 식는다. 이 때 효모는 미리 탱크에 넣어둔다. 발효탱크에서 효모가 당 성분을 변환시키며 이 때 탄산도 발생된다. 발효와 숙성은 종류에 따라 약 2~4주간 진행된다.
⑭ 이 맥주를 저장탱크에 넣는다. 발효되지 않은 어린 맥주를 저온에서 서서히 발효시키면 풍미가 생긴다.
⑮ 몇 개월간의 저온 저장으로 부드럽고 원숙해진 맥주를 병이나 캔에 담는다.[2)]

2.1.3 맥주의 제조

맥주는 보리, 호프, 물의 적정한 화학작용으로 만들어지므로 양조 과정도 중요하다. 호프는 유럽이나 아시아의 온대지방에서 자라는 길이 6~12m의 덩굴성 다년초를 말한다.

맥아의 제조 → 당화 → 발효 → 저장 → 제품

2.1.4 맥주 즐기기

1 온도

맥주를 마시기 한 시간 전에 10℃ 미만으로 차게 하면 좋지만 차갑게 하겠다고 냉동고에 급하게 식히면 오히려 맛이 떨어진다. 살짝만 얼어도 탄산이 바로 빠져 나가게 된다. 여름에는 4°, 겨울에는 7°일 때 가장 맛이 좋다.

2 거품

잔에 부을 때에는 거품이 30% 정도 되게 충분히 살리는 게 좋다. 거품이 적당히 있어야 맥주 안의 탄산이 밖으로 나가지 못하여 신선한 맛을 제대로 느낄 수 있다.

3 잔

기름기가 있거나 깨끗하지 않은 잔을 사용하면 거품이 잘 일어나지 않는다, 바람 부는 곳 또한 그렇다. 병을 개봉했거나 따라 둔 지 오래된 맥주는 단백질이 파괴되고 탄산이 다 빠져버려 특유의 맛을 느낄 수 없다. 잔을 여러 사람이 돌려가며 마시는 것도 위생상 좋지 않다.

4 마시는 순서

맥주를 마시는 순서는 도수가 낮은 것에서 높은 것으로, 색깔이 옅은 것에서 진한 것으로 한다. 도수는 특수한 것이 아닌 한 4~5°로 거의 비슷하므로 색깔을 기준으로 외워 두면 좋다. 금빛인 필스너와 드래프트, 라거 맥주를 처음에, 그보다 좀 진한 에일 맥주, 마지막으로는 다크 초콜렛 빛인 흑맥주 순이다.

2.1.5 세계의 맥주

1 유럽과 아프리카 맥주

(1) 오스트리아(Austria)

- 에델바이스(Edelweiss) Kristallklar/Weiβbier/Snowfresh, 카이저(Kaiser), Schloss Eggenberg, Urbock, 치퍼(Zipfer).

(2) 벨기에(Belgie)

- **호에가르덴(Hoegaarden)** : 화이트 비어, 밀 맥주라고도 불리는 밀을 원료로 만든 맥주다. 보리 몰트와 함께 밀을 사용해 다른 맥주에 비해 옅은 색을 내며 안개처럼 뿌연 느낌이 특징이다. 맛은 라거에 비해 한결 부드럽

다. 여기에 오렌지 껍질, 코리엔더 같은 향을 더해 상큼하면서 스파이시한 독특한 맛을 완성한다. 호가든 전용 잔은 두꺼운 육각 글라스인데 이는 맥주의 차가움을 유지해 황금빛 색이 지속될 수 있도록 고안한 것이다. 잔의 굴곡이 풍부한 거품을 만들며, 잔 입구가 넓어 아로마를 충분히 느끼도록 하였다.

- **후퍼스 후치(Hooper's Hooch)** : 발효 중에 과일을 넣어 과일의 맛과 향, 색이 우러나게 만든 것
- **람빅(Lambic)** : 병에 넣어 포도주처럼 수년간 숙성시키고 5년 정도는 보관이 가능한 맥주다. 벨기에 브뤼셀 인근의 세네 강 유역에서만 자라는 특별한 효모로 만든다.
  - **파로(Faro)** : 단 맛을 첨가한 람빅의 일종.
  - **괴즈(Gueuze)** : 6개월 미만과 오래된 것을 섞은 람빅맥주의 일종.
- **레페(leffe)** : 세계 최대의 맥주회사인 AB인베브가 생산하는 수백 종의 맥주 중 최고의 프리미엄급 브랜드로, 알콜 농도가 6.6%로 가볍고 단아하며 깊은 금빛을 띠고 있으며 고소한 뒷맛과 호프 맛이 진한 것이 특징이다. 한국에서는 르페로 불린다.

프랑스 국경과 인접한 벨기에의 남동부 도시 디낭(Dinant)은 가파른 언덕과 뫼즈 강(江) 사이의 좁은 시가지에 3,4층 짜리 중세풍 건물이 가득한 낭만적 풍경의 소도시로 레프는 이 디낭에 속한 조그마한 시골마을로서 세계적 맥주의 탄생지인 수도원이 있는 곳이다.

레프 맥주의 레이블에 나오는 종탑이 우뚝한 수도원의 입구 벽에 조그만 검은 색 안내판에 '레프 맥주의 산실'이라고 적혀 있다.

1240년대에 수도원에서 사용하고자 맥주를 만들었는데 장티푸스가 창궐하여 맥주가 깨끗한 식수로 인식되어 주민들에게 인기를 끌었었다. 수백 년 이어온 맥주 양조 전통이 프랑스 대혁명으로 수도원이 파괴되면서 명맥이 끊겼다가 1950년대에 수도원이 재정난을 타개하고자 맥주 생산을 재개하여 현재는 세계 최대 맥주회사인 AB인베브가 운영하고 있다.

수도원에는 700여 년 전부터 맥주 양조에 쓰였다는 우물이 있고 맥주 제조법을 제공하여 매년 거액의 로얄티를 받고 있다.

- **스텔라 아르투아(Stella Artois)** : 맛이 뒤떨어지지도 않으면서 가격이 저렴해 부담 없이 먹을 수 있는 생맥주이다.
- **시메이 트라피스트(Chimay Trappist)** : 트라피스트 수도승들이 만들던 상면 발효 맥주로 주로 벨기에에서 나온다.

(3) 영국(Britain)

- **에일(Ale) 맥주** : 홉을 사용하지 않은 맥주 패일 에일(Pale Ale), 브라이트 에일(Bright Ale), 몰드 에일(Mold Ale), 스카치 에일(Scotch Ale)로 나누어진다.
- 배스 에일(Bass Ale), 벨해븐(Belhaven Scotish Stout), Fraoch 20th Anniversary Ale, 풀러스(Fuller's Brewer's), 그린 잭 리퍼(Green Jack Ripper), 하비스타운(Harviestoun Ola Dubh 40/Bitter & Twisted), 학슨즈(Higsons Brewery), J W Lees Harvest Ale, Meantime London

Porter, Mackeson's Stout, Moore JJJ IPA/Old Preddy Walker, Oakham JHB, Whitbread Ale, 트랜스포밍(Transforming Tomorrow), 뉴캐슬 브라운(Newcastle Brown)

(4) 사이프러스(Cyprus)

터키 남쪽 지중해 연안에 있는 작은 섬나라로 KEO는 이 나라의 유일한 맥주이다. KEO는 'Kypriaki Etria Oinopnevmaton'의 약자로 영어로 'Cyprus compony for Liquors and Spirits'의 뜻이다.

(5) 체코(Czech Republic)

체코의 수도 프라하에서 서쪽으로 약 90km 떨어진 필젠(Pilsen)에서 '라거 맥주'의 효시인 필스너 우르켈이 이곳에서 생산되는 맥주의 수도다. 1295년 바츨라프 2세가 은광(銀鑛)이 있는 필젠지역으로 주민들을 이주시키기 위해 일반인들에게 맥주를 만들 수 있게 허가했다.

필젠에서는 필스너 우르켈은 물론 과일향이 은은한 흑맥주인 코젤(Kozel)과 체코에서 가장 많이 팔리는 맥주인 감브리너스(Gambrunus)를 산지(産地)에서 직접 맛볼 수 있다.

필스너 맥주를 만드는 필젠스키 프레즈드로이(Pizensky Praztroj)사의 공장 인근 술집에는 공장에서 맥주를 보내주는 관이 있다. 공장 맥주 탱크에서 숙성 중인 맥주를 뽑아 먹는다고 해서 탱크비어(tank beer)라는 별명이 붙어 있다.

메뉴판에서 피보(Pivo : 맥주라는 체코어)를 시키면 배가 뚱뚱한 유리잔에 하얀 거품이 두툼하게 덮인 황금빛 맥주 한 잔이 나온다. 첫맛이 달콤하게 느껴지면서 시원한 청량감이 가볍게 목을 두드리며 고소한 향이 코끝으로 전해져 온다. 잔에는 거품이 그어 놓은 하얀색 선(線)인 앤젤 링(angel ring)이 층층이 남는다.

- 필젠이 자랑하는 맥주투어에 참가하면 필스너 맥주 역사박물관과 하루에 12만병을 생산하는 맥주 공장을 둘러보는데 9km 정도 뻗은 지하 터널에 가면 수 십 년 된 나무 맥주통도 다른 곳에서는 보기 힘든 모습이다.
- 필스너 페스트(Pilsner Fest)라는 맥주축제는 1842년 필스너 우르켈 맥주의 첫 생산을 기념해 매년 가을에 이틀 동안 열린다.
  필젠, 필스너 맥주투어 : www, prazdroj.cz/en/come-and-visit

- 필스(Pils), 필스너(Pilsner), 필스너 우르켈(Pilsner Urquell)
  투명한 황금빛을 띠고 씁쓸한 맛이 강조된 것으로 알코올 도수 4.5~5%.
- 부드바(Budvar)는 서유럽에서 인기를 높은 명성을 가지고 있는 체코 맥주다.

- Primator Double 24%의 '24%'는 알코올 도수가 아니라 맥주에 포함된 맥아즙의 함량을 의미한다)
- Brou Czech Lager/Dark, Bud Premier Select, Gambrinus Premium, Kozel Dark/Premium, Master Tmavý, Ostravar Premium, Staropramen Premium Lager

(6) 독일(Deutsch)

독일에는 '맥주를 마시는 것은 좋은 식사를 하는 것과 같다'는 말이 있을 정도로 맥주를 사랑한다. 1인당 맥주 소비량이 연간 144리터로 500cc잔으로 쳐서 한 사람이 1년에 288잔씩 마시는 셈이다. 독일에는 브라우마이스터(Braumeister)라고 불리는 맥주 제조과정을 총괄하는 사람이 있다. 국가에서 실시하는 시험을 거쳐야 이 명칭을 얻을 수 있는데 이 과정은 그 전 단계인 브라우어(brauer) 학교를 졸업하고 현장경험이 2년 이상 된 사람만 들어 갈 수 있다.

- **알트(Alt)** : 독일의 뒤셀도르프 인근에서 상면발효법으로 만든 흑맥주
- **베를리너 바이세(Berliner Weisse)** : 맥주 중의 샴페인이라 일컫는 베를린 맥주
- **도르트문트(Dortmunder Union)** : 도르트문트 지역의 맥주로 엑스포트 타입이다.
- **엑스포트(Export)** : 독일에서 필스 타입과 비교 사용하는 명칭으로, 필스보다 쓴 맛이 덜하다.
  - 벡스(Beck's, Beck's Dark)는 시원하고 깔끔한 맛의 맥주로, 독일에서 해외로 가장 많이 수출하는 흑맥주이다.

- **화가르덴 화이트 비어(Hoegaardne White Beer)** : 기품 있는 마일드한 맛이 맥주 같지 않은 향긋한 맥주이다.
- 뮌히너(Münchner)는 뮌헨 스타일의 기본맥주로 남부 독일의 헬레스와 둥클레스를 말한다. 뮌히너의 헬레스는 마일드한 호프향에 좀 더 달고 풍성한 맥즙이 특징적이다. 둥클레스는 검은색 맥아를 사용하여 헬레스보다 좀 더 짙은 풍미를 준다.
  뢰벤브로이 (Lüwenbräu), 쾨니히 루드비히

- **라우흐비어(Rauchbier)** : 맥아를 말릴 때 너도밤나무를 태워 훈제 향을 가미하여 그을린 독특한 향미를 가진 흑맥주로, 독일 프랑켄 지방 밤베르크 시의 특산이다.
- **필스너(Pilsner)** : 하면발효, 즉 라거 계열의 대표주자로 전 독일에서 70%의 시장을 점유하고 있다. 강한 호프향에 쓴 맛, 훌륭한 청량감으로 기름진 안주와 잘 어울린다. 그 자체로는 쓴맛이 강하지만 기름기 있는 안주와 먹으면 감칠맛이 도는 훌륭한 반주다.

- **바이스비어(Weissbier)** : 밀로 만드는 상면발효법의 맥주
- Pauli Girl, Würzburger, Flensburger Dunkel, Warsteiner, Hofbrau

(7) 덴마크(Denmark)

- 칼스버거(Carlsberg), 세레스 로열(Seres Royal), 스칸디아(Scandia)
- 미켈레(Mikkeller) 黑은 코펜하겐의 미켈러양조장에서 나오는 70여 가지의 맥주 중 알코올 17.5°의 맥주이며, 12°의 Milleller Big Worse도 나온다.
- 투보그(Tuborg)는 1873년 코펜하겐에서 설립되어 1970년에 칼스버그에 인수되었다.

(8) 프랑스(France)

- **비에르 스페시알레(Bière Spèciale)** : 프랑스 북서부 벨기에와 국경을 접한 '생 오메르'에서 1866년부터 만들던 것이다. 용량은 250ml로 영국의 대형 마트인 Tesco의 PB 상품,
- **젤랑 암브레(Jenlain Ambrée)** : 벨기에와 가까운 젤랑이라는 작은 마을에서 뒤크(Duyck)가가 1922년 설립한 곳이다. 효모를 거르지 않은 상면발효의 에일식 맥주를 프랑스에서 'Bière de Garde'라 하며 젤랑이 프랑스에서 선두주자이다.
- **크로넨부르(Kronenbourg)** : 독일 국경을 맞닿고 있는 알사스 지방의 주도인 스트라스부르(Strasbourg)에서 생산된 것으로 프랑스의 맥주 점유율 40%에 달하는 대표적인 맥주이다. 거품이 적으며 세련되고 풍부한 느낌의 황금빛이다.

- **1664** : 크로넨부르 맥주 중 하나로 깨끗하고 부드러운 맛이 일품인 프랑스산. 곡류와 과일향이 진하게 풍긴다.
- **라 슈레트 암브레(La Choulette Ambrée Bière de Garde)** : 벨기에와 인접한 오르댕(Hordain)에서 나오는 상면발효의 에일맥주로 묵직한 느낌이다.
- 3 Mont, Desperados, 라 구달(La Goudale), Kanterbrau, Fisher, Brassin de Garde

(9) 그리스(Greece)

- **마라톤(marathon)** : 레이블에 마라톤하는 사람들이 보이는 1971년 만들어진 라거맥주.
- 미소스(Mythos) Lager가 생산되는 양조장은 1970년 설립되어 2008년 칼스버거에 인수되었다.
- 알파(Alpha), 파토스(Pathos)

(10) 아일랜드(Ireland)

- **기네스(Guiness staut)** : 색상과 향이 기품 있는 귀족 느낌이 드는 아일랜드의 맥주. 1759년 아더 기네스가 더블린의 양조장을 인수해 처음 선보인 이 맥주는 검은 빛깔을 띠어 당시 엄청난 반향을 일으키고 꾸준히 애음되었다. 도수가 높으며 거품이 부드럽다.
  기네스가 세계의 최고(最古)이자 최고(最高)의 맥주라는 걸 알리기 위해 세계적인 기록을 수록한 '기네스 북'을 1955년부터 만들기도 했다.

Tip 퍼팩트 파인트(perfect pint : 완벽한 한잔)

기네스 생맥주 맛을 최고의 상태에서 즐길 수 있도록 고안된 음주법이다. 깨끗한 잔을 생맥주 분출구에 45° 각도로 기울여 맥주를 따르고 테이블에 똑바로 놓고 90~120초를 기다려 거품 생성이 끝나면 다시 맥주를 따라 거품을 올려 크림을 만들어 마시는 방법이다.

- **스타우트(Stout)** : 맥아를 많이 볶아 아주 진한 갈색을 내는 상면발효법으로 만든 맥주이다. 아일랜드의 기네스(Guiness)가 이에 속하며, stout란 명칭도 기네스에서 처음 붙인 브랜드 이름이었다.
- **하프(Harp)** : 기네스사에서 만든 라거맥주로 하프 골드도 있다.

(11) 이태리(Italy)

- **비라 모레띠(Birra Moretti)** : 1859년 베네치아 근교에서 탄생되었다.
- **일릭서(Elixer)** : 1996년 무쏘(Teo Musso)가 설립한 발라딘(Baladin)양조장에서 알코올 도수 10°로 나온다.
- **K-Beer** : 이탈리아 밀라노에 있는 양조장 비리피치오 람브라테(Birrificio Lambrate)의 장인(匠人)인 파비오 브로카(Brocca)는 깻잎이라는 특수한 허브가 있다는 것을 이탈리아 북부 브라(Bra)의 미식학대학(University of Gastronomic Sciences)의 가브리엘라 모리니(Morini)교수를 통해서 알게 되어 이 깻잎을 재료로 써서 만든 맥주이다.

  깻잎을 섭씨 85°의 물에 넣어 맛과 향을 우려내 추출액을 만든 뒤 발효단계에 있는 벨기에 블론드 에일(Belgian Blond Ale)맥주에 배합했다. 유럽이나 미국은 물론 중국이나 일본에서도 먹지 않는 한국의 허브라는 뜻으로 코리아(Korea)의 K, 깻잎(Kkennip)의 K를 따서 이름을 만들었고 레이블에는 한글 자음 'ㄲ'과 함께 깻잎의 일러스트레이션이 들어 있다.
- 매나브레아(Menabrea)는 1846년 이태리 북서부 비엘라(Biella)에서 탄생된 330ml.
- 뻬로니(Perroni) Nastro Azzurro는 영어로 'Blue Ribbon'의 의미이다.
- 레 에일(Re Ale)은 비라 델 보르고(Birra Del Borgo)양조장에서 만든 것으로 6.4%의 알코올 도수를 가진다.
- 라포(Raffo)

(12) 케냐(Kenya)

- 터스커(Tusker)

(13) 네델란드(Netherlands)

- 하이네켄(Heineken), 암스텔(Amstel), 그로쉬(Grolsch)

(14) 노르웨이(Norway)

- 링그네스(Ringness)

(15) 폴랜드(Poland)

- 레흐(Lech Premium), Okocim, 티스키에(Tyskie)
- 지비에크(Zywiec) 레이블에 팔짱을 끼고 폴랜드 전통 춤을 추는 남녀 한 쌍이 있다.
- Zywiece Niskoalkoholowe

(16) 루마니아(Romania)

- 우르서스(Ursus)는 1878년 설립된 양조장으로 레이블에 왕관을 쓴 곰과 더불어 'King of beer in Romania'라고 표기되어 있다.

(17) 스페인(Spain)

- 에스트렐라 담(Estrella Damm)은 바로셀로나를 대표하는 맥주이다.
- 마오 씽코 에스트렐라(Mahou Cinco Estrellas)는 다섯 개의 별이라는 뜻이다.

(18) 스웨덴(Sweden)

- 마리에스타드 엑스포트(Mariestads Export)는 베네른 호수의 동쪽에 있는 마리에스타드에서 나오는 5.3%의 라거 비어.
- Kallback, Pripps

(19) 터키(Turkey)

- 에페스 필스너(Efes Pilsener)

2 미주 맥주

(1) 캐나다(Canada)

- 알렉산더 케이스(Alexander Keiths), 칼링(Carling), 라바트(Labatt Brewing), Northern Goose Brewing, Oland Brewery, Schooner Molson, Moosehead,

(2) 자마이카(Jamaica)

- 레드 스트립(Red Stripe)

(3) 멕시코(Mexico)

- 코로나(Corona), Carta Blanca, Dos Equis, Negra Modelo, Superior

(4) 미국(USA)

- 버드와이저(Budweiser), Bud light, Bud Ice
- 쿠어스(Coors), 밀러(Miller), Miller Genuine Draft, Michelob
- 흑맥주 : Brown Bear, Henry Weinhards

■ 미국의 지방 맥주

- **알라스카(Alaska) 주** : Alaska Brewing
- **캘리포니아(California) 주** : Acme(North Coast), Anderson Valley Brewing, Buffalo Brewing, Butte Creek, Eel River Brewing, General Brewing, Humboldt Brewing, Jefferson State Brewery, Lost Coast Brewery, Mad River Brewing Company, Maier Brewing, North Coast Brewing, Slo Brewing, Sudwerk, Wolavers Brewing

- **콜로라도(Colorado) 주** : Broadway Brewing, Cheyenne Mountain, Odell Brewing, Silver Plume Brewing, Tivoli Brewing, Walter Brewing Company, Wynkoop Brewing Company
- **코네티컷(Connecticut) 주** : Connecticut Brewing, Elm City Brewing, Essex Brewing, Hull Brewing, Park Row Brewing,
- **델라웨어(Delaware)** : Blue Hen Brewery
- **플로리다(Florida) 주** : Amelia Island Brewing, Beach Brewing, Regent Brewing Company

- **일리노이즈(Illinois) 주** : Atlantic Brewing, Bismarck Brewing, Canadian Ace, Hartland Beer, Pilsen Brewing Warsaw Brewing
- **인디애나(Indiana) 주** : Cook, Drewrys Beer, Evansville Brewing, Falstaff Brewing, Fort Wayne Brewing, Kamm & Schellinger, Melanie Brewing, Naptown Brewing
- **아이오와(Iowa) 주** : Dubuque Brewing
- **켄터키(Kentucky) 주** : Falls City Brewing, Frank Fehr Brewing, Oldenberg Brewing Company

- **루이지애나(Louisiana) 주** : Abita Brewing, Acadian Brewing, Coy International, Dixie Brewing, Jackson Breweing, Royal Brewing, Russells Marina Grill, Tajagues Restaurant
- **메인(Maine) 주** : Sugarloaf Brewing Com.
- **메릴랜드(Maryland) 주** : American Brewery, Clipper City Brewing, Fort Pitt Brewing, National Bohemian, Oxford Brewing, Queen City Brewing
- **매사추세츠(Massachusetts) 주** : Boston Beer, Brant Point Brewing, Dawson Brewing, Hampden-Harvard Breweries, Ipswich brewing, Olde Cape Cod Beverage Co
- **미시건(Michigan) 주** : Canal Street Brewing, Dark Horse Brewing, Frankenmuth, Frog Island, Geyer Bros. Brewing Comp. Joseph Schlitz Brewing, Michigan Brewery, New Holland Brewing, Old Detroit Brewing, Sebewaing Brewing, Stony Creek Brewing, Stroh Brewery, Wauldron (Bad Frog)

- **미네소타(Minnesota) 주** : Fitger Brewing, Jacob Schmidt Brewing, Minnesota Brewing, Summit Brewing,
- **미주리(Missouri) 주** : Anheuser Bush Inc. Boulevard Brewing, Van Dyke Brewing
- **네브라스카(Nebraska) 주** : Barley Boys Brewery
- **뉴 햄프셔(New Hampshire) 주** : Frank Jones Brewery
- **뉴 저지(New Jersey) 주** : Atlantic City Brewing, Ballantine & Sons, Colonial Brewing, Eastern Brewing, Waukee Brewing

- **뉴욕(New York) 주** : Allen Street Beer, Black Horse Brewery, Buffalo Brewing, Fred Koch Brewery, Genesee Brewing, Glen Brewing, High Falls Brewing, Iroquois Brewery, Jacob Ruppert Brewery, McSorleys, Old New York Beer, Perrys Majestic(Riverosa), Piels Bros. INC. Post Road Brewing, Queen City Beer, Rheingold Breweries INC. West End Brewing
- **노스 캐롤라이나(North Carolina) 주** : Carolina Beer, First Coast Brwewing, Jungle Brewing
- **오하이오(Ohio) 주** : Bavarian, Bay Brewing, C.J. Brockman Brewery, Carling Brewing, Christian Moerlein, Hudepohl-Schoenling, Mountain Top Beverage, Pilsener Brewing, Top Hat Brewing Co
- **오레곤(Oregon) 주** : Bridge Port Brewing, Full Sail Brewing, Nor Wester Brewing, Portland Brewing, Rogue Ales, Saxer Brewing, Widmer Brothers Brewing, Wild River Brewing
- **펜실베니아(Pennsylvania) 주** : Bartels Brewing, Bavarian, Bergheim Brewing, Blues City Brewing, Braumeister, Brewers Lager Brewing, Brewery Hill, Brewmasters, Bunkerhill Brewing, Chas. D. Kaier, Christian Schmidt Brewing, Columbia Brewing, Dawson Brewing, Du Bois Brewing, Duquesne Brewery, Dutch Country, Erie Brewing Company, Fuhrmann & Schmidt, Gold Medal Brewing, Hatfield-McCoy Brewimg, Henry Ortlieb Brewery, Hofbrau Brewing Company, Horlacher Brewing, Innsbrau Brewing, Ivy League Brewing, Jersey Laber Beer, Jones Brewing, Kobor & White Brewing, Ladbroke(Rolling Rock), Lancaster Brewing, Latrobe Brewing, Lion Brewery, Magna Carta Brewing, Mount Carbon Brewery, Neuweiler Brewing, Old Dutch Brewing, Penna Brewing, Pittsburgh Brewing, Pocono Brewing, Reading Brewing, Red Baron Beer, Red Bell Brewing, Saint Michaels, Stegmaier Brewing, Stoudt Brewing, Straub Brewery, Tude City Brewing, Valley Forge Brewing, Wainwright Brewing, Wildlife Brewing, Yuengling Brewery, Puerto Rico Labels, India (Cerveceria), San Juan Brewery
- **로드 아일랜드(Rhode Island) 주** : Hope Brewing, Narragansett Brewing Co

- **텍사스(Texas) 주** : Alamo Beer, Celis Brewery, Furstenbrau, Lone Star Beer, Pabst Brewing, Saint Arnold Brewing, San Antonio, Yellow Rose Brewing,
- **버지니아(Virginia) 주** : Mill Mountain Brewing, Rockford Brewing, Steamship Brewing, Williamsville Brewery
- **워싱턴(Washington)** : Aviator Ales, Bayhawk Ales of Washington, Henry Weinhards(Blitz), Olympia Brewing, Port Towensand Brewing, Pyramid Brewing, Rainier Brewing, Redhook Ale Brewery, Thomas Kemper

- **워싱턴 디시(Washington DC)** : Olde Heurich, Washington Brewing Co.
- **위스콘신(Wisconsin) 주** : Billings, Blatz Beer, Capital Brewing, City Brewery, Falls Brewing, Hamms Harold Johnson Brewing, Heileman Brewing, Hinterland Brewery, JT Whitneys Pub & Brewery, Jacob Leinenkugel Brewery, Louis Ziegler, Miller Brewing, Northern Brewing, Old Milwaukee, Oshkosh Brewing, Peoples Brewing, Pioneer Brewing, Plank Road Brewery, Stevens Point Brewery, West Bend Lithia

- **와이오밍(Wyoming) 주** : Wyoming Brewing Company

Tip 스팀 비어(Steam beer)

19세기 캘리포니아에서 고안된 주조법으로, 하면 발효방식으로 만든 맥주. 샌프란시스코의 앵커 스팀(Anchor Steam)사가 등록하여 독점 사용하는 명칭으로, 통에서 맥주를 따를 때 스팀처럼 거품이 많이 나와 붙인 이름이다.

3 아시아, 태평양 국가의 맥주

(1) 호주(Austrlia)

- 캐스케이드(Cascade), 쿠퍼스(Cooper's), 쿠퍼스 스파클링 에일(Cooper's Sparkling Ale), 디엔에이(DNA), 포스터스(Foster's), 보거스 드라우터(James Boag's Draught), 테킬라 슬램머(Tequila Slamma), 투 도그스(Two dogs),, 포 엑스 라거(XXXX Lager), 빅토리아 비터(Victoria Bitter)

(2) 중국(China)

- 칭따오(青島, Tsingtao)/토파스(Topaz)/오꺼터(奧古特, Augerta)/純生/Stout
- **하오먼(豪門 一道鮮** : Haomen) : 1986년 북경에서 동쪽으로 150km 떨어진 탕산에 설립된 탕산(唐山)양조장에서 만들어진 것으로 15가지의 종류로 북경과 하북(河北) 일대에서 주로 판매되고 있다.
- 옌찡(燕京) Beer/黑, 五星(Five Star), 하얼빈(Harbin), 雪花 Mons
  - **중국 생맥주** : 광저우(廣州)산이 유명하다 .

(3) 인도(India)

- 코브라(Cobra), 마하라자(Maharaja), Eagle

(4) 인도네시아(Indonesia)

- 빈탕(Bintang)

(5) 일본(Japan)

- 아사히(Asahi) Super Dry/The Master Pilsner/Style Free/Premium Time/黑生
- 삿뽀로(Sapporo) Premium
- 산토리(Suntory) Premium Malt's/Malt's/Kinmugi
- 에비스(Ebisu) The Hop/All Malt/Black Beer
- 기린(Kirin Lager) Ichiban

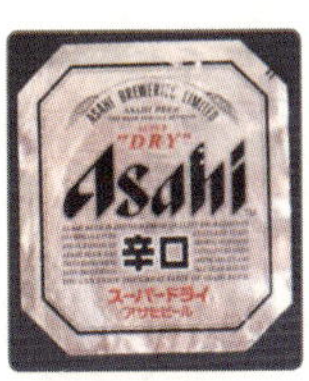

Tip 기린맥주의 1g 다이어트

기린맥주가 350ml의 캔 맥주 캔의 무게를 15g에서 14g으로 1g 줄였다. 1973년 알루미늄 캔을 도입한 이래 1994년 이후 17년 만으로 2011년의 이번이 세 번째다. 일본의 3개 캔 제조회사와 더불어 알루미늄 판을 얇게 가공하는 신기술을 개발해 바닥 부분의 지름을 2% 줄이는 방식으로 맥주의 압력에 견디는 내압성(耐壓性)을 유지하였다.
일본은 알루미늄을 추출하는 보크사이트의 99%를 해외에서 수입하는데 지난 2년 간 원자재 가격이 배로 급등하는 원가 인상의 요인을 소비자에게 전가하지 않고 자체 흡수하기 위해서이다.
기린맥주는 1년 동안 50억 개의 캔을 사용한다. 개당 감량 1g으로 전체 500톤을 줄여 금액으로 1,000만 달러나 되니 티끌 모아 태산인 셈이다.

(6) 한국(Korea)

- 하이트(Hite), 하이트 엑스필(Hite Exfeel), 하이트 스타우트(Hite Stout)
- 오비 라거(OB Lager), 카스(Cass), 카프리(Cafri), 레드 락(Red Rock)

Tip

맥주가 우리나라에 처음 들어온 것은 구한말이었다. 일본인 거주자들이 늘어나면서 일본 맥주가 들어오게 되었고 1910년의 한일합방 후, 당시 일본 내의 맞수였던 다이닛폰(大日本)맥주와 기린맥주는 영등포 인근에 공장을 지었는데 다이닛폰은 1933년 8월에 조선맥주를, 기린은 소화기린맥주를 같은 해 12월에 설립하였다.

1933년 12월, 우리나라에서 최초로 맥주를 생산하기 시작한 곳이 이 소화기린으로 두산의 창업주인 박승직씨가 참여했다가 해방후 일본인이 물러가자 이 공장은 1947년 2월 27일, 동양맥주로 이름을 바꾸고 OB(Oriental Brewery)맥주 상표로 1952년 이를 인수하게 된다. 국산 원료로 만든 맥주는 1957년 처음 나왔다.

한국 최초의 맥주 회사인 조선맥주는 미 군정 관리에 있다가 1952년 민간으로 경영권이 넘어와 1953년에 크라운 맥주라는 상표로 맥주를 생산했다.

초기에는 조선맥주가 판매량이 많았으나 1957년 OB맥주가 역전한 뒤, 1995년 하이트맥주(조선맥주)가 다시 재역전하였다.

(7) 네팔(Nepal)

- 에베레스트(Everest), Nepal Ice

(8) 뉴질랜드(New Zealand)

- DB(Dominion Brewery), Export Gold, Monteith's Black beer, KGB

(9) 필리핀(Philippine)

- 산 미구엘(San Miiguel), San Miguel Dark

(10) 싱가폴(Singapore)

- 타이거(Tiger)

(11) 스리랑카(Sri Lanka)

- 라이온 스타우트(Lion Stout)

Tip 강철 병뚜껑

맥주나 콜라, 사이다처럼 탄산이 들어가 있는 음료들은 탄산의 압력을 받아 뚜껑이 열리기 쉽다. 이를 해결한 사람이 미국의 시카고 근교에서 농사를 짓던 '페인타' 부부로 5년여의 연구로 1890년 강철 병뚜껑을 만들었다. 동그랗게 자른 철 조각을 병위에 놓고 집게로 철 조각을 꼭 눌러 밀착시킨 왕관 모양의 뚜껑이 단단하게 병을 막아 준 것이다. 덕분에 가난한 농부가 금세 백만장자가 되었다. 뚜껑의 톱니 수는 세계의 모든 병맥주가 21개이다.

※ 맥주만들기 : www.daum.net/microbrewery

제 3 절 한국 전통주

어느 민족이든 기후와 풍토에 맞는 양조법에 따른 저마다의 전통주가 있으며 그로 인해 생활의 멋과 여유를 더할 수 있었다. 예로부터 음주와 가무를 즐겨온 우리 민족에게는 지역에 따라 그런 전통주가 많이 발달해 있었다.

우리나라의 술은 가양주(家釀酒)라고 불릴 만큼 집에서 빚어 마시는 특징이 있어 한 가지 술이라도 지역과 집안, 술 빚는 이의 솜씨와 전래비법에 따라 다양한 맛과 향이 나오며, 맛 좋은 술은 집안의 자랑이자 가문의 전통으로 이어져 명가명주(名家名酒)라는 말이 있다.

한반도를 침입(1274년)한 몽고군에 의해 우리나라에 증류주가 전해졌으며, 소주(燒酎)라는 명칭은 15세기경부터 사용된 것으로 보인다. 일반적으로 술을 뜻하는 낱말은 주(酒)인데 이는 '누룩으로 빚은 술'이란 뜻이며 소주는 주(酎 : 진한 술)를 쓰므로, 소주(燒酎)란 '불로 익혀 만든 진한 술'이란 뜻이다. 즉, 양조주를 증류하여 도수가 높은 증류주를 만들고, 이것을 여러 번 더 증류하면 순수 알코올에 가까운 주정(酒精 : spirit)을 얻는다.

우리가 흔히 마시는 공장 제조 소주는 주정에 물을 타서 도수를 조정한 후 향신료를 첨가한 혼성주(混成酒) 혹은 재제주(再製酒)에 속한다. 물을 타서 만들었으므로 희석식 소주라고도 한다.

주세법에 의한 오늘날의 증류주는 희석식 소주와 증류식 소주, 일반 증류주, 리큐르, 기타 주류로 세분화되어 있다. 증류식소주는 1950년대까지만 해도 어느 정도 생산되었지만 정부의 양곡정책에 의해 1961년 1월부터 백미를 증류식소주에 사용하지 못하도록 주세법이 개정되었다. 그리하여 쌀 대신 고구마를 원료로 사용한 소주가 만들어지기도 했으나 본래의 맛과 향을 따라갈 수 없어 소비자들로부터 멀어지게 되었고 1985년 이 조치가 해제되기까지 제조법과 경쟁력을 거의 상실하게 되었다.

전통적인 증류식 소주 대신 그 자리를 차지한 희석식 소주는 고구마, 타피오카 등을 발효시켜 95%의 순수 알코올을 만든 다음 이를 희석한 것이다. 따라서 순수하게 알코올 성분으로만 이루어진 술이라 맛이 쓰고 향도 전혀 없는 무미무취(無味無臭)한 술이라 이를 보완하려 조미료와 인공 감미료를 첨가하여 인공적인 맛을 내고 있다.

1960년대부터 저질 주류의 생산 방지와 유통질서 개선을 위하여 소주제조업 통폐합을 실시한 결과 전국의 280여개의 소주업체가 60여개소로 줄어들었고 현재는 10개의 업체가 각 도를 대표하는 희석식 소주로 남게 되었다. 1991년부터 주류면허가 개방되고 소주제조에 쌀을 사용할 수 있게 되고 전통문화의 전수와 보전을 을 위해 정부가 민속주를 지정하면서부터 민속주라는 이름으로 증류식 전통소주가 활기를 찾고 있다.[2)]

3.1 전통주의 분류

좋은 전통주는 단맛, 신맛, 떫은 맛, 구수한 맛, 쓴맛, 매운 맛의 6가지 맛이 어우러진다. 전통주에 들어있는 포도당, 젖산, 유기산이 발효하면서 생긴 결과다. 전통주는 섭씨 8° 정도로 차게 해서 마시는 것이 좋다. 담백한 맛을 원하면 더 차게 해서 마시고 반대로 진한 맛과 향을 느끼고자 하면 덜 차게 해서 마시면 된다.

3.1.1 특성에 따른 분류

임원십육지(1827년)에서 나눈 방식으로 특성별로 분류하는 방법이다. 이때 기본이 되는 것은 제조방법과 주질의 특성이다.

(1) 청주(淸酒) 또는 지주

청주는 3번 이상 덧술하였거나 적절한 냉장 저장기간을 거친 고급약주로 일반적으로 저장기간이 100일을 넘지 않는다. 호산춘, 삼해주, 백일주, 약산춘, 사마주, 법주 등이 있다.

지주는 대중적 약주로서 3번미만 덧술하였거나 숙성기간이 그다지 길지 않은 약주류로 일반약주, 백하주, 향온주, 부의주, 소곡조, 녹파주, 청명주, 석탄주, 동정춘 등이 있다.

(2) 이양주

이양주는 특이한 방법으로 담근 것을 총칭하는 술로 수냉식 저온발효법으로 담근 청서주, 생대나무 속에서 발효시킨 죽통주, 생소나무 속에서 발효시킨 외송주 등이 있다.

홍주는 홍국을 사용한 술로 누룩이 특이하다. 천대홍주가 있다.

(3) 가향주

꽃잎이나 방향성 식물을 향미를 내는 재료로 사용하여 만든다. 도화주(복숭아꽃), 송화주(송화), 송순주(송순), 하엽청(연잎) 등이 있다.

2) 조호철, "우리 술 빚기", 넥서스BOOKS, 2004, pp.101-102

3.1.2 용도에 따른 분류

전통주를 사용하는 용도에 따라 분류한 것으로,

- 상용주는 년 중 상시 음용하는 술로서 대부분의 약주가 이에 포함된다.
- 약미주는 약효를 도모하고 약재의 효능과 맛이나 향이 특성이자 차별점이 된다.
- 세시주는 세시풍속에 따라 담그는 술로 대보름의 귀밝이술, 청명주, 단오날의 창포주 등이 있다.
- 기능주는 목욕 술, 맛술 등 특이한 목적에 사용하고자 만드는 술이다.

3.2 유명 명주

3.2.1 호남지방

곡창지대라는 지역적 특성과 좋은 물이 많아 예부터 가양주가 가장 많이 발달해 있었다.

(1) (담양) 추성주(秋成酒)

추성은 담양의 옛이름이다. 추성주는 통일신라 경덕왕 때부터 고려 성종 때까지 250여 년간 추성군으로 불린 담양의 지명에서 따왔다. 술은 추월산 인근 천년고찰인 연동사(煙洞寺)에서 그 뿌리를 찾을 수 있다.

1796년 담양부사 이석희는 이곳 풍물을 소개한 '추성지'에 연동사 스님들이 절 주변에서 자라는 갈근, 두충, 오미자 등 갖가지 약초와 쌀, 보리를 원료로 술을 빚어 곡차로 마셨다는 고려 문종 때 참지정사(參知政事. 종2품)를 지낸 이영간의 증언을 적고 있다. 술맛이 어찌 좋았던지 '마시면 신선이 된다'고 해 '제세팔선주(濟世八仙酒)'로 불렸다는 내용도 있다.

1000여 년의 역사를 지닌 추성주의 전통 제조기법으로 4대에 120여 년에 걸쳐 내려오는 한문원본과 한글번역본이 있다.

(2) 백화주(百花酒)

예부터 천하의 3대 명주로 일컫는 것이 백화주, 송화대력주(松花大力酒), 불로주(不老酒)이다 이 중 첫째가는 술로서 핵심은 술에 들어가는 백가지 꽃을 어떻게 구하는가이다.

2월 말의 이른 봄에 피는 매화에서부터 동백, 산수유, 생강나무, 진달래, 모란, 등꽃, 절굿대꽃, 패랭이꽃, 도장나무꽃, 산딸나무꽃, 백굴채, 자운영, 흰철쭉, 댑싸리꽃, 수국, 인삼, 층층나무꽃, 갓꽃, 후박꽃, 아카시아꽃, 민들레, 당귀, 병꽃나무꽃, 고들빼기, 찔레꽃, 장미, 토끼풀꽃, 작약, 꽃잔디, 수영꽃, 박태기꽃, 자목련, 벽오동꽃, 사상자꽃, 백일홍, 연꽃, 석류꽃, 쥐똥나무꽃, 돌미나리꽃, 붓꽃,개쑥꽃, 사계화, 개망초, 냉이꽃, 접시꽃, 엉겅퀴, 줄풀꽃, 구슬꽃, 단풍나무꽃, 씀바귀꽃, 구절초, 싸리꽃, 초록꽃, 밤꽃, 돈나물꽃, 쑥갓꽃, 해당화 등이다. 가장 늦게 따는 꽃은 상강(霜降) 이후에 따는 감국으로 11월 초 쯤이 된다. 이런한 백가지꽃을 각 때마다 따서 말린 다음 술을 담그는 데에는 80일 정도의 시간이 걸린다.

(3) (전북)여산 호산춘(壺山春)

전북 익산의 옛 명칭인 호산(壺山)지방의 특주다.
쌀가루 범벅으로 만든 밑술을 발효 후 막걸리로 만든 뒤 고두밥과 고루 버무려 덧술을 빚고 따뜻한 곳에서 발효시킨 술로 강한 향기와 함께 자극적인 맛을 자랑한다.
만든 사람이 전해지는 흔치 않은 술로, 청백리로 유명한 송흠(宋欽)이 전라도 여산군수가 되었을 때 손님이 자주 찾아와 대접하고자 만들 술이라고 홍만선의 '산립경제(山林經濟)' 술빚기 편에서 호산춘의 제조법에 대해서 설명하고 있다.
여기서 호산춘 뿐이 아니라, 연엽주(蓮葉酒), 벽향주(碧香酒), 하향주(荷香酒), 이화주(梨花酒), 청서주(淸暑酒), 일일주(一日酒), 삼일주(三日酒) 등의 제조법도 전하고 있다.

(4) (전주) 과하주(過夏酒)

멥쌀, 누룩, 솔잎으로 만든다.
점주는 녹주 누룩을 사용하는 고급술로 물을 적게 사용한다. 찹쌀로 빚어 끈적거릴 정도로 달다는 데서 유래된 이름이다.

(5) 송순주

이른 봄 곁가지에 자라나는 솔 순을 따서 덧술을 빚을 때 넣고 발효시키는 가향주로 솔순주라고도 한다. 주독 해소나위장병과 풍치, 동맥경화 예방에 좋아 효자 술로 알려져 있으며 반주로 널리 이용되었다.

(6) 전주 이강주(梨薑酒)

이강주는 배(梨)와 생강(薑)이 들어가서 이강주다. 예전에는 약이라는 뜻으로 이강고((梨薑膏)로도 불리었다. 누룩과 멥쌀로 약주를 빚어 증류를 거쳐 소주를 만들고 여기에 번주 배와 완주 봉동의 생강, 울금, 계피를 넣어 침출시킨다.
유학자 유득공의 '경도잡지', 홍석모의 '동국세시기', 최남선의 '조선상식문답' 등에 이강주는 평양 감홍로, 호남 죽력고(정읍)와 함께 최고의 술로 꼽혔다. 고종 때는 한미통상조약 체결 당시의 건배주로 쓰일 만큼 국가대표급 술이었다. 고풍스러운 아주 엷은 노란색을 띄는 데 한 모금 입에 물면 은단을 씹은 것 같은 화한 기운이 온 몸 가득 퍼진다.

(7) (전북 완주) 송화 백일주

밀로 만든 누룩에 오곡과 솔잎, 댓잎을 넣어 발효시켜 16°의 발효주를 만드는데 이 발효주는 '송죽 오곡주'라는 이름이다.
이 '송죽 오곡주'에 송화가루, 솔잎, 산수유, 구기자, 오미자, 찹쌀, 백미, 보리 등 다양한 재료로 100일 동안 저온 숙성하여 빚은 밑술을 증류해 얻는 증류식 소주다. 솔향이 강하지만 38°라는 알코올 도수가 의심스러울 정도로 목 넘김이 부드럽지만 소주지만 청주 같은 무게도 느껴진다. 은은한 솔향과 달짝한 뒷맛이 입과 코에 여운을 남긴다.
세 번의 과정을 거쳐야 제대로 된 백일주가 나온다. 첫 단계는 술을 만드는 것이고, 두 번 째는 100일이 지나 술을 먹을 수 있는 상태가 되는 것이며, 세 번째는 3년을 숙성시켜 원숙한 맛을 완성하는 것이다.
투명한 노란빛으로 첫맛은 쌉쌀하고 뒷맛은 달콤하다. 빨리 취하고 빨리 깨는 몸이 가벼운 술이다. 수도승들이 고산병, 위장병, 냉병, 영양결핍 등의 예방을 목적으로 즐겨 마셨다는 곡차(穀茶)에서 유래되었다.

(8) 기타

광주 의이인주(薏苡仁酒), 김제 송순주(松荀酒), 낙안 사삼주(沙蔘酒), 복분자주(覆盆子酒), 송죽 오곡주(五穀酒), 송화 백일주(百日酒), 영광 강하주(羌夏酒), 보성 강하주, 오가피주(五加皮酒), 장성 진고색주(鎭庫色酒), 전주 이미주(梨米酒), 정읍 약주(藥酒), 죽력고(竹瀝膏), 진도 동방주, 진도 홍주(紅酒), 해남 진양주(眞釀酒), 두륜주, 솔죽주, 필안곡주, 부안 팔선주, 남원 삼해주, 김제 백화주, 순창 진장주, 순천 진양주, (권오표)과하주, 천마 국화 통합주, 안굿사 청주, 순천 유자주, 완주 구절초주, 고흥 백일주, 외서 백일주, 곡성 호박주, 용추 소주

3.2.2 영남지방

유교 전통이 강하여 문중을 중심으로 만든 술이 유명하다.

(1) 달성 하향주(荷香酒)

1,000여년의 역사가 있는 술로서 궁중에 진상하다가 조선 광해군 때에는 '천하약주'라는 별명을 받기도 하여 10월 상달에는 조정 진상주로 굳혀지기도 했다.
멥쌀로 물송편을 만들어 삶은 뒤 누룩가루와 고루 버무리는데 죽처럼 흘러내리게 하고 덧술과 밑술이 잘 섞이도록 오랫동안 버무려야 한다. 단맛과 함께 은은한 향이 난다고 해서 하향주라는 이름이 붙었다.

(2) 무술주(戊戌酒)

세계의 모든 술들이 주로 곡류(穀類)나 과일로 만든 것이지만 이 무술주는 육류(肉類)로 만들었다. 개고기로 만든 술이다. 무(戊)는 토(土)로서 누런 황색을 의미하고 술(戌)은 개를 뜻한다. 즉 누런 황구(黃狗)로 만든다는 뜻이다.

퇴계선생이 애독하던 '활인심방(活人心方)'에서 유래하였는데 동의보감에도 '원기를 보하고 노인이 먹으면 더욱 좋다'고 나와 있다.

몸집이 크지 않은 황구의 가죽과 내장은 버리고 뼈와 함께 가마솥에 넣어 24시간 장작불로 푹 고운다. 그 국물에 찹살고두밥, 누룩을 함께 넣어 항아리에 담고 15일 정도 발효시켜 먹는다.

(3) 박문주(방문주)

'방문(方文)대로 빚은 술'이란 뜻으로 봄, 가을에 빚으며 가전 비법에 따라 처리방법이 다양하므로 술 빚기가 까다롭다. 백설기로 빚은 밑술에 찹쌀로 덧술을 하는데 술이 익으면 감칠맛이 뛰어나고 독하지 않은 것이 특징이다.

밀양 손씨와 박씨 문중이 만든 밀양 방문주가 유명하다.

(4) 안동

안동소주는 기존의 고려시대에서 신라시대까지 거슬러 올라가 1200년의 역사라고 재정립된 술로, 제일 담백하고 개운한 느낌을 주는 상태로 만들기 위해 알코올 도수가 45°로 만든 화주(火酒)다.

(5) 포항 불로주

은은한 감미와 깔끔한 풍미에 취했다가 긴장감이 사라지면 45°라는 만만치 않은 알코올 도수가 역습하여 입안은 물론 입술까지 벌에 쏘인 듯 화끈거리게 만든다.

(6) 기타

가지산 송엽주(松葉酒), 경주법주, 계팔리 스무주, 굴밤술, 고령 스무주, 구미 감자술, 금정산성 토산주(土山酒), 김천 과하주(過夏酒), 남해 유자주(柚子酒), 당골 백일주, 도방주, 문경 호산춘주(湖山春酒), 미주, 밀양 편주, 봉화 선주(仙酒 : 오가피주), 상주 백일주, 선산 이화주, 선산 약주(藥酒), 선화주, 신선주(神仙酒), 진사가루술, 송정 두광주, 양동 송국주, 오갈주, 육삼주, 유천 소주, 풍기 보리소주, 함양 국화주(菊花酒), 황죽 매실주, 화실 솔잎술

3.2.3 서울, 경기지방

감악산 머루주, 경기 옥로주(玉露酒), 광주 산성소주, 김포 별주(別酒), 부의주(浮蟻酒), 백세주(百歲酒), 백주(白酒), 백하주(白霞酒), 사마주(四馬酒), 삼해주(三亥酒), 송절주(松節酒), 약산춘(藥山春), 옥미주(玉米酒), 이조흑주(李朝黑酒), 칠선주(七仙酒), 향온주(香醞酒), 송포 토속주, 송엽주, 잎새곡

주, 산수유화주, 주교주, 평택 농주, 못골 쑥술, 담소주, 둥글레 약주 그리고 광주(廣州)에서 감압증류(減壓蒸溜) 방식을 이용한 화요(火堯)가 나온다.

Tip 감압증류(減壓蒸溜)

물은 평지에서 100℃에 끓으나 기압이 낮은 곳에서는 낮은 온도에서 끓게 된다. 이런 원리를 이용하여 증류기 내부의 압력을 1/10 정도로 내리면 33~45°의 저온에서 증류하게 된다. 이렇게 저온에서 증류하므로 탄 냄새나 잡미가 없어져 방향성이 좋은 술이 나오게 된다.

3.2.4 충청지방

(1) 한산 소국주(素麴酒)

정조가 세손시절 스승이었던 남용익(南龍翼)은 '호곡집(壺谷集)'에서 '아침에는 소국주를 기울이고 밤에는 장유가(壯遊歌)를 듣는다고 하며 소국주를 아꼈다.

(2) 기타

가야곡 왕주(王酒), 계룡 백일주(百日酒), 금산 인삼주(人蔘酒), 면천 두견주(杜鵑酒), 보은 송로주(松露酒), 아산 연엽주(蓮葉酒), 옥천 한주(汗酒), 중원 청명주(淸明酒), 청양 구기자주(拘杞子酒), 청원 신선주(神仙酒), 청주 대추주, 백엽주, 오겹술, 짚가리술, 대전 국화주, 채씨댁 청주, 현씨댁 청주, 소주 내린 침출주, 당진 송순주, 삽교 국화주, 생극 인삼동동주, 섯밭 동동주, 소사리 청주, 솥뚜껑 소주, 신태분 약주, 안순영 동동주, 이암순 인삼동동주

3.2.5 그 외 지방

강원도는 옥수수를 많이 사용한다.
송죽 두견주, 단오 신주, 삼척 호박술, 삼척 불술, 황골 엿술, 춘천 메밀술, 강원 옥로주(玉露酒), 감자술, 토밥 소주, 홍천 옥선주(玉鮮酒), 초피주, 옥수수 엿술, 춘천 의암 제주, 무릉리 신선주, 언별리 청주, 순곡 향미주.
쌀이 귀한 제주지방에서는 대체 곡물로 만든 가양주가 발달했다.

3.2.7 이북 지방

- **감홍로(甘紅露)** : 이규경이 '물산변증설(物産辨證說)'d서 냉면, 골동반(骨董飯·비빔밥)고 함께 평양의 3대 명물로 꼽은 것으로, '술과 면(酒麵)'조에서 '중국에는 오향로주(五香露酒)가 있다면 우

리나라에는 평양부의 감홍로주가 있다'고 했다.
'발해고'로 유명한 유득공(柳得恭)이 애련정(愛蓮亭)이란 시에서 '곳곳마다 감홍로니, 이 마을이 곧 취한 마을일세(滿滿甘紅露 玆鄕是醉鄕)'이라고 노래한 술이다.
달 감(甘)를 주로 쓰지만 이규경이 감색 감(紺)자를 쓴 것도 검붉은 색이기 때문이었다.

- **문배주** : 평양을 중심으로 한 서북지방에서 전래되어 온 증류주로 고려 태조 왕건 때부터 전해진 것으로 알려져 있다.
  밀로 만든 누룩, 좁쌀, 수수 등을 재료로 사용하고, '잘 익은 문배나무 돌배 향이 난다'고 해서 붙여진 이름이다. 2000년 남북정상회담 때 만찬석상에 올랐던 술이다.
- **벽향주(碧香酒)** : 평양의 명주로 명성이 높았던 술로 찹쌀가루로 범벅을 지어 밑술을 만들고 멥쌀로 고두밥을 짓고 끓는 물을 섞어 덧술을 한다.
  빛깔이 맑고 톡 쏘는 맛이 있다. 찹쌀로 빚으면 향미가 더욱 좋아진다.

3.2.8 기타 향토주

- **석탄주(惜呑酒)** : 맛과 향이 너무 뛰어나 '차마 삼키기 어렵다'는 뜻으로 붙인 이름이다.
  멥쌀로 죽을 쑨 뒤 누룩과 섞어 빚은 밑술에 찹쌀로 덧술을 하는데 밑술의 죽을 푹 퍼지게 해야 진한 향기와 달고 부드러운 맛이 나온다.
- **적선소주** : 멥쌀로 죽을 쑨 뒤 누룩을 섞어 밑술을 빚고 술이 끓어오르면 재빨리 찬 곳으로 옮겨 냉각시키고 찹쌀로 덧술을 한 순곡 증류식 소주이다.
  '김승지댁 주방문'에 처음 등장하는 술로 적선(謫仙)은 선계에서 벌을 받아 인간계로 귀양 온 선인을 가리키는데 속세에서는 이태백을 이른다 한다.
- **감향주** : 빚는 법이 여덟 가지가 되는데 물을 거의 사용하지 않고 짧은 시간에 당화와 발효를 시키는 게 비결이다. 꿀처럼 달고 향기롭다는 데서 이름을 얻었다.
- **향온주** : 흔히 사용되는 누룩이 아닌 향온국이라는 특별한 누룩을 발효제로 빚어 향과 맛이 독특하다. 끓는 물을 뜨거운 고두밥에 붓고 밥이 물을 다 빨아들이면 차게 식혀서 술을 빚는다. 임금이 마시던 술이라 하여 어주라고도 하며, 서울지방의 무형문화재로 지정되었다.
- **부의주** : 물을 끓여 차게 식힌 뒤 빚으며 술이 다 익으면 밥알이 가라앉으므로 밥알을 뜨게 하여 마시는데 숙성 중 떠 오른 밥알이 마치 어린 개미와 같다고 해서 붙인 이름이다.
- **동양주** : 멥쌀로 떡을 만들어 누룩과 같이 섞어 발효시킨 밑술에 찹쌀로 덧술을 해서 빚는다. 겨울에는 고급 방향주로 꿀맛과 같은 느낌이 든다.
- **기타** : 경면 녹파주(鏡面 綠波酒), 도화주(桃花酒), 동정춘(洞庭春), 송엽주(松葉酒), 갈근주(葛根酒), 감초주(甘草酒), 개나리주, 결명자주(決明子酒), 계피주(桂皮酒), 고추주(苦草酒), 구기자주(拘杞子酒), 국화주(菊花酒), 낑깡주, 난주(蘭酒), 녹용주(鹿茸酒), 다래주, 당귀주(當歸酒), 대추주, 더덕주(沙蔘酒), 덕마주, 도라지주, 두충주(杜冲酒), 딸기주, 마늘주, 매실주(梅實酒), 맥문동주(麥門冬酒), 머루주, 모과주(木瓜酒), 모란주(牧丹酒), 목련주(木蓮酒), 무화과주(無花果酒), 미나리주, 민들레주(浦公英酒), 밀감주(蜜柑酒), 바나나주, 박하주(薄荷酒), 배주(梨酒), 버찌주(黑櫻酒), 벌꿀주(蜂

蜜酒), 복숭아주(桃酒), 비파주(枇杷酒), 사과주(沙果酒), 산딸기주, 산사자주(山査子酒), 산수유주(山茱萸酒), 산초주(山椒酒), 살구주(杏仁酒), 생강주(生薑酒), 생지황주(生地黃酒), 석류주(石榴酒), 선인장열매주(仙人掌果酒), 셀러리주, 솔방울주, 송순주(松荀酒), 송엽주(松葉酒), 송이버섯주(松栮酒), 수삼주(水蔘酒), 쑥주, 알로에주, 양란주(洋蘭酒), 앵두주(櫻桃酒), 엉겅퀴주, 영지버섯주(靈芝酒), 오가피주(五加皮酒), 오디주(桑實酒), 오미자주(五味子酒), 원추리주(忘憂草酒), 유자주(柚子酒), 율뮤주, 은행주(銀杏酒), 삼지구엽초주(三枝九葉草酒), 익모초주(益母草酒), 인동주(忍冬酒), 인삼주(人蔘酒), 자두주(紫桃酒), 잣주(海松子酒), 장미꽃주(薔薇花酒), 죽순주(竹筍酒), 진달래주(杜鵑花酒), 찔레주(英實酒), 차조기주(紫蘇酒), 참깨주, 창포주(菖蒲酒), 탱자주, 파인애플주, 포도주(葡萄酒), 표고버섯주, 해당화주(海棠花酒), 향부자주(香附子酒), 홍화주(紅花酒), 회향주(茴香酒)

Tip

- 전통주 만들기 : www.cafe.daum.net/Homebrewing
- 약차 · 약술 만들기 : www.daum.net/tedr
- 술 만드는 사람들 : www.cafe.com/homebrewing

3.3 막걸리

탁주는 우리 전통주 중 곡물로 발효한 탁한 술을 통칭한다.

우리 전통주에는 청주, 탁주, 소주의 세 가지로 크게 나눌 수 있다. 이와 같은 다양한 전통주를 구분하는 기준은 거르는 방법과 증류 여부에 따라 크게 나눌 수 있다.

전통주를 빚는 과정은 크게 '쌀씻기 → 지애밥 짓기 → 누룩 첨가 → 발효 숙성 → 술 거르기'의 순서로 이루어지는데 전통주는 모두 이 과정을 거친다. 그러나 통상 15~20일 정도 걸리는 숙성기간도 지역과 술도가별로 차이가 있다.

중국 춘추전국시대 알코올용 곰팡이를 곡류에 번식시키는데 성공하여 누룩이 등장하였고 이 누룩이 양조법을 간편하게 만들어준 획기적으로 일이었다. 여진족은 술을 '누러' 또는 '누륵'이라 하였는데 우리 말의 누룩도 여기서 유래되었다.

전통술은 대게 술독에 아주 되게 지어 고들고들한 고두밥(지애밥)과 물, 누룩을 넣고 버무려 발효 및 숙성시키는 과정을 거치게 된다. 이 때 밥알에 든 녹말이 삭아 당에서 알코올로 바뀌는 동안 탄산가스가 발생하지만 이 탄산가스는 가벼워 공기 중으로 빠져 나가고 대신 쌀 껍질만 남은 밥알들이 술 위로 동동 떠오르게 되는데 이렇게 만든 술이 동동주이다. 자연적인 발효과정을 거친 술의 알코올 도수는 14~16° 정도가 된다.

소주는 밑술을 증류시켜 받아낸 것이고, 청주(淸酒)는 이 밑술(동동주) 독에 용수(싸리나 대나무로 만든 길고 둥근 원뿔형 통)를 박아 빈 공간으로 스며들어 맑은 술이 고이면(여과)받은 술이다.

한산소곡주, 경주법주 등이 청주에 속하는데 이름대로 투명하고 맛과 향이 좋아 주로 귀족이나 부자들이 마셨고 조상의 제사에 올리는 제주(祭酒)로 쓰기도 한다.

탁주(濁酒)는 청주를 떠 내고 남은 것을 자루나 체에 뭉개어 큰 술지게미는 걸러내고 받거나, 간격이 촘촘한 용수를 쓰지 않고 청주도 떠 내지 않은 채 걸러낸 술을 모두 가리킨다.

탁주는 따라서 술이 탁하여 탁주라 하고 막걸리도 탁주의 일종으로 촘촘한 용수에 받아내는 청주와 달리 상대적으로 구멍이 엉성한 체에 '말 걸러내는' 술이란 뜻도 담고 있다.

막걸리는 이름도 많아서 배꽃 필 때 누룩을 만든다 해서 이화주(梨花酒)라고도 했고, 희다고 해서 백주(白酒), 탁하다고 해서 회주(灰酒), 혼돈주(混沌酒)라고도 불렀다. 고려의 문인 이규보(李奎報, 1168~1241)는 "나그네 창자는 박주(薄酒)로 씻는다"는 시구를 썼고, 백주시(白酒詩)의 서문에는 "요새는 벼슬에서 물러나 녹봉이 줄어든 탓인지 맑은 술을 계속해서 마시지 못한다. 하는 수 없이 백주를 마시는데 금방 체하여 기분이 나쁘다"는 구절도 나온다. 인목대비의 어머니 노씨는 제주도에 유배되어 술지게미를 재탕한 막걸리를 팔아 생계를 유지했다 해서 모주(母酒)라고도 했다.

서민들 사이에서 통용되던 막걸리는 성종이 자주 하사하기도 하고, 세조는 태종의 딸인 숙근옹주(淑謹翁主)의 남편 화천군(花川君) 권공(權恭)의 집에서 막걸리를 마시기도 했다(세조실록 8년 4월 14일).

막걸리라는 이름은 일제 강점기 때 주세법이 제정되면서 알코올 농도 6~8%의 술을 막걸리로 분류하고 주세를 부과함으로서 공식적으로 불리게 되었다. 1970년대 이후엔 탁주와 막걸리를 같은 뜻으로 두루 사용하게 되었다.

1977년 12월 8일. 전국에 쌀 막걸리가 시판되기 시작하여 그 해의 10대 뉴스에 의료보험 실시, 수출 100억 달러 달성과 쌀 막걸리의 부활이 선정되기도 했다. 그 전까지는 전국의 1520개 양조장에서 정부 시책에 의해 밀가루나 옥수수로 막걸리를 빚었었다. 쌀이 부족했기 때문이었는데 쌀 막걸리 제조가 허용된 것은 1971년 농촌진흥청이 개발한 통일벼로 인하여 쌀의 대풍 덕이었다.

보통 벼는 이삭 하나에 낟알이 80~90개였지만 통일벼는 보통 120~130개 많을 때는 200~300개도 달리기도 했다.

3.3.1 막걸리의 구분

(1) 생막걸리와 살균 막걸리

생막걸리는 막걸리에 효모, 곰팡이, 유산균 등 미생물의 영양세포가 살아 있는 것으로 효모가 만든 탄산으로 인하여 청량한 느낌이 있다.

살균 막걸리는 열처리를 해서 미생물을 살균한 것으로 신선함은 덜하나 상온에서 1년까지 보관이 가능하다.

(2) 색

- **쌀누룩** : 막걸리의 색은 발효를 위해 넣는 누룩에 따라 달라진다. 일본식 누룩인 쌀누룩을 사용하면 막걸리는 흰색에 가까워지고, 단순하며 깔끔한 맛이 난다.

- **밀누룩** : 한국 전통 누룩인 밀누룩을 사용하면 색은 누리끼리해 지지만 깊고 풍부한 맛이 특색이다.

Tip 막걸리 만들기

① 찜통에 광목천을 우르고 쌀을 2kg을 30분~1시간 가량 찐 후 식혀 고두밥을 만든다.
② 쌀양의 10%인 200g의 누룩을 잘게 부수어 고두밥에 섞어 항아리에 넣고 쌀양의 1.5배 정도 물을 붓는다. (예전에는 짚을 태워 항아리를 소독했지만 약방에서 파는 젖병 살균제나 에틸알코올을 사용하면 된다).
③ 25° 온도에서 5~7일 발효시키면 막걸리가 만들어지고, 2~3주 침전시켜 윗부분을 뜨면 청주가 된다. (발효 중에 탄산가스가 발생하게 되므로 술 항아리를 밀봉하지 않도록 한다).
④ 쌀 대신 찹쌀을 이용하면 단맛이 약간 더 나게 된다.

3.3.2 맛과 보관

막걸리를 마실 때에는 뚜껑이 꼭 닫혀 있는지 살펴야한다. 마개가 헐거우면 탄산이 증발하여 이 천연가스가 만드는 기포가 모두 없어져 청량감 또한 없어진다.

잔에 따랐을 때 사이다처럼 기포가 올라오면 살아있는 효모가 숨을 쉬면서 탄산가스를 내보내는 증거다. 그렇지 않은 막걸리는 살균처리된 것이거나 제대로 발효되지 않았을 가능성이 크다.

잘 숙성된 막걸리는 흔들어서 아래 위를 잘 섞어 마셔야 한다. 병 바닥에 가라앉은 것은 찌꺼기가 아니라 생효모가 농축되어 있는 것이다.

"모든 생막걸리 제품에 제조일로부터 10° 이하에서 10일이 지나면 변질될 수 있음"을 표기하도록 국세청이 지정하여 냉장 보관을 강조하고 있다.

생막걸리는 상온에서 시간이 지나면 유산균이 급속히 늘어나게 되는데 유산균이 증식하면서 생기는 젖산은 술맛을 시게 하여 음용감을 떨어뜨린다. 제조사에 따라 10° 이하에서 30일 동안 맛과 신선함을 유지하는 제품도 있다. 유효기간이 지나 맛이 변하기 시작한 막걸리는 알코올이 식초로 변하는 과정에서 발생하는 포름알데히드 같은 유해성분이 생겨 두통이 올 수도 있다.

생막걸리는 탄산압이 2.3~2.5vol(1vol은 1리터의 액체에 탄산가스가 1.96g 녹아 있음)일 때 최적의 청량감을 느끼게 된다.

대부분의 막걸리는 출시 후에도 발효를 계속하므로 뚜껑의 틈새로 공기가 통하는 '불완전 밀폐 캡'을 사용한다. 완전히 밀폐할 경우 발효가 지나쳐 용기가 변형되거나 막걸리가 터져 나올 수도 있기 때문이다.

3.3.3 막걸리와 건강

막걸리는 필수 아미노산과 비타민 B, 유산균 등을 함유하고 있어 혈액순환과 피로물질 제거에 좋다. 또한 암을 예방하고 손상된 간을 회복시키며 혈중 콜레스트롤을 떨어뜨리고 갱년기 장애 해소에 효과가 있는 것으로 속속 드러나고 있다.

(1) 유산균 양

생막걸리 한 병(750ml)에는 보통 1000만마리의 유산균이 들어잇다. 이는 75ml 요구르트의 10병의 유산균 양과 비슷하다.

막걸리의 신맛을 내는 유기산도 대표적인 웰빙 성분으로 젖산, 구연산, 사과산 등이 0.8% 정도 함유되어 체내의 피로 물질을 제거하고 몸의 신진대사를 촉진해 변비에도 도움이 된다. 세계적으로 이름난 장수촌에서 많이 먹는 발효유나 과일즙에 이런 유기산이 많이 포함돼 있다.

(2) 항암성

한국식품 연구원 식품분석센터에서 막걸리에서 항암물질인 파네졸(Farnesol) 성분이 발견되었다고 2011년 4월 14일 발표했다.

파네졸은 과실주의 중요한 향기성분으로 5~7mg/리터 정도의 미량으로도 항암, 항종양 성질을 가진 물질이다. 국내에서 시판 중인 막걸리와 맥주, 포도주, 소주 등의 파네졸 함량을 분석한 결과 막걸리의 함량이 와인이나 맥주보다 10~25배 많은 150~500ppb 수준이었다.

막걸리 발효과정에서 운지버섯에서 추출한 항암물질인 크레스틴보다 활동성이 왕성한 항암물질이 발견되기도 했다.

(3) 누룩

누룩은 우리 전통의 발효 소재로 삼국시대부터 사용되어 안전성이 검증되었으며, 만약 잡균이 섞인다 해도 발효된 알코올이 잡균을 모두 죽여 버리기 때문에 안전하다.

3.3.4 음식과의 궁합

모든 술은 어울리는 안주와 함께 할 때 맛이 더욱 좋아진다. 막걸리도 같이 먹는 음식에 따라 맛이 살기도 하고 죽기도 한다. 술맛을 떨어뜨리지 않게 하는 것이 좋은 안주이기도 하다.

막걸리는 도수가 낮으므로 자극적인 안주는 막걸리의 맛을 제대로 느끼기 어렵고 수분이 많으면 막걸 리가 싱거워져 맛이 살아나지 않는다.

단맛이 강한 막걸리는 양념을 적게 쓴 묵이나 고소한 빈대떡이 제격이나 고추와 같은 자극적인 양념을 많이 넣어 버무린 도토리묵은 맛을 해칠 수 있다. 짠 맛이 나는 안주도 막걸리의 단 맛을 북돋우어 준다.

신맛이 센 막걸리는 신맛이 강한 안주는 피하고 담백한 두부나 물김치가 잘 어울린다. 신맛과 담백한 맛이 잘 어우러져 따로 먹을 대 보다 서로의 맛을 잘 살려 준다.

안주가 지나치게 기름지고 맛있거나 강하면 술이 오히려 맛이 없게 느껴지기도 한다.

3.4 유명 양조주

- **이화주(梨花酒 : 白雪香)** : 배꽃(梨花)처럼 하얗다 해서, 혹은 배꽃이 필 무렵 만든다 해서 붙인 이름이다. 하얀 빛깔은 쌀누룩을 사용하여 생겨났다. 밀누룩을 쓰면 누르스름한 흰색이 되는데 쌀로 빚은 누룩으로 만드는 게 일반 막걸리와의 큰 차이다.
  일반 막걸리와 달리 물을 타지 않는다는 점이 독특하다. 재료가 삭으면서 생기는 수분이 전부라서 걸쭉하다. 일반 막걸리의 6~8° 보다 훨씬 높은 14~15° 정도의 알코올 도수다.
  고려의 '한림별곡'에서 "이화주를 사발 가득히 부어 마신다"라는 구절이 있다. 1500년대의 수운잡방(需雲雜方)이란 요리책에 나오는 이화주 만드는 법이 나온다. 수운(需雲)은 격조를 지닌 음식문화, 잡방(雜方)은 갖가지 방법을 뜻한다.

Tip 이화주 만들기

① 이화곡 : 쌀을 씻어 2시간 불린 뒤 3시간 동안 체에 받쳐 물기를 빼고 아주 곱게 갈아 가루 내어 체로 거듭 친다. 물을 조금씩 뿌리며 힘주어 섞어 오리알 크기의 단단한 덩어리로 맏는다. 이것을 솔잎을 바닥에 깐 상자에 놓고 7일 후 뒤집어 주고, 삼칠일후에 꺼내 보아 빛이 누런색과 흰색 곰팡이가 서로 섞여 있으면 꺼내어 잠시 바람을 쏘였다가 저장해 두고 쓴다(발효).
1주일이 지나 이화곡을 갈라봐서 연노랑색 곰팡이가 생겨있으면 표면을 깨끗하게 털어낸 후 12등분해서 곱게 갈아 사용할 수 있다.

② 쌀을 물에 불려 아주 곱게 가루 내어 1시간 쪄서 백설기를 만들어 한 김 식혀 잘게 조각낸 후 항아리에 넣고 이화곡 가루(누룩)도 풀어 섞는다.

③ 25° 내외에서 약 3주간 발효시키면서 하루에 두 번 정도 바닥까지 잘 저어준다. 발효가 끝나면 체에 걸러 마신다.

- **(평안도) 계명주(鷄鳴酒)** : 쌀이 귀한 북쪽 지방의 특성이 반영되었기 때문인지 수수와 옥수수를 주원료로 사용하며 황혼 무렵에 술을 빚으면 새벽닭이 울 때 마실 수 있다고 해서 이름이 붙은 한국에 남아있는 유일한 고구려 시대의 술이다. 평안도지역에서 잔치술, 속성주, 엿기름을 사용한다고 해서 엿탁주라고도 불렀다.
  고구려인의 주식 중 하나였던 수수가 계명주를 만드는 가장 중요한 재료로서 술색깔이 원래 수수의 붉은 빛이 강했지만 옥수수가 들어온 이후 옥수수를 더 많이 넣어 지금은 술의 색이 황색을 띠고 있다.
  특이한 점은 일반적인 전통주의 제조는 지애밥으로 빚지만 계명주는 죽을 쑤어 술을 만든다. 누룩을 절구에 부드럽게 찧고 조청에 버무려 삼베자루에 넣은 것을 항아리에 일주일 동안 묵혀둔다. 그리고 옥수수, 수수, 엿기름으로 죽을 쑤어 보관해둔 누룩, 조청, 솔잎을 혼합해 술을 빚는다. 25~28°의 실내에서 8일간 발효시켜 걸러내면 알코올 도수 7~16°로 누룩과 수수, 솔잎이라는 세 가지 재료가 어우러져 특유의 신맛과 단맛, 그리고 솔잎의 은은한 향이 퍼져 나온다.

- **진달래술** : 진달래술은 신경통, 천식, 두통, 월경 이상에 좋다. 맛과 향이 그윽하다. 진달래의 꽃술을 제거하고 체를 이용해 물에 가볍게 씻은 뒤 담근다.
  철쭉과 비슷하지만 철쭉은 독성으로 먹지 않는다. 진달래는 꽃잎 안쪽에 검은 점이 없으며, 철쭉은 잎이 먼저 나오는 반면 진달래는 꽃이 먼저 핀다.

Tip 진달래술 담그기(15리터 분량)

[밑술 만들기]

① 멥쌀 2.5되를 물에 깨끗이 씻은 뒤 가루로 빻는다.
② 물 2.5리터를 끓여서 빻은 쌀가루에 부어 주걱으로 개어 주면서 익힌 뒤(익반죽) 서늘한 곳에 놓고 때때로 뒤적거리며 차게 식힌다.
③ 익반죽한 쌀가루에 누룩 300g과 밀가루 4홉을 넣고 주걱으로 고루 저어 버무린다.
④ 이것을 술독에 넣고 안친 다음 베보자기로 입구를 봉하여 뚜껑을 덮고 섭씨 23~25° 되는 그늘에 48시간 정도 놓는다.

[덧술 만들기]

① 찹쌀 3되, 맵쌀 3되를 씻어 하룻밤 불려 각각 다른 시루에 넣고 강한 불에 한 시간 정도 쪄서 고두밥을 만든다.
② 찹쌀은 중간에 한 차례, 멥쌀은 중간에 두 차례 한 공기씩 물을 뿌려 준다. 이 때 시루와 솥 사이는 밀가루 반죽(시룻번)으로 틈을 잘 막아 주어야 김이 새지 않는다.
③ 물 10리터를 동시에 따로 팔팔 끓인 뒤 차게 식힌다. 그 중 3리터 정도는 멥쌀로 진 뜨거운 고두밥에 붓는다. 물을 먹은 메밥과 찰밥을 넓은 곳에 펴서 식힌다.
④ 식힌 메밥, 찰밥에 준비한 밑술과 끓여 식힌 물 7리터, 누룩 300g을 각각 반씩 섞어 버무린다.
⑤ 이렇게 만든 메밥재료 한 켜, 찰밥 재료 한 켜, 진달래꽃과 솔잎 한 켜씩을 술독에 켜켜이 안친다. 맨 위는 누룩과 물 등을 섞은 메밥으로 덮어야 한다.
⑥ 술독을 베보자기로 봉하여 이불로 덮어서 24° 정도 되는 그늘에 놓아 둔다.
⑦ 3일 정도 후 이불을 벗기고 20° 정도 되는 그늘에서 한 달 정도 후 체로 걸러 마신다.

※ 진달래와 솔잎은 그늘에서 말리되 진달래(한 됫박)는 꽃술을 제거해야 된다.

- **(경남 함양) 지리산 솔송주** : 조선5현(朝鮮五賢) 가운데 한 사람인 일두 정여창 선생(1450~1504)의 고택은 국가지정 중요민속자료 제186호로 지정되어 있는데 함양군 지곡면 개평마을에 있다. 정여창 선생의 가문에서 500년 세월을 이어 오고 있는 가양주가 바로 '지리산 솔송주'이다. 예전의 원래 이름은 송순주(松荀酒)였지만 다른 지역의 송순주와 구별하기 위해 1996년부터 솔송주로 쓰고 있다.
  찹쌀 죽에 누룩을 잘 섞어 독에 보관하고 사흘 가량 발효해 밑술을 만든다. 식힌 고두밥과 떨맛을 없애기 위해 솔잎과 송순을 살짝 쪄서 밑술과 섞어 보름가량 숙성한다. 숙성된 술을 채와 창호지에 걸러내 서늘한 곳에서 20일 가량 보관한 뒤 맑은 윗술을 떠내면 솔송주가 완성된다.
  발효과정에 당분이 다 없어지면 독한 술이 되고 많이 남으면 고유의 술맛이 사라지므로 당분의 량(잔당)을 조절하는 것이 술 맛의 핵심이다.
  2007년 노무현 대통령이 북한을 방문했을 때 남측 주최의 공식 만찬주로 쓰였으며, 2008년 경남 창원에서 열린 '2008 람사르 총회'에서 공식 건배주로 사용되었다.

Tip

[술 박물관 리쿼리움]

충주 탄금호 중앙탑 공원에 있는 박물관으로 입구에 있는 대형 증류기가 방문객을 맞이하여 와인은 물론 중국술에서 우리 토속주까지 다양한 술을 관람할 수 있다. 출입문 옆에는 오크통이 피라미드 모양으로 쌓여 있고 주신(酒神)인 바커스 초상화가 맞아준다. 와인관에는 이집트 벽화에 새겨진 와인 제조과정 벽화와 지중해에서 건진 와인 항아리, 와인 제조과정과 나라별 와인 종류도 소개되어 있다.
맥주의 역사와 제조과정을 보는 맥주관, 그리고 동양주관과 증류주관이 있다.

[대한민국 술 박물관]

경기도 안성시에 2004년 문을 연 술에 관련된 자료 4만여 점을 전시하고 있다. 예전의 양조장에서 술을 만들던 갖가지 도구와 술독을 비롯하여 술과 관련된 고서들이다. 술 제조법을 기록해 놓은 '규중세화', 술 마시는 예법을 적은 '향음주례' 같은 책들도 있다.

PART **2**

증류주 (Spirits)

술은 제조법에 따라 양조주, 증류주, 혼성주의 세 종류로 나뉘며, 증류주란 양조한 술을 증류한 주류의 총칭으로 스피리츠(Sprits)라 부르며 알코올 도수가 높으며 칵테일의 주재료로도 쓰이는 것이다.

증류는 액체의 비점(沸點) 즉 끓기 시작할 때의 온도의 차이를 이용하여 성분을 분리하는 것이다. 물의 비점은 100℃이지만 에틸알코올은 78.325℃로서 액체를 가열하면 78.325°에서 알코올이 증기로 변화되는데, 이것을 냉각시켜 다시 액체 상태로 바꾸어주면 알코올 농도가 높은 액체가 추출되는데 이것이 바로 증류주가 된다.

제 1 절 위스키(Whisky)

위스키는 옥수수, 밀, 보리 등의 곡류를 주원료로 하여 발효시켜 증류한 술을 말한다. 통에 담아 숙성시키는 것이 진이나 보드카와 다르다. 제조는 원료를 당화시켜 효모를 섞는다. 그런 후에 발효시켜 몇 번의 증류를 반복하여 오크통에 넣어서 숙성시킨다. 숙성기간은 짧게는 2~3년에서 길게는 몇 십 년을 숙성시키기도 한다. 오크통에 넣기 전까지는 무색이지만 통 안에서 숙성하는 동안에 호박색으로 변한다.

1.1 위스키의 분류

위스키는 제조방식, 숙성연도, 산지에 따라 분류한다.

1.1.1 스카치 위스키의 제조법

위스키의 제조법이 곧 원료에 의한 분류의 의미도 된다. 만드는 방법에 따라 다음의 세 가지가 있다.

(1) 몰트 위스키(Malt Whisky)

싹을 틔운 보리(몰트)를 엿기름으로 만들고 물과 섞어 발효시킨 다음 증류해 만들며 **100% 보리만 원료**로 쓴다. 보리를 물에 담가 부드럽게 한 후에 넓은 곳에 펴 놓는다. 보리가 발아하면서 성분이 서서히 당분으로 변해간다. 이 맥아를 말려서 훈제를 한다. 그 뒤 보리를 잘라 당분을 빼기 위해서 뜨거운 물에 담근다. 그 다음에 맑은 물과 효모를 첨가한다. **단식 증류기로 두 번의 증류** 후에 통에 넣어 숙성시키는데 이 기간 동안에 색이 우러나오게 된다. 공정 도중에 연기를 쐬어서 독특한 향이 난다. '위스키 중의 위스키'라는 **싱글 몰트(single malt)**는 같은 몰트를 원료로 같은 증류소에서 만든 것을 가리킨다. 생산과 판매량은 적지만 독특한 맛과 향기로 품격에서는 으뜸으로 친다.

스코틀랜드는 방방곡곡에서 위스키를 만들지만 그 중에서도 동북쪽에 있는 스페이사이드(Speyside : 스페이강 유역)를 꼽는다. 84마일 길이의 스페이(Spey)강은 바닥에 이탄(泥炭)이 많이 녹아있어 짙은 갈색의 맑은 물이 흐른다. 이곳의 특징은 대부분 몰트 위스키를 만든다는 점과 전통을 지키는 고집과 자존심에 있다.

- **몰트위스키의 스코트랜드 생산지역** : 하이랜드(Highlands), 로우랜드(Lowlands), 캠벨타운(Campbletown), 아이래이(Islay).

(2) 그레인(Grain Whisky)

강렬한 몰트의 맛을 중화하기 위해 압력으로 수증기를 밀어내어 급속히 식히는 연속식 증류기법을 사용하여 맛을 부드럽고 가볍게 만든 것이다. 귀리, 밀, 호밀, 옥수수와 같은 **보리 외에 다른 곡류도 포함하여** 만든 것으로 연기를 쐬지 않고 연속식 증류를 한다.
위스키의 제조과정은 스코틀랜드의 수도인 에딘버러의 위스키박물관 'The Scotch Whisky Experience'에서 상세히 볼 수 있다.

(3) 블렌디드 위스키(Blended Whiskey)

몰트위스키와 그레인위스키 등 여러 종류의 위스키를 **적당한 비율로 섞어(blended) 혼합**해 만든 것이다. 보통 20~40 종류의 몰트에 3~4 종류의 그레인위스키를 섞는다.
1853년 전까지에는 스트레이트 몰트위스키, 스트레이드 그레인위스키만 있었으나, 앤드류 어셔(Andrew Usher & Company)사에서 처음으로 이 둘을 혼합한 블렌딩위스키를 만들어내기 시작했다. 블렌딩할 때 몰트위스키의 비율이 높은 것을 고급으로 간주한다.

1.1.2 위스키의 숙성 연도

숙성 연도에 따라 보통은 6~7년의 스탠더드, 12~16년의 프리미엄, 17~30년의 수퍼 프리미엄급으로 나뉘어 진다. 맥켈란(Macallan Fine & Rare)은 생산 연도를 표기하므로 빈티지위스키로도 불린다.
스코틀랜드에서는 3년 이하로 숙성된 술은 위스키라는 말을 쓸 수 없다. 위스키는 숙성과정에 오크통 속에서 매년 3% 정도가 증발해 버리는 데 이를 '천사의 몫(angel's share)'라 부른다. 따라서 오래될수록 희소성과 특유의 맛이 생성되므로 가격이 비싸진다.
'발렌타인 17'에서 17이라는 숫자는 17년 된 원액으로 만들었다는 게 아니고 블렌딩할 때 17년 이하의 원액을 섞지 않았다는 뜻이다. 숙성기간이 12년, 17년, 21년 식으로 가는 이유는 그 술의 향이 12년, 17년 되었을 때 급격히 좋아지므로 정해진다.
위스키를 숙성시키면 색깔은 더 진해지면서 맛은 더 부드러워진다. 숙성이라는 물리적, 화학적 변화의 결과이다. 이러한 변화를 요약하면 다음과 같다.

- 오크통의 목질부에 원액이 흡수되고 통의 표면에서 증발이 일어나 연평균 2%의 위스키 증발 손실이 일어난다. 이처럼 공기 중으로 증발하는 위스키 원액을 천사의 몫(angel's share)라고 부르

고 있다. 이같이 증발에 의한 손실로 오래된 위스키 값이 당연히 비싸진다.

- 색깔로서, 무색투명하던 원액이 목질부에서 우러난 색소에 의해 점점 짙은 호박색으로 변해 간다. 오크통을 만들 때 내부를 태우는 과정이 있는데 이 때 표면은 완전히 타서 3mm 정도의 숯으로 막이 형성되고 그 이면에는 5mm 정도의 목질이 구워진다. 여기에서 색깔이 우러나는 것이다.
- 향과 맛의 변화이다. 숙성을 시키는 진짜 이유로서, 향기와 맛은 위스키에 있는 약 400여 가지의 성분 조합에 의해 평가된다. 잘 숙성된 위스키는 향과 맛이 풍부하면서 잘 조화를 이루어 균형감이 느껴진다.

Tip 위스키 레이블에 나타나는 문구

- Single Malt Whisky : 한 증류소에서 만든 몰트 위스키
- Vatted Malt Whisky(Pure Malt Whisky) : 그레인 위스키는 섞지 않고 여러 증류소의 몰트 위스키를 섞어 만든 위스키(vatted : 큰 통에서 처리되었음)
- Single Cask(Single Barrel) : 병에 넣을 때 여러 통의 위스키를 섞지 않고 한 통에 든 위스키만 담았다. 술통의 명칭에는 163.7L 짜리의 배럴(barrel), 모든 통을 지칭하는 캐스크(cask), 매우 큰 통인 배트(vat)가 있다.
- Cask Strength : 병에 넣을 때 통속의 위스키를 물과 섞지 않고 그대로 담았다. 통속의 알코올 도수를 그대로 유지했다는 뜻
- Single Wood : 증류 후 숙성을 거쳐 병에 넣기까지 한 종류의 술통을 썼다.
- Double Wood : 증류와 숙성을 거쳐 병입할 때 까지 두 종류의 술통을 사용했다.
- Oak Cask Matured & Port Cask Finished : 오크통에서 숙성한 뒤 포트와인을 담았던 통에 단기간 속성했다.

1.1.3 산지에 의한 분류

위스키는 아일랜드산인 아이리쉬, 스코틀랜드산인 스카치, 그리고 미국에서 만드는 어메리컨, 캐나다의 캐네디언, 일본의 재패니즈로 구분된다.

1.2 아이리쉬 위스키(Irish Whiskey)

원료로, 발아시킨 보리 25~50%, 발아하지 않은 보리, 밀, 귀리, 호밀(rye), 옥수수를 섞어 사용한다. 몰트와 그레인위스키를 블렌딩하며, **단식증류기에서 3회 증류**하므로 향과 색이 가볍고 부드럽다. 숙성기간을 최소 3년으로 보고 보통 5년에서 12년 정도를 숙성시킨다.[1] 아이리쉬 위스키는 특별함을 강조하기 위해 'WHISKEY'로 쓴다. 미국산 위스키의 철자는 이 아이리쉬 방법을 따라 쓴 것이다.

1) Harriet Lembeck, "*Grossman's Guide to Wines, Beers, & Spirits*", Wiley Publishing Inc, 7th Revised Edition 2006, p.332

- **부시 밀즈(Bush Mills)** : 1608년에 설립된 가장 오래된 아이리쉬 위스키로, 보리 맥아만으로 원주(原酒)를 만들어 그레인위스키를 섞는다. 맛이 가볍고 상쾌하다. '숲속의 물레방앗간'이란 뜻으로 블랙 레이블은 프리미엄급이다.

- **제임슨(Jameson)** : 제임슨(John Jameson)이 만든 중후한 맛의 위스키로 1780년부터 오랫동안 아이리쉬의 고전적인 증류법을 지켜오고 있는 아이리쉬의 톱 브랜드. '제임슨 1780'은 단맛이 풍부한 향의 블렌디드. 바닐라 아이스크림을 넣어 먹어도 좋다.
- **존 파워 앤 선(John Power & Son)** : 알코올 도수 40°로 아이리쉬 커피에 넣어 마시기 위해 아일랜드에서 많이 판매된다.
- **패디(Paddy)** : 알코올 도수 40°의 1779년 코크(Cork Distillers Company)사에서 만든 것으로 오크통에서 최소 7년 이상의 숙성을 거친다.

- **털러모어 듀(Tullamore Dew)** : 부드럽고 가벼운 맛이 특징. 아일랜드 중앙부에서 번영해 온 아름다운 거리인 털러모어(Tullamore)의 이슬이란 뜻이다.
- **기타** : Black Bush, Connemara Peated(Single Malt), Greenore(Single Grain), Green Spot(Single Pot Still), Inish Turk Beg(Single Malt), Kilbeggan, Knappogue Castle(Sherry-Cask Finished 16 Year Old, Single Malt), Locke's, Midleton Barry Crockett Legacy,Midleton Very Rare, Paddy, Powers, Redbreast, Tyrconnell(Single Malt) 등이 있다.

1.3 스카치 위스키(Scotch Whisky)

위스키는 아일랜드, 스코틀랜드, 미국, 캐나다, 일본의 다섯 나라에서 만든다. 이 중 스코틀랜드에 증류소가 가장 많으며 그 중에서도 하이랜드(High Land), 하이랜드 중의 스페이사이드(Speyside) 지역에 가장 많이 몰려 있다. 아일랜드에서 전수되어 탄생한 것으로 아일랜드의 남성적인 풍미와 향기가 깃들어 있다. 원료는 100% 맥아이다.

- **발렌타인(Ballantine)** : 발렌타인(George Balantine)이 1827년 스코트랜드에 식료품점을 개업하면서 만든 것이 시초로 현재 연간 약 6천만 병이 판매되고 있다. 영국 빅토리아 여왕에게서 왕실 위스키 인증을 받았다. 발렌타인 시리즈는 6년산 '발렌타인 Finest', Gold Seal은 12년산, 17년산, 21년산, 30년산 등 다양하며 2003년에는 '발렌타인 Masters'를 선보이기도 했다. 이 중 17년산은 브랜드 이미지로 정평이 있으며, 30년산은 한정 수량만 판매한다.

- **발베니(Balvenie)** : 글렌피딕을 소유하고 있는 윌리엄 그랜트(Willam Grant)사 소속으로 1892년 설립되었다. 증류소 소유의 밭에서 경작한 보리와 증류소에서 직접 생산한 몰트를 사용하고 있다.
- **벨스(Bell's)** : 샌드맨(Thomas Sandman)과 벨(Arthur Bell)이 1840년에 만든 블렌디드 위스키로 알코올 도수는 40°이다.
- **블랙 앤드 화이트(Black & White)** : 1892년의 개싸움에서 승리한 스코치 데리아견(犬)을 상표에 넣어서 검은 병에 흰 상표를 붙임.

- **시바스 리갈(Chivas Regal)** : '시바스 가문의 왕자'란 뜻으로 '국왕을 지키는 기사들'이라는 의미가 있다. 빅토리아 여왕시대에 기사들이 충성을 다한다는 표시로 레이블에 방패와 칼 두 자루가 그려져 있다. 12년 숙성한 프리미엄급 위스키이다.
- **클랜 캠벨(Clan Campbell)** : 12년산 미만은 라이트 타입으로 여성들에게 인기 있고, 12년산은 남성적인 풍미를 지니고 있다.

- **크렌리벳(Clenlivet)** : 1824년 스미스(George Smith)가 세운 싱글 몰트 스카치로, 12, 15, 18, 21년의 숙성기간 별 레인지가 있으며, 18년산이 2009년 세계 주류대회(World Spirits Competetion)의 금상을 받았다.
- **커티 샥(Cutty Sark)** : 옛 스코틀랜드어로 '짧은 속치마'라는 이름이었으며, 18세기에 가장 빠른 범선의 이름이기도 하였다. 1923년 새 위스키에 이 이름을 붙였고 범선이 그려진 레이블도 만들어졌다. 범선(帆船) 커티 삭은 길이 64m에 높이 46.3m(주 돛대 기준)로 1869년 제작되어 희망봉을 돌아 중국까지 8번 왕복하며 차(茶)를 실어 날랐고 2차 대전 때는 해군 사관생도 교육용으로 쓰였다. 1950년대 초부터 런던 동남부 그리니치 선착장에 정박하여 관광용으로 개방되어 일반인이 1500만 명 이상 방문하기도 하였다. 2007년 5월 보수작업 중에 화재로 많은 부분이 손실되어 복구 중에 있다. 6년산인 스탠다드, 12년산이 에메랄드, 18년산인 디스커버리(Discovery)가 나온다.

- **듀어스(Dewar's)** : 듀어(John Dewar)가 1846년에 수공업으로 만든 몰트·그레인위스키로 최소 12년 이상의 숙성기간이 필요하다.

• **딤플(Dimple)** : 특이한 삼각 병 모양에 보조개라는 이름의 Dimple은 처음에는 창업자의 이름을 따서 해이그스(Haig's)란 이름으로 출시되었다. 그런데 보조개처럼 움푹 패인 병 모양 때문에 미국에서는 '핀치' 그리고 다른 지역들에서는 '딤플'로 불리다가 1920년에 이름을 아예 딤플로 바꾸게 되었다. 딤플 병을 감싸고 있는 황금색 그물망은 처음에는 맛과 품질을 보호하기 위한 코르크 마개 보호용 금속 그물이었다. 그러나 코르크가 캡으로 대체된 이후에도 제품의 상징으로 계속 사용되고 있다. 1600년대부터 위스키를 생산한 가장 오래된 증류소를 가지고 있다.

• **패이머스 그라우스(Famous Grouse)** : 그라우스(Grouse)는 스코틀랜드에 서식하는 꿩과의 새로서, 레이블에 그림이 그려져 있다. 중후한 맛의 위스키이다.

• **글렌피딕(Glenfiddich)**[2)] : 글렌피딕은 게릭어로 '사슴이 있는 골짜기'라는 뜻으로 레이블에 사슴이 그려져 있다. 소도시 더프타운의 골짜기에 자리 잡은 글렌피딕사는 스페이사이드의 간판 업체다. 세계 최고 싱글 몰트 위스키업체라는 명성을 가지고 있지만 양조장은 작은 공원처럼 아담하고 깨끗하다. 5대째 내려오는 가문이 100여 년 전의 첫 제품이 나왔던 그 장소에서만 생산을 하고 있으며, 과거와 같은 재료, 생산기술, 술통 등을 고집하고 있다. 맥아(麥芽)에서 → 당화(糖化) → 발효(醱酵) → 증류(蒸溜) → 숙성(熟成) → 병입(甁入)에 이르는 제조과정도 마찬가지다. 12년, 15년, 18년, 21년산과 30년산이 나온다.

• **그랜츠(Grants)** : 그랜트(William Grant)가 1887년 크리스마스에 내 놓은 위스키로 부드러운 삼각형 모양의 병이 독특하다.

• **제이 앤 비(J & B** : Jet, Rare) : 저스티니(Justerini) 사와 브룩스(Blooks)사의 첫머리를 따서 만든 것으로 1749년 설립되었다. 1760년 이래 영국왕실의 공식위스키로 지정받아 레이블에 영국 왕실의 문장이 있다. 캐러멜 색소를 사용하지 않는 연한 색의 맛이 부드러운 여성적인 위스키로 알려져 있으며 6년산의 레어(Rare), 12년 산의 젯(Jet), 15년 산의 리저브(Reserve)가 있다.

• **존 헤이그(John Haig)** : 존 헤이그가 1824년에 만든 블렌디드 스카치 위스키

---

2) '사슴(fiddich)이 있는 계곡(Glen)'이라는 뜻의 게일어로 레이블에 사슴이 그려져 있는 글렌피딕은 1886년 가을 윌리엄 그랜트(William Grant)가 현재의 양조장 지역 땅을 사들이면서 시작되었다. 윌리엄 일가는 증류소를 세웠고 힘든 과정을 거쳐 1887년 크리스마스에 첫 번째 글렌피딕을 완성했다.

- **자니 워커(Johnnie Walker** : Blue, Gold, Black, Red Label)[3] : 1820년 영국의 존 워커가 독특한 위스키 블렌딩 기법으로 만든 것으로 알렉산더 워커, 조지 워커로 이어지는 가문이 만든다. 6년산의 레드, 12년 산의 블랙, 15년산의 스윙, 18년산의 골드가 있으며, 블루는 30년 이상 숙성시킨 것이다.
  조니 워커 골드는 조니 워커 탄생 1백주년을 기념하여 만든 18년산 스카치 위스키이다. 얼려 마실 수 있는 독특한 음용법으로 인기가 있다. 조니 워커 블루(Johnnie Walker Blue)는 19세기의 전통적인 블렌딩 방식으로 제조된 것으로 고유의 맛과 향을 느낄 수 있으며, 강렬한 향을 잃지 않으면서도 입안에 녹아내리는 부드러운 맛을 유지하고 있다. 모든 병에 고유 번호를 부여하고 있다.
  '골드 레이블'은 서 너 시간 정도 얼려 끈적끈적한 상태에서 마시면 미묘한 과일맛과 짙은 초콜릿 향으로 '프로즌 골드(frozen gold)'란 애칭으로 불린다.
- **킹덤(Kingdom)** : 블렌드 마스터인 존 램지가 은퇴 전에 마지막으로 블렌딩하여 존 램지가 만든 최고의 위스키라는 의미의 'King of Whisky'라는 이름이다. 램지는 위스키 명가 에드링턴 그룹의 최고 마스터였다.
- **맥켈란(Macallan)** : 맥켈란의 품질이 뛰어난 숙성 원액은 다른 오크통의 원액과 섞거나 희석하지 않고 바로 병에 넣는다. 이것이 최고급 싱글 몰트위스키인 '파인 앤드 레어(Fine & Rare)다. 맥켈란의 최고 빈티지는 1926년산으로 86년에 40병을 만들었는데 2002년 글래스고의 경매에서 한 병에 2만 150파운드(약 4000만원)에 팔렸다.

  증류소 주변 교회의 이름인 맥컬(Macal)에서 연유된 이름으로 레이블에 있는 저택은 1700년대 증류소 옆에 있던 집이다.
- **맥켄지(Mackenzie)** : 맥켄지(Thomas Mackenzie)가 1897년에 만든 싱글 몰트 위스키이다.
- **올드 파(Old Parr)** : 술병에 있는 사람의 모습은 신장 155cm에 체중 53kg인 152세된 토마스 파(Thomas Parr)이다. 80세에 결혼하였고 102세 때 재혼할 정도로 건강하여, 152세 때 찰스 1세가 왕궁으로 초대하여 루벤스에게 그의 초상화를 그리게 하였고 이것이 상표 모델이 되었다.
- **올드 스마글러(Old Smuggler)** : 알코올 도수 40°의 블렌디드 스카치 위스키이다.
- **로얄 살루트(Royal Salute)**[4] : '왕에게 바치는 예포'라는 뜻의 술이다. 1953

---

3) 레이블에 보이는 스트라이딩 맨(걸어가는 신사)은 유명한 만화가 톰 브라운(Tom Brown)이 조지 워커에게 선물한 그림에서 유래되었는데 '조지'는 '1820년에 탄생해 아직 계속 가고 있다(Born 1820 Going striding)'이라는 문구를 첨가했다.

4) 도자기 병은 16세기 에딘버러 성을 방어하는데 쓰인 '몽즈 메그' 대포를 본떴는데 스코틀랜드 사람들이 수호의 상징으로 여기는 것이다. 스코틀랜드의 가장 용감한 전사로 일컫는 '로버트 더 브루스'의 모습이 병에 말을 타고 돌진하는 모습으로 새겨져 있기도 하다.
아랫부분에는 게일어로 'Treibhireas Bunaiteachd(충실함과 불변성)'이라는 글이 있다. 로얄 살루트가 탄생한 해에 에베레스트 산을 최초로 정복한 에드먼드 힐러리경, 그리고 한국의 산악인 엄홍길씨에게도 '로얄 살루트 50'을 헌정한 바 있다.

년 6월 2일, 엘리자베스 2세 여왕의 즉위식을 위하여 제조한 것으로 대관식 때 21발의 예포를 발사한 것을 기념하여 21년산 이상만 생산한다.

- **로얄 스티어링(Royal Stirling)** : 17년산과 25년산이 있다. 25년산은 100% 프리미엄 몰트 위스키로 크리스탈병에 일련번호가 부여되어 한정생산하고 있다.
- **티쳐스(Teacher's)** : 티처(William Teacher)가 1884년에 만든 블렌디드 스카치 위스키.

- **화이트 호스(White Horse)** : 미키(Mickey)가족이 만든 것으로 유명한 사교장의 이름에서 유래되었다.
- **윈저(Windsor)** : 윈저 브랜드는 영국의 현 왕조 윈저 가문에서 유래되었다. 윈저 17년은 스코트랜드 하이랜드 지방에서 생산된 17년 이상의 위스키 원액을 블랜딩한 제품이다. 보는 각도에 따라 색이 바뀌는 홀로그램 라벨은 차별화된 디자인으로 위조를 방지하는 역할도 한다.
  윈저의 병과 레이블, 뚜껑에 담긴 문장에는 앞발을 든 사자가 있다. 영국 왕실을 상징하는 문장에 주로 쓰이는 형상이다. 1999년 엘리자베스 2세 여왕이 방한했을 때 축하 만찬에 올랐다.

- **뱃(Vat) 69** : 69번째 통이란 뜻으로, 100종류에 이르는 원료를 블렌드하여 각각의 통에서 숙성시켰는데 감정자가 69번째 통을 선택하였으므로 통의 번호가 그대로 상표명이 되었다.
- 보우모어(Bowmore), 하이랜드 파크(Highland Park), 화이트 앤드 맥케이(White and Mackay) 등이 있다.

1.4 미국 위스키(American Whiskey)

미국에서 생산되는 모든 위스키를 말하며, 1795년 켄터키주에서 만들기 시작하여 1920년 1월부터의 금주법이 1933년 풀리고 그 다음해에 증류주에 관한 규정이 생겼다.
'사우어 매쉬(Sour Mash)'는 발효를 마친 액을 증류기로 옮길 때 시큼한 발효액을 일부 남겨 두었다가 다음의 맥아즙과 함께 발효시켜 발효액의 품질과 맛과 일정하게 유지시키는 것을 말하며, 레이블에 표시되기도 한다.

1.4.1 버번 위스키(Bourbon Whiskey)

옥수수를 51% 이상 80% 미만으로 사용하고 보리, 호밀 등을 섞어 만들며 통 안쪽을 태운 오크통에서 2년 이상 숙성시키며 한 번 숙성에 쓴 통은 다시 사용하지 않는다. 켄터키주의 버번 카운티를 중심으로 생산된다.

- **얼리 타임스(Early Times)** : 켄터키 주에서 링컨대통령이 취임한 1860년에 나온 버번위스키로 미국에서 인기가 많다.
- **하퍼(L. W. Harper)** : 알코올 도수 43°의 4년 숙성 켄터키 주의 스트레이트 버번 위스키이다.
- **짐 빔(Jim Beam)** : 1795년 설립되어 맛이 부드러운 소프트 버번의 대명사 격으로 알코올 도수는 40.3°이다. 블랙 레이블은 101개월(8년 5개월)이라 적혀 있다.

- **시그램(Seagram's 7 Crown)** : 캐나다의 시그램사가 1934년에 미국에 진출하여 생산한 마일드 타입으로 알코올 도수 43.4°의 블렌디드 위스키이다. 3년 이상 오크통에서 숙성하며 12년, 15년산도 나온다.
- **셴리(Schenley Reserve)** : 알코올 도수 40°의 진한 황금색을 띠며, 200ml, 750ml, 1리터, 1.75리터의 네 종류가 있다.
- **와일드 터키(Wild Turkey)** : 사우스 캐롤라이나 주에서 매년 열리는 야생 칠면조 사냥에 모이는 사람들을 위해 제조된 술로 '야생의 칠면조'란 뜻이다. 풍미가 강해서 혀에 톡 쏘는 맛이 있다.
- 이글 레어(Eagle Rare), 포 로지즈(Four Roses), 올드 크로(Old Crow), 올드 핏제럴드(Old Fitzgerald), 올드 립 밴 윙클(Old Rip Van Winkle), 올드 웰러 앤티크(Old Weller Antique), 패피 밴 윙클(Pappy Van Winkle), 밸리 포지(Valley Forge), Returns: Not accepted

1.4.2 테네시 위스키(Tennessee Whiskey)

버번위스키를 단풍나무(sugar-maple) 숯으로 한 번 더 여과시켜서 만든 것으로 마일드한 맛이 특징이다.

- **잭 다니엘(Jack Daniel)** : 위스키의 이름이자 이를 만든 잭 다니엘(Jack Daniel, 1849~ 1911)의 이름이기도 하다. 정식 이름은 재스퍼 뉴턴 다니엘로 미국 테네시주의 스코틀랜드계 아일랜드 이민 집안의 10남매 중 막내로 태어났다.

  15세 때 고아가 되어 옥수수 농장 일을 거들며 살아가다 1846년에 사탕단풍나무 숯을 통해 증류한 위스키를 한 방울씩 여과시키는 '링컨 카운티 공법'으로 제조한 술이 명성을 얻어 사업가로 크게 성공하였다. 또한 1904년 세인트루이스 세계 박람회에서 금상 수상으로 '세계 최고 위스키'의 명성마저 얻었다.

  술에 올드 넘버 7(Old No.7)이라는 브랜드를 붙여 판매하였고, 눈에 쉽게 띄는 사각형(square) 병은 정직한(square) 판매상을 상징한다고 주장하

여 오늘날까지 독특한 스타일로 남아 있다.[5)]

- **조지 디컬(George Dickel)** : 테네시주 달라호마에서 1870년 제조된 것으로 잭 다니엘과 같은 타입이다.

1.4.3 기타 아메리칸 위스키

- **라이 위스키(Rey Whiskey)** : 원료로 호밀을 51% 이상 사용한 것으로, 오크통에 2년 이상 숙성시킨다. 버번보다 맛이 진하다. 버번 위스키 중의 새저랙(Sazerac)이 이에 속하며, 알코올 도수 50°의 리튼하우스(Rittenhouse Straight Rye) 등이 있다.
- **콘 위스키(Corn Whiskey)** : 원료로 옥수수를 80% 이상 사용한 것으로, 맛이 부드럽다.
- **바틀 인 본드 위스키(Bottle in Bond Whiskey)** : 정부의 감독 하에 생산, 분류, 보관되는 것으로, 정부에서 품질을 보증하는 것은 아니다. 버번과 라이 위스키에 해당되며, 4년 이상 숙성해야 된다.
- **미국 위스키 제조사** : American Liquor, Ascot Distrillery, Columbus Cirle Liquor Str, D Sokolin & Company, Double Springs Distrllers, Fairfield Distillery, Famos Wins & Liquors, Finks Triboro Wine & Liqu, General Distillers, Glen Fork Distilling, Hub Wines and Liquors, Lewis-Westco & Company, Madison Liquor Store, Maisonette ET, Meadow Springs Distillery, Old Lewis Hunter Dist. Valencia Liquor Shop

1.5 캐나디언 위스키(Canadian Whisky)

귀리, 호밀, 옥수수, 보리 등을 재료로 만든 것으로, 이 중 어느 하나가 50%를 상회하면 안 된다. 캐나다법(法)으로는 곡물류로만 만들어야 한다고 되어 있다.
경쾌하고 특별한 상쾌함을 느낄 수 있으며, 독특한 향이 없어서 칵테일의 베이스로 많이 사용된다. 알코올 도수 40°는 내수용, 43°는 수출용이다.
제조방법은 아메리칸 위스키와 비슷하지만 숙성 공정은 다소 달라서 아메리칸 위스키보다 가볍고 밝으며 블렌딩한 위스키만을 생산하고 있다. 숙성기간은 최소 4년으로 한다.

- **블랙 벨벳(Black Velvet)** : 보드카와 비슷한 맛의 위스키.
- **캐네디언 클럽(Canadian Club)** : CC라는 애칭으로 알려진 것으로, 1858년 창업 이후 1898년 이래로 영국왕실에 납품하고 있어 레이블에 영국 왕실의 문장이 있다.
- **캐네디언 미스트(Canadian Mist)** : 콜링우드(Collingwood)사에서 만든 것으로, 보리와 맥아로 만들어 오크배럴에서 숙성시킨다.

---

5) 피터 크래스, 박수현역, "*잭 다니엘, 신화가 된 사나이(Blood and Whiskey : The Life and Times of Kack Danniel)*", 모티브 북, 2004년

- **크라운 로얄(Crown Royal)** : 1939년 영국왕 조지 6세가 캐나다를 방문했을 때 만든 진상품이다.
- **시그램(Seagram's V.O)** : 호밀과 옥수수로 만든 6년 숙성의 마일드 타입 블렌디드 위스키로 1924년 몬트리얼에서 창업된 시그램사 제품이다.
- **션리 세븐 크라운(Schenley's Seven Crown)** : 시판 전의 시음 과정에서 10여종의 증류주 중 7번째 것이 가장 품질이 우수하여 7과 왕의 상징인 왕관을 레이블에 표시하였다.

1.6 다른 나라들의 위스키

1.6.1 일본

일본에서 예전부터 만든 술은 정종류와 소주류가 있었다. 증유법의 기술이 스코틀랜드와 프랑스에서 도입된 이후로 위스키의 제조가 발달되었다.

일본 위스키의 선구자는 타케츠루 마사타카(竹鶴 政孝)와 도리이 신지로(鳥井 信治郎)다. 타케츠루는 '사케'를 만드는 집안에서 태어나 1919년 일본인으로서는 처음으로 영국으로 위스키 유학을 가 영국 여자와 결혼까지 하며 위스키 제조법을 배워 왔다. 그의 개인사가 곧 일본 위스키의 역사가 되었다. 도리이는 일본 위스키의 최강자인 '산토리'의 창업주이다.

타케츠루는 스코틀랜드의 위스키를 재현하고자 일본 최북단인 홋까이도에 공장을 세워 석탄연료를 사용한 증류방식으로 위스키를 제조하는 전통적인 방법은 지금도 그대로 계승되고 있다. 타케츠루는 산토리에서 위스키를 제조하다가 1934년 독립해 위스키회사인 '니카'를 세웠는데 나중에 아사히로 합병되었다.

블렌딩위스키는 단식증류에 의한 풀-바디의 위스키와 연속식 증류에 의한 라이트바디의 위스키를 이용하여 만들어낸다. 역사가 짧아 아직 지명도가 높지 않으나 스카치와 만드는 법이나 맛이 비슷하다.

지금까지 일본에서 판매된 위스키 중 숙성기간이 가장 긴 제품은 일본의 주류업체인 산토리사가 출시한 40년짜리 '더 센츄리(The Cetury) 40년'이었다. 가장 비싼 제품도 이 회사가 출시한 '히비키(響) 35년'으로 판매가가 100만 엔이었다. 하지만 인간 국보가 만든 백자병에 남아 내놓아 비쌌으므로, 실지로 가장 비싼 것은 2005년 5월에 나온 '야마자끼(山岐) 50년'으로 병당 100만 엔의 50년 이상 숙성시킨 700ml짜리 최고급 위스키였다.

- **히비키(響)** : 교토 교외의 야마자끼 증류소의 화이트 오크 통에서 20년 이상 숙성시킨 몰트 30여종을 중심으로 또한 오크통에서 오래 숙성된 그래인 위스키를 브랜딩했다. 우아하고 밸런스 좋은 화려한 향이 특징으로 그윽한 여운이 은은하다.
- **츠루(鶴)** : 숙성된 몰트와 그래인을 섞은 위스키로 깊은 맛이 있다.
- **야마자끼(山岐)** : 桂, 宇治, 水津의 세 강이 합류하는 야마자끼는 청량 습윤한 안개로 인해 몰트를 저장하기에 이상적인 자연조건을 가지고 있다. 이 곳의 오코통에서 12년 이상 숙성시킨 몰트만을 사용해 맥아 본래의 독특한 맛과 오크의 나무향이 잘 어우러져서 스트레이트나 온더락으로 음용하면 좋다.

- **로얄** : 산토리가 창업 60주년을 기념하여 내놓은 호박색의 프리미엄 위스키이다. 화려한 향과 실크같은 부드러운 맛을 자랑한다.
- **가꾸빈** : 평균 주령이 8년산인 몰트와 그래인을 브랜딩한 알코올 40°. 어떤 요리와도 잘 어울리므로 테이블 위스키로 적당하다.
- 미야기교, 다께츠루(竹鶴), 요이치(余市), 하꾸슈(白州)

1.6.2 기타 위스키 생산국

(1) 네델란드, 독일, 덴마크, 호주

호주에서는 처음에 몰트위스키만 생산하였다가 뒤이어 몰트와 그레인을 혼합한 블렌딩위스키를 만들어냈다. 스카치위스키 타입이지만 호주위스키는 나름대로의 독특한 개성을 지니고 있다.[6]

제 2 절 브랜디(Brandy)

과일을 발효시켜 증류한 술의 총칭이다.

협의의 브랜디는 포도를 발효시켜 만든 와인을 증류한 다음, 숙성, 블렌딩한 것으로서 일반적으로 브랜디는 포도주를 증류하여 만든 것으로 브랜디가 네델란드어로 '불에 태운 와인'을 뜻하며 보통 와인 8병을 증류하면 브랜디 1병이 나온다.

포도 이외의 과실로 만든 것을 프루츠 브랜디라 부르며 구별하고 있다. 그러나 다른 과일로도 제조하는 경우가 있는데 사용 원료에 따라 다음과 같은 브랜디들이 있다.

- **포도** : 코냑(Cognac), 알마냑(Armanac), 일반 브랜디
- **사과** : 칼바도스(Calvados), 애플 잭(Apple Jack)

6) Harriet Lembeck, ibid, p.344

- **체리** : 커쉬 바세르(Kirsh Wasser), 미라벨르(Mirabelle), 시보비츠(Sivowitz), 퀘치(Quetch)
- **살구** : 애프리코트 브랜디(Apricot Brandy)

2.1 코냑(Cognac)

와인으로 만든 증류주로서 와인 브랜디(wine brandy)는 여러 나라에 있지만 포도 재배와 브랜디 생산지역이 공식적으로 지정된 곳은 프랑스의 코냑과 알마냑, 스페인의 헤레스 뿐이다.

브랜디는 프랑스의 의사 빌뇌브(Arnaud de Villeneuve, 1235~1312)가 처음 와인을 증류하여 약으로 팔던 것으로 네델란드어로 'Brande wijn' 즉 'Brunt wine(불에 구운 와인)'이 프랑스어로 Brande Vin이라 하고, 다시 이 말이 영어화되어 브랜디(Brandy)라 부르게 되었다.

술의 왕을 브랜디라 하면 브랜디의 왕을 코냑이라고 부른다. 브랜디는 와인을 증류한 증류주로서 숙성기간이 길수록 품질이 향상된다. 코냑은 프랑스산을 말한다. 즉 1909년 제정된 원산지 통제 명칭법에 따라 코냑지방에서 생산된 브랜디만을 코냑이라고 한다.

따라서 모든 코냑은 브랜디이지만 모든 브랜디는 코냑이 아닌 것이다.

이 지역에서 생산되는 포도는 산도가 높아 와인을 만들면 신맛이 강한 하급품이 되지만 이것을 증류하면 독특하고 미묘한 향기를 풍기는 고급 브랜디인 코냑으로 재탄생되며 2회 증류한다.

우리가 보통 코냑(Cognac)이라고 부르는 코냑은 프랑스 남서쪽에 있는 지방 이름이다. 코냑과 쌍벽을 이루는 브랜디인 알마냑(Armagnac)도 역시 프랑스 남쪽 지방으로 삼총사 달따냥의 고향인 가스코뉴(Gascony) 지역이 주산지이다. 알마냑은 11월 전통적으로 중순경 1회만 증류한다. 생산량이 코냑의 1/10밖에 안되므로 지명도가 코냑에 비해 떨어지지만 한 번의 증류로 거친듯하며 독특한 향미와 맛으로 오히려 더 우위에 두는 사람도 많다.

프랑스 코냑지방의 포도는 산도가 높아 와인을 만들면 신맛이 강한 저급의 와인이 되지만 증류과정을 통하게 되면 독특하고 미묘한 향기의 고급브랜디로 변한다. 코냑은 지역과 증류과정과 방법 등을 엄격하게 규제하여 규격에 맞지 않으면 코냑이라는 명칭을 사용할 수 없게 하고 있다.

코냑에 사용하는 포도 품종은 위니 블랑(Ugni Blanc)이 95% 이상을 차지하며 그리고 꼴롱바르(Colombard) 등의 품종으로 만든 화이트와인만을 증류한 것으로, 2번의 증류과정을 거치며 1차 증류에서 알코올 도수 30%, 2차 증류에서 70% 정도의 도수로 만들어진다. 그 후 오크통에서의 숙성과정에서 참나무 성분이 추출되고 산화 되면서 착색과 섬세한 맛이 생성된다.

병입하기 전에는 새로 제조된 원액과 오래된 것을 블렌딩하여 도수를 40% 정도로 희석시키며 설탕을 태운 캐러멜로 착색하게 된다.

코냑은 와인을 증류시켜 만든 술로 브랜디의 대명사로 통하고 있다. 즉 화이트와인을 증류시켜 새 오크통에서 숙성시키는데 오크통은 코냑의 맛을 부드럽게 해주며 바닐라 향과 타닌 등의 맛이 나게 한다. 어느 정도 숙성되었을 때 타닌 맛이 너무 강하지 않도록 여러 번 오크통을 옮겨 계속 숙성시킨다.[7]

---

7) Harriet Lembeck, ibid, pp.311~317

2.1.1 코냑 레이블

코냑이란 이름을 붙이려면 코냑지역 사무국의 규정에 따라 최소한 1년 이상의 숙성기간을 거쳐야 한다. 상표를 보면 이를 바로 알 수 있다. 코냑은 프랑스에서 나오지만 레이블에 쓰는 약어는 영어로 표기된다. 코냑의 수출국이 오래 전부터 영어권이었기 때문이다.
또한 1738년부터 프랑스 정부는 가장 좋은 꼬냑 포도를 생산하는 '그랑 쌍빠뉴'의 와인 증류 원액 50% 이상을 함유한 꼬냑에 '핀 쌍빠뉴 꼬냑(Fine Champagne Cognac)'이라고 표기하여 다른 곳과 구별하여 왔다.

- **C** : Cognac
- **E** : Extra, Especial
- **F** : Fine
- **O** : Old
- **P** : Pale
- **S** : Siperior
- **V** : Very
- **VO** : Very Old
- **V.S.O** : Very Superior(뛰어난) Old
- **VSOP** : Very Superior Old Pale(색이 맑은), 4년 반 이상의 숙성
- **X** : Extra
- **XO** : Extra Old
- **Napoleon, XO, Ville Reserve(빌레 레저베)** : 6년 이상의 숙성기간을 거친 코냑[8)]

브랜디의 제조사별로 등급을 달리 표시하기도 하며 같은 등급이라도 저장 년도가 달라진다. 코냑은 '★★★(3 스타, 법적 기준 3년 이상)'만이 법적으로 보증되는 연수이고 그 외는 법적 구속력이 없다.

2.1.2 코냑 생산지역

코냑은 7군데의 생산지(혹은 크뤼)를 가지고 있는데 다음과 같다.

- 그랑 상빠뉴(Grande Champagne)[9)] 1st Cru
- 쁘띠 상빠뉴(Petite Champagne). 2nd Cru
- 보르드리(Borderies) 3rd Cru
- 핑 브와(Fins Bois) 4th Cru

8) Harriet Lembeck, ibid, p.317

9) 그랑 상빠뉴, 쁘티 쌍빠뉴는 샴페인(Champagne)의 생산지인 쌍빠뉴(Champagne)와는 관련이 없는 코냑지방의 생산지 중의 한 곳 들이다.

- 봉 브와(Bons Bois) 5th Cru
- 브 조디네르(Bois Ordinaires) 6th Cru
- Bois Communs.[10] 6th Cru

이 중 그랑 상빠뉴, 쁘띠 상빠뉴 지역에서 생산되는 것에만 지역을 표기하고 이 두 지역의 코냑을 블렌딩한 것을 '피느 상빠뉴 코냑(Fine Champagne Cognac)'이라 하며 고급으로 간주된다.

2.1.3 유명 코냑

- **오지에(Augier)** : 1643년 창립된 회사. 오크통의 향의 적절한 배합
- **비스키(Bisquit)** : 1819년 설립된 회사로 감미로운 뒷맛과 라이트하고 부드러운 맛을 보여준다.
- **까뮈(Camus)** : 1863년 만든 회사로, 나폴레옹 탄생 200주년을 기념하여 1969년 고급 꼬냑을 시판하여 세계적 명성을 얻었다.
- **샤또 폴레(Château Paulet)** : 1848년 창립된 회사. 프랑스 대통령 관저에서 귀빈 접대에 오래 사용되어 왔다.
- **꾸르브아지에(Courvoisier)** : 달콤한 나무통 냄새와 강한 여운이 있는 뒷맛이 나며 X.O급, 나폴레옹급, V.S.O.P급이 각각의 특징과 향을 보여준다. 1835년 설립되어 '나폴레옹의 꼬냑이라고도 불리운다.
- **고띠에르(Gautier)** : 1644년 창립. 묵직하며 원만하게 부드러운 맛. 병 모양은 비행기, 범선의 휠(wheel) 등 독특한 모양이 많다.
- **하디(Hardy)** : 엑스트라급은 상빠뉴지방의 크뤼(cru)급 와인을 엄선하여 오크통에서 50년 이상 숙성 후 가장 좋은 것을 추출해서 크리스탈 병에 한정 생산된다.
- **헤네시(Hennessy)** : 1765년 설립된 회사로 최초로 코냑이라는 명칭을 상품명으로 병에 표시하였다. 1971년 동 페리뇽을 만드는 샴페인 회사인 모에 샹동(Moët & Chandon)과 합쳐 운영되고 있다.

10) 코냑지방의 브랜디만이 코냑이라는 이름을 가질 수 있는 것은 1909년 법으로 제정되었고, 1936년에 제정된 법으로는 이 밑에 하위 생산지가 7군데인 것으로 정해졌다. 그러나 '보아 오디네르'와 '보아 코뮨'을 각각의 생산지로 보지 않고 한 곳으로 간주하는 주장도 있다. 따라서 그럴 때에는 코냑 내의 하위 생산지가 6군데가 된다.

- **마뗄(Martell)** : 1715년 설립된 회사로, 가장 전통적이고 고전적이며 독특한 블렌딩 방식도 세습되어 내려오고 있다.
- **오타르(Otard)** : 길쭉한 병 모양. 향기와 맛이 섬세하다.
- **레미 마르탱(Remy Martin)** : 1724년 창립된 회사로, 증류한 원주를 10개월에서 1년 정도 새 오크통에서 숙성하고 그 후 매년 블렌딩하며 5년간 숙성시킨다. 레미 마르탱의 VSOP는 50% 이상, XO급은 85% 이상 그랑 상빠뉴 지역의 와인증류 원액을 사용한다.

2.2 알마냑(Armagnac)

프랑스 남서부 보르도의 동남쪽 가스꼬뉴(Gascony) 지역에서 생산되는 브랜디로서 코냑과 쌍벽을 이루는 명성을 가지고 있다. 알마냑이 생산된 시기는 1411~1441년 경으로 그리고 상업적으로 유통되기 시작한 원년을 1461년으로 보고 있다.

알마냑 지방은 대서양 기후로 기온은 보통이며 습도가 높아 생산되는 백포도주의 알코올 함량이 10% 이하로 낮아서 브랜디 생산에 적합하다.

포도 품종은 코냑과 같이 '위니 블랑'이지만, 증류하는 과정에서 이 지방 특유의 연속법을 사용하여 한 번 증류를 거친 50% 정도의 무색 알코올을 블랙 오크통에서 숙성시킨다.

코냑에 비해 숙성이 빨라 25년 된 알마냑은 코냑의 최고급품과 맞먹으며, 향도 더 진하다. 캐러멜로 착색하지 않으므로 드라이하고 짜릿한 맛이 오래 남는다. 코냑보다 독한 편이다.

2.2.1 알마냑의 포도 품종

AOC의 규정으로는 10개의 품종이 있으나 주품종은 역시 위니 블랑이다. 그 외에 꼴롱바르(Colombard), 폴 블랑슈(Folle Blanche), Baco Blanc, Clairene de Gascogne, Graisse, Jurançon Blanc, Mauzac blanc et Rosé, Meslier Saint François가 있다.

2.2.2 알마냑의 생산지

알마냑의 생산지는 1909년 5월 25일 팔리에르(Fallière)강령으로 세 군데의 AOC로 규정하였는데, 바 알마냑(Bas-Armagnac), 뜨나레제(Ténarèze), 오 알마냑(Haut-Armagnac)이었다. 이 중에서 바 알마냑이 대표적인 생산지이다.

- **바 알마냑(Bas-Armagnac)** : 가스꼬뉴의 수도 오즈(Eauze), 그리고 랑드(Lande)와 제르(Gers)에 펼쳐져 있으며 알마냑의 대표적 생산지로 약 57%를 차지한다. 모래와 진흙질의 토양은 생과일 맛이 나는 브랜디를 만들어낸다.
- **뜨나레제(Ténarèze)** : 론과 갸론의 남쪽으로 콩돔(Condom) 주변으로 알마냑의 약 40%를 차지한다. 점토와 석회질의 토양은 향이 풍부한 브랜디를 만들어낸다.
- **오 알마냑(Haut-Armagnac)** : 제르(Gers)의 동쪽으로 론과 갸론의 일부분을 포함한다. 이 지역의 석회성분 토양이 만들어내는 알마냑은 알마냑 블랑(Armagnac Blanc : 하얀 알마냑)으로도 불린다.

2.2.3 알마냑의 유명 브랜드

- 샤또 드 브리아(Chateauâ de Briat)[11]
- **샤보(Chabot)[12]** : 1회만 증류하여 오크통에서 숙성하므로 부드러운 풍미를 자아낸다.
- **자뉴(Janneau)** : 1851년 설립. 감칠맛과 높은 향기로 알마냑의 특질을 잘 표현하고 있다. 말리악(Malliac)은 10년 이상의 숙성액만을 사용하며, 몽테스큐(Montesquiou)의 X.O급은 진한 황금색에 부드러운 맛이 특징이다.
- **생 비방(Saint Vivant)** : 목 부분에 밀랍으로 새겨진 인장 및 양피지 레이블과 병목이 휘어져 있다.

2.3 오드비(Eau de Vie)

'오드비'는 프랑스어로 '생명의 물'이라는 뜻으로, 알자스 지방에서 과일을 발효시켜 만든 브랜디로 통상 포도 이외의 다른 과일로 만든 것을 이른다.
가장 인기있는 '오드비'는 배로 만들어지며 통의 향이 베는 것을 막기 위해 탱크에서 숙성되므로

11) 샤토 드 브리아(Chateauâ de Briat)는 피숑 롱그빌(Pichon Longueville : 뿌이약)의 라울 백작(Baron Raoul)이 1864년 주인이 되어 알마냑의 전통을 더욱 발전시켰다.

12) 샤보(Chabot)는 16세기 초 프랑스 최초의 해군 원수인 '필립 드 샤보'가 오랜 항해 기간 중에 변질되지 않도록 증류하여 통속에 담고 다니던 방식으로 이 지방의 샤보 가문에서 이런 방식으로 제조하게 되었다.

무색투명하다. 좋은 품질을 따로 선별해 오크통에서 10년 이상 숙성하게 되면 황갈색으로 변하면서 향과 맛이 더욱 두드러지게 된다.
오드비는 원료로 사용한 과일의 종류에 따라 이름이 달라진다.

- **오드비 드 시드르(Eau de vie cider)** : 사과를 원료로 한 브랜디로서 알코올 도수 54%인 노르망디의 칼바도스가 알려져 있다.
- **오드비 드 마르(de marc)** : 와인 양조과정에서 생기는 포도찌꺼기를 재발효하여 증류한 것이다.
- **오드비 드 뱅(de van)** : 와인을 증류하여 만든 것이다.
- **브롬베아가이스트(Brombeergeist)** : 검은 딸기를 원료로 하여 독일, 스위스 등에서 생산된다.
- **키르쉬바서(Kirschwasser)** : 체리로 만들어 산뜻한 향미가 특색이다.
- 이 외에 살구, 자두(blue plum), 체리, 복숭아, 야생 딸기 등이 원료로 쓰인다.

2.4 각국의 브랜디

(1) 미국 브랜디

미국 브랜디의 75% 이상이 캘리포니아에서 생산되며, 대부분이 산 조아힌(San Joachin)밸리에서 나온다. 캘리포니아 브랜디(California Brandy)는 캘리포니아산(産) 포도로 증유한 것에만 이 명칭을 쓰도록 하고 있다. 전형적인 캘리포니아 브랜디는 포도향이 두드러져 가볍고 부드럽다.

(2) 독일 브랜디

부드러운 포도로 만든 독일 브랜디의 성격은 좋은 아로마(aroma)와 부케(bouquet)로 향기로운 맛을 지니고 있다. 독일산 와인을 증류한 것을 선별하여 블렌드한다.

(3) 브랜디를 만드는 다른 나라들

그리스, 이스라엘, 이탈리아, 멕시코, 스페인, 페루

2.5 그라빠(Grappa)

이탈리아나 오스트리아, 독일, 그리스 등에서 와인을 담그고 남은 찌꺼기를 증류해서 얻는 무색의 맑은 술로 알코올 도수는 35°에서 70°에 까지 이른다.
와인을 만들기 위해 포도송이를 압착해 즙을 얻게 되는데 압착후의 남은 찌꺼기인 껍질, 씨와 잔가지들을 '비나키아;라 부른다. 이를 발효시킨 후 가열하여 증류하면 무색의 증류액이 나오는데 이 액을 통속에서 몇 개월에서 1년 이상 다시 숙성시켜 만든 것이다.
프랑스에서는 그라빠와 같은 방식으로 '마르크'를 만들고 있지만 그라빠와는 인지도가 다르다. 이러한 차이는 19세기 말부터 그라빠를 생산하고 있는 '노니노'사(社)에서 포도찌꺼기에 순수한 포도즙을 첨가해 풍부한 향과 부드러운 맛을 만들어 낸 고급화에 기인한다. 이탈리아에서 와이너리들은 대부분 올리브유와 그라빠도 같이 생산하고 있으며 그라빠의 병 모양이 개성 있어 좋은 수집품이 되기도 한다.

'티피카 그라빠'는 여러 품종의 포도찌꺼기를 이용한 재래식 그라빠이며, '모노비티뇨 그라빠'는 샤르도네에서 나온 단일품종의 찌꺼기를 사용한다.

그라빠를 식후 소화를 위해 마시기도 하고 추운 곳에서는 데워 마시기도 하는데, 그라빠에 에스프레소커피, 레몬 껍질, 계피와 설탕을 넣고 따뜻하게 데워 마시는 것이다. 또한 그라빠에 과일을 절여 보관해 먹기도 한다.

Tip 노니노(Nonino)

노니노(Orazio Nonino)가 1897년 '프리울리'에서 설립한 곳으로 1973년 단일 품종으로 그라빠를 만들어 품질 향상에 획기적인 기여를 했다.

2.6 과일 브랜디

과일 브랜디는 스위스, 프랑스, 독일, 헝가리, 이스라엘, 유고슬라비아, 미국에서 많이 생산되고 있다.

(1) 과일브랜디의 카테고리

- **사과/배(Apple/Pear)** : 사과, 배
- **핵과(Stone fruits)** : 체리(Cherries), 플럼(Plums), 살구(Apricot)
- **딸기류(Berries)** : Raspberries, Strawberries, Blackberries, Elderberries

(2) 과일브랜디의 명칭

- **사과(Apple)** : 미국의 애플 브랜디(Apple brandy, Applejack/Apple jack), 프랑스의 칼바도스(Calvados)와 Eaux-de-vie-de-cidre de Normandie(노르망디 지역), Eaux-de-vie-de Bretagne(브리따니(Brittany)지역), Eaux-de-vie-du maine(Maine지역)
- **살구(Apricot)** : Apricot brandy, Barack Palinka(헝가리)
- **블랙베리(Blackberry)** : 블랙베리 브랜디(Blackberry brandy)
- **체리(Cherry)** : Kirsch, Kirschwasser(독일 Rhine지역)
- **엘더베리(Elderberry)** : 엘더베리 브랜디(Elderberry brandy)

- **배(Pear)** : 피어 브랜디(Pear brandy), Eau-de-vie de poire(프랑스, 스위스)
- **파인애플(Pineapple)** : 파인애플 브랜디(Pineapple brandy)
- **자두(Plum)** : Slivovitz(헝가리, 루마니아, 유고슬라비아의 황금빛 갈색), Mirabelle, Quetsch, Prunelle, Pflümli
- **래스베리(Raspberry)** : Framboise
- **딸기(Strawberry)** : Fraise

제 3 절 증류주

양조주를 증류한 증류주 중에 위스키와 브랜디는 앞에 설명되었으므로 이번 장에서는 그 외의 증류주인 진, 보드카, 럼, 테킬라에 대해서 알아보고자 한다.

3.1 진(Gin)

옥수수, 보리, 대맥(大麥), 라이맥(麥), 맥아 등의 곡물을 주원료로 만들어 1차 증류한 것에 쥬니퍼 베리(Juniper berry. 노간주나무 열매, 두송실(杜松實))과와 코리엔더[13], 안젤리카[14] 등의 허브를 첨가해서 다시 증류한 맑은 색의 증류주이다. 무색투명하고 상쾌한 허브향과 드라이한 맛이 특징이다.
다른 술과 달리 진은 의도적으로 만들어진 술이다. 네델란드의 레이든(Leyden)대학교의 의학교수인 보 박사(Franciscus de la Boe. 1614~1672. Sylvious 박사라고도 함)가 만든 것으로 재료인 쥬니퍼 베리에서 따 온 주니에브르(Genièvre)로 이름을 붙였으나 네델란드인이 제네버(Genever)로 불렀고, 이것을 영국인이 다시 영국식 발음으로 줄여 부른 것이 진(Gin)이 되었다.
증류 후 물로 희석할 때 38~45% 정도의 알코올도수를 유지한다. 영국의 드라이진은 보통 40%이다. 플리머스 진(Plymouth Gin)은 설탕을 함유하고 있다.
진은 크게 두 가지로 구분하여 드라이 진(Dry Gin)과 당분을 2% 정도 감미한 올드 탐 진(Old Tom Gin)이 있으며 영국과 폴란드가 대표적이며[15], 과일 향의 플레이버드 진(Flavored Gin), 생(生) 쥬니퍼베리를 발효해 만든 독일의 슈타인헤거(Steinhager) 등이 있다.

1 네델란드 진(Holland Gin)

곡류를 당화시켜 발효한 후 단식증류기로 3회 증류하여 55°의 알코올로 만들며 병입할 때 희석하여 45°로 완성한다. 향미가 짙고 맥아의 향취가 남아있는 중후한 스타일이다. 중후한 풍미를 지녀 스트레이트용으로 많이 음용된다.

13) 코리엔더(Coriander) : 미나리과의 초본 식물
14) 안젤리카(Angerica) : 나무 줄기에 설탕을 절인 것.
15) Harriet Lembeck, ibid, pp.350~351

- **볼스 주네버(Bols Genever)** : 네덜란드의 쉬이담(Schiedam)에서 1575년부터 진을 제조해 온 세계에서 가장 오래된 회사다. 검은 빛이 도는 긴 병이 특징이다.
- **그랑주네버(Graanjenever)** : 알코올 도수는 37.5°로 가격이 저렴하여 칵테일 조주용으로 많이 사용되고 있다. 노란 레이블에 빨간 글씨와 빨간 캡이 선명하게 보인다.
- Knickerbocker, Nolet's, WF(Wynand Fockink), Zuidam,

2 영국 드라이 진(Dry Gin)

옥수수, 대맥 맥아, 호밀 등의 곡류를 원료로 당화, 발효시킨 뒤 연속식 증류법으로 증류하여 90~95%의 주정을 만든다. 이를 희석하여 두송실을 넣고 증류한 다음 알코올분을 40~47%로 만들면 향기 높은 진이 된다. 올드 탐 진(Old Tom Gin)은 드라이진에 당분을 첨가하여 만든 것이다. 런던 드라이 진(London Dry Gin)은 깔끔하고 부드러운 편으로 진의 대명사로 통용되고 있다.

- **비피터(Beefeater)** : 런던에서 탄생한 브랜드로 런던탑의 근위병이란 뜻으로 레이블에 그 그림이 있다.
- **봄베이(Bombay Sappire)** : 약초의 향기를 배합한 것으로, 쌉쌀한 맛과 스파이스 풍미 속에 부드러움이 있는 드라이 진이다. 은은한 푸른 빛의 사각병으로 1761년부터 만들어졌다.
- **고든스(Gordon's)** : 런던 진의 정통파로서 런던에서 생산하는 가장 대표적인 브랜드로 1769년 창업되어 드라이 진 회사로는 가장 오래된 곳이다. 주니퍼베리와 코리엔더(Coriander)로 향을 낸 전통적 스타일의 드라이 진.
- **길비스(Gilbey's)** : 1857년에 설립되어 우윳빛이 나는 네모난 병이 특징이었으나 근래에 투명한 병으로 바뀌었다. 레드 레이블의 알코올 도수는 37°, 그린 레이블은 47.5°이다.
- **탱커래이(Tanqueray)** : 런던 시내를 흐르는 지하수를 이용해서 1830년에 탄생했다. 상쾌한 허브향의 맛이 예리하고 날카로우며 가장 우수한 품질로 평가된다.
- 핀스버리(Finsbury), 그린넬스(Greenall's), 헨드릭스(Hendricks Gin), 플라이머스(Plymouth) 등이 있다.

3 폴란드 진

포트 스틸로 세 번 증류해 알코올 분을 50~55%의 강한 술로 만든다.

4 다른 나라의 드라이 진

미국, 독일, 이탈리아, 이스라엘, 노르웨이, 발칸, 아프리카

5 혼성 진(Compound Gin)

- **올드 탐 진(Old Tom Gin)** : 드라이 진에 약 2% 정도의 당분을 첨가하였다.
- **가향 진(Flavored Gin)** : 쥬니퍼베리 대신에 여러 가지의 과일, 씨, 허브와 식물 뿌리 등으로 향을 낸 것으로, 대표적인 것으로는 슬로 진(Sloe Gin)이 있다. '슬로 진'은 일반 진에다 오얏나무 열매 향을 첨가한 것으로 혼성주(리큐르)에 속한다.

3.2 보드카(Vodka)

보드카는 12세기 러시아의 키에프 공작이 만들어 14세기에 러시아 전역으로 퍼져나갔다. 원래 이름은 '지즈네나 보다(생명의 술)'이었지만 15세기에 물이란 뜻의 '보다(voda)'에 작은 것을 의미하는 접미사 카가 붙어 보드카가 되었다.

보드카는 감자, 고구마 외에 밀, 보리, 옥수수, 호밀 등이 쓰인다.

이런 재료를 작게 썰어서 물에 불린 다음 몰트(맥아)를 첨가해 당화 발효시켜, '세바라식'이라는 연속 증류기로 최소한 두 번 이상 증류를 하면 알코올도수가 높아진다. 그 다음 자작나무 활성탄과 모래에 여러 번 통과시켜 정제를 하고 물로 희석하여 알코올 농도가 최소 40% 이상이 되는 숙취가 거의 없는 깨끗한 술로 탄생하게 된다. 여과 횟수가 많을수록 뒷맛이 깨끗하고 부드러워 좋은 보드카로 인정받는다.

처음에는 주로 벌꿀과 호밀이 원료로 사용되었으나 신대륙 발견 뒤부터 감자와 옥수수가 주로 사용되었다. 러시아는 원료로 감자만 사용하고, 네델란드는 감자와 곡류를, 영국과 미국은 곡류를 주로 사용한다. 스웨덴의 '엡설루트'는 소맥, 대맥, 호밀을 주원료로 사용한다.

19세기 후반 보드카의 알코올 도수는 40°~65°였으나 1902년 러시아 보드카의 도수는 40°로 정해졌다. 원소주기율표를 만든 러시아 화학자 '멘델레에프'가 물과 알코올 원액을 섞는 비율에 따라 보드카의 질이 크게 달라지는 것을 알고 여러 번의 실험으로 인간의 입맛에 가장 적합한 알코올 도수는 40°란 내용을 논문을 발표했기 때문이다.

보드카는 맛이 중성이고 깨끗하면 부드러워서 무색, 투명, 무취, 무미하여 순수한 알코올에 가까운 맛을 지니는 특성을 가지고 있다. 따라서 다른 재료의 맛을 변화시키지 않으면서 조화를 이루는 동시에 짜릿한 맛을 내므로 칵테일의 베이스로 세계적인 인기를 누리고 있다. 그러므로 보드카를 칵테일에 사용할 때에는 아무 것도 첨가되지 않은 보드카만을 사용한다. 그러나 값싼 보드카는 알코올 냄새가 강하게 난다.

보드카는 품질이나 등급에 대한 표준이 없다. 그러나 러시아에서는 수출 제품 중 우수한 품질의 것을 osobaya(special)로 표시하고, krepkaya(strong)는 알코올 도수가 표준이상인 것을 뜻한다. 폴란드에서는 순도에 따라 디럭스, 프리미엄, 스탠더드로 나눈다.

보드카를 스트레이트로 즐기려면 냉동고에 보관해 차게 마시는 게 좋다.

1 러시아 보드카

보드카란 물의 러시아어인 보드카(Vodca)에서 유래되었다. 러시아에서 만들어지고 있는 보드카는 100여 종류가 있다.

- **스톨리치나야(Stolichnaya)** : 모스크바에서 태어난 러시아 보드카로 러시아어로 '수도(首都)'라는 뜻이다. 향이 섬세하며 병째로 냉동실에 넣어 차가하여 캐비어와 함께 마시는 것이 최상이라 한다.
- **모스코프스카야(Moskovskaya)** : 러시아에서 생산되는 3대 명품 중의 하나로 품질이 우수하다.
- 스토로바야(Stolovaya), 보르조이(Borzoi)

2 미국 보드카

- **스미노프(Smirnoff)** : 세계에서 가장 많이 팔리는 보드카. 러시아 알렉산더 황실에 보드카를 독점 공급하면서부터 유명해졌는데, 진짜 곰이 보드카를 서빙하게 하는 기발한 착상으로 황제가 흡족하게 여겨 칭찬했다 한다. 1818년 피에르 스미노프가 모스크바에서 창립했으나, 러시아혁명 때 1933년 미국인에게 제조권을 양도하였다.
- 프리쉬만스(Freischman's), 모나크(Monarch)

3 영국 보드카

- 길베이스(Gilbey's), 고든스(Gordon's), 워커스(Walker's)

4 다른 나라들의 보드카

- **앱솔루트(Absolut)** : 1879년 스웨덴 남부에서 생산하기 시작한 것으로 품질이 가장 우수하다. 상표를 병에 직접 인쇄하여 맑고 투명한 액이 보인다. 입안 감촉이 부드럽고 은은한 단맛이 난다.
- **볼스(Bols)** : 네델란드 산
- **핀란디아(Finlandia)** : 핀란드 산으로 고드름을 배경으로 순록 두 마리가 힘 겨루기를 하는 모습의 레이블이다.
- **그레이 구스** : 프랑스 산. 앱솔루트보다 가격이 80% 이상 비싸다.

5 가향 보드카(Flavored Vodkas)

보드카는 무색, 무취가 특성이나 폴랜드나 러시아에서는 향을 가미한 보드카도 일반화되어 있다.

가향 보드카는 허브나 씨, 나뭇잎들을 섞어서 우려내기도 한다. 때로는 색깔이 있기도 하며, 보드카를 베이스로 한 리큐르는 감미가 있고 과일향이 나기도 한다.

- **즈브로우카(Zubrowka)** : 폴랜드 동부 삼림지역에서 나는 즈브로우카라는 향초에서 향미 성분을 추출해서 섞는다. 달콤한 향과 소 그림이 그려진 병이 특징이다.
- **스타카(Stáka)** : 소량의 브랜디를 첨가해 풍미가 좋으며, 특별한 참나무통에서 약 10년 정도 숙성한 것이다.
- **날리우카(Naliuka)** : 과일을 배합하여 다양한 맛을 낸다.
- **리모나나야(Limonanaya)** : 레몬 향을 첨가하여 향이 좋은 황색의 보드카이다.
- **유비레이니야 오소바야(Yubileyneya osobaya)** : 브랜디와 꿀과 다른 성분들도 넣는다. 일명 쥬비리 보드카(Jubilee vodka)
- **페르초브카(Pertsovka)** : 탄 냄새와 함께 기분 좋은 향이 느껴지는 흑갈색의 러시아산
- **오코트니치야(Okhotnichya)** : 갖가지 향료냄새가 나는 보드카로서. 일명 헌터스 보드카(hunter's vodka)라고도 한다.

6 골드 보드카(Gold Vodka)

증류하여 여과시킨 다음 일정기간 오크통에서 숙성시킨다. 품질이 좋은 것은 10년 이상 숙성시키기도 하며, 이렇게 오랜 기간 오크통의 보관으로 우러난 연한 황갈색으로 된다.

7 보드카의 선택 요령

- 잔에 따라 기울여 본다. 품질이 좋은 보드카는 잔을 기울였을 때 천천히 미끄러진다.
- 알코올의 독한 냄새가 덜 나고, 목에 넘어갈 때 독한 알코올 향이 덜 느껴지는 것이 좋다. 고급은 목 넘김이 부드럽다.
- 칵테일을 만들었을 때 다른 재료와 풍미가 잘 어우러져 전체적으로 맛이 향상되는 것이 좋다.

Tip 보드카 이야기

- 러시아 사람들은 감기에 걸리면 후추와 함께, 배탈이 나면 소금과 함께 보드카를 마신다.
- 1995년 10월, 뉴욕에서 열린 보드카 판매사무소 개업식에서 당시 러시아 외무장관은 보드카로 건배하지 않는 한 어떤 거래도 성사되지 않을 거라 말했다.
- "러시아에서 보드카는 수세기 동안 존경과 나눔의 상징으로 여겨져 왔기 때문"이라는 것.
- 러시아의 3대 명품은 '보드카와 빵과 여자'라는 속담
- 러시아의 전체 이혼의 50%, 각종 범죄의 3분의 2, 주요 사고의 60%가 보드카 때문.

- '월드 스피릿 챔피언 쉽'이나 '미국 주류 평가원' 등의 세계적인 주류 평가대회의 수상 기록으로 해당 보드카의 객관적인 수준을 가늠할 수 있다.
- 오랜 세월 축적된 경험과 기술과 더불어 몇 번을 증류했는지도 중요하다.

3.3 럼(Rum)

사탕수수 즙을 농축시켜서 설탕결정을 분리하고 남은 액을 당밀(molasses)이라고 하는데 이 당밀이 주원료인 술이다. 즉 사탕수수 줄기를 으깨어 즙을 만든 다음 농축시켜서 95%의 시럽으로 추출하여 설탕을 제조하고, 나머지 5%의 침전물인 당밀을 발효한 다음 증류시켜서 만든다. 알코올 농도는 40~75% 정도다. 17세기에 서인도제도에 정착한 영국인이 사탕수수 즙을 농축시켜 설탕 결정을 분리하고 남은 액을 기초로 만들었다고 한다.
주산지는 카리브 해 제도(諸島)로서 쿠바, 푸에르토리코 등이며, 알코올 도수가 아닌 풍미(風味)와 색으로 분류된다.
칵테일에 많이 사용되는 럼은 무색투명한 화이트 럼으로 어느 재료와도 잘 어울리지만 트로피컬 드링크의 베이스로는 특히 더 좋다.
럼에 물을 탄 것은 그로그(Grog)라고 한다.

1 헤비 럼(Heavy Rum)

약 20일간의 발효기간을 거쳐 장기간 저장하여 만들므로 풍미가 높고 색이 짙은 갈색으로 개성적이고 농후한 맛이 특징이다.
산지로는 자마이카(Jamaica) 산(産)이 유명하며 그 밖에 트리니다드 타바고(Trinidad Tobago), 뉴잉글랜드(New England), 데머레어러(Demerara), 바르바도스(Barbados) 마르티니크(Martinique) 등에서 생산된다.

- **마이어스(Myers's)** : 자마이카 산. 캐러멜을 태운듯한 향이 나는 다크 럼이 인기. 8년 동안 숙성시킨다.
- 올드 자메이카 골든(Old Jamaica Golden)
- **론리코 151(Ronrico 151)** : 알코올 도수 75.5°인 강렬한 맛이다.
- 엘도라도 럼 15(El Dorado Rum 15 Years)

2 미디엄 럼(Medium Rum)

대량 소비되고 있는 대중적인 럼이다. 하이티(Haiti)와 마르티니크(Martinique. 서인도제도 남동부의 프랑스령 섬)에서 나온다.

- 바카디 골드(Bacardi Gold)

- **딜런(Dillon)** : 마르티니크 산. '딜런 트레 비외(Dillon Tres Vieux)'[16]는 12년 이상 숙성시켜 맛이 부드럽다.
- **가이아나(Guyana)** : 일명 데머레어러 럼(Dameraran Rum). 남미 동북부의 공화국인 가이아나(Guyana)의 데머레어러강(江) 연안을 따라 자라는 사탕수수로 만든 럼이다.
- 도미니카(Dominica), 올드 오크(Old Oak), 마르티니크(Martinique) 등이 있다.

3 라이트 럼(Light Rum)

화이트 럼(white rum)이라고도 하며, 향취가 적고 감미가 없어서 리큐르나 청량음료와 섞으면 좋다. 따라서 칵테일 재료로 많이 사용되는 럼이다. 발효는 2~3일 정도로 연속식 증류로 증류하여 풍미가 연하고 무색으로 부드럽고 섬세하다.
라이트 바디 럼의 주생산지는 푸에르토리코(Puerto Rico), 버진 아일랜드(Virgin Island), 쿠바(Cuba)이며, 도미니카(Dominica), 베네주엘라(Venezuela), 멕시코, 브라질, 아르헨티나, 페루, 파라과이에서도 생산된다. 최근에는 자마이카(Jamaica), 버뮤다(Bermuda)와 필리핀, 하와이에서도 생산되고 있다.[17]

- **바카디 라이트(Bacardi Light)** : 부드러운 풍미의 라이트 럼을 탄생시킨 쿠바 브랜드. 세계 제1의 럼 출하량을 자랑한다.
- **하바나 클럽(Havana Club)** : 쿠바의 오래된 브랜드다. '실버 드라이'는 칵테일에 베이스로 많이 사용되는 냄새가 없는 특유의 화이트 럼이다.
- **론리코 화이트(Ronrico White)** : 부드럽고 산뜻한 풍미의 라이트 럼이다.

3.4 테킬라(Tequila)

원산지가 멕시코의 중앙고원지대로, 용설란의 일종인 아가베(Agave, 마게이라고도 한다)라는 상록초의 잎을 원료로 사용하여 만드는 멕시코를 대표하는 술로서 태양이 작열하는 건조한 대지에서 태어난 술이다. 용설란의 모습이 선인장과 흡사하여 테킬라의 재료를 흔히 선인장이라고 오해하는 경우도 있으나, 용설란은 알로에와 비슷한 백합과이다.
테킬라의 주재료는 아가베의 숙성된 뿌리인 '피냐(Pina)'로서, 녹말이 풍부한 피냐를 36시간 동안 증기로 찐 뒤 12시간 정도 식힌 다음 짓이겨 아과미엘(꿀물이라는 뜻)이라는 설탕물을 추출한다. 이를 이스트로 충분히 발효시키고 이것을 단식 증류기로 2회 정도 증류시킨다.
테킬라는 마시는 방법에 따라 이름이 달리하고 있다. 레몬즙을 손등에 문지르고 그 위에 소금을 뿌려서 그 소금을 혀로 핥으며 원 샷으로 테킬라를 마신 후 레몬이나 라임 조각을 무는 방법을

---

16) 트레 비외(Tres Vieux)는 Very Old라는 뜻.
17) Harriet Lembeck, ibid, p.362

'슈터(Shooter)라 한다. 자신의 손등이 아닌 함께 술을 마시는 파트너의 손등에 레몬즙을 문지르고 소금을 뿌려 즐기는 것을 **보디 샷(Body Shot)**이라고 한다. 멕시코 인들은 전통적으로 행운이 따른다고 생각하여 용설란의 뿌리 밑동에 사는 '우사노스 더 아카라'라는 벌레를 테킬라 술통에 넣어 마시기도 한다.

테킬라의 원료는 아가베 아메리카나(Agave Americana), 아가베 아트로비렌스(Agave Atrovirens), 아가베 아즐 테킬라나(Agave Azul Tequilana)로서 알코올 도수는 40°~52°이다. 색에 따라 화이트와 골드로 나뉘어진다.

1 화이트 테킬라(White Tequila)

55% 이하의 숙성되지 않은 것으로 무색 투명하며, 맛이 가볍고 칵테일 베이스로 주로 사용된다.

- **카사 노블 크리스탈(Casa Noble Crystal)** : 샌프란시스코 세계 스피리츠(Spirits)대회에서 금상을 수상하였다.
- **사우자(Sauza)** : 쿠에르보와 함께 테킬라의 2대 브랜드로 1875년 창립되었다. 사우자 실버(Sauza Siver)는 멕시코 국내에서 가장 잘 알려진 화이트 테킬라이다. 창사 100주년 기념으로 발매된 '콘메모라티보'는 6년마다 발매되어 유명하다.
- **멕시코 시그램(Seagrams de Mexico)** : 시그램의 '마라아치'는 2년 숙성의 마일드하며, '올메카'는 3년 이상 숙성의 고급품이다.

2 골드 테킬라(Gold Tequila)

오크통 속에서 1년 또는 수년간 숙성시킨 것으로서, 색이 골드색이고 맛이 중후하여 주로 스트레이트용으로 마신다.

- **레포사도(Reposado)** : 오크통에서 3개월에서 2년 미만 숙성된 것으로 연한 황색을 띠고 있다. 레이블에는 숙성연도를 표시하지 않는다.

- **호세 쿠에르보(Jose Cuervo)** : 1795년 설립된 멕시코의 대표적 메이커이다. 미국에서 인기가 높은 멕시코 테킬라 마을의 브랜드로 '쿠에르보 1800'은 풍미가 좋은 장기숙성 테킬라이다.
- **아네호(Anejo)** : 3년 이상 숙성시킨 것으로 좋은 품질은 10년 이상 숙성시키기도 한다. 연한 황색을 띠며 향기가 강하여 주로 스트레이트로 마시는 테킬라이다.
- **시에라(Sierra)** : 멕시코에서만 생산되는 지역 특산주. 병뚜껑의 모양이 멕시코 전통모자 솜브레로(Sombrero)모양을 하고 있다.

3.5 기타 스피리츠(Spirits)

(1) 압생트(Absinthe)

압생트는 스위스 인들이 1790년대 쑥과 몇 가지 약초를 알코올에 담가 주조한 것으로, 19세기 말부터 20세기 초까지 예술가들 사이에서 인기가 높았다. 고흐(Vincent van Gogh)를 비롯하여 피카소(Pablo Picasso), 아르튀르 랭보(Arthur Jean Nicolas Rimbaud), 어니스트 헤밍웨이(Ernest Miller Hemingway), 에드거 앨런 포우(Edgar Allan Poe), 에밀 졸라(Emille Edouard Charles Antoine Zola) 등이 압생트 애호가라 한다. 화가 고흐는 이 술을 마시고 나서 자신의 귀를 자른 기행을 한 것으로 알려져 있다. 랭보는 "가장 우아하고 하늘하늘한 옷"으로 예찬하기도 했다.

스위스에서 한 공장 노동자가 압생트에 취해 처자를 살해하자 이 술의 강력한 환각작용을 우려해 판매금지를 내렸으며 체코와 스페인도 1차 세계대전 이후 금지령을 내렸다. 그러나 연간 1만5000리터가 암암리에 계속 제조되는 것으로 알려졌으며, 1981년 유럽 공동체(EU)가 압생트 합법화를 결정하자 체코, 스페인, 스위스에서 잇달아 생산이 재개되었다.[18)]

(2) 아쿠아비트(Aquavit. Akvavit)

주로 감자를 원료로 해서 만든 증류곡주로 북유럽의 스칸디나비아 국가들의 술로 유명하다. 제조 방법은 감자를 익힌 다음 맥아로 당화하여 연속식증류로 95%의 알코올을 추출한다. 그 다음에 물로 희석하여 회향초 씨(Caraway Seed)를 첨가한 것으로 도수 40%의 술이다.

마실 때에는 술과 잔을 서리가 낄 만큼 차게 냉장고에 보관해 두었다가 마시기도 한다. 숙성을 위해 일부러 배에 싣고 적도를 회구하는데, 적도 통과 날짜를 병 레이블 뒤에 표시하기도 하며, 유명제품으로 봄머룬더(Bommerlunder), 알보르그(Alborg) 등이 있다.

덴마크에서는 아카바비트(Akvavit)라 하며, 노르웨이, 스웨덴, 아이슬랜드에 여러 종류가 있으며 나라별로 향료를 섞는 비율이 다양하다.

(3) 비터스(Bitters)

비터스는 쓴맛과 방향 요소와 향미가 서로 합쳐져서 알코올로 된 것이다. 이러한 향미들은 과일과 식물, 씨, 꽃, 잎, 나무껍질, 뿌리, 줄기들에서 추출된다.

18) Harriet Lembeck, ibid, pp.365~366

(4) 오코레하오(Okolehao)

하와이에서는 오케(Oke)로 알려져 있는, 호주의 스티븐슨(William Stevenson)이 1790년에 처음 만든 것이다. 현재는 현대식증류법으로 종열(縱列)증류와 과학적으로 가장 앞선 증류조절 기술을 사용하고 있다.
크리스탈 클리어(Crystal Clear), 골든 오케(Golden Oke)가 잘 알려진 것으로 숙성은 시키지 않고, 증류 후에 숯으로 여과하여 미묘한 향취를 지니고 있다.

(5) 핌스 컵(Pimm's Cup)

영국 핌스(Pimm's) 레스토랑의 바텐더가 만든 것이다. 방향과 향초와 과일향이 나며, 핌스 넘버 원(Plimm's No.1)은 진(Gin)을 베이스로 만들고, No.2는 스카치 위스키, No.3는 브랜디, No.4는 럼, No.5는 라이위스키(Rye Whiskey), No.6는 보드카, No.7은 테킬라, 버번, 앱생트를 베이스로 생산된다.

3.6 중국 술

중국 정부에서는 전국 평주회(評酒會)를 가지는데 여기서 금상을 받은 술을 명주(名酒)로 대우한다. 이런 술은 붉은 띠로 표시하는데, 산시(山西)성의 펀주(汾酒), 꿰이저우(貴州)성의 마오타이주(茅台酒), 산시(陝西)성의 시펑주(西鳳酒), 스촨(四川)성의 다이쥐(大菊)주, 저장(浙江)성의 샤오싱주(紹興酒), 산뚱(山東)성의 빠이란띠(白蘭地), 메이웨이스(美味思), 홍민꾸이(紅玫) 등이다.

(1) 마오타이(茅台) 주

중국 꿰이저우성에서 고량, 보리로 만든 술로서 주정도가 60° 이다.

(2) 우량예(五粮液)

밀, 쌀, 찹쌀, 수수, 옥수수의 다섯 가지 곡식으로 빚은 알코올 도수가 52°인 술이다. 중국에서는 마오타이주, 펀(汾)주, 양허(洋河)주와 함께 중국 4대 명주로 꼽히며 판매량은 마오타이보다 5배나 많은 술로 1915년 파나마 퍼시픽 박람회에서 금상을 받아 유명해졌다.

(3) 고량주(高粱酒)

고량, 옥수수, 쌀, 보리, 고구마, 감자, 카사바 등을 원료로 만든 무색투명한 증류주이다. 주정도가 60° 정도.

(4) 수정방

마오타이, 우량예를 능가하는 품질을 가진 최근 떠오르는 중국 술이다.

3.7 일본 술(니혼슈, 日本酒)

일본의 고사기(古事記)에 서기 300년 경 백제에서 건너 온 수수보리(須須保利)가 누룩으로 술 빚는 기법을 전수했다. 그는 일본에서 주신(酒神)으로 추앙받는다.
우리나라 청주와 일본청주의 다름 점은 우선 우리 청주가 밀 누룩을 많이 쓴다면 일본 청주는 쌀 누룩을 쓴다. 또한 제조방법과 원료도 다르다. 일본에서는 전분 함량이 많고 입자가 큰 품종의 쌀을 도정해서 가능한 순수한 전분질만을 남겨 술을 빚는다. 즉 일반 벼보다 알갱이가 훨씬 크고 값은 두 배나 비싼 사케용 벼를 따로 생산하고 있다.
중국 춘추전국시대 알코올용 곰팡이를 곡류에 번식시키는데 성공한 것이 술을 간편하게 만드는데 획기적인 일이었다. 여진족은 술을 '누러' 또는 '누륵'이라 불렀는데 우리의 누룩이 여기서 유래된 말이다.
사케가 한반도로 역수입된 것은 일제시대 부산의 일본 양조업자가 '마사무네(正宗)'를 내놓아 크게 히트하면서였고 이 마사무네는 막부시절 이름난 칼을 만든 대장장이에서 따온 상표다. 이후 한국에서는 마사무네의 한자발음인 '정종'이 사케의 대명사로 굳어졌다.

1 사케의 품질과 등급

(1) 사케의 품질

사케는 쌀의 정미율과 알코올의 함유량에 따라 여러 등급으로 구분된다.
우리가 일반적으로 먹는 쌀의 정미율은 90%인데 비하여 정미율 50%의 쌀을 낮은 온도에서 천천히 발효시킨 다이긴조슈(大吟釀酒)는 부드러운 맛이 일품이다.
쌀의 정미도와 품질, 주조방법 등 여러 가지 요인에 의해 종합적으로 품질이 결정되는데 크게 세 단계로 분류된다.

- **준마이 다이긴조(純米, 大吟釀)** : 50% 이상 정제된 쌀로 만든 술
- **준마이 긴조(純米 吟釀)** : 40%를 깍아낸 쌀로 만든 술
- **준마이슈(純米酒)** : 30%만 깍아낸 쌀로 만든 술

(2) 사케의 등급

사케는 도정을 많이 할수록 완성도가 높고 좋은 술이 되는데 여기에 양조 알코올을 섞는 것에 따라 또 나뉘어진다.
사케의 종류는 가센, 조센, 도쿠센, 초도쿠센의 네 가지로 나뉜다. 하지만 각 지방의 특성과 물맛에 따라 다른 특색을 지니므로 사케를 선택할 때 자신의 입맛에 맞는 술을 고르는 게 무엇보다 중요하다 하겠다.

표 1-1 사케의 등급

등급	재료	정미율	알코올	적정 음용온도
준마이 다이긴조((純米, 大吟釀)	쌀, 누룩	50% 이하	무첨가	상온, 차갑게
준마이 긴조((純,米 吟釀)		60% 이하		
준마이(純,米)		규제 없음		
다이긴조((純米, 大吟釀)	쌀, 누룩, 양조 알코올	50% 이하	24%	상온, 차갑게
긴조((吟釀)		60% 이하	24%	상온, 차갑게
혼조조(本釀造)		70% 이하	24%	상온, 따뜻하게
후쯔-슈(普通酒)	쌀, 누룩, 양조 알코올, 당류, 산미료	규제 없음	39%	상온, 따뜻하게

2 사케의 레이블과 고르는 법

(1) 사케의 레이블

레이블에는 보통 청주(淸酒)라고 적혀 있는데 생략된 경우도 있다. 그 다음 등급과 용량, 알코올 도수가 표시되어 있다.

- **산도(酸度)** : 산도는 사케를 마셨을 때 느끼는 경쾌함의 척도다. 산도가 크면 약간 신맛(辛味, 가라구치), 낮으면 약간 단맛(甘味, 아마구치)를 느끼게 된다.
- **주도(酒度)** : 가라구치와 아마구치를 느끼게 되는 일본 주도가 뒷 레이블에 적혀 있다. 이것은 사케의 당분량과 산도에 따라 정해진다. 주도계 측정을 통해 플러스(+)는 쓴 편이고 마이너스(-)는 달므로 자신의 기호에 따라 고르면 된다.
  제로를 기준으로 -5~+10까지 있는데 마이너스는 아마구치, 플러스는 가라구치라 부른다.
- **아미노산 도** : 아미노산 량이 술의 농담(濃淡)을 결정짓는다. 아미노산 량이 많으면 진한 맛이 나고 끈끈한 느낌이 든다. 반대로 양이 적으면 가볍고 산뜻한 맛을 느낄 수 있다.

(2) 사케 고르는 법

- **준마이(純米)인가, 아닌가** : 준마이가 붙은 술로 대체적으로 고급으로 간주한다. 준마이라는 말은 물과 쌀로만 만들었다는 뜻이다.
- **어떤 쌀인가, 쌀의 정미도율** : 사케의 맛과 향은 쌀과 물이 결정한다. 좋은 쌀을 쓸수록 술맛이 좋아지는 건 당연한 일이다. 술 제조용 쌀 가운데 '야마다니시키(山田錦)', '고하쿠만고쿠(五百萬石)', '미야마니시키'를 고급으로 친다. 이런 쌀을 사용한 사케는 레이블에 해당 쌀의 품종을 적어 놓는다.

쌀이 크다 보니 벼의 키가 크고 바람이나 태풍에 쓰러지기 쉽다. 재배가 어렵고 수확량이 적어 값이 일반 쌀보다 두 배나 비싸다. 게다가 온전히 다 쓰지도 않고 절반을 뚝 잘라 50% 이상을 깎기도 한다.
쌀을 많이 깎아 만들수록 좋은 사케로 인정받는다. '다이긴조(大吟醸)'는 쌀을 50% 이상 깎아 만든 술로서 최상급, 다음은, '긴조(吟醸)', '혼조조(本醸造)'로 순이다. 레이블에는 깎아내고 남은 부분을 표기한다.

- **술의 맛** : 사케의 알코올 도수는 15° 내외이나 높은 것은 19° 까지도 있다. 플러스나 마이너스 부호와 함께 있는 숫자를 보고 산도와 달기를 고른다.

3 사케와 와인의 비교

(1) 유사한 점

- 품종, 지역, 생산자, 빈티지를 따지며 골라 마신다.
  일본의 지방 특산주 지자케(地酒)는 수를 헤아릴 수 없을 만큼 많다. 맛과 향도 제각각이라 아는 만큼 맛있다.
- 알코올 도수가 낮은 발효주라 마시기 편하고 부드럽다. 그러나 많이 마시면 숙취가 심하여 고생할 수 있다.
- 궁합이 맞는 음식과 만나면 서로 상승작용을 한다.
- 뚜껑을 열면 빨리 마시는 게 좋다. 와인은 3~4일 안에, 사케는 한 시간 안 혹은 아무리 늦어도 일주일 안에 다 마시는 것이 좋다.
- 첨잔을 하는 것이 좋은 매너다. 바닥이 보일 때까지 기다리는 건 결례가 된다.
- 대부분이 상온이나 차게 마시는 게 좋지만 데워 마시는 것도 있다.
  와인에는 글뤼바인(gluhwein), 사케에는 '혼조조'나 '후쯔슈(보통주)'를 데워 마시기도 하는데 품질이 낮은 사케는 따끈하게 데워 마시는 경우가 많은데 이를 '아쯔칸'이라 한다. 아쯔칸은 작은 도기병에 담아 '오초코'라는 미니잔에 따라 마신다.
  복어지느러미를 태운 것을 넣어 중탕해서 마시는 '히레사케'는 거의 싼 술이다.

(2) 다른 점

- 기본 병의 량이 다르다. 와인은 750ml, 사케는 720ml
- 와인은 원샷이 노(no), 사케는 예스(yes).
- 품종의 구별은 있지만 사케는 와인처럼 레드 혹은 화이트로 선명하게 구별되지 않는다.

(3) 사케의 명주

사케에도 명주가 있어서 부르는 게 값으로 천차만별이다. 물 맑고 산 좋은 니이가타산 명주들은 720ml 한 병에 수십만 원에서 수백만 원까지 간다.
명주들은 맛이 섬세하여 생선회와 같이 가볍고 부드러운 맛이 나는 음식과 잘 어울린다. 반대로 등급이 낮은 술은 조림이나 데리야키처럼 진한 맛을 내는 음식과 마시는 것이 일반적이다.

- **니이가타 산** : 니이가타의 양조장은 96개. 이곳에서 생산되는 사케 브랜드는 500여 종이다.
- **메이조**
  - 고시노간바이(越乃寒梅)는 왕실 진상 술로서 니이가타를 대표하는 청주, 1800ml
  - 조자사카리(長者盛) 시리즈 : 고모가부리(こもかぶり), 천만장자(千萬長者), 가라구치(からくち), 다루사케(たるさけ)
- **하쿠류(白龍)**
  - 하쿠류 다이긴조, 준마이다이긴조, 고모가부리, 가라구치
- **모리다(盛田) 네노히(ねのひ)**
  - 네노히 마쯔(松) 준마이다이긴조, 준마이노사케, 하나후게쯔(花風月) 긴조,
  - 마노쯔루(眞野鶴)는 일본 전국품평회에서 6년 연속 금메달을 받은 양조장. 에어 프랑스 항공사의 기내서비스용으로도 쓰인다.

- **YK 35** : 할리우드 스타 '로버드 드니로'가 투자한 유명 레스토랑인 '노부'의 창업자 '노부'의 소개로 양조장을 방문한 '드니로'를 위하여 136년 역사의 진보적인 양조장 호꾸세쯔(北雪)에서 만든 사케.
  'YK 35'란 이 술에 들어간 효모의 명칭으로 400리터 술통 5개를 만드는데 그 중 하나가 드니로 전용이다.
- **초야(Choya)**
  - 우다히메 다이긴조(歌姬 大吟釀)는 720ml로 쌀의 눈을 효과적으로 추출해 낸 고급전통청주
  - 우다히메 죠센(上選)는 1800ml로 고급효모를 사용한 깨끗한 향
  - Choya Sake는 18리터들이의 대형 포장으로 소비자들이 값싸게 즐길수 있도록 했다.
- 난부 비징(南部美人), 다까덴진(高天神), 아마노도(天の戸), 마노쯔루(眞野鶴)구보타, 리하꾸(李白), 도자이, 무쿠네, 곤데끼, 카이산, 후꾸조, 사또노 호마레, 시메하리, 덴다까 구니, 간바라, 만뗀세이, 찌요노소노 등이 있다.

Tip 사케 축제 '니이가타 사케노 진(酒の陣)'

니이가타시에서 매년 3월 이틀간 개최되는 '사케노 진'은 2005년부터 시작되어 매년 8만 여명이 참가하는 성황을 이루고 있다. 관람은 무료이며, 1000엔짜리 잔을 사면 니이가타현 내의 90여 개 양조장에서 나오는 500여 종의 사케를 이틀간 마음껏 시음할 수 있다.
사케는 햅쌀이 나오는 가을부터 만들기 시작해 겨울을 지나면서 완성되므로 갓 만들어진 맛있는 사케를 많은 사람들에게 선 보이기 위해 3월에 행사를 열고 있다.

3.8 병의 용량

스피리츠(spirits) 병의 용량은 다음과 같다.

표 1-2 병의 용량

명칭	리터 용량	온스 용량	케이스 당 병수	비고
Miniature	50 ml	1.7	120	
Half-Pint	200 ml	6.8	48	
Pint	500 ml	16.9	24	하프 보틀
Fifth	750 ml	25.4	12	통상의 보틀
Quart	1.0 리터	33.8	12	
Half-Gallon	1.75 리터	59.2	6	

* ml은 밀리리터(milliliters)로서 1/1000리터(liter)

PART 3

혼성주와 칵테일 (Liqueur and Cocktail)

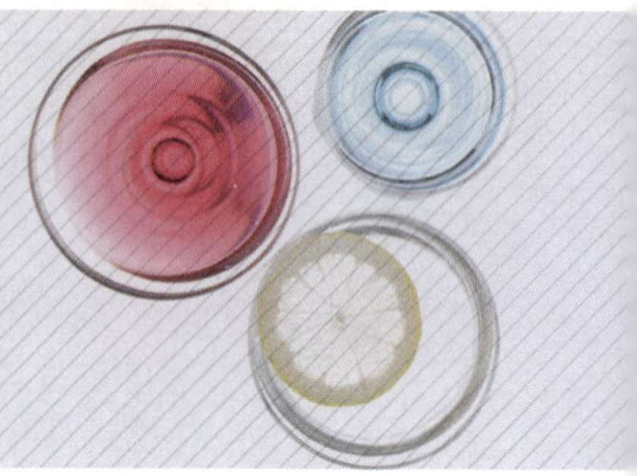

01 CHAPTER 리큐어(Liqueur)

혼성주(liqueur)란 증류주에 향미를 첨가하여 별도의 맛을 가진 술의 총칭이다. 우리나라의 매실주, 인삼주 등이 모두 이에 속한다 할 수 있다. 즉 증류주를 베이스로 하여 꽃, 과일, 식물, 식물의 뿌리 등의 천연 향료를 배합한 후 다시 감미료, 착색료 등을 첨가하여 만든 술이다. 양조주는 발효단계를 거쳐 고유의 향미가 만들어지지만 리큐르는 이미 만들어진 증류주에 향미만을 더한 것으로서, 향미성분을 증류주에 첨가하여 별도의 맛과 향을 나게 하는 술이다.

고대 그리스의 히포크라테스가 약초를 와인에 녹여 만든 물약이 리큐르의 기원이라고도 하며, 치료약이나 사랑의 음료 등의 만능 약으로 사용되어 왔다. 그 후에도 약효성분을 가진 갖가지 식물을 원료로 건강을 유지하기 위하여 술로 만들기도 하였다. 18세기부터 향상되기 시작한 서구의 식생활이 발전하여 식후주로 만들어지게 되었다.

영미지역에서는 코디알(Cordial)이라 하며, 밤(balm : 향유, 진정제), 크렘(créme : 입에 부드럽고 과일향이 나는 리큐르), 이릭서(elixir : 만능약), 오일(oil) 등으로도 사용되고 있다.[1)]

제 1 절 혼성주의 분류

1.1 혼성주의 분류

(1) 과실(Fruits) 리큐어

살구, 버찌, 복숭아 등의 과실류를 증류주에 넣어 오래 두면 과실의 색, 향취, 향미가 술에 침출된다. 이것을 여과하여 설탕 등을 가미한 것이다. 보통 식후주로 애용된다.

즉 큐라소(Curaçao), 꾸엥뜨로(Cointreau), 트리플-섹(Triple-sec), 슬로 진(Sloe Jin), 마라스키노(Maraschino) 같은 것들이다.

(2) 식물(Plants) 리큐어

약초나 향초 등의 식물류를 증류주에 넣어두고 그 성분이 우러나온 것을 증류시켜 캐러멜 등으로 착색하고 감미료를 첨가한 것이다. 이의 종류에는 다음과 같은 것들이 있다.

---

1) Harrriet Lembeck, "*Grossman's Guide to Wines, Beers, & Spirits*", Wiley Publishing Inc, 7th Revised Edition 2006, pp.371-372

앱신스(Absinthe), 아니세트(Anisette), 베네딕틴(Benedictine), 캄파리(Campari), 샤트로즈(Chartreuse), 갈리아노(Galliano) 등.

(3) 종자(Seeds) 리큐어

두류(豆類)나, 과실의 씨에 함유되어 있는 성분을 이용하여 향취를 높인 것이다.
이에는 크림 드 카카오(Crème de Cacao), 크림 드 모카(Crème de Moka), 티아 마리아(Tia Maria) 등이 있다.

1.2 리큐어의 제조

(1) 증류법(Distillation)

증류법(蒸溜法)은 주청(酒精)을 향료에 넣어 증류하는 것으로 이때 감미나 향으로 착색한다. 증류기의 아랫부분에 증류주를 넣고 윗부분에 과실이나 향초를 놓아 열을 가하여 증류주가 다시 기화하며 윗부분을 통과하면서 위의 과실이나 향초의 향과 맛이 베게 하는 방식이다.

(2) 침출법(浸出法)

주정에 과실, 초근목피를 넣어서 그 향을 우러나게 하는 방법으로 주정의 회수가 완벽하지 못한 단점이 있다. 그러나 향료로 증류하지 못하는 것은 이 방법으로만 할 수 있다. 침출법에는 증류주에 원료를 담그는 냉칭지법과, 온수에 원료를 담근 후 온도가 내려가면 증류주를 넣는 온침지법이 있다.

(3) 엣센스(Essence)

엣센스로 향미를 내는 방법이다. 천연엣센스나 혹은 합성 엣센스를 사용하기도 한다. 품질은 조금 떨어지지만 시설비, 인건비가 절약되며 시간도 단축된다.[2)]

(4) 여과법

원료에 뜨거운 물을 부어 향을 추출하는 방법이다.

---

2) Harriet Lembeck, "*Grossman's Guide to Wines, Beers, and Spirits*", Wiley Publishing Inc, 7th Edition, 2006, pp.372-374

제 2 절 리큐어의 종류

2.1 과일 향 리큐어

- **애프리코트 리큐어**(Apricot Liqueur) : 살구 향으로 애프리(Apry), 비네스(Vinnese) 애프리코트라는 이름으로도 불린다. 알코올 도수는 15°~21°이다.
- **블랙베리**(Blackberry Liqueur) : 블랙베리가 주원료이나 때로는 레드와인이나 다른 과일의 추출물을 일부 섞기도 한다. 알코올 도수는 15°이다.
- **칼바도스**(Calvados) : 프랑스 서북부 노르망디에서 생산되는 과일 증류주이다. 센강 하구 근처 구느빌 고지가 주산지로서 짜낸 과즙을 최소한 1개월간 발효시킨 후 증류는 3월에 시작하는데 코냑 방식과 아르마냑 방식을 사용한다. 그 후 참나무 술통에서 2년~5년의 숙성기간을 거치나 엑스트라(Extra), 나폴레옹(Napoleon), Hors d'Age, Age Inconnu 등은 최소연한이 6년 이상이다.

- **체리 리큐어**(Cherry Liqueur : Cherry Brandy) : 술통에 체리를 반 정도 넣고 주정을 채워서 약 40일 쯤 저장 숙성하여 향기를 주정에 흡수케 하여 만든다. 덴마크와 네델란드산이 유명하다. 알코올 도수는 8°~15°이다.
- **체리-스위스**(Chéri-Suisse) : 스위스에서 만든 쵸코렛-체리 리큐르이다. 15°.
- **코코넛**(Coconut) **리큐어** : 코코넛으로부터 향을 얻으며, 럼이나 쵸코렛 향을 첨가하기도 한다.
- **크랜베리**(Cranberry) **리큐어** : 신선한 크랜베리 쥬스로 만든다.
- **크램 드 바나나**(Crème de Banana : Banana Liqueur) 바나나 향을 넣어 감미가 나게 만든 것으로 알코올 도수는 10°~15°이다.
- **크램 드 카카오**(Crème de Cacao) : 브랜디에 과일, 약초 등을 넣어 감미를 더한 리큐르. 코코아와 바닐라향이 특징이며 갈색과 무색의 두 종류가 있다. 크램(Crème)이란 최상의 뜻이다.

- **샹보르**(Chambord) : 프랑스 렙스베리 리큐어로 알코올이 16.5°이다.
- **브랜디**(Brandy) **리큐어** : 포도로 만든, 즉 과일 향이 나는 모든 브랜디가 여기에 포함되며 일반적으로 살구, 체리, 배의 세 가지 유형의 향이 있다. 알코올은 20° 정도이다.
- **말리부**(Malibu) : 코코넛 향의 리큐어로 알코올 도수는 28°이다.
- **마라스키노**(Maraschino) : 이탈리아와 유고슬라비아 국경지대에서 자생되는 야생버찌인 마라스카 체리(Marasca Cherries)의 씨를 으깨어 브랜디에 넣어 만든 리큐르. 과실과 잘 조화되어 감미로운 맛으로 디저트용으로 쓰인다.

- **미도리**(Midori) : 1980년대 초반에 일본에서 만들어진 미도리라는 이름은 녹색이란 뜻이다. 멜론 향이 나며 알코올은 23°

- 피치(Peach) 리큐어는 신선한 복숭아나, 말린 복숭아에서 향을 얻는다. 알코올 도수는 15°~25°이다.
- **피터 히어링(Peter Heering)** : 덴마크의 코펜하겐에서 만든다. 최상의 체리 리큐르어 만들므로 체리 히어링(Cherry Heering)으로 많이 알려져 있으며 보통 히어링으로 부른다. 알코올 도수는 9°이다.

- **뽀와 윌리엄(Poire William)** : 스위스와 프랑스 동부, 오스트리아에서 만든다. 알코올 도수는 30°이다.
- **프루넬(Prunelle)** : 유럽 산사나무나 서양자두나무에서 향을 얻은 것. 15°~26°
- **랩스베리(Raspberry) 리큐어** : 프랑스 나무딸기(raspberry)에서 향을 얻은 것이다.
- **슬로 진(Sloe gin)** : 주정에 슬로(sloe)라는 야생 매실을 침출시켜 만든 연붉은 감미주로서 슬로 베리로 맛을 내어 약간 신맛이 나는 리큐르. 독특한 향과 매혹적인 색을 지니고 있다. 만성 소화불량과 장 카타르에 좋은 약주로도 사용된다. 알코올 도수는 21°~30°이다.

- **사우던 컴포트(Southern Comfort)** : 바텐더였던 메란(M.W.Meran)이 1874년에 만든 것으로 35°와 50°의 두 가지 종류가 있다. 호박색으로 버번위스키에 복숭아 등의 과일 향미를 가미한 것으로 미국을 대표하며, 미국에서는 보편적인 리큐어다.

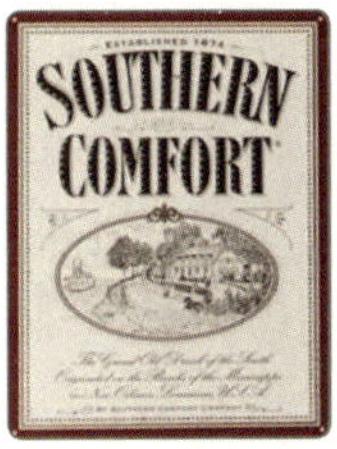

- **스트로베리(Strawberry) 리큐어** : 딸기에서 향을 얻은 것으로 알코올 도수는 4°~15°이다.
- **위시냑(Wishniak)** : 이스라엘, 러시아, 폴란드, 체코슬로바키아에서 나오는 야생 체리 리큐어. 8~15°.[3)]

2.2 오렌지 향 리큐어

- **오럼(Aurum)** : 브랜디를 베이스로 한 오렌지 리큐어. 특별한 방식으로 세 번의 증류를 하지만 마지막 증류를 할 때까지 오렌지 향은 첨가하지 않는다. 이탈리아산 40°.

---
3) Harrriet Lembeck, ibid, pp.374-376

- **캄파리(Campari)** : 오렌지 껍질과 여러 가지 식물 뿌리, 씨, 향료 등 70여 종의 재료로 만든 이태리 밀라노 산. 소다수나 오렌지 주스를 섞어 식전주(Apertif)로 많이 사용된다.
- **꾸엥뜨로(Cointreau)** : 무색투명한 화이트 큐라소의 대표 상표. 오렌지 꽃의 휘발성 향을 주정에 넣고 증류한 것이다. 디저트용으로 많이 애용되며 소화 작용을 활발히 하고 강장제로도 알려져 있다. 1849년 프랑스 르와르에서 만들어졌다. 꾸엥뜨로의 다른 하나는 트리플 섹의 브랜드 이름이고, 40°이다.
- **끄램 드 바이오렛(Crème de Violette)** : 제비꽃 추출액과 큐라소 섬의 파란 오렌지에서 향을 얻은 것. 12°~26°이다.
- **큐라소(Curaçao)** : 오렌지 껍질을 브랜디나 럼 등에 담가 감미를 더하여 만든 것. 베네쥬엘라 인근의 서인도제도 큐라소(Curaçao) 섬에서 생산. 블루, 그린, 화이트가 있으며 특히 화이트를 트리플 섹(Triple-Sec)이라 한다. 처음에는 큐라소의 특산인 오렌지 껍질을 사용하였으나 근래에는 스페인의 세비드 오렌지 껍질을 사용하고 있다. 알코올 도수는 25°~40°가 된다.

- **포비던 프룻(Forbidden Fruit)** : 미국산으로, 왕귤나무를 브랜디 속에 담구어 만든다. 알코올 도수는 17°이다.
- **그랑 마니에(Grand Marnier)** : 최고품질의 코냑을 원료로 사용하므로 오렌지 리큐어의 왕으로 불린다. 코냑을 베이스로 작고 파란 큐라소 오렌지 껍질을 손으로 벗겨서 만든 리큐어. 이 껍질은 태양광선으로 말리므로 향이 응축된 것을 프랑스로 가져와 증류한다. 적색(알코올 39.4%), 황색(30%)의 두 종류가 있으며 적색은 향이 강하고 병이 리본이 달려 있다. 배럴에서 숙성되어 호박색을 띤다. 40°. 브랜디 잔으로 서버 해야 한다.

- **아이리쉬 미스트(Irish Mist)** : 아이리쉬 위스키에 오렌지 껍질과 각종 약초, 향초의 엑기스를 섞고 꿀로 가미한 리큐어.
- **리큐어 크레올 슈럽(Liqueur Creole Shrubb)** : 서인도 제도 남동부의 프랑스령 섬인 마르트니크(Martinique)의 '클레망(Clément)'사에서 오렌지 껍질과 럼으로 만들며, 전통적인 제조방법을 따른다. 알코올 도수는 26°이다.

- **만다린 나폴레옹(Mandarine Napoleon)** : 만다린 귤나무의 껍질에서 향을 얻은 오렌지 색 리큐어. 프렌치 브랜디를 베이스로 만들었다. 알코올 도수는 38°이다.
- **사브라(Sabra)** : 이스라엘산(産)의 알이 크고 껍질이 두꺼운 자파오렌지와 초코렛을 블렌드한 이스라엘의 대중적 리큐어이다.
- **트리플 섹(Triple Sec)** : 화이트 큐라소로서 세 번 증류를 했다는 뜻에서 이름이 붙여졌다.

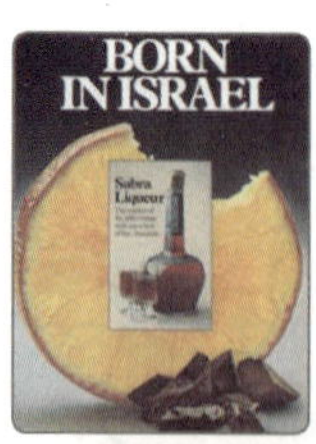

- **반 데르 훔(Van der Hum)** : 귤처럼 생긴 나트지에(naartjie)라는 아프리카 토종 오렌지로 만든 리큐어로 알코올 도수는 25°이다.

2.3 커피 향 리큐어

- **커피 리큐어(Coffee Liqueur)** : 커피 원두를 주원료로 하며 생산지에서 독자적인 이름으로 내기도 한다. 11°~15°
- **칼루아(Kahlúa)** : 테킬라 혹은 럼에 커피와 코코아의 열매, 바닐라 캐러멜, 시럽 등으로 블렌딩 한 것으로 커피를 원료로 하였으므로 아주 향기로운 커피향이 난다. 세계적으로 인기 있는 브랜드 중의 하나로 제빵이나 캔디를 만들 때도 사용된다. 알코올 도수는 26.5°이다. 커피라는 뜻의 아라비아 말인 칼루아는 그 자체로 그냥 마시기도 하지만 보통은 '블랙 러시안', '화이트 러시안', '칼루아 밀크' 같은 칵테일 베이스로 더 많이 쓰인다.

- **파샤(Pasha)** : 터키에서 만드는 커피 리큐어로 알코올 도수는 11°이다.
- **티아 마리아(Tia Maria)** : 럼을 베이스로 블루마운틴 커피를 넣어 만든 것으로 최초의 커피 리큐어이다. 자메이카에서 생산된다. 알코올이 16.5°.[4)]

2.4 감초 향 리큐어

- **앙고스트라 비터(Angostura bitter)** : 럼에 각종 약초를 넣어 만든 것으로 좋은 향과 풍미로 칵테일에 많이 쓰이고 있다. 앙고스트라(현재의 Ciudad Bolivar)란 베네쥬엘라의 옛날 명칭으로 그 당시의 앙고스트라의 독일 출신의 군의관이 약주로 만든 것이다. 근래에는 트리니다드트바고에서 많이 제조하고 있다. 도수가 48%이며 열대지방에서는 말라리아 예방제로서도 쓰이고 있다
- **애니스(Anis)** : 스페인어로는 애니셋(Anisette)으로 쓴다. 스페인과 라틴 아메리카에서 생산할 때에는 알코올 도수는 22°~43°이다.
- **애니셋(Anisette)** : 애니스(anise)씨에 브랜디를 넣고 감미를 더한 리큐어로 지중해 연안에서 재배되는 애니스(대회향 : 大茴香) 열매를 주정에 넣어 증류한 것으로, 프랑스를 중심으로 유럽 진역에서 생활 속에 자리 잡고 있는 술이다.
  30여 가지의 몸에 이로운 약초로 구성되므로 주정분은 27%로서 흥분성의 약주로도 쓰인다. 건강 식전주(appetiser)로 피로회복에도 좋으며, 독특한 향기로 물을 넣으면 오팔 색을 띠고 햇볕을 쬐면 7가지 색으로 변한다. 주요 제품은 페르노와 리카이다.
- **애니손(Anesone)** : 애니스(anise)와 감초의 향이 나는 것으로 이태리와 미국에서 생산한다.
- **갈리아노(Galliano)** : 긴 병이 특징인 이탈리아 산 리큐어. 바닐라를 비롯한 몇 십 종류의 약초

---

4) Albert W.A.Schmid, "*The Hospitality Manager's Guide to Wines, Beers, and Sprits*", Pearson Prentice Hall, 2004, p.214

와 향초를 섞었다. 증류주에 아니스, 바닐라 등 70여 종의 약초와 향미를 더하여 만든 이태리 밀라노에 생산한 리큐어. 병 모양이 긴 것이 특색으로, 노란색(알코올 35%), 적색(알코올 28%)의 두 종류가 있다. 알코올은 35° 정도이다.

- **골드바서(Goldwasser, or Danziger Goldwasser)** : 투명한 스피리트로 애니스(anis) 씨, 캐러웨이(caraway) 씨, 오렌지 향으로 오렌지 껍질과 애니셋, 각종 방향성 허브와 나무로 향을 만든 단맛의 리큐어이다. 작은 반점이 있는 황금색 잎이 들어 있는데 마실 때 인체에 무해하다. 알코올 도수는 30°~40°이다.
- **이자라(Izarra)** : 브랜디를 베이스로 프랑스의 피레네(Pyrénées) 산맥의 초목으로 향을 얻는다. 그린(37°), 옐로우(30°)의 두 가지로 나온다.
- **라키(Laki)** : 아니스(anise)향을 첨가한 투명한 술로 무화과 열매와 건포도를 원료로 만든다. 효모로 발효시키고 두 번 증류하여 만들며, 얼음이나 물에 타서 희석해 마신다.
- **우조(Ouzo)** : 터키의 라키(raki)와 같이 아니스향을 넣은 증류주로 알코올 도수가 40%가 넘으며 물에 희석해 마시기도 한다. 우조에 물을 넣으면 투명하던 색이 아주 묽은 우유처럼 뿌옇게 변하는 특성이 있다.

- **파스티스(Pastis)** : 애니스(anis)의 프랑스 버전. 감초향의 리큐어로 알코올 도수는 45°이다.
- **삼부카(Sambuca)** : 검보라색의 말오줌나무열매(elderberry)에서 얻는 감초향의 투명한 이태리 리큐어. 삼부카(sambuca)는 라틴명. 알코올은 40°이다.
- **우니쿰(Unicum)** : 쓴 한약과 단맛이 섞인 짙은 갈색인 헝가리를 대표하는 술이다. 1790년 오스트리아 합스부르크 왕가의 주치의가 황제 요제프2세에게 여러 가지 약초를 증류시켜 올린 술을 맛보고 감탄사로 한 말이 'Das ist ein Unicum(이건 둘도 없이 진기한 거로군)'으로 이것이 그대로 술 이름이 되었다.
  1840년 주치의의 아들이 대량 생산하기 시작하여 1892년 다뉴브 강 둑의 지금 위치에 자리를 잡았다. 요셉 즈바크(Zwack) 가문에 전해오는 주조법은 공장이 정부 소유가 되었던 공산정권(1948~1989년)에서도 제조비법으로 외부에 알려지지 않았다.

- **우니쿰 오리지널** : 20 여 가지의 약초가 들어가 있어 짙은 갈색에 걸쭉하며 액상 소화제와 비슷한 쓰고 떫은맛이 난다. 알코올 도수는 40°로 소화촉진의 기능이 있어 헝가리에서는 식후에 많이 마신다.
- **우니쿰 넥스트** : 젊은 소비자를 겨냥하여 2004년 새로 선보인 것이다. 허브향과 레몬향이 어우러져 상큼하고 단맛이 나며 색깔도 연한 노란색이다. 알코올 도수도 35°로 낮추었다.

- **운데르베르그(Underberg)** : 우니쿰과 비슷한 독일의 리큐어로 한 병의 용량이 40ml로 몹시 작다.
- 에거마이스터(Jägermeister)는 독일의 알코올 35°의 1935년에 나온 약초주이다.

2.5 견과 향 리큐어

- **아마레토(Amaretto)** : 살구 씨를 물과 함께 증류하여 각종 향초와 추출액을 알코올과 혼합하여 숙성시킨 후 시럽을 첨가하여 만든 것. 갈색에 가까운 진한 오렌지색으로 알코올은 25° 정도의 이탈리아산.
- **크램 드 노야(Crème de Noyaux)** : 아몬드 향으로, 알코올 도수는 10° ~ 15°
- **너트 리큐어(Nut Liqueur)** : 아몬드(almond), 호두, 헤이즐넛(hazelnut) 등의 견과류 향을 내는 리큐르의 총칭이다. 알코올 도수는 통상 20° ~ 40°이다.

2.6 허브와 스파이스 향(Herb-Spice) 리큐어

- **베헤로프카(Becherovka)** : 식욕 및 소화 촉진의 기능이 있는 체코의 허브 리큐어.
- **베네딕틴(Bénédictine)** : 브랜디에 엔젤리카(Angelica), 박하(Mint), 아니카(Anica) 등을 첨가한 것. 황금색의 리큐르 중 가장 우수한 술로 꼽히고 있다. 15세기 베네딕틴 수도원에서 제조된 것으로 일반적으로 널리 애용되고 있다. 술병에 D.O.M이라 쓰여 있는데 이것은 라틴어로 '신에게, 최선의, 최고의 이 술을 드린다(Dio Optimo maximo)'라는 뜻이다. 알코올은 40°.

- **끄램 드 맨트(Crème de Menthe)** : 일명 페퍼민트(Pepper Mint)라고 하며 박하 향을 가미한 리큐어로 달콤하고 시원한 리큐르로 유명하다. 그린, 핑크, 화이트가 있는데 화이트는 스팅거(Stinger)의 기주(基酒)가 된다.
- **드람뷔(Drambuie)** : 스카치위스키에 봉밀과 향초, 스파이스(spice) 등의 60여 가지를 넣어 만든 감미주로 스코트랜드 산이다. 알코올 도수 40%이다.

- **피오르 달페 이소라벨라(Fior d'Alpe Isolabella)** : 향긋한 이태리 리큐어로 병 속에는 허브의 어린 잔가지가 들어있다. 수백 년이나 되는 이 리큐르의 제조법으로는 알프스에서 나는 주니퍼(junioer, 곱향나무), 박하, 백리향(thyme), 아르니카(arnica), 마저럼(marjoram)과 박하의 일종인 히섭(hyssop)풀과 같은 많은 허브가 들어간다. 알코올 도수는 33°.
- **길카 베르리네르 킴멜(Gilka Berliner Kümmel)** : 회향풀의 일종인 캐러웨이(caraway) 씨와 미나리과의 애기회향 씨로 만든다. 독일산, 알코올 도수는 30°이다.

- **글래이바(Glayva)** : 스카치 위스키와 꿀, 허브로 만든 호박색 리큐어로 드람뷔와는 다르다. 알코올은 40°.
- **킴멜(Kümmel)** : 회향풀의 일종인 캐러웨이(caraway) 씨를 물에 담구고 주정을 넣는다. 이것을 증류하여 킴멜 향료를 만든 후 다시 주정을 더해서 만든 것 알코올은 21°~27°이다.
- **페파민트 슈내프(Peppermint schnapps)** : 박하향 리큐어로 'Crème de Menthe'보다 스위트하다. 알코올 도수가 4°~37°이다.

- **페르노(Perno)** : 압생트 메이커였던 페르노사가 압생트의 판매금지 조치 이후에 압생트의 유해성분을 아니스의 농축액으로 바꾸어 만든 것. 얼음물에 5배 정도 희석하거나 오렌지 주스에 타 마신다.
- **스트레가(Strega)** : 향신 식물로 만든 이태리의 노란색 리큐어. 알코올 도수는 40°이다.

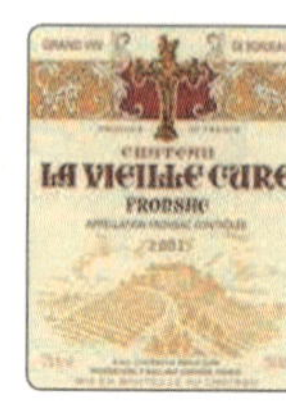

- **반데르민트(Vandermint)** : 네델란드산의 쵸코렛-민트 리큐어다.
- **비에일 큐어(Vieille Cure)** : 코냑과 알마냑을 블렌드한 방향 식물 리큐르. 그린과 옐로우의 두 가지가 있다.

2.7 기타 리큐어

- **아드보카트(Advocaat)** : 달걀노른자와 설탕을 넣은 브랜디로 네델란드에서 만들었다. 그래서 Egg brandy라고도 한다. 아드보카트는 '변호사'라는 뜻으로 이 술을 마시면 변호사처럼 말솜씨가 좋아진다고 한다. 카스타드 크림과 같은 맛이 나는 리큐어다.
- **배일리스(Baileys)** : 위스키에 생크림과 캬라멜 등의 향료를 넣어 만든 아일랜드산 리큐어이다.

- **비 앤 비(B & B)** : 베네딕틴에 브랜디를 섞어 만든 것.
- **샤르뜨로즈(Chartreuse)** : 프랑스의 샤르뜨로즈 수도원에서 생산된 것으로 브랜디에 각종 약초, 벌꿀 등을 넣어 만들어 리큐어의 여왕이라고도 한다.

베르(Vert)는 향이 강하며 알코올 도수 43%로 녹색으로 드라이하다.
존느(Jaune)는 부드러운 맛으로 알코올 도수 26~30%의 황색 샤르뜨로즈이다.

- **초코레트 스위스(Chocolat Suisse)** : 초코레트 향이 나는 스위스 리큐어로 병에 작은 초코렛 조각을 띄운다. 15°.
- **코디얼 메독(Cordial Médoc)** : 여러 가지 좋은 브랜디를 블렌드한 것과 오렌지 큐라소, 크림 드 카카오를 칵테일 한 리큐어. 프랑스 보르도에서 만들었다. 알코올 도수는 26°이다.

- **끄램 드 카시스(Crème de Cassis)** : 검은 까치밥나무 열매로 만든 검붉은 색의 산미가 약간 있는 리큐어이다. 키어 로얄(Kir Royal)은 샴페인에 끄램 드 카시스를 혼합한 칵테일로 식전주로 이름 높다.
- **끄램 드 로제(Crème de Rose)** : 장미꽃잎 추출액과 바닐라 향. 알코올 도수는 15°이다.

- **끄램 드 바닐라(Crème de Vanille)** : 브랜디에 최상의 멕시코산 바닐라 원두를 침출시켜 만든 리큐어이다. 알코올 도수는 역시 15°이다. 그리고 끄램 드 카카오(Crème de Cacao)도 있다.
- **파르페 아모르(Farfait Amour)** :제비꽃, 계피, 클로브, 코리앤더(미나리과의 고수풀) 씨와 감귤류에서 향을 추출하고, 식물에서 딴 푸른 빛을 띤 보라색 리큐어다. 명칭은 '완전한 사랑'이라는 프랑스어이나 원산지는 독일.

- **진저(Ginger)** : 생강 뿌리에서 향을 추출한다. 알코올 도수는 21°이다.
- **그라빠(Grappa)** : 와인을 만들 때 생기는 부산물을 증류해서 만드는 알코올 35°~50° 정도의 독한 술이다. 이탈리아 북부 지방이 주산지이며 깔끔한 풍미의 후식주로 예쁜 공예품 병에 넣어 선물용으로도 선호되고 있다.

- **락 앤 라이(Rock and Rye)** :라이(rye. 호밀)위스키를 베이스로 한 리큐어이지만 곡물이나 슈거캔디, 때로는 레몬, 오렌지 체리와 같은 과일이 들어간 애매한 스피리츠이다.

02 CHAPTER

칵테일(Cocktail)

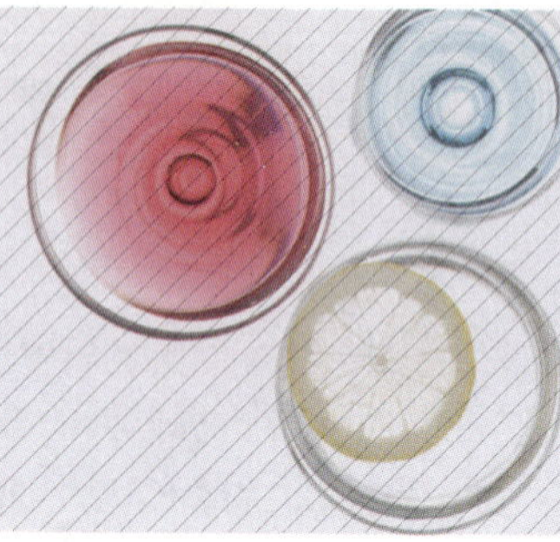

제 1 절 칵테일의 분류와 조주법

1.1 칵테일의 분류

1 기주(基酒. Base)별 분류

주재료가 되는 베이스(base)에 따라 분류한 것으로, 위스키 베이스, 브랜디 베이스, 진 베이스, 보드카 베이스, 럼 베이스, 테킬라 베이스, 와인 베이스(wine, champagne, port, sherry base) 칵테일로 나뉘어진다.

2 용도별 분류

(1) 식전 칵테일(Apertif Cocktail)

식욕을 돋우기 위해서 식전에 마시는 칵테일로 대체적으로 신맛과 쓴맛이 난다. 마티니(Martini)와 맨하탄(Manhattan)이 대표적인 것이다.

(2) 식중 칵테일(Dinner Cocktail)

신맛, 쓴맛, 단맛이 섞여 있는 것으로 식사 중에 마시는 것으로 테이블 칵테일이라고도 한다.

(3) 식후 칵테일(After Dinner Cocktail)

단맛이 나는 칵테일로서 식후에 소화를 돕기 위한 소화촉진이나 입가심으로 마신다. 알렉산더(Alexander)가 대표적이다.

3 용량에 의한 분류

(1) 숏 드링크(Short Drink)

알코올에 알코올을 더하여 만든 것으로서 알코올 도수가 강하고 비교적 용량이 적다. 즉 6온즈(180ml) 미만의 역삼각형 칵테일 잔에 제공된다. 숏(short)이란 용량의 의미도 있지만 마시는 시간의 뜻도 있다. 글라스가 짧으면 마시는 시간도 당연히 짧아진다.

(2) 롱 드링크(Long Drink)

알코올에 비알코올 음료를 혼합하여 만든 것으로 도수가 비교적 약하다. 8온즈(240ml) 이상의 큰 잔에 제공된다.

1.2 칵테일 조주법

1 조주 방법

- **스티어링(Stirring)** : 글라스에 필요한 음료를 넣고 잘 섞이게 하기 위해서 바 스푼이나 머들러를 이용해서 휘젓는 것을 말한다. 얼음은 음료보다 먼저 넣어야 하고, 발포성 음료를 함께 넣을 경우에는 짧게 마쳐야 한다.
- **셰이킹(Shaking)** : 필요한 음료를 셰이커 속에 넣고 셰이커를 잘 흔들어 만드는 방법이다. 스티어링에 비해 서로 잘 섞이지 않은 음료를 칵테일 할 때 사용된다.
- **플로팅(Floating)** : 알코올 도수가 높은 증류주나 향을 내기 위한 리큐르 등을 다 만든 칵테일 위에 비중을 이용하여 소량 띄우는 것을 말한다. 바 스푼 뒷면을 글라스 안쪽에 대고 기존의 술과 섞이지 않도록 하여 조심스럽게 넣어야 된다. 레인보우(Rainbow), 엔젤스 키스(Angel's Kiss)가 대표적이다.
- **빌딩(Building)** : 직접 넣기로, 글라스에 직접 얼음과 재료를 넣고 저어서 만들어 주는 방법이다. 재료의 비중이 가볍고 잘 섞이는 술이나 음료수를 혼합한다.
- **블렌딩(Blending)** : 칵테일에 계란이나 과일이 포함되어 있을 경우 믹서기 등의 전동기를 사용하여 만드는 방법이다. 블렌딩 시에 얼음을 필요할 때에는 믹서기의 날이 손상되지 않도록 잘게 깨진 것을 사용해야 한다. 그리고 소다수와 같은 발포성 음료는 블렌딩이 끝난 후에 넣어야 기포가 살아있다.

2 칵테일의 기법

- **에이드(Ade)** : 과일즙에 설탕시럽과 물을 혼합하는 기법으로서 일종의 비알코올성 칵테일이다. 레모네이드(Lemonade)가 대표적인 것이다.
- **벅(Buck)** : 증류주(주로 진)에 레몬, 과즙, 과육, 진저에일을 넣는다.
- **칼린스(Collins)** : 증류주(주로 진이 많이 사용된다)에 레몬주스, 설탕시럽 등을 넣고 소다수로 채우는 것이다. 12온즈 정도의 큰 잔에 제공되며 탐 콜린스(Tom Collins)가 대표적이다.
- **쿨러(Cooler)** : 차고 시원한 음료라는 뜻이다. 베이스 음료에 라임주스, 설탕시럽 등을 넣고 소다수나 진저엘 등의 탄산수로로 채워 갈증해소나 청량감을 느끼게 하기 위한 칵테일이다. 베이스로는 증류주 외에 양조주도 쓰인다. 와인 쿨러(Wine Cooler)가 대표적이다.

- **크러스타(Crusta)** : 글라스 가장자리에 레몬즙을 두르고 설탕이나 소금을 묻힌 다음 브랜디를 베이스로 레몬쥬스, 비터즈, 설탕 등을 넣고 레몬

이나 오렌지 껍질을 나선형으로 벗겨 장식한다. 마가리타(Magarita)가 대표적이다.

- **데이지(Daisy)** : 증류주에 리큐르나 레몬주스, 그레나딘 시럽 등을 첨가하고 하이볼 글라스에 분쇄된 얼음을 채운 다음 과일을 장식하여 스트로를 꽂아 제공하는 방법이다. '귀여운 여자'라는 뜻의 이름이며, 칵테일 명은 베이스를 사용하는 증류주에 따라 달라진다. 예를 들면 위스키를 베이스로 사용한 데이지는 위스키 데이지(Whisky Daisy)가 된다.
- **에그녁(Eggnog)** : 칵테일을 만들 때 계란과 우유를 사용하는 기법으로 브랜디 에그녁(Brandy Eggnog)이 대표적이다. 올드 패션드 글라스나 컵을 사용한다.
- **피즈(Fizz)** : 진을 베이스로 레몬주스, 설탕시럽, 소다수를 혼합하고 과일 장식을 한다. 진 피즈(Gin Fizz)가 대표적이다.
- **플립(Flip)** : 증류주나 와인에 계란 노른자와 시럽 등을 넣어 섞은 후 넛맥Nutmeg)을 뿌려 만드는 기법이다. 넛맥은 계란 특유의 비린내를 없애주게 된다.
- **프라페(Frappé)** : 칵테일 글라스나 샴페인 글라스에 잘게 부순 얼음을 채워 원하는 리큐르를 넣고 스트로를 꽂아 제공하는 기법이다. 프라페는 차갑게 냉각시킨다는 의미로서, 민트 프라페(Mint Frappé)가 대표적이다.
- **하이 볼(High Ball)** : 텀블러 글라스나 하이 볼 글라스에 얼음을 넣고 증류주를 부은 후에 소다수나 탄산음료를 채우면 위로 부풀어 오르게 되는데 이를 하이볼(High Ball)이라 표시하게 된 것이다. 버번 콕(Bourbon Coke), 진 토닉(Gin Tonic)이 대표적이다.
- **하프 앤 하프(Half and Half)** : 두 종류의 알코올을 반반씩 섞는 기법이다. 대표적인 것으로는 비엔비(B & B)가 있는데 이는 브랜디와 베네딕틴을 반반씩 섞은 것이다.
- **쥴렙(Julep)** : 민트 잎을 넣고 스푼으로 으깨어 향이 베어 나오게 한 다음 잘게 부순 얼음을 채우고 음료를 넣어 만드는 기법이다. 민트 쥴렙(Mint Julep)이 대표적이다.
- **미스트(Mist)** : 미스트(mist)가 안개를 뜻하듯이 글라스 속의 얼음으로 인하여 표면이 하얗게 서리가 지는 것에서 붙여진 이름이다. 프라페와 만드는 방식이 비슷하며 증류주를 사용하게 된다. 대표적인 것으로는 스카치 미스트(Scotch Mist)와 버번 미스트(Bourbon Mist)가 있다.
- **온 더 락스(On the rocks)** : 올드 패션 글라스에 얼음을 넣고 증류주를 그 위에 채우는 단순한 기법이다. 얼음을 바위에 비유한 이름.

- **펀치(Punch)** : 펀치 볼(Punch Bowl)에 음료, 증류주, 양조주, 과일, 설탕시럽 등을 혼합하고 큰 얼음을 띄워 만드는 기법. 파티에서 여러 사람이 떠서 마시게 하는 방식으로 알코올 성분을 빼기도 한다.
- **릭키(Ricky)** : 증류주에 라임의 즙을 넣고 소다수를 채우는 방식으로 레몬을 쓰기도 한다. 당류(糖類)를 사용하지 않아 상쾌한 신맛이 특징으로 진 릭키(Gin Ricky)가 대표적이다.
- **상그리아(Sangria)** : 레드 와인에 탄산수, 설탕과 계절 과일을 썰어 넣어 만들어 먹는 방법의 스페인의 대중적인 술. 취향에 따라 진, 브랜디, 럼 등을 섞어 도수를 높이기도 한다. 섞은 후 최소 2시간 이상이 되어야 제 맛이 나온다.

- **슬링(Sling)** : 진을 베이스로 레몬주스, 설탕시럽, 소다수를 혼합하고 과일 장식을 하는 피즈(Fizz)와 비슷하나 피즈보다 용량이 많고 맛을 부드럽게 하기 위해서 리큐르를 사용한다. 싱가포르 슬링(Singpore Sling)이 대표적이다.
- **스노-스타일(Snow Style)** : 글라스에 눈이 얼어붙어 있는 것 같이 보인다고 해서 붙여진 이름이다. 대표적인 것으로 마가리타, 솔티 독이 있는데, 단순한 장식이 아니라 술잔에 붙어있는 소금이나 설탕을 핥아서 술맛을 부드럽게 하는 것이다. 글라스 돌려가며 가장자리에 있는 것을 핥으며 단맛이나 쓴맛을 조절하도록 하는 것이므로 먹지 않아도 되고 남겨도 된다. 소금이나 레몬은 알코올의 세기를 느끼는데 무디게 하는 작용을 한다.
- **사우어(Sour)** : 각종 증류주에 레몬주스와 설탕시럽을 혼합한 형태로 과일장식을 한다. 위스키 사우어(Whisky Sour)가 대표적이고 '시큼한 산미'라는 뜻이다.
- **스쿼시(Squash)** : 과일즙에 소다수를 넣어 만드는 방식이다. 오렌지 스쿼시(Orange Squash)가 대표적이다.[5)]
- **토디(Toddy)** : 대부분의 칵테일이 얼음을 넣거나 차게 한 드링크임에 반하여 더운 드링크로, 하이볼 글라스에 설탕을 넣고 위스키나 럼 등을 넣은 다음 뜨거운 물로 채우는 방식이다.
- **트로피칼(Tropical)** : 럼에 각종 과일주스, 시럽 등을 넣고 과일로 장식하여 만드는 열대성 칵테일이다. 달콤하고 시원한 과일 맛이 특징이다.

3 칵테일 제조의 기본 원칙

(1) 정확한 량과 제조방식

계량컵(measure cup : jigger cup)을 사용하여 재료를 정확하게 측정하고, 제조방식은 레시피(recipes)대로 정확하게 따른다.

레시피에 정확한 양이 나와 있는 아로마틱 비터즈나 다른 재료를 소량으로 탈 때(dash)에는 대셔 스토퍼(dasher stopper)을 사용하도록 한다. 이렇게 하면 알맞은 양을 사용할 수 있는데, 데쉬(dash)는 1/6 티스푼이다.

(2) 좋은 재료

드링크를 믹서 할 때에는 언제나 최상의 좋은 재료를 사용하도록 한다.

과일은 신선하고 제대로 된 것만 사용하여야 한다. 오렌지나 레몬을 너무 얇게 썰면 뒤틀리거나 축 늘어지는 일이 생기게 된다. 썰어둔 과일은 마르는 것을 방지하고 신선함을 유지하기 위해서 내프킨을 축축하게 적셔 덮는다.

과립설탕을 요청받을 시에는 최상의 설탕을 제공하도록 한다. 보통 과립설탕보다 물에 잘 녹는다.

---

5) Harriet Lembeck, "*Grossman's Guide to Wines, Beers, & Spirits*", Wiley Publishing Inc, 7th Revised Edition 2006, pp.386-388

(3) 얼음의 사용

얼음은 신선하고 깨끗한 새 얼음을 사용한다. 절대로 한번 사용된 얼음을 씻어서 재사용하지 않도록 한다.

큐브아이스가 들어가는 긴 잔을 사용하는 드링크나 칵테일은 잘 저어서 나가도록 한다.

잘게 부순 얼음을 사용하는 칵테일은 잘 흔들어 나가도록 한다. 큐브아이스를 사용할 때, 얼음이 뿌옇게 보이면 미지근한 물을 살짝 뿌려 없애어 사용하도록 한다. 셰이커에 얼음이 남아있으면 바로 버린다. 얼음이 녹아서 다음에 사용되는 재료가 묽어지게 된다.

(4) 믹서기

무엇을 사용하든 최상의 믹서기를 사용하도록 한다. 그저 그런 믹서나 상태가 안 좋은 믹서는 좋은 음료를 망치게 한다.

(5) 내용물 섞기

재료를 뒤섞을 때에는 나무로 된 머들러(휘젓는 막대)나 숟가락의 뒷부분으로 고형물을 부수어 액체와 잘 섞이도록 한다. 칵테일을 저을 때에는 힘차게 젓는다.

설탕이나 생과일 쥬스, 리큐어, 크림이 들어가는 칵테일은 흔들어(shake) 주어야 한다.

칵테일의 재료를 섞을 때에 알코올은 맨 나중에 넣지만, 드링크를 섞을 때에는 알코올을 제일 먼저 넣는다.

(6) 재료

과일은 신선한 것을 사용하여야 한다.

오렌지나 레몬을 너무 얇게 썰면 뒤틀리거나 축 늘어지는 일이 생기게 된다. 썰어둔 과일이 마르는 것을 방지하고 신선하게 유지하기 위해서 냅킨을 촉촉하게 적셔 덮는다. 오렌지나 레몬을 한 번 짠 후에 따뜻한 물에 넣어 두면 과즙이 더 나오게 된다.

가니쉬(garnish)로 사용하기 위해 껍질을 벗긴 오렌지나 레몬은 과육에 붙어있는 흰 표피에서 쓴 맛이 나는 경우가 많으므로 이를 제거해야 된다.

거품이 이는 칵테일을 만들 때에는 계란의 흰자만 사용한다.

설탕이나 생과일주스, 리큐르, 크림이 들어가는 칵테일은 흔들어(shake) 주어야 한다.

글라스류는 반짝반짝 윤이 나도록 잘 닦아야 한다.

1.3 칵테일 조제 도구

1 칵테일 도구

- **바 스푼(Bar Spoon)과 머들러(Muddler)** : 바 스푼은 잔속의 칵테일을 저을 때 사용하는 막대, 보통 나무 재질로 믹싱 글래스(mixing glass)를 사용할 때 재료를 혼합하기 위해서 젓는 스푼이다. 손잡이가 길며 한 쪽은 스푼, 한 쪽은 포크로 되어 있다. 포크 부분은 병에 든 올리브 등을 꺼낼 때 사용한다. 스푼의 자루가 나선형으로 꼬여 있으므로 안의 내용물을 보다 빨리 회전시키면서 섞을 수 있다. 머들러(muddler)는 잔속의 칵테일을 저을 때 사용하는 막대로 보통 나무 재질이다.

- **계량 컵(Measure Cup)** : 재료의 량을 측정하는 금속성 컵이다. 30ml와 45ml의 용기가 아래위로 나뉘어져 붙어 있다. 지거 컵(Jigger cup)이라고도 부르며 용량이 다른 것도 있다.
- **비터 보틀(Bitters Bottle)과 포어러(Pourer)** : 비터(Bitter)는 원래 칵테일에 필요한 향료의 이름이다. 비터처럼 칵테일에 들어가는 부재료들을 넣어두어 필요한 양만큼 한 방울씩 나오게 하는 것이다.

포어러(Pourer)는 병에 들어 있는 술이나 음료가 한꺼번에 나오는 것을 방지하기 위해 병 입구에 꽂아 작은 구멍을 통해 조금씩 나오게 하는 도구이다.

- **병따개(Bottle openers)** : 캡 리프터(cap lifters)라고도 부르는 병뚜껑을 따는 기구이다.
- **코스터(Coaster)** : 잔의 받침대. 두꺼운 종이나 천으로 되어 있으며, 물기의 흡수나 안정성을 유지하기 위해서 사용되며 품위를 높이는데도 도움이 된다.
- **칵테일 픽(Cocktails picks), 혹은 칵테일 핀(Pin)** : 이쑤시개 모양으로, 체리나 올리브 등에 꽂아서 먹기 좋게 한다. 색이나 재질, 디자인 등이 다양하다.

- **칵테일 셰이커(Cocktail Shaker)** : 뚜껑(Cap), 여과기(Strainer), 몸통(Body)의 세 부분으로 된 것으로 보통 스테인 재질로 만든다. 보디에 재료와 얼음을 넣고 닫아서 양 손으로 흔들어 칵테일을 만든다. 셰이커를 흔들면 술에 공기가 섞이게 되어 입안 감촉이 가볍고 부드러워진다.
- **코르크 스크류(Corkscrew)** : 와인류와 같은 병 입구가 코르크로 된 것의 코르크를 빼는데 사용된다. 자동형과 웨이터용 등 형태가 다양하다.
- **믹서기(Electric mixer) 혹은 블렌더(Blender)**
- **과도(Fruit Knives) 혹은 페티 나이프(Petty Knife)**
- **과일 집게(Fruit Tong)와 얼음 집게(Ice Tong)** : 과일이나 얼음을 집을 때 사용하는 도구로 끝이

톱 모양으로 들쭉날쭉하여 얼음을 쉽게 집을 수 있게 되어 있다.

- **얼음 통(Ice Bucket)과 얼음 주걱(Ice scoops)** : 얼음통은 얼음을 넣어 두는 용기로 프라스틱이나 스테인레스 재질로 되어 있다. 위스키에 얼음을 섞어 마실 때 나온다. 얼음주걱은 얼음을 뜰 때 사용하는 기구로 아이스 샤벨(Ice Shavel)이라고도 한다.
- **얼음 분쇄기(Ice crusher)와 아이스 픽(Ice pick)** : 아이스 픽은 송곳 같은 것으로 얼음을 필요한 크기대로 깨는데 사용된다.
- **믹싱 글라스(Mixing Glass)** : 바닥의 안쪽이 둥근 대형 글라스. 재료를 넣고 저어서 칵테일을 만든 일명 바 글래스(bar glass)로 부르는 컵. 크고 작은 종류가 있다.
- **스퀴저(Squeezer)** : 과일 즙을 내기 위해 사용하는 것으로 레몬이나 오렌지를 반으로 잘라 넣어 즙을 만든다.

- **스트레이너(Strainer)** : 막싱 글라스(Mixing glass)에서 만든 칵테일을 술잔에 따를 때 얼음이 같이 쏟아지지 않도록 바쳐서 막아주는 역할을 하는 것이다. 스테인리스 판에 가느다란 용수철을 둘러서 만들어져 있다.

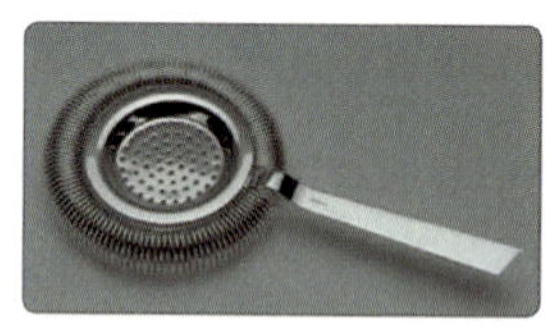

2 칵테일 글라스류

(1) 글라스의 재질

- **소다석회 글라스** : 일반적인 글라스로 주재질이 규사와 산화나트륨(소다회) 및 산화칼슘(석회석)으로 산화하면 글라스에 푸른 빛이 돈다.
- **보헤미안 크리스탈 글라스** : 주재질이 규사, 산화칼슘, 산화칼륨으로 색의 변화가 적고 투명감이 있다.
- **크리스탈 글라스** : 산화연을 25% 이상 포함하며 규사와 칼륨이 주재질이다. 투명하고 빛이 찬란하게 보이며, 중량감이 특징이다.

(2) 글라스의 종류

- **텀블러(tumbler)** : 하이볼 글라스(high ball glass)라고도 하며, 소프트를 마실 때 주로 사용된다. 180ml, 240ml, 300ml, 360ml의 용량이 있으며, 통상적으로 240ml가 사용된다.
- **칵테일 잔(cocktail glass)** : 크기와 형태가 여러 가지이나 역삼각형 모양의 75ml가 일반적이다.

- **위스키 잔(whisky glass)** : 스트레이트 글라스(straight glass)라고도 하며 싱글은 30ml, 더블은 60ml가 표준이다.
- **리큐어 잔(liqueur glass)** : 글라스가 특별히 지정되지 않은 보드카, 럼 등에 사용되며 용량은 30ml이다.
- **브랜디 잔(brandy glass)** : 튤립꽃과 같은 형태로 브랜디를 마실 때 사용한다. 용량은 240~300ml로 손으로 컵을 감싸 손의 온기로 컵을 따뜻하게 데우며 마신다.
- **샴페인 잔(champagne glass)** : 스파클링와인 전용으로 길게 생긴 120ml의 용량이다. 플루트형은 천천히 마시며 또한 기포가 떠오르는 것을 오래 감상하게 하며 탄산가스가 천천히 빠져 나가게 하기 위함이다. 칵테일이나 과일 펀치 등에도 사용되는 것은 입부분이 넓은 소서(saucer)형이다.
- **콜린스 잔(collins glass)** : 톨 콜린스(tall collins)로 불릴 정도로 원통형의 큰 컵으로 양이 많은 롱 드링크에 사용된다. 용량은 300ml이다.
- **마가리타 잔(magarita glass)** : 소서(saucer)형의 샴페인 잔과 비슷하나 크기가 더 크다. 잔이 바닥이 오목하게 들어가 있다.
- **고블렛(goblet)** : 생수, 맥주, 청량음료 등 차게 한 음료에 사용되며, 240~300ml의 용량이다.
- **레드와인 잔** : 레드 와인용으로 120~150ml의 용량이 표준이나 근래에는 차츰 커지는 경향이다.
- **화이트와인 잔** : 레드와인 잔 보다 작은 90ml의 용량이 표준이나 근래에는 120ml도 사용되고 있다.
- **셰리 잔** : 용량이 60~75ml의 셰리와인 전용 잔이다.
- **포트 잔** : 셰리보다 좀 큰 90~120ml의 용량이다.
- **사우어 잔(sour glass)** : 셰리와인 잔을 크게 한 형태로 120ml가 표준용량으로 사우어를 마실 때 사용한다.
- **올드 패션 잔(old fashioned glass)** : 텀블러의 변형으로 올드 패션 칵테일용이나 위스키를 온 더 락스로 혹은 소프트를 조금 넣어 마실 때 사용하며 180~300ml 용량이다.
- **필스너 잔(pilsner glass)** : 맥주 전용 잔으로 사용되었으나 근래에 롱 드링크 등의 칵테일 용으로도 쓰이고 있다. 240~360ml 정도의 용량이다.

칵테일 하이볼 올드 패션드 플루트 콜린스 마가리타 숏

(3) 글라스를 닦는 법

글라스를 씻어 그대로 말리면 물방울 자국이 남게 되어 보기에 좋지 않다. 물로 씻은 후 마, 면으로 된 혼방의 깨끗한 행주로 닦아 물기를 없앤 후 보관하여야 한다.

① 행주를 왼손에 편 후 그 안에 글라스를 감싼다.
② 다른 행주를 오른손에 쥐고 글라스 안에 넣는다.
③ 오른손으로 글라스의 가장자리를 잡고 좌우로 글라스를 돌리면서 닦는다. 이 때 글라스가 손에 직접 닿지 않도록 주의하며, 물방울이나 손자국에 남지 않게 부드럽게 닦는다.

1.4 칵테일 부재료

칵테일을 만들 때 들어가는 술을 주재료 혹은 베이스(Base)라고 한다. 즉, 위스키가 기본이 되면 위스키 베이스라고 하게 된다. 이에다 색과 향, 맛을 내게 하는 부재료를 넣어 배합하게 된다. 부재료 또한 여러 재료가 있다.

1 청량음료

(1) 탄산음료

- 토닉 워터는 무색 투명한 음료로 퀴닌(quinine)성분이 들어 있다.
- 콜린스(Collins)는 소다수에 레몬쥬스와 설탕 등을 혼합하여 만든 음료로 증류주에 배합이 잘 된다.
- 진저엘(Ginger ale)은 소다수에 생강의 맛과 향을 가미한 것으로 식용증진이나 소화촉진에 효과가 있다.
- 콜라(Cola), 사이다(Cider), 소다수(Soda water)

(2) 비탄산음료

생수(Mineral water), 비키(Vicky), 에비안(Evian) 등이 있다.

2 주스류(Juice)

오렌지, 포도, 레몬, 라임, 오렌지, 파인애플, 토마토주스가 사용된다.

3 시럽류(Syrup)

- **플레인(Plain) 시럽** : 설탕을 녹여서 만든 단순한 것. 심플(Simple) 시럽이라고도 한다.
- **그레나딘(Grenadine) 시럽** : 적색을 띠고 있으며 과일향의 풍미를 지니고 있는 시럽이다.
- **메이플(Maple)** : 캐나다가 주산지로서 흔히 핫케이크 등에 뿌려 먹으며, 칵테일에는 드물게 사용된다.
- **고메 시럽(Gomme Syrup)** : 끓는 물에 설탕을 용해하여 만들어지는 투명한 액체 설탕. 어떤 나라에서는 슈가 시럽, 심플 시럽으로도 알려져 있다.
- **검(Gum), 래스베리(Raspberry)**

4 과실류(Fruits)

올리브, 체리, 레몬 외에 양파도 사용된다. 체리는 별다른 언급이 없는 한 붉은 마라치노 체리를 뜻한다. 알코올 없이 피나콜라다와 블러디 메리를 만들면 버진 콜라다와 버진 메어리가 된다.

5 향초류(Herb and Spice)

다 만들어진 칵테일에 풍미를 더 살리기 위해 첨가하는 방향성(芳香性) 식물이다. 천연 그대로의 것을 사용하거나 또는 가공된 것을 사용하기도 한다.

- **넛멕(Nutmeg)** : 육두구과의 나무 종자 속을 건조시킨 것. 우유나 생크림의 좋지 않은 냄새나 계란의 비린내를 제거해 주므로 크림계의 칵테일에 많이 사용된다.

- **크로버(Clove)** : 크로브의 꽃봉오리를 건조시킨 것. 달콤한 향이 난다. 핫 드링크에 넣으면 달콤한 향이 나고 강한 냄새를 억제해 준다.
- **계피(Cinnamon)** : 녹나무과의 나무 껍질을 건조시킨 것이다. 달콤하고 매운 맛이 섞인 독특한 향으로 스틱상태와 가루상태로 되어 있다.
- **민트(Mint)** : 시소과의 허브로 상쾌한 청량감이 입 안에 퍼진다. 칵테일에는 으깨거나 장식해서 많이 쓴다.
- **후추(Pepper)** : 검은 후추는 미숙한 과실로 만들며 흰 후추는 완숙한 과실종자로 만드는데 칵테일에는 주로 흰 후추를 사용한다.

6 가니쉬(Garnish)

칵테일을 보기 좋게 꾸미는 것으로, 오렌지, 레몬, 라임, 파인애플, 올리브, 체리, 칵테일용 양파 등과 고객이 요청하는 특별한 것, 업장에 따른 경영상의 독특한 것들이 있다. 이러한 가니쉬류는 영업이 시작되기 전에 미리 준비하여 가능한 한 신선함이 유지되도록 해야 한다.
과일로 만든 가니쉬는 언제 먹어도 되지만 먼저 먹는 편이 칵테일을 즐기기에 좋다. 먹은 후에 껍질이 있는 것은 컵받침이나 테이블 위 혹은 재떨이에 놓아도 된다. 레몬 등 짜야 하는 것은 짠 후에 그 껍질을 그대로 글라스 속에 넣은 후 마시면 된다. 파인애플 껍질처럼 먹을 수 없는 것도 당연히 있다.
글라스 안에 머들러가 들어 있을 때는 저은 후 빼서 테이블에 두면 되지만 프라페(Frappé) 스타일의 칵테일에 들어있는 스트로는 끝이 스푼 모양으로 되어있다. 이러한 것은 칵테일을 섞기 위한 것이므로 얼음을 떠먹어서는 안 된다.

- **오렌지** : 미국산(産) 오렌지의 경우 플로리다산(産)은 과즙이 많이 나오며, 캘리포니아산(産)은 색깔이 좋아서 슬라이스(slice) 할 때나 껍질을 벗겨 사용할 때에 좋다. 슬라이스 된 오렌지는 따로따로 나누지 않고 같이 붙여두면 신선도가 오래 유지된다.
- **레몬 슬라이스(Lemon Slice)** : 오렌지와 마찬가지로 레몬도 슬라이스하여 사용할 경우 1/4인치(약 0.6센티) 정도의 두께로 썰면 좋다. 과즙을 만들려면 반 토막 내어 사용하고, 슬라이스를 할 경우에는 각 반 토막의 꼭지 부분을 성큼 잘라서 미련 없이 버리고 또 그 반을 잘라서 사용하면 된다.
- **라임(Lime)** : 라임은 짜거나 손으로 쥐기 좋게 8조각의 쐐기모양으로 자르며, 과즙을 사용하고자 하면 반으로 잘라서 쓴다.
- **껍질** : 오렌지나 레몬의 나선형 껍질이 필요할 때가 있다. 과일 전체를 한 손으로 잡아서 받치며 다른 손으로 껍질이 두껍게 벗겨낸다.
- **파인애플** : 펀치나 특별한 음료에 사용된다. 파인애플의 경우는 특히 7~8센티 정도로 껍질을 두껍게 벗겨야 한다.
- **올리브와 체리(Olive and Cherries)** : 씨를 발라낸 파란 올리브가 칵테일에 종종 사용된다. 특히 올리브는 씨를 꼭 발라내어야 한다.

  디저트 또는 칵테일에서 마른안주로 쓰이는 마라스키노 체리(maraschino cherry)는 채색한 시럽에 절여서 모조 마라스키노주로 맛을 곁들이는 버찌로서 씨를 발라내고 줄기는 옆에 같이 두어 장식한다.[6]

7 얼음(Ice)

칵테일용으로 사용되는 얼음은 냄새가 없고 투명해야 하며 물에 잘 녹지 않는 단단한 것이어야 된다. 또한 얼음 속에 공기가 들어가 있지 않은 것이 좋다.

- **큐브 아이스(Cube)** : 입방체 모양의 네모 반듯한 각 얼음
- **크랙트 아이스(Cracked Ice)** : 아이스 픽(Ice Pick)으로 깬 얼음을 말한다.
- **럼프 아이스(Lump Ice)** : 직경 5인치 정도의 크기의 얼음으로 화채와 같은 것을 오랫동안 차게 유지시키기 위해 사용된다.
- **쉐이브드 아이스(Shaved Ice)** : 가루얼음으로 프로즌 스타일(Frozen Style), 프라페 스타일(Frape Style)의 칵테일 만들 때 주로 사용된다.
- **크러쉬드 아이스(Crushed Ice)** : 얼음을 으깨어 부스러기로 만든 것으로 열대성 칵테일을 만들 때 주로 사용된다. 얼음을 으깰 때는 수건 같은 것으로 잘 싸서 망치로 두들겨 깬다.
- **블럭 아이스(Block Ice)** : 1kg 이상의 덩어리 얼음으로 파티나 축제 때에 대량으로 만들어 둔 펀치를 오래 차게 하기 위해서 사용된다.

---

6) Harriet Lembeck, ibid, pp.443-444

8 기타 증류주와 와인

(1) 증류주

비터스(Bitters)는 증류주에 방향을 가미한 술로 쓴맛이 있어 스트레이트로 마시지 않고 칵테일 부재료로 많이 사용된다. 건위강장의 효과도 있다고 알려져 있다. 종류로 앙고스트라비터(Angostra Bitters), 오렌지 비터, 캄파리 비터, 진자노 비터 등이 있다.

(2) 와인

버머스(Vermouth)는 와인에 생약성분이 포함되어 있는 약초와 향초를 넣어 여과하여 통 속에 넣고 1~2년간 저장한 것으로, 주정 약 15~16%와 당분이 12~15%로 시판된다.

프랑스산으로 보지에르(Boissiere), 도린(Dolin), 노아이 프라(Noilly Prat), 이태리산으로 카르파노(Carpano), 친자노(Cinzano), 코키(Cocchi), 간치아(Gancia), 마르텔레티(Martelletti), 스톡(Stock), 미국에서는 갤로(Gallo), 임부에(Imbue), 수톤 셀라즈(Sutton Cellars), 트리부노(Tribuno), 비야(Vya), 그리고 스페인의 페루키(Perucchi)가 알려져 있다.

1.5 칵테일 단위

칵테일의 알코올 도수 계산법은 다음과 같다. 즉

$$\frac{(\text{A재료의 알코올 도수} \times \text{사용량}) + (\text{B재료의 알코올 도수} \times \text{사용량})}{\text{총 사용량}}$$

- **대쉬(Dash)** : 약 1/6 티 스푼(tea spoon) 정도의 양
- **더블(Double)** : 일반적으로 더블은 60ml의 양을 말하며, 싱글은 30ml이다.
- **드롭(Drop)** : 떨어지는 방울의 양으로서 5드롭이 1대쉬의 양이다. 즉 1드롭(drop)은 1/5대쉬(dash)
- **온스(oz, Ounce)** : 1온스는 30ml의 양(싱글의 양)이고, 또는 1샷(shot)이나 1포니(pony)라고도 한다.
- **티 스푼(tsp, Tea Spoon)** : 1 티스푼은 약 1/8온스의 양이다.

- **파인트(Pint)** : 1 파인트는 470ml로서 약 16온스 정도이다.
- **핑거(Finger)** : 텀블러 잔을 바닥에 놓고 잔을 쥐게 될 때 세끼손가락의 아랫부분을 바닥에 붙인 채 검지손가락 높이만큼의 양을 말한다. 1핑거는 약 30ml정도(싱글의 양)이다.
- **센티리터(cl)** : 1 센티리터(cl)는 10ml이다.

제 2 절 칵테일의 종류

2.1 위스키 베이스(Whisky base) 칵테일

1 위스키 베이스의 칵테일 종류

Banana Bird, Blood & sand, Bourbonella, Brooklyn, California Lemonade, Churchill, Curaçao, Derby fizz, Dry Manhattan, God-Father, High hat, Hole in One, Honi Honi, Hot Whisky Toddy, Hunter, Ink street, Irish Coffee, King's Valley, Manhattan, Manhattan 1, 2, 3, Milk Punch, Millionaire, Mint Julep, Monte Carlo, Morning Glory, Morningglory Fizz, Mountain, New York, Old Fashioned, Old Pal, Orient, Rob Roy, Rusty Nail, Saint Andrews, Scotch Kilt, Snowball, Ward Eight, Whisky Daisy, Whisky Float, Whisky Mist, Whisky & Soda, Whisky Sour

2 위스키 베이스 유명 칵테일 조주법

- **맨해튼(Manhattan)** : 믹싱 글라스에 얼음(큐브) 3~4개를 넣는다. 버번 위스키 1, 1/2온스, 스위트 버무스 3/4온스, 앙고스트라비터 1 대쉬를 차례대로 넣고 저어준다. 스트레이너로 믹싱글라스의 얼음을 걸러가며 내용물을 칵테일글라스에 따라준다. 체리를 칵테일 픽에 꽂아 장식한다.

- **올드 패션(Old Fashioned)** : 올드패션 글라스에 각설탕 1개(혹은 시럽), 앙고스트라비터 1대쉬, 소다수 1/2온스를 차례로 넣고 잘 젓는다. 얼음(큐브)3~4개와 버번 위스키 1온스를 넉넉하게 넣고 젓는다. 레몬(오렌지)슬라이스와 체리(레드)를 꽂아서 장식한다.

- **러스티 네일(Rusty Nail)** : 올드패션 글라스에 얼음(큐브) 3~4개, 스카치위스키 1온스, 드람비 1/2온스를 넣어 저어준다. '러스티 네일'은 '녹슨 못' 혹은 '촌스럽다'는 뜻이다.

  드람비(Drambuie)는 스크틀랜드어로 '마음을 풍성하게 하는 음료'라는 뜻으로 스카치 몰트위스키와 벌꿀, 향초, 스파이스(spice) 등의 60여 가지를 넣어 만든 히스꽃 향의 감미로운 일코올 도수 40%의 리큐어이다.

2.2 브랜디 베이스(Brandy base) 칵테일

1 브랜디 베이스칵테일 종류

Alexander, American beauty, Baltimore Egg Nogg, Between the Sheets, B & B, Black and Fall, Bombay, Boston Classic, Dream, Egg-nog, Brandy & Ginger, Brandy Cobbler, Brandy crusta, Brandy Egg Nogg, Brandy Fancy, Brandy Flip, Brandy Horse's Neck, Brandy Sour, Bulldog, Café Royal, Cherry Blossom, Chicago, Chinatown, Depth Bomb, Devil 1, 2, Diabolo, East India, Egg Sour, French Connection, Harvard Cooler, Harvard Hight Life, Honeymoon, Horse's neck, Indian, Jack Rose, Metropolitan, Milk punch, Moonlight Cooler, Mr.K, Night Cap, Nikolaschika, Olympic, Pick Me Up, Pouse-Café, Queen Elizabeth, Rocky Mountain, Ruby, Saratoga, Side Car, Stinger, Sun, Tiger Milk, Three Millers, Tom and Jerry, Valencia, Whip, Widows Kiss, Young Man

2 브랜디베이스 유명 칵테일 조주법

- **알렉산더(Alexander)** : 셰이커에 얼음(큐브) 3~4개, 브랜디 2/3온스, 크렘 드 카카오 1/2온스, 우유 2/3온스를 넣고, 스트레이너와 캡을 닫은 후 15초 정도 흔든다. 칵테일 글라스에 따르고 넛맥 가루를 뿌려준다.

- **스팅어(Stinger)** : 셰이커에 얼음(큐브 3~4개, 브랜디 1과 1/2온스, 크렘 드 멘트 3/4온스를 넣는다. 스트레이너와 캡을 정확히 덮은 후 셰이커를 양손으로 잡고 15초 정도 흔든다. 페퍼민트(크렘 드 멘트)를 그린으로 바꾸면 'Devil of green', 브랜디를 진으로 바꾸면 'White way', 보드카로 하면 'Spider'가 된다.
- **브랜디 에그녁(Brandy eggnog)** : 셰이커에 계란 1개와 얼음(큐브) 3~4개, 브랜디 1온스, 설탕을 한 티 스푼으로 넉넉하게 넣고 스트레이너와 캡을 닫아 15초 정도 흔든다. 하이볼 글라스에 얼음(큐브) 4~5개를 넣고 셰이커의 내용물을 따르고 우유를 8부 정도 부어 저어준다. 넛맥 가루나 계피를 뿌린다.

2.3 진 베이스(Gin base) 칵테일

1 진 베이스 칵테일 종류

Acacia, Addison, Adimiral, Alaska, Alexander Sister, Amber dream, Amer Picon, Amsterdam, Angel Face, Angler, Anisette, Appetizer, Around the world, Astoria, Aviation, Bijou, Blackhorn, Blonde Venus, Bloodhound, Blue Coral Reef, Blossom, Blue Monday, Breakfast, Bronx, Bronx Silver, Bronx Golden, Cafe de Paris, Caruso, Casino, Charleston, Cherry blossom, Clover Club, Coronation, Dempscy, Deep Sea, Dog's Nose, Dream, Dubonnet, Dunhill, Eagles dream, Earthquake, Elephant, Emerald, Emerald Fizz, Empire, Frankenstein, French 75, Gibson, Gimlet, Gin and Bitters, Gin and French, Gin and It, Gin Fizz, Gin Ricky, Gin Tonic, Golden Girl, Goodmorning Fizz, Hawaii, Hongkong, Honolulu, Houla Houla, Imperial, Jewel, John Collins, Knockout, Little Devil, Laud Speaker, London, Marble, Martini, Merry widow, Million dollar, Monkey Gland, Morning Glory, Negroni, Opera, Orange Blossom, Paradise, Parisian, Perfect, Pink Garter, Pink Lady, Pink Rose, Princess Mary, Roose, Royal Fizz, Royal Smile, San Francisco, Silver Fizz, Singapore Sling, Snowball, Spring, Spring Feeling, Submarine, Sweet Dream, Tango, Texas Fizz, Tom Collins, Vancouver, Virgin, Virginia, Wedding Bell, White Lady, White Lily, White Rose, Yokohama

2 진 베이스 유명 칵테일 조주법

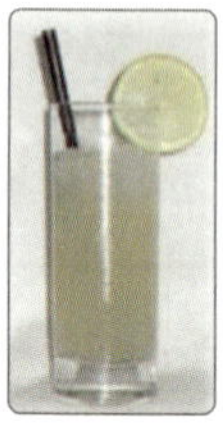

- **진 피즈(Gin Fizz)** : 셰이커에 드라이 진 1온스를 넉넉하게, 레몬주스 1/2온스, 설탕 2 티스푼을 넣고 흔들어 얼음(큐브) 3~4개를 넣은 텀블러 잔에 따른다. 그 위에 소다수를 가득 채워 가볍게 젓고 슬라이스 레몬으로 장식한다.
- **진 토닉(Gin Tonic)** : 텀블러 글라스에 얼음(큐브) 3~4개를 넣고 드라이진을 넉넉하게 1온스, 토닉 워터를 적당량 넣어 잘 저어 라임 슬라이스(혹은 레몬)를 글라스 안에 넣어준다. 토닉 워터를 가감하여 알코올 도수를 조정할 수 있다.
- **마티니(Martini)** : 믹싱 글라스에 얼음(큐브) 3~4개, 드라이 진 1온스, 드라이 버무스 1/3온스를 넣고 젓는다. 스트레이너로 얼음을 거르고 내용물만 칵테일 글라스에 따른다. 그린 올리브로 장식한다.
- **핑크 레이디(Pink Lady)** : 셰이커에 계란 흰자 1개분, 얼음(큐브) 3~4개, 드라이진 1온스, 우유 1온스, 그레너딘 시럽 1/2온스을 넣고 흔든다. 소서형 샴페인 글라스에 따른다.
- **싱가포르 슬링(Singapore Sling)** : 셰이커에 얼음(큐브) 3~4개, 드라이 진 1과 1/2온스, 레몬주스 1/2온스, 설탕 1 티 스푼을 넣고 잘 흔든다. 얼음(큐브) 5~6개를 넣은 필스너 컵에 셰이커의 내용물을 따르고 소다수를 8부 정도 채워 가볍게 젓고, 그 위에 체리 브랜디를 1/2온스 살짝 따른다. 픽에 슬라이스 오렌지와 체리를 꽂아 글라스에 꽂는다.
- **탐 칼린스(Tom Collins)** : 셰이커에 얼음(큐브) 3~4개, 드라이 진 2온스, 레몬 주스 1/2온스, 설탕 1 티 스푼으로 넉넉하게 넣고 흔든다. 칼린스 글라스에 얼음(큐브) 6~7개를 넣고 셰이커의 내용물을 따른다. 소다수를 8부 정도 채우고 가볍게 저어준다. 레몬 슬라이스(혹은 체리와 같이)를 글라스 안에 장식한다.

2.4 보드카 베이스 칵테일(Vodka base Cocktail)

(1) 보드카 베이스 칵테일 종류

Abdough, Apple Martini, Balalaika, Barbara, Black Russian, Bloody Bull Ⅰ, Bloody Mary, Blue Monday, Bull Shot, Chi Chi, Cosmopolitan, Czarine, Emerald Martini, Godmother, Grey Hound, Gulfstream, Harvey Wallbanger, High Life, Kami-kaze, Kiss of Fire, Long Island Iced Tea, Moscow Mule, Red Bird, Russian(Black Russian, White Russian), Salty Dog, Screwdriver, Sex on the Beach, Seabreeze, Sledge, Soviet, Vodka Iceberg, Vodka Rickey, Volga Boatman, Yukiguni

(2) 보드카 베이스 유명 칵테일 조주법

- **블랙 러시안(Black Russian)** : 올드패션 글라스에 얼음(큐브) 3~4개, 보드카 1온스, 칼루아 1/2온스를 넣고 저어준다. '블랙 러시안'에 우유를 첨가하면 '화이트 러시안'이 되며, 커피 리쿠어(깔루아) 대신 아마레토(Amaretto : 살구씨로 만든 것)를 넣으면 갓 머더(God mother)가 된다. 베이스인 보드카를 브랜디로 바꾸면 더티 머더(Dirty mother)가 된다. 칼루아 대신 단맛이 덜한 티아 마리아(Tia Maria : 럼을 베이스로 블루마운틴 커피를 넣은 자메이카산)를 넣기도 한다.

- **블러디 메리(Bloody Mary)** : 하이볼 글라스에 얼음(큐브) 4~5개를 넣는다.(우스터셔 소스 1 티 스푼, 타바스코 소스 1 대시, 소금, 후추를 넣기도 한다). 보드카 1온스(소량 가감이 가능하다)를 넣고 토마토 주스로 8부 가량 채워 젓는다. 잎을 떼지 않은 샐러리로 장식한다(슬라이스 레몬을 같이 꽂기도 한다).
- **키쓰 오브 화이어(Kiss of Fire)** : 셰이커에 얼음(큐브) 3~4개, 보드카 1온스, 슬로 진 1/2온스, 드라이 버무스 1/2온스, 레몬주스 1 티 스푼을 넣고 15초 정도 흔든다. 립 부분에 레몬즙을 바르고 설탕을 묻힌 칵테일 글라스에 따른다.

- **솔티 독(Salty Dog)** : 올드패션 글라스의 립에 레몬즙을 묻혀 소금을 두르고 얼음(큐브) 3~4개를 넣고 보드카 1온스(소량 가감이 가능하다)와 소금을 소량 넣는다, 그레이프프루트 주스를 8부 가량 채워서 가볍게젓는다.
- **그레이 하운드(Grey Hound)** : 솔티 독(Salty Dog)에서 글라스 가장자리에 소금을 묻히지 않은 것

- **스크류드라이버(Screwdriver)** : 하이볼 글라스에 얼음(큐브) 4~5개, 보드카 1온스(소량 가감할 수 있다)를 넣고 오렌지 주를 8부 가량 채우고 잘 젓는다.
- **하비 월뱅어(Harvey Wallbanger)** : 스크루 드라이버에 갈리아노를 넣은 것으로 갈리아노는 띄우듯이 조심스레 따른다.

2.5 럼 베이스 칵테일(Rum base Cocktail)

(1) 럼 베이스 칵테일 종류

Bahia, Barcardi, Boston Cooler, Bulldog, Blue Hawaii, Chinese, Columbia, Cuban, Cuban Libre, Daiquiri(Banana, Strawberry, Peach), Daivis, Domani, El Presidente, Frozen Daiquiri, Green Eyes, Havana, Havana Beach, Hollywood, Hot Buttered Rum, Last Kiss, Lemon Hart Cocktail, Little Princess, Mai-Tai, Miami, Millionaire, Mojito, Monkey, Naked Lady, National, Oriental, Per Paradise, Peach Amour, Pina Colada, Pineapple Fizz, Planters Punch, Rum Cooler, Rum Rickey, Scorpion, September Morn, Sky Diving, Sonora, Spanish Town, Strawberry Daiquiri, XYZ,

(2) 럼 베이스 유명 칵테일 조주법

- **바카디(Bacardi)** : 럼을 제조하는 바카디사가 1933년 발표한 것이다. 셰이커에 얼음(큐브) 3~4개, 라이트럼 1온스, 라임(또는 오렌지)주스 1/2온스, 그레나딘 시럽 1 티 스푼을 넣고 흔들어 칵테일글라스에 따른다.

2.6 테킬라 베이스 칵테일(Tequila base Cocktail)

(1) 테킬라 베이스 칵테일 종류

Bloody Bull 2, Frozen Blue Magarita, Long Island Ice Tea, Margarita, Matador, Mexicola, Mockingbird, Sloe Tequila, Straw Hat, Tequila Sunrise, Tequila Sunset

(2) 테킬라 베이스 유명 칵테일 조주법

- **마가리타(Margarita)** : 셰이커에 얼음(큐브) 3~4개, 테킬라 1온스, 트리플 섹(화이트 큐라소) 1/2온스, 라임(혹은 레몬)주스 1/2온스를 넣는다. 양손으로 흔든 뒤 립 부분에 레몬 즙을 바르고 소금을 묻힌 칵테일 글라스에 따른다.

2.7 와인 베이스 칵테일(Wine or Champagne base Cocktail)

Adonis(Dry Sherry base), American Lemonade, Bamboo, Bellini, Black Velvet, Brazil, Buck's Fizz(also known as Mimosa), Champagne Cocktail, Champagne Fraise, Champagne & Framboise, Champagne Julep, Champagne Punch, Coffee, Devils, Kir, Kir Royale, Mimosa, Port Flip, Rosé wine Daiquiri, Sangria, Sherry Cobbler, Sherry Flip, Spritzer, Wine Cooler

2.8 리큐어 베이스 칵테일(Liqueur base Cocktail)

Americano, Angel's Kiss, Boccie Ball, Cacao Fizz, Kahlúa & Milk, Campari & Orange, Campari & soda, Grasshopper, Green Fields, Melonball ,Mint Frappé, Spumoni, Valencia

2.9 기타 칵테일(Other Cocktail)

Absinth American, Absinth Dripe, Absinth Frappe, Americano, Angel Kiss, Angel's Tip, Black Velvet, Blue Hawaii, Cherry Blossom, French Vermouth, Fuzzy Navel, Garibaldi, Glad Eye, Golden Cadillac, Golden Dream, Grasshopper, Highball, Hot Eggnog, Kahlua & Milk, Kir, Kir Royal, Kiss Me Quick, Margarita, May Blossom, Mint Frappé, Panaché, Port Flip(Port Wine base), Red Eye, Shandy Gaff, Snowball, Swisses, Swiss Absinth, Victory Highball, Widows Dream, Zero

- **파나셰(Panaché)** : 프랑스어로 '혼합'이란 뜻으로 맥주와 탄산음료를 반씩 섞은 것.
- **레드 아이(Red Eye)** : 맥주와 토마토 주스를 반씩 섞은 것.
- **센디(Shandy Gaff)** : 맥주에 진저에일을 반씩 섞은 것.

2.10 비알콜 칵테일(Non Alcoholic Cocktail)

신데렐라(Cinderella), 플로리다(Florida), 레모네이드(Lemonade), 푸시 풋(Pussy Foot), 파슨스 스페셜(Parsons Special), 사라토가쿨러(Saratoga Cooler), 셜리템플(Shirley Temple)

03 CHAPTER 주장경영

바(Bar)는 영국의 퍼블릭 플레이스(public place)의 'Public'의 뜻이다. 또한 미국에서는 태번(tavern)이나 살롱(saloon)이라 불렸다. 이처럼 바는 술을 마시는 장소이기는 하나 술 이외에도 친구를 만나거나 사회적인 모임의 장소로 이용하거나 사람간의 상호작용을 하는 곳으로 보편화된 장소였다. 따라서 바는 작은 도시마다, 혹은 큰 도시에서는 지역마다 있어서 사람들이 일상생활에서 느끼는 권태나 책임감, 스트레스로부터 한때나마 벗어나게 해 주는 위안소였다. 그러므로 바나 라운지의 분위기는 그러한 목적에 부합되어야 한다.

제 1 절 바(Bar) 경영

1 바의 종류

바는 다양한 타입과 여러 종류의 규모와 컨셉을 지니고 있으므로 바의 종류를 분류하기는 매우 어려운 일이다. 피아노 바, 공항 바, 스포츠 바, 소규모 바, 시야가 탁 터인 대형 바 등은 또한 음악에서 어떠한 특징을 가지는지, 가수가 노래를 부르거나 혹은 다른 여흥거리가 있는지로도 구별된다.
스낵이나 애피타이저 같은 음식이 나오는가 하면, 어떤 곳에서는 풀코스의 정찬이 제공되기도 한다. 당구나 핀볼은 흔히 볼 수 있는 것이며, 복잡한 게임이나 다양한 종류의 여흥거리를 준비하는 곳도 있다. 스포츠행사 때 운동경기장 같이 특별 행사시에 한시적으로 운영하는 바도 있다. 또한 어떤 행위에 초첨을 맞추는지와 유행에 따라서도 운영형태가 달라지며, '와인 바'나 '가라오케' 같은 것도 요즈음 주위에서 흔히 볼 수 있다.
디자인 유형 또한 매우 많다. 직사각형뿐 아니라, 카운터 바, S자 곡선형, L자형, U자형, 원형, 타원형, 회선형, 말발굽형 등이 있다.

(1) 미국식 바(American style Bar)

전통적인 미국식 바는 높은 키의 등받침이 없는 스툴식 의자형과 고객들이 가까이에서 상품 브랜드 이름을 확인할 수 있게 술을 다양하게 진열할 수 있는 넓은 카운터 방식이다. 각종 술잔을 배열해 놓고, 생맥주 저장통, 텔레비전, 편안한 분위기, 여러 가지 독특한 주제와 테마를 강조한다.
근래에는 이러한 미국식 바가 세계적 추세로서 여섯 가지 증류주, 즉 보드카, 위스키, 진, 럼, 브랜디, 테킬라를 갖추고 적게는 20여 가지에서 많게는 수백종류의 리큐

어 및 맥주의 종류도 생맥주에서부터 다양한 병맥주에 이르기까지 풍부하게 갖추어 놓고 있다.
보유하는 각 주류의 기본 수량은, 8~10가지의 보드카, 진, 럼, 브랜디, 테킬라는 각각 5~6종류, 위스키는 여러 타입의 스카치, 아이리시, 버번, 캐네디언 위스키이며, 칵테일의 종류는 컨셉과 레시피에 의해 다양화시킬 수 있다. 와인도 다양하게 준비해야 하며, 좋은 셀러(cellar) 시스템으로 잘 보관되어야 한다.
비알콜음료는 병이나 캔, 혹은 저장형으로, 그리고 커피도 고객의 요청에 의해 쉽게 제공될 수 있는 설비를 갖추고 이 모든 것이 바의 컨셉에 맞추어 리스트에 명시되어야 한다.

(2) 유럽식 바(European style Bar)

흔히 카페(cafe)라 부르는 유럽식, 특히 프랑스, 독일, 이태리, 스위스, 스페인 등과 같은 나라는 스툴이 없으며, 한정된 몇 종류의 주류만 구비한다. 칵테일을 준비하거나 드링크를 믹싱 할 때 얼음을 사용하지 않으며, 글라스류나, 장비와 기구와 분위기도 미국과는 전혀 다르다.
취급하는 품목도 미국과는 달리 아이스크림이나, 캔디, 쵸콜릿, 빵과자류와 아페리티프(aperitif)와 비터즈(bitters)와 약용음료까지 있다. 카페오레(cafe au lait)와 에스프레소 같은 커피를 취급하는 바도 많으며, 찬 샌드위치나, 얇게 저민 갖가지의 고기를 토스트 사이에 끼우는 등의 제공하는 음식 종류도 다양하다.

(3) 프론트 바(Front Bar)

고객은 스툴의자에 앉아서 바로 앞에 진열된 여러 주류를 보고 주문을 할 수 있으며, 고객과 마주 보고 있는 바텐더는 주류나 칵테일을 만들어 바로 서브할 수 있다. 바텐더는 유니폼을 착용하고 서비스 장소에 위치하여 고객의 행동을 가까이에서 바로 주시하여 여러 행동을 취할 수 있다.
한 눈에 알아 볼 수 있는 프론트 바의 특징은 주류의 진열에 있다. 이 진열된 주류는 바의 성격을 잘 나타내주므로 현명한 경영자는 고객이 선호하는 브랜드의 레이블을 잘 보이게 하여 마케팅 도구로 이용하여야 한다.
프론트 바의 데스크 밑은 직원들이 여러 가지 물품이나 도구들을 보관하는 장소로서 고객의 요청시에 바로 쓸 수 있는 물건들을 보관하는 장소로 이용한다. 이러한 준비가 잘 되어있어 바텐더가 이를 활용하면 서비스의 진행을 매끄럽게 만들어준다.[7)]

(4) 서비스 바(Service Bar)

서비스 바의 특징은 고객이 접근할 수 없는 차단된 곳이라는 점이다. 그러나 최소한의 기물은 고객 가까이에 준비하여 필요시에 바로 쓸 수 있게 하여야 한다.
서비스의 바의 의도하는 바는, 연회장이나 만찬장, 룸서비스 등의 업장에서 필요로 하는 음료를 신속하게 공급하는 것과, 회계 업무의 취급에 있다.

---

7) Harriet Lembeck, "*Grossman's Guide to Wines, Beers, & Spirits*", Wiley Publishing Inc, 7th Revised Edition 2006, pp.440-441

(5) 모빌 바(Mobile Bar)

이동 바, 혹은 오픈 바(open bar)라고도 하며, 특정 행사의 기능을 높이기 위해 발전된 형식이다. 즉 극장이나 스타디움과 같은 공공장소나 출장연회 등의 다양한 행사에 간편하게 설치하여 사용하기 위해서 이동이 용이하게 바퀴가 달려있다. 크기가 작기는 하지만 용도에 맞는 기물과 주류는 구비하여야 한다.

2 바의 인테리어와 배치

(1) 디자인

마켓 리서치와 설계, 토목공사 후에는 바의 인테리어와 배치를 검토한다. 경영 형태는 여러 가지 있을 수 있으나 바와 라운지의 기본 외관과 설비, 청결, 시야, 매력은 특정한 테마에 한하지 않는다. 마케팅 리서치와 실현가능한 연구로 일관된 특징과 성격을 도출해야 한다.

인테리어 장식을 설치하기 전에 경영주는 경험이 많은 주장 전문가를 고용하는 것이 바람직하다. 이로써 영업 개시 후에 일어나는 갖가지의 토목, 설계, 디자인 등의 잘못을 미연에 방지할 수 있게 해주어 결과적으로 경영주가 불필요하게 낭비되는 금전 손실을 줄일 수 있게 해 준다.

테마 바의 디자인을 위한 구상은 너무나 다양하다. 향수를 자아내게 하는 복고적인 것, 특성이 있는 향토색, 옛이야기의 주제, 스포츠 영웅, 인기 연예인, 예전의 유명한 차 모양, 개인적인 취미나 컬렉션, 건강, 자연 등을 예로 들 수 있으며, 이들은 또한 많은 사람들로부터 매력물이 될 수 있다. 더구나 지리적인 특성과 기후까지 대상이 된다. 바가 위치하고 있는 곳의 특성, 혹은 대칭이 되는 사막이나, 야자수가 있는 열대기후, 산맥까지 고객들의 흥미를 끌게 해 준다.

(2) 배치(Layout)

바의 배치는 능률과 관련되는 실용적인 중요 사안이다. 복도의 면적이나, 창고의 크기와 위치, 화장실, 수도관, 소화관, 전기와 환기시설은 실질적인 고려사항이 된다. 올바른 배치와 알맞은 장소에 놓여있는 집기와 비품은 직원뿐 아니라 고객의 동선(動線)도 원활하게 해주므로 배치계획은 최상의 서비스를 위한 공간 확보를 뜻한다.

고객이 쾌적함을 느끼게 해 주는 최소한의 공간 확보는 필수적인 것으로 테이블 간의 거리, 의자와 테이블과의 거리, 바 카운타에서의 의자와 의자 사이의 거리, 통로의 폭 등을 피크 타임에 제일 붐비는 상황을 고려하여 확보하여야 한다.

이러한 공간 확보와 배치가 잘못되면 고객이 불편을 느끼게 됨은 물론 인건비에도 영향을 미치게 된다. 즉 냉장고나 다른 장비들이 손쉽게 닿지 못하는 장소에 위치하고 있다면 시간을 허비하게 되기 때문이다. 이 모든 것이 기능과 효용성에 관련되므로 설계 단계에서부터 수도, 가스의 배관, 전기선, 바닥 등과 더불어 공간과 배치를 염두에 두어야 한다.

(3) 분위기와 데코레이션

고객이 중요시하는 것은 가격대비 가치, 청결성, 서비스 질, 맛이라고 한다. 그러나 분위기 또한 고객을 끄는 중요한 요인으로서 이에는 음악, 조명, 장식 등의 여러 가지가 복합적으로 작용된다.
물리적인 분위기는 색상의 선택이나 음악, 장식으로 만들고 또 바꿀 수도 있지만 텅 비어있는 장소는 아무에게도 매력을 주지 못한다. 즉 사람 없는 곳에는 들어가기 싫어하는 습성을 누구나 가지고 있기 때문이다.
주차장 구비는 실제로 차를 주차시키는 공간이지만 이곳의 장식 또한 실내 못지않은 주의가 필요하다. 깨끗해야 하고, 안전해야 한다. 이를 위해서 발레(valet) 파킹이나 안전요원의 배치 혹은 눈에 잘 띄는 곳에 CC TV의 설치도 바람직하다. 고객의 첫인상을 사로잡기 위해서이다.
간판은 조명설비로 밤에도 잘 보이도록 하여 고객의 첫인상이 밖에서부터 편안한 느낌을 주어야 한다.
현대인은 누구나 다 예전보다 청결성을 강조한다. 그러므로 좋은 위생 상태는 영업상의 간과할 수 없는 부분이다. 화장실, 카펫이나 바닥의 상태, 글라스류는 깨끗하고 청결하게 유지되어야 한다. 특히 여성용 화장실은 밝은 색의 분위기와 큰 거울, 편의품의 비치도 필요하다. 전통적으로 바는 남성 고객을 위주로 생각하였지만 근래에는 여성 고객 또한 무시할 수 없는 추세이다. 그러므로 가구에서부터 색상과 장식, 조명, 읽기 쉬운 메뉴에 이르기까지 여성고객들에게 매력적인 분위기를 만들어야 이것이 또한 매출과 직결하게 된다.
냉난방과 통풍, 환기장치는 언제나 잘 작동되어야 한다. 실내의 온도는 고객이 쾌적하게 느끼는 첫째 요인이 되며, 탁한 공기와 냄새는 분위기를 해치는 첫째 요인이 되기도 한다.

(4) 백 바(Back Bar)

바의 카운터 뒤에 술을 많이 진열해 둔다. 이것은 일반적으로 자주 사용하는 술을 취급하기 쉽게 앞쪽에 진열하는 것이다. 백 바는 바텐더의 주장이나 그 바의 성격이 드러나는 바의 가장 중요한 곳이기도 하다. 백 바가 보이지 않는 바나 술을 밖에 두지 않는 곳도 있다.

제 2 절 구매와 저장

1 구매(Purchasing)

상품의 질은 다른 무엇보다 제일 중요하다. 좋은 상품이란 가격에 비해 질이 좋다는 의미도 내포하고 있다. 고객은 상품을 구매할 때 그 상품의 가치를 고려하므로, 가치란 가격과 연관되는 질(質)인 것이다.
주류의 질은 브랜드에 의해 결정되기도 하며, 광고나 마케팅에 의해서 명성이 결정되기도 한다. 이렇게 결정된 명성에 의해서 고객이 구매하게 되는 바 이때의 명성은 질과 차이가 나기도 한다.
스피리트(spirits)는 병입 전의 숙성년도가 질에 영향을 미치지만 병입 후의 저장으로 그 가치가 높아지는 것은 아니다. 그러나 테이블 와인이나 샴페인은 최적시음기간에 따라 그리고 저장기간에 따라 질이 달라지기도 하며, 특히 좋은 빈티지의 와인은 저장 상태나 저장 기간에 따라 질이 향상

됨은 물론 희귀성도 더해지므로 와인의 구매시에는 장래의 판매시점까지 고려하여야 한다.

적절한 구매는 원가를 절감시키는 첫 번째 방법이다. 적절한 구매란 좋은 품질의 좋은 상품을 적절한 시기와 가격으로 적절한 구매선으로부터 구입하는 것이다. 구매는 여기저기 전화해서 수시로 하는 것이 아닌 재고관리에 의해서 계획성 있게 해야 한다. 이 때 재고품목이 모자라도 안되지만 과다한 재고가 되지 않도록 품목마다의 판매순환 주기를 살펴야 한다.

표 3-1 병당 잔 수[8)]

주류 명	병당 용량	잔당 평균 용량	병당 잔 수
테이블 와인	750ml	4 oz	6
샴페인, 스파클링 와인		4 oz	6
셰리 뽀르토, 마데이라		3 oz	8
베르무스, 애프리티프와인	1,000ml	3 oz	10
브랜디	750ml	1 oz	25
위스키, 보드카, 진, 럼, 테킬라, 리큐르		1 1/2 oz(45ml)	17
믹서 : 소다수, 진저엘	32oz(1리터)	4 oz(125ml)	8
생맥주	15.5 gal	8 oz(250ml)	250

가장 유리한 가격으로 필요한 물품을 구매하기 위해서는 사전의 계획이 잘 되어야 한다. 구매계획은 서류로 만들어 언제나 쉽게 찾아볼 수 있도록 컴퓨터에 입력해 놓자. 그리고 정기적으로 확인해 보면 와인과 주류의 적정 구매시점과 적정량이 산출된다.

주류에 따라 한 병의 량이 몇 잔이 나오는가를 파악하여 두면 구매계획 뿐 아니라, 판매와 연회계획에도 도움이 된다. 이는 〈표 3-1〉과 같다.

2 저장

와인이나 맥주와 스피리츠의 저장은 중요하지만 조금만 주의하면 그리 어려운 과제는 아니다. 주류는 질의 저하와 파손이라는 두 가지 손실이 우려된다. 레스토랑 운영자들은 유제품이나 야채, 육류는 냉장고에 잘 보관하는데 주류도 그런 주의가 필요하다. 스피리츠도 그러하지만 맥주와 와인은 시건장치가 잘 된 안전한 곳과 아울러 내용물의 증발과 손상을 방지해야 이윤이 보장된다. 주의해야 할 점은 기온과 습도, 광선과 진동이므로 주류의 보관장소를 선정할 때 반드시 고려해야 한다.

(1) 와인 저장

와인의 저장에는 좋은 저장고를 준비하여 온도를 잘 유지시키는 것이 무엇보다 중요하다. 이에는

---

8) Harriet Lembeck, ibid, p.451

와인을 저장할 기간에 따라 조건이 조금씩 달라진다.

- **장기(長期)보관(15 ~ 20년)** : 13 ~ 15.5℃
- **중기(中期) 보관(5 ~ 15년)** : 13 ~ 18℃ 내에서 계절의 변화에 따른 점진적인 변화는 허용되지만 급격한 변화는 절대 금물이다.
- **단기(短期) 보관(5년 이하)** : 21°까지는 가능하지만 급격한 온도의 변화는 피해야 한 다. 21°가 넘는 실내에서의 보관은 바람직하지 않으며, 저장고는 난방기구나 설비, 온수 설비가 지나는 곳은 피해야 한다.
  저장고는 지하나 건물 내부에 있거나 간에 통풍이 잘 되어 악취나 냄새가 배지 않도록 하고, 구석구석에 이르기까지 동일한 조건에 있어야 한다.
  에어 컨디셔닝은 건물 내에서 저장고가 클 경우 내부를 좋은 조건으로 유지시켜 줄 수도 있다. 내부의 온도를 적정하게 유지시킬 뿐 아니라 필터를 통하여 통풍도 시키며 습도도 조절한다. 그러나 실내가 작은 공간일 경우에는 습도조정이 용이하지 못하고 지나친 변동기류나 기온의 변동은 와인에 좋지 않다.
  화이트와인이나, 스틸와인, 스파클링와인은 더 차가운 곳이 바람직하지만 몇 개월 동안은 걱정하지 않아도 된다. 화이트와 스파클링은 호텔이나 대형 레스토랑에서 서빙 온도에 맞추어 보관하는 것이 효율적인 서빙에 바람직하다.

(2) 창고관리

- **창고** : 창고는 저장할 품목의 조건에 맞는 장소와 설비가 되어야 한다. 열악한 창고 환경은 상품의 질을 떨어뜨리고 파손이 잦을 뿐 아니라 이에 따라 원가를 상승시킨다.
- **보안** : 가장 기본이며 가장 중요한 점의 하나이다. 철저한 보안은 내외부의 유혹을 잠재우며, 외부의 침입을 차단한다.[9)]
- **타이밍** : 모든 음료는 도착하자마자 지정된 창고로 바로 옮기도록 하여 절대로 아무데나 두지 않도록 한다. 음료는 특히 와인은 보관 환경에 크게 좌우되며, 질이 급속히 나빠지게 되므로 우리의 손익과 직결되는 문제다. 리시빙 에리어(receiving area)에 방치된 음료는 온도에 직면하게 된다. 주류는 표적이 되기도 하지만 이렇게 실온에 방치된 음료는 법으로 제재되지 않는 절도행위이다.
- **하자가 있는 상품** : 상품을 인수받을 때에는 다음과 같은 사항을 확인하여 상품 자체에 잘못 된 곳이 있는지의 여부를 파악하도록 한다. 나중에 분규의 발단이 되지 않도록, 이럴 때에는 즉석에서 지적하여 확인서를 받거나 상품의 인수를 거부한다.
  - 병이 깨지거나 금이 가 있지 않은지
  - 상자나 병에 레이블이 제대로 붙어 있는지, 레이블이 손상되지 않은지
  - 내용물이 흐려 보인다.
  - 모델이나 이름이 바뀌었을 때 바뀌기 전의 구 모델 상품이다

---

9) Elizabeth Godsmark, "*The Food Service Professional Guide to Controlling Liquor, Wine, & Beverage Costs*", Atlantic Publishing Group, 2003, pp.47-48

- 빈티지나 타입이 잘못된 와인이다.
- 코르크가 부풀어 있는 것
- 병이 새거나 속의 내용물이 배어 나온 흔적이 있다.
- 병이 상품 발주서와 다른 사이즈

- **일일보고서(RCDR : Receiving Clerk's Daily Report)** : 주류가 입고될 때, 담당자는 일일보고서에 품목을 기재하고 내용에는 날짜, 수량, 구입처, 가격, 할인, 세금, 부수비용, 주문 번호, 단가(병당, 케이스당), 병당 판매가격 등을 적는다. 1일보고서를 3부 작성하여 1부를 보관하고 주류과장에게 2부 보내면 구매요청서와 가격, 수량 등을 비교 검토하여 1부를, 회계과에 보내고 회계과에서는 이를 근거로 물품대금을 지불하게 된다. 이 1일보고서(RCDR)는 과거에 어떤 상품이 얼마나 구매되었고 가격은 얼마였는지를 쉽게 알 수 있어서 주류담당부서의 완벽한 역사가 된다.
- **순환 저장** : 선입 선출법(FIFO : First In First Out)이 손실과 과다재고, 그리고 창고에 저장물품이 떨어지는 것을 방지하는 좋은 방법이다. 와인도 그렇지만 맥주에 특히 신경을 써야 한다. 창고에서의 보관기간이 정해져 있기 때문이다.

제 3 절 재고조사(Inventory)

작은 변화라도 결과적으로는 원가 절감에 큰 도움이 될 수 있다. 현재의 재고조사 시스템을 새로운 시각으로 한 번 되돌아본다면, 어떠한 조직에서라도 개선의 여지가 있기 마련이다. 조그마한 노력으로 저장방법에서 큰 결과를 얻을 수도 있다.

1 재고조사의 목적

재고조사의 첫째 목적은 적정량 이상의 과다보유로 재정상의 압박과 물품의 품질 저하를 막기 위한 것과, 저장물품의 소진으로 영업상의 차질을 빚는 것을 막는 데에 있다.

- **최소한의 물량 확보와 보유** : 필요량 이상의 과다한 물품 보유는 그만한 면적의 창고를 확보하여야 하며, 재고조사에도 적정량일 때 보다 많은 시간이 소모된다. 또한 재고가 소진되어 영업상 필요한 재료를 배급하지 못하는 경우에도 많은 손실이 초래된다.
- **스페셜 프로모션** : 잘못된 예상으로 재고물량이 많을 때에는 해당 품목이 재료로 쓰이는 메뉴와 고객을 유인할 수 있는 방법을 개발하여 빠른 시일 내에 소비할 수 있는 프로모션을 실시한다.
- **고객의 성향 파악** : 단골 고객의 성향과 소비행태를 파악하면 적정 재고보유 수량을 계산하는데 많은 도움이 된다.
- **반복 조사** : 일별, 월별, 년별 재고조사를 꾸준히 하게 되면 각 음료별 사용량과 예상사용량의 예 측이 가능하며 고객의 동향과 영업의 패턴도 파악된다.
- **주(週)당 입고** : 매 주당 물품을 입고시키는 것이 이러한 재고조사의 목적에 부합되는 방법이라는 것이 식음료업계의 통설이다.

2 일반적 절차

- **코드링** : 입고 후에는 각 상자에 일정한 코드 숫자를 붙여야 재고파악과 관리에 용이하다. 용량이 달라도 같은 품목의 주류는 같은 코드를 부여하고 괄호로 용량을 표기하면 된다. 선반은 벽에서 5cm의 간격을 두고 세워서 공기의 순환에 방해되지 않게 한다.
- **표식물 부착** : 보관 시에 주류의 병마개마다 표식물(tag)을 부착할 것을 제안한다. 이 표식물에는 코드 넘버와 판매가격, 호텔 로고를 새겨 놓도록 한다. 그러면 이를 볼 때마다 서버들은 가격을 다시 생각하여 취급에나 판매에 도움을 주며, 연회장에 주류가 병째로 나갈 때 간혹 코키지 차지(corkage charge)로 인해서 생기는 고객과의 분쟁을 피할 수 있다.

3 재고조사 절차

재고조사를 하기 위해서는 저장품목이 무엇이며 어디에 저장하고 있는지, 또 언제 판매되는지의 모든 부분을 상세히 알아야 한다. 소위 '요람에서 무덤까지'라는 말이다. 효율적인 업무를 하기 위해서는 모든 주류와 와인과 음료가 어떠한 주기로 움직이는지를 파악하는 것이 중요하다.

- **구매요청서(Purchase order)** : 구매요청서가 상품이 움직이게 되는 첫 번째 시발점이다. 모든 상품의 각각의 상세한 기록이 이에 우선 기록된다.
- **물품반출청구서(요청서)** : 이 요청서에 의해서 실질적으로 창고에서 각 업장으로 물품이 반출된다. 이 요청서의 기록에 의해서 파손품의 량과 실태 파악도 가능하다.
  창고에서의 물품 반출은 물품반출청구서(요청서)에 의해서만 반출되어야 하며, 정확한 물품 관리를 위해서는 '병 교환(a bottle-for-bottle exchange) 시스템'을 사용하는 것이 좋다. 이는 물품 요청서와 함께 판매된 주류의 빈병을 함께 회수하여 회수한 병만큼 주류가 반출되도록 하는 시스템이다.
- **사용승인 요청서(Depletion allowance form)** : 이는 매출로 계상되지 않는 접대용 음료, 고객에게 무료로 제공되는 것과 직원의 실수로 엎지르거나 파손되었을 때의 보고서이다.
- **재고조사 컨트롤(Inventory Control)** : 재고조사는 1일(daily), 월별(monthly), 연별(annual)로 이루어진다. 가장 필수적인 것이 일일조사로서 경영의 기본이 된다. 그러나 이 일일조사는 실질적으로 문서와 현품을 매일 대조하여 맞추는 것이 불가능하므로 대체로 문서상으로만 이루어진다. 실질적인 현품 조사(physical count)는 월별조사에서 이루어지며, 이때에는 상자와 병 단위는 물론이며 병에 남은 잔까지의 정확한 수치가 조사된다. 규모가 큰 영업장에서는 업장별, 품목별 임의추출조사(random inventory)방식으로 이루어지지만 이 방식으로 조사하여도 연간 결과를 보면 전체 업장 전체 품목이 빠짐없이 총망라되어 조사되어야 한다.

PART **4**

와인 (Wine)

제 1 절 와인의 개요

1.1 와인이란?

술은 제조방법에 따라 양조주, 증류주, 혼성주로 대별되는데, 맥주와 더불어 와인이 대표적인 양조주이다. 넓은 의미로 와인은 양조주 중에서 곡주가 아닌 과일로 만든 과일주를 통칭하기도 한다. 일반적으로는 와인이란 포도즙을 발효시켜 만든 천연 양조음료로 포도로 빚은 술을 의미한다. 따라서 와인이란 포도즙에 미생물인 효모가 작용하여 일어나는 과정을 통해 발효된 알코올과 수분, 그리고 소량의 포도성분이 혼합되어 있는 술이라고 정의할 수 있다. 포도 성분이란 알코올로 분해되지 않은 당분, 유기산, 무기질, 포도의 씨와 껍질 등에서 추출되는 타닌과 유질 성분 등을 말한다. 그러므로 와인의 종류나 품질 등이 모두 이 소량의 포도성분에 의하여 결정되는 것이다.

포도주는 포도 껍질 속의 천연 효모가 포도당을 알코올과 탄산가스로 분해하는 과정을 통해서 만들어진다. 분해가 제대로 이루어지면 잔류 당분은 거의 느껴지지 않는다. 달착지근한 레드와인은 발효 도중에 설탕과 무수이황산염을 필요량 이상으로 넣어 발효를 중단시킨 것이기 때문에 칼로리가 높고 몸 안에서 분해 될 때 많은 산소를 필요로 하게 된다. 스위트한 와인은 늦게 수확하거나 포도의 농축을 통해 제조되기 때문에 화이트와인에 많다.

와인은 천연 당이 분해 된 천연 알코올과 과즙, 그리고 무기질인 철분, 칼슘, 칼륨 등이 잘 조화된 강알칼리성 식품으로서 소화 흡수가 잘 되고 이뇨작용의 효과가 있다. 포도즙인 와인이 병에 담긴 뒤 물처럼 투명하게 보이는 건 여러 차례의 발효와 숙성을 거쳐 침전물과 찌꺼기들이 제거되었기 때문이다. 포도주는 발효가 끝난 바로 뒤에는 막걸리처럼 탁한 빛을 띤다. 그러나 시간이 지날수록 찌꺼기는 침전되고, 위의 맑은 부분을 따로 떠서 다른 통에 옮기기를 계속하면서 숙성과정을 거치면 투명해 지는 것이다.

와인 병의 뒷면을 보면 성분을 표시하는 백 레이블(back label)이 붙어 있다. 원료 및 함량을 살펴보면 포도즙 100%라고 적혀있다. 즉 포도를 수확해 압착하여 즙을 짜낸 뒤 이를 발효시킨 것으로서 물 성분은 포도가 함유하고 있는 즙에서 나온 것이다. 그러므로 물은 한 방울도 들어가지 않는다.

포도나무 한 그루에는 통상 15~50 송이의 포도가 열리며 평균 4kg 정도의 포도가 수확된다. 와인 750ml짜리 한 병을 만드는 데에는 1.2~1.3kg의 포도가 들어가므로 포도나무 한 그루가 약 3병의 와인을 생산하는 셈이다. 1kg의 포도로 즙을 내는 과정에서 20%가 찌꺼기로 빠져 나가고, 발효와 숙성 과정에서 또 5% 정도가 없어지게 된다.

포도나무 한 그루에서 올라오는 영양분은 동일한데 포도송이의 수를 줄이게 되면 한 송이마다 농축되는 영양분이 많아지게 된다. 이러한 방법으로 명품와인은 포도나무 한 그루에서 한 병, 혹은 한 잔의 와인만을 생산하기도 한다.

현재 지구상에는 8,500종 정도의 포도 종류가 있으나 이 중에서 와인을 만들 수 있는 양조용 포도는 200종 남짓에 불과하다. 양조용 포도는 식용포도에 비해 알갱이가 작고 촘촘하며 껍질이 두껍다. 그리고 당도가 높으며 당분을 알코올과 탄산가스로 분해시킬 수 있는 천연 효모(wild yeast)의 양이 많다.

1 알코올의 칼로리

알코올은 다른 음식보다 칼로리가 많은 편이다.
탄수화물 1g이 4kcal, 단백질도 4kcal, 지방은 9kcal인데 알코올은 g당 7kcal이 된다. 따라서 술의 정확한 칼로리를 계산하려면 알코올 함량을 먼저 계산하여야 한다. 와인을 비롯한 발효주는 탄수화물이나 당분이 많이 함유되어 있으므로 이들의 함량을 분석하여 1g당 4kcal를 곱해서 더해 주어야 하지만 그 양이 그다지 얼마 되지 않으므로 칼로리 계산에 큰 영향을 미치지 못한다.
술의 칼로리가 얼마 되느냐 하는 것은 절대적으로 알코올 함량에 좌우되는 것으로서 500ml의 맥주 한 병은 약 200칼로리, 750ml의 와인 한 병은 약 600칼로리, 375ml의 작은 위스키라면 850칼로리가 넘는다.

2 엠프티 칼로리(Empty calory)

앰프티 칼로리는 빈 칼로리란 뜻으로 칼로리만 있고 다른 영양소가 텅 빈 식품을 말한다. 곡식에 있는 비타민, 무기질, 단백질 그리고 섬유소 등의 영양소는 거의 함유하지 않고 가공된 탄수화물과 지방에서 얻게 되는 칼로리가 이에 해당된다.
필요 이상의 칼로리는 일반적으로 체내에서 지방으로 변한다. 그러나 체중감량을 위해 칼로리 섭취를 제한하는 경우에는 에너지를 효과적으로 이용하기 위해서 앰프티 칼로리 식품 대신 과일과 채소 같은 영양밀도가 높은 식품을 섭취해야 한다.
앰프티 칼로리는 알코올, 탄산음료, 가당 음료로 대표된다.
알코올은 많은 칼로리를 가지고 있기는 하지만 이 알코올은 체내에 저장되는 것은 아니다. 보통의 포도당은 글리코겐이라는 물질로 간에 저장되어 있다가 필요시에 조금씩 사용되는데 알코올은 그 자리에서 바로 에너지로 변하며 몸속의 비타민과 무기질을 같이 소모해 버리게 된다. 그래서 알코올의 칼로리를 '실속 없는 칼로리(empty calory)'라 한다.

1.2 와인의 역사와 문화

포도의 원산지는 중앙아시아 카스피 해 인근으로, 그리스를 통해 로마로 전파되어 로마의 번성과 함께 유럽 전체로 확산된 와인은 독일과 스페인에 로마식 지명과 더불어 그 흔적이 지금도 여실히 남아있다. 즉 프랑스 부르고뉴의 북부지역인 '꼬뜨 드 뉘(Côte de Nuits)'에 있는 작은 마을인 '본 로마네(Vosne Romanèe)'가 있다. 이곳은 로마군이 점령하여 그 흔적이 이름으로 남은 곳으로, 4.5에이커(acres. 약5500평정도)의 면적에서 일 년에 6,000병정도 생산되는 유명한 '로마네 꽁띠(Romanèe Conti)'가 여기서 나온다. 종교 또한 와인 전파의 요소였다. 중세 시절 교황청 소속의 수도원이 포도밭을 관리하여 와인 제조기술을 발달시키면서 전매를 했었다. 프랑스의 경우에는 와인의 양대 산맥인 보르도와 부르고뉴는 프랑스 혁명의 결과로 성격이 달라졌다. 즉 혁명군이 교회 소유 포도밭을 몰수하여 일반에 분양한 결과로 부르고뉴는 많은 소유주가 생겼으며, 혁명의 영향권에서 벗어나 있었던 보르도는 기존의 포도밭이 그대로 남아 지금의 샤또(Château)로 남아있게 되었다.

20세기에 들어와 와인생산국들은 세계 시장으로 진출하기 위해서 등급, 지역을 구분하는 법안을 만들어 자국의 와인 품질을 인증하는 제도를 만들었다. 뒤이어 신흥 와인생산국들인 신세계에서도 이러한 체제를 갖추어 세계 시장을 넓혀 왔다.

1.3 와인의 종류

와인을 구분하는 데에는 몇 가지의 구분이 있어서 이를 제대로 알면 다양함이 주는 중압감에서 벗어날 수 있을 것이다. 와인은 대개, 색깔, 거품, 맛, 지역, 용도, 알코올 도수, 향의 추가 여부 등으로 나눌 수 있다.

1 색상에 의한 분류

(1) 레드와인(Red Wine)

붉은 색소를 추출하기 위해서 껍질과 씨를 함께 발효시키고 저장기간이 대체로 길다. 발효된 뒤에는 물론 씨와 껍질을 제거한다. 씨와 껍질 속의 타닌 성분까지 추출되는 이런 제조과정으로 떫은 맛이 난다. 일반적으로 화이트와인보다 무거우며 생산지가 남쪽일수록 더 무겁다.

(2) 화이트와인(White Wine)

청포도 품종으로 만들거나, 적색포도의 씨와 껍질을 미리 제거하여 포도즙만을 가지고 발효시킨 것이다. 엷은 무색을 띄며 맑을수록 상품으로 친다. 일반적으로 오래 숙성시키지 않고 상큼하고 싱그러운 맛이다. 알코올 함량은 레드보다 낮고 산도는 더 높다.
와인의 색은 포도껍질에서 기인한다. 그러므로 이 껍질을 빨리 제거하게 되면 레드와인 품종의 포도로서도 화이트와인을 만들 수 있게 된다. 프랑스 상빠뉴 지방의 샴페인용 포도를 레드품종으로부터도 많이 만들고 있으며, 캘리포니아의 화이트 진판델도 레드품종으로 만들고 있다.[1)]

(3) 로제와인(Rosé Wine)

레드와 화이트의 중간색인 핑크빛을 띄고 있다. 적포도를 으깨어 화이트 만드는 방법으로 만들거나, 색소추출을 조금 해서 만든다. 대량 생산의 경우에는 레드와 화이트 두 와인을 섞어서 제조하기도 한다.

(4) 이색(異色) 와인

- **옐로 와인 : 뱅 존**(vin jaune)
  프랑스 동부에 있는 쥐라(쥐라 사보아의 쥐라) 와인으로 '쥐라의 황금'으로 불리울 만큼 노란색의

1) Kevin Zraly, "*Windows on the world Complete Wine Course*", Sterling Publishing Co, 2005, p.6

와인이다. '사바냉'이라는 화이트품종만으로 만드는 데 복합적인 맛과 향, 긴 여운이 일품이다. 통상 50년, 길게는 200년까지도 버티는 강한 와인이다.

- **블루 와인 : 뱅 블루(vin bleu)**
  로렌 지방에 위치한 보주 지역 와인으로 와인 색이 블루에 가깝다고 이 지역사람들이 부르는 이름이다.
- **그레이 와인 : 뱅 그리(vin gris)**
  색이 매우 옅은 로제와인을 일컫는데 주로 프로방스, 랑그독 루시옹, 알자스, 쥐라지방의 로제와인을 가리킨다. 로렌 지방의 '르 그리 드 툴(le Gris de Toul)이 가장 유명하다.
- **블랙 와인 : 뱅 누아르(vin noir)**
  론의 '코르나스', 프랑스 서남부 지방 '카오르'의 와인이 블랙와인으로 불린다. 검붉은 색, 탄탄한 바디는 두 와인 공히 마찬가지이지만 코르나스는 시라로 만들어 묵직한 타닌감이 든다. 암흑 같은 검붉은 색으로 '와인이 담긴 잔에 손가락을 넣어 손가락이 보이면 카오르가 아니다'라는 말이 있다.
- **그린 와인 : 비뇨 베르드(vinho verde)**
  포르투갈의 밍요 지방에서 나는 젊고 신선한 화이트와인을 이른다.

2 맛에 따른 분류

(1) 스위트와인(Sweet Wine)

발효되기 전 당분이 남아있는 동안에 병 속에 넣어 단맛이 가장 많이 난다. 프랑스 보르도의 소떼른과 바작(Barsac)지역의 귀부와인, 헝가리의 토카이(Tokay), 캐나다의 아이스와인, 독일 모젤 지역 와인 중 베렌아우스레제, 트로켄베렌아우스레제(Trokenbeerenauslese)급 와인을 들 수 있다.

(2) 미디엄와인(Medium Wine)

드라이와 스위트의 중간 맛이 나는 것으로 누구에게나 무난한 편이다.

(3) 드라이와인(Dry Wine)

완전히 잘 발효시켜서 통속의 당분이 알코올로 변한 것으로 단맛이 나지 않는다. 잔류 당이 0.2% 이내인 것으로 대부분의 와인이 이에 속한다.

3 용도에 의한 분류

(1) 식전 주(Apéritif Wine)

식용촉진을 위해 식전에 입맛을 돋우는 와인이다. 이에는 드라이한 백포도주나 강화와인이기도 한 스페인의 셰리(Sherry)가 식전주로 꼽힌다. 또한 샴페인, 스파클링 와인도 좋으며 에피타이저 와인이라고도 한다.

(2) 식중 주(Table Wine)

식사 중 음식의 종류에 따라 화이트와 레드 와인을 마신다. 알코올 농도는 8°~15°.

(3) 디저트와인(Dessert Wine)

정찬을 마친 후 식후의 소화촉진과 입 냄새 제거를 위해 마시는 와인. 일반적으로 스위트 와인이나 브랜디, 스파클링와인을 마신다.

4 저장년도에 의한 분류

- **Young Wine** : 1~2년 길게는 5년 이내의 와인을 말한다.
- **Aged Wine** : 5~15년 정도의 와인을 가리킨다.
- **Great Wine** : 15~50년 혹은 그 이상의 와인을 나타낸다.

5 탄산에 의한 분류

(1) 비발포성와인(Still Wine)

모든 와인은 발효 시 포도 자체의 당분이 분해되면서 알코올과 함께 탄산가스가 생기게 된다. 이 탄산가스를 제거시킨 뒤 병에 담는 일반적인 와인을 칭하는 것으로 자연발생적으로 생기는 탄산가스를 완전히 증발시킨 와인을 칭한다.

(2) 발포성와인(Sparkling Wine)

탄산가스가 함유되어 있는 와인. 제조방식으로는 자연적으로 발생되는 탄산가스를 없애지 않고 그대로 두는 방법과, 1차 발효가 끝난 와인에 설탕과 이스트를 주입하여 병 속에서 2차 발효를 통해 탄산가스를 자연적으로 발생시켜 높은 압력과 거품을 생기게 하거나 탄산가스를 주입시켜 만드는 방법이 있다. 알코올 농도는 8°~12° 정도이다.

스파클링 와인의 생산지역은 대부분 서늘한 곳으로, 프랑스의 상빠뉴 지방과 루아르, 이탈리아의 아스티, 스페인의 북동부지역, 캘리포니아 일부에서 많이 생산되며 호주와 뉴질랜드, 남아공에서도 생산되고 있다.

특히 프랑스 상빠뉴 지방에서 생산되는 스파클링 와인만 샴페인이라는 이름을 붙이며, 프랑스에서는 샴페인 외의 모든 스파클링 와인을 무쉐(Mousseux)라 한다. 크레망(Crémant)은 부르고뉴와 알자스에 생산된 스파클링와인으로 "부르고뉴의 크레망(Crémant de Bourgogne)", "알자스의 크레망(Crémant d'Alsace)이라 한다. 이태리에서 생산되는 스파클링와인은 스푸만떼(Spumante), 프란시아코르타(Franciacorta), 독일은 젝트(Sekt), 스페인은 까바(Cava)라고 한다.

(3) 스파클링 와인의 질

와인의 질은 그 와인이 자신의 입맛에 맞는가의 여부에 달려 있는 것으로 스파클링 와인 역시 이

범주에 속하겠지만 일반적으로 언급되는 질의 기준을 보면 다음과 같다.

- **거품의 형태(Appearance of the bubbles)** : 작은 거품들이 병의 바닥에서 계속 떠오르는 것이 좋은 와인으로, 거품이 크고 듬성듬성 떠 오르거나 거의 보이지 않는다면 너무 오래되었거나 좋지 않은 와인이다. 또한 글라스의 형태에 따라 거품의 양상이 달라지므로 스파클링 와인을 마실 때에는 글라스의 중요성이 한층 강조된다.
- **거품의 느낌(Feel of the bubbles)** : 좋은 와인은 입 안에서 느끼는 거품의 감촉이 그다지 강하지 않다. 청량음료를 마실 때와 같은 톡 쏘는 강한 느낌이 드는 것은 좋은 와인이 아니다.
- **균형(Balance between sweetness and acidity)** : 와인에 따라서 어떤 것은 더 달고 어떤 것은 더 시고 하는 차이는 얼마든지 있을 수 있으나 중요한 점은 이 단 맛과 신 맛의 조화와 균형이다.
- **질감(Texture)** : 전통적인 제조방식으로 장기숙성하여 만드는 와인은 앙금까지 같이 보관되어지므로 와인을 마실 때 부드러운 질감을 같이 느낄 수 있다.
- 뒷맛(Finish) 와인을 마시고 난 후 입 속에 느껴지는 뒷맛이 쓰거나 떫으면 좋은 와인이 아니다.

(4) 세미 스파클링(Semi Sparkling Wine)

탄산가스 함량이 적거나 인공적으로 탄산가스를 첨가한 와인을 말한다. 각 나라별 규정에 따라 CO2 압력을 1에서 2.5atm 사이에 두고 있다. 보틀은 코르크 마개로 밀봉하고 철사망은 씌우지 않는다. 탄산가스의 함량에 따라 'petillant(탄산성분이 더 많음)' 혹은 'perlant(탄산성분이 더 적음)'으로도 나눈다. 이탈리아에서는 '프리잔떼(frizante)'라고 부르며, 가장 대표적인 세미 스파클링은 프로세코(Prosecco)다.

6 첨가여부에 의한 분류

- **강화와인(Fortified Wine)** : 알코올 도수를 높이기 위하여 브랜디와 같은 다른 술을 첨가하여 혼합한 와인이다. 포도의 발효 중에나 발효 후에 알코올 도수가 높은 증류주를 배합한 와인을 말한다. 스페인의 쉐리(Sherry : Spain)나 포르투갈의 포트(Port : Portugal)가 대표적 주정강화 와인으로, 일반적으로 17~22%의 알코올을 함유하고 있다.
- **비강화와인(unfortified Wine)** : 다른 첨가술을 넣지 않고 포도만으로 발효시켜 만든 와인이다.
- **가향(加香) 와인(Flavored Wine)** : 와인의 발효 전후에 과실즙이나 쑥 같은 향이나 약초를 첨가해 냄새를 좋게 한 것이다. 이탈리아의 베르무스(Vermouth), 스페인의 샹그리아(Sangria)가 대표적인 술이다.

7 성질에 따른 분류

리큐어 와인으로, 알코올 도수가 15% 이상의 모든 와인을 말한다. 이 중에 강화와인과 농축된 스위트와인이 포함된다. 이탈리아 토스카나 지방의 빈 산토(Vin Santo)가 대표적으로, 리큐어 와인 중 일부는 당도가 높은 포도 액을 첨가하여 생산하기도 한다.

8 기타 분류

- 당도(糖度, Sweetness)는 Dry, Mediun Dry, Medium Sweet, Sweet로 나뉘어진다.
- 타닌(Tannin)은 떫은(Astringent), Hard, Dry, Soft로 나뉘어진다.
- 산도(酸度, Acidity)는 산도가 없는(Flat), 상쾌한(Refreshing), 좋은(Marked), 시큼한(Tart)
- 밀도(密度, Thickness)는 Light Thin, Light, Medium, Bodied, Heavy
- 뒷맛(Length)은 Short, Acceptable, Lingering
- 균형(均衡, Balance)은 Unbalanced, Good, Well Balanced, Perfect

1.4 스위트 와인(Sweet Wine)

일반적으로 스위트 와인이나 브랜디, 스파클링 와인을 디저트와인으로 마시게 된다.

- **뱅 두 나뛰렐**(Vin Doux Naturels), **뱅 드 라큐르**(Vin de Liqueur) : 강한 햇빛은 포도를 성숙시켜 당도를 높인다. 이렇게 높은 당도를 지닌 포도를 '알코올로 변하기 전에 발효를 중지'시키고 당분을 남겨 스위트한 와인을 만든다. 이러한 방식의 대표적 와인이 뱅 두 나뛰렐이다.
- **레초토**(Recioto) : 수확한 포도를 '음지에서 반 건조 상태의 포도로 말려,' 이 포도로 와인을 만드는 방식이 있다. 수분이 바른 포도는 자연히 당도가 더 높아진다. 이러한 방식의 와인에 이태리 베네토 지역에서 만든 레초토이다.
- **노블 랏**(Noble rot) : 따뜻하고 습한 기후에서 잘 자라는 곰팡이에 '보트리티스 시네리아(botrytis cinerea)'가 있다 이 곰팡이는 포도즙과 당분을 농축시켜 맛이 풍부하고 짙은 와인을 만들어 내게 된다.

  귀부(貴腐) 와인은 이 귀부병에 걸린 귀부 포도로 만든 와인을 일컫는다. 껍질이 얇은 리슬링이나 세미용과 같은 포도의 껍질에 보트리티스 시네레아(botrytis cinerea)라는 세균(귀부균)이 붙어 포도의 수분을 증발시켜 버린다. 수분이 빠진 포도는 말라서 쪼글쪼글해지고 그 주위에 세균이 번식하여 곰팡이 투성이가 된다. 겉모습은 이렇지만 알맹이 속은 세균으로 다양한 반응이 일어나 당도가 높아져서 달콤하고 복합적인 맛의 와인을 만들어 준다.

  프랑스 보르도의 소떼른(Sauternes) 지방과, 헝가리 토카이(Tokaj) 지방에서 만든 토카이 아수 에센시아(Aszu Eszencia), 그리고 독일의 '트로켄베렌아우스레제'는 세계의 3대 귀부 와인으로 이름이 높다. 특히 소떼른의 샤또 뒤켐(Château d'Yquem)은 100년이나 그 이상의 보관이 가능한 명품으로 잘 알려져 있다.
- **빠스리아쥬**(Passerillage) : 11월 중순에서 12월에 걸치는 늦가을에 포도열매를 따지 않고 나무에서 둔 채 그대로 건조시키는 방법을 이른다. 이렇게 되면 첫 추위에 포도나무 성장은 멈추어 버리고 포도열매는 계속 수분을 증발시켜 열매 자체가 농축되어 당을 최대로 집적시켜 주게 된

다. 이렇게 만든 프랑스 남부의 쥐랑송의 와인은 강한 산도와 당도를 보장한다.
늦은 수확(late harvest)을 통해 포도의 당을 끌어올리는 방법과, 아예 얼려서 영하 8° 이하로 내려갈 때 수확하는 아이스와인이 있다.

제 2 절 포도의 품종

와인의 원료가 되는 포도의 품질이 와인의 품질에 미치는 영향이 크다. 따라서 와인의 생산국에서는 각각의 토양에 알맞은 품종을 재배하므로 산지의 특성에 지대한 관심을 가지게 되며, 품종과 재배법, 성숙도, 양조법 등을 법률로도 규정하여 각 토양의 특성과 와인의 개성을 지키도록 하고 있다. 전 세계에서 재배되고 있는 포도는 약 12%가 식용, 8%가 건포도용이며, 나머지 80%가 와인과 브랜디용으로 사용된다.
와인의 성격이나 품질은 원료인 포도나 토양, 기후와 양조기술에 의해 달라지는바 이러한 요소를 **떼루아**(Terriot)라 하며 다음과 같다.

표 4-1 떼루아(Terriot)

기후 조건	기온, 강우량, 일조량
포도 품종	기후에의 적성, 항 병충해성, 개성
토양	토질, 토양, 수분 보유성
지형	일조 조건, 배수, 지형에 따른 바람이나 서리의 영향
재배법	재배 방법, 기술, 경작자의 역량

와인은 100% 포도로 만들어진다. 그러므로 재료로 쓰이는 포도의 품종에 따른 특성이 그대로 와인 속에 담겨지게 된다. 포도 품종들은 모두 각기 자기가 선호하는 토양과 기후를 가지고 있다. 그러므로 포도나무를 경작할 때에는 포도나무를 둘러싼 모든 환경 요소, 즉 토질, 채광, 일조량, 배수, 바람의 세기, 고도, 포도밭의 방향 등을 고려해서 품종을 선택해야 한다.

2.1 레드 와인 품종

레드 품종은 말 그대로 알갱이가 붉은 포도송이로서 이 붉은 색조는 안토시안으로 인하여 생긴다. 안토시안은 그리스어로 안토스(anthos)로 꽃을 의미하며 레드품종 포도 알갱이와 꽃에 함유된 유기원소의 중요 성분으로 레드와인의 숙성 정도를 알려주는 지표가 되기도 한다.

Tip 타닌(Tannin)

타닌은 나무껍질이나 열매에 함유되어 있는 성분으로 주로 포도의 씨, 줄기, 껍질에 많이 있다. 특성은 떫으며(astringent), 와인의 숙성(aging)과 구조(texture, structure), 형태(shape)에 필요한 요소다. 제대로 익지 않은 포도로 담근 와인이나 제대로 숙성되지 않은 경우(young)에는 풀냄새와 떫은 맛이 진하다.
타닌이 많은 포도 품종으로는 까베르네 소비뇽, 말벡, 시라, 프랑스 서남부 마디랑(Madiran)의 따나(Tannat)가 있으며 잘 숙성된 와인은 타닌이 잘 용해되어 다른 맛과 적절하게 잘 조화된다.

- **바르베라(Barbera)** : 이태리 북서부의 피에몬테(Piemonte)가 원산지로 피에몬테 북부, 롬바르디아(Lombardia), 에밀리아 로마냐(Emilia Romagna)에 주로 분포되어 있다.
  기분 좋은 느낌이 드는 산이 특징으로 타닌이 적고 맛이 신선하여 미디움 바디의 질감을 보인다. 바로 마실 수 있는 와인 뿐 아니라 3~5년의 숙성 후에 마시는 와인 생산에 적당하다.
- **까베르네 프랑(Cabernet Franc)** : '소비뇽'이 깊고 진하고 풍부함에 비하여, '프랑'은 군침이 돌게 하는 매혹적인 향과 부드러운 감촉으로 '소비뇽'이 가진 힘과 박력을 잘 길들여 완화시켜 주는 느낌이다. 모든 포도 품종이 비티스 비니페라(vitis vinifera)에서 유래된 것으로 알려져 있으며 이 품종은 까베르네 소비뇽의 오리지널 품종으로 '소비뇽'과 비슷한 성격지이만 포도송이가 약간 크고 숙성기간이 빠르다.

  ⊙ **와인의 특징**

  약간 검은 빛을 띤 진한 적색. 향기는 싱싱한 야채, 피망과 감자 껍질 등으로 표현하기도 한다. 맛은 떫은맛과 신맛이 적어 부드러운 느낌이 들고 신선하다.[2)]
- **까베르네 소비뇽(Cabernet Sauvignon)** : 레드 품종의 대표 선수이기도 하며 레드의 왕으로도 불린다.

  온화하고 건조한 기후와 공기의 소통이 잘되는 척박한 자갈밭에서 최적의 포도주를 생산하지만 어떤 환경 속에서도 비교적 적응을 잘하는 것으로 알려져 있다. 포도는 지나치게 더운 기후나 비옥한 땅에서는 주스처럼 느껴지고 너무 신선한 곳에서는 완숙에 이르지 못해 풀냄새가 나타나거나 떫은맛이 날 수도 있다. 늦게 싹이 터 늦은 가을에야 완숙에 이른다.
  와인생산자들이 와인의 품질을 높이려 할 때 찾는 남성적 와인 스타일을 대변하는 고급 품종으로 진한 색상과 풍부한 타닌 맛을 준다. 알은 작으며, 껍질이 두껍고 타닌량이 많다.
  프랑스 보르도 지방의 대표적인 품종으로, 까베르네 프랑과 메를로 같은 다른 품종과 블렌딩하여 밸런스를 갖춘 장기 숙성 타입의 와인을 만든다. 신세계에서는 대개 까베르네 소비뇽 한 품종만으로 와인을 만들므로 이 품종 자체의 맛을 알려면 신세계 와인이 좋다. 산지에 따라 다른 성격을 보이는데 보르도처럼 북위 45° 선에서는 떫은맛이 강한 반면 호주나 칠레와 같이 남위 30°

2) Oz Clarke & Margaret Rand, "*Oz Clarke's Encyclopedia of Grapes*", Harcourt, 2001, pp.44-45

선에서는 유순한 맛을 보이고 있다.

⊙ 포도의 특징

푸른빛을 띤 적포도로, 씨에는 타닌이 많이 포함되어 있다. 강한 타닌으로 인해 와인의 초기에는 떫은맛이 강하지만 제대로 숙성되거나 다른 품종과 블렌딩되어 타닌이 완화되면 훌륭한 품질이 된다. 와인은 강한 적색에서 숙성에 따라 짙은 홍색으로 변한다. 숙성이 될수록 부드러워지면서 고유의 맛을 풍긴다. 타닌의 맛이 강하여 떫지만, 이 떫은맛과 신맛이 잘 조화를 이룬다.[3)]

- **까르메네르(Carmenère)** : 메를로(Merlot)와 매우 흡사하다. 다른 점으로는 '까르메네르'의 어린 잎 아랫부분이 붉은데 반하여 '메를로'는 희고 잎사귀의 가운데 부분이 긴 점이다. 또한 메를로에 비하여 성장이 3주일 정도 늦어 현장에서 블렌딩하기에 적합지 못하다. 두 품종의 차이는 칠레에서 1996년에 공식적으로 인정되어 와인에 '까르미네르'라는 레이블이 붙은 것은 1998년에야 가능했다.

⊙ 추천 와인

- 몽그라스(MontGras)는 칠레의 바예 꼴차구아(Valle Colchagua)에 있는 몽그라스(MontGras) 와이너리에서 만든 것으로 까르메네르와 메를로를 블렌딩한 것이다.
- 대표 와인으로는 알마비바(Almaviva), Apaltagua, Bisquertt, Cailterra, Carmen, Casa Donoso, Casa Lapostolle, Casa Silva, Concha y Toro, Curico co-op(Los Robles), De Martino, Luis Felipe Edwards, Gracia, Los Robles, Mondavi/Chadwick, MontGras, Santa Rita, Terranoble, Veramonte 등으로 모두 칠레 와인들이다.[4)]

- **꼬르비나(Corvina)** : 이태리 북부의 베네토(Veneto)지방의 베로나(Verona)일대가 원산지로, 베네토 지방의 발폴리첼라의 주 품종이기도 하다. 약간의 타닌과 과일향으로 신선함을 느낄 수 있으며 강한 루비 빛을 띤다.
- **돌체토(Dolcetto)** : 체리향이 '돌체토'의 상징이다. 이태리 품종으로는 드물게 산이 적은 편이며, 코와 입안에 잘 익은 검은 체리가 떠오르다가 체리의 쓴맛이 끝에 남는 게 특징이다. 돌체토(Dolcetto) 와인은 드라이하며, 포도는 당이 그다지 많지 않아 씁쓸한 맛이 난다. 이태리 북서부 피에몬테의 랑게(Langhe)가 원산지이다. 피에몬테(Piemonte)지방에서 생산되며, 일부가 미국 캘리포니아에서 나온다.

- **가메이(Gamay)** : 프랑스 부르고뉴 공국(公國)의 군주 '필립 르 하디(Philippe le Hardi)'는 1395년에 칙령으로 부르고뉴 내에서는 '가메이'라는 품종을 재배하지 못하게 했다. '가메이'로 만든 포도주의 질이 안 좋았기 때문이었다. 그러나 부르고뉴에서 쫓겨난 '가메이'는 부르고뉴의 바로 아래에 있는 보졸레(Beaujolais)에서 자기의 진가를 한껏 발휘했다. 부르고뉴의 석회질 많은 고급 토양이 맞지 않았던 대신에 보졸레의 토양은 화산재와 규토, 진흙질이 섞여 있어서 오히려 잘 어우러졌던 것이다. 그래서 상큼하고 맛깔스러운 포

---

3) Stuart Walton, "*The New Encyclopedia of Wine*", Lorenz Books, Updated edition 2006, pp.38-39

4) Oz Clarke & Margaret Rand, ibid, pp.60-61

도주가 탄생된 것이 보졸레 포도주다. 연한 루비 빛에 바나나와 산딸기 등 과일향이 풍부한 가벼운 와인이다.

⊙ 와인의 특징

자색을 띤 적색으로 젊은 색깔이다. 향은 딸기, 체리, 싱싱한 포도향기로 과일 향이 풍부하다. 맛은 신맛을 기본으로 상쾌한 맛이 난다.

- **가르나차 띤따(Garnacha Tinta/Grenache Noir)** : 영어나 불어권 사용자들에게는 그르나슈, 혹은 그르나슈 누아(Grenache Noir)로 더 잘 알려져 있지만 이 품종은 어디까지나 스페인계 품종으로 국경을 넘어 프랑스로 전해진 것이다. 전혀 생각지 못한 야생적 풍취로 좋아하는 사람과 싫어하는 사람으로 확연히 구분된다.

  스페인에서 알리깐띠나(Alicantina)라고도 하며 쁘리오라토(Priorato)와 특히 리오하(La Rioja)에서 가장 기본적인 품종으로 사용된다.

  프랑스에서는 알리깐뜨(Alicante), 까리냥(Carignane), 띤또(Tinto)라고도 하며, 론 지방에서 시라와 더불어 많이 쓰이는 품종으로 샤토뇌프 뒤 파프에서 가장 번창한다. 그 외 프로방스, 랑그독 루시옹에서 많이 분포되어 있으며, 이태리의 시칠리아와 남부지방, 알제리, 캘리포니아, 호주에서도 보인다.

  독자적으로 테이블와인의 양조에는 적합하지 않아 블렌딩에 사용되는데, 시라와의 조합으로 타닌과 산을 취하게 되고, 쌩소(Cinsaut)와의 조합으로 한층 부드러워지는데, 독자적으로는 로제와인과 포티파이드(fortified)와인에 쓰인다.

  ⊙ 와인의 특징

  약간 오렌지색을 띤 진한 적색으로 알코올 도수가 높고 진하지만 부드러운 맛이다. 후추, 커피, 허브 등의 자극적인 향기와 함께 , 블랙 커런트(까막까치밥나무), 나무딸기, 검은 올리브와 같은 과일향기와 구운 너트(nuts), 가죽 꿀, 생강 빵, '타르(tar)'의 향까지 느껴지기도 한다. 성장에 일조량이 많이 필요하고, 더운 지방에서 내구성도 강해지고 감미가 우러나므로 스페인, 론, 지중해 연안 등에서 번성하고 있다.

- **말벡(Malbec)** : 원래 프랑스 남서부 지방에서 경작되었지만, 요즈음 사람들에게 물어보면 거의 다 '아르헨티나의 대표 품종'이라고 말한다. 양쪽 다 맞는 말이다. 고향인 보르도와 루아르 지방에서는 1956년의 혹한으로 인하여 거의 사라졌기 때문이다.

  일명 꼬(Cot) 또는 프레삭(Pressac)이라고 하며 프랑스 서남부의 까오르(Cahors)에서는 오세르와(Auxerrois)라고 하는 이 품종은 브로드에서는 메를로에게 자리를 양보하였고, 루아르에서는 가메이와 까베르네 프랑과의 블렌딩으로 소량 쓸 뿐이다.

  한편 1852년 아르헨티나로 전파된 이래 조심스러운 경작과 기술적인 양조로 발전을 이루어 이제 아르헨티나의 대표 품종으로 자리잡아 해발 800~1000미터에 이르는 멘도사지역에서 굳건하게 뿌리를 내렸다. 칠레가 재배면적으로 그 뒤를 잇고 있다.

  검고 진한 자줏빛으로 '검은 포도'로도 알려져 있다. 그 암자색(暗紫色)과 제비꽃 아로마가 갖춰진 강한 타닌 성분을 지니고 있는 특성으로 까베르네 소비뇽, 메를로, 쁘띠 베르도(Petit Verdot)와의 블렌딩에 많이 쓰인다.

진하고 강한 맛을 보이며 잘 숙성되면 그윽하고 농후한 과일향이 난다.

- **메를로(Merlot)** : 보르도 와인에서 카베르네 소비뇽과 쌍벽을 이루는 양대 적포도이다. 일찍 싹이 터 초가을이면 완숙에 이르는 조생종(早生種)이다. 그래서 이른 봄의 꽃샘추위에 가장 약하다. 일반적으로 순하고 부드러운 포도주로서 오래 보관하지 않는다. 그러나 점토질의 차가운 토양에서 좋은 결과를 보여주며, 특히 프랑스의 뽀므롤(Pomerol)지방처럼 철분이 많이 함유된 진흙질의 토양에서는 좋은 색깔과 향을 내어 오래 보관할 수 있는 장기 숙성용을 만들 수 있다.
타닌이 적어 블렌딩용으로 가장 많이 선호되는 품종으로 성질이 강한 까베르네 소비뇽에 가장 어울리는 동반자로 보고 있다.
⊙ 와인의 특징
빛깔은 진한 적색에서 숙성에 따라 벽돌색으로 변한다. 향기는 까베르네 소비뇽과 비슷하지만 서양자두와 비슷한 향도 감지되며, 순한 맛으로 매끄러운 감촉을 지니고 진하다. 진한 색상과 풍부한 과일 향으로 사랑을 받고 있는 품종으로, 일반적으로 숙성이 빨리 되는 경향이 있다.
맛이 부드럽고 풍부하여 달콤한 느낌이 들므로 매력적인 성숙한 여인, 혹은 성격이 까다롭지 않아 푸근한 이웃집 아저씨의 이미지라고도 한다.
생떼밀리옹의 샤토 안젤뤼스(Château Angelus), 뽀므롤의 페트뤼스(Château Petrus)와 르 펭(Le Pin)이 메를로 품종으로 만든 유명한 와인이다.
- **몬테풀치아노(Montepulciano)** : 원산지는 이태리 중부의 토스카나로, 주로 재배되는 곳은 중동부의 아브루쪼(Abruzzo), 마르께(Marche), 북부 에밀리아(Emilia)지방과 남부 라찌오(Lazio), 몰리세(Molise)와 뿔리아(Puglia) 등이다. 몬테풀치아노는 품종의 이름이자 '비노 노빌레 디 몬테풀치아노(Vino nobile di Montepulcino) 와인을 생산하는 토스카나 지방의 도시의 이름이기도 하다. 약간의 타닌과 드라이하며 바디가 강한 와인을 만든다.
- **무르베드르(Mourvèdre)** : 허브향이 나며 간혹 자극적인 냄새와 억센 무르베드르는 프로방스의 방돌(Bandol)지방을 제외하고는 별로 선호되지 않았다. 그러나 풍부한 향의 레드와인이 인기를 얻으면서 주목받기 시작했다. 타닌이 많고 알코올 도수가 높은 편이다.

- **네비올로(Nebbiolo)** : 이태리어로 안개를 네비아(nebbia)라 하는데 네비올로는 늦가을 짙은 안개가 자주 덮여있는 곳에서 영그는 피에몬테의 품종이다. 이처럼 짙은 안개를 견뎌내야 하므로 포도껍질이 두껍고 특유의 타닌이 배어 짙고 깊은 맛을 띠며 늦게 익는다.
미국 캘리포니아, 멕시코, 칠레, 호주에서도 생산하지만 피에몬테의 질과 특성을 살리지 못하고 있다. 이태리의 최고급 와인인 바롤로, 바르바레스코, 브루넬로 디 몬탈치노, 끼안티, 산 지미냐노가 이 품종으로 만든다.
포도의 특징은 작고 껍질이 두꺼운 품종으로 타닌과 산도가 높고 숙성에 시간이 걸린다.

⊙ **와인의 특징**

검은 색에 가까운 진한 적색으로, 숙성 전에는 몹시 떫은 장기 숙성형 와인이다. 장미, 제비꽃과 같은 꽃 향기와 함께 쓴 초콜렛이나 타르라고도 표현되는 향이 개성적이다. 신맛과 떫은맛이 풍부한 깊이가 있는 맛이다.

- **네로 다볼라(Nero d'Avola)** : 네로 다볼라의 고향은 지중해의 가장 큰 섬인 이태리의 시칠리아이다. 바르베라처럼 신맛은 강하나 그에 비하여 타닌이 적고 쌉쌀한 드라이가 여러 음식에 잘 아울린다. 농익은 과일의 진한 풍미와 특유의 호두껍질의 아로마가 있으며 야성의 진한 향기에 타닌이 없어도 그다지 아쉽지 않다.
  블렌딩에 따라 상대를 살려 주는 보완력을 지니고 있어 메를로, 시라, 까베르네 소비뇽과 곧잘 블렌딩된다.
  네로 다볼라의 네로는 검다는 뜻으로, 이름에서 나타나듯 짙다 못해 검어 보이는 진자줏빛이 깊이를 가늠하기 힘들게 만든다.
- **빠이스(Pais)** : 칠레에서 빠이스라 하지만 아르헨티나에서 끄리오야(Criolla), 캘리포니아에서 미션(Mission)이라 부르는 껍질이 검은 색을 띠고 포도알갱이가 아주 작아 '검은 포도'로 불리고 있다.
  1541년 스페인의 발디비아(Pedro de Valdivia)가 칠레를 정복할 때 동행한 신부들이 유입하였고, 1556년 칠레에서 안데스 산맥을 넘어 아르헨티나의 멘도사 지역으로 전파되었다. 캘리포니아는 1796년 프란체스코회 선교사인 세라(Junipero Serra)가 식재한 것으로 알려져 있다.
  이 종은 생산량은 많지만 질이 좋지 않아 서민들이 즐겨 마시는 와인 양조에 쓰여 번창하였으나 1960년 대 이후로 거의 쇠퇴되었다.
- **피노 누아(Pinot Noir)** : 보르도 지방의 대표 품종이 '까베르네 소비뇽'이라면, 부르고뉴는 '피노 누아'라 할 수 있다.

  부르고뉴에서 화이트 와인 품종으로는 샤르도네, 레드 품종으로는 피노 누아라 이르는 원산지가 부르고뉴로 부르고뉴의 주요 품종이기도 하다.
  자라는 토양에 대한 선호벽이 심해 까탈스럽고 변덕이 심하지만 섬세하여 복잡 미묘하게 깊은 맛이 우러나는 변덕스러운 여신이라 일컫는다.
  마을마다, 밭마다, 혹은 같은 밭에서조차 다른 맛을 나타내므로 지역과 밭, 생산자에 따라 개성이 다양한 와인이 나온다. 다른 장소와 기후에 잘 적응을 못하고 특히 기후에 대단히 예민하며 기후가 낮으면 색이 연하고 색과 수명도가 떨어지게 된다. 수확량도 샤르도네보다 훨씬 적다.
  일반적으로 석회질의 토양에서는 향기가 좋은 와인을, 점토질 토양에서는 깊이가 있는 와인을 그리고 규산토의 토양에서는 가벼운 타입의 와인을 생산한다.
  샹빠뉴 지방에서도 많이 재배되며 샹빠뉴 3대 품종 중의 하나이기도 하며, 알자스, 루아르에서도 많이 키우고 스위스, 오스트리아, 독일, 그리고 신세계의 여러 나라에서 많이 보인다.
  미국은 캘리포니아의 소노마, 내파밸리 등 기후가 비교적 서늘한 북쪽 해안지대와 특히 오레곤이 강세다.

⊙ 포도의 특징

과일향이 강하지만 토양의 조건에 따라 개성이 많이 달라진다. '부르고뉴' 지방을 벗어나면 그만한 품질의 와인을 생산해 내지 못하는 '부르고뉴' 토착 품종이라 하겠다. 신비스러울 정도로 '부르고뉴'의 토질과 기후 속에서 최적의 환경을 느낀다. 조생종(早生種)으로 기후 변화에 민감하고 성격이 까다로워 재배하기가 어렵다. 비교적 선선한 기후를 선호하는 편이다. 수확량을 잘 조절해 주어야 향과 질이 농축되어 세련되고 복합적인 향과 맛을 겸비한 최고의 부르고뉴 와인을 생산한다.

와인색은 바랜듯한 여린 붉은 빛깔(pale red)이거나 밝은 체리 색으로 화려한 느낌이다. 부드럽고 그윽한 과일향이 풍부한 와인을 이끌어낸다. 딸기, 체리 등의 과일 향과 숙성이 진행됨에 따라 부엽토, 버섯 등 흙을 느끼게 하는 향기가 생겨난다.

대체적으로 토양적인 향기로움이 많이 느껴지며, 야생적인 향과 동물적인 특성들이 살아있다. 늦은 가을 숲 속에서 통나무 향기 혹은 젖은 나뭇잎의 향기가 이 속에서 느껴지기도 하고, 신선한 과일의 특성에서부터 동물의 가죽향이라든가 시골의 농가에서 나는 냄새도 느껴진다. 딸기, 체리, 라즈베리 등의 과일 향으로 표현하지만 숙성이 진행되면 부엽토, 버섯 등의 흙을 느끼게도 해준다.

맛은 떫은맛보다 과일향이 강하고, 약간 신맛이 난다.

- **피노타주(Pinotage)** : 스텔른보쉬(Stellenbosch)대학의 페롤드(Perold) 교수가 1925년에 피노 누아와 쌩소(Cinsaut)를 교배하여 만든 것이다. 남아프리카의 보물이라고도 일컬어지지만 맹렬히 비판받기도 하는, 사람들의 호불호(好不好)가 극명하게 갈리는 품종이다.
- **쁘리미티보(Primitivo)** : 원산지는 크로아티아의 달마티아(Dalmatia)로 알려져 있고, 이태리 남부의 뿔리아(Puglia)와 깜빠니아에서 오래 전부터 널리 재배되는 것으로 미국 캘리포니아에서 많이 보이는 진판델과 같은 종으로 알려졌다. 뿔리아의 만두리아(Manduria)에서 가장 좋은 쁘리미티보가 나오므로 'Primitivo di manduria'라고도 한다. 꽃의 개화에서 포도가 영그는 성장의 전 과정이 빠른 조생종으로 '최초의'라는 뜻이라는 이름이다. 숙성되면서 색이 감홍색이나 오렌지 레드를 보이고 가벼운 향을 지녀 마시기가 좋다. 알코올 도수와 산도는 높게 나오고 풀 바디의 질감을 지닌다.
- **사그란띠노(Sagrantino)** : 이태리 중부 움브리아 주의 몬떼팔꼬(Montefalco)의 기본종으로 이름은 축제라는 뜻의 사그라(Sagra)에서 유래된 것으로 축제 때 마시는 와인이란 의미를 가지고 있다. 산지오베제의 일종이라는 설도 있으나 DNA 조사결과 전혀 다른 것으로 밝혀졌다.

  레드와인의 바디 형성에 큰 영향을 주는 폴리페놀(타닌)이 많이 함유되어 있어 훌륭한 파워와 바디를 가진 와인을 만들어 낸다.

  몬테팔꼬에서 전에는 사그란띠노를 이용하여 빠씨토(Passito)라는 스위트와인만을 생산했으나 1970년대 초부터 드라이와인이 생산되기 시작해 현재는 드라이 위주로 나오며 높은 알코올 농도와 탄탄한 바디로 25년 이상의 숙성이 가능한 좋은 와인이 만들어진다.

- **산지오베제(Sangiovese)** : 이태리 토스카나지방이 원산지로 끼안티의 대표 품종이다. '까베르네 소비뇽' 보다 재배하기에 훨씬 까다로운 품종으로, 경작지나 영양, 시간에까지 주의를 기울여야 한다.

  ⊙ **와인의 특징**

  와인은 다른 품종과 블렌딩하는 경우가 많으며, 숙성 기간에 따라 선명한 적색에서 약간 검은 빛을 띤 적색까지 다양하다. 붉은 빛을 띠고 약간 신맛이 나는 산도가 풍부하며 오랜 숙성 후에는 부드럽고 화려한 맛을 낸다. 같이 하는 음식에 따라 다른 맛을 내는 변화 또한 풍부하다.

- **시라(Syrah/Shiraz)** : 원산지는 고대 페르시아로 고대 로마시대로부터 귀족적인 품종으로 유명했다. 포도나무 당 수확량이 높은 편이며 수확시기도 빠른 편이다. 껍질은 두껍고 색깔이 진한 보라색이나 잉크 빛에 가까울 만큼 짙다.

  '시라' 또는 '시라즈'로 부르는 이 품종은 강건함을 바탕으로 하므로 검투사, 혹은 학창 시절 격의 없이 지내던 거칠지만 정감 있는 친구라고 평하기도 한다. 여하튼 호방하고 외향적인 이미지이다.

  프랑스 론 지방을 대표하는 품종으로 '론'에서는 시라(Syrah)라고 부르며, 호주에서는 쉬라즈(Shiraz)라고 부른다. 원래 이 품종이 이란의 시라즈(Shiraz)마을에서 유래되었다는 설과, 이태리 시칠리 남동부의 시라큐스(Syracuse)에서 유래되었다는 설이 있다.

  프랑스에서는 북부 론의 에르미따쥬(Hermitage), 꼬뜨 로티(Côte Rotie)와 남부 론의 꼬뜨 뒤론((Côte du Rhone), 샤토뇌프 뒤 빠프(Châteauneuf du Pape)이다.

  호주의 맥라렌 배일(Mclaren Vale), 야라 밸리(Yara Valley), 바로사 밸리(Barosa Valley), 아들레이드 힐(Adlaide Hills), 헌터 밸리(Hunter Valley), 쿤나와라(Coonawara) 등 남부나 서부 호주에 시라즈를 생산하는 와이너리가 몰려 있다.

  미국의 캘리포니아에서는 에드나(Edna), 산타 마리아, 까르로네스, 멘도시노 등 중앙해안 지역과 북쪽 해안에 산지가 분포되어 있다.

  칠레에서는 '시라'라 부르며 전체에서 차지하는 비중은 미미하지만, 아꽁까구아(Aconcaqua Valley), 라펠의 꼴차구아(Colcagua)지역이 중심지이며 까사블랑까 지역에서도 보인다.

  타닌이 많고 지속성이 뛰어나며 마실 수 있는 숙성단계에 대체로 빨리 도달한다. 따뜻한 기후에서 재배되며 적응력이 좋고, 추운 환경에서는 약간 가볍고 후추냄새가 나며 향이 적어진다. 알코올이 풍부하여 프루티함과 스파이시함을 동시에 지니고 있지만 토양에 따라 맛이나 향이 다양하게 변화된다. 타닌이 풍부하여 맵고 짠 음식에도 잘 어울린다.

  풀 바디의 레드 스파클링 와인을 만드는 데도 이용된다.

  ⊙ **와인의 특징**

  검은 빛을 띤 진한 적색으로 타닌이 많으며 알코올 도수가 높다. 자극성이 있고 뼈대가 있는 느낌이다. 향은 잘 익은 블랙배리, 나무딸기, 블랙 커런트 등의 과일향기와 박하 향, 가죽 냄새로 표현되는 야성적인 향기. 균형 있는 농도로 입안 가득히 유순한 질감, 고혹적인 씁쓸한 맛이 느껴지고 후추 가루의 여운이 남는다.

- **따나(Tannat)** : 프랑스 서남부의 피레네 산맥 쪽에 있는 마디랑(Madiran)과 이루레기(Irouleguy)에 자리 잡은 피레네 산맥 인근의 바스크지방이 원산지다. 프랑스 바깥으로 나가면 남미의 우루과이에서 하리아구(Harriague)라고 부르며 주품종으로 재배하고 아르헨티나에서도 일부 보인다. 19세기에 이민자들이 가지고 간 것으로 추정된다.
  짙은 붉은 색에 넉넉한 타닌을 지녀 장기 숙성와인을 빚는데 쓰이며 까베르네 소비뇽, 까베르네 프랑과 이 지방의 또 다른 토착종인 페르(Fer)와 블렌딩되어 20개월 이상의 숙성기간을 거친다.
  까오르(Cahors)지역에서는 메를로, 특히 말벡과 블렌딩되어 특유의 와인을 만든다.
- **뗌프라니오(Tempranillo)** : 스페인 북동쪽의 고원지대가 원산지인 스페인 토착품종이다. 맛과 향에 있어서 '까베르네 소비뇽'과 '메를로'의 중간 정도라 여겨지지만 향후 '까베르네 소비뇽'이나 '메를로'의 대체품목이 되지 않을까 하고 예상 될 정도로 인기를 얻고 있다.
  스페인의 '리오하' 지방에서는 뗌프라니오를 주품종으로 하며 '리베라 델 두에로'에서도 이 품종으로 최상급의 와인을 양조한다.
  호주에서는 재배량이 1999년에서 2004년이 될 때까지 불과 5년 사이에 무려 1500퍼센트나 증가되었다. 그 이유를 살펴보면, 사람들이 레드와인에 이끌리는 세계적인 추세와 뗌프라니오는 싱싱한 짜임새, 매력적인 과일 향, 낮은 타닌, 많지 않은 산성이라는 성격을 가지고 있기 때문이다.
  '리베라 델 두에로'에서는 띤또 피노(tinto fino, 띤또 델 빠이스(tinto del pais)라 부르며, 또로(Toro)지방에서는 띤따 데 또로(tinta de Toro)라 한다.
  이태리에서 네그레또(Negretto), 포르투갈에서는 띤또 로리츠(tinto roritz)라 한다.
- **또우리가 나시오날(Touriga Nacional)** : '까베르네 소비뇽'과 비슷하나, 기막힌 개성과 적극적 성향은 훨씬 더한 포르투갈의 대표 품종이다. 짙은 색으로, 자두, 제비꽃 등의 풀향기와 과실향이 풍부하며, 새 가죽 향이 나는 '뚜리가 나시오날'은 포르투갈의 도우루(Douro Valley)에서 강화와인으로 각광을 받고 있다. 포도 열매는 자그마하고 짙고 검붉은 색상을 띠고 즙이 풍부하다.
  타닌이 센 편이며 높은 산도를 보인다. 영(young)한 '또우리가 나시오날'은 짙고 강렬한 향으로 '영'한 까베르네 소비뇽을 연상시킨다.
- **진판델(Zinfandel)** : 미국의 상점에 가면 수많은 까베르네 소비뇽과 메를로, 샤르도네가 있어서 이들 품종이 미국 것이 아닌가 생각될 정도다. 그러나 이들은 모두 프랑스의 보르도 아니면 부르고뉴 태생이다. 미국 것은 '진판델(Zinfandel)'이다. 미국을 나타내는 것은 진(청바지)라고 말하는 사람이 있다. 그러나 '진'은 아니다. '진판델'이라고 하면 모를까.

  진판델은 조지 깁스(George Gibbs)라는 사람이 1820년 오스트리아 비엔나의 왕실식물원에서 잘라온 가지 하나가 미국에서의 첫걸음이었고 1832년 보스톤 종묘장에서 재배한 기록이 보인다. 그래서 이름도 오스트리아 사람들이 일컬은 진판들러(Zinfandler)라는 말에서 나오게 되었다.

다른 설(說)은 포도재배의 전문가인 하라치(Agoston Haraszthy)가 20세기 초 그의 고향인 헝가리에서 가져온 것에서 비롯된다고 한다.
UCD(University of California at Davis)대학에서 DNA조사에 의한 결과 이태리 남부 뿔리아(Puglia)의 쁘리미티보(Primitivo)가 같은 종류라는 것이 밝혀졌다. 화이트 진판델 와인이 레드보다 많고 보편화 되어서 화이트품종으로 오해하는 이도 있다.

⊙ 와인의 특징

장밋빛부터 검붉은 색까지 색이 다양하다. 블랙베리와 같은 과일의 향기가 나고, 가벼운 과일에서부터 장기 숙성에 따라 진한 맛이 나오는 등 맛도 다양하다. 타닌이 적고 맛이 담백해 누구든지 쉽게 마실 수 있는 와인이다.

2.2 화이트 와인 품종

- **샤르도네(Chardonnay)** : 레드와인에서 카베르네 소비뇽이 가지고 있는 위치와 특성을, 화이트와인에서 갖춘 것이 바로 샤르도네이다 세계적으로 가장 유명한 대표적인 화이트 와인 품종으로 글로벌 브랜드(global brand)로 불리며 가장 인기 있다.
기온과 장소를 가리지 않고 잘 적응하고 병충해에도 강하여 어디서든 잘 자라는 강한 품종으로 사람들이 좋아한다. 재배하기 쉽고 수확량이 많으며, 여러 가지 스타일의 와인을 생산할 수 있는 융통성이 높기 때문이다.
샴페인 중 블랑 드 블랑(Blanc de Blancs)이라고 표시된 것도 이 '샤르도네'로 만든 것이다. 화이트와인의 대표품종으로 부르고뉴 지방과 상빠뉴 지방의 주요 품종이지만 세계적으로 제배되고 있는 품종으로 산지와 양조자의 개성에 따라서 다양한 맛과 향기를 지닌 와인을 만들어 낼 수 있는 품종이다.
특히 프랑스 부르고뉴의 샤블리(Chablis), 마꽁(Mâconnais), 꼬뜨 샬로네(Côte Châlonnaise), 쌍빠뉴가 텃밭이다. 그리고 미국에서는 내파밸리와 소노마에 집중되어 있으며, 서늘한 지역인 몬트레이(Monterey), 멘도시노(Mendocino)에서 특성있는 샤르도네가 나온다. 그 외에 오레곤, 워싱턴주, 버지니아, 텍사스, 뉴욕이 산지다.
호주의 샤르도네는 전역에 고루 분포되어 있으며, 헌터 밸리와 마가리트 리버, 야라 벨리, 타스마니아(Tasmania)에서 많이 보인다.
뉴질랜드의 말버러(Malborough), 기스본(Gisbourn), 남아공의 스텔렌보쉬(Stellenbosch)도 뺄 수 없는 샤르도네의 산지이며, 칠레의 까사블랑카, 산 안토니오(San Antonio Valley), 마이포 밸리, 라펠(까차포알, 꼴차구아)에서 많이 재배되고, 아르헨티나와 캐나다에서도 보인다.
포도의 특징으로 일반적으로 시원한 기후를 좋아한다. 껍질과 과육의 분리가 잘 안되며, 포도알은 작고 황록색에서부터 호박색까지 색이 다양하다.

⊙ 와인의 특징

와인의 색상은 양조방법과 지역에 따라 무색에서부터 황금색에 이르기까지 천차만별이다. 맛도 신맛이 산뜻한 것에서부터 부드러우며 깊은 맛이 나는 것에 이르기까지 신맛과 깊은 맛의 조화를 이루는 와인이다. 고급 와인일수록 숙성에 의해 보다 풍부한 풍미와 질감으로 맛이 더욱 깊어진다. 미국과 호주에서는 샤르도네 또는 샤블리라는 이름으로 생산한다.[5)]

- **슈넹 블랑(Chenin Blanc)** : 프랑스 루아르 지방이 주산지로 꼬토 드 레이용(Coteaux du Layon), 부브레(Vouvray), 사브니에르(Savenniers), 보네조(Bonnezeaux)와 같은 루아르(Loire)의 아펠라시옹 마을에서 감미있는 화이트 디저트가 나온다.
좋은 조건에서는 상쾌하면서도 조화로운 산미를 지닌 달콤한 와인이 생산된다. 높은 산미는 소뮈르(Saumur), 부브레, 몽루이(Montlouis) 등의 드라이 스파클링 와인(Crémant)을 만들기에 좋으며 식전주(Aperitif)로도 이용된다.
와인의 특징은 투명에 가까우며, 가볍고 상쾌한 느낌의 달콤한 와인이다.
남아공, 캘리포니아, 호주와 뉴질랜드에서도 재배되고 있다.

- **게비르츠트라미너(Gewürztraminer)** : 향신료라는 뜻의 게뷔르츠(Gewürz)와 트라미너(Traminer)의 합성어로 트라미너는 이태리 북부에 위치한 트라미너(Traminer)마을 부근에서 자라는 포도 품종의 이름에 연유되었다.
독일 팔츠(Pfalz)가 원산지로 이 지역에서 생산되는 것도 좋으나, 최고의 산지는 프랑스 알자스 지방으로서 드라이 와인에서부터 스위트 와인까지 고루 생산되며 알자스를 대표하는 품종으로도 일컬어진다. 알자스를 이루는 보즈산맥(Vosges Mountains)이 서쪽에서 오는 비를 막으며 일조량을 확보해 주므로 건조하고 서늘하여 훌륭한 게뷔르츠트라미너를 만들어준다.
미국에는 1826년에 유입되었으나 더운 기후에 제대로 적응하지 못하고 일부의 서늘한 기후대에서 자라고 있다.
이름 자체가 향이라는 의미 그대로 와인을 생산하는 포도 품종 중에서 향이 가장 진하다. 스파이시한 맛이 특징이다. 리슬링과 비슷한 성질을 가지지만 리슬링보다 건조하고 자극적이다.
⊙ 와인의 특징
황색 빛을 띤 연한 녹색이다. 와인의 맛은 신맛이 적고 약간 걸쭉한 질감으로 진하고 농축된 느낌이다. 장미꽃과 같은 감미로운 향기와, 이국적으로 향신료 냄새가 강하고 느껴진다. 높은 알코올 도수로, 풀 바디드 와인이 생산되는 경향이 있다.
- **인졸리아(Inzolia)** : 이태리 남부의 시칠리아 섬이 원산지로, 시칠리아 외에 엘바(Elba)섬 일대에 분포한다. 토스카나에서는 안소니까(Ansonica)라고 하며, 마르살라 지방의 바탕을 이루는 품종으로 드라이한 맛의 틀이 잘 갖춰진 와인이 나오므로 장기 보관이 가능하다.
- **말바시아(Malvasia)** : 원산지는 소이시아로 이태리 북부의 피에몬테와 알토 아디제(Alto Adige), 남부 라찌오(Lazio), 리아(Puglia), 사르데냐(Sardegna) 일대와 이베리아반도에서 많이 경작된다. 말바시아 네라(Malvasia Nera)는 레드 품종이며, 말바시아 비앙카(Malvasia Bianca)의 변종도 많은데 이들 모두가 말바시아라 불린다.

5) Oz Clarke & Margaret Rand, ibid, pp.63-73

말보시에(Malvosie : Pinot Gris 품종)와 비슷한 발음을 많이 하게 되는데 혼동하지 말기를. 말세이(Malmsey)는 마데이라(Madeira) 섬에서, '말바시아'를 사용하여 만든 와인 스타일을 일컫는다.
높은 당도로 알코올 도수가 높으며 아로마와 맛이 훌륭한 와인으로 신선도도 뛰어나다. 리아지방은 레드와 로제와인, 사르데냐에서는 이 품종으로 발포성 와인에서부터 리큐르까지 다양한 종류가 생산된다.

- **마르산(Marsanne)** : 경작조건에 맞는 곳에 자라고 양조도 주의해서 해야 한다. 더운 기후에서는 축 늘어져서 흐느적거리게 되고 추운 곳에서는 미처 익지를 못하여 개성 없는 향을 가지게 된다. 경작 햇수가 오래될수록 특성도 없어지고 무미건조해진다.
- **모스카토(Moscato) ⇒ 뮈스까(Muscat)**
- **뮐러 투르가우(Muller-Thurgau)** : 1882년 스위스 투르고비(Thugovie)지역 출신의 뮐러(Herman Muller)박사가 독일의 가이젠하임(Geisenheim)대학 포도육종학과에서 리슬링과 실바너와의 교배로 만들어진 새 품종이라고 알려졌다.
  리슬링이 갖는 산뜻한 맛과 깔끔한 뒷맛을 지니고 실바너의 은은한 향이 조화를 이루어 독일에서 인기 있는 품종으로 독일의 화이트 품종의 1/4을 차지한다. 뮐러교수의 이름과 그의 출생지명을 합하여 '뮐러 투르가우'라는 정식이름을 붙인 건 1913년이며, 독일과 오스트리아, 프랑스의 알자스, 이태리 북부지역에서 많이 재배되며 뉴질랜드는 화이트 품종 중 제일 많은 생산량을 보이고 있다.
  하지만 뮐러교수 이후에 누구도 리슬링과 실바너의 교배로 '뮐러 투르가우'의 맛과 특성을 살리지 못해 의아해 하던 중에 DNA 감정 결과 리슬링과 구테델(Gutedel)종과의 교배라는 결론이 나왔다.
- **뮈스까데(Muscadet)** : 좋은 '뮈스까데'는 효모를 둔 채로 몇 달을 묵히는데 익히는 과정에서 너트향과 구운 과자냄새가 생기고 약간 거품이 이는 듯하게 된다. '뮈스까데'는 최고급 와인은 아니지만 보잘 것 없는 뱅 드 뻬이(vin de pays)에서 몸을 일으켜 세계 각국의 고급 대도시에 그 이름을 올리는 성과를 거두기도 했다.

  ⊙ **와인의 특징**
  투명에 가까운 것, 약간 황색을 띤 것 등 여러 가지의 색을 지닌다. 대단히 다양한 성격을 지니는데, 가볍고 신선하며 상쾌한 신맛의 아주 드라이한 과일 맛이 나고 사과와 같은 신선한 과일 향을 느낄 수 있다. 보졸레와 마찬가지로 수확한지 몇 달 만에 마시는 화이트와인으로, 병입한 뒤 바로 먹거나 길어도 2년 안에 마셔야 한다. 그러나 뛰어난 '뮈스까데'는 저장고에 5년 넘게 두어도 생생하게 살아있는 것도 있고, 잘 숙성된 것은 뚜렷한 화이트와인의 성격을 지니고 있다.
- **뮈스까(Muscat)** : '뮈스까'는 대단히 다양한 모습을 보인다. 특정 품종이 아니고 식용, 건포도, 와인용 등으로 다양하게 쓰이는 여러 품종을 표현하는 말이기 때문이다. 원래는 화이트와인용 품종이지만 아페리티프(appértif)와인으로, 테이블와인으로, 디저트용 와인으로 그리고 리큐어(liquer)용으로 쓰이기도 한다. 게다가 이태리 아스티의 모스까토 다스티(Moscato d'Asti) 같이

순하고 부드러운 발포성와인에서부터 스페인의 모스까텔 드 발렌치아(Moscatel de Valemcia)처럼 가볍고 상큼한 단맛이 나는 와인이 나온다.

프랑스 남부 랑그독은 뮈스까 아 쁘티 그랭(Muscat à petits grains)으로 빚는 포티파이드[6]로 만드는 생 장 드 미네르부아(Saint Jean doux Minervois) 마을의 VDN[7]이 있다.

이태리에서는 모스카토(Moscato), 모스카토 비앙코(Bianco), 영어로는 머스캣(Muscat), 프랑스에서는 뮈스까 블랑 아 쁘티 그랑(Muscat Blanc à Petits Grains) 등 여러 이름으로 불리고 있다.

뮈스까는 프랑스 내의 남쪽으로 랑그독 루시옹, 론, 그리고 코르시카 지방, 북으로는 알자스지방에 분포하며, 이태리 피에몬테의 아스티지방, 스페인의 지중해 연안의 발렌치아, 헝가리에 보인다. 신세계로 가면 미국 캘리포니아, 호주의 빅토리아 주 루더글렌(Rutherglen)에서 많이 재배된다.

- **피노 블랑(Pinot Blanc)** : '샤르도네'와 비슷하나 향이 덜하다. 프랑스의 알자스와 이탈리아의 '알토 아디제'에서 생산되는 '피노 블랑'은 사과와 버터를 바른 과일 향과 신선한 향이 대단히 독특하고 가볍다.

⊙ 와인의 특징

황색 빛을 띤 옅은 녹색으로, 섬세한 신맛과 아주 드라이한 맛이다.

- **피노 그리(Pinot Gris)** : 많이 재배되지는 않지만 용도가 다양한 프랑스 알자스(Alsace)의 고급 품종이다. 대체로 훨씬 상큼하고 가벼우며 드라이한 청포도로서 강렬하지는 않지만 은근한 꿀 냄새와 향기가 나기도 한다.
- **프로세꼬(Prosecco)** : 이태리 북부 베네치아 줄리아(Venezia Giulia)가 원산지로 베네토(Veneto) 지방의 뜨레비소(Treviso) 부근에 주로 많이 분포하고 있다. 흰 꽃과 사과향의 아로마가 풍부하고 약발포성, 스틸와인 양조에 쓰인다. 발포성 와인인 프로세꼬가 인기를 얻고 있다.

- **리슬링(Riesling)** : 독일과 프랑스 알자스의 대표적인 품종으로 알자스의 리슬링은 독일산보다 산미가 좀 더 강하고 드라이하다. 알코올 도수도 독일은 8~10%, 알자스는 10~12% 정도다.

뛰어난 개성과 높은 산도 등에서 소비뇽 블랑과 흡사하지만 샤르도네처럼 오래 숙성할 수 있다. 이 점이 소비뇽 블랑과의 차이점이며 리슬링의 과일향이 더 풍부하다.

적응력은 훨씬 뛰어나서 차가운 기후와 더운 기후에도 모두 잘 자란다. 그러나 토양에 따른 변화가 심해 까다로운 품종으로도 취급된다.

와인 평론가 로빈슨(Jancis Robinson)은 리슬링을 '세계 최고의 화이트와인 재료'라고 단언한다. 리슬링 와인의 국제적 보급을 지향하는 단체인 IRF(International Riesling Foundation)에서 와

---

6) 포티파이드 와인(fortified wine)은 브랜디 등을 넣어 알코올 도수를 높인 강화와인이다. 뮈스까로 만든 것에는 랑그독 루씨옹의 뮈스까 드 봄 드 베니스(Muscat de Beaumes de Venise)나 뮈스까 드 프롱띠냥, (Muscat de Frontignan), 뮈스까 드 뤼넬(Muscat de Lunel)이 있다.

7) VDN : 뱅 드 나뚜렐(vin doux naturels)로 발효가 진행 중인 와인에 브랜디를 넣어 알코올 도수와 감미를 끌어올린 와인이다.

인에 포함된 당분에 대한 산(酸)의 비율을 기준으로 '드라이, 미디움 드라이, 미디움 스위트, 스위트'의 4단계 기준을 정하여 백 레이블에 표기하고 있다. 숫자가 많을수록 달다.

우리나라에서 1970년 대 와인 생산을 위해 처음 심었던 것으로 이 품종으로 마주앙이 생산되었다.

⊙ 와인의 특징

투명하면서 노란색을 지닌다. 숙성이 덜 되었을 때에는 사과와 같은 신맛이 있지만 숙성이 진행되면 신맛과 단맛의 조화를 이루어 복합적인 맛이 된다. 우아하고 싱싱한 과일의 향을 느끼고 싶을 때 권해지는 와인이다.

- **루싼(Roussanne)** : 맛은 강렬하나 뭐라고 단정하기 어렵고 또한 흥미를 자아낸다. 론(Rhone)의 에르미따쥬 블랑(Hermitage Blanc)에서 나오는 잘 숙성된 것의 일부는 레드보다 훨씬 낫다.
- **소비뇽 블랑(Sauvignon Blanc)** : 프랑스 루아르에서는 블랑 푸메(Blanc Fumé) 또는 슈랭(Surin)이라고도 부르며 독일에서는 무스카트 실바너(Muskat Sylvaner)라 부른다.

화이트 와인이 좀 무겁거나 둔하게 느껴질 때 어김없이 집어넣는 품종이다. 와인은 개성 있는 향이 특징으로 짙은 녹음의 향기가 있는 와인이다.

빛깔은 약간 푸른빛을 띠는 담황색이 많으며 생산지나 양조자에 따라 조금씩 달라진다. 드라이한 맛에서 단맛이 나는 것까지 다양한 맛에 적당한 신미의 과일 풍미를 느낄 수 있다.

프랑스에서는 보르도 그라브의 드라이 화이트, 소떼른 스위트 화이트로 나타나고 특히 루아르의 상세르(Sancerre)와 뿌이 푸메(Pouilly-Fumé)가 소비뇽 블랑의 독특한 영역을 갖는다. 그 외에 랑그독, 부르고뉴, 론 지방에 많이 재배된다.

미국 캘리포니아의 산타 클라라(Santa Clara), 산 베니토(San Benito), 리브모어(Livemore)와 뉴질랜드에서도 많이 보인다.

같은 품종이라 하더라도 기후와 토양이 달라지면 맛도 달라지는 것이 일반적이지만 소비뇽 블랑은 어떤 기후이건, 어떤 토양이건 불문하고 한결같은 맛을 보이는 것이 특기할 점이다.

- **세미용(Sémillion)** : 50년 전의 칠레의 화이트와인용 포도의 3/4이 '세미용'이었고, 1822년의 남아프리카에서는 전 포도경작지의 93%나 차지한 품종이었다. 병충해에 강하고 많은 수확량을 볼 수 있었기 때문이다. 소비뇽 블랑과 블렌딩하는 데에 많이 사용된다.

⊙ 와인의 특징

숙성됨에 따라 황금색으로 되는데 귀부 와인은 숙성되면 갈색으로 변한다. 신맛은 적은 편이고, 드라이한 맛의 경우에는 감귤 향기가 난다.

보르도의 소떼른, 그라브지역, 보르도 인근 베르주락(Bergerac)의 도르도뉴강 유역이 세미용의 요람이며, 호주의 헌터 밸리(Hunter Valley), 클레어 밸리(Clare Valley)에서도 많이 재배하고 미국의 캘리포니아, 워싱턴주, 그리고 뉴질랜드에서도 보인다.

- **실바너(Silvaner)** : 오스트리아가 원산지이다. 덜 익은 사과의 껍질에서 나는 가벼운 신맛과 흙냄새를 빼고는 자체의 지닌 향이 없어 별 특색이 없지만 가벼운 광물질의 특성을 지닌 중성적 와인을 생산해 낸다. 수확량이 많고 일찍 수확할 수 있다.

화이트 와인 중 가장 가벼운 스타일로 다른 품종과 블렌딩하기 적합하다. 대체로 기온이 서늘한 지역을 좋아하여 알자스 지방을 비롯해 라인강 유역과 스위스, 오스트리아와 같은 중앙 유럽에 널리 분포되어 있으며, 남부 유럽과 남아공, 뉴질랜드에서도 보이나 재배 면적이 근래 줄고 있는 실정이다. 독일에서는 프랑켄(Franken)으로도 불리며, 추천 와인으로 독일의 프랑켄(Franken)과 스위스의 발레(Valais : 이태리, 프랑스와 국경을 접하고 있는 남부지방), 이탈리아의 알토 아디제에서 좋은 실바너가 재배된다.[8)]

- **뜨레비아노(Trebbiano)** : 원산지는 정확히 알려져 있지 않지만 이태리 북부 롬바르디아(Lombardia)에서 남부까지 이태리 전역에서 재배되며 과거에는 끼안티와인의 양조에 쓰이던 품종이다. 프랑스에서는 위니 블랑(Ugni Blanc)으로 부르며 다양한 아로마가 잘 조화된 와인이 나온다.
- **위니 블랑(Ugni Blanc) ⇒ Trebbiano**
- **베르디끼오(Verdicchio)** : 이태리 중부의 마르께(Marche)지방이 원산지로 포도가 다 익었을 때에도 녹색의 빛이 돌아 이름붙여졌다 한다. 좀 쓰지만 기분 좋은 여운을 남기며 마시기 쉬운 신선한 와인이 나온다. 스푸만테를 비롯한 려어 스타일로 양조되어 이태리에서 인기있는 품종이다.
- **베르나차(Vernaccia)** : 원산지는 이태리 북부의 리구리아(Liguria)지방으로 중부의 마르께, 토스카나, 산 지미냐노(San Gimignano), 샤르데나(Sardegna) 섬에서 많이 재배된다. 중세시대부터 인기를 끌어온 품종으로 드라이 하고 바디가 잘 갖추어져 장기 숙성에 적당하다. 디저트와인으로도 많이 양조된다.
- **비오니에(Viognier)** : 기원이 불분명하다. 로마 황제인 프로부스(Marcus Aurelius Pborus)는 농업과 포도재배에 많은 관심을 가져 론(Rhone) 지방에 포도원을 많이 만들었는데 이와 관련이 있는듯하다. 19세기의 필록세라의 영향으로 1965년까지는 프랑스 론 지방의 '꽁드리유'에 8헥타르 정도 있던 것이 프랑스의 전부였다. 따뜻한 토양을 좋아하며 키우기가 어려운 품종으로 재배에서부터 양조장에서도 세심한 주의를 기울여야 한다. 다른 품종과도 잘 어울리지만 단일 품종으로 와인을 만들 때 뛰어난 자신의 성품을 잘 보여준다. 강하고 드라이한 화이트와인을 만들 수 있으며 과일향기가 풍부하다. 복숭아, 자두, 제비꽃, 꿀 향기 등을 지니고 있다. 너무 강하지 않으면서 드라이하고, 산도가 높지 않은 와인을 만들어 낸다.

제 3 절 포도 재배

포도밭의 고정적인 요소인 기후와 토양, 즉 떼루아에 잘 맞는 품종을 선택하는 것이 우선 제일 중요한 점이다. 다음 인위적인 관리 요소로서 관개, 가지치기, 수확량과 시기를 들 수 있다. 이 또한 와인의 품질에 결정적인 영향을 끼친다.

8) Oz Clarke & Margaret Rand, ibid, pp.242-243

3.1 포도재배 조건과 와인의 생산지

포도나무가 자라기 적당한 곳은 북반구의 위도 30°~50°, 남반구의 남위 20°~40° 사이의 지역으로 연평균 기온이 10°~20° 사이의 온난한 온대성 기후 지역에 위치하고 있다. 가장 북쪽 상한선에 위치한 독일(위도 50°~51°)의 경우는 예외적인 지역으로 볼 수 있다.

좋은 포도를 재배하는 위해서는 여러 가지로 까다로운 조건들에 부합되어야 한다. 즉, 포도나무의 개화에서 수확까지는 1,250 내지 1,500시간의 일조시간이 필요하고, 연간 내리는 강우량도 500mm 내지 800mm 정도 되는 지역이 적합하다. 이러한 조건에 맞는 세계 각국에서 포도를 재배하고 있지만 식용이 아닌 와인 양조를 위한 포도재배의 지역은 포도의 성숙기에 강우량이 적어야 되며, 토양이나 기후조건에 맞아야 되는 제한이 있다.

현재 와인을 생산하고 있는 나라는 50여 개 국으로, 유럽 국가를 **구세계(舊世界)**라 하는데, 소량 생산으로 사람 손으로 수확을 하고 자연과의 투쟁 속에서 쌓아 올린 오랜 세월의 노하우가 축적된 바탕으로 와인을 만드는 나라들이다. 이러한 유럽의 나라들에서 세계 총생산량의 약 70%를 생산하고 있다.

이에 반하여 미국, 오스트레일리아, 뉴질랜드, 칠레, 아르헨티나, 남아프리카 공화국 등을 포함하는 나라들을 **신세계(新世界, New World)**지역이라 한다. 이 나라들은 와인의 생산 역사가 일천하지만 천혜의 포도 재배 조건과 광활한 농토를 배경으로 기계수확, 대량생산, 실험정신을 특징으로 한다.

3.2 포도재배의 환경

포도 재배에 영향을 끼치는 요인으로는 기온, 밤낮의 기온 차, 여름과 겨울의 기온 차, 일조량, 강수량, 습도와 기후이다. 즉 겨울에 대부분의 강수량이 집중되고 비교적 높은 기온이 바다바람으로 적당히 조절되는 지중해성 기후가 포도재배를 위한 최적의 조건이 된다.

(1) 기온

포도를 생산하기 위해서는 연평균 기온이 10℃ 이상으로 최적은 14~15℃ 정도가 된다. 여름 평균 기온은 최소 19℃ 이상, 겨울은 영하 1° 이상이어야 한다.

햇볕이 모자라는 추운지방에서는 포도의 착색이 좋지 않아 색이 짙은 껍질의 포도가 자라기 힘들므로 좋은 레드와인은 만들기 어렵다. 그러나 추위가 포도의 신맛을 풍성하게 만들어 주므로 질이 좋은 화이트와인을 만들 수 있다. 반대로 따뜻한 지방에서는 색이나 당도가 모두 진한 포도가 자랄 수 있어 양질의 레드와인은 만들 수 있지만 좋은 화이트와인을 만들기 어렵다.

(2) 일조량

포도의 성장뿐만 아니라 완숙을 위해 채광은 중요하다. 기온이 너무 올라가지 않는 한 일조량은 많으면 많을수록 좋다.

(3) 강수량

포도나무는 대략 연간 670mm의 강우가 필요하다. 그러나 강우량이 얼마나 되느냐 보다 일 년 동안에 어떻게 분배되어 내리느냐 하는 것이 관건이 된다. 날씨가 서늘한 겨울과 봄에 걸쳐 비의 대부분이 내리고 8, 9월의 수확기에 비가 많이 내리는 것이 가장 나쁘다. 수확기의 비는 포도의 농도를 떨어져 품질이 떨어지고 포도가 쉽게 상할 우려가 있다.

(4) 추위

겨울 추위는 포도나무를 튼튼하게 단련시켜 주며 껍질 속에 숨어있는 기생충들과 나쁜 균들을 죽이므로 포도나무 자체에 이로운 꼭 필요한 자연현상이다. 포도나무는 영하 20도까지 추위에 견딜 수 있다.

(5) 지형 조건

포도밭의 기울기(경사도)와 고도, 방향 등은 포도의 품질을 결정하는 주요 요인이 된다. 남향(남반구에서는 북향)이 햇볕을 받기에 바람직하다.
강과 숲의 유무에 따라서도 생장조건이 다르게 된다. 강은 금방 더워지거나 차가와지거나 하지 않는 성질이 있다. 따라서 하천이 가까운 곳에 있으면 급격한 기온의 변화에 의한 영향을 누그러뜨리게 해준다. 또한 적당한 습도를 제공해 준다. 영양이 많은 밭은 가지와 잎이 너무 많이 자라고 뿌리도 두꺼워져 길게 자라지 못한다. 그렇게 되면 포도알로 가야 할 양분이 적어 알이 빈약해진다. 포도는 메마르고 영양이 적은 메마른 밭에서 물과 영양분을 찾아 스스로 땅 속 깊이 뿌리를 내리게 되고, 그 결과로 지층 깊숙한 곳으로부터 영양분을 흡수하여 깊고 복잡한 느낌의 맛을 가지게 된다.
포도밭의 토양을 구성하는 석회, 자갈, 모래와 토양에 포함되어 있는 미네랄 성분 등에 의하여 포도의 맛은 미묘하게 달라지고 그에 따라 와인의 향과 맛도 다르게 된다.

제 4 절 와인의 양조

4.1 양조

포도는 포도당, 과당 등 발효에 필요한 당분을 자체적으로 가지고 있고 과피(果皮)에는 천연 효모가 붙어있어 포도 과즙으로 바로 발효된다. 알코올 발효는 효소 작용으로 당이 에틸알코올과 탄산가스로 분해되는 화학반응에 의한 것이다.
아이스와인은 포도송이가 얼어있는 상태인 기온이 올라가기 전에 작업하기 위해서 새벽에 포도를 따지만 일반 와인도 햇볕에 포도가 마르기 않고 본래의 맛과 풍미를 유지하기 위해서 해가 뜨기 전에 포도 따는 작업을 한다. 발효실로 옮기지 전의 적절한 온도인 15°~16°를 유지하기 위해서 온도를 재기까지 하는 곳이 많다.

1 레드와인 양조[9), 10)]

포도 수확 적포도와 과육, 씨, 껍질을 통째로 사용한다. 포도 따는 시기는 대략 9월 중순에서 10월 초로 너무 익거나 덜 익어도 안되므로 전적으로 재배자가 결정한다.

↓

파쇄 과육을 으깬다. 타닌을 많이 추출하기 위해서 포도나무의 줄기 일부분을 제거하지 않고 넣기도 한다. 수확후 12시간이 지나기 전에 행한다.

↓

1차 발효 산화방지와 살균을 위해 아황산()과 순수 배양한 효모를 첨가. 발효가 시작되면서 껍질의 색이 추출되어 과즙이 붉어진다.

↓

압착 발효개시일 5일 정도 후에 과즙을 압착하여 껍질과 씨를 제거. 껍질과 씨가 있는 상태의 침용시간의 정도가 와인색에 영향을 준다. 이때까지 3주 정도 소요 고형성분 분리 후 2차 발효(유산 발효)로 들어간다.

↓

2차 발효 압착시킨 발효액을 탱크로 옮겨 계속해 발효시킨다. 이때 신맛 성분인 사과산이 유산(젖산)으로 변한다.

↓

정제 밑에 가라앉아 있는 침전물을 제거한다. 수확해서 이때까지 2개월 정도 소요

↓

숙성 오크통에 넣어 짧게는 몇 개월에서 길게 수년까지 숙성

↓

병 입 **병 숙성** 병입 전에 계란 흰자를 이용하여 부유물을 제거한다(콜라쥬).

↘ ↙

출하

2 화이트와인 양조, [11)]

포도 수확 청포도 사용, 적포도 사용 시에는 껍질을 제거하고 과육만 사용한다.

↓

9) Tom Stevenson, "*The New Sotheby's WINE Encyclopedia*", DK Publisning, Third Edition, 2001 ibid, p.36
10) Robert Joseph, "*French Wines*", DK Publishing Book, 1999, pp.24-25
11) Robert Joseph, ibid, pp.26-27

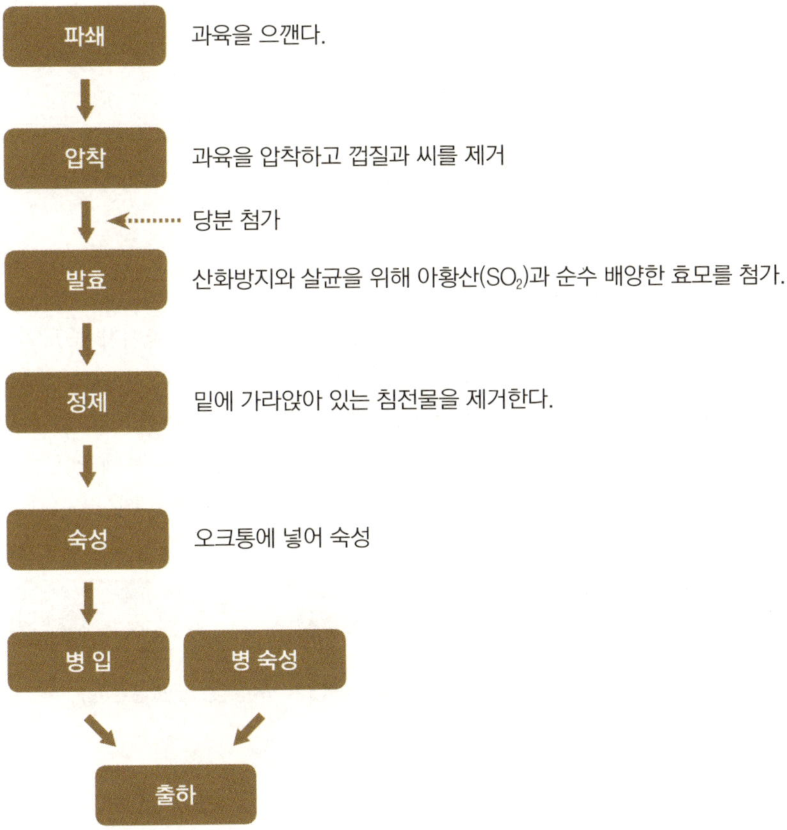

3 로제와인 양조

(1) 레드와인과 같은 방법

적포도의 씨와 껍질을 모두 사용해 레드와인과 같은 방법으로 발효시킨다. 붉은 색으로 약간 착색이 되면 씨와 껍질을 제거하고 계속 발효시키는데 침용과정에서 한시간 간격으로 빛깔을 관찰하며 최적의 시기를 결정한다. 이러한 방식의 대표적인 와인이 프랑스 론 지방의 따벨로제 와인.

(2) 화이트와인과 같은 방법

적포도를 압착해 씨와 껍질을 제거하고 과즙을 발효시킨다. 껍질을 제거하여도 과즙에 남아있던 색소로 인하여 엷은 핑크빛의 와인이 만들어진다. 이러한 방식의 와인의 프랑스 루아르 지방의 로제 당주(Rose d'Anjou).

(3) 레드와 화이트와인을 섞어 만드는 방법

레드와 와이트와인을 각각 만든 후에 양 와인을 섞는 방법이다. 쌍빠뉴의 로제 샴페인에만 허용된다.

4 발효

발효란 포도즙이 와인으로 변화되는 과정으로, 간단한 공식은 다음과 같다. 즉,

당분 + 효모 = 알코올 + 이산화탄소(CO_2. 탄소(Carbon) + 2산화물(Dioxide)

(1) 와인의 발효

보통 9~10월경에 잘 익은 포도를 수확한다. 이 포도를 통에 넣고 사람이 통에 들어가 포도를 밟아서 즙을 낸다. 그러면 포도 표면에 있는 천연 효모의 작용에 의하여 발효되는 것이다. 그러나 현대화된 방법으로는, 기계로 수확하고 파쇄기와 압착기를 이용하는 방법을 사용한다. 그리고 포도즙을 발효탱크 안에서 배양된 효모를 넣어 일정기간 발효시키는데 당분의 알코올 분해 정도에 따라 스위트, 드라이 타입이 결정된다. 스위트와인은 통상 1리터 당 당분 함유량이 20g 이상을 말한다.

포도 1kg → 포도즙 800ml → 포도주 750ml → 알코올 90ml → 물, 기타성분 660ml

$C_6H_{12}O_6$ (Glucose/Fructose) → $2C_2H_5OH$(Ethyl Alcohol) + $2CO_2$ (Carbon Dioxidge Gas)

(당분 100g) 이스트 (알코올 51.3g) (탄산가스 49.7g)

레드와인은 색소와 타닌 추출을 위해 껍질을 넣은 채 1차 발효시켜 만들고, 화이트와인은 껍질을 벗기고 으깨어 압착한 과즙만으로 발효시킨다. 또한 레드와인은 산을 부드럽게 하기 위해서 유산 박테리아에 의한 젖산발효라는 2차 발효(말로라틱 발효)과정을 거치지만 화이트와인과 로제와인의 대부분은 이 과정이 생략된다.

발효조에 보낸 과즙은 효모를 첨가해 발효시키는데 내벽을 유리 등으로 처리한 콘크리트 발효조나 오크통, 또는 온도 조절 장치를 갖춘 스테인리스 탱크를 사용한다. 레드와인은 색과 향의 풍미를 내기 위해 발효 시에 30℃에 가까운 온도로 하며, 발효가 거의 끝날 즈음에 압착하여 껍질과 씨를 제거한다.

화이트와인은 포도의 신선한 향을 유지하기 위해 20℃ 이하의 온도에서 발효시킨다. 주발효를 마친 와인은 오크통이나 탱크로 이동시키는데 이 때 발효 시에 생긴 탄산가스가 빠지고 레드와인은 사과산이 말로라틱(maloactic) 발효에 의해 유산과 탄산가스로 변하게 되고 산이 줄어지며 맛이 순화하게 된다.

(2) 포도 과분

포도 껍질에 분가루처럼 보이는 하얀 가루가 덮여 있는데 이것을 과분(果粉)이라 한다. 이 과분은 포도 껍질 구조의 일부분으로 미세한 돌기구조를 가지며 연꽃잎처럼 항상 깨끗하게 스스로 정화하는 연꽃잎 효과(lotus effect)를 지니고 있다.

과분의 성분은 '지방족 화합물'로 와인을 발효시키는 효모의 서식처이기도 하다. 어린 포도 알에서부터 생긴 이 과분을 농약이나 당분으로 오해하는 경우가 많다. 농약이 없는 포도의 과립은 흰 가루가 고르게 광택이 없이 덮여있다. 그러나 농약이 묻은 포도는 농약의 자국이 얼룩무늬로 나타난다. 이러한 과분은 비나 먼지, 농약 등에 의한 자극에 손상되기도 하며 과분이 잘 형성된 포도는 다른 이물질이 없어 깨끗하다. 우리나라에서는 비가림재배나 봉지 재배를 많이 하여 과분이 고루 잘 형성된다.

(4) 아황산염(亞黃酸鹽, sulfite)

와인이 발효될 때 자연적으로 발생하는 화합물로 와인의 산화를 막고 보존성을 높이는 작용을 한다. 대부분의 와인 생산에 법적 한도 내에서 아황산염을 첨가한다.

식품을 가공 또는 저장하는 과정에서 야채나 과일의 껍질 등을 벗기면 갈변현상이 일어나는데 이는 색, 향 및 영양성분 등에 영향을 주어 제품의 품질을 떨어뜨리는 결과를 초래하게 된다.

이러한 현상을 방지하기 위한 가공 방법으로 아황산염류(아황산나트륨, 아황산수소, 차아황산나트륨, 메타중아황산칼륨, 메타중아황산나트륨)를 사용하게 되는데 아황산염은 우리 몸속에서 철과 결합하는 성질이 있기 때문에 빈혈이 생길 수도 있으며, 천식환자의 약 5%정도는 아황산염에 과민반응을 보이기도 한다. 와인에서의 이산화황의 역할은,

- **박테리아 번식의 위험을 감소시킨다.**
  와인은 포도라고 하는 유기물질이 알코올로 변하는 것으로 박테리아 감염의 우려가 있으므로 술이 되기 전에 박테리아들의 활동으로 부패될 확률을 낮춘다.
- **산화를 막는다.**
  포도로 주스를 만들 때에는 살균처리를 하므로 아황산이 필요없지만 와인은 어느 정도나 혹은 장기간을 숙성, 보존해야 하므로 산화과정이 필연적이다. 따라서 보존제로 아황산염을 넣게 된다. 또한 이산화황은 발효과정 동안 발생되는 유황과 산소로 구성되어 자연적으로 생성되는 화합물이지만 매우 소량만 배출되기에 와인 제조 시에 극히 소량의 이산화황을 와인에 첨가하여 병 안에서 발생되는 재발효 과정 도중의 이스트 생성을 예방한다.
  첨단화된 와인 양조방식으로 과거만큼 이산화황에 의존하지는 않지만 레이블에 "아황산염 함유(Contains Sulfites)"라는 문구를 써 넣는 법안이 국회에서 1988년 통과되어 미국에서는 시행되고 있다. 미국 연방법에 의한 최대 섭취량은 하루 350ppm으로 와인 제조시의 아황산염 첨가는 20리터 당 3~4그램(70~100ppm)으로 1 티스푼은 보통 5~6g이 된다.

4.2 블렌딩(Blending)

블렌딩은 각각의 품종이 지닌 장단점을 파악하여 서로 섞어 줌으로서 단점을 보완하여 와인의 질을 높이는 방법이다.

- 서늘한 기후에서 자란 까베르네 소비뇽은 거칠고 강하므로 부드러운 성질의 메를로와 섞어 거친

것을 중화시켜 준다.

- 품종마다 개화시기가 다르므로 예측할 수 없는 기후 조건을 극복하기 위해 두 가지 이상의 품종을 심어 기상 위기에 대처하기 위함이다.
  서늘한 대륙성 기후에서는 포도의 생장기간이 길므로 떼루아의 특성을 축적하는 시간이 충분하여 단일 품종으로 만들어도 품질이 떨어질 우려가 적다. 독일의 리슬링, 피에몬테의 네비올로, 루아르의 슈넹 블랑이 그러한 예이다.
- 지역적 블렌딩은 다른 품종, 혹은 동일 품종이라도 떼루아가 다른 지역에서 재배한 포도로 블렌딩하여 풍부한 풍미를 이끌어내는 방식이다.

4.3 와인의 숙성과 보관

브랜디나 위스키도 숙성기간을 거치지만 와인은 알코올 도수가 낮은 양조주 자체를 장기간 숙성시키면서 보관 저장한다. 숙성기간이 오래 되었다고 무조건 좋은 와인은 아니지만 숙성은 와인의 맛과 향기를 좌우하는 중요한 과정이다.

4.3.1 숙성 기간

포도의 종류, 빈티지에 따른 당도와 산도 그리고 타닌의 정도에 따라 바람직한 숙성기간이 결정된다. 오크 통 자체에 있는 나무 향과 타닌은 시일이 지남에 따라 포도주에서 여러 향을 느끼게 하며, 또한 오크통의 그을린 정도에 따라 달라진다. 와인의 색깔은 초기에는 자줏빛을 띠는 탁한 색이나, 숙성에 따라 점차 맑은 벽돌색으로 변한다.

와인의 숙성은 결국 자연 상태인 아로마(aroma)를 그윽하고 깊은 향(bouquet)으로 바꾸어주며, 정제되지 않은 거친 타닌 성분을 부드럽게 잘 조화된 와인으로 바꾸어주는 과정이다.

와인의 음용 시기는 양조 후 빨리 마시는 것과, 오래 숙성시킨 후 마시는 장기 숙성형 타입으로 구분된다. 일반적으로 빠른 음용에 좋은 타입으로는 화이트는 3년 내, 레드와인은 5년 이내라 한다. 장기 숙성형은 10년 이상이 되어야 음용하기에 적합하다. 또한 각각의 와인은 최적의 음용시기가 대개 알려져 있어 이 시기를 경과하면 오래될수록 오히려 질이 떨어지게 된다. 이는 대체로 포도의 작황 상태에 따라 결정되므로 와인별 빈티지를 중요시하는 이유가 된다.

4.3.2 와인 보관

1 오크통

오크통은 와인을 만들 때나 숙성시킬 때 담아두는 떡갈나무로 만든 통을 말한다.

기원전에 와인을 생산하던 시기에는 가죽 부대나 암포라

(amphora)라는 토기를 사용하여 와인의 보관과 운송용으로 쓰였는데 위생상의 문제와 파손되기 쉬워 오크통으로 대체되었다. 그러다 오크통에 보관되었던 와인이 시간이 흘러감에 따라 훌륭한 맛과 향을 가지게 되어 좋은 와인을 만들기 위해 오크통을 사용하게 된 것이다.

와인 숙성용 통의 소재로 벚나무, 호두나무, 밤나무, 소나무, 아카시아, 삼나무(redwood) 등으로도 만든다. 그러나 밤나무는 나무 조직의 입자가 커서 증발되는 양이 많으며 타닌이 강해 쓰고 떫은 맛이 많은가 하면 아카시아는 와인에 노란 색을 배게 한다.

이에 비해 오크는 나무 조직의 입자가 조밀하며 여러 가지 오묘한 맛을 생성해 내어 오크가 가장 적합하다. 다른 나무들은 흡수성이 강하거나 강한 자체의 향으로 와인을 변성시키지만 오크 통 속에서 호흡하는 와인에는 나무의 향이 스며들어가 풍미를 더해주며, 타닌은 구조를 튼튼히 해 주고 항균 작용을 해 준다.

잘 마른 나무를 자르고 다듬어 불에 살짝 구우며 약간 휘게 만들어 항아리 모양으로 만들어 와인을 보관하게 된다. 그러나 오크의 향으로 인해 고유의 향을 잃거나 맛의 균형이 깨지는 와인은 오크통을 사용할 수 없으며 와인이 오크의 향과 타닌을 감당할 수 있는 힘을 지녀야 된다. 또한 값비싼 오크통을 그만한 가치가 있는 와인에 쓰지 않으면 효율적이지 못하다. 그리고 숙성 도중에 곰팡이도 생겨날 위험이 있다.

좋은 레드와인과 샤르도네 품종으로 만든 화이트와인이 오크와 잘 어우러져서 배어나오는 우아한 향과 맛은 오크통으로만 만들 수 있다.

이렇게 되는 이유는 오크가 와인과 바깥의 공기를 서로 소통시켜 주는 역할을 하기 때문이다. 나무의 결 사이에 있는 무수한 기공을 통하여 섬세한 통풍작용이 일어 어느 정도의 기간이 지나면 맛이 풍부해지며 볼륨감을 가지게 된다. 그리고 강한 타닌으로 거칠었던 와인이 공기와 꾸준히 접촉하면서 성숙해져 깊고 부드러워지는 것이다.

(1) 오크통 종류와 제작

오크나무는 프랑스뿐 아니라 슬로베니아, 스페인, 러시아 등의 유럽국가나 미국에서도 생산되지만 프랑스의 '프레르(François Frère)'나 '세겡 모르(Seguin Moreau)'를 고급으로 친다. '프레르'를 100% 공급받는 와이너리는 전 세계에서 'DRC(도멘 드 라 로마네 콩티)', '도멘 르루아', '도멘 데 콩트 라퐁'뿐이다.

'세겡모르'는 보르도의 '샤토 오브리옹'에 기술자를 파견하여 오크통을 만들어 주고 있으며 샤또 마고, 샤또 뒤켐, 이기갈, 크뤼그 등 보르도와 론, 샹빠뉴 지방의 명문 와이너리에서 인기가 높다.

이탈리아는 '네비올로'나 '산지오베제'와 같은 품종에 어울리는 유고슬라비아나 슬로베니아산 오크통을 선호한다. 이곳의 오크는 다량의 타닌이 함유되어 와인과 잘 어울리기 때문이다.

아메리칸 오크는 나뭇결이 섬세하고 규칙적여서 위스키 숙성에 적합하다. 아메리칸 오크도 좋은 와인을 만들 수 있어 많이 사용되며 셰리의 숙성용에 특히 좋으므로 스페인에서 많이 사용된다.

프랑스에서는 트롱세(Troncais), 중부지방의 리무쟁(Limousin), 보쥬(Vosges) 그리고 부르고뉴지방에서 오크나무가 생산되며 이러한 프렌치 오크는 일반적으로 와인에 향이 잘 스며든다. 프랑스 오크 중 **리무쟁(Limousin)**은 높은 타닌과 낮은 아로마로 조직에 균형이 잘 잡혀있다.

따뜻한 기후에서 자란 오크나무는 기공이 크고 넓으며 강한 향을 지니고 있고, 서늘한 곳에서 자라면 기공이 작고 촘촘하며 섬세한 성격을 가지므로 어떤 스타일의 와인을 만드느냐에 따라 어떤 오크를 쓸지를 결정하게 되지만 잘 숙성되어 밸런스를 갖춘 와인을 만들기 위해서는 서늘한 기후대의 오크나무가 선호된다.

(2) 토스트(toast)

참나무 조각으로 불을 피워 그 열기로 널판을 유연하게 구부러지게 하는 것을 말한다. 이때 나무의 섬유질을 늘어나게 하기 위해서 분무기로 계속 물을 뿌려 나무에 수분을 공급해 주어야 한다. 불은 3단계로 조절하는데 첫 불때기인 워밍 업(warming-up/pre-chauffrage), 모양 만들기인 쉐이핑(shaping/citrage), 그을기인 토스트(toast/bousinage)로서 이 토스트에서 토스팅의 정도가 결정된다. 토스팅 정도에 따라 토스티 향의 정도도 달라지며 심하게 그을리면 와인 본래의 맛을 압도하게 되어 이런 통은 위스키나 브랜디에 적당하다.

(3) 오크통의 크기

오크통의 크기에 따라 와인에 미치는 영향이 달라진다. 즉 크기가 작으면 와인이 통의 내벽에 닿는 면적이 많아져서 오크 향을 더 많이 흡수하게 되므로 프리미엄급 와인들은 작은 오크통을 선호하게 된다.
전통적으로 샹빠뉴는 205리터, 보르도와 스페인은 225리터, 부르고뉴는 228리터, 호주와 뉴질랜드는 315리터 용량을 사용하고 있다. 이탈리아에서는 '바릭(225리터 용량)'보다 '토노(500리터 용량)'를 쓰는 곳이 있으며 때에 따라서는 2000리터 들이 대용량을 쓰기도 한다. 225리터짜리 오크통인 바리크의 가격이 700유로 정도인데 미국산은 프랑스산의 절반 정도에 지나지 않는다.

(4) 오크통의 수명

오크통이 와인을 발효와 숙성을 시켜서 향과 맛이라는 특성을 제대로 발휘하는 기간은 새 오크통이 제일 강력하며, 3년이 되면 50% 정도의 효과이고 5년이 되면 이러한 용도로서의 수명은 다하게 된다. 5년 이상 묵은 통은 내부 벽에 와인 찌꺼기가 붙어 나무 조직 사이로 공기가 통하지 않게 되므로 보관 용기로서만 쓸 수 있게 된다.
와인을 숙성시키는 기간은 와인이 레드인지 화이트인지, 풀 바디인지 라이트인지에 따라 대체로 6개월에서 3년 정도가 소요된다. 오크통에서 장기간 숙성시키려면 와인 구조 자체가 타닌과 산도가 뒷받침되는 힘이 있어야 가능하다.
그러나 와인을 숙성시킬 때 100% 새 오크통을 사용하게 되면 본래의 맛과 향이 없어지고 오크 향만 강하게 풍기므로 바람직하지 않다. 그래서 와인 숙성 시에 몇 개월에 한번 씩 와인을 걸러줄 때에 새 통과 헌 통을 적당히 섞어 사용하고, 새 통 헌 통의 비율, 통의 사이즈, 숙성기간을 정해주며 그에 따라 다양한 성질의 와인이 나오게 되는 것이다. 이렇게 비용이 많이 드는 비싼 오크통을 사용하여 만든 와인은 소비자에게 알리고 된다. 와인이 오크통에서 숙성되면 'barrel Fermented(오크통 발효)', 'barrel matured, barrel aged(오크통 숙성)'이라고 레이블에 나타내며 자랑하고 있다.

오크 칩을 사용하는 경우에도 'oak influence', 'oak character', 'oak aged'라고도 표기한다.

2 참나무 조각 숙성 와인

오크통 숙성 대신 양조 과정에 참나무 조각을 넣어 속성으로 오크통에서 우러나오는 향을 내게 하는 방식이다.
와인을 오크통에 넣어 나무 향이 배게 하려면 적어도 1년 이상이 걸리지만 잘게 썬 참나무를 원액 속에 넣어두면 석 달이라는 짧은 시간 안에 충분하다. 비용도 10% 이하로 감소하므로 신세계 양조업자들이 널리 사용하고 있다.

3 스테인리스 통

오크통은 오크의 수종(樹種)이나 제작과정에 따라 와인의 맛이나 품질에 큰 영향을 끼치게 된다. 이러한 문제를 해결하는 방법이 스테인리스 스틸 통을 사용하는 것이다. 스테인리스 스틸은 오크통에 비하여 값이 저렴하고 반영구적일 뿐만 아니라 발효 온도 등을 자동 조절할 수 있는 시스템을 갖출 수 있으므로 양조에 대한 위험 부담도 적다. 또한 맛을 균일하게 낼 수 있도록 관리할 수 있으며 숙성 중인 와인의 화학적 반응을 제어할 수 있어 대량 생산형 와인 양조에 선호된다.
그리고 오크통에서 배어나오는 맛과 향을 꺼리는 생산자들은 와인 자체의 맛과 향을 살리기 위해 스테인리스 통을 선호하기도 한다. 화이트와인은 대부분이 그 자체의 과일 향을 지니고 있으므로 상당수가 스테인리스를 사용하는데 브루고뉴 샤블리의 샤르도네는 스테인리스에서 숙성되어 포도가 가진 본연의 향을 잘 살려 상큼함이 돋보이게 한다. 스파클링 와인 역시 대부분 스테인리스에서 일차적으로 만들어진다.
또한 숙성기간 동안에 와인이 공기와 천천히 꾸준히 통하여 성숙해지는 오크통의 장점을 살리기 위해 수족관에 기포가 생기게 하는 방법으로 이러한 단점도 해결할 수 있게 되었다.
와인을 숙성할 때 수지(송진)을 첨가하는 경우도 있으며[12], '오크 에이지드(oak aged)'는 오크통을 만들고 남은 조각이나 톱밥을 티백처럼 만들어 와인에 넣어 숙성시킨 것으로 마치 오크통에서 숙성시킨 것 같은 맛과 향이 느껴지게 되는데 이를 '오크 효과'라고도 한다.
정부의 까다로운 규제를 받는 전통적인 유럽와인들과는 달리 신세계와인들은 여러 가지 새로운 시도를 많이 하고 있으며, 저렴하고 향이 강한 테이블 와인을 만들 때 이러한 방식이 선호된다.

4 배럴 테이스팅(Barrel Tasting)

전년도에 수확해서 발효가 끝나 숙성에 들어간 와인들이 향후 어떻게 발전할 것인가를 예측하고, 선물거래를 하기 전에 와인의 품질을 확인하는 작업이다. 프랑스에서는 '앙 프리뫼르(En primeur)'

---

12) 렛스너(Retsina : 樹脂香와인),' Tea wine(송진첨가 와인)'
그리스에서 만드는 '렛스너'와, 스페인 '발레아레스'州의 주도(州都)로 항구도시인 '라 팔마(La Palma)'에서 만드는 이상한 이름의 와인인 'Tea wine'은 수지(송진)를 첨가한 것일 뿐 소나무를 배럴(barrel)로 사용한 것은 아니다. 그리스인이 3000년 이상 그 맛에 익숙해져서 선호하는 '렛스너'는 소나무 향이 강해 다른 사람들에게는 이상하게 느껴질 수도 있다.

라고 한다.

프랑스 보르도에서는 매년 3월 마지막 한 주 동안 보르도 그랑크뤼협회(UGCB : Union des Grands Crus de Bordeaux) 주관으로 와인 시음행사가 열리는데 와인 저널리스트들을 대상으로 하는 '앙프리뫼르'다.

소떼른-바작, 그라브 뻬싹-레요냥, 생떼밀리옹-뽀므롤, 메독의 마고-뮬리-리스트락, 그리고 생쥴리앙-뽀약-생떼스테프의 5군데로 나누어 시음한다. 각 지역의 약 30개 정도씩의 와인이 나오는데 전날 오크통에서 병으로 옮겨 놓는다.

와인을 맛보면서 와인이 가지고 있는 그해 빈티지의 특성과 각 샤또간의 차이를 감별해 낸다. 완성된 와인들과는 달리 아직 미완성인 와인들이므로 향후의 품질을 예측할 수 있는 경험이 필요하다. 지금 예측한 내용이 실제의 결과와 얼마나 일치하느냐에 따라 칼럼니스트의 명성이 갈리게 된다. 전문가들은 이 결과를 신문, 잡지, 웹 사이트에 발표하고 와이너리에서는 가격을 결정하게 된다.

로버트 파커는 1982년산 보르도와인에 대한 정확한 예측으로 지금은 와인시장에서 세계 최고로 영향력을 가진 사람으로 우뚝 서게 만들었다.

5 코르크(Cork)

코르크(cork)마개를 만들기 위한 좋은 특성을 지닌 나무는 리베리아 반도와 지중해 지역에서 자라는 참나무과 나무다. 이 나무의 껍질로 코르크를 만들며 포르투갈과 스페인이 전 세계 생산량의 50% 이상을 차지하고 있다. 30년생 나무에서 약 25kg 정도의 껍질을 벗겨낼 수 있다. 코르크 섬유조직의 수명은 대략 20년 이상이나 일정기간이 지나면 조직이 망가지기 시작하므로 와인을 장기간 보관하는 곳에서는 25~30년마다 코르크 마개를 새 것으로 바꿔주고 있다.

(1) 코르크의 특성

- **구조** : 세포들은 벌집모양으로 쌓여진 형태로 수십만 개의 셀루로스(Cellulosique)로 된 다각형 공간이다.
- **통기성** : 수억 개의 공기주머니 세포로 이루어진, cm당 4000만개의 미세한 세포집이 압축 밀봉 상태에서도 최소한의 산소 공급만을 허용하여 포도주의 숙성을 도와준다. 와인을 눕혀 보관하면 코르크를 통하여 들어가는 공기의 양은 한 달에 0.01ml로 알려져 있다.
- **신축성** : 가볍고 탄력과 복원력이 뛰어나서 압축 후에는 바로 팽창하며 밀봉성을 유지해 준다. 잘 썩지도 않는다. 밀봉 전의 코르크 지름이 24mm 정도인데 병목에 삽입되었을 때의 지름은 15.5mm로 줄어들어 있다가. 개봉되면 바로 원래의 크기로 복원된다. 코르크 사용 이유 중 하나가 탄력성과 복원력, 밀폐력으로 병에서 뺏을 때의 즉각적 탄성은 85% 이상이 되어야한다.

(2) 코르크의 길이

밀폐성의 이유로 고급와인에는 5~6cm, 단기간의 숙성으로 바로 마실 수 있는 와인에는 3cm 정도의 짧은 것을 사용하게 된다.

(3) 코르크 제조 방법

- **껍질 벗기기(écorçage, 에꼬르사쥬)** : 껍질을 벗기는 시기는 6월 중순부터 8월 중순 사이로, 최소 25년 된 지름이 25cm 이상이 되면 처음으로 껍질을 벗긴다. 이것으로는 알갱이로 부수거나 가루 내어 저렴한 코르크로 만들거나 건축의 단열이나 장식을 위해 사용된다. 일 년에 약 4mm 자라는 코르크나무는 처음 껍질을 벗긴지 약 10~15년이 경과되어야 두 번째 껍질 벗기기를 할 수 있다. 이 또한 좋은 품질로 사용할 수 없으며, 다시 10년이 지나 세 번째로 껍질을 벗길 즈음에야 좋은 품질의 코르크를 만들 수 있는 재료로 된다.
- **선별과 건조(triage et séchage des planches)** : 벗겨낸 껍질은 공기가 잘 통하는 곳에서 6개월 이상 건조시키며 겨울을 난다. 이런 과정에서 비, 바람, 햇볕에 의한 산화작용으로 수액과 타닌, 페놀 성분들이 균일하게 배열되거나 열어지게 된다.
- **끓는 물에 넣기(bouillage. 부이아주)** : 잘 건조된 껍질을 50분~90분 정도 끓는 물에 넣으면 팽창되어 작은 기공(氣孔)들이 막혀 더욱 탄탄한 조직으로 변하여 탄력성과 유연성을 가지게 된다.
- 안정화 과정은 그 후 3~4주 정도 환기가 잘 되는 곳에서 지나야 코르크가 평평해 진다. 이 때 전문가의 판단에 따라 한 번 더 끓는 물에 넣을 수도 있다.
- **자르기(tubage)** : 껍질 층이 코르크에 들어가지 않도록 하여 결을 따라 밴드형태로 자른다. 다음 금속판을 이용해 둥그런 형태로 자른다.
- **세척(lavage)** : 미생물이 발생할 우려가 있어 과산화물(peroxyde)로 소독한다. 이 용액이 잔존하면 와인 맛이 변하므로 소독 후에는 철저하게 검사한다.
- **건조** : 코르크는 습도가 너무 높으면 곰팡이가 생기기 쉬우므로 세척은 짧은 시간에 행하고 바로 건조시켜야 한다.
- **마무리** : 코르크에 로고를 찍는다. 상품번호와 포도원 등의 이름을 넣어 다른 코르크와의 차별성을 두게 된다. 20세기 초에 가짜 와인이 나돌았던 때부터 진품을 증명하기 위해서 샤토 이름이나 빈티지를 코르크에 새겼었다. 열을 이용하여 새기는 방법은 자연스럽고 멋이 있지만 비용이 많이 들며, 잉크를 사용하면 가격도 저렴하고 다양한 문양을 빨리 인쇄할 수 있다.

- **파라핀(paraffine) 입히기** : 나무의 질이 거칠어 코르크에 포르핀을 입히면 유리병에서 마개가 쉽게 뽑혀 나올 수 있다. 실리콘(sillicone)은 열처리 과정에서 더 안정적이므로 점차 많이 사용되고 있다.

(4) 코르크 대체 마개

- **합성 코르크** : 자연 코르크로 봉해진 모든 와인이 코르크화(化)되고 있다. 이는 코르크의 내부에서 생기는 곰팡이가 원인으로 버섯 냄새가 난다. 또한 가격이 비싸서 최근에는 값이 저렴하고 장기간의 숙성이 필요 없는 저렴한 테이블 와인에는 알루미늄이나 플라스틱 마개를 사용하고 있다. 플라스틱 마개는 합성 코르크(synthetic cork)로서 천연 코르크와 마찬가지로 보통의 오프너로 따면서 기능 또한 천연코르크와 흡사하게 잘 나오고 있다.

- **스크루 캡**(Screw cap) : 이는 나사형 알루미늄 마개로서 자연 코르크나 합성 코르크보다 사용이 많이 늘어나는 추세에 있다. 코르크 마개는 비싼 것이 개당 1유로까지 하는 반면에 알루미늄 마개는 개당 0.1유로 이하로 가격이 1/10수준에 불과하다. 또한 와인을 오래 보관할 경우 코르크는 마개가 부패하거나 주변의 냄새가 배기도 한다. 알루미늄은 이런 우려가 없을 뿐 아니라 와인의 품질을 일정하게 지켜줄 수 있다. 이에 따라 알루미늄 마개를 쓰는 와인이 점차 늘어나서 고급와인으로 확산되고 있으며 호주산은 60% 이상, 뉴질랜드산은 90% 이상을 알루미늄의 나사용을 사용하고 있다.

6 리 코르킹(Re Corcking)

오래된 와인의 코르크를 교체해 주는 것이다. 통상 15년 이상된 와인을 고객이 원하는 경우도 있지만 호주의 펜폴즈 같은 와이너리는 클리닉이라 부르며 정기적으로 행사를 하고 있다. 와인의 건강검진이란 뜻에서 클리닉이라고도 부른다.
리코르킹 과정은 와인이 공기에 접하는 시간을 최소화하기 위해 재빨리 이루어져야 한다.

- 와인을 개봉하여 에어 콤프레샤(air compressor)로 병 안에 질소가스를 충전하여 공기접촉을 막는 보호막을 친다.
- 테이스팅(tasting)에 필요한 한 병 전체의 2~3%에 해당되는 소량을 따른 후 임시 코르크로 막아 둔다.
- 시음 평가 후 합격된 와인은 평가자가 사인을 하고 리코르킹 날짜가 적힌 새로운 레이블을 붙인다. 새로운 코르크로 밀봉하여 캡슐을 씌운다.
- 테이스팅에 소모된 량을 보충하는 토핑(topping)에는 같은 브랜드의 최신 빈티지를 사용한다.

7 병(Bottle)

유리로 된 병은 맛에 영향을 주지 않고, 알코올, 타닌, 페놀 등에 강하여 와인의 보관에 자주 적합한 재료다. 병의 형태나 병에 붙이는 레이블의 디자인 등은 양조장이나 와인생산자에 따라 나름대로의 특색을 가지고 있어 한 눈에 알아볼 수 있기도 하지만 대체로 대동소이하다.

(1) 유리병의 특징

와인의 병 목 부분은 와인과 외부 공기와의 접촉을 최소화 해 주고 작은 코르크로 밀봉 가능케 해 주는 구조다. 어깨 부분에는 침전물을 모아 두는 기능이 있다.
스파클링 와인은 병 속의 탄산가스 압력에 견딜 수 있도록 두껍고 튼튼한 유리로 만드는 등 와인의 특색이나 지역별로 특성이 있다. 와인 병 바닥의 오목하게 들어가 있는 부분을 펀트(punt)라고 한다. 펀트를 이용하면 오래 된 와인의 침전물이 이곳의 가장자리에 모이게 되어 와인을 따르려고 병을 기울일 때 소용돌이가 덜 일어나 찌꺼기가 어느 정도 걸리지는 역할을 하게 된다. 그러므로 병 밑에 남은 찌꺼기를 그대로 남기고 위쪽의 맑은 와인만 디켄팅을 하면 된다.
스파클링 와인의 병은 몸통이 굵어 펀트에 엄지손가락을 넣고 따르면 편리하게 와인을 따를 수 있다. 펀트의 또 다른 역할은 와인 병의 파열을 막기도 한다. 오래 숙성된 와인, 특히 스파클링 와인은 내부에 압력이 생겨 작은 충격에도 병이 깨질 우려가 있다. 바닥이 오목하면 테이블에 내려놓을 때 닿는 면적이 좁아 병이 받는 충격을 줄일 수도 있다.

표 4-2 유리병의 특징

구분	특징	성격
장점	내용물에 대한 영향	맛, 냄새, 용량에 변화를 주지 않는다.
	강하다(强度, 溫度)	알코올, 타닌, 페놀 등에 대해서 최대 40병까지 적재 가능. −15℃~80℃
	착색 가능(초록색, 갈색)	자외선에 강하다. 와인 색상 보존
	환경 친화적	재활용이 가능
단점	세척이 어렵다	재활용의 경우
	무겁다. 깨지기 쉽다(파손)	운송 및 보관, 취급상의 경우

(2) 병의 용량[13)]

표 4-3 병의 용량

명칭	리터 용량	온스 용량	병 수/케이스 당	비고
Miniature	100 ml	3.4	60	
Split	87 ml	6.3	48	
Tenth	375 ml	12.7	24	하프 보틀
Fifth	750 ml	25.4	12	통상의 보틀
Quart	1.0 리터	33.8	12	
Magnum	1.5 리터	50.7	6	
Jeroboam	3.0 리터	101.4	4	더블 매그넘
	4.0 리터	135.2	4	
	18 리터	608.4	1	

13) Harriet Lembeck, "*Grossman's Guide to Wines, Beers, and Spirits*", Wiley Publishing Inc, Seventh Edition, 2006, pp.8-9

- **ml는 밀리리터(milliliters)로서 1/1000리터(liter)** : 용량은 이 외에도 파인트(0.57리터), Imperiale(6리터)가 있으며, 제로봄(Jeroboam)에는 5리터가 있기도 하다.
- 스파클링 와인의 병은 탄산가스로 인해 생기는 병 속의 높은 기압을 감당해야 하므로 일반 와인 병보다 두꺼워서 병 무게가 900g이 나간다. 뽀메리(Pommery)나 모에 샹동(Moët & Chandon)에서 이미 병의 무게를 줄이고 있다.

(3) 병입(Bottling)

대중적인 와인은 병마개를 스크류 캡(screw capped)으로 하고 병목을 플라스틱으로 씌운다. 장기 보관할 고급와인은 코르크 마개를 사용하고 병목을 캡슐로 씌워서 보관한다.
병입한 와인은 저장 중에 미세하게 천천히 계속 숙성된다. 이 때 와인의 보관 온도는 15℃ 내외, 습도는 65~80%로, 장소는 어둡고 통풍이 잘되는 곳이 이상적이다. 와인의 변질은 산화되는 것을 의미하며, 산화의 원인은 높은 온도뿐이 아니라 온도의 변화, 빛이나 공기, 진동 등이다. 특히 건조된 코르크 마개를 통해 스며드는 공기에 의해 산화가 급격히 진행되게 된다.

(4) 컬레버레이션(Collaboration)

'컬레버레이션'의 사전적 의미는 협력, 합작, 제휴라는 뜻으로 와인에서는 다양한 분야의 아티스트들과의 협력, 합작의 의미한다. 문화와 예술과 관계를 맺는 와인은 일찍부터 이런 기조가 있어 단순한 술을 넘어 하나의 예술 작품으로 승화되는 것이다.
페리에 주에(Perrier Jouët), 파이퍼 하이직(Piper-Heidsieck) 등이 그 예이다.
'페리에 주에'는 '아름다운 시절'이라는 뜻으로 1811년 탄생되었으며 '페리에 주에'의 벨 에포크(Belle Epoque)[14]는 '샴페인의 꽃'이란 별명을 가지고 '눈으로 마시는 샴페인'이라고 불릴 정도로 병 디자인이 아름답다.
파이퍼 하이직(Piper-Heidsieck)은 1985년 회사 설립 200주년을 맞아 출시한 꾸베 레어(Cuvée Rare)의 병 디자인을 주얼리 브랜드인 '반 클립 앤 아펠'에서 맡았다. 실제 레이블은 종이가 아닌 금속이 병을 감싸고 있는데 왕관처럼 화려하며 촉감도 무척 부드럽다.

14) 페리에 주에(Perrier Jouet),의 벨 에포크(Belle Epoque) 디자인은 1902년 아르누보 유리공예가인 에밀 갈레의 아네모네를 모티브로 은은히 퍼지는 백색 꽃향기를 형상화한 것으로 순수, 우아, 기품의 이미지를 가지고 있다. 또한 스웨덴의 앤더슨(Barbro Andersson)에 의해 재창조되기도 했다.

제 5 절 와인의 품질 등급(Classification)

1 와인의 이름

와인의 이름 즉 상품명에는 몇 가지의 패턴이 있다.

(1) 산지 명을 상품명으로 쓴 것

미국에서 그 와인을 만든 포도의 품종을 상품명으로 하는 것과는 달리 대부분의 유럽국가에서는 지역(장소)를 상품명으로 한다. 메독(Medoc), 샤블리(Chablis), 보졸레(Beaujolais), 모레-생 드(Morey-St Denis) 같은 것이다. 정확하게는 원료로 쓰이는 포도가 재배된 지역과 밭의 이름이다. 즉 포도의 품종보다 포도를 만든 생산지를 더 중요시하는 개념이다.
이러한 방식은 각 와인에 대해서 더 많은 정보를 주기 위해서 각 병마다 다양한 이름을 붙인다. 같은 품종이라 할지라도 지역별로 그 품질이 달라질 것이므로 품종과 지역이 가장 잘 조화되는 곳을 몇 백 년의 경험으로 알고 있기 때문이다.

(2) 양조장의 이름을 상품명으로 하는 것

보르도지방에 많은 샤토의 이름을 붙여 '샤토 쉬발 블랑(Château Cheval blanc)'과 같이 한다.

(3) 포도 품종 명 타입

원료가 되는 포도 품종의 이름을 쓴다. 미국 등 유럽 이외의 지역에서 많이 쓰며 'OO 까베르네 소비뇽' 'OO 샤르도네'로 표기한다. 이러한 경우 많은 나라에서 명시한 품종의 몇 % 이상의 비율로 그 품종의 포도가 사용될 것을 법으로 요구한다.
'샤르도네(Chardonnay)'라 이름붙여져 있다면 미국에서는 연방법으로 75% 이상의 샤르도네로 만들어져야 하며 다른 품종의 포도는 25%이하로만 사용될 수 있다. 그러나 오레곤(Oregon)주에서는 최소한의 비율을 90%로 정해놓고 있다(까베르네만 75%로 예외).
EU와 호주는 85%로 정해져 있다.

(4) 브랜드 명 타입

어느 생산자가 독점으로 사용하는 이름이다. 와이너리에서 이름을 붙이는 경우가 많은데 한 와이너리에서 여러 품종의 다양한 와인을 만들기 때문이다. 샴페인의 대표적 이름인 '동 페리뇽(Dom Perignon)'은 샴페인 개발자의 이름을 와인 명으로 쓰고 있다.
와인 이름으로 특정 브랜드명을 쓰는 경우는 품종이나 지역을 나타내는 것이 아니므로 일반적으로 고가의 상품이 많다.

(5) 애칭 타입

와인 제조에 얽힌 이야기나 역사상의 유래를 이름으로 사용한다. 샴페인 이름의 '라 그랑담(위대한 여인)'은 샴페인에 일평생을 바친 베브끌리꼬 여사의 애칭(위대한 여인)을 와인 명으로 쓰고 있다.

2 레이블(Label)

레이블은 와인의 정보이자 이력서다. 언제(생산연도), 어디서(생산지), 누가(생산자)가 만들었으며, 가문(등급)은?, 힘(알코올도수)는?, 혈액형(포도의 품종), 무게(용량)는?, 등의 모든 정보가 레이블에 나타나 있다.

레이블에 표기되어 있는 생산지 명이 많은 것을 알려 주는데, 부르고뉴의 경우에는 지역이름은 물론 포도밭 이름까지 상세히 적혀있는데 산지명이 좁은 범위로 압축될수록 일반적으로 고급품이다.

(1) 레이블 표기 내용[15)]

레이블에는 다음과 같은 내용들이 표기된다.

- 빈티지 년도. 와인제조에 쓰인 포도는 언제 수확되고 압착되고 발효시켰는지.
- 원산지. 국가, 행정구역, 포도가 재배된 지역
- 포도원 명칭
- 와인에 사용된 특정, 특별한 질의 포도
- 특별한 질의 와인
- 포도원 소유자의 이름
- 병입된 장소와 샤토
- 출하자의 이름과 주소
- 레이블에 표기된 내용의 신뢰성을 입증할 정부의 보증
- 지역 와인제조업자 협회의 원산지 증명

15) Harriet Lembeck, ibid, p.19

(2) 프랑스 와인의 레이블[16)]

AOC(Appellation d'Origine Contrôlée)

- ❶ 와인이름
- ❷ 병입한 곳
- ❸ 용량
- ❹ 원산지명
- ❺ 생산국
- ❻ 생산 연도

VDQS(Vin Dekimité des Qualité Supérieure)

- ❶ 와인이름
- ❷ 품질분류명
- ❸ VDQS 보증
- ❹ 생산국
- ❺ 용량
- ❻ 병입한 곳

(3) 이태리 와인의 레이블

- ❶ 와인 이름
- ❷ 품질 분류명
- ❸ 생산 연도
- ❹ 병입자 명칭, 주소
- ❺ 생산국
- ❻ 용량
- ❼ 알코올 도수

16) Noda(野田) Hiroko, "ワイン ベスト セレクション300", 日本文藝社, 2002, pp.23-24

(4) 스페인 와인의 레이블

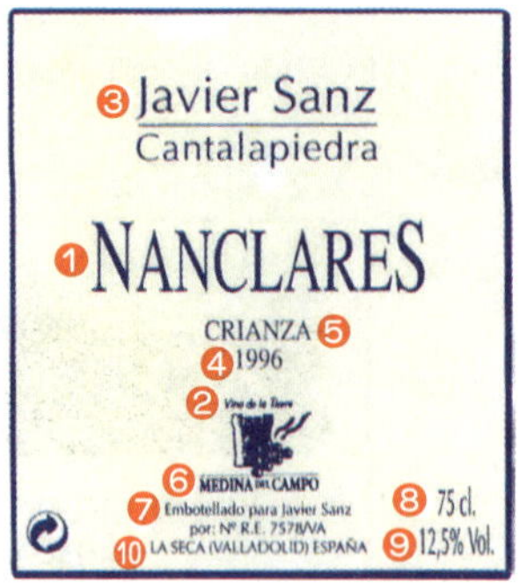

1. 와인이름
2. 병품질 분류명
3. 병입자 명칭
4. 생산 연도
5. 명칭 특별표시
6. 지역 명칭
7. 병입자 주소
8. 용량
9. 알콜 도수
10. 생산국

(5) 미국 와인의 레이블

1. 와인이름
2. 병입자
3. 생산 연도
4. 병입자 주소
5. 알콜 도수

(6) 샴페인의 레이블

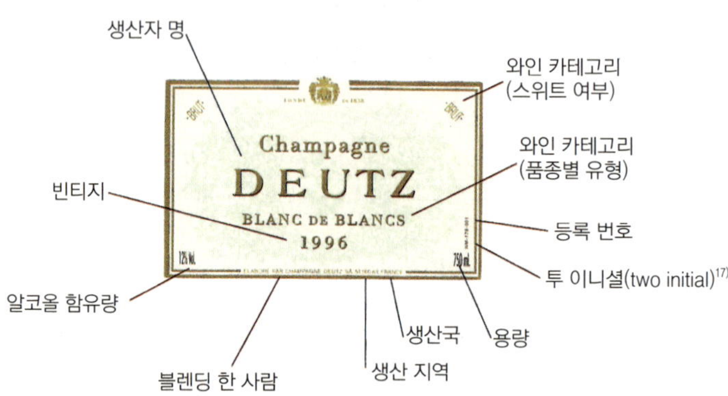

---

17) R-M : Recoltant-manipulant. 샴페인만을 만들기 위한 포도나무를 재배하는 생산자
R-M : Recoltant-manipulant. 샴페인만을 만들기 위한 포도나무를 재배하는 생산자
C-M : Cooperative-manipulant. 포도 재배업 그룹
R-C : Recoltant-Cooperayeur. 와인을 만들어 진 후 자신의 레이블이나 자신의 병을 사용할 수 있는 포도나무 재배자.
M-A : Marque d'acheteur. 메이저 구매업자.

3 각 국의 품질등급

세계의 각 와인생산국에서는 자국 와인의 품질을 보존하고 관리하기 위하여 국가적 차원에서 일정한 규정을 만들어 특정기구에서 통제 관리하고 있다. 전국적 차원에서 1935년 최초로 품질관리를 실시한 프랑스의 예를 따라 세계 각국에서는 자국의 전통과 특성에 따라 조금씩 다른 등급과 용어를 사용하고 있다. 이를 정리하면 다음과 같다.

표 4-4 각국의 품질 등급

등급	프랑스	이탈리아	스페인	독일
상위등급	A.O.C	D.O.C.G	D.O.C	Q.m.P(6 styles)
↑	V.D.Q.S	D.O.C	D.O	Q.b.A
↓	Vin de Pays	I.G.T	Vino de la Terra	Land Wein
하위등급	Vin de Table	Vino da Tavola	Vino de Mesa	Tafel Wein

■ 각국의 와인생산 규정

- **프랑스** : Appellation d'Origine Contrôlée(AOC)
- **이탈리아** : Denominazione di Origine Controllata(DOC)
- **독일** : Ministry of Agruculture
- **미국** : Alcohol and Tobacco Tax and Trade Bureau
- **스페인** : Denominación de Origen(DO)[18]

18) Kevin Zraly, ibid, p.7

PART **5**

프랑스 와인 (France Wine)

구세계 와인은 '올드 월드 와인',이라고도 하며 프랑스, 이탈리아, 독일, 스페인, 포르투갈 등의 유럽에서 생산되는 와인이다. 각 나라에 맞게 역사와 전통을 자랑하며 장인정신으로 만들어지는 '전통 와인'이다.

구세계 와인은 역사가 깊고 나라와 지방별로 토양과 풍습이 다르듯이 맛과 개성이 뚜렷하다. 대부분의 와인들은 오랜 경험으로 생산되며 프랑스를 위시하여 엄격한 와인 등급체제를 갖추고 와인의 품질을 유지하고 있다.

http://www.pywine.com/wines/france/languedoc/langlade/roc-danglade/ 참조

프랑스는 전 세계 와인 생산량의 25% 정도인 연간 100억병 이상을 생산하며, 인구 열 명 중 한 명이 와인 관련 산업에 종사하고 있는 와인의 종주국이다. 또한 전 국토에 와인 생산지역이 고루 분포되어 있으며, 다양한 기후대와 토양의 특성으로 지역마다 독특한 와인이 나온다. 1인당의 와인 소비량은 연간 70병 정도가 된다.

표 5-1 프랑스 와인의 이해

와인 생산지역	주요생산 와인	주요 포도품종
보르도(Bordeaux)	레드, 화이트	까베르네 소비뇽, 메를로, 까베르네 프랑, 소비뇽 블랑, 세미용
부르고뉴(Bourgogne)	레드, 화이트	피노 누아, 가메이, 샤르도네
꼬뜨 뒤 론(Côte du Rhône)	대부분 레드	시라, 그르나슈
루아르(Loire Valley)	대부분 화이트	소비뇽 블랑, 셰닝 블랑, 까베르네
알자스(Alsace)	대부분 화이트	리슬링, 게뷔르츠트라미너
랑그독-루시옹 (Languedoc-Roussillon)	레드, 화이트	까베르네소비뇽, 메를로, 소비뇽 블랑, 샤르도네
프로방스(Provence)	레드/화이트/ 로즈	그르나슈, 시라
쌍빠뉴(Champagne)	스파클링	피노 누아, 샤르도네

제 1 절 품질등급

프랑스는 다양한 포도주 종류로 인하여 포도주 품질을 관리하기 위해 엄격한 법률의 제정이 필요했다. 프랑스의 와인이 세계적으로 유명한 이유는 일찍부터 품질관리 체제를 확립하여 와인을 생산했기 때문이다. 프랑스 와인 제조는 법률에 의해서 규제를 받는데 이것이 A.O.C(Appellation d'Origine Contrôlée)제도로서 1900년 초부터 시행하여 1935년에 확립되었다. 이 법률에는 각 포도재배 지역의 지리적 경계와 그 명칭을 정하고, 사용되는 포도의 품종, 재배방법, 단위면적당 수확량의 제한, 그리고 제조방법과 알코올 농도에 이르기까지 엄격하게 규정되어 있다. 이 규격에 맞는 A.O.C와인은 포도재배 지역의 명칭을 넣어 "Appellation (d'Origine) Contrôlée"이라고 표기한다. 보르도(Bordeaux)와인이라면 "Appellation Bordeaux Contrôlée"라. 표기된다.[1]

(1) A.O.C급 와인(아풀라시옹 도리진 꽁트롤레, Appellation d'Origine Contrôlée)

프랑스의 최고품질 와인으로 원산지 통제 명칭 와인으로 불린다. 1935년 농림부령으로 공인된 생산 조건을 만족시키는 포도주 즉, 생산지역, 양조방법, 최저 알콜도수, ha당 최대수확량, 재배방법, 때로는 숙성조건까지도 규정하고 있다. A.O.C와인은 프랑스 와인 생산량의 약 35%를 차지한다.

(2) V.D.Q.S급 와인(뱅 대리미테 드 깔리떼 슈페리웨. Vin Delimites de Qualite Superieur)

"우수한 품질의 와인"이라는 뜻으로 A.O.C급 와인 다음으로 우수한 와인이다. 원산지 명칭 우수품

---

1) Tom Stevenson, "*The New Sotheby's Wine Encyclopedia*", A Dorling Kindersley Book, 3rd Edition 2001, pp.54-57

질 제한 와인이라 부른다. 이 등급은 1949년에 제정되었으며 생산지역, 포도품종, 최저 알코올함유량, ha당 최대수확량, 재배방법, 양조방법 등이 규정되어 있다. 포도주 분석 전문가로 구성된 공인위원회가 행한 시음에 합격하면 와인 재배조합이 상표를 발행해 주는데 라벨 한 쪽에 V.D.Q.S라는 우표 모양의 인쇄가 되어 있다.

(3) 뱅 드 뻬이(Vin de Pays)

1964년 신설된 와인등급으로 1976년 75개의 Vin de Pays가 확정되었고, 1979년부터는 규정이 엄격하게 적용되었다. 블렌드 와인(Blend Wine) 중에서 포도주의 산지를 명시할 수 있는 지방 특산 와인으로 1996년부터는 2품종까지 명시할 수 있다. 특정의 포도산지에서 생산되며 다른 지방의 포도주를 섞지 않는다.

(4) 뱅 드 따블(Vin de Table)

대표적인 블렌드 와인으로 일반 상용 와인이다. 생산방법에 따라 품질이 다른 맛을 지닌 혼성주이다. 이런 와인은 원산지 표시와 수확연도를 표시할 수 없으며, 프랑스에서 재배된 포도로 만드는 경우 (Vin de Table de France)라는 호칭을 사용한다.

제 2 절 보르도(Bordeaux)

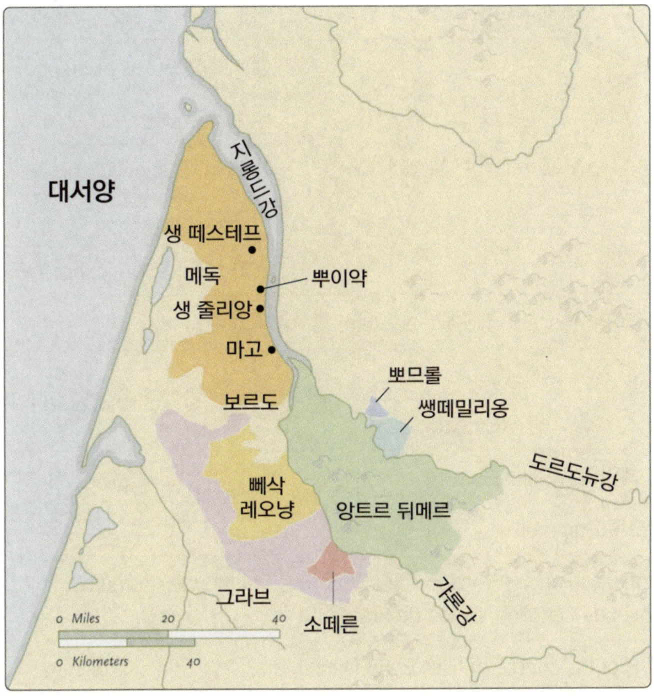

프랑스 서남부지역으로 피레네 산맥에서 발원한 갸론(Garonne)강과 오베르뉴산맥에서 시작된 도르도뉴(Dordogne)강이 합해져 지롱드(Gironde)강을 이루고 지롱드가 대서양으로 흘러가는 대서양 연안의 북의 44°에 있다.
프랑스에서 단위 지역 가운데 가장 큰 아뀌텐(La region d'Aquitaine)은 남북이 135km, 동서가 124km로, 지롱드, 도르도뉴, 랑드, 로에갸론 및 피레네의 다섯 개 지역(département)이 있다. 이 중 지롱드 안에 보르도가 있다.
강을 끼고 해안에 면해 있어 포도 재배에 적합한 기후이다. 자갈과 진흙으로 이루어져 있는 척박한 토양으로 이곳의 포도나무들은 20m 이상까지 뿌리를 뻗어 풍부한 향의 포도를 생산해 낸다. 척박한 땅이 세계에서 가장 우수한 품질의 와인을 생산하는 셈이다.
단일 품종의 포도로 제조되는 일이 거의 없이 여러 종류의 포도원액이 섞이는 블렌딩 와인(blending wine)이 대부분으로 복잡 미묘한 풍미가 탄생된다. 따라서 포도 품종의 이름을 사용하지 않고 생산지역이나 샤또(château)의 이름을 상품명으로 사용한다.
프랑스의 AOC급 와인의 1/3을 생산하며, 연도별로 생산량과 품질 수준의 차이가 크지 않고 가격의 등락폭도 작다.
1152년, 보르도의 아키텐(Aquitaine)공국의 에레나 공주가 영국의 헨리 2세와 결혼하면서 지참금으로 보르도를 영국에 가져간 후 116년간에 걸친 '백년전쟁'의 불씨가 되었다. 가스티용 전투로 끝날 때까지 300년간(1152~1453) 영국령으로 있어서 권위와 품격을 따지는 경향이 강하다.
샤또(Château)는 영주가 거주하는 성(城)의 의미가 아닌 포도원에 있는 저택을 뜻한다.

표 5-2 보르도 와인의 생산지역

메독(Médoc)	바 메독(Bas Médoc)	북부 저 지역. 통상 그냥 메독이라고 부른다.
	오 메독(Haut Médoc)	생 떼스테프(Saint Estèphe)
		뽀이약(Pouillac)
		생 쥴리앙(Saint Julien)
		마고(Margaux)
		기타 : 리스트락(Listrac), 뮬리(Moulis)
그라브 (Graves)	뻬싹(Pessac), 레오냥(Léognan)	특별 취급
	소떼른(Sauternes)	그라브 지역 안에 포함되나 따로 취급
	바작(Barsac)	
리부르네 (Libournais)	생 떼밀리옹(Saint Émilion)	
	뽀므롤(Pomerol)	
	Fronsac, Canon-Fronsac, 라링 드 뽀므롤(Laland-de-Pomerol), Côtes de Castillon, Côtes de Francs 외	
블레이(Blaye), 부르그(Bourg), 앙트르 뒤 메르(Entre Deux Mers)		

> **Tip 보르도의 포도 품종**
>
> 레드는 까베르네 소비뇽, 메를로, 까베르네 프랑이 주요품종이고, 말벡과 쁘띠 베르도는 비주력 품종으로 소량 생산한다. 화이트는 소비뇽 블랑, 세미용이며, 무스까델르와 위니 블랑은 비주력 품종으로 소량 생산된다.

레이블에 표기되는 '미 장 부떼이유 오 샤또(mise en bouteille au Château)'는 '샤또에서의 병입'이라는 뜻으로 산지와 품질에 대해 보증하는 말이다. 'mise en bouteille à la propriété'는 '소유자 병입'이라는 뜻으로 같은 의미이다.

2.1 메독(Médoc)

세계 최고의 와인 산지로서 '바 메독'과 '오 메독(Haut Médoc)' 지역으로 나뉜다. '오 메독'에서 고품질의 와인이 많이 생산되고 타닌산이 많아 숙성기간이 길고 오래 보존할 수 있는 와인이 많다. '오 메독(Haut Médoc)'의 '오(Haut)'는 높다는 의미로 남쪽의 비교적 높은 지역이다. 메독지역에는 약 50개의 마을이 있는데, 그 중에서 오 메독의 6개 마을에서 만드는 AOC와인은 산지명(産地名)으로 마을 이름을 붙일 수 있다.
메독은 지롱드강의 왼쪽에 있어 흔히 좌안지역(강의 왼쪽)이라고 불리며 1만 6500ha에 이르는 포도밭의 1425곳의 와인생산자가 있다.

1 그랑 크뤼 클라세(Grand Cru Classé)

샤토의 등급, 메독에는 전통적으로 A.O.C와인을 생산하는 와이너리, 즉 샤또의 등급이 1등급에서 5등급까지 정해져 있다. 크뤼(cru)란 특정 재배지역이나 떼루와 혹은 그곳에서 생산된 와인을 가리키며, 그랑 크뤼(grand cru)는 특급 포도원이나 그곳에서 생산된 특급 와인을 의미한다.
나폴레옹 3세 때인 1855년의 파리 박람회를 앞두고 보르도 상공회의소(la Cambre de Commerce de Bordeaux)에 의해 1만여 개 중에서 61개가 그랑 크뤼로 선정되어 적용되기 시작하였고, 1973년에 재조정되었다.

(1) 프러미에 크뤼(Premiers Cru, 1등급)의 5개 샤또(Château)

- 라피트 로쉴드(Lafite Rothschild, 뿌이약)
- 라뚜르(Latour, 뿌이약)
- 마고(Margaux, 마고)

- 오 브리용(Haut Brion, 뻬삭/레오냥)
- 무똥 로쉴드(Château Mouton Rothschild, 뿌이약)는 1973년에 상향 조정되었다.

(2) 두지엠므 크뤼(Deuxièmes Cru, 2등급)의 14개 샤또

- **마고 지역** : 브랑 깡트낙(Brane Cantenac), 로장 까시(Rausan Cassies), 뒤 포르 비방(Durfor Vivens), 라스꽁브(Château Lascombes), 그리고 샤넬 그룹 소유의 로장 세글라(Rausan Ségla)가 있다.
- **생 쥴리앙 지역** : 샤또 레오빌 라스 까즈(Château Léoville Las Cases)[2]는 1855년 보르도 와인 등급분류 시에 '프와페레'와, '바르똥'으로 세 군데로 분할되었으나 세 군데 모두 레오빌이란 브랜드를 사용한다. 와인 스펙테이터 선정 '세계 베스트와인 톱 10'에 들어가기도 했다.

  뒤크뤼 보까이유(Château Ducru- Beaucaillou)는 아름다운(beau) 자갈(caillou)이라는 말대로 돌투성이 밭에서 완숙미를 갖춘 섬세하고 우아한 긴 생명력의 '세계 100대 와인'이 나온다.

  그리고 그뤼오 라로즈(Château Gruaud-Larose)[3]는 '와인의 왕, 왕의 와인'으로 알려진 것으로 1892년 침몰되어 100년만인 1992년 인양된 배에 있어 화제가 되었다. 그리고 레오빌 프와페레(Léoville Poyferré), 레오빌 바르똥(Léoville Barton)이 있다.

2) 샤또 레오빌 라스 까스(Château Léoville Las Cases)는 1638년 만들어져 1759년경부터는 생 쥴리앙 최고의 샤토로 인정받았다. 세컨드 와인으로 Clos du Marquis, Château Grand Parc

3) 샤또 그뤼오 라로즈(Château Gruaud-Larose)는 1725년 그뤼오(Joseph Stanislas Gruaud)가 설립하여 1778년 사위 '라로즈(Joseph-Sébastian de La Rose)'가 상속받아 '그뤼오 라로즈'가 되었다. 19세기 초 두 개로 분할되기도 했으나 꼬르디에(M D Cordier)소유가 되면서 합쳐졌고 1993년 알스톰(Alcatel Alsthom)그룹의 소유로 되었다. 엘리자베스 2세 영국여왕이 2003년 부시 전 미대통령, 2004년 노무현 전 대통령의 국빈만찬에 낸 와인으로, 에어 프랑스의 1등석과 비즈니스 클래스에서 서브되었다.

- **뿌이약 지역** : 피숑 롱그빌 바롱(Château Pichon Longueville Baron)[4]은 호텔로도 사용되고 있으며, 피숑 롱그빌 콩테스 드 라랑드(Château Pichon Longueville Comtess de Lalande)[5]는 붙어 있는 '샤또 라뚜르'와는 장미꽃이 울타리로 쳐져 있으며 또한 '세계 100대 와인'에 들어간다.
- **생 떼스테프 지역에** : 코스 데스뚜르넬(Château Cos d'Estournel)과 몽로즈(Château Montrose)가 있다.

(3) 트루와지엠므 크뤼(Troisièmes Cru, 3등급)의 14개 샤또

- **마고(Margaux) 지역** : 말레스꼬 생떽쥐베리(Château Malescot Saint Exupéry)[6]를 포함한 10개의 샤또[7]가 있다. 이 중 빨메르(Château Palmer)는 맛을 본 사람들에게는 1등급 못지않은 대접을 받는 것으로 어느 빈티지라도 한결같은 와인으로, 3등급이지만 슈퍼세컨드의 대표적 하나로 꼽힌다.
- **생 쥘리앙 지역에** : 라그랑주(Château Lagrange)[8], 랑고아 바르똥(Langoa Barton)[9]
- **오 메독(Haut Médoc) 지역** : 라 라귄(La Lagune)[10]
- **생 떼스테프(St. Estèphe) 지역** : 깔롱 세귀르(Calon Ségur)

---

4) 피숑 롱그빌 바롱(Château Pichon Longueville Baron)은 길 하나를 사이에 두고 '꽁떼스 드 라랑드'와 마주보고 있으며, 롱그빌 남작의 소유였다가 후손이 물려받았다.

5) 피숑 롱그빌 꽁테스 드 라랑드(Château Pichon Longueville Comtess de Lalande)는 롱그빌 남작의 딸이 물려받아 '드 라랑드'공작과 결혼하면서 '드 라랑드 공작부인의 샤또인 삐숑 롱그빌'이 되었다. 1925년 네고시앙이던 미아이유(Edouard Miailhe)가 매입하여 딸인 드 랑끄쌩(De Lencqesaing)이 1978년 물려받았다가, 2007년 루이 뢰데레(Louis Roederer) 쌍빠뉴 회사에서 매입하였다.

6) 말레스꼬 쌩텍쥐베리(Château Malescot Saint Exupéry)는 1610년 'Escousses가(家)'가 만든 뒤 1697년 말레스꼬(Simon Malescot)에게 인수되었다가 '어린왕자'의 저자인 생택쥐페리(Antoine de Saint Exupéry)의 할아버지인 생텍쥐페리 백작(Jean Baptiste de Saint Exupéry)이 인수하였다. 지금은 영국계 주거(Zuger)가 소유. 세컨드 레이블은 'La Dame de Malescot'

7) 지스쿠르(Giscours), 키르왕(Kirwan), 디상(Château d'lssan), 말레스꼬(Malescot), 깡뜨냑 브라운(Cantenac Brown), 데미라유(Desmirail), 페리에르(Ferrière), 달레슴(d'Alesme(이전 이름은 Marquis d'Alesme), 보이드 깡뜨냑(Boyd-Cantenac)

8) 샤또 라그랑주(Château Lagrange)는 1631년 Lagrange Montei가 설립한 곳으로,1983년에 일본의 산토리그룹에서 매입하였다. 산토리는 '라그랑주' 외에 샤토 베슈벨 소유주이기도 하다.
   - Château Lagrange, 세컨드와인은 Fiefs de Lagrange.

9) 랑고아 바르똥(Langoa Barton)의 세컨와인은 Lady Langoa.

10) 라 라귄(La Lagune) 외에 세컨 와인인 Moulin de la Lagune과 2004년 첫 빈티지의 Mademoiselle L이 있다.

(4) 꺼트리엠므 크뤼(Quartrièmes Cru, 4등급)의 10개 샤또

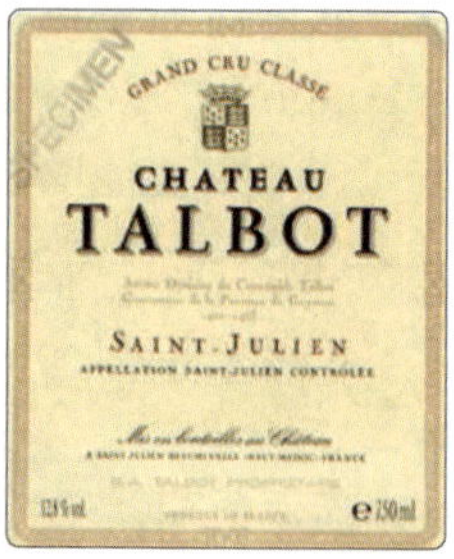

- **생 쥴리앙 지역** : 생 삐에르(Saint Pierre), 베슈벨(Beychevelle), 딸보(Château Talbot), 브리네르 뒤크뤼(Branaire Ducru)
- **뿌이약 지역** : 뒤아르 밀롱 로쉴드(Duhart Milon Rothschild)
- **마고 지역** : 뿌제(Pouget), 쁘리에레 리쉰(Prieuré Lichine), 마르키 드 테르므(Marquis de Terme)
- **오 메독 지역** : 라 뚜르-까르네(La Tour Carnet)
- **생 떼스테프 지역** : 라퐁 로셰(Château Lafon Rochet)

(5) 쌩끼엠므 크뤼(Cinquièmes Cru, 5등급)의 18개 샤또

- 뿌이약 지역[11]의 샤또 랭슈 바즈(Château Lynch Bages)[12]는 5등급이지만 판매가는 2등급에 버금가는, 그리고 5등급 가운데 가장 큰 곳으로 가장 대중적인 와인을 생산한다. 또한 양조장 안팎을 현대 회화작품으로 장식하여 와인 외에 다른 볼거리를 제공하고 있으며, 와인체험 마을 외에 미슐랭 가이드 별 두 개의 레스토랑이 있는 호텔도 운영하고 있다.
- **오 메독** : 벨그라브(Belgrave), 까망삭(Camensac), 도작(Dauzac), 깡뜨메를르(Cantemerle)
- **마고 지역** : 뒤 떼르트르(du Tertre)
- **생 떼스테프 지역** : 코스 라보리(Cos Labory)

2 크뤼 부르주아(Cru Bourgeois)

1855년의 등급 결정시에 그랑 크뤼급에 들지 못한 포도원 중에서 우수한 포도원들이 침체된 와인시장에 적극 대처하기 위해서 1920년에 '크뤼 브루주아 조합'을 결성하였다. 1932년에 보르도 상공회의소와 중개업체의 주관으로 분류하여 444개의 회원사가 등록하였고, 1962년엔 94곳으로 줄었다가 1973년에 조정을 거쳐 2003년에 3개 등급으로 재조정되어 현재에는 247곳이 속한다.

- **크뤼 부르주아 익셉셔널(Cru Bourgeois Exceptionnel** : 샤또 샤스 스플린(Château Chase Spleen)을 포함하여 9개가 있다.[13]

---

11) 바타이예(Batailley), 클레르 밀롱(Clerc Milon), Rothschild, 크로와제 바쥬(Croizet Bages), 다르마이약(d'Armailhac), 그랑 퓌 라꼬스트(Grand Puy Lacoste), 그랑 퓌 뒤까스(Grand Puy Ducasse), 오 바쥬 리베랄(Haut Bages Libéral), 오 바타이예(Haut Batailley), 랭슈 무사(Lynch Moussas), 페데스클로(Pédesclaux), 퐁테 까네(Pontet Canet)

12) 샤또 랭슈 바즈(Château Lynch Bages)는 아일랜드에서 이주해 온 '랭슈'가의 'Thomas Lynch'가 1749년 결혼하면서 부인 엘리자베스의 상속으로 받은 포도밭을 1862년에 까이로(Cayrou)형제가 인수하여 랭슈 바즈(Lynch-Bages)라고 이름지었다. 1930년대부터 까즈(Jean Charles Cazes)가에서 운영하고 있다.
• Lynch Bages, Echo de Lynch Bages, Blanc de Lynch Bages

13) 샤또 드 페즈(Château de Pez), 샤또 오 마르뷔제(Château Haut Marbuzet), 샤또 라베고르스 제데(Château Labegorce zédé), 샤또 레조름 드 페즈(Château Les Ormes de Pez), 샤또 펠랑 세귀르(Château Phélan Ségur), 샤또 푸조(Château Poujeaux), 샤또 시랑(Château Siran), 샤또 퐁탕삭(Château Pontensac)

샤스 스플린은 '슬픔이여 안녕'이란 뜻으로 시인 보들레르[14]가 이 와인을 마시고 우울한 기분을 떨쳐버렸다고 해서 헌정한 이름이다. 레이블에는 그해 와인과 잘 어울리는 시구를 붙이는데[15] 살아있는 작가의 경우에는 작가가 세상을 떠날 때까지 매년 와인을 보내 주며 보답한다.

- **크뤼 부르주아 슈퍼리어(Cru Bourgeois Supérieur)** : 87개 샤또(Château)
- **크뤼 부르주아(Cru Bourgeois)** : 151개 샤또.

3 그랑 뱅(Grand Vin)

직역을 하면 '훌륭한 와인'이란 뜻이나 단순하게 와인 품질을 나타내는 말이 아니라 역사적 의미가 있는 용어다.

보르도의 와인산업에는 세 가지 부문이 있다.

첫째가 샤또, 즉 경작자(propritaire)가 자신의 경작지(propriate)에서 포도나 와인을 생산하며, 둘째가 네고시앙(negociant)으로, 다른 사람이 경작한 포도를 수매하여 자기 양조장에서 와인을 만들거나, 와인을 유통하는 일을 하고 있다.

셋째가 꾸르티에(courtier)로서, 경작자와 네고시앙의 중간에서 포도 매매를 알선하는 중개인(broker)역할을 한다.

18세기부터 이들 '꾸르티에'가 조합(le syndicat de countiers)을 형성하여 자신들끼리 경작지의 내력, 토양과 와인의 특성, 년도에 따른 기상 같은 상세한 자료를 공유하였고, 나름대로의 기준을 설정하여 등급을 매겨 놓았다. 이것이 1855년의 등급 결정의 참고 자료가 되었고 오늘날에도 전통을 중시하는 샤또에서 관습적 등급인 '그랑 뱅'을 자랑스럽게 표가하고 있다.

샤또 루덴(Château Loudenne)은 메독 생 티잔(Saint Yzans)의 지롱드 강변의 야트막한 언덕 위의 포도밭에 1730년에 자리 잡은 핑크빛 단층 저택으로 좋은 전망을 갖춘 방을 숙소로 제공하고 있다. 메독 지역에서 처음 만들기 시작한 화이트와인과 더불어 부르주아급의 레드(AOC Médoc - Cru Bourgeois)와인도 제공된다.

14) 보들레르(Charles Pierre Baudelaire, 1821~1867)는 프랑스 상징주의를 대표하는 시인으로 추상과 관능이 넘치는 작품으로 시대와 영역을 넘나드며 예술가들에게 영감을 주며 많은 사라들의 사랑을 받았다.

15) 샤스 스필린의 2004년 레이블에는 '랭보'의 연인이었던 폴 베를렌의 '마음 속 깊이 스며드는 이 서글픔은 무엇인가'라는 시구를 올렸다.

2.2 오 메독(Haut-Médoc)

가장 훌륭하고 넓은 레드와인의 고장이다. 19군데의 지역을 가지고 있다. 그러나 생 떼스테프, 뿌이약, 생 쥴리엥, 마고, 뮬리, 리스트락은 오-메독 안에 위치하지만 자신들의 이름으로 별도의 아펠라시옹을 가지고 있다.[16)]

(1) 쌩 떼스떼프(Saint Estèphe)

메독 지역의 네 군데 행정구역 중 가장 북쪽에 위치하며 기후는 메독과 거의 같다. 주품종은 까베르네 소비뇽, 까베르네 프랑, 메를로로, 최근에는 메를로를 많이 사용하여 맛이 부드러워졌다.

2등급은 두 곳으로, 샤또 코스 데스뚜르넬(Château Cos d'Estournel)[17)]은 로버트 파커가 98~100점으로 평가하여 '슈퍼 세컨드' 중의 단연 선두로 슈퍼 세컨드는 1등급에 맞먹는 2등급을 이르는 말이다. 그리고 샤또 몽로즈(Château Montrose)[18)]는 환상적인 균형미와 함께 품질이 언제나 일정하며, 둘 다 '세계 100대 와인'이다.

3등급으로는 깔롱 세귀르(Calon Ségur), 4등급의 라퐁 로셰(Château Lafon Rochet)는 건물과 표지판 말뚝까지 온통 노란색으로 멀리서도 눈에 잘 뜨이며 와인 레이블까지 노란색 일색으로 와인숙성고를 클래식공연장으로 쓰고 있다. 5등급으로는 코스 라보리(Cos Labory)가 있다.

(2) 뿌이약(Pouillac)

북쪽으로는 생 떼스테프, 남쪽으로는 생 줄리엥 사이에 샌드위치처럼 끼어 있다. 자갈이 까베르네 소비뇽에 적합하여 이 품종의 특색을 잘 살린 힘 있는 와인을 만들어 낸다.
샤또 라피뜨 로쉴드(Château Lafite Rothschild)의 1981~1983, 1986~1988, 1990, 1995, 1996, 199~2003년. 메독 지방의 '올해의 최고와인'에 라피뜨가 선정된 해 들이다.[19)]

---

16) Clive Coates M.W, "*The Wines Of Bordeaux*", University of California Berkeley, 2004, pp.74-97

17) 데스뚜르넬(Louis Gaspard d'Estournel)이 1811년 만든 후 런던의 은행가를 거쳐 2000년부터 'Michel Reybier'가 소유하고 있다. 스탕달과 칼 마르크스가 선호했으며 우리나라에서는 정몽구 현대자동차회장이 즐긴다고 알려졌다.
• Cos d'Estournel, Cos d'Estournel blanc, Les Pagodes de Cos

18) 몽로즈(Château Montrose)는 '니콜라 알렉상드르 드 세귀르'백작 에게서 '에티엔느 디오도르 뒤믈랭'이 1778년 포도밭을 인수한 이후 주인 몇 번 바뀐 후 20세기 초부터 '샤르몰뤼'가문의 소유로, 로버트 파커 96~100점의 평가를 받은 곳으로 나무 사이의 간격은 정확히 1m로 포도나무가 심어져 있다.

19) Robert M. Parker, Jr, "*The World's Greatest Wine Estates*", Simon & Schuster, 2005, pp.132-134

로쉴드(Rothschild)[20]의 후손인 '샤또 라피뜨 로쉴드'[21]와 '샤또 무통 로쉴드'[22]는 1845년 카뤼아드(Carruades)[23] 포도밭을 두고 갈등을 빚기 시작하여 세계 정상급 와인들인 동시에 적대적 라이벌의 상징이 되기도 하였다.

미국 3대 대통령 토마스 제퍼슨이 소유했다는 것으로 알려진 라피트 로쉴드 1787년산이 뉴욕 크리스티경매에 나왔던 1985년 포브스(Christopher Forbes)가 15만 6천 달러에 낙찰되었다. 보르도 와인이 200년까지 숙성 잠재력을 지닌 것을 감안해도 이미 식초가 되어버렸을 가능성이 크지만 포브스가문은 이 와인을 아직 보관하고 있다.[24]

샤또 무통 로쉴드(Château Mouton Rothschild)[25]는 1855년 실시된 샤또 등급 부여 때는 2등급을 받았다가 1973년 1등급으로 격상될 때 자크 시라크 전 대통령이 농무장관이었던 시절 이 서류에 서명하였다.

- **무통 까데(Mouton Cadet)** : 포도의 작황이 좋지 않았던 1930년산은 '무통 로쉴드'로 판매할 수 없다고 판단하여, 둘째나 막내를 의미하는 '까데(Cadet)'를 붙여 주요 고객들에게 선물하였는데 이것이 큰 인기를 얻어 다른 포도밭에서 생산되는 와인들을 혼합하여 '무통 까데'라는 이름으로 판매하였는데 현재 매년 1500만병 이상 팔리고 있다.

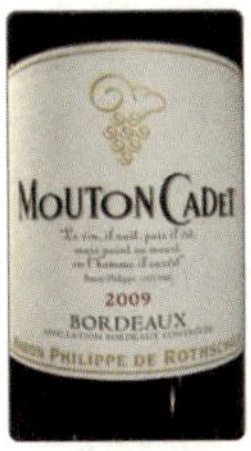

현재 로쉴드는 미국에서 '로버트 몬다비'사와 오퍼스 원(Opus One), 칠레 '콘차이토로'와 알마미바(Almaviva)를 생산하고 있다.

---

20) 독일어로 '붉은 문패'를 뜻한다, 로쉴드가(家)의 시조인 마이어 암셀(Mayer Amshel)이 살았던 18세기 중반의 프랑크푸르트 집에 있던 붉은 문페에서 연유한다. 요하임 쿠르츠(Joachim Kutz), 이선희 역, "*로스차일드가와 최고의 와인*", 뮤진트리, 2008, p14

21) 샤또 라피뜨 로쉴드(Château Lafite Rothschild)는 1355년 창설된 후 1868년 바론(Baron James de Rothschild)이 구입하였다. 로쉴드의 프랑스 분가(分家)로 1868년 라피트 로쉴드를 매입하였다. 웨버(Andrew Lloyd Webber)는 '오페라의 유령', '캐츠'로 유명한 작곡가인데 2005년 그동안 수집하였던 와인 1만 7000병을 뉴욕 쟈키스(Zachys)경매에 내놓았는데 라피트 로쉴드 1811, 1832, 1864, 1865년산이 하이라이트였다.
Chateau Lafite Rothschild(Pauillac)에서는 현재 Chateau Duhart-Milon(Pauillac), Chateau Rieussec (Sauternes), Chateau L'Evangile (Pomerol), Chateau d'Aussieres, (Languedoc), Vina Los Vascos, Chile, Quinta do Carmo, Portugal, Bodega Caro, Argentina를 소유하고 있다.

22) 로쉴드의 영국 분가로 1853년 무통 로쉴드를 매입하였다.

23) 카뤼아드(Carruades)는 Château Lafite Rothschild'의 세컨드 와인.

24) Benjamin Wallace, 박현주 역, "*The Billionaire's Vinegar(억만장자의 식초)*", 예담, 2009, p.7, pp.102~110.

25) 무통 로쉴드(Château Mouton Rothschild)는 세계적 금융재벌 로스차일드 가문 계열의 '바롱 필립 드 로쉴드'사가 생산하는 프랑스를 대표하는 최고급 와인이다. 원 이름은 샤또 브랑 무통(Château Brane Mouton)이었으나 1853년 바롱(Baron)남작이 구입하여 샤또 무통 로쉴드(Château Mouton Rothschild)라는 지금의 이름으로 바꾸었다. 1922년에 바롱 필립 로쉴드(Baron Phillipe Rothschild)가 경영하면서 처음 한 일이 장 까를뤼(Jean Carlu)에게 부탁하여 유명한 '양머리와 다섯 개의 화살'을 그려 빈티지에 사용하였고, 피카소, 마티스, 달리, 미로, 칸딘스키, 워홀 같은 세계의 유명 예술가들에게 레이블의 디자인을 부탁하였다. 1945년 2차 세계대전의 종전을 기념하여 승리(victory)를 뜻하는 큰 V를 붙였다. 이러한 전통은 계승되어 예술가들에게 레이블 디자인을 계속 부탁하여, 양(무통이 프랑스어로 양이란 뜻)과, 와인, 와인을 마시는 즐거움을 주제로 자유롭게 작업하여 레이블을 디자인하였다. 1924년에는 샤또에서 병입하는 것을 처음으로 도입하였다.

샤또 라뚜르(Château Latour)[26]는 약 20~30년 이상 보관 숙성했다가 마셔야 제 맛을 느낄 있을 정도로 힘이 있는 세련미를 겸비한 귀족과도 같은 인상을 준다.

(3) 생 줄리앙(Saint Julien)

뿌이약(Paullic)의 바로 남쪽에 있는, 오 메독(Haut Médoc)의 중심부에 있는 좁은 지역이다. 기후는 메독과 같으며 성격은 뿌이약과 비슷하다. 이 곳 와인의 95%는 2,3,4등급 와인으로 1등급과 5등급 와인은 없다.[27]

- 2등급 5개, 3등급 2개, 4등급 4개.

(4) 마고(Margaux)

'오 메독'의 남쪽에 있으며, 기후는 메독과 같다. '샤또 마고' 외에도 마르잘리아(Château Marojallia)[28], 지스쿠르(Château Giscours)[29]와 여러 군데의 그랑 크뤼 등급 샤또[30]를 보유한 지네스뗴(Ginestet)[31]가 있다.

샤또 마고(Château Margaux)[32]는 '마고'지역의 대표적인 곳으로 그리스신전 같은 현재의 샤또는 중요 기념건축물로 지정되어 있다. 헤밍웨이가 손녀딸(여배우 마고 헤밍웨이)의 이름을 여기서 따서 지었다.

26) 샤또 라뚜르(Château Latour)는 1378년 시작되었으며, 레이블에는 지롱드 강을 거슬러 올라오는 해적을 막기 위해 만들었던 성채의 탑 그림이 있다. 100년 전쟁 때에 황폐해진 성으로 현재는 탑 부분만 남아있다. 2000년 6월 김대중 당시 대통령이 평양을 방문했을 때 김정일위원장이 만찬에 내놓은 와인

27) Karen MacNeil, "*The Wine Bible*", Workman Publishing Co, 2001, p.132

28) 마로잘리아(Château Marojallia)는 샤또 발란드로(생떼밀리옹)와 함께 보르도 지역의 거라지(garage)와인으로 평가된다.

29) 샤또 지스쿠르((Château Giscours)는 1552년에 설립된 곳으로 대한항공 1등석 제공 레드로 선정되기도 했으며 '최고의 와인 관광 2007'에서 '서비스 시설부문' 1등을 하기도 했다.

30) Château Gruaud Larose(생 쥴리앵 그랑 크뤼 2등급), Château Broustet(바작-소떼른 그랑 크뤼 2등급)
Château Ferrière(마고 그랑 크뤼 3등급), Château Haut Bages Libéral(뽀이약 그랑 크뤼 5등급),
Château Camensac(오 메독 그랑 크뤼 5등급),
Château Chasse Spleen(Moulis - Cru Bourgeois Exceptionnel),
Château La Gurgue(Margaux - Cru Bourgeois Supérieur),
Château Citran(Haut Médoc - Cru Bourgeois Supérieur),
Château Gressier Grand Poujeaux - Moulis - Cru Bourgeois Supérieur

31) 지네스떼(Ginestet)는 'Fernand Ginestet'가 1897년 설립한 곳으로, 속해 있는 따이양(Taillan)그룹은 프랑스 외에 8개국(남아공, 불가리아, 모로코, 스페인, 이집트, 인도, 칠레, 호주)에서 와인을 생산하고 있다. 보르도에 Ginestet, 론에 La Compagnie Rhodanienne, 루아르에 Joseph Verdier의 와인회사를 가지고 있다.
- Ginestet, Ginestet Bio, Ginestet Prestige, Ginestet Réserve, Mascaron par Ginestet, Villa Burdigala, Référence par Ginestet, French Roots, Marquis de Chasse, Tour de Mandelotte

32) 샤또 마고(Château Margaux)는 17세기부터 이어져 내려온 전통방식으로 와인을 빚어 최적 시음기간은 15년에서 50년으로 추천된다. 세컨드 와인으로 'Pavillion Rouge de Margaux', 화이트는 'Pavillon Blanc de Margaux'

샤또 마고의 향기는 어떤 와인과도 닮지 않았습니다. 불룩한 글라스를 들자 향기의 입자가 몸에 녹아들어 뭔가 영상으로 떠오르다가 부서지고 다시 떠오르다 부서지는 일이 되풀이되었습니다. 실제로 뭔가를 떠올릴 것도 같았습니다. 원래 향기 자체가 에로틱합니다. 향기는 음악과 달리 영상을 불러일으키지 않고 직접 내장에 작용하기 때문일 것입니다. 하지만 알랑 듀커스에서 샤또 마고의 향기를 맡았을 때, 영상이 되기 직전의 신호 같은 뭔가가 몸속에서 꿈틀거리는 것을 느꼈습니다. 그것은 잔거품을 닮았습니다. 욕조 속에서 일기 시작한 잔거품은 점점 커지고 어떤 형태로 보이기도 합니다. 하지만 거품은 터져 없어져 버립니다. 거품이 형태를 만드는 일은 결코 없습니다. 샤또 마고의 향기가 불러일으키는 뭔가는 영상이 되기 직전의 그런 잔거품 같은 것이었습니다.
샤또 마고의 향기도 뭔가를 차단시키고 뭔가를 단절시킨다. 간단히 말하자면 그것은 감상이다. 사라진 친근감을 한탄하고, 한탄하는 자신을 용서하는 감상은 관능과 가장 멀리 있다. 겹겹이 접힌 슬픔으로 샤또 마고의 향기는 존재한다. 향기는 눈앞에 있으면서 아무리 손을 뻗어도 닿지 않는 유리창 속의 꽃들 같은 것이다. 그래서 우리는 누군가의 체취나 피부의 구체적인 촉감을 원하게 된다.[38)]

(5) 물리(Moulis)와 리스트락(Listrac)

오 메독의 마고와 생 쥴리앙 사이에 서로 붙어있는 곳이다. 타닌 구조를 잘 갖춘 풀-바디의 와인이 나온다.

물리(Moulis)는 물리와 '물리 장메독(Moulis En Médoc)'으로도 레이블에 공히 표기할 수 있으며, 물리에는 샤스 스플랭(Château Chasse Spleen)[34)]과 샤또 뿌조(Châteaux Poujeaux)가 있다.

리스트락에는 클라르크(Châteaux Clarke)[35)], 두르뜨(Dourthe)[36)] 외에 샤또 사랑소 뒤프레(Châteaux Saransot Dupré), 퐁레오 리 시뉴(Fonréaud's Le Cygne) 등이 있다. 또한 메독지역의 4개의 샤또인 샤또 팔루메(Château Paloumey), 뒤 타이얀(Château du Taillan), 루덴(Château Loudenne), 라투르 드 베상(Château La Tour de Bessan)의 여주인들이 공동 운영하는 메도켄(Les Médocaines)은 와인의 수확 등 체험과 다양한 와인관광 프로그램을 운영하고 있다. 이 중 '팔루메'에서의 블렌딩 체험은 참가자가 직접 와인을 섞어가며 자신이 선호하는 와인의 향과 맛을 만들어가는 와인 테이스팅 체험프로그램이다.

---

33) 村上 龍, 권남희역, *"와인 한잔의 진실"*, 창해, 1999, PP.33-52

34) 샤스 스플랭(Châteaux Chasse Spleen)은 '우울함을 날린다'라는 뜻의 이름으로, 등급이나 명성을 떠나 와인의 본질을 알게 해 주는 와인으로 알려져 있다. 시인 보들레르가 우울증을 치료하여 열렬한 애호자가 되었다.

35) 샤또 클라르크(Châteaux Clarke)는 12세기에 수도사들이 만든 곳으로 1973년 로쉴드(Baron Edmond de Rothschild.)가 매입하여 1974~1978년 사이에 포도나무를 모두 다시 심어 장기숙성 가능한 와인이 나온다.

36) 두르뜨(Dourthe)는 1840년에 설립된 와이너리이자 네고시앙으로 보르도 내의 70여개의 포도원에서 포도를 독점적으로 공급받으며 레스토랑과 바, 호텔 등의 관련사업과 다양한 유통경로로 확보하고 있다. Châteaux Belgrave,(오 메독, 그랑 크뤼 5등급), Châteaux Le Boscq(쌩떼스테프, 크뤼 부르조아), Châteaux La Garde(뻬삭 레오냥), Châteaux Pey Latour(보르도의 Salleboeuf마을),Châteaux Reysson, 오 메독), Grand Barrail Lamarzellefigeac(쌩떼밀리옹)의 포도원을 소유, 관리하며, 랑그독과 아르헨티나에도 샤또를 소유하고 있다.
- 보 멘느(Beau Mayne)는 까베르네 소비뇽과 메를로 각 50%의 레드와, 세미용 60, 소비뇽 블랑40%의 화이트. 1979년 탄생

2.3 그라브, 뻬싹 레오냥(Graves, Pessac Léognan)

보르도에서 가장 오래된 와인 산지로서 보르도 항에서 가까워 수송이 편리하여 보르도 와인을 세계로 퍼뜨린 곳이다. 자갈이라는 뜻의 '그라브'라는 이름 그대로 이 지역은 자갈이 많은 토양으로 그것이 오히려 포도 재배에 이점이 되고 있다. 이 지역에는 36개의 마을이 있는데, 지역 내에서 유일하게 독립 AOC를 지닌 '레오냥' 마을에 집중되어 있다.
최고의 와인들은 '뻬삭 레오냥'에서 생산되나 이들도 그라브(Graves)라고 레이블에 명시된다.[37)]

- **그라브 크뤼 클라세(Graves Cru Classés)** : 1959년 그라브 지역에서 실시한 등급 부여로 포함한 12개가 지정되었다.[38)]
  이 중의 샤또 오 브리옹[39)]은 1855년, 샤또에 등급을 부여할 때 그라브 지역은 실시하지 않았으나 '오브리옹'의 명성이 이미 유럽에 널리 퍼져 있어 예외적으로 등급을 부여받아 그라브 지역에 위치하면서 메독 지역의 1등급(프러미에 크뤼) 샤또이기도 하다.
  드 피으잘(Châteaux de Fieuzal),[40)] 두텁고 근육질의 남성적으로 30년이 지나야 제대로 숙성되고 50년은 거뜬한 라 미숑 오 브리옹(Château La Mission Haut Brion)[41)], 샤또 라빌 오-브리옹(Château Laville Haut Brion)의 '뻬싹 레오냥(Pessac Léognan)'은 '세계 100대 와인'으로 선정되기도 하였다.

37) Tom Stevenson, ibid, pp.90-100

38) 부스꼬(Château Bouscaut), 까르보니으(Château Carbonnieux), 드 피으잘(Châteaux de Fieuzal), 오 바이(Château Haut Bailly), 라 뚜르 오 브리옹(Château La Tour Haut Brion), 라 뚜르 마르띠약(Château La Tour Martillac), 말라르틱 라그라비에르(Château Malartic Lagravière), 올리비에(Château Olivier), 빠프 클레망(Château Pape Clément), 도멘 드 슈발리에(Domaine de Chevalier), 스미스 오 라피트(Château Smith Haut Lafitte)

39) 샤또 오 브리옹(Château Haut Brion)은 1553년 뽕딱(Pontac)가문이 설립하여 라리외(Larrieu), 딜롱(Dillon)가문으로 소유권이 이어져 왔다.

40) 샤또 드 피으잘(Châteaux de Fieuzal)은 아일랜드의 사업가인 캥(Lochlann Quinn,)이 2001년 매입하여 부인(Brenda)과 함께 운영하고 있다. 레드나 화이트나 가격 대비 품질이 뛰어나다.
- Châteaux de Fieuzal Blanc은 '보르도의 드라이 화이트 중 상위 6개에 들뿐 아니라 반드시 맛봐야 할 와인'이라고 로버트 파커가 소개하였다. 피으잘의 Pessac-Leognan은 '세계 100대 와인'

41) 라 미숑 오 브리옹(Château La Mission Haut Brion)은 '장 드 퐁탁'이 1550년 설립하여 1백여년 후 보르도의 수도원이 물려받았다가 '미숑 생 뱅상 드폴'을 거쳐 지금은 도멘 클라랑스 딜롱(Domaine Clarance Dillion)의 소유다.
- 세컨드와인은 La Chapalle de la Mission Haut Brion.

'스미스 오 라피트(Château Smith Haut Lafitte)'[42]는 1999년에 와이너리 내의 온천이 나오는 곳에 부티크호텔과 스파를 지어 같이 운영하고 있다.

"보르도 와인의 살아있는 역사"로 불리는 앙드레 뤼르통(André Lurton)[43] 소유의 샤또 라 루비에르(Château La Louvière)의 소비뇽 블랑 85%, 세미용 15%의 화이트는 40년 이상의 장기숙성이 가능하며 샤또는 유네스코의 문화유산으로도 등재되었으며, 또한 쿠앵 뤼르통(Château Couhins Lurton)이 있다.

2.4 소떼른(Sauternes)

갸론 강이 흘러가는 왼쪽에 위치하며 그라브 지역에 둘러싸여 있다. 이곳은 세계적으로 뛰어난 스위트 화이트 와인으로 유명하며, 레드와인은 생산하지 않는다. 강에서 생기는 안개로 습도 높아 귀부균(botrytis cinerea)을 생기게 하는 원인이 된다. 이 귀부현상이 감미로운 맛을 지니는 황금색 와인을 만들어내는 것이다.

귀부 현상은 한 번에 포도송이 전체에 생기는 것이 아니므로 알갱이 하나하나를 그 때 그 때 마다 따내야 하므로 수확을 위해서 포도밭을 많을 때는 십 여 차례 들락거려야 한다. 소떼른의 그랑 크뤼는 모두 화이트와인이며, 세미용과 소비뇽 블랑과 더불어 뮈스까델을 조금 쓴다.

- **그랑 프러미에 크뤼(Grand Premier Cru : First Great Growth)**

  소떼른의 특 1등급은 '샤또 뒤껨(Château d'Yquem)' 하나이다.

  영주인 뤼 샬뤼스(Lur Saluces)백작이 1847년 러시아에 가면서 자신이 올 때까지 포도를 수확하지 말 것을 명령하였으나 귀향시기가 늦으져 포도가 다 곰팡이 투성이로 변했다. 하지만 버리기가 아까워 썩은 포도로 와인을 담갔는데 이것이 맛이 달콤하고 향이 풍부한 황금색 와인으로 만들어졌다.

  그 후 소떼른 지역에서는 일부러 포도 수확을 11월 초순까지 늦추어 **귀부(貴腐) 현상(Botrytis Cinerea)**에 의해 당도와 밀도가 농축된 디저트 와인을 생산해 내게 되었다.

  드라이 화이트와인도 생산하지만 법률에 의해서 이는 샤또 뒤껨이라는 이름을 붙이지 못하고 '소떼른'의 지명으로 표기된다.

42) 스미스 오 라피트(Château Smith Haut Lafitte)는 스포츠용품점 '고 스포르(Go Sport)'를 운영하던 카티아르(Daniel Cathiard)와 플로랑스(Florence Cathiard)부부가 1990년 인수하여 오크통도 자체 생산하며 좋은 와인을 생산하고 있다. 1993년에는 포도씨에 함유된 폴리페놀성분을 추출한 '코달리'화장품이 나온다.

43) 앙드레 뤼르통(André Lurton)은 평생을 그라브지역의 와인발전을 위해 노력하여 '보르도 와인의 대부', '보르도와인의 개척자'로 불린다. 뻬삭-레오냥의 토양과 기후를 잘 표현하여 1987년 뻬삭-레오냥 AOC를 받게 만들었고 코르크마개 대신 스쿠류 캡을 보르도에서 처음 사용했다.
샤또 라 루비에르(Château La Louvière), Château Couhins Lurton, Château Dauzac, Château de Cruzeau, Château de Rochemorin, Château de Barbe Blanche, Château Bonnet, Château Grossombre de Saint-Joseph, Château Guibon, Château Coucheroy, Château de Quantin 등의 샤또를 소유하고 있다.

- 프러미에 크뤼(Premier Cru : First Growth. 1등급)은 9개[44]로서 샤또 쉬뒤로(Château Suduiraut)는 '세계 100대 와인'이다.
- 두지엠므 크뤼(Deuxièmes Crus : Second Growth. 2등급)은 7곳으로,[45] 샤또 필로(Château Filhot)[46]는 에어 프랑스의 퍼스트 클래스에서 서버되었다.

  그 외에 레이몽 라퐁(Château Raymond Lafon)[47]을 비롯하며 비 등급이나 좋은 품질의 와인[48]이 많이 있으며, 샤토 질레트(Château Gilette)[49]는 '샤또 뒤껭'과 동열에 올려놓는 곳으로 질레트의 크렘 드 떼트(Crème de Tête)[50]도 '세계 100대 와인'에 들어가며 50년 이상 숙성되었을 때 자신의 진가를 발휘한다.

2.5 바작(Barsac)

소떼른 지역의 마을들은 자기 마을의 이름이 아닌 소떼른이라고 표시한다. 그러나 '바작'은 소떼른의 마을 중 하나이기는 하나 자신의 이름으로 AOC를 표시하기도 한다.

소떼른과 마찬가지로 가론 강의 왼쪽에 위치하며, 소떼른의 위쪽으로 붙어 있다.

---

44) 클로 오 페라게(Clos Haut Peyraguey), 기로(Château Guiraud), 라포리 페라게(Château Lafaurie Peyraguey), 라 투르 블랑슈(Château La Tour Blanche), 라보 프로미(Château Rabaud Promis), 렌 비뇨(Château Rayne Vigneau), 리외색(Château Rieussec), 쉬뒤로(Château Suduiraut), 시갈라 라보(Château Sigalas Rabaud)

45) 다르슈(Château d'Arche), 필로(ChâteauFilhot), 라모트(Château Lamothe Despujols), 라모트 기나르(Château Lamothe Guignard), 드 말(Château De Malle), 드 미라(De Myrat), 로메오 뒤 아요(Romer du Hayot)

46) 샤또 필로(Château Filhot,)는 보르도 의회의 자문관이었던 로망 필로에 의해 17세기에 세워진 곳이다.
- 세미용 55%, 소비뇽 블랑, 뮈스까델의 블렌딩. 황금빛 노란색과 레몬색.

47) 레이몽 라퐁(Château Raymond Lafon)은 보르도의 등급체계가 만들어진 1855년 존재하지 않아 비등급이지만 샤또 뒤껭과 같은 수준이라는 평이 있다. 세미용 80%, 소비뇽 블랑 20%를 사용한다. 잠재 당도가 20도가 되어야 수확하며 그에 이르지 못하면 '레이몽 라퐁'레이블의 와인은 만들지 않고 '소떼른 AOC와인'으로 출하된다.

48) Château Doisy, Château Doisy Dubroca, Château Doisy Védrines, Château de Fargues, Château Nairac

49) 샤또 질레뜨(Château Gilette)는 시멘트통에서 18년 숙성 후 병입하여 2~3년을 지나야 출시되며 한해 생산량이 3000~6000병에 불과하다.
- Château Gilette(Crème de Tête)

50) 소떼른에서 첫 번째 압착에서 나오는 포도즙을 헤드 와인(vin de tête)이라 하는데, 이 헤드 와인이 우수한 상태일 때 레이블에 '크렘 드 테트(Crème de Tête)라 표기한다.

- 프러미에 크뤼(Premier Cru : First Growth, 1등급)은 샤또 쿠테(Château Coutet), 샤또 클리망(Château Climents)의 두 개다.
- 두지엠므 크뤼(Deuxièmes Crus : Second Growths, 2등급)는 7개[51]가 있다.

2.6 리부르네(Libournais)

도르도뉴(Dordogne)강의 오른쪽 연안으로 메를로 품종의 레드 와인의 고장이다.
생떼밀리옹과 뽀메롤의 '위성'지역으로 통칭되며, 이곳의 뤼싹(Lussac), 몽따뉴(Montagne), 뿌이세갱(Puisseguin)의 와인들은 생떼밀리옹 이름으로 판매되었으나 1936년에 자신들의 이름으로 AOC를 획득하였고, 그 이후에도 '뤼싹 생떼밀리옹' AOC, 몽따뉴 생떼밀리옹 AOC, 뿌이세갱 생떼밀리옹 AOC라는 이름을 붙이고 있다.

(1) 생떼밀리옹(Saint Émilion)

보르도 시로부터 동쪽으로 50km 떨어진 도르도뉴(Dordogne)강의 오른쪽 연안 지역이다.
쌩떼밀리옹과 뽀메롤 지역의 와인은 색깔이 진하고 맛이 순하며 부드러운 전통적 성질이 있다. 무난한 품질이지만 뛰어난 평가를 받는다.
와인은 레드와인만 생산하며, 화이트와인은 이곳에서 생산해도 '쌩떼밀리옹'이라는 이름을 쓰지 않고 '보르도'라는 더 큰 지역 명을 붙인다.
주포도 품종은 메를로 70%, 까베르네 프랑 25%, 까베르네 소비뇽 5%로, 주로 메를로 품종을 사용한 레드와인을 생산한다.
생떼밀리옹의 등급은 모두가 그랑 크뤼(Grand Cru)등급으로서, 세 가지 즉, '프러미에 그랑 크뤼 클라세', '클라세 B', '그랑 크뤼 클라세'로 나뉘어지며 1958년에 지정되었다가 그 후 1969, 1985, 그리고 1996, 2006년에 수정되었다.
2006년의 수정 시에는 전체 800여개 샤또 중 61개가 그랑 크뤼를 받았고 기존의 그랑 크뤼 등급에 있던 11개가 퇴출되게 되어 이들 샤또가 소송을 제기하였으나, 2008년 '심사위원들이 모든 와인을 똑 같은 조건에서 맛볼 수 없기 때문에 등급판정은 불공정하다'고 무효 판결을 내린바 있다.

- **프러미에 그랑크뤼(Premiers Grand Crus Classés) A급** : 이에 속하는 것으로는 '오존'과 '슈발 블랑' 두 개다.
  샤또 오존(Château Ausone)은 1718년 문을 연 보르도의 1등급 샤또 중에서 7ha로 제일 작은 곳이다. 생떼밀리옹의 와인 대부분이 메를로를 주 품종으로 하고 까베르네 소비뇽을 보조로 사용하지만 이곳의 와인은 까베르네 프랑 55%, 메를로 45%로 블렌딩해서 15~45년 숙성의 슈퍼스타

---

51) 브루스테(Château Broustet), 카이유(Château Caillou), 드와지 다엔(Château Doisy Daëne), 드와지 뒤브로카(Château Doisy Dubroca), 드와지 베드린(Doisy Védrines), 네락(Château Nairac), 쉬오(Château Suau)

급이다.[52)]

샤또 슈발 블랑(Château Cheval Blanc)은 와인을 좋아해서 '와인 왕'으로 불리었던 앙리 4세가 백마(슈발 블랑)를 타고 이곳에 머무른 데서 샤또 이름이 유래한다. 까베르네 프랑 60%, 메를로 39%, 까베르네 소비뇽 1%로, 까베르네 프랑으로 만든 와인 중에 세계적 유명 반열에 오른 유일한 와인이다.

슈발 블랑의 특성은 첫째 위치가 뽀므롤에 인접한 뽀므롤적 요소이고, 둘째 자갈이 많은 토양인 그라브적이며, 셋째 생떼밀리옹적 품종으로 이 세 가지의 결합으로 최상의 와인이 나온다고 일컫는다.

- **프러미에 그랑 크뤼 B급** : B급에 속하는 것은 앙젤뤼스와 카농, 그리고 파비(Pavie)를 포함한 13개이다.[53)]

샤또 앙젤뤼스(Château Angélus)는 전체 24ha 중 메를로가 50%, 까베르네 프랑이 47%, 그리고 까베르네 소비뇽이 3% 재배되고 있다. 관능미 넘치는 이 와인은 '세계 100대 와인'으로 향기에서도 최상급이며 로버트 파커는 "묵직하면서 단단한 근육질 구조와 비길 데 없이 농밀한 느낌으로 균형미 또한 감탄할 문자그대로의 풍요롭다"고 평하고 있다.

샤또 카농(Château Canon)은 별 특징이 없었으나, '페트뤼스의 마담 루바', '피숑-랄랑드의 마담 드 랑크생'과 함께 보르도 와인계의 대모라 불리는 '앙리에트 푸르니에'가 1차 세계대전 이후에 인수하면서 도약하여 강인함과 부드러움이라는 대조적인 특징을 함께 가진 균형감으로 '세계 100대 와인'에 들어가며, 샤또 로장 세글라(마고 소재)를 소유한 샤넬 그룹에서 1996년 인수하였다.

- 그랑 크뤼로는 63개가 있다.

샤또 발란도르(Château Valandraud)[54)]의 1994년 빈티지는 로버트 파커로부터 '페트뤼스'보다 높은 점수를 받으며 거라지(garage) 와인으로 떠올랐다.

---

52) Clive Coates MW, ibid, p.296

53) 샤또 카농(Canon), 보 세쥬르 뒤포 라가로스(Château Beau Séjour-Duffau Lagarosse), 보 세쥬르 베코(Beau Séjour Bécot), 벨레르(Belair), 피작(Figeac), 라 가플리에르(La Gaffelière), 클로 푸르테(Clos Fourtet), 막들렌느(Magdelaine), 트로트비에유(Trotteville), 파비 마캥(Pavie Macquin), 트로프롱 몽도(Troplong Mondot)

54) 샤또 발란도르(Chateau Valandraud)는 은행원이었던 장 뤽 뛰느뱅(Jean Luc Thunevin)이 1989년 설립한 곳으로 샤또의 이름은 생산 지역인 '발롱 드 퐁가방(vallon de Fongaban)'의 발(val)과 아내의 이름 '뮤리엘 안드로(Murielle Andraud)'의 안드로(Andraud)'와 합쳐 만들었다. (Jean-Luc & Murielle Thunevin).
- Château Valandraud, Virginie de Valandraud, 3 de Valandraud, Mauvais Garçon(Bad Boy)

샤또 오 브리송(Château Haut-Brisson)[55]에서 나오는 오 브리송, 오 브리송 라 그라브(Château Haut-Brisson La Grave), 라 리제르브(La Réserve) 모두가 적정 숙성이 40년이다. 그리고 멜터스(Jonathan & Lyn Malthus)[56]의 샤또 테시아(Château Teyssier)와, 샤또 르 돔(Château Le Dôme)의 '르 돔' 역시 까베르네 프랑을 주품종으로 사용한다.

(2) 뽀므롤(Pomerol)

리부르네(Libourne)의 북동쪽에 있는, 700ha 정도의 작고 소박한 전원마을로 규모가 작아서 생산량이 생떼밀리옹의 15%에 지나지 않는다. 서쪽으로는 생떼밀리옹과 이어지며 릴르(l'Isle)강까지 내려가는 평지 위에 위치한다. 땅 색깔이 짙은 검은색을 띠고 있어 외면 받던 이곳이 1878년 파리 만국박람회에서 최고의 와인에 주는 '황금메달'을 '페트뤼스(Petrus : 성 베드로의 라틴어)'가 받음으로서 유명해졌다.
주 포도품종은 대부분이 메를로를 사용하며 까베르네 소비뇽도 일부 조금 사용되고 있다.

■ 공식등급

뽀므롤의 공식 등급은 없으며, 보르도에서 최상급의 레드와인을 생산하는 지역으로 레드만 생산된다.
페트뤼스(Pétrus)는 뽀므롤 지역을 대표하는 와인으로 '하얀 벌판 위에 보석처럼 빛나는 검은 눈동자', '꿈의 와인', '전설의 와인'으로 불리고 있다. 1920년대까지 잘 알려지지 않았으나 엘리자베스 2세의 대관식 때 사용되면서 일약 신데렐라로 떠올랐고 재클린이 가장 좋아했던 와인이기도 하였다. 일 년에 4000상자(한 상자는 12병) 정도를 생산하는데 판매도 배당제로 하고 있다.
메를로 95%와 까베르네 프랑 5%로 만들어지며. 20~50년의 숙성이 필요하다. 기후라면 근처의 다른 양조장도 똑 같은 상황인데 페트뤼스는 왜 이렇게 특별한가? 가장 중요한 현상은 페트뤼스의 점토질의 토양이다.
샤또 르 팽(Château Le Pin)은 메를로 92%, 까베르네 프랑 8%, 혹은 메를로 100%로 15~40년의 숙성이 필요하며 때로는 페트뤼스를 능가한다고도 한다.

55) 샤또 오 브리송(Château Haut-Brisson)은 1945.년 만들어진 곳으로 대만의 사업가(Peter Kwok)가 1997년 매입하였다.

56) 멜터스(Jonathan & Lyn Malthus)는 1994년 영국에서 와 샤또를 구입하여 까베르네 프랑으로 만든 걸출한 '르 돔'을 생산했다. 미국의 '크러쉬패드(Crush Pad)'사를 통해 포도재배와 양조대행도 한다.

샤또 트로타느와(Château Trotanoy)는 '세계 100대 와인'으로 메독과 생떼밀리옹, 부르고뉴를 합한 듯한 특성을 지닌다. '비유 샤또 세트탕(Vieux Château Certan)' 은 신비스런 와인으로 알려졌으며 '르 팽'의 바로 옆에 있다.
샤또 라 플레르(Château Lafleur)[57]는 특이하게 까베르네 프랑을 많이 사용하여 메를로와 각 50%씩의 블랜딩으로 10~25년의 숙성이 필요하며 페트뤼스의 세컨드 와인으로 불리기도 한다.
샤또 가쟁(Château Gazin)[58], 외에 유명 샤또들[59]이 있다.

(3) 꼬뜨 드 가스띠용(Côtes de Castillon)

평균적으로 메를로 70%, 까베르네 프랑 20%, 까베르네 소비뇽 10%를 사용하는 지역이다.

2.7 부르그(Bourg)와 블레이(Blaye)

'보르도'시의 북쪽 20km지점. 도르도뉴(Dordogne)강과 갸론(Garonne)강이 합류하는 유역의 오른쪽 연안에 위치한 부르그(Bourg)시를 뒤로 두고 양조장들이 늘어서 있다.
블레이(Blaye)는 '부르그' 위에 넓게 펼쳐진 지역이다. 이곳에서 생산하는 레드와인의 95%는 좋은 품질이다. 이 두 지역은 강수량이 많으며, 서풍과 북서풍의 바람이 메독(Medoc) 지역보다 강하다.

2.8 앙트르 뒤 메르(Entre Deux Mers)와 프롱삭(Fronsac)

앙트르 뒤 메르(Entre Deux Mers)라는 말은 '두 바다 사이'라는 뜻으로서 도르도뉴강과 갸론강 사이에 위치하고 있는, 보르도에서 가장 넓은 지역이다. '메독' 지역보다 바람이 세고 강 가까이에 있으므로 습기가 많으며 홍수의 우려가 많다.

---

57) 샤또 라플레르('Château Lafleur)의 세컨드 와인은 'Les Pensées de Lafleur'

58) 샤또 가쟁(Château Gazin)은 18세기 말에 생겨 여러 사람을 거친 후 1917년 프랑스 북부의 네고시앙 루이 수아르(Louis Soualle)가 매입한 후 딸 바이앙꾸르(Bailliencourt)를 거쳐 지금은 니꼴라(Nicolas de Bailliencourt)가 운영하고 있다. 메를로 90%, 까베르네 소비뇽 7%, 까베르네 프랑 3%를 키우며, 어린 포도나무로는 세컨드와인은 오스피탈레(Hospitalet de Gazin)를 만든다.

59) 라 콩세이앙트(Château La Conseillante), 보르가르(Château Beauregard), 부르뇌프(Château Bourgneuf), 쁘티 빌라주(Château Petit-Village), 네냉(Château Nénin), 라투르 아 뽀므롤(Château Latour(à-Pomerol), 레방질(Château L'Évangile), 클리네(Château Clinet), 라 푸앵테(Château La Pointe), 레글리즈 클리네(Château L'Église Clinet), 플랭스(Château Plince), 라 플뢰르 페트리스(Château La Fleur Pétrus)

샤또 라투르 라갱(Château Latour Laguens)[60], 샤또 드 세겡(Château de Seguin)[61]이 있으며, 프롱삭에는 샤또 리슐리으(Château Richelieu)[62]가 있다.
꼬트 드 프랑(Côtes de Francs) 지역의 샤또 르 퓌(Château Le Puy)[63]는 전통적인 방법을 고수하며 지난 400여 년 동안 전혀 농약을 사용하지 않는 유기농법으로 완성된 와인을 생산한다. 이산화황도 첨가하지 않고 코르크에 왁스도 입히지 않으며, 떼루아를 그대로 표현한 와인'으로 알려져 있다.

- **세컨드 와인(Second wine)과 슈퍼 세컨드(Super Second)** : 세컨드 와인은 각 와이너리에서 스스로 정한 기준에 미달되어 퍼스트 레이블이 되지 못한 와인으로 '명문가의 서자'와 같은 존재다. 대체로 수령이 5년 미만의 나무에서 수확한 포도로 만들었거나 빈티지가 좋지 않은 해의 와인이다. 슈퍼 세컨드는, 보르도 등급에서 2등급이나 그 이하의 등급와인이지만 1등급에 비하여 품질에 손색이 없다고 인정된다는 와인을 말한다. 1855년 등급이 정해진 이후 160여년이 지난 현재 그 동안의 노력으로 당시보다 훨씬 높은 수준의 와인을 만들어 내는 샤또가 다수 생긴 것이다.
  앙젤뤼스(Château Angélus : 쌩떼밀리옹), 데스뚜르넬(Château Cos d'Estourne : 쌩 떼스테프), 레빌 라스 가스(Château Léville Las Cases : 오 메독), 빨메르(Château Palmer : 마고), 그랑 퓌 라꼬스테(Château Grand Puy Lascote : 뽀이약)가 대표적이다.
- **Vinexpo** : 1981년 보르도 상공회의소 주최로 시작한 국제 와인박람회. 홀수 년마다 개최된다.
- **관광** : 시티투어는 매일 오전 10시 코미디광장에서 출발하며, 구어메투어는 한 달에 두 번 첫째, 셋째 토요일에 있다. '보르도 디스커버리 패키지는 와인과 치즈 테이스팅 및 시티투어와 와이너리 투어, 교통카드 및 박물관 입장, 와인 한 병과 와인바에서의 테이스팅이 포함된 매주 목요일에 실시하며 2박에 1인당 100~400달러.
- **보르도 와인협회** : www.bordeaux.com
- **메독와인협회** : www.medoc-bordeaux.com
- **보르도 관광청** : www.bordeaux-tourisme.com
- **보르도 와인스쿨** : http://ecole-vins-bordeaux.fr
- **보르도 와인 페스티벌** : www.bordeaux-fete-le-vin.com

---

60) 라투르 라갱(Château Latour Laguens)은 중국의 칭따오에서 2001년 설립된 롱하이(Longhai International)사가 2008년 1월 매입하여 중국기업 최초로 보르도 샤또의 주인이 되었다. 30헥타에서 년간 16만병을 생산한다.

61) 1973년 칼(Erling Car)이 설립한 'Carl Wine'그룹 소속으로 지금은 두 아들(Michael and Gert Carl)이 운영하며, 보르도의 변두리로 주목받지 못한 지역에서 탁월한 와인을 생산한다.
- Cuvee Carl, Chateau de Seguin, Cuvée Prestige

62) 샤또 리슐리으(Château Richelieu)는 리슐리으 추기경이 만든 곳으로 홍콩의 명품브랜드 유통업체인 'Hongkong A&A Int'l)사가 2009년 6월에 인수하였다. 샤토는 방문객들에게 방 5개를 B&B로 제공하고 있다.

63) 샤또 르 퓌(Château Le Puy)는 Amoreau가문이 1610년경부터 가꾸어온 곳으로 메를로를 주품종으로 사용한 레드와 드라이 화이트도 나오며, Château Pimpin에서도 레드가 나온다.

제 3 절 부르고뉴(Bourgogne, Burgundy)

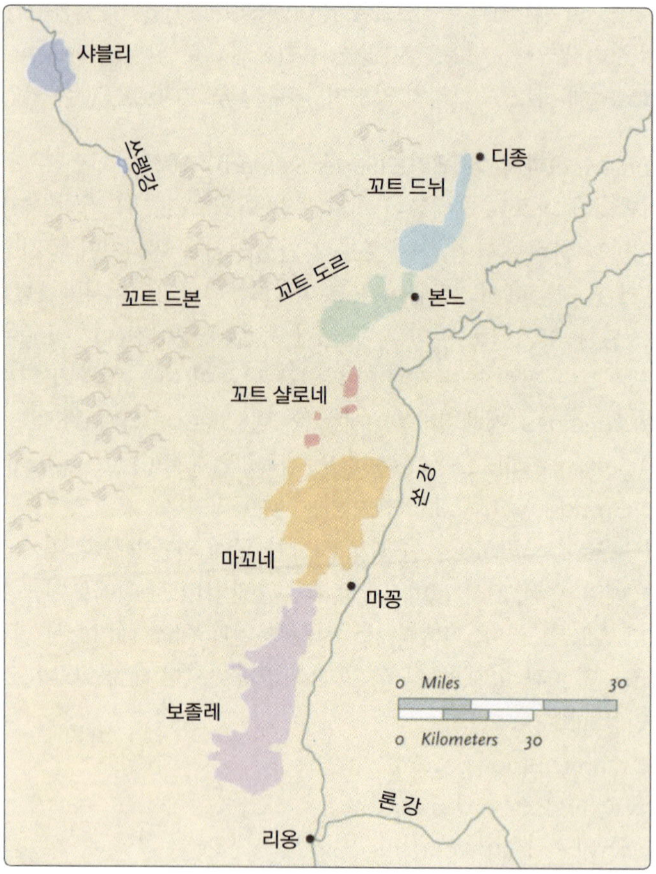

보르도와 함께 프랑스 와인의 양대 산맥을 이루는 지역으로 중심부는 꼬뜨 도르(Côte d'Or)이다. 보르도를 '와인의 여왕', 부르고뉴를 '와인의 왕'이라고 칭하고 있을 정도로 맛이 중후하다.

포도밭의 규모가 보르도에 비하여 아주 영세하여 대체로 보르도의 약 1/3에 불과하다. 때때로 우박이 내리는 좋지 않은 기후조건이지만, 포도밭의 토양과 풍부한 일조량 등의 자연 조건과, 포도 수확량의 제한과 우수한 양조 기법이라는 인위적 노력이 맞물려 세계적 명품을 만들고 있다.

다양한 지형과 토양으로 다른 지방에 비해 다양한 와인이 생산되지만 반면 와인의 종류는 획일적이다. 레드와인은 피노 누아(Pinot Noir), 화이트와인은 샤르도네(Chardonnay), 보졸레 레드와인은 가메이(Gamay)품종으로만 집중해서 와인을 생산한다. 그러나 같은 품종으로 만든 와인이라도 브랜드에 따라 차이가 많이 난다. 이는 토양의 성질이 다르기 때문이다. 이 지방은 지반의 융기에 의해 만들어진 완만한 경사의 구릉지로 성분이 다른 토양이 서로 겹쳐 바로 옆의 밭이 전혀 다른 성질의 것이 되기도 한다.

부르고뉴 와인은 숙성이 덜 되었을 때에는 거칠고 맛을 제대로 느낄 수 없지만, 숙성되면 부드러워지고 맛이 깊어지며 또한 순수해지고 향과 맛이 그윽해 진다는 평도 있다.

3.1 부르고뉴 와인의 이해

(1) 부르고뉴 와인의 특징

첫째, 소규모 단위로 와인을 만드는 것이 특징이다. 프랑스 혁명 때 이 지역에서는 농민들에게 포도원을 분할해서 나누어 주었다. 그 후 부모형제간에 밭을 상속해 나가는 과정에서 더욱 세분화되었고, 이런 소규모 생산자가 현재는 10,000명이나 되고 1인당 평균 소유 면적은 약 4헥타르(약12,000평)라고 한다.

둘째, 브랜드별로 각각 그 맛을 보면 같은 단일 품종으로 만들어졌어도 각각 개성이 다른 풍미를 지니고 있다. 10m미터만 떨어져 있어도 토양의 성분이 다른 부르고뉴 지방의 특수한 토양과 하나의 포도밭에도 소유자가 80명이나 되는 경우가 있는 부르고뉴 지방 와인 생산의 특수성 등 상호작용에 의해 부르고뉴 와인의 다양성이 만들어진다.

셋째, 포도품종을 보면, 레드로는 '피노 누아', 가메이(보졸레 지역), 알리고떼(Aligote), 그리고 화이트로는 샤르도네(샤블리 지역)가 있다.

(2) 부르고뉴 와인 용어

- **꼬뜨 도르(Côte d'Or)** : 영어로 'Golden Slope', '황금의 언덕'이라는 뜻이다. 가을 포도밭의 노란 단풍 색깔에서 유래되었다. 한 편으로는 와인으로 돈을 벌 수 있는 곳이라는 뜻도 된다.
- **도멘(Domaine)** : 밭을 소유하고 재배, 양조, 병입에서 출하까지 일관되게 모두 생산 활동을 행하는 생산자. 하나의 밭에 복수의 도멘느가 있는 경우가 많다. 보르도의 샤또(Château)의 개념으로 모든 와인에 쓸 수 있다. 레이블에 표기되는 '미 장 부떼이유 오 도멘(Mis en bouteille au domaine)'은 '도멘에서의 병입'이라는 뜻으로 산지에서 병입되었다는 것을 보증하는 말이다.
- **네고시앙(Negociant)** : 포도의 재배와 양조는 하면서도 병입 설비를 가지고 있지 않은 생산자도 많다. 그래서 네고시앙이라 불리는 와인 전문상들이 오크통 째로 사서 같은 밭의 다른 와인과 혼합해 출하한다. 이와 같이 부르고뉴에서의 와인 제조는 매우 복잡하여 양조자와 네고시앙의 기술에 따라 품질에 커다란 차이가 나고 개성 있는 와인이 만들어진다. 여러 포도밭에서 사 모은 와인을 혼합해서 병입시키고 일정 기간 숙성해서 시장에 출하한다. 라벨에 네고시앙 엘르베르(Negociant-eleveur)라 표기. (※ 부르고뉴의 40%는 도멘느의 와인이며, 60%가 네고시앙 와인이다)
- **모노뽈(Monopole)** : 하나의 밭이 여러 사람들에게 분할되는 것이 부르고뉴의 특징이지만, 예외적으로 하나의 밭을 한 개인이 혹은 한 법인이 소유하고 있는 경우 모노뽈이라 부른다. 유명한 '로마네 꽁띠'도 DRC(Domaine de la Romanèe-Conti)의 모노뽈 밭 중 하나다.
- **끌로(Clos)** : 작은 경작지를 의미. 대부분 특급 포도밭인 경우가 많다.

3.2 부르고뉴 와인의 생산지별 특성

3.2.1 샤블리(Chablis)

부르고뉴 지방의 북단 쓰렝(Serein)강 유역의 파리에서 약 180km에 위치하고 있다. 샤블리(Chablis)의 토양은 점토와 석회질이 혼합되어 있어 샤르도네 품종과 이상적인 결합을 이루어 100% 화이트와인만 생산한다.

표 5-3 부르고뉴 지방의 레드/화이트와인 생산지역

<table>
<tr><th colspan="2">지방</th><th colspan="2">지역</th></tr>
<tr><td colspan="2">샤블리(Chablis)</td><td colspan="2">화이트 와인 100%</td></tr>
<tr><td rowspan="2">꼬트 도르
(Côte d'Or)</td><td>꼬트 드 뉘
(Côte de Nuits)</td><td>쥬브레 샹베르땡(Gevrey Chambertin), Morey Saint Denis, Fixin, Chambolle Musigny, Vougeot, Vosne Romanée, 플라제 에세죠(Flagey Echézeaux), Nuits Saint Georges, Marsannay, Côte de Nuits Villages</td><td>레드
90%
이상</td></tr>
<tr><td>꼬트 드 본
(Côte de Beaune)</td><td>Aloxe Corton, Ladoix Serrigny, Pernand Vergelesses, Beaune, Chorey lés Beaune, Savigny lès Beaune, Meursault, Puligny Montrachet, Chassagne Montrachet, Pommard, Volnay, Maranges, Auxey Duresses, Monthélie, Maranges, Saint Romain, Saint Aubin, Santenay</td><td>레드 70%
+
최상급
화이트</td></tr>
<tr><td colspan="2">꼬트 샬로네
(Côte Châlonnaise)</td><td>토양, 품종, 전통에서 '꼬뜨 드 본'과 흡사
Bouzeron, Givry, Rully, Mercurey, Montagny</td><td>특유의
화이트</td></tr>
<tr><td colspan="2">마꼬네
(Mâconnais)</td><td>Pouilly Fuissé, Pouilly Vinzelles, Pouilly Loché, Saint Véran, Mâcon Villages</td><td></td></tr>
<tr><td colspan="2">보졸레
(Beaujolais)</td><td>Brouilly, Côte de Brouilly, Chénas, Chiroubles, Fleurie, Juliénas, Morgon, Moulin à Vent, Saint Amour, Régnié</td><td>라이트
레드와인</td></tr>
</table>

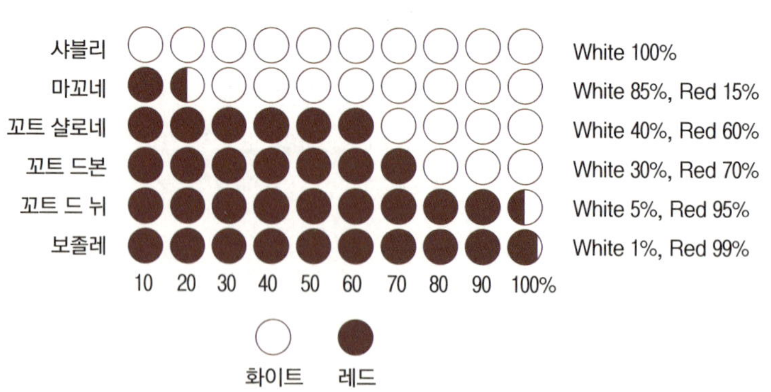

출처 : Kevin zraly, Complete wine course

주품종은 샤르도네로, 전통적인 샤블리 와인에 대한 표현은 '와인 표면에 초록색을 띠는 맑고 엷은 드라이 화이트 와인이다'라고 하는데 근래에는 '맛이 짙으면서 부드럽고 원숙한 맛을 내는 와인'이라고 샤블리 와인을 가리킨다. 양조와 숙성으로 대부분이 스테인레스 통을 사용한다.
'샤블리'라는 단어 자체가 미국에서는 화이트와인을 뜻할 정도로 미국에서의 샤르도네 재배에 지대한 영향을 끼친 곳이기도 하다.

1 샤블리와인의 AOC 등급

샤블리와인의 등급은 4단계로, 높은 등급부터 샤블리 그랑 크뤼(Chablis Grand Cru), 샤블리 프러미에 크뤼(Chablis Premier Cru), 샤블리(Chablis), 쁘띠 샤블리(Petit Chablis)로 구분된다.

(1) 샤불리 그랑 크뤼(Grand Cru) Vineyards(7개).64)

오크 배양을 통해 구조가 잘 잡힌 와인으로 음용시기는 3~8년의 장기 보관 와인을 만든다.

- 블랑쇼(Blanchots)는 그랑 크뤼 중 가장 섬세하고 향기롭다.
- 부그로(Bougros)는 강건하고 힘이 있는 와인이 나온다.
- 레 끌로(Les Clos)는 26헥타로 가장 평탄하고 넓은 지역이다. 도멘 리브노(Domaine François Raveneau)의 샤블리 레 끌로(Chablis, Les Clos)는 '세계 최고의 100대 와인'[65]에 포함된다.
- 그르누이유(Grenoulles)는 복합적인 성질을 가지고 있어서 주목받고 있다.
- 발뮈르(Valmur)는 생동감있는 와인이 나온다.
- 보데지르(Vaudésir)는 과일향이 특히 향기롭다.
- 레 프뢰즈(Les Preuses)는 기름지고 부드럽다.

(2) 샤블리 프러미에 크뤼(Premier Cru)

17개의 명칭으로 분류되며[66], 알코올 도수가 10.5°로 정해져 있다. 음용시기는 빈티지로부터 2~4년으로 그랑 크뤼에 비해 장기 숙성에는 적합하지 않지만 빈티지에 따라 좋은 품질이 많고 가격대비 가장 좋은 품질이다.
쟝 폴 에 브노 드루앵(Domaine Jean Paul et Benoit Droin), 윌리암 페브르(Domaine William Fèvre), 루이 미셸 에 피스(Domaine Louis Michel et Fils)[67], 르네 에 빈생 도비사(Domaine René et Vin-

---

64) Serena Sutcliffe, "*Wines of Burgundy*", Mitchell Beazley Wine Guide, Fully revised and updated by Neil Beckett. Revised Editions 2005, pp.51-53

65) Sylvie Girard-Lagorce, 최재호 역 "*100 Vins de Légende", Al Dente Books*", 2008, pp.30-31

66) Mont de Milieu, Montée de Tonnerre, Fourchaume, Vaillons, Montmains, Côte de Léchet, Beauroy, Vau de Vey, Vau Ligneau, Vaucoupin, Vosgros, Les Fourmeaux, Côte de Vaubarousse, Berdiot, Chaum de Talvat, Côte de Jouan, Les Beauregards.

67) 루이 미쉘 에 피스(Domaine Louis Michel et Fils) : 피스(fils)는 아들이나 후손을 뜻하므로 '미쉘과 그 아들'이란 뜻으로 적어도 2대 이상의 대를 이엇다는 의미다. 1850년부터 샤블리에서 대를 이어 와인을 만드는 '미쉘'가는 현재 'Jean Loup Michel'이 운영하고 있다.
- Chablis Grand Crus, Chablis Premier Crus, Chablis, Petit Chablis

cent Dauvissat), 프랑수아 라브노(Domaine François Raveneau)가 슈퍼스타로 알려져 있다.

롱 데빠끼(Château Long-Depaquit, Domaine de la Moutonne)[68], 라로쉬(Domaine Laroche)[69], 빌라우드 시몽(Billaud-Simom, Chablis)[70]과 그 외 추천 와이너리[71]

(3) 샤블리(Chablis)

샤블리지역에서 재배된 포도로 만든 와인으로 빌라주와인으로 통하기도 한다. 음용시기는 2년 이내.

(4) 쁘띠 샤블리(Petit Chablis)

일반적으로 녹색 기운이 감도는 연한 노란빛을 띤다. 3년 내로 마시는 게 보통이며 시원하며 생기가 느껴진다.

Tip 라 샤블리지엔느(Cave Coopérative La Chablisienne)

협동조합으로 샤블리 전체 면적의 1/4에 해당되는 포도밭을 소유하고 있다. 다양한 품질의 와인을 생산하고 품질 또한 뛰어나다.

---

68) 롱 데빠끼(Château Long-Depaquit, Domaine de la Moutonne)는 1128년부터 수도사들이 포도밭을 가꾸어 오다 1790년에 데빠뀌(Jean Depaquit and Simon)가 구입하여 와이너리로 만들었고 1968년부터 비쇼(Bichot family)가에서 운영하고 있다.

69) 라로쉬(Domaine Laroche)는 미셸 라로쉬라고도 하며, 1850년에 라로쉬(Michel Laroche)가 샤블리에 정착하여 포도를 비롯한 농업에 종사하다 5대째인 미셸 라로쉬가 1967년부터 와인에 전념하여 6헥타이던 와이너리가 지금은 100헥타 이상이 되었다. 1980년대에 랑그독의 'Mas la Chevalière'를 구입하였고, 2001년에는 칠레에 'Vina Punto Alto'를, 2006년에는 남아공의 'Stellenbosh'에 'L'Avenir wine Estate'를 만들었다.
- 그랑 크뤼에는 Domaine Laroche 'Les Clos', 'Les Blanchots', 그리고 프러미에 크뤼 및 'Chablis st Martin'이 있다.

70) 빌라우드 시몽(Billaud-Simom, Chablis)은 1815년 세워진 부띠끄 와이너리다.
- Chablis Grand Cru : Les Preuses, Les Clos

71) Domaine Pascal Bouchard, Jean Marc Brocard, Domaine Jean Collet et Fills, Domaine de la Conciergerie, Christian Adine, Domaine Dampt-Defaix, Domaine Jean et Sébastien Dauvissat, Domaine René et Vincent Dauvissat, Domaine Etienne et Daniel Defaix, Maison Joseph Drouhin, Domaine Gérard Duplessis, Domaine Alain Geoffroy, Domaine Corinne et Jean-Pierre Grossot, Domaine Thierry Hamelin, Maison Lamblin et Fils, Domaine des Malandes, Domaine des Marroniers, Domaine de la Meulière, Maison Jean Moreau et Fils, Domaine Louis Moreau, Domaine Pinson, Domaine Laurence et Denis Race, Maison Régnard, Domaine Guy Robin, Domaine Servin, Domaine Simonnet, Domaine Gérard Tremblay/Domaine des lles, Domaine Laurent Tribut, Domaine de Vauroux/Oliver Tricon, Domaine Vocoret et Fills, Maison Verget

2 샤블리와인의 최적 음용기간

- **샤블리(Chablis)** : 빈티지에 따라 2년 내
- **프리미에 크뤼(Premier Cru)** : 2~4년
- **그랑 크뤼(Grand Cru)** : 3~8년

3.2.2 꼬뜨 도르(Côte d'Or)의 꼬뜨 드 뉘(Côte de Nuits)

영어로 '황금의 언덕(Golden Slope)'이란 의미의 '꼬뜨 도르'는 폭이 천미터도 채 안되며 길이는 50 킬로에 달하는 좁고 긴 지역으로, 북쪽의 '꼬뜨 드 뉘'와 남쪽의 '꼬뜨 드 본느'로 나뉜다. 이 지역에서는 '피노 누아'만을 사용하여 최고의 와인을 생산한다.
'꼬뜨 드 뉘'는 세계적인 레드와인의 고향으로 25개의 '그랑 크뤼' 레드와인 중에서 24개가 이 지역에 있다. 진한 색상, 깊은 향, 부드러운 피니쉬, 알코올 도수가 비교적 높은 장기 보관용 힘센 와인을 생산한다. 부르고뉴 중에서도 가장 질이 높은 레드가 나오는 지역이다.

(1) 쥬브레 샹베르뗑(Gevrey Chambertin)

꼬뜨 도르의 쥬브레이 마을이 뛰어난 와인을 생산하는 것을 치하하여 1847년 루이 필립 왕이 '쥬브레이 샹베르땡'이라는 명칭을 하사한 곳으로, 부르고뉴에서 가장 힘 있는 레드와인으로 맛이 진하고 풍부한 레드와인을 생산한다.

- **그랑 크뤼** : 르 샹베르땡(Le Chambertin)을 비롯한 9개이다.[72]
  '트라페 페르 에 피스(Domaine Trapet Père & Fils)'의 '샹베르땡'은 '세계 100대 와인'에 들어가며 트라페 가문이 1919년 가 이곳에서 와인을 생산하기 시작하여 샹삐르땡의 명성을 더 높였다.

아르노 루쏘(Domaine Arnaud Rousseau)[73]의 '샹삐르땡 클로 드 베즈(Chambertin Clos de Bèze)'도 '세계 100대 와인'으로, 아르노 루쏘는 클라이브 코츠(Clive Coates)[74]가 1998년 평가한 부르고뉴의 별 셋을 부여한 도멘이다.

72) Chambertin Clos de Bèze, Chapelle Chambertin, Charmes Chambertin, Chambertin Griotte, Chambertin Latricières, Mazis Chambertin, Mazoyères Chambertin, Ruchottes Chambertin

73) 아르노 루쏘(Arnaud Rousseau)는 그랑 크뤼인 (샹베르땡, 클로 드 베즈, 샤름 샹베르땡, 루쇼뜨 샹베르땡) 등에 밭을 가지고 있는 1935년 설립된 도멘이다.

74) 클라이브 코츠(Clive Coates)는 영국의 와인평론가로 부르고뉴와인 전문가이다. 1998년 '꼬트 도르(Côte D'or)', 2008년에 부르고뉴의 와인(Wines of Burgundy)'을 펴 냈다.

Tip 클라이브 코츠(Clive Coates)가 평가한 별 셋(★★★) 와인

1998년도의 평가[82]

콩트 라퐁(Comtes Lafon-뫼르소), 르로이(Leroy-본 로마네), 로마네 콩티(본 로마네), 아르노 루쏘(Arnaud Rousseau-쥬브레이 샹베르땡), 드 보귀에(De Vogüé-샹 볼 뮈지니)

2008년도의 평가

도베네이(D'Auvenay-생 로맹), 실뱅 까티아르(Sylvain Cathiard-본 로마네), 드니 바셸레(Denis Bachelet-쥬브레이 샹베르땡), 장 그리보(Jean Grivot-본 로마네), 루이 까리용(Louis Carillon-퓌리니 몽라셰), 안느 그로(Anne Gros-본 로마네), 미셸 그로(Michel Gros-본 로마네), 미셸 라파르주(Michel Lafarge-볼네이), 라모네(Ramonet-샤사뉴 몽라셰), 르프레브(Leflaive-쀼리니 몽라셰), 기 룰로(Guy Roulot-뫼르소), 보노 뒤 마르트레이(Bonneau du Martray-뻬르낭 베르쥴레스)

- '프러미에 크뤼'는 26개가 있다.
  한국인, 일본인 부부가 운영하는 루 뒤몽(Lou Dumont)[75]이 쥬브레이 샹베르뗑에 있다.

(2) 모레이 생 드니(Morey Saint Denis)

나폴레옹의 와인으로 알려진 '샹베르땡'과 '샹 볼 뮈지니' 사이에 있는 7.5헥타의 작은 마을이지만 그랑 크뤼가 5개나 있는 중요한 지역이다. 우아하면서도 힘 있는 장기 숙성 타입의 레드와인을 생산한다.

- 그랑 크뤼(Grand Cru)는 5개로 다음과 같다.
  끌로 드 따르(Clos de Tart)[77], 끌로 데 랑브래이(Clos des Lambrays), 끌로 생 드니(Clos Saint Denis), 끌로 드 라 로슈(Clos de la Roche), 본느 마르(Bonnes Mares, 부분)[78]
  도멘 퐁소(Domaine Ponsot)의 '끌로 드 라 로슈'는 '세계 100대 와인'으로 병입 후 2~3년 만에 마셔도 풍부한 맛을 드러내지만 장기간의 보존도 가능하다.

75) 나카다 고지(일본 오까야마)와 부인 박재화(거제)가 2000년 설립하여 전형적인 부르고뉴 와인 스타일을 추구하는 네고시앙이다. 루(Lou)는 프랑스에 만난 소녀의 이름, 뒤몽(Dumont)은 '산의(of mountain)'란 뜻으로 부부의 고향에 있는 산들을 생각하며 이름을 지었다 한다.
2003년 한자로 '天地人(천지인)'을 레이블로 정해 '떼루아'의 동양적 의미를 나타냈는데 일본만화 '신의 물방울' 9권에 소개되어 유명해 졌고, 2010년 11월 '서울G20 Business Summit'에서 '루 뒤몽 크레망'이 만찬주로 쓰였다.

76) Clive Coates M.W, "*Côte d'Or*", University of California Berkeley 1998,p.986

77) 끌로 드 따르(Clos de Tart)의 처음 이름은 끌리마 드 라 포르쥬(Climat de la Forge)였으나 1184년 노트르담 드 따르(Notre Dame de Tart)수도원의 소유가 되면서 변경된 이름이다. 보졸레와 마꼬네에서 두 번째로 큰 모메쌍(Mommessin) 설립자의 손자인 'Henri Mommessin'이 1932년 이 곳을 인수하였다.

78) 본느 마르(Bonnes Mares)는 '모레이 쌩드니'와 '샹볼 뮈지니'에 걸쳐 있다. 책(저자)에 따라 양쪽에 다 쓰거나 혹은 샹볼 뮈지니에 적기도 한다. Clive Coates M.W는 "Côte d'Or"에서, Karen MacNeil은 "The Wine Bible"에서 샹볼 뮈지니로 분류하여 '모레이 쌩드니'에서는 완전히 빼고 있다.

- 프러미에 크뤼는 20개가 있다.[79)]
  도멘 뻬로 미노(Domaine Perrot Minot)[80)]

(3) 피쌩(Fixin)

'그랑 크뤼' 포도밭은 없지만 장기 숙성이 가능한 힘 있는 풀 바디 레드가 생산된다.
'프러미에 크뤼'는 다음과 같다.
레 자르벨레(Les Arvelets), Clos du Chapitre(샤뻬트르), Clos Napoléon, Clos de la Perrière(뻬리에르), Les Hervelets(에르벨레)

(4) 샹볼 뮈지니(Chambolle Musigny)

이웃하고 있는 '부조(Vougeot)'와 함께 꼬뜨 드 뉘(Côte de Nuit)에서 제일 먼저 포도를 재배한 곳이다. 이곳의 레드와인은 우아함으로 유명하여 때로는 '여성적'이라고 묘사한다. 감미로운 향과 질(質)의 조화는 이곳을 부르고뉴에서도 가장 유명한 곳으로 만드는데 한몫했다. 본느 마르(Bonnes-Mares)는 '착한 수녀들'이라는 의미로 '모레이 쌩드니'와 '샹볼 뮈지니'에 걸쳐 있는 포도밭이다.
부르고뉴의 일반적인 사항으로서, 여러 사람이 공동으로 밭을 소유하고 있으므로 같은 밭 이름이 붙은 와인이지만 여러 생산자의 이름으로 나오는 경우가 많다. '뮈지니'의 '콩트 조르주 드 보귀에(Domaine Comte Georgess de Vogüé)',[81)] '조르주 루미에(Domaine Georges Roumier), 조셉 드루엥(Maison Joseph Drouhin → 뿌리니 몽라셰 참조) 같은 경우이다.
또한 한 생산자의 이름이 여러 지역에서 보이는 경우도 많다.

- 그랑 크뤼(Grand Cru)는 르 뮈지니(Le Musigny), 레스 본느 마르(Les Bonnes Mares : 부분)의 두 곳이다.
- 프러미에 크뤼(Premiers Crus)[82)]는 24개가 있으며, '조르쥬 루미에'의 '샹볼 뮈지니, 레 자무뢰즈(Chambolle Musigny, Les Amoureuses)는 '사랑하는 사람들'이라는 뜻의 '세계 100대 와인'이다.

본 로마네에 있는 르루아(Domaine Leroy)의 뮈지니-샤름(les Charmes)의 뮈지니(Musigny)도 '세계 100대 와인"이다.

---

79) Clive Coates M.W, "*Côte d'Or*", pp.93-94

80) 도멘 뻬로 미노(Domaine Perrot Minot)는 19세기에 'Amédée Merme'에 이어 아들인 'Armand Merme'가 발전시켰고, 이어서 아르망의 큰사위인 'Henri Perrot-Minot'가 물려받은 곳이다. 93년부터는 앙리의 아들 크리스토프(Christophe Perrot-Minot)가 운영한다.
- 그랑 크뤼 7곳, 프러미에 크뤼 14곳.

81) 콩트 조르주 드 보귀에(Domaine Comte Georgess de Vogüé)의 뮈지니 블랑(Musigny Blanc)은 '세계 100대 와인'에 포함되며, 뮈지니의 포도밭 중 2/3, 본 마르의 1/5을 소유하고 있다. 1450년부터 이곳에서 20대에 걸쳐 와인을 만들어왔으며 레드가 년간 4만병, 화이트는 1천병에 불과하다.

82) Les Amoureuses, Les Charmes, Les Feusselottes, Les Plantes, Les Combottes, Les Châtelots, Les Sentiers, Les Baudes, Les Lavrottes, Derrière-la Grange, Les Noirots, Les Gruenchers, Les Groseilles, Aux Beaux-Bruns, Les Fuées, Les Cras, Les Véroilles, Les Chabiots, Les Borniques, La Combe d'Orveau

(5) 부조(Vougeot)

꼬뜨 드 뉘 지역에서 오랜 역사를 자랑하며, 우아하고 적당한 진하기의 장기 숙성타입의 레드와인을 생산한다.

- 그랑 크뤼는 부조(Vougeot)에서 유일하게 '끌로 드 부조(Clos de Vougeot)' 하나로 이 '끌로 드 부조'는 뮈지니(Muginy)와 에세조(Échézeaux)를 경계로 하고 있으며 전체 면적이 51ha인데 포도원 소유자가 85명으로 나누어져 있다.
- 프러미에 크뤼는 4개로 르 끌로 블랑(Le Clos Blanc), 끌로 드 라 페리에르(Clos de la Perrière), 레스 끄라(Les Cras), 레 쁘띠 부제오(Les Petits Vougeots)이다.
  도멘 드 라 부즈레(Domaine de la Vougeraie)[83]는 6개의 그랑 크뤼, 9개의 1등급, 12개의 빌라쥬급 와인을 보유하고 있다. 메오 카뮈제(Méo Camuzet)[84]의 리슈부르(Richebourg)는 '세계 100대 와인'이다.

(6) 본 로마네(Vosne Romanée)

부르고뉴에서 가장 뛰어난 레드와인을 생산하는 지역으로 가장 고가이기도 하다. 꼬뜨 드 뉘(Côte De Nuit)에서 가장 남쪽 마을에 위치하고 있다. 매우 우아하고 부드러운 뛰어난 와인들이다.

- 그랑 크뤼(Grand Cru)는 로마네 꽁티(Romanée Conti), 라 타슈(La Tâche), 라 그랑 뤼(La Grande Rue), 리슈부르(Richebourg), 라 로마네(La Romanée), 로마네 생 비방(Romanée Saint Vivant)이다.
- DRC(Domaine de la Romanée-Conti)는 6개의 본 로마네 그랑 크뤼 와인을 만든다. 로마네 꽁티 한 병에 라 타슈 3병, 리슈부르, 로마네 생 비방, 그랑 에세조, 에세조를 각 2병씩 해서 모두 12병을 한 세트로 판매하고 있다.

DRC의 로마네 꽁티(Romanée-Conti)는 가장 비싼 와인으로 평가 받고 있으며 연간 약 6,000병 생산된다. 포도나무 한 그루에서 포도송이 6송이씩만을 수확하며 앞으로 3송이로 조절할 계획을 가지고 있다. 모든 면에서 하나도 흠잡을 데 없는, 관능적인 부드러움과 온갖 향의 집합체로 이 세상에서 가장 우아하고 섬세한 기품이 있는 세계 최고의 와인

83) 도멘 드 라 부즈레(Domaine de la Vougeraie)는 1961년 쟝 크로드 부와세에 의해 시작된 부아세가(家)의 'Nathalie & Jean-Charles Boisset'가 유기농법으로 와인을 생산한다.
- 그랑 크뤼 : Bonnes Mares, Charmes-Chambertin Les Mazoyères, Clos de Vougeot, Corton Le Clos du Roi, Corton-Charlemagne Le Charlemagne 외에 프러미에 9개

84) 메오 카뮈제(Méo Camuzet)는 프랑스 국회의원이었던 카뮈제(Étienne Camuzet)가 만든 밭으로 친척인 그의 딸로부터 1959년에 메오(Jean Méo)가 물려받아 앙리 자이에(Henri Jayer)의 도움으로 특별한 와인을 생산하였다.
- 그랑 크뤼 : Richebourg Clos de Vougeot, Corton Clos Rognet, Corton Les Perrières, Corton La Vigne au Saint, Échezeaux, 이 외에 프러미에 크뤼 10개도 생산한다.

이라는 데 아무도 감히 이의를 제기하지 못한다.

라 타슈(La Tâche)는 클뤼니 수도원 소속이었던 곳으로, 균형잡힌 충만감과 깊고 섬세한 맛의 DRC 독점밭이다. 한 도멘이 단독으로 밭 전체를 소유하고 있는 경우에는 레이블에 '모노뽈(Monopole)'라고 표기할 수 있다.

> 그런 향과 맛이 나는 와인은 마신 적이 없었다.
> 복잡한 향기와 혀의 감촉과 맛을 가지고 있었다. 향기에 취해 있으면 혀의 감촉에 배신당하고 혀의 감촉에 취해 있으면 맛에 배신당하고 맛에 취해 있으면 다시 향기가 다른 쾌락을 전해 주는 것이다. 라 타쉬(La Tâche)는 그런 복잡함과 착란을 상징하는 와인이었다. 천천히 마시지 않으면 복잡함에 대응할 수 없으며 이 우아한 착란을 맛볼 수 없는 것이다.[91]

리슈부르(Richebourg)는 시토 수도원 소속이었던 밭으로 로마네 꽁티 북쪽으로 이어져 있으며, DRC, 앙리 자이에, 르루아(Leroy) 등의 소유주가 여러 명으로 여러 도메인 이름으로 와인이 생산된다.

라 로마네(La Romanée)는 총 면적이 1ha도 안되는 지역으로 본 로마네에서 가장 작은 지역으로 '로마네 콩티' 사이에 작은 길 하나를 두고 있는 인접지역이다. '로마네 콩티'보다 섬세함과 우아함은 모자라지만 강건함은 더 낫다는 평가로, 이곳의 도멘 뒤 비콩트 리제-벨레르(Domaine du Vicomte Liger-Belair)의 '라 로마네'도 '세계 100대 와인'이다.

- 프러미에 크뤼(Premiers Crus)는 14개가 있다.[86)]

레 보 몽(Les Beaux Monts)은 앙리 자이에의 조카로 자이에의 밭을 이어가고 있으며, 도미니크 로랑(Dominique Laurent)에서 수령 50년 이상의 나무에서 수확한 포도와, 수령 250~300년의 오크만을 사용하여 제작한 바리크로 와인을 만든다. 피노 누아 100%로 두 번째 숙성과정에도 새 오크통을 사용하여 "200% New Magic Barrel"이라는 소개 문구를 사용한다.

그랑 크뤼 외에도 몽자르 뮈느레(Domaine Mongeard-Mugneret)[87)], 도멘 르루아(Domaine Leroy)[88)] 같은 곳도 좋다.

---

85) 村上 龍, 권남희역. "*와인 한잔의 진실*", 창해, 1999, PP.55-74

86) 오드쉬 데 말꽁소르(Audessus des Malconsorts), Aux Brûlées(브륄레), Les Chaumes(숌므), Le Clos des Réas(레아), Aux Reignots(레뇨), Les Gaudichots(고다쇼), Cros Parantoux(빠랑뚜), La Croix Rameau(라모), Aux Malconsorts(말꽁소르), En Orveaux(오르보), 쁘띠 몽트(Les Petits Monts), 루즈(Les Rouges), Les Suchots(쉬소)

87) 몽자르 뮈느레(Domaine Mongeard-Mugneret)는 636년에 몽자르(Mongeard)라는 이름으로 시작되어 1945년 현재의 이름이 되었다. 포도밭은 '꼬뜨 드 뉘'에서 '꼬뜨 드 본', 남부의 디종에 이르기까지 28개의 각기 다른 아 라 씨옹에 퍼져 있다. 본 로마네의 '리쉬부르그 호텔'도 운영 중이다.

88) 도멘 르루아(Domaine Leroy)는 마담 르루아(Lalou Bize Leroy)가 만든 곳으로 1989년부터 바이오 다이나믹 농법으로 만드는 와인으로 유명하다.
- 9개의 그랑 크뤼, 8개의 프러미에 크뤼.

(7) 프라제 에세조(Flagey Echézeaux)

'본 로마네'의 작은 마을로, 본 로마네의 AOC를 사용한다. '본 로마네' 보다는 품격이 약간 부족하다. 2개의 그랑 크뤼가 있으며, 각각 레이블에 그랑 에세조, 에세조로 표시하고, 그 외의 '프라제 에세조'에서 생산한 와인들은 레이블에 본 로마네 AOC로 표시한다.

그랑 크뤼(Grand Cru)는 2개로 '에세조', 그랑 에세조(Grands Échézeaux)이다.

전설적인 와인 메이커인 앙리 자이에(Henri Jayer)의 에세조는 '세계 100대 와인'으로 또한 도멘 아 에프 그로(Domaine A F Gros)[89]가 이곳에 있다.

(8) 뉘 쌩 조르주(Nuits Saint Georges)

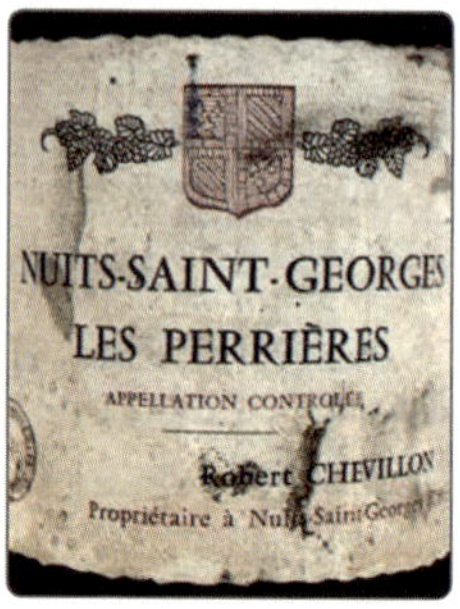

'꼬뜨 드 뉘' 와인거래의 중심지이며, 부르고뉴에서 가장 타닌이 많은 와인으로 장기 보관이 가능한 레드 와인과 약간의 화이트 와인을 생산한다.

'그랑 크뤼'는 없지만 뛰어난 '프러미에 크뤼'들을 생산하며, '뉘 쌩 조르주'는 인근 지역 프레모(Prémeaux)의 '프러미에 크뤼'까지 모두 포함한다.

색이 진하고 타닌이 풍부한 레드인 '프러미에 크뤼'는 Nuit Aux Argillats(commune)[90]와 Prémeaux Les Argillières(commune)[91]에서 나온다.

도멘 레슈노(Domaine Lechenaut)[92]와 앙리 구쥬(Domaine Henri Gouges)의 '뉘 생 조르쥬, 라 페리에르(Les Perrière)'가 '세계 100대 와인'에 들어간다. 이 포도밭에서 1936년 피노 누아의 묘목에서 흰 알갱이가 달린 돌연변이를 발견해서 두성 생식을 통해 '피노블랑'이 탄생했다.

(9) 마르상내(Marsannay), 꼬뜨 드 뉘 빌라쥬(Côte de Nuits Villages)

---

89) 도멘 아 에프 그로(Domaine A F Gros)는 1804년 '알퐁스 그로'가 설립한 도멘(Domaine Gros-Renaudot)을 '루이(Louis Gros)'와 장(Domaine Jean Gros)을 거쳐 안느 프랑스와 그로(Anne Francoise Gros)가 1988년 '쁠라제 에세조' 포도밭을 분할 받으면서 설립된 도멘으로 '샤비니 레 본', '뽐마르'의 포도밭을 추가로 매입하였다. 이 가문의 후손으로 Domaine Gros Frere et Soeur, Domaine Michelle Gros가 있다.
- 꼬뜨 드 뉘, 샹볼 뮈지니, 본 로마네, 사비니 레 본, 뽐마르, 본

90) Nuit Aux Argillats(commune) : Aux Boudots, Aux Bousselots, Les Cailles, Les Chaboeufs, Aux Chaignots, Chaines-Carteaux, Aux Champs Perdrix, Aux Cras, Les Damodes, Les Hauts Pruliers, Aux Murgers, Perrière-Noblot, Les Perrières, Les Poulettes, Les Procès, Les Pruliers, La Richemone, La Roncière, Rue de Chaux, Aux Thorey, Les Vallerots, Les Vaucrains, Aux Vignes Rondes

91) 프레모(Prémeaux) Les Argillières(commune) :
- Clos de la Maréchale은, Domaine Jacques Frédéric Mugnier(샹볼 뮈지니), Domaine Faiveley(뉘 생 조르주), Maison Louis Jadot(Savigny-les-Beaunes)의 와이너리를 운영하고 있다.
- Clos Arlot, Aux Corvées, Les Forêts, Les Grandes Vignes, Aux Perdrix

92) 도멘 레슈노(Domaine Lechenaut)는 레슈노(Vincent & Phillippe Lechenaut)형제가 4대째 운영하는 도멘으로 '꼬뜨 드 뉘'의 12개 마을에서 와인을 생산하고 있는 떠오르는 별이다.
- 뉘 생 조르주, 모레이 생 드니, 본 로마네, 샹볼 뮈지니

3.2.3 꼬뜨 도르(Côte d'Or)의 꼬뜨 드 본(Côte de Beaune)

'꼬뜨 드 본'과 오 꼬뜨 드 본(Hautes Côtes De Beaune)은 꼬뜨 도르의 남쪽 지역으로, 중심지인 본(Beaune)은 옛 성곽으로 둘러싸인 매우 아름답고 고풍이 창연한 매력적인 곳이다. 길이 25km의 완만한 구릉에 위치하며, 남쪽의 일부분이 꼬뜨 드 뉘(Côte De Nuits)와 30km에 걸쳐 접경된다.

습기가 적으며 좀 온화하여 포도가 빨리 익는 경향이 있다. 우박의 피해가 잠재하기는 하지만 그다지 많지 않다. 습기를 머금은 바람과 많은 강우량이 폐해가 된다. 완만한 경사가 진 능선이 많은데 좋은 와인들은 이 완만한 경사의 중간 능선에서 많이 산출된다.

주 포도 품종은 레드와인이 75%로 피노 누아, 샤르도네로 만든 화이트와인이 25%.

꼬르똥과 같은 훌륭한 레드와인도 생산되지만 꼬르똥 샤를르마뉴, 몽라셰, 등 탁월한 화이트와인을 생산하는 곳으로 알려졌다.

(1) 알록스 꼬르똥(Aloxe Corton)

샤를르마뉴 로마황제가 총애하여 이곳의 '그랑 크뤼'급 화이트와인 생산지 포도원을 '꼬르똥 샤를르마뉴(Corton Charlemagne)'[93]로 붙였을 만큼 오래된 역사를 지니고 있다.

'꼬뜨 드 본' 지역의 북쪽 끝에 있으며, 뛰어난 화이트와인인 '꼬르똥 샤를르마뉴'의 명성이 높다. '꼬르똥 샤를르마뉴'는 '꼬뜨 도르'에서 가장 큰 화이트 와인 그랑 크뤼이며, '꼬르똥'처럼 '라두와 세르니에', '알록스 꼬르똥', '뻬르낭 베르쥴레스'의 세 지역 안에 있다.

루이 라뚜르(Louis Latour)[94], 라 렌느 페다퀴(La Reine Pedaque)[95]가 있으며 코슈 뒤리(Coche Dury)의 '꼬르똥 샤를르르마뉴(Corton Charlemagne)'도 '세계 100대 와인'에 포함된다.

- '그랑 크뤼' 중에 화이트 와인은 꼬르똥 샤를르마뉴(Corton Charlemagne), 샤를르마뉴(Charlemagne)이며, 그리고 꼬르똥(Corton)[96]은 "꼬드 드 본느'에서 유일한 레드와인 그랑 크뤼이며, 레드, 화이트 모두 생산한다.
- '꼬르똥'에 인정하는 범위의 개수는 22개지만 다음과 같이 포도밭 이름을 붙여서 사용할 수 있다. 꼬르똥 클로 뒤 르와(Corton Clos du Roi), 꼬르똥 브레상드(Corton Bressandes), 꼬르똥 르나르(Corton Renards), 꼬르똥 마레쇼드(Corton Maréchaude), 꼬르똥 페리에르(Corton Perrières)

---

93) 저자(책)에 따라 라두와 세르니에(Ladoix-Serrigny) 지역으로 구분하기도 하거나, 두 군데(혹은 세 군데 지역) 다 표기하기도 한다. : 예) Karen MacNeil

94) 루이 라뚜르(Louis Latour)는 라뚜르(Latour family)가에서 1797년 이래 지금까지 11대째 포도를 재배해 왔다. 북쪽으로는 샹베르땡에서부터 남으로는 슈발리에 몽라셰(Chevalier-Montrachet)에 이르기까지 '꼬트 도르'에서 가장 큰 '그랑 크뤼'밭을 가지고 피노 누아와 샤르도네를 생산하고 있다.

95) 라 렌느 페다퀴((La Reine Pedaque)는 샤를르마뉴왕(Emperor Charlemagne)의 어머니이름에서 따온 것이다.

96) 꼬르똥은 '라두와 세르니에(Ladoix-Serrigny)', '아루스 꼬르똥', '뻬르낭 베르쥴레스(Pernand Vergelesses)' 세 지역 안에 있다.

미셸 고뉴(Michel Gaunoux)의 꼬르똥 르나르(Corton Renards)는 '세계 100대 와인'으로 최소한 12~3년은 기다려야 되며 더 숙성될수록 타닌은 부드럽게 더 순화되고 향이 활짝 피어난다.

- 프러미에 크뤼(Premiers Crus)[97]

(2) 라두와 세르니에(Ladoix Serrigny)

거의 아루스 꼬르똥(Aloxe Corton)구역에 포함되어 취급된다. 대부분이 빈약하고 단순한 레드이나 근래에 많이 향상되었다.
프러미에 크뤼[98]

(3) 뻬르낭 베제레스(Pernand Vergelesses)

레드와 화이트를 생산하며 가벼운 스타일을 찾을 때 매우 좋다. 덜 유명하나 품질대비 가격이 저렴하다. '꼬르똥'과 꼬르똥-샤를르마뉴(Corton-Charlemagne)의 밭이 이 안에 일부 포함되어 있다.
프러미에 크뤼[99]

(4) 본(Beaune)

대부분의 밭을 네고시앙이 소유하고 있으며 곳곳의 지하에 동굴을 만들어 다량의 와인을 저장하고 있다. 부드러운 미디움 바디 레드와, 일부는 훌륭한 화이트 와인을 생산한다.
프러미에 크뤼[100]와 '부샤르 페르 에 피스(Bouchard Père & Fils)'[101] 가 있다.

(5) 쇼레이 레 본(Chorey lès Beaune)

가벼운 타입의 좋은 품질의 레드 와인을 중심으로 생산한다. 화이트도 소량 생산된다.

---

97) Les Chaillots, Clos du Chapitre, Clos des Maréchaudes, Les Fournières, Les Guérets, Les Maréchaudes, Les Paulands, Les Valozières, Les Vercots, Clos des Maréchaudes, La Coutière, Les Grandes Lolières, La Maréchaudes, Les Moutottes, Les Petites Lolières, La Toppe au Vert

98) Basses Mourottes), Bois Roussot, Le Clou d'Orge, La Corvée, Hautes Mourottes, Les Joyeuses, La Micaude

99) En Caradeux, Les Basses Vergelesses), Clos Berthier, Clos Le Village, Creux de la Net, Les Fichots, Vergelesses, lle des Hautes Vergelesses, lle des Vergelesses, Sous Frétille

100) Les Aigrots, Les Avaux, Blanche Fleur(부분), Le Bas des Teurons, Les Boucherottes, Les Bressandes, Les Cent Vignes, Champs Pimont, Les Chouacheux, Clos de la Feguine, Le Clos des Mouches, Le Clos de la Mousse, Clos du Roi(부분), Aux Coucherias(부분), Aux Cras, A l'Ecu, Les Epenottes(부분), Les Fèves, En Genêt), Les Grèves, Sur les Grèves, Les Marconnets, La Mignotte, Les Montrevenots(부분) Montée Rouge(부분), En l'Orme, Les Perrières, Pertuisots, Les Reversées, Les Seurey, Les Sizies, Les Teurons, Les Toussaints, Les Vignes Flanches, Tiélandry or Clos Landry

101) 부샤르 페르 에 피스(Bouchard Père & Fils)'는 1731년 창설된 곳으로 아펠라시옹으로 Montrachet, Chevalier-Montrachet, Corton, Corton-Charlemagne, Clos Vougeot, Chambertin, Beaune Grèves Vigne de l'Enfant Jésus, Volnay Caillerets, Meursault Perrières를 가지고 있다.

(6) 사비니 레 본(Savigny lès Beaune)

대부분이 미디엄 바디의 좋은 품질의 레드.
프러미에 크뤼(Premiers Crus)[102)]

(7) 뫼르소(Meursault)

'생쥐의 점프'를 뜻하는 이곳은 미국 대통령 토마스 제퍼슨(Thomas Jefferson)이 방문했을 때 "레드와인을 만들기에는 돌이 너무 많아 뫼르소는 오직 화이트와인만을 만들기 위한 곳"이라고 말했을 정도로 샤르도네품종의 화이트와인을 생산한다. '꼬르똥 샤를르마뉴'와 몽라셰(Chassagne Montrachet)에 비해 가격이 상당히 저렴하여 세계적으로 사랑받고 있다.
뫼르소와인은 세 가지 카테고리로 분류되는데, 첫째 'AC 뫼르소', 둘째 '프리미어 크뤼'급이 아닌 '레 끌로 드 라 바르(Les Clos de la Barre)', 세 번째 '레 페리에르(Les Perrières)'이다.
그랑 크뤼가 없는 유일한 지역이지만 '화이트와인의 심장'으로 불릴만큼 중요한 지역으로 풀 바디의 화려한 드라이 화이트가 나온다.
뫼르소의 페리에르(Perrières)와 샤름므(Charmes), 쥬느브리에르(Genevrières)의 떼루아가 브루고뉴 화이트 와인의 위대함을 잘 드러내 주고 있다.

- 페리에르는 흙은 깊지 않고 토양에 자갈이 많아서 이런 영향을 받아 미네랄적 향미가 강하고 섬세한 와인이 나온다.
- 샤름므는 페리에르의 바로 밑에 있으며, 부드럽고 밀도가 있어 항상 산도가 높고 깊은 맛을 지닌 와인을 생산한다. 흙이 깊어서 두터운 토양이 물을 잘 함유하고 있으므로 더운 날씨에 강한 면모를 보인다.
- 쥬느브리에르는 거의 흰색과 같은 토양이 얇은 곳에서 아주 섬세한 와인이 나온다.

프러미에 크뤼(Premier Cru)[103)]는 8년이 넘어야 알맞은 복합성과 더불어 입안에서 강한 힘을 느끼게 하며, 20년 이상의 숙성이 가능하다.
몇 개의 프러미에 크뤼[104)]는 뫼르소와 블라니(Blagny)의 양쪽에 걸쳐 있기도 하다.

---

102) Bas Marconnets, Basses Vergelesses, Bataillière, Champ Chevrey, Les Charnières, Aux Clous, La Dominode, Aux Fourneaux, Aux Gravains, Les Hauts Jarrons, Aux Guettes, Les Lavières, Les Marconnets, Les Narbantons, Petits Godeaux, Les Peuillets, Redescul, Les Rouvrettes, Aux Serpentières, Les Talmettes, Aux Vergelesses, Les Vergelesses

103) Aux Perrières, Les Bouchères, Les Caillerets, Les Charmes-Dessus, Les Chaumes de Narvaux, Les Charmes des Perrières, Les Cras, Les Genevrières Dessus, Les Gouttes d'Or, La Jeunelotte, Clos des Perrières, Les Perrières Dessous, La Pièce sous la Bois, Les Plures, Le Porusot, Les Porusot Dessous, Clos des Richemont,, Les Santenots Blancs,, Les Santenots du Milieu,, Sous Blagny, Sous le Dos d'Âne

104) La Jeunelotte, La Pièce sous la Bois, Sous Blagny, Sous le Dos d'Âne

콩트 라퐁(Domain des Comtes Lafon)[105]의 뫼르소 페리에르(Meursault Perrières)는 '세계 100대 와인'에 들어가며, 이곳에서 박스와인 혹은 캐스크(cask) 와인으로도 부르는 종이로 만든 진공 팩 용기에 담은 BIB 와인(Bag in Box)인 디뚜르(Dtour)가 나온다.
또한 코슈 뒤리(Domaine Jean-François Coche-Dury)[106]도 이곳에 있다.

(8) 쀼리니 몽라셰(Puligny Montrachet)

자갈이 많은 석회석 토양으로 된 '몽라셰' 마을에서 샤르도네 품종은 바로 왕이 된다. 부르고뉴 지역에서 '꼬뜨 드 뉘'의 이 '몽라셰'에서 나오는 것 보다 더 좋은 화이트와인을 찾을 수는 없다. 4개의 그랑 크뤼급 몽라셰는 우아하고 섬세한 맛의 특급으로 세계 최고의 드라이 화이트이다.
그랑 크뤼(Grand Cru)는 다음과 같다.

- 르 몽라셰(Le Montrachet : 부분)
- 슈발리에 몽라셰(Chevalier Montrachet)
- 바따르 몽라셰(Bâtard Montrachet : 부분)
- 비엥브니 바따르 몽라셰(Bienvenues Bâtard Montrachet)
- 크로와 바따르 몽라셰(Croits Bâtard Montrachet)[107]

몽라셰는 복합미가 뛰어나고, 슈발리에 몽라셰는 균형미를 보여준다. 그리고 바따르 몽라셰는 풍만감이 넘치며, 비엥브니 바따르 몽라셰는 특별한 세련미가 있다. 또한 크로와 바따르 몽라셰는 섬세하다고 알려져 있다. 뱅상 르플레르(Vincent Leflaive) 도멘에서는 이 5개의 몽라셰를 모두 생산하고 있다.
몽라셰(Montrachet)는 '사샤뉴 몽라셰'와 '쀼리니 몽라셰' 사이에 걸쳐있는 그랑 크뤼 포도밭으로, 1962년 고속도로가 건설될 때에 1,600억 원을 추가 경비로 쓰며 이 밭을 우회할 정도로 국가적으로도 중요하게 여기고 있다. 영화감독 '히치 콕'도 애호가였다.

---

105) 도멘 데 콩트 라퐁(Domain de Comtes Lafon) : 1894년 라퐁(Jules Lafon)은 마리에(Marie Boch0와 결혼하여 아내가 상속 받은 포도밭을 소유하게 되었고, 이후 'Pierre'와 'Henri Lafon', 'Rene'를 거쳐 현재는 도미니크(Dominique Lafon)가 경영하고 있다. ☞ le Montrachet, la Goutte d'Or, les Genevrières-dessus, les Perrières, les Volnay Santenots, le Clos des Chênes, part of Les Charmes ,

106) 도멘 코슈 뒤리(Domaine Jean-François Coche-Dury)
- Coche Dury Corton Charlemagne

107) 'Karen MacNeil'은 사싸뉴 몽라셰로 구분하고 있다.

'화이트의 귀족'이라 불리는 부르고뉴의 로마네 콩티 가문에서 만든 명품 화이트와인으로 연간 총 생산량이 2500병에 불과할 정도로 귀하다.

몽라셰는 황금색 와인이었다. 이 이상의 백포도주는 없다.
보석이나 예쁜 꽃을 녹인 액체를 마시는 것 같았다.[109)]

프러미에 크뤼(Premier Cru)[109)]에 마르키 드 라기슈(Marquis de Laguiche)[110)]와 죠셉 드루앵(Maison Joseph Drouhin)[111)]이 있다.
에티엔 소제(Etinne Sauzet)의 '뿌리니 몽라셰, 레 콩베르(Puligny Montrachet, Les Combettes)는 '세계 100대 와인'

(9) 샤싸뉴 몽라셰(Chassagne Montrachet)

'뿌리니 몽라셰' 정도의 섬세한 맛은 없지만 힘 있는 레드와 우아한 향의 화이트와인이 나온다.

- 그랑 크뤼는 크로아 바타르 몽라셰(Criots Bâtard Montrachet), 몽라셰(Montrachet : 부분), 바타르 몽라셰(Bâtard Montrachet : 부분)의 세 군데이다.
  몽라셰는 "감미로운 맛으로 입 안을 애무하듯 어루만지고, 황홀한 향이 코끝을 맴돌며 힘차게 휘감는 것이 마치 고딕식 둥근 천장을 가진 성당에서 울려 퍼지는 성모 마리아 송가처럼 웅장한 느낌으로 우리를 전율시킨다"[112)]는 표현은 '세계 100대 와인'에 들어가는 가냐르 들라그랑주

108) 村上 龍, 권남희역. ibid, pp.151-172

109) Les Demoiselles, Les Cailleret, Les Pucelles, Clos de Meix, Le Clavoillon, Ez Folatières, Sous le Piits,, Clos de la Garenne, Sur la Garenne, La Truffière, Le Champ Gain, Hameau de Blagny, Les Chalumeaux, Le Champ Canet, Les Combettes, Les Perrières, Les Referts, Au Chaniot, La Garenne, Clos de la Mouchère, Peux Bois, Sous le Courthill, La Jacquelotte, En la Richarde

110) 마르키 드 라기슈(Marquis de Laguiche)는 1363년에 라기슈 공작의 소유가 된 곳으로 현재는 드루앵(Joseph Drouhin)의 소유로서 2008년 프랑스 니콜라 샤르코지 대통령의 영국 국빈방문 때 엘리자베스 2세 여왕이 마련한 윈저궁 만찬에 2000년산이 올랐다.

111) 죠셉 도루앵Maison Joseph Drouhin)는 1880년 창립되어 샤블리에서 보졸레에 이르기까지 65ha에 달하는 부르고뉴의 최대규모 포도원을 소유하고 있다. 1988년에는 미국 오레곤(Oregon)에 'Domaine Drouhin Oregon'을 만들었다.

112) Sylvie Girard-Lagorce, 최재호 역, ibid, p.44

(Jacques Gagnard Delagrange)의 몽라셰(Le Montrache)에 어울리는 말이다.

- 프러미에 크뤼(Premier Cru)[113] 외에도 메종 미셸 피카르(Maison Michel Picard)[114]의 꼬뜨 드 뉘 빌라쥬(Côte de Nuits Villages)가 2007년 10월 남북정상회담 환송오찬에 올라 화제가 되었었다.

(10) 뽐마르(Pommard)

본느(Beaunne)와 볼네이(Volnay) 사이에 있는 마을로 와인도 이들 두 지역과 닮아서 섬세하다. 그랑 크뤼 밭은 없지만, 이곳에서는 강한 레드와인의 전통을 가진 타닌이 강하고 장기 숙성 타입인 강하고 진한 풀 바디의 레드가 생산된다.

포도밭의 면적이 340ha에 달하는 넓은 곳이므로 어느 포도원의 어떤 뽐마르인지 정확하게 말해야 한다. 한결같이 탁월한 파워를 지닌 뽐마르의 프러미에 크뤼(Premier Cru)는 레 샤포니에(Les Chaponnières), '클로 데 제프노(Clos des Epeneaux)', 레 자르질리에르(Les Jarollières), 튼튼한 구조를 가진 '레 뤼지앵(Les Rugiens Bas, & Les Rugiens Hauts)'과 그 외에 여러 곳[115]이 있다.

샤또 드 뽐마르(Château de Pommard)는 1855년 루이 왕조의 궁정용 와인을 생산하기 위해 조성된 와이너리로 자이에(Henry Jayer)의 제자인 샤를로팽(Philippe Charlopin)이 제조한다는 내용이 레이블에 있다.

콩트 아르망(Comte Armand)의 클로 데 제프노(Clos des Epeneaux)는 뛰어난 향으로 유명한 '세계 100대 와인'으로 뽐마르 와인을 화려하게 가장 잘 표현하고 있다.

113) Les Baudines, Abbaye de Morgeot, Blanchots Dessus, Les Boirettes, Les Bondues, Bois de Chassagne, La Boundriotte, Les Brussonnes, En Cailleret, La Cardeuse, Le Champ Gain, Champs Jendreau, La Chapelle, Les Chaumées, Les Chaumess, Les Chenevottes, Clos Chareau, Clos Pitois, Les Petits Clos, Clos St. Jean, Les Combards, La Grande Montgne, Les Grands Clos, Les Grandes Ruchottes, Les Commes, En Crets, En Crottes, Dent de chien, Les Embazées, Les Fairendes, Francemont, La Grande Borne, Guerchère, Les Macherelles, Les Petites Fairendes, La Maltroie, Morgeot, Les Murées, Les Pasquelles, Petangeret, Les Places, Les Rebichets, En Remilly, La Romanée, La Roquemaure, Tête du Clos, Tonton Marcel, Las Vergers, Vide Bourse, Vigne Derrière, Vignes Blanches), En Virondot

114) 미셸 피카르(Maison Michel Picard)는 피카르(Louis Félix Picard)가 1951년 포도밭을 일구어 아들 'Michel Picard'가 참여하여 가족 체제로 운영되고 있다.

115) Les Petits Epenots, Les Grands Epenots, Les Boucherottes, Les Saussilles, Les Pézerolles, En Largillère, Les Chamots, Les Arvelets, La Platière, La Chanière, Clos Blanc, La Refène,, Clos de la Commaraine, Clos de Verger, Les Chanlins Bas, Les Fremiers, Les Croix Noires, Les Bertins, Les Poutures, Les Combes Dessus, Clos Micot

(11) 볼네이(Volnay)

부르고뉴의 레드와인은 꼬뜨 드 뉘(Cote De Nuit)를 우선 들지만 '볼네이' 또한 그에 못지않다. 제비꽃, 나무딸기, 잘 익은 서양자두가 혼합된 독특한 향의 '볼네'의 레드와인은 언제나 부드럽게 사람을 유혹한다. 그랑 크뤼 밭은 없고 대체로 가벼운 타입으로 빨리 마시는 게 좋은 와인이다. 부드럽고 우아한 레드

프러미에 크뤼(Premier Cru)는 클로 데 뒤크(Clos des Ducs) 외에 여러 곳[116)]이 있다.

마르키 당제르빌(Marquis d'Angerville)의 '클로 데 뒤크(공작들의 포도밭이라는 뜻)'는 곱게 나이 드는 기품있는 '세계 100대 와인'이다.

메종 뒤 몽따유(Maison DEux Montille)는 에티엔, 알렉스(Etienne and Alix de Montille)남매가 같이 프리미엄급 와인인 슈발리에 몽라셰(Chevalier Montrachet), 뫼르소의 프러미에 크뤼인 레스 포르조(Les Poruzots), 레스 샤름므(Les Charmes) 등을 만들고 있다.

(12) 마랑즈(Maranges)

대부분이 레드로 강인하고 파워풀하다. 덜 알려져 가격이 저렴한 편이다.

프러미에 크뤼(Premier Cru)[117)]

(13) 오세이 뒤레스(Auxey Duresses)

1980년대에는 레드와 화이트 양쪽 다 품질에 심한 기복을 보였으나 차츰 부드러워졌다.

프러미에 크뤼[118)]

(14) 몽테리(Monthélie)

볼네이와 뫼르소 사이에 위치하여 두 군데의 유명세에 가려있음에도 불구하고 탄탄한 레드가 나온다.

프러미에 크뤼(Premier Cru)[119)]

---

116) Les Caillerets-Clos des 60 Ouvrées(스와상 우브레), Clos de la Barre, Les Angles, Carelle sous la Chapelle, Clos de la Cave des Ducs, Les Aussy, Clos de la Bousse d'Or, Les Brouillards, Cailleret Dessus, Les Caillerets, Carelles Dessous, Carelles, En Champans, Clos de l'Audignac, Chanlin, Clos de la Chapelle, En Chevret, Clos de la Rougeotte, Clos du Château des Ducs, Clos des Chênes, Clos du Verseuil, Frémiets, La Gigotte, Les Grands Champs, Lassolle, Les Lurets, Pitures Dessus), Les Mitans, En l'Ormeau, Pointes d' Angles, Robardelle, Le Ronceret, Les Santenots, Le Village, Taille Pieds

117) Le Clos de la Boutière, Le Bourg, Le Clpoos des Loyères, Fussière, Le Clos des Rfois, Les Loyères, La Crois aux Moines), Les Clos Roussots, Les Plantes de Maranges, Aux Rouères, En Marange, Maranges

118) Bas des Duressep, Les Grands Champs, Les Bréterins, La Chapelle, Climat du Val, Clos du Val, Les Duresses, Les Ecusseaux, Reugne

119) Le Cas Rougeot, Les Champs Fulliot, Le Château Gaillard, Le Clos Gauthey, Les Duresses, Le Meix Bataille, Les Riottes, La Taupine, Sur La Velle, Les Vignes Rondes, Le Village

(15) 쌩 로맹(Saint Romain)

대부분이 벼랑과 암벽으로 된 곳으로 포도를 재배할 수 있는 곳은 얼마 되지 않는다. 화이트와 레드를 다 생산하나 화이트가 꽤 명망 있다. 드라이 샤르도네는 가벼운 '피노 누아'보다 훨씬 낫다.프러미에 크뤼는 없다.

(16) 쌩 또뱅(Saint Aubin)

주로 레드 생산, 약간의 탁월한 화이트도 생산. 덜 알려져 있지만 품질은 아주 뛰어나서 쇼핑 리스트에 꼭 넣어야 할 부르고뉴의 보물이다. 와인은 좀 가벼운 편이며 레드는 사싸뉴 몽라세와 비슷하다.[120]
프러미에 크뤼(Premier Cru)[121]

(17) 샹뜨네(Santenay)

꼬뜨 드 본의 제일 남쪽에 위치하며, 라이트 바디의 비싸지 않은 레드와인을 생산한다.
프러미에 크뤼(Premier Cru)[122]

(18) 그 밖의 꼬뜨 도르 지역 AOC

꼬트 드 뉘 빌라주(Côte de Nuits Villages), 오뜨 꼬트 드 뉘(Hautes Côtes de Nuits), 꼬트 드 본 빌라주(Côte de Beaune Villages), 오뜨 꼬트 드 본(Hautes Côtes de Beaune), 블라니(Blagny)가 있으며, 메종 루이 자도(Maison Louis Jadot)[123]는 빼 놓을 수 없는 도멘이다.

3.2.4 꼬뜨 샬로네(Côte Châlonnaise)

샬롱 쉬르 사온느(Chalon sur Saone)의 서쪽에 섬 같이 따로 떨어져 있는 세 개의 지역이다. 파리로부터는 350km의 동남지역으로 북쪽의 '꼬뜨 드 본'과 남쪽의 '마꼬네' 사이에 있다. '꼬뜨 도르'를 벗어난 지역이지만 전통적으로 경작방법이나 숙성 과정 등의 많은 부분이 꼬뜨 드 본느(Côte

---

120) Serena Sutcliffe, ibid, pp.114-115

121) Les Murgers des Dents de Chien, Les Castets, Sur le Sentier du Clou, Les Champlots, Bas de Gamay à l'Est, Le Charmois, Bas de Vermarain à l'Est, La Chatenière, Derrière Chez Edouard, Les Cortons, Les Combes au Sud, Les Combes, Derrière la Tour, Les Frionnes, Les Travers de Marinot, Les Perrières, En Remilly, Sous Roche Dumay, En Vallon à l'Est, Le Village, Les Champs, En Créot, Echaille, Sur Gamay, Marinet, En Montceau, Pitangeret, Le Puits, En la Ranche, Vignes Moingeon

122) Beauregard, Le Clos Faubard, Beaurepaire, Le Clos des Mouches, Le Chainey, Le Clos de Tavannes, La Comme, Le Grand Clos Rousseau, Comme Dessus, Les Fourneaux, Les Gravières, Le Petit Clos Rousseau, La Maladière, Passetemps

123) 루이 자도(Maison Louis Jadot)는 1859년 자도((Louis Henry Denis Jadot)가 설립하여 북의 샤블리에서 남의 보졸레에 이르기까지 많은 포도밭을 소유하며 다른 포도밭과는 계약으로 좋은 와인 원액을 공급받고 있다. 레이블에는 로마 신화의 술의 신인 바카스 두상 문양이 있어 '바카스 와인'으로 불리기도 한다.
- Domaine des Héritiers Louis Jadot, Domaine du Duc de Magenta, Domaine Gagey, Domaine Ferret(뿌이 퓌세), Château des Jacques(보졸레)

De Beaune)과 같다. 대체로 '꼬뜨 도르' 와인보다는 값이 저렴하고 맛이 더 순하다. 값이 적당한 좋은 와인을 많이 생산한다.[124)]
'꼬뜨 샬로네'의 와인 생산지역은 다음과 같다.

(1) 부제르옹(Bouzeron)

부르고뉴 제3의 품종인 알리고떼 품종을 재배한다. 신선함과 활력이 넘치는 와인.
부르고뉴 전체를 통틀어 알리고떼의 경우 마을 자체의 AOC인 'Bourgogne Aligoté Bouzeron'를 가진 유일한 마을이다. 알리고떼로 와인을 양조하는 다른 마을들은 마을 자체의 AOC를 가지지 못하고 부르고뉴 AOC(Bourgogne AOC)를 붙인다.

(2) 륄리(Rully)

레드와 화이트 생산량이 비슷하나 질 좋은 화이트가 특히 잘 알려져 있다.
프러미에 크뤼(Premier Cru)[125)]

(3) 메르퀴레(Mercurey)

'꼬뜨 샬로네'에서 가장 큰 아 라시옹. 가격이 적당한 레드와인을 찾는데 가장 선호하는 마을로 레드를 95% 생산하지만 질적으로 다양한 화이트와인들도 나온다.
프러미에 크뤼(Premier Cru)[126)]

(4) 지브리(Givry)

레드 90%로, 레드와인의 생산이 우세한 곳. 메르꾸레이와 같이 약간 검은 빛의 석회질 토양. 칼슘이 많다.
프러미에 크뤼(Premier Cru)[127)]

---

124) Tom Stevenson, ibid, pp.152-153

125) Agneux, La Bressande, Champ Clou, Chapitre, Clos du Chaigne, Clos St. Jacques, Cloux, Ecloseaux, La Fosse, Grésigny, Margoté, Le Meix Cadot, Marissou, Le Meix Caillet, Molesme, Mont Palais, Les Pierres, Pillot, La Pucelle, Préau, Rabourcé, Raclot, La Renarde, Vauvry

126) La Bondue, Les Byots, La Cailloute, Champs Martins, La Chassière, Clos des Barraults, Clos Château de Montaigu, Clos l'Evêque, Clos des-Fourneaux, Clos des Grands Voyens, Clos Marcilly, Clos des Montaigus, Clos des Myglands, Clos de Paradis, Clos du Roi, Clos Tonnerre, Clos Voyens, Les Combins, Les Crêts, Les Croichots, Les Fourneaux, Grand Clos Fortoul, Griffères, Le Levrière, La Mission, Les Montaigus, Les Naugues, Les Puillets, Les Ruelles, Les Saumonts, Sazenay, Les Vasées, Les Velley

127) Les Berges, Bois Chevaux, Bois Gauthier, Clos de la Barraude, Clos du Cellier aux Moines, Clos Charlé, Clos du Cras Long, Clos Jus, Clos Marceaux, Clos St. Paul, Clos St. Pierre, Clos Salomon, Clos de la Servoisine, Clos du Vernoy, Grands Prétants, Les Grandes Vignes, Marole, Petit Marole, Petits Prétants, Vaux, En Vignes Rouges, Le Vigron

(5) 몽따니(Montagny)

진흙 석회질 토양으로 화이트 와인의 생산이 우세한 곳. 전에는 이 지역의 와인 모두를 '프러미에 크뤼'로 표시할 정도로 아주 좋은 와인들이 나오고 있다. 포도밭들이 많이 확산되면서 지금은 53개가 프러미에 크뤼(Premier Cru)로 등록되어 있다.[128]

3.2.5 마꼬네(Mâconnais)

레옹과 '본'의 중간 지점으로 부르고뉴 지방의 최남단에 위치하며 마꼬네의 '네(nais)'는 '이웃'이라는 뜻으로 마꽁(Mâcon)시의 주변 경작지를 일컫는다. 포도원들은 북으로는 '꼬뜨 샬로네', 남으로는 '보졸레'와 인접한다.

주 포도 품종은 샤르도네로 화이트를 주로 생산하는 지역이다. 그리 훌륭한 와인이 나오지 않으며 그랑 크뤼와 프러미에 크뤼는 전혀 없다.[129]

마꼬네 와인의 품질 레벨은 다음과 같다.[130]

뿌이 퓌세(Pouilly Fuissé), 뿌이 뱅젤르(Pouilly Vinzelles), 쌩 베랑(Saint Véran), 마꽁 빌라쥬(Mâcon Villages), 마꽁 슈페리에(Mâcon Supérieur), 마꽁 블랑(Mâcon Blanc) 순이다.

(1) 뿌이 퓌세(Pouilly Fuissé)

부르고뉴 남쪽이며 보졸레의 바로 위에 있다. 주로 샤르도네 품종으로 만드는 화이트만 생산하는 곳(appellation)이며, 마꼬네 중 가장 뛰어나고 풀 바디의 와인이다.

(2) 뿌이 빈젤르, 뿌이 로세(Pouilly Vinzelles and Pouilly-Loché)

이 두 군데의 아펠라시옹은 '뿌이 퓌세' 와인이 비싸다고 여겨질 때나 양을 생각할 때 대안으로 고를 수 있는 곳이다. 좋은 뿌이 퓌세에 비해서는 좀 거칠기는 하지만 좋은 것은 선명도나 성격을 감지할 수 있다.

128) Serena Sutcliffe, ibid, pp.127-130

129) Tom Stevenson, ibid, pp.154-157

130) Kevin Zraly, ibid, p.37

(3) 상 베랑(Saint Véran)

1971년 만들어진 아펠라시옹으로, 제일 남쪽에 위치하여 보졸레와 붙어있다. 마꼬네 전체에서 가격 대비 가장 고품질이라고 알려져 있다. 마꼬네에서 베스트 생산자 중의 하나로 정평난 베르제(Verget)의 '상 베랑'이 질이 좋다.

(4) 마꽁 빌라쥬(Mâcon Villages)

43개의 빌리지가 있다.[131] 마꽁(Mâcon)에 지역이름을 첨가'하기도 한다.

- 마꽁 블랑(Mâcon Blanc)은 마꼬네의 와인 중 기본 AC가 되는 것으로 가격은 높지 않으나 품질은 높은 편이다.

3.2.6 보졸레(Beaujolais)

보졸레 와인의 특성은 '가메이'와 그 재배 방법에 기인한다. '가메이'종은 다른 지역에서는 명성이 낮지만, 땅이 화강암으로 되어 있는 보졸레 지역에서는 훌륭한 포도주를 생산하는데 결정적이다. 전체 부르고뉴 와인의 60% 정도의 와인을 생산하는데 99.5%를 레드만 생산하여 화이트의 생산은 극히 미미하다.

1395년 공작의 명령으로 부르고뉴에서 피노 누아 이외의 다른 품종은 심지 못하도록 하여 가메이는 이 보졸레로 찾아든 것이다.

(1) 보졸레의 레벨

- 보졸레(Beaujolais) : 가격 $

보졸레 : AOC법에 최저 알코올 도수를 10°로 정해, 도수가 낮고 가벼운 느낌을 준다. 타닌이 적고 과일 맛이 풍부하며 보졸레 와인 대부분이 여기에 속한다.

보졸레 슈페리에(Beaujolais Superieur) : 알코올 도수가 보졸레보다 1°(최저 0.5°) 높은 보졸레

- 보졸레 빌라주(Beaujolais Villages) : 가격 $$

알코올 도수가 쉬뻬리에와 같고, 북쪽지역의 특정마을들에서 생산된 와인들의 블렌딩으로 마을이름이 명시되지 않는다.

- 크뤼 드 보졸레(Cru du Beaujolais, $$$$)[132]

마을 이름이 와인명이 되는 것으로, 이 표시의 와인은 깊이 있는 타입도 있다.

---

131) Stuart Walton, ibid, p.128

132) Kevin Zraly, ibid, p.92

(2) 크뤼 드 보졸레(Cru du Beaujolais)의 AOC 마을

- 브루이(Brouilly)는 크뤼 드 보졸레의 최대 산지로, 다양한 질의 와인이 나온다. 3년 내 소비를 권장한다.
- 꼬뜨 드 브루이(Côte de Brouilly)는 브루이보다 질이 월등하다. 바디있는 와인으로 3년 내 소비가 권장된다.
- 쉐나(Chénas)는 숙성이 빠른 와인을 생산한다. 좋은 가격. 4년 내 소비가 권장된다.
- 쉐루브레(Chiroubles) 보졸레의 신데렐라, 섬세, 감칠 맛, 향의 진수. 2년 내 소비
- **플뢰리(Fleurie)** : 여성적 와인. 미디움 바디. 4년 이상의 숙성기간이 필요
- 줄리에나(Juliénas)는 보졸레 크뤼의 대표적인 것으로 풀 바디의 5년 혹은 그 이상의 숙성이 필요하다.
- 모르공(Morgon)은 전반적으로 복합적이고 강건한 와인이 나오며, 크뤼 드 보졸레 중에서 수명이 5~7년으로 긴 와인이다.
  마르셀 라피에르(Marcel Lapierre)의 '모르공'은 '세계 100대 와인'으로 일반적인 보졸레 와인과 다르게 3~4년이 지나야 제 맛이 나며 거친 맛을 떨쳐버리고 매끄러워지기 위해서는 1년 이상의 시간이 필요하다.

- 무랭 아방(Moulin à Vent)은 풍차 마을의 뜻.
  보졸레 크뤼 중에서 가장 묵직하고 힘이 있다. 보졸레의 귀족이라 칭한다. 3~4년의 숙성기간 필요하며 10년 이상 보관이 가능하다.
  샤또 데 쟈크(Moulin à Vent Château des Jacques)[133]가 있다.
- 생 따모르(Saint Amour)는 발렌타인데이의 '사랑의 성인(聖人)의 뜻으로, 부드럽고 가벼운 미디움 바디의 와인이 나온다. 2~3년 이내 소비
- 레나이(Régnié)는 보졸레다운 경쾌한 와인으로 브루이와 흡사하다.
  1988년 AOC로 추가 지정되었다.

(3) 보졸레 누보(Beaujolais Nouveau)

햇 포도주로 세계에 그 이름이 알려진 것으로, 포도 수확 후 4~6주 내에 만들어지는 그해 최초의 와인이다. 법령에 의해 1985년부터 매년 11월 셋째 목요일 0시를 기해 전 세계에 동시 출하 판매되도록 하였다. 이 와인은 단 몇 주 동안만 숙성하므로 포도로부터 직접 오는 천연의 활력 같은 것을 가지고 있다. 법규상 보졸레 누버라고 부를 수 있는 기한은 다음 해 8월말가지 이지만 다음해 부활절 이후를 넘기지 말고 다 소비하는 것이 좋다.
일명 '보졸레 뱅 프리뫼(Beaujolais vin Primeur : first wine)'라고도 한다.

133) 무랭 아방 샤또 데 쟈끄(Moulin à Vent Château des Jacques)는 1996년 루이 자도(Louis Jadot)가 인수해 진하고 힘찬 와인을 내고 있다.

보졸레 누보는 년 간 2500만 케이스를 생산하는 저지 뒤베프(Georges Duboeuf)[134]와 더불어 보졸레 누보-몽메상(Mommessin)이 알려져 있다.

제 4 절 샹빠뉴(Champagne)

샹빠뉴 지방은 프랑스와인 산지 중 최북단에 위치한 곳으로 파리에서 북동쪽으로 145Km 떨어져 있다. 위도가 높은 곳에 위치해 있어 대륙성 기후의 영향을 받아 연간 평균 기온이 10℃의 춥고 서늘한 곳에 위치한 샹빠뉴는 옛 부터 알코올 도수 낮고 신맛이 강한 와인밖에 만들지 못했다. 따라서 일반 포도주를 만들기에 적합한 햇볕에 잘 익은 포도를 수확하기가 힘든 지역이다. 그래서 화이트와인에 설탕과 효모를 첨가하여 병 안에서 재 발효시키고 발효에 위한 탄산가스를 밀폐시켜 발포성 와인을 개발한 것이다.

'샴페인이란 프랑스 북부지역인 샹빠뉴 지방에서 만들어지는 발포성 와인'[135]을 말한다. 따라서 이 지방의 와인은 모두 샴페인이 되므로 지역에 따른 특색은 없으나 중요한 것은 생산자이다. 어느 정도의 규모가 되어야 혼합기술을 잘 살릴 수 있기 때문이다. 대부분의 샴페인은 레드와 화이트품종을 섞어 양조하고, 레드와인과 화이트와인을 혼합해서 만드는 것도 있다. 혼합하는 포도의 수확연도는 다르지만 포도의 수확상태가 특히 좋은 해는 그 해로 포도만을 사용하며 이것이 '**빈티지 샴페인**'이 된다.[136]

프랑스 내 다른 지방에서 나오는 스파클링와인은 크레망(Cremant), 혹은 무세(Mousseux)라 하며, 독일에서는 젝트(Sekt), 스페인은 까바(Cava), 이탈리아에서는 스푸만테(Spumante), 그리고 발포성 와인인 모스카토 다스티(Moscato d'Asti)가 있다.[137]

샴페인은 우선 품위가 있다. 발포성이 있으며 축제에 쓰이는 특별한 타입의 와인이다. 좋은 샴페인은 포도의 신선함과 섬세함을 지니고 있다. 당도는 거의 없으며 약간의 산미가 균형을 이루는 독특한 향을 지니고 있다. 섬세하고 우아한 거품이 화려하게 솟구쳐 올라간다. 황금빛 포말이 반짝이며 눈부신 별들이 투명한 글라스에 쏟아진다. 이런 아름다움 때문에 샴페인은 흔히 축제의 팡파르를 위해 쓰인다.

---

134) 저지 뒤베프(Georges Duboeuf)는 '뒤베프'가 1964년 설립하여 보졸레 와인을 발전시킨 '보졸레의 왕'이라 불리었으며 지금은 3대째가 운영하고 있다.

135) 1927년 제정된 법에 따라 프랑스 쌍빠뉴지방에서 만들어진 스파클링 와인만 쌍빠뉴라고 쓸 수 있다. 319개의 꼬뮌(기초 자치단체)으로 이루어진 쌍빠뉴의 포도생산지역을 357개 꼬뮌으로 확대하는 법안이 2008년 3월 13일 프랑스 국립원산지 품질기구(INAO)를 통과하여 2015년부터 시행하게 되었다.

136) Tom Stevenson, ibid, p.164, pp169-179

137) 스위스의 뉴사텔주(州)에 있는 샹빠뉴(Champagne) 마을은 서기 885년부터 1000년 이상 이 지명을 사용해 왔지만 이 마을에서 생산되는 와인은 물론 빵, 과자, 향수 등 다른 제품에도 자기 마을 이름인 샹빠뉴를 표시하지 못한다. 대신 쌍프(Champ), 쌍빠누(Champagnoux)라는 이름을 사용하기도 하지만 짝퉁취급을 받아 매출이 격감되었다. 스위스는 EU에 가입하지 안했지만 스위스 항공의 EU내 취항조건으로 1988년 쌍빠뉴라는 이름의 배타적 사용권을 인정한 것이다.

중세시대 탄산가스 때문에 '악마의 와인'이라며 생산자들이 기피했던 샴페인은 베네딕트 수도원의 수도사였던 '동 페리뇽(Dom Pierre Pérignon : 1638~1715)'이 탄산가스를 처리하면서 새롭게 태어났다.[138)]

4.1 샴페인의 특성

1 샴페인의 타입

(1) 논 빈티지(non-vintage champagne/multiple vintage)

여러 해의 와인을 혼합하여 만들며, 1차, 2차 압착으로 얻어진 포도즙을 모두 사용하여 만든다. 샴페인의 전형적인 블렌드는 피노 누아, 피노 뮈니에 같은 레드품종 2/3와 샤르도네 같은 화이트품종 1/3로 하는 것이 보통이다.

따라서 레이블에 수확연도가 표시되지 않으며, 논 빈티지 스타일이 샴페인의 80% 이상을 차지한다. 이러한 것은 그 해의 수확물인 베이스 와인(base wine) 60~80%에 그 이전의 2년 이상의 수확 포도를 20~40% 블렌딩하며, 논-빈티지의 경우에도 법적으로는 15개월 이상의 숙성기간을 두도록 하고 있으나 통상 2년에서 3년 정도 숙성시키고 있다.

(2) 빈티지(vintage champagne)

기후가 좋은 해에는 포도가 충분히 잘 익어 다른 해의 와인과 블렌딩할 필요 없이 그 해의 포도만으로 좋은 와인을 만들어내게 되며 이렇게 특정 연도의 포도만으로 만든 것을 빈티지 샴페인이라 한다. 논-빈티지보다 2년 이상의 숙성기간을 더 거치게 된다. 표시된 수확연도의 포도가 반드시 80% 이상 이여야 한다. 빈티지 와인 출하여부는 제조 회사에서 결정한다.[139)]

레귤러 빈티지(Regular Vintage)라고도 하며 수확연도와 생산지(하우스)가 명시된다. 모에 상동 (Moët Chandon)사는 1743년 창업 이래 260년이 넘는 동안 빈티지 샴페인을 생산한 건 69번뿐이었다.

(3) 프리미엄 빈티지(Premium Vintage)

프레스티지 퀴베(prestige cuvée), 떼뜨 드 퀴베(tête de cuvée), 퀴베 스빼시알(Cuvée Speciale)이라고도 하며, 장기간 숙성시킨 최고의 빈티지 샴페인으로 고급 포도밭에서 최고의 포도를 수확해서 첫 번째 압착 포도즙만 이용해서 만들어야 한다. 잘 알려진 '모에 샹동'의 '동 페리뇽', '뢰데레'의 '크리스탈', '베브 클리꼬'의 '라 그랑 담' 같은 값비싼 것들이다.[140)]

---

138) Richard Juhlin, "*4000 Champagnes*", Flammarion 2004, p.20

139) Harriet Lembeck, "*Grossman's Guide to Wines, Beers, & Spirits*", Wiley Publishing Inc, 7th Revised Edition 2006, pp.73-74

140) Stuart Walton, "*The New Encyclopedia of Wine*", Lorenz Books, Updated edition 2006, p.117

2 샴페인의 카테고리

(1) 블랑 드 블랑(Blanc de Blanc)

샴페인은 보통 레드품종과 화이트품종을 블렌딩하지만, 샤르도네 100%로 만든 화이트와인을 블랑 드 블랑(Blanc de blanc)이라 한다. 맛과 향이 그리 진하지 않고 미묘한 느낌을 주므로 가격이 일반 샴페인보다 조금 더 비싸다. '블랑 드 블랑'에는 빈티지, 논-빈티지가 각각 있다.

(2) 블랑 드 누아(Blanc de Noir)

이는 100% 레드품종으로만 만드는 샴페인으로 피노 누아가 가장 많이 사용된다. 피노 누아는 와인의 골격을 잡아주고, 피노 뮈니에는 맛과 과일향을 이끌어 낸다.

3 샴페인의 품종과 성격

(1) 샴페인을 만드는 포도품종

- **피노 누아(Pinot Noir)** : 37%~38%,
- **피노 뮈니에(Pinot Meunier)** : 35%~37%,
- **샤르도네(Chardonnay)** : 26%~27%.
- 이 외에 아르반느(Arbanne), 쁘디 메슬리에(Petit Meslier), 가메이(Gamay), 피노 블랑 (Pinot Blanc), 프로망또(Fromenteau) 품종이 일부 사용된다.

(2) 당도(糖度)

샴페인은 당 성분을 얼마나 추가했는지의 정도에 따라 6가지로 나누어진다. 즉 리터당 당이 6g 이하로 첨가되었다면 '엑스트라 브뤼'로 표기된다. 표기규정에는 없지만 당이 3g 이하로 첨가되었을 경우에는 '브뤼 제로', '울트라 브뤼'로 적을 때도 있다. 그리고 당이 전혀 첨가되지 않았을 때에는 '브뤼 나튀르', '도자주(dosage) 제로'로 표기하기도 한다.

표 5-4 샴페인의 당도

유 형	잔여 당분	내용
엑스트라 브뤼(Extra Brut)	0~6	완전 드라이
브뤼(Brut)	0~15	완전 드라이~몹시 드라이
엑스트라 섹(Extra Sec : Extra Dry)	12~20	상당히 드라이
섹(Sec : Dry)	17~35	중간 드라이
드미 섹(Demi-Sec : Medium Dry)	33~50	상당히 스위트
두(Doux : Sweet)	50 이상	매우 스위트

※ 잔여당분의 수치는 리터당 함유된 그램 량을 나타내는 것으로 6은 6%, 즉 6그램의 의미이다.

(3) 성격별 유명 샴페인[141)]

- **가볍고 섬세한 샴페인(Light Delicate)** : 샤르보 에 피스(A.C harbaut et Fils), 자끄송(Jacquesson), 랑송(Lanson)
- **가벼운 것에서 중간 정도(Light to Medium)** : 빌르카르 샤몬(Billecart-Salmon), 되츠(Deutz), 롤랑 뻬리에(Laurent-Perrier), 니꼴라 포이라뜨(Nicolas Feuillate)
- **중간(Medium)** : 샤를 에디시엑(Charles Heidsieck), 모에 샹동(Moët Chandon), 멈(G. H. Mumm), 페리에 주에(Perrier Jouët), 삐뻬르 에디시엑(Piper-Heidsieck), 폴 로저(Pol Roger), 포므리(Pommery), 뤼나르 페르 에 피스(Ruinart Pèrt & Fils), 살롱(Salon), 때탱제(Taittinger)
- **중간 정도에서 풀한 샴페인(Medium to Full)** : 앙리오(Henriot), 루이 뢰데레(Louis Roederer)
- **풀하고 리치(Full Rich)** : 볼랭제(Bollinger), 그라티엔(A. Gratien), 크뤼그(Krug), 그라띠엥(A. Gratien), 뵈브 클리코(Veuve Clicquot)

4 샴페인의 최적 음용시기

- **논 빈티지 샴페인(Non-Vintage Champagne)** : 2~3년 내이므로 구입하여 즉시
- **빈티지 샴페인(Vintage, Prestige Cuvée Champagne)** : 10~15년 장기보관 가능

5 샴페인 병과 거품

샴페인 병의 사이즈(Bottle Size)와 명칭은 다음과 같다.

표 5-5 샴페인 병 사이즈[142)]

명칭	용량(리터)	온스	비 고
스프릿(Split)	0.188	6.3	1.5 glasses
하프 바틀(Half-bottle)[143)]	0.375	12.7	2.5 glasses
바틀(Bottle)	0.75	25.4	5 glasses
매그넘(Magnum)	1.5	50.7	2 bottles
제로보엠(Jeroboam)	3.0	101.4	4 bottles
르호보암(Rehoboam)	4.5	152.1	6 bottles
므두셀라(Methuselah)	6.0	204.8	8 bottles
살마나자르(Salmanazar)	9.0	307.2	12 bottles
발타자르(Balthazar)	12.	409.6	16 bottles
느부갓네자르(Nebuchadnezzar)	15.	507.	20 bottles

141) Kevin Zraly, ibid, p.164

142) Harold J. Grossman, "*Grossman's Guide to Wines, Beers, & Spirits*", Wiley Publishing Inc, 7th Revised Edition 2006, pp.76과, Karen MacNeil, "The Wine Bible", Workman Publishing, 2001,p.177을 참고하여 재구성.

143) 쿼터 보틀(Quarter bottles)이라고도 하며, 용량은 0.188리터(18.8센티리터=centiliters)가 된다.

또한 샴페인 병의 무게를 줄여 운송비를 절감하고자 하는 시도도 있다. 뽀메리(Pommery)는 2003년부터 기존의 900g보다 7% 가벼운 835g으로 줄여 물류비 절감효과를 보고 있는데 이렇게 하면 한 트럭에 4000개 이상의 병을 더 실을 수 있게 되었다고 밝혔다.
샴페인 병 속의 압력은 6기압 정도로 자동차 타이어 압력의 세 배쯤에 해당되며, 한 병의 거품 숫자는 5,00만개에서 1억 5천만 개로 추정하는 이들도 있다.

4.2 상빠뉴의 생산지

1 상빠뉴의 주요생산지[144)]

- **몽따뉴 드 렝스(Montagne de Reims)** : 랭스 산악지대
- **꼬뜨 데 블랑(Côte des Blancs),**
- **발레 드 라 마른(Vallée de la Marne)** : 마른 계곡
- **꼬뜨 데 바르(Côte des Bar)**
- **꼬뜨 드 세잔느(Côte de Sézanne)**

2 상빠뉴의 크뤼[145)]

(1) 그랑 크뤼(Grand Cru villages)

- **몽따뉴 드 렝스(Montagne de Reims) 지역** : 암본나이(Ambonnay), 보몽 세르 베슬(Beaumont-sur-Vesle), 부지(Bouzy), 루브와(Louvois), 마이(Mailly), 쀠이지으(Puisieulx), 실레뤼(Sillery), 베르제내(Verzenay), 베르지(Verzy)
- **꼬뜨 데 블랑(Côte des Blancs)지역** : 아비제(Avize), 슈이(Chouilly), 크라망(Cramant), 레 메스닐 쉬르 오제르(Le Mesnil sur Oger), 오제르(Oger), 와리(Oiry)
- **발레 드 라 마른(Vallée de la Marne)지역** : 아이(Aÿ), 뚜르 쉬르 마른(Tours sur Marne)[146)]

(2) 프러미에 크뤼(Premier Cru)

아베나이(Avenay), 샹삐용(Champillon), 쉬니 레 로즈(Chigny les Roses), 꾸이(Cuis), 뀌미에르(Cumières), 디지(Dizy), 오비레이(Hautvillers), 그로브(Grauves), 마뢰이 쉬르 아이(Mareuil sur Aÿ), 릴뤼 라 몽따뉴(Rilly la Montagne), 트레빠이(Trépail), 베르튀(Vertus)

---

144) Karen MacNeil, "The Wine Bible", Workman Publishing, 2001, pp.166-167.
케빈 즈랠리(Kevin Zraly)는 "Windows on the world Complete Wine Course"(Sterling Publishing Co, 2005)에서 Mountain of Reims, Côte des Blancs, Valley of the Marne, Côte des Bar의 네 군데로 분류하고 있다.

145) Ed McCarthy, "*Champagne For Dummies*", IDG Books Worldwide, 1999, pp.45-46

146) 뚜어 쉬르 마른(Tours sur Marne)의 그랑 크뤼는 레드품종으로만 되어 있고, 프러미에 크뤼는 샤르도네로 된다.

• 상빠뉴의 생산지로서 그랑 크뤼와 프리미에 크뤼를 제외한 곳이다.[147)]

4.3 샴페인 제조방법

샴페인 제조방식을 메토드 샹프누아즈(Méthod Champenoise)라고 하며 상빠뉴 이외의 지역에서는 이 또한 사용할 수 없다.

(1) 포도수확(Harvest)

9월 중순에서 10월 초에 걸쳐 잘 익은 포도를 선별하여 손으로 수확한다.

(2) 압착(Pressing the Grapes)

4000kg 포도에서 2,550리터의 포도즙을 얻는다. 압착은 적포도의 껍질에서 색소가 우러나오지 않도록 신속하게 한다.
첫 번째 압착을 퀴베(cuveé), 두 번째 압착을 타이유(taille)라고 하며 프레스티지 퀴베 샴페인 퀴베만 사용하고 샴페인은 '타이유'까지만 사용할 수 있다.

(3) 1차 발효(Fermentation)

수확한 포도를 압착해 나온 포도즙으로 하며, 보통 포도품종별로 따로 대형 스테인리스 스틸 탱크에서 발효시킨다.
포도즙 속에 있는 당분이 효모 작용하는 것을 발효라 하며 이때 알코올과 탄산가스가 만들어지는데 탄산가스는 공기 중으로 날아가고 2~3주가 되면 기포가 없는 일반적 와인인 스틸와인(still wine)이 된다.

(4) 블렌딩(Blending)

아상블라쥬(assemblage)라고 하며 3월~4월에 시작한다. 어떤 포도 품종을 어떤 비율로 배합할 것인지, 어느 해 담은 와인을 얼마나 섞나, 어느 포도밭의 것을 얼마나 섞는지를 정해야 한다. 그리고 이 배합기술에 따라 샴페인의 스타일이 결정되기 때문에 이 기술을 '예술(blender's art)'이라고 부른다.

---

147) Arconville, Avirey Ligney, Bagneux la Fosse, Bar sur Aube, Bar sur Seine, Bergères les Vertusi, Bethon, Bezannes, Billy le Grand, Bisseuil, Bligny, Bouilly, Boursault, Breuil, Le Brouillet, Buxeuil, Celles sur Ource, Cerseuil, Châlons en Champagne, Chamery, Charly sur Marne, Château Thierry, Châtillon sur Marne, Chavot, Chenay, Coligny, Colombé le Sec, Courteron, Cuchery, Damery, Écueil, Épernay, Etoges, Gueux, Gyé sur Seine, Janvry, Jouy les Reims, Landreville, Leuvrigny, Ludes, Mancy, Mardeuil, Merfy, Merry sur Arce, Mesneaux, Montgueux, Le Montbré, Montgenost, Moslins, Moussy, Mutigny, Neuville aux Larris, Neuville sur Seine, Œuilly, Pargny les Reims, Pouillon, Pierry, Prouilly, Reims, Reuil, Les Riceys, Les Romery, Sacy, Saint Martin d'Ablois, Sept Saulx, Saulchery, Sermiers, Serzy et Prin, Taissy, Tauxières, Trigny, Trois\Puits, Urville, Vandières, Vaudemagne, Venteuil, Vert Toulon, Villeneuve Renneville, Villedommange, Villers Allerand, Villers aux Nœuds, Villers Marmery, Villers sous Châtillon, Ville sur Arce, Vinay, Vincelles, Voipreux

(5) 병입(Liquer de Tirage)

티라쥬(tirage)라고 하며, 블렌딩한 와인에 재발효를 일으키기 위해서, 당분과 효모의 혼합액을 첨가해 병에 넣고 임시마개로 밀봉한다.

(6) 2차 발효(Second Fermentation)

병입한 와인 병을 옆으로 눕혀서 10~12° 사이에서 보관한다. 이때 서서히 발효가 진행되며, 찌꺼기도 바닥에 가라앉게 된다. 또 알코올함량도 1~2% 증가하게 된다.

(7) 숙성(Aging)

발효가 끝나면 지하 셀러로 옮겨 숙성시키며, 이때 이스트 찌꺼기와 와인이 접촉하면서 향이 더 좋아진다. 빈티지를 표시 하지 않은 것(non-vintage champagne)은 15개월 이상(18~30개월) 숙성시키며, 빈티지 와인은 3년 이상 숙성시킨다.

(8) 병돌리기(remuage)

'르뮈아쥬'라고 하며 샴페인 전문 용어로 '돌리다'라는 뜻이다. 샴페인은 2차 발효로 생성된 탄산가스가 발생하면서 병 속에 찌꺼기가 남아있다. 이때 탄산가스의 손실 없이 찌꺼기를 제거하기 위해서, 뿌삐트루(pupître)라는 'ㅅ' 모양의 45° 경사진 나무판에 구멍을 뚫고 샴페인을 꽂아 넣고 병을 회전시키면 찌꺼기가 밑으로 침전되어 병목 부분에 쌓인다. 이 작업은 사람이 손으로 병을 하나씩 회전해야 하는 작업으로 1명의 전문가가 하루에 4~5만병을 돌리는데 8주 정도 소요된다.(1회에 약 3센티 정도 회전 × 8회) 요즈음은 지로파렛(gyropalette)이라는 기계로 대체하는 곳도 있는데 이 기계로는 일주일에 이 작업이 다 완료된다.

(9) 침전물 제거(dégorgement-데고르쥬망)

샴페인이 병 속에서 2차 발효를 거치면서 병목 부분에 모인 침전물을 제거하는 것이다. 병을 거꾸로 세워서 병목 부분을 순간냉동 시킨 후 마개를 열면 탄산가스 압력에 의해서 찌꺼기를 포함한 얼음이 밖으로 튀어 나온다. 이 과정을 거치면 맑고 깨끗한 샴페인을 만들 수 있다.
이 침전물을 오래 품고 있으면 풍미가 좋아지므로 '블랭저'사에서는 'Bollinger R.D'라고 표기하며' 최근에 침전물을 제거함(Recent dégorgement)'이라는 뜻이다.

(10) 보충(Dosage)

'도자쥬(dosage)'라 하며 침전물이 포함된 얼음을 제거하고 그 빈 공간만큼 다른 샴페인이나 설탕물을 첨가하는 것을 말한다. 이때 첨가된 설탕물의 농도에 따라서 샴페인의 스타일이 결정된다.
'도자쥬' 후에 정식 코르크로 밀봉하면 한 병의 샴페인이 완성된다.

4.4 로제 샴페인(Rosé Champagne)

로제 샴페인은 18세기에 처음 나왔지만 활발하게 생산되기 시작한 것은 오래 되지 않았다. '동 페리뇽 로제'는 1970년대에 상업화 되었고 1983년이 되어 '크뤼그 로제'가 출현하였다.
대부분의 로제 샴페인은 샴페인 원액에 피노 누아 와인을 섞어 만든다. 레드품종의 포도를 압착해 장미빛깔을 얻은 후 재빨리 제거하는 세녜(Saignée)방식은 비용이 많이 든다. 따라서 로제샴페인은 블렌딩의 피노 누아의 비율이 높다. 드물지만 샤르도네만으로 만든 샴페인에 레드와인을 첨가해 만든 것도 있기는 하나 그리 환영받지 못한다.
동 페리뇽, 크뤼그, 크리스탈이 로제 샴페인의 삼총사로 일컬어진다.

4.5 유명 샴페인 생산사

- **알프레드 그라띠엣(Alfred Gratien)** : 에페르네(Épernay) 소재
  Brut Classique Vintage Brut, Cuvée Paradis, Cuvée Paradis Rosé
- **빌까르 사몽(Billecart Salmon)** : 마뢰이 쉬르 아이(Mareuil Sur Aÿ) 소재
  Vintage Blanc de Blancs, Brut Rosé(non-Vintage), Cuvée Elisabeth Salmon Rosé(Vintage)
- **바롱 드 로쉴드(Champagne Baron De Rothschild Brut)** : 랭스(Reims)소재
  Barons de Rothschild Brut, Blanc de Blanc[148)]
- **블랭저(Bollinger)** : 007 영화 시리즈 중 '로열 카지노', '퀀텀'을 비롯해 모두 9편에 등장해서 '제임스 본드'샴페인이라 불린다.

- **브르노 빠이야르(Bruno Paillard)** : 랭스(Rheims) 소재
  Brut Première Cuvée, Rosé Bru Première Cuvée(non-Vintage), Chardonnay Réserve Privée, Vintage Brut

---

148) 보르도의 로쉴드가문의 세 곳, '도멘 바롱 드 로쉴드', '바롱 필립 드 로쉴드', 그리고 샤또 클라르크(Château Clarke : 리스트락)를 소유한 로쉴드(Baron Benjamin de Royhschild), 이 세 집에서 파트너십 계약을 하고 2006년부터 샴페인을 만들기 시작했다.

- **까띠에(Cattier)** : 시니 레 로즈(Chigny Les Roses) 소재.
  Brut Blanc de Blancs, Vintage Brut, Clos du Moulin
- **샤를르 하이섹(Charles Heidsieck)** : 랭스(Rheims) 소재
  Brut Réserve Mis en Cave, Millésimé Brut, Vintage Rosé Brut, Blanc des Millénaires
- **크뤼그(Krug)** : 세계 최고의 샴페인을 놓고 크리스탈과 자리를 다투는 샴페인으로 로버트 파커가 최고 등급으로 꼽고 있다.[149]
- **데츠(Deutz)** : 아이(Aÿ) 소재.
  Brut Classic, Cuvée William Deutz, Cuvée William Deutz Rosé
- **두외이야르 마에(Doyard-Mahé)** : 물랭 다르장솔 베르뛰(Moulin d'Argensole Vertus) 소재, 1889년 설립.
  Doyard-Mahé Millésime Brut
- **드라피에(Drappier)**
  위르빌(Urville : 바 쉬르 오베(Bar sur Aube) 소재, 1808년 설립.
  2009년에 샴페인으로서는 처음으로 아황산염을 첨가하지 않은 샴페인을 만들었다.
  Grande Sendrée Vintage Brut, Brut Carte D'or
- 뒤발 르루아(Duval-Leroy),[150] 1859년 설립
- **고쎄(Gosset)** : 아이(Aÿ) 소재.
  Grande Réserve Brut, Grand Millésimé Brut, Grand Rosé, Celebris Brut
- **하이섹 모노폴(Heidsieck & Co. Monopole)** : 에페르네(Épernay)에 소재.
  Blue Top Brut, Diamant Bleu
- **자끄송(Jacquesson)** : 디지(Dizy)에 소재
  Vintage Blanc de Blanc, Signature, Signature Rosé, Dégorgement Tardif

---

149) 크뤼그(Krug)는 랭스(Rheims)의 메닐-쉬르-오제르에 소재, 1843년 '요한 요제프 크루그'가 설립하였고 1971년 크뤼그가문이 매입한 후, 1998년에 LVMH그룹에서 인수하였다. 미국의 음식 칼럼니스트 폴 레비는 '천사가 특히 착할 경우, 하느님이 천사에게 내리는 샴페인이다'는 찬사를 보냈다. '샴페인이 비싸다고 불평하는 사람들에게 해답을 제시하는 샴페인이다'라는 칭찬도 받고 있다. 어니스트 헤밍웨이, 우디 알렌, 앨튼 존, 카트린느 드뇌브, 샤론 스톤, 마돈나, 조르조 아르마니, 데이비드 베컴, 마리아 카잘스, 나오미 캠벨, 이브 몽탕, 코코 샤넬 등이 크뤼거 애호가로 알려져 있다. 생산량이 '동 페리뇽'의 10분의 1에 불과하다.
- Grande Cuvée, Vintage Brut, 클로 뒤 메닐(Clos du Mesnil), Rosé Brut, Krug Collection.

150) 뒤발 르루아(Duval-Leroy)는 2009년 스파클링 와인 중에서는 최초로 금속 마개를 선 보였다. 이것은 리오 틴토 알칸(Rio Tinto Alcan) 사의 자회사인 캐나다 기업 알칸 패키징(Alcan Packaging)사가 만들었으며 이 회사는 이미 알루미늄으로 만든 스크류캡 와인마개를 대량 생산하고 있다.
- Brut, Demi Sec, Extra Brut, Vintage, Design Paris, Clos des Bouveries, Cuvée Femme de Champagne, Authentis Cumières

- **로랑 빼리에(Laurent Perrier)** : 뚜르 쉬르 마른느(Tours sur Marne) 소재 1812년 삐에로(Alphonse Pierlot)가 처음 만들기 시작했다.
  그랑 시에클 알렉산더 로제(Grand Siècle Alexandra Rosé)[151]의 '그랑 시에클'은 '찬란한 시대'라는 뜻의 드골 전 대통령이 직접 지은 이름이다.

- **루이 뢰데레(Champagne Louis Roederer)** : 랭스(Rheims) 소재, 1776년 설립.
  루이 레데레의 크리스탈(Cristal)은 러시아 황실에 샴페인을 공급하던 로데레사가 1876년 알렉산더 2세의 명을 받고 투명한 크리스털(crystal) 병으로 탄생시킨 샴페인으로, 왕실 전용이었다. 지금은 유리병을 사용하지만 이름과 명성은 그대로이다. 캐비아, 굴, 가리비, 왕새우, 가재 등의 해산물과 잘 어울린다.

- **마이유(Mailly : Association of Mailly Champagne Produsers)**
  랭스에 소재하는 70여개의 회원이 1929년 설립한 것으로 공동조합 형식이다. 쌍빠뉴의 319개 AOC 크뤼[152] 중에 17군데만이 그랑 크뤼이며 이 그랑 크뤼에서만 수확한 포도로 만든 샴페인을 양조한다. 레이블의 'Mailly Grand Cru'가 그 표시다.

- **모에 샹동(Moët & Chandon)** : 에페르네(Épernay) 소재
  동 페리뇽(Dom Pérignon)[153]의 동(Dom)은 수도사를 존대할 때 부르는 호칭이었으며, 페리뇽은 샴페인을 처음 만든 프랑스 오비예 수도원의 수도사 '피에르 페르뇽(1669~1715)'에서 이름을 따온 것이다.

- **모리츠(Champagne Morize Père & Fils)** : Les Riceys 소재
  61830년 설립.
- **멈(Mumm)** : 랭스(Rheims) 소재, 프랑스에서는 가장 잘 나가는 브랜드로 판매량으로는 세계 3대 와인이다.[154]
  Mumm de Cramant(논 빈티지, 블랑 드 블랑)

- **빼리에 주에(Perrier Jouët)** : 에페르네(Épernay) 소재.[155]

151) 그랑 시에클 알렉산더 로제(Grand Siècle Alexandra Rosé)는 세녜(Saignée)방식의 대표적 로제 샴페인.
- 퀴베 로제 브뤼(Cuvée Rosé Brut)는 샴페인 하우스 최초로 스틸 탱크를 사용하여 만들었다.

152) 크뤼 AOC 258개, 프러미에 크뤼 44개, 그랑 크뤼 17개(2011년 8월 31일 현재)

153) 동 페리뇽(Dom Pérignon)은 1952년 영국 여왕 엘리자베tm 2세의 대관식 공식 샴페인, 1981년 찰스 왕세자가 결혼 때에도 사용되었다. 서양영화에서 남자가 여자를 유혹할 때 무기로 쓰는 단골 술이기도 하다.

154) 멈(Mumm)의 까브(저장고)는 1853년부터 70년이 걸려 만든 지하 15m 깊이에 길이가 25km에 이르며 2500만병이 숙성되고 있다. 활기찬 젊은이에게 어울린다.

155) 빼리에 주에(Perrier Jouët)는1811년 탄생 이후 변함없이 사랑받는 와인으로 '눈으로 마시는 샴페인'이라는 찬사를 받는다. 병 디자인은 아르누보 유리공예가인 '에밀 갈레'의 아네모네를 모티브로 한 것이다.

- **피리뽀나(Philipponnat)** : 마뢰이 쉬르 아이(Mareuil sur Aÿ) 소재
- **피뻬르 에디시엑(Piper Heidsieck)** : 랭스(Rheims) 소재
  프랑스 마리 앙투아네트 왕비가 아껴서 유럽 왕실 14개국의 공식 샴페인이 되기도 했다.[156]

- **폴 로저(Pol Roger)**[157]
  윈스턴 처칠'이 평생 폴 로저를 사랑했던 보답으로, 1965년 처칠경이 죽자 영국 시장에 출하되는 자사의 모든 샴페인 병에 25년간 검은 리본을 조기(弔旗)로 달아 그를 애도했다. 또한 빈티지가 좋은 해에만 윈스턴 처칠(Cuvee Sir Winston Churchill)이라는 이름으로 명품을 만들고 있다. 피노 누아로 만든 '폴 로저'는 진한 농도와 잘 숙성된 우아한 샴페인으로 감칠맛을 보인다.

- **뽀므리(Pommery)**[158] : 랭스(Rheims) 소재

- **뤼나르(Ruinart)** : 랭스(Rheims) 소재, 1729년 설립.
- "R" de Ruinart Brut Rosé, "R" de Ruinart Brut Vintage, Dom Ruinart[159]

- **샬롱(Salon)** : 르 메스닐 쉬르 오제르(Le Mesnil sur Oger) 소재.
  품격을 중시하는 CEO에게 어울리며 일본에서 인기 있다. 샴페인은 한 가지만 나온다.
- **때탱제(Taittinger)**[160] : Comtes de Champagne[161]
- **따랑(Champagne Tarlant)** : Oeuilly 소재, 1687년 설립
- **뵈브 끌리꼬 퐁사르댕(Veuve Clicquot Ponsardin)** : 랭스(Rheims) 소재, 1772년 설립.

---

156) 1785년 설립된 곳으로, 마릴린 몬로는 "나는 샤넬 No.5로 잠자리에 들고 피뻬르 하이섹으로 아침을 시작한다"고 했다. 설립 200주년인 1985년에 출시한 퀴베 레어(Cuvee Rare)의 병 디자인은 쥬얼리 브랜드 '반 클리프 앤 아펠'사가 맡았다.

157) 폴 로저(Pol Roger)는 1849년 '무슈 폴 로저'가 설립한 곳으로 에페르네(Épernay)계곡과 '꼬뜨 데 블랑'에 80헥타르의 포도밭을 소유한 와이너리이다.
- non-Vintage Brut, Vintage Brut, Vintage Chardonnay Brut, Réserve Spécial PR(Pretisge cuvée), Cuvée Sir Winston Churchill

158) 뽀므리(Pommery)는 루브르박물관에 밀레의 '이삭 줍는 여인'을 기증하였다.
- Brut Royal Apanage, Brut Rosé, Vintage Brut, Louise, Louise Rosé

159) 동 뤼나르(Dom Luinart)는 프랑스에서도 엘리제궁처럼 극히 제한되고 특별한 장소에서만 서빙 될 정도로 귀한 샴페인이다. 콩코드 비행기의 파리-뉴욕 간 첫 비행 때부터 기내 서빙이 시작됐고, 대한항공이 1999년부터 일등석에서 서빙하고 있다.

160) 1734년 설립된, 샴페인 제조사 중 세 번째로 오래된 곳. 원래 Mailly에 있었으나 제1차 세계대전 때 이 지역에 주둔했던 군 장교 태땡저(Pierre Taittinger)가 구입하여 이름도 Fourneaux에서 태땡제로 바꾸며 '랭스'로 소재를 옮겼다. 지하창고는 깊이가 10~20m, 총연장이 200km 정도 된다.

161) 콩테 드 쌍빠뉴Comtes de Champagne)는 샤르도네로 만들어 가볍고 섬세하여 여성들에게 어필하고 있다. 영국의 'International Wione Challenger'에서 2004~2005년 연속 금메달을 수상하였고, Air France, British Airway, 아시아나 등 항공사들에 기내용으로 공급되었다.

라 그랑 담(La Grande Dame)은 '위대한 여인'이라는 칭호를 받은 뵈브 클리코 퐁사르당(Veuve Clicquot Ponsardin)여사의 이름으로 레이블에 남은 샴페인이다. 퐁사르당여사는 27세에 과부(veuve)가 되어 평생 샴페인을 만들었으며, 샴페인 속의 찌꺼기 제거방법을 개선하는 뿌삐트루(pupître)를 발명하여 세계 최초로 맑고 투명한 샴페인 제조에 성공했다.

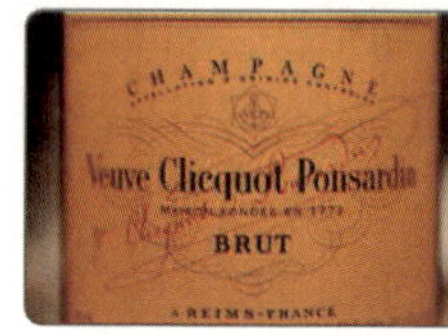

- Vintage Reserve Brut, Vintage Rosé Reserve, La Grande Dame

제 5 절 알자스(Alsace)

프랑스의 북동쪽 코너로 보쥬(Vosges)산맥의 측면이다. 라인(Rhine)강과 독일서남부의 슈바르츠발트 삼림지대가 독일과의 경계를 만들어주는 독일 국경에 인접한 구릉지다. 보쥬(Vosges)강에서 발원한 여섯 개의 강이 97km를 흘러가면서 포도원을 잘 육성하여 주는데 170km에 이르는 포도원 가도(街道)는 장관을 이룬다.

알퐁스 도데의 '마지막 수업'으로 잘 알려진 이곳은 독일과의 끊임없는 분쟁지역이었던 곳이다. 그 유산으로 독일어가 공용으로 쓰이며 음식이나 주거환경 그리고 와인에서까지 독일적인 특성이 묻어난다. 알자스는 17세기에 프랑스에 속해졌다가 1871~1919년 사이에는 독일로 편입된 적이 있었다. 포도 품종은 독일과 거의 같지만 다른 점은 대부분의 독일와인이 미디움 드라이나 스위트한 반면 알자스 와인은 드라이한 편이다.[162)]

5.1 알자스의 포도 품종

1 화이트 품종

리슬링 23%, 게비르츠트라미너 19%, 피노 블랑 20%, 피노 그리 7%[163)]와 뮈스까, 샤르도네, 실바너를 사용한다.

- 리슬링(Riesling) 알자스와인의 왕. 과일향을 가지며 탄탄하고 견고한 드라이 와인을 만든다. 몇 년 내에 소비해야 하지만, 좋은 빈티지는 10년이나 그 이상의 장기보관이 가능하다.
- **게비르츠트라미너(Gewürztraminer)** : 강렬하고 색다른 향긋한 향과 맛을 가지고 있어 좋아하는 사람과 싫어하는 사람으로 나뉘는 품종이다. 신맛이 적고 알코올 도수가 높은 특성을 알자스에서 잘 드러내주며 그 조화는 풍만함과 부드러움으로 나타난다.

---

162) Ornella d'Alessio, Marco Santini, "*Wine Country Europe*", Rizzoli International Publications, 2005, pp-134-145
163) Kevin Zraly, ibid, p.21

- **피노 블랑(Pinot Blanc)** : 알자스의 네 가지 화이트 주품종 중 가장 가벼워서 전통적인 알자스 스타일을 다시 생각하게끔 하는 와인을 만들어 낸다. 대부분이 아주 드라이하며 일부는 미디움 드라이하며 시음기간은 빨리 소비하는 편이 좋다.
- **피노 그리(Pinot Gris)** : 이태리의 피노 그리지오(Pinot Grigio)와 같은 품종에 속하기는 하지만, 알자스의 것은 풍성하고 향긋하게 그리고 풀-바디의 개성 있는 와인을 만들어낸다.[164]

2 레드 품종

알자스의 유일한 레드로 '피노 누아'를 재배하나 그리 많지는 않다.

5.2 알자스 와인의 특징

위도 상 북쪽에 있어 추운 기후일 것이라 예상하지만 보쥬(Vosges)산맥의 보호로 따뜻한 편이며, 프랑스에서도 가장 건조한 지역 중의 한 군데로 포도 육성에 좋은 기후이다.

1 알자스의 AOC(Alsace AOC)

알자스 와인은 세 가지 AOC로 나뉘어진다.

(1) 알자스 그랑 크뤼 AOC(Alsace Grand Cru AOC)

1983년 25개의 아주 좋은 와이너리가 법적으로 우수하다고 처음 인정받아 그랑 크뤼(Grand Cru)로 인정받은 후 같은 해에 23개가 더해졌고, 1988년에 두 군데, 1990년에 한 군데가 더 추가되어 총 51개가 된다. 51번째로 추가된 캐퍼코프(Kaefferkopf)는 꼴마르지역 인근에 있는 아메르쉬비르(Amerschwihr)의 작은 마을이다. 총 71ha로 화강암과 석회암질의 토양이다. 리슬링, 게비르츠트라미너, 피노 그리, 뮈스까의 네 품종으로만 만들어야 한다.[165] 대부분 지역 이름과 같은 포도 품종을 사용한다. 다른 곳과는 달리 알자스에서는 한 포도밭(single vineyard)의 와인은 품질이 낮으며, 따라서 그랑 크뤼가 될 수 없다.[166]
알자스에는 '미슐랭'의 별을 받은 레스토랑이 26곳으로, 별 셋도 세 군데가 있다. 리크위르(Riquewihr)는 아름다운 관광 마을로 와인과 더불어 15~16세기에 지어진 옛 건물들도 이채롭다.

(2) 알자스 AOC

알자스지방 와인의 대부분이 이 AOC 이름으로 생산되며 블렌디드 화이트와인이다.

---

164) 토카이-피노 그리(Tokay-Pinot Gris)라고도 하며, 이는 헝가리의 유명한 디저트와인인 토카이(Tokaji)에서 따 왔지만 아무런 연관이 없는 알자스와인이다.

165) Karen MacNeil, "*The Wine Bible*", Workman Publishing, 2001, pp.281-282

166) Ed McCarthy, Mary Ewing-Mulligan, "*French Wine for Dummies*", Wiley Publishing, Inc, 2001, p.181

게비르츠트라미너, 리슬링, 피노 그리, 뮈스까, 피노 블랑, 피노 누아, 실바너, 카셀라(Chasselas) 품종이 사용된다.
위겔 잔티(Hugel Gentil & Fils)는 미국에서 제일 많이 팔리는 알자스 와인이다.

(3) 크레망 달자스 AOC(Crémant d'Alce AOC)

알자스 지방의 스파클링 와인은 6가지 품종만 사용될 수 있다. 피노 블랑이 기본으로 사용되며 다른 품종이 블렌딩 될 때에는 피노 그리, 리슬링, 옥세루아(Auxerrois), 샤르도네, 그리고 피노 누아만 사용된다.

2 생산 와인과 병

화이트와인을 91% 생산. 플루트(flûte)라고 부르는 목이 긴 병을 사용한다.

3 추천 와이너리[167)]

메종 트랭바흐(Maison Trimbach)[168)], 도멘 진트 훔브레흐트(Domaine Zind Humbrecht)[169)], 위겔 에 피스(Hugel et Fils)[170)], 도멘 마르셀 다이스(Domaine Marcel Deiss), 도멘 바인바흐(Domaine Weinbach), 레옹 베에(Léon Beyer), 도프 오 믈랭(Dopff Au Moulin), 외에 여러 곳[171)]이 있다.

167) Karen MacNeil, ibid, pp.290-292

168) 트랭바흐(Maison Trimbach)는 1626년 'Jean Trimbach'가 만든 곳이다.
- Classic Range, Reserve Range, Reserve Personnelle Range, Prestige and Collection Wines
- 클로 생트 윈느(Riesling Clos Sainte Hune)는 최저 5년의 숙성, 적정 숙성을 10~15년으로 권하지만 20년이 되어야 맛이 제대로 살아난다고 알려져 있다. 연간 8~9000병 생산.
- Vendanges Tardives(Late Harvest), Selection de Grains Nobles(Noble Rot) 공히 10~15년의 숙성이 필요하다.

169) 진트 훔브레흐트(Domaine Zind Humbrecht)는 1959년에 'Zénon Humbrecht'와 'Emile Zind'가 같이 만든 도멘으로, Heimbourg 리슬링은 2011년 2월 IOC 2018동계올림픽 평가단이 내한했을 때 피닉스파크에서 이건희회장이 선정하였고, 셀렉시옹 드 그랭 노블(Sélectuon de Grains Nobles)은 세계 100대와인 리스트에 오른다.

170) 위겔 에 피스(Hugel et Fils) Tokay Pinot Gris, Sélectuon de Grains Nobles

171) Confrérie Saint-Etienne, Domaines Schlumberger, Domaine Weinbach, Kuentz Bas, Marc Tempé, Becker, Domaine Sipp Mack, Domaine Paul Blanck, Domaine Bott Frères, Domaine Jean Sipp

제 6 절 루아르(Loire)

루아르 강을 따라 동서로 1200km에 걸쳐있는 가장 긴 포도 재배지역으로 고성(古城)과 숲이 어우러진 아름다운 풍광으로 '프랑스의 정원'으로 부르고 있다.

와인의 종류도 다채로워서. 레드에서 화이트, 로제, 스파클링 와인까지, 그리고 아주 드라이한 와인에서 아주 스위트한 와인에 이르기까지 이곳에서는 모든 스타일의 와인이 생산되고 있다. 그 중에서 로제 와인은 모든 타입을 생산하고 있어 '로제와인의 보고(寶庫)'라고도 하며, 특히 화이트 와인의 천국이라 한다.

쉬농(Chinon)과 부르게이(Bourgueil)의 가벼운 레드 와인도 유명한데 이들 와인은 가격도 저렴하여 프랑스인들의 여름 식탁을 많이 장식한다. 소다수나 스파클링 워터를 섞고 얼음을 띄워 마시면 한 여름의 좋은 친구가 된다.

6.1 루아르 와인의 특징

1 루아르의 주 품종

샤르도네, 소비뇽 블랑(상세르, 뿌이 퓌메지역). 셰닝 블랑(부브래(Vouvray)지역), 무스까데

2 루아르 화이트와인의 최적 음용시기

- **뿌이 푸메(Pouilly-Fumé)** : 3~5년
- **상세르(Sancerre)** : 2~3년
- **뮈스까데(Muscadet)** : 1~2년

Tip 알리앙스 루아르(Alliance Loire)

루아르 지방의 9개의 와인 조합이 모여 결성한 와인생산조합 연합회이다. 참여한 와인 조합들 중에 가장 오래된 것은 1929년도에 창립되었고 가장 최근에 설립된 것은 1997년이다. ISO 9000과 HACCP와 같은 품질 시스템을 채용하고 있고 무역과 물류에 대한 통합된 서비스를지원한다.[173)]

172) 라 꺄브 드 쏘뮈르(La Cave de Saumur)는 1957년 창립, 회원수 285, 포도원 1700 ha, 라 꺄브 드 부르게이(La Cave de Bourgueil)는 1931년 창립, 회원수 80, 포도원은 전체 경작지의 1/4인 350ha, 레 비뉴롱 드 라 노엘르(Les Vignerons de la Noelle)는 1953년 창립, 회원수 150, 포도원 850ha, 레 매트르 비뉴롱 낭떼(Les Maitres Vignerons Nantais)는 1997년 창립, 회원수 21, 포도원 220ha, 라 꺄브 드 방돔(La Cave de Vendome)은 1929년 창립, 회원수 70, 포도원 196ha, 라 꺄브 드 부브레(La Cave de Vouvray)는 1953년 창립, 회원수 39명, 포도원 350ha, 비뇨블 뒤 빠라디 아 쉬농(Vignobles du Paradis a Chinon)은 1989년 창립, 지원 노동으로 운영, 포도원 22ha, 꺄브 뒤 오 뿌아뚜(Cave du Haut Poitou)는 1948년 창립, 회원수 195, 포도원 490ha, 비뉴롱 데 꼬또 로마네(Vignerons des Coteaux Romanais)는 1957년 창립, 회원수 35, 포도원 298ha

6.2 루아르의 와인 생산지역

표 5-6 루아르의 와인 생산지역

지역	세부 지역
빠이 낭태(Pays Nantais)	Sèvre et Maine
앙주 소뮈르(Anjou-Saumur)	Anjou-Saumur, Saumur(Saumur Champigny)
뚜렌(Touraine)	부브래(Vouvray), 쉬농(Chinon), 부르게이(Bourgueoi)
Sancerre, Pouilly Fumé	상세르(Sancerre), 뿌이 퓌메(Pouilly Fumé)

1 빠이 낭태(Pays Nantais)

루아르지방의 가장 서쪽에 있으며 대서양에 면해 있는 '낭트'는 '뮈스까데'의 고장이다.

- **뮈스까데(Muscadet)** : 같은 이름의 품종으로 만든 드라이한 화이트와인으로 신선한 맛과 두터운 맛을 동시에 낸다. 대부분의 뮈스까데는 Sèvre et Maine AOC지역에서 생산된다.
  '쉬르 리(Sur lie)'로 표시되어 있는 것은 양조과정에서 침전물을 그대로 둔 채 겨울을 보내고 봄에 윗부분의 맑은 액만을 병입한 것이다.

2 앙주 쏘뮈르(Anjou-Saumur)

(1) 앙주 쏘뮈르

루아르 지방의 서쪽 중앙의 앙제르(Anger)와 소뮈르(Saumur)사이에 위치하며, 포도원의 대부분이 강의 남쪽 연안에 있다. 드라이한 로제와인과 스위트와인이 유명하다. 또한 모든 종류의 다양한 품종의 포도도 재배 가능하다.

- 꼬또 드 레이옹(Coteaux du Layon) AOC, Coteaux du Layon Chaume AOC, Coteaux du Layon Villages AOC는 모두 세닝 블랑 100%의 화이트 와인으로 5~15년 숙성이 필요.
- 로제 당주(Rosé d'Anjou) AOC는 Anjou AOC에서 로제와인만 따로 떼내어 AOC를 부여했다.
- 까베르네 당주(Cabernet d'Anjou) AOC는 1905년부터 까베르네 프랑이나 까베르네 소비뇽으로만 '앙주 로제'를 만든다. 싼 가격으로 벌크판매만 하므로 명성이 평가 절하되어 있다.

(2) 소뮈르(Saumur)

루아르에서 제일 좋은 품질의 스파클링 와인을 생산하는 곳으로 루아르의 스파클링 와인 생산자의 상위 3개사도 이곳에 위치하고 있다.

- **니콜라 졸리(Nicolas Joly)** : 사브니에르(Savennières) AOC

클로 드 라 쿨레 드 세랑(Clos de la Coulée de Serrant)은 '바이오 다이나믹'으로 재배된 포도로 만든 화이트와인이다. 최상의 자연친화적인 환경에서 재배하여 내성이 강해 쉽게 상하지 않으므로 개봉 후 며칠이 지나도 상하지 않는다. 슈냉 블랑(Chenin blanc) 100%로 마시기 하루 전부터 마개를 열어 두기를 권하는 탄탄한 보디감이 있다. 최적 시음기간은 10~15년으로 퀴르농스키[173]가 뽑은 최고의 화이트와인 5개에 몽라셰, 샤또 디켐, 샤또 그리에(론), 샤또 살롱(쥬라)와 함께 이 와인이 올랐다. 역시 '세계 100대 와인' 오너인 니콜라 졸리는 2001년에 '리턴 투 떼루아(Return to Terroir)'[174]를 만들었다.

- **소뮈르 샹삐니(Saumur Champigny) AOC**

까베르네 프랑, 까베르네 소비뇽, 피노 다뉘스(Pineau d'Aunis)로 우아한 레드와인이 나오며 음용 시기는 5~10년.
이곳의 '샤또 드 쉥트르(Château de Chaintres)'에서 하절기의 매주 토요일에 숙식과 테이스팅이 포함되는 와인스쿨이 운영된다.

3 뚜렌(Touraine)

루아르지방의 동쪽 중앙에 위치하며 소뮈르(Saumur)의 우측에 있다. 포도밭 뒤로 아름다운 고성들이 위용을 자랑하는 이 지역은 다양한 와인을 생산한다.
화강암 지대의 포도밭에서는 과일향이 살아있는 부드러운 와인이 나오고, 점토와 석회암이 혼합된 지역에서는 복합적인 향미를 지닌 짜임새가 있는 와인이 생산된다.
부르게이(Bourgueil), 쌩 니꼴라 드 부르게이(Saint Nicolas de Bourgueil), 쉬농(Chinon)에서는 까베르네 프랑 포도를 '브르통(Breton)'이라고 하는 까베르네 프랑의 고장이기도 하다.

(1) 부브레(Vouvray) AOC

슈냉 블랑(Chenin Blanc)의 고장으로, 뚜르(Tours)시의 동쪽에 있다. '슈냉 블랑'으로 세 가지의 와인을 만든다. 주로 만드는 것은 드라이 화이트와인이며, 그 외에 미디움 드라이, 스위트와인인 무아레우(moelleux)와 두(doux)가 있다. 또한 슈냉 블랑은 발효 시 거품을 내는 성질이 있어 빈티지가 좋지 않을

---

173) 퀴르농스키(Curnonsky, 1872~1956)는 '프랑스 국립 원산지 명칭 통제 및 품질관리원(INAO)'의 창립자이자 잡지 '프랑스 와인 리뷰(RVF)', '미슐랭가이드'의 '프랑스요리와 와인' 창간자. '프랑스 와인 아카데미' 창설자.

174) Return to Terroir는 '자연으로 돌아가자'는 취지로 친환경농법을 추구하는 와이너리들의 모임으로 12개국의 150여 곳이 회원으로 가입되어 있다. 알자스 10, 부르고뉴 12, 보르도 10, 쌍빠뉴 3, 코르세 2, 쥬라 2, 랑그독 루시용 8, 루아르 12, 프로방스 6, 론 10, 사보아 1, 쉬드 두스 3, 독일 5, 오스트리아 4, 스페인 8, 이태리 25, 포르투갈 1, 슬로베니아 2, 스위스 1군데이다.

때는 스파클링으로 만든다.

부브레의 와인은 산도와 당도가 알맞은 부드러운 와인이다. 가을에도 일조량이 풍부하여 늦게 수확한 포도로 스위트 와인을 만들기도 하는데 여름의 일조량이 풍부한 해의 스위트는 50년 이상의 숙성이 가능하다.

1928년 설립된 가스통 위에(Gaston Huet)의 퀴베 콩스탕스(Cuvée Constance)는 '세계 100대 와인'에 들어가며 도멘 샹빨루(Domaine Champalou à Vouvray)[175]도 잘 알려져 있다.

(2) 쉬농(Chinon) AOC

프랑스의 정원이라 불리는 곳으로, 레드와 로제는 까베르네 프랑을 주로 사용하며, 까베르네 소비뇽도 10%까지 사용 가능하다. 화이트는 쉐닝 블랑을 사용한다. 샤를르 조제(Charles Joguet)의 '쉬농, 클로 드 라 디오트리(Chinon Clos de la Dioterie)는 '세계 100대 와인'으로 로버트 파커는 "샤를르 조제의 와인에는 이 지역 최고의 와인이라는 평을 들을 만한 무언가 특별한 것이 있다"고 했다.

(3) 부르게이(Bourgueoi) AOC

루아르 지역에서 최초로 '까베르네 프랑'을 재배한 곳으로 '까베르네 프랑'을 주로 사용하지만 까베르네 소비뇽도 10%까지 사용이 가능하다. 레드와 로제와인을 만든다.

'부르게이'에는 와인생산자 조합인 ★ 'Cave Cooperative de vins de Bourgueil'가 있으며 전체 경작지의 1/4 (350ha)을 차지한다.

4 상세르, 뿌이 퓌메(Sancerre, Pouilly Fumé)

루아르 밸리의 동쪽 끝의 지역으로 파리의 바로 남쪽에 위치한다. 좌측으로 상세르(Sancerre), 우측으로 뿌이-퓌메(Pouilly-Fumé)를 두고 북서쪽으로 흐르는 루아르 강은 오를레앙(Orléans)을 지나면서 남서로 꺾어지며 서쪽의 대서양을 향해 흘러간다.

이곳은 소비뇽 블랑이 번성하여 생동감 있는 드라이 와인을 만들어 푸른 잔디의 싱그러운 향을 느끼게 해 준다.

(1) 상세르(Sancerre)

가볍고, 드라이하며 더 생동감이 있어 생선이나 해산물, 여름에 더욱 어울린다.

상세르의 샤비뇰(village of Chavignol)에 터를 잡아 10대를 걸쳐 와인을 만들고 있는 도멘 앙리

---

175) 도멘 샹빨루(Domaine Champalou à Vouvray)는 샹빨루(Catherine & Didier Champalou)가족이 1983년부터 운영하는 곳이다. 셰닝으로 만든 좋은 화이트가 나온다.
- Brut, Sec, Portail, Fondraux, La Moelleuse, Les Tries

부르주아[176]의 소비뇽 블랑과 루시앙 크로쉐(Lucien Crochet)에서 생산된 와인이 알려져 있다.

(2) 뿌이 퓌메(Pouilly Fumé)

상세르 보다는 조금 무거우나 덜 향긋하며 부싯돌이나 미네랄 향이 흥미를 돋운다. 연어와 같은 큰 생선이나 닭고기, 송아지고기에 잘 어울린다.
좋은 뿌이 퓌메는 디디에 다귀뇨(Didier Dagueneau), 라두세뜨(Ladoucette), 도멘 드 샤뜰랭(Domaine de Chatelain)[177], 미쉘 레드 에 피스(Michel Redde et Fils)[178], 그리고 120개의 와이너리가 소속되어 있는 꾸뻬라티브 레 까브 뿌이(Cooperative Les Caves de Pouilly)에서 나오며, 추천 와이너리로는 Boubet-Ladubay, Domaine Bourillon-Dorléans, Domaine Delétang et Fils, Domaine Henri Bourgeois, Domaine Laporte, Gratien Meyer, Prince Poniatowski[179]가 있다.

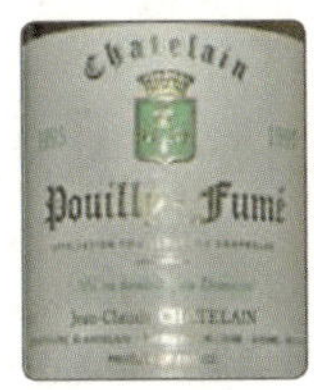

제 7 절 론(Rhône)

프랑스 남부 '꼬뜨 뒤 론(Côte du Rhône)'. 스위스 남부 알프스에서 발원하여 제네바 호수를 거쳐 지중해를 향해 남쪽으로 흘러가는 론 강의 양쪽으로 펼쳐진 지역이다.
이곳의 와인 산지는 한 때 교황청이 있었던 고도 아비뇽에서 북쪽으로 220km에 이르는 지역까지 분포되어 있다. 이곳의 와인을 '태양의 와인'이라고 할 정도의 태양 볕이 작렬하는 곳에서 재배된다. 따라서 포도는 완전히 익어 풍부한 향기를 지니며 당분 함량이 높고, 발효과정에 의해 알코올 도수가 높아지는 것이다.

---

176) 도멘 앙리 부르주아(Domaines Henri Bourgeois)의 SANCERRE BLANC, Grande réserve Sancerre, Les Bonnes Bouches, Les Baronnes, M.D. de Bourgeois, La Côte des Monts Damnés, La Chapelle des Augustins, Etienne Henri 등은 100% 소비뇽 블랑으로 만든 와인들이다.

177) 도멘 드 샤뜰랭(Domaine de Chatelain)은 뿌이 쉬 루아르(Pouilly sur Loire)에서 1630년부터 와인을 빚던 곳이다. 샤뜰랭(Jean Claude & Geneviève Chatelain)이 뿌이 퓌메의 여섯 군데 마을(communes)에서 생산한다.
- Pouilly Fumé, Domaine Chatelain, Saint Laurent, Les Chailloux, Les Charmes Chatelain, Chatelain Prestige, Pilou(스위트), Pouilly sur Loire, Sancerre Sélection

178) 미쉘 레드 에 피스(Michel Redde et Fils).
- Majorum, La Moynerie, Les Cornets, Les Champs des Billons, Petit Fume

179) Karen MacNeil, ibid, p.273

레드와인의 생산이 91%로 우세하지만하지만 화이트, 로제, 스파클링 와인도 생산하고 있다. 지역과 기후의 영향으로 높은 알코올 도수와, 색이 진하고 묵직한 복합적인 특색을 지닌다.

7.1 론 와인의 특징

1 론(Rhône)의 주 포도품종

레드로는 시라(Syrah : Hermitage, Côte-Rôtie지역). 그르나슈, 무르베드르가 주품종이고 까리냥도 일부 사용된다. 와인을 만들기 전에 부드럽게 하기 위하여 소량의 화이트 포도즙을 혼합하기도 한다.
화이트는 비오니에(Viognier : Condrieu, Côte-Rôtie지역)를 많이 쓴다.

2 론(Rhône)의 와인 생산량과 가격

- **꼬뜨 뒤 론(Côte du Rhône)** : 58% $
- **꼬뜨 뒤 론 빌라쥬(Côte du Rhône Villages)** : 8% $$
- **꼬뜨 뒤 론 크뤼(Côte du Rhône Cru)** : 10% $$$$
- 기타(24%).[180]

3 론(Rhône) 와인의 최적음용 시기

표 5-7 최적 음용시기

와인 명	음용 시기
따벨(Tavel)	2년 이내
꼬뜨 뒤 론(Côtes du Rhône)	3년 이내
크로제 에르미따주(Crozes-Hermitage)	3년 이후
샤또뇌프 뒤 빠프(Châteauneuf-du-Pape)	5년 이후. 고품질의 와인은 10년 이후
에르미따주(Hermitage)	7~8년. 좋은 빈티지의 상급와인은 15년

7.2 론(Rhône)의 와인 생산지역

론은 북부와 남부로 와인 생산지역이 뚜렷이 구분되어 있다.

180) Kevin Zraly, ibid, p.101

표 5-8 론 와인 생산지역

지역	AOC
북부 론(Nothern Rhône)	Crozes Hermitage, Côte Rôtie, Hermitage, Condrieu, Château Grillet, Saint Joseph, Cornas, Saint Péray
남부 론(Southern Rhône)	Châteauneuf du Pape, Gigondas, Lirac, Tavel, Vacqueyras, Côtes du Rhône, Côtes du Rhône Villages, Muscat de Beaumes de-Venise

1 북부 론(Nothern Rhône)

리용(Lyon)의 바로 밑 남쪽에 있는 비엔느(Vienne)에서 시작하여 더 남쪽의 발랑스(Valence)에 이르는 60km 가량의 좁고 긴 띠 모양의 지역이다.
서늘하고 건조한 북풍을 동반하는 대륙성기후로 대부분 단일 품종으로 와인을 빚는다.

■ 북부 론(Rhône)의 크뤼(Cru)

(1) 크로제 에르미따쥬(Crozes Hermitage)

에르미따쥬 북쪽 마을로 가격이 저렴하며 빨리 숙성되는 맛이 진한 레드와인을 만단다. 시라 품종에 루싼느와 마르산느를 15% 정도 블렌딩한다.

(2) 꼬뜨 로티(Côte Rôtie) AOC

꼬뜨 로티는 '불타는 언덕'이란 뜻이나 이 곳에서는 '사랑스런 언덕'으로 부르고 있다. 주로 시라를 재배하며 비오니에를 사이사이에 심어 같이 수확해서 비오니에가 20% 정도 블렌딩되는 레드와인을 만든다. 이렇게 하여 와인에 신맛을 주고 부케를 강하게 만들어주는 역할을 한다.
타닌 성분이 많고 10~25년의 장기저장이 가능하다. 후추, 제비꽃, 송로버섯향이 난다.
기갈(E. Guigal)[181] 사(社)는 샤또 앙퓌(Ch. Ampuis), 장 루이 그리파(Jean Louis Grippat), 발루이(Vallouit) 도멘을 소유하여 론 지역 최대의 생산자이자 네고시앙이다.
기갈이 소유하고 있는 라 물랭(La Mouline), 라 랑돈(La Landonne), 그리고 라 튀르끄(La Turque)[182]는 '기갈의 라라라 삼총사'라 알려져 있으며, 이 세 도멘의 같은 이름의 그랑 뱅(grand vin) 와인은 꼬뜨 로띠에서 '싱글 빈야드(single vineyard)'라는 개념을 최초로 사용해 라벨에 넣어 와인의 이름으로 불려지게 했다. '라 물랭'은 여성적, 시라 100%로 만들어지는 '라 랑돈'은 남성적, '라 튀르크'는 깊고 농밀하며 화려한 편이라고 알려져 있다.

---

181) 기갈(E. Guigal)은 1946년 기갈(Etienne Guigal)이 만들어 1961년 마르셀((Marcel Guigal)이 가업을 이어받았다. 기갈의 '꼬뜨 뒤 론 AOC' 와인은 깊고 밝은 석류색과 풍부한 과일향으로 88점을 받았지만 가격이 저렴하다. 기갈의 '샤토 네프 뒤 파프'는 파커에게 90점을 받았으며 99년산은 '와인 스펙테이터'가 올해의 와인으로 선정했었다. 파커가 선호하는 론 지방 와인으로는 파커가 100점 만점을 가장 많이 준 '기갈'이 대표적이다.

182) 라 튀르끄(La Turque)는 '세계 100대 와인'으로 2005년 빈티지를 로버트 파커가 100점 만점으로 평가했고, 1985, 1988, 1999, 2003년이어 5번째 만점이다.

(3) 에르미따주(Hermitage)

'은둔자의 처소'라는 뜻을 가진 에르미따쥬는 론 강 안쪽에 위치한 땡(Tain)구릉의 가파른 비탈로 레드와 화이트를 생산한다.
레드와인은 시라 품종을 사용하며 5~15년 사이가 음용 최적 시기다. 타닌 맛이 강하며 제비꽃, 산딸기, 향신료 향이 난다. 화이트 품종인 마르산느와 루싼르가 블렌딩되기도 하는데 색과 맛이 진하고 풍부하여 7~8년 이상 숙성되면 중후한 맛을 느낄 수 있다.
레드나 화이트 모두 숙성이 모자라면 거칠지만 8년 정도 지나면 벨벳처럼 부드러워지고 향기와 맛이 탁월해 진다. 화이트 에르미따주는 마르산과 루싼느 품종으로 생산되며 생산량이 작다. 묵직한 풀 바디로 숙성에 8~10년이 필요하다.
샤쁘티에(M. Chapoutier)[183]는 프랑스 최대의 유기농 와인 회사로 1991년부터 유기 농법(bio-dynamic)으로 20여종의 유기농 와인을 생산하고 있다. 프랑스 정부 승인 유기농 마크 'Ecocert'와 한 단계 더 높은 생명역학 농법(Biodyvin)마크를 획득하였다. 그리고 90년 후반 프랑스 맹인협회와의 협력 으로 세계 최초로 라벨에 점자 표시를 하였다,
사쁘티에의 르 파비용(Le Pavillon), 르 메알(Le Méal), 레르미트(L'Ermite)는 '르르르 삼총사'[184]로 불리며, '르 파비용'은 65년, '르 메알(에르미따쥬)'은 50년, 꼬트 로티의 'La Mordorée는 60년, De l'Orée는 70년 이상의 장기숙성이 가능하다. 그 외에도 Les Varonniers, Les Greffieux, Les Granits, Barbe Rac, Croix de bois와 같은 좋은 와인이 나온다.
'제라르 쟝 루이 샤브(Gèrard and Jean Louis Chave)'의 에르미따쥬는 '세계 100대 와인'이며, 그리고 폴 자블레 애네(Domaine Paul Jaboulet Aîné)[185]도 이곳에 있다.

---

183) 샤쁘티에(M. Chapoutier)는 1808년 창립되어 현재 7대손인 미셸 샤쁘티에(Michelle Chapourtier)가 운영하는 '꼬뜨 뒤 론'에서 자기 소유의 포도원이 가장 많은 회사이며, 프로방스, 랑그독 루씨옹에 이르는 12개 와이너리로 부터 60여종의 와인과 호주의 청정지역에서도 와인을 생산하고 있다. 또한 "건강과 와인" 재단을 운영하면서 "사랑의 포도수확 (Vendanges de Coeur)"이라는 행사로 전 세계 자원 봉사자들의 참여를 통해 기금을 마련하여 백혈병 환자들을 위한 골수 기증을 하고 있다. 와인 전문 잡지인 Wine & Spirits로 부터 8번이나 세계 최고의 와이너리로 선정되었으며, 로버트 파커가 100점 만점을 12번 평가한 와인 명가이다.
- Single Vineyard Selection : Côte-Rôtie, Crozes Ermitage, Ermitage, Saint Joseph, Châteauneuf du Pape, Côtes du Roussillon Villages, Australia

184) 르(le)는 남성형, 라(la)는 여성형, 레(les)는 복수형.

185) 폴 자불레 애네(Domaine Paul Jaboulet Aîné), Paul Jaboulet(La Chapelle)
- La Chapelle(Rouge, Blanc)은 30~50년 숙성 가능, 그리고 La Maison Jaboulet

(4) 꽁드리으(Condrieu) AOC

꽁드리으는 100% 비오니에 품종으로 만들며, 제비꽃, 아이리스 등의 꽃향기와 복숭아와 살구 향, 사향이 가득한 황금빛이 도는 화이트와인이다. 비오니에(Viognier)는 다른 지역에서는 별로 없고 론 계곡에서 소량 재배되어 수확량이 적다.

도멘 베르네(Domaine George Vernay)는 베르네와 그의 딸 크리스틴 그리고 사위 폴이 하는 곳으로 1997년이 첫 빈티지로 오늘날의 꽁드리으는 그들 덕분이라 일컫는다. 베르네에서 생산되는 와인은 Condrieu Terrasses de L'Empire, Condrieu Chaillées de L'Enfer, Condrieu Coteau de Vernon[186]으로 일 년에 최대 12,000병만 나오는 '샤또 그리에'가 구하기 어려우므로 대신 제안하는 같은 비오니에 와인이다.

앙드레 페레(André Perret)의 꽁드리으도 '세계 100대 와인'에 포함된다.[187]

(5) 샤또 그리에(Château Grillet) AOC

총 면적이 단 3ha로 프랑스에서 제일 작은 단일 AOC로서 꽁드리으 내에 위치한 네이레 가셰(Neyret Gachet) 가(家) 소유의 단일 포도밭 이름이자 동시에 AOC 와인생산지(Appellation Chateau Grillet Controlee)이다.

일반적으로 사용되는 샤또와는 달리 단일 포도밭(샤또)이 독자적인 AOC를 획득하는 건 드문 경우로서 쥬라의 '샤또 살롱'과 '샤또 그리에'가 이에 속한다. 1820년 이래 한 번도 소유주가 바뀌지 않은 정통성을 이어가는 극히 드문 샤또 중의 하나로 샤또 그리에(Château Grillet)는 20세기 프랑스 미식계의 왕자인 '퀴르농스키'가 뽑은 5대 화이트와인에 들어가나 질이 들쑥날쑥하다는 비평도 있다. 꽁드리으와 마찬가지로 비오니에 100%.

(6) 쌩 조제프(Saint Joseph)

북부 론의 서쪽에 위치하고 있으며, 가볍고 신선한 화이트와인으로 꿀과 아카시아향이 감미롭다. 레드와인은 시라품종으로 만들어지며 산딸기와 제비꽃 향 등의 과일 향과 꽃향기가 풍부하며 2~3

---

186) John Livingston -Learmonth, "*The Wines of the Northern Rhône*", University of California Press, 2005, pp.211~214.

187) Sylvie Girard-Lagorce, 최재호 역, p.36

년 정도 숙성시킨다. 주품종은 레드가 시라, 화이트는 마르산느(Marsanne)와 루싼느(Roussanne).

(7) 꼬르나스(Cornas)

시라로 만든 좋은 레드. 에르미따주와 흡사하게 탄닌이 많다. 10~20년의 숙성기간이 필요한 에르미따주보다 높은 가격.
도멘 오귀스트 클라프(Domaine August Clape)의 코르나스는 '세계 100대 와인'으로 검은 석류빛에 남성적이라 부르는 탄탄한 골격을 가진다. 숙성되면서 넘치는 힘을 천천히 순화시켜 점차 섬세해지고 세련되므로 제대로 알자면 인내심이 필요하다. 쟝 뤽 꼼보(Jean-Luc Coombo)도 알려져 있다.

(8) 쌩 뻬레(Saint Péray)

마르산느 품종으로 만드는 스파클링 와인으로 발효가 주로 병 속에서 이루어진다.
피크 & 샤쁘티에(Pic & Chapoutier)는 발랑스의 피크[188]와 에르미따주의 엠.샤프티에가 같이 만든 곳이다. 마르산 100%.

2 남부 론(Southern Rhône)

북부 론(Rhône)의 발랑스(Valence) 남쪽의 50km 지점인 몽텔리마르, 비비에(Viviers)에서 시작하여 남부의 아비뇽(Avignon)에 이르는 지역이다.
건조하고 무더운 지중해성 기후이고 와인의 90% 이상이 두 개 이상의 품종으로 블렌딩된다.

■ 남부 론(Rhône)의 크뤼(Cru)

(1) 샤또뇌프 뒤 빠프(Châteauneuf du Pape)

로마 교황권의 분열로 교황이 아비뇽으로 옮겨간 뒤(1348~1417) 론 강 상류에 새로운 거처를 마련하면서 '교황의 새로운 성'이라는 의미의 '샤또뇌프 뒤 빠프'라는 지명이 생겼고 이것이 그대로 와인이름이 되었다.
지중해성 기후의 영향을 받는 이곳은 일조량이 비교적 풍부하고 여름이 덥고 건조하며 8월은 강우량이 적어 늦게 익는 포도에는 적절한 기후이다.
13가지의 레드와 화이트 품종을 섞어서 만드는데, 레드로는 그르나슈 품종이 약 70%로 주종을 이루고 그 외에 무르베드르, 시라, 쌩소, 쿠느와즈, 바카레즈, 테레 느와르, 뮈스카르댕의 8개이고, 화이트 품종은 클레레트, 픽풀, 피카르댕, 루싼, 부르블랑의 5가지로 블렌딩된다. 좋은 빈티지는

---

188) 안느 소피 피크(Anne-Sophie Pic)는 발랑스에서 레스토랑 '메종 피크'를 운영하여 '미슐랭 가이드'로부터 56년 만인 2007년에 '별 셋'을 받은 여성 요리사이다. 할아버지 앙드레는 1934년, 아버지 자크는 1973년에 스리 스타 요리사에 올라 3대째 별 셋이다. 미슐랭에서 별 셋을 받은 여성은 1933년 유제니 브라지에, 마리 부르주아, 1951년 마르그리트 비즈에 이어 피크가 4번째다. 프랑스 전역의 별 셋은 26명(2007년)

15~20년의 보관이 가능하다.

샤또뇌프 뒤 빠프는 일반적으로 진 붉은 색에 풍만하며 골격이 튼튼한 와인으로 알려져 있지만 '샤또뇌프 뒤 빠쁘' 최고의 와인을 만드는 샤또 드 보까스텔(Château de Beaucastel)[189]의 '루산 비에유 비뉴(Roussannes Vieilles Vignes)는 사람들을 깜짝 놀라게 하는 비장의 화이트 와인이다.

보까스텔에서는 샤또뇌프 지역에 허용된 품종 13가지를 모두 재배하여 블렌딩하고 있다. 포도나무의 평균수령은 50년으로 수확량도 매우 적으나 이것이 와인의 품질과 밀접하게 관련된다. 보통 20년, 좋은 빈티지는 30년 이상도 보관이 가능하다

"사람이 살면서 자신의 인생을 바꾸는 만남이 있는 것처럼 와인도 당신의 미각에 각인되는 게 있다. 샤또 드 보까스텔이 그런 와인으로 단번에 우리의 넋을 잃게 만든다. 이 와인은 고급스러운 색깔부터 잠시도 당신 곁을 떠나지 않고 맴도는 화려한 향까지 모든 게 다 예술이다. 이 원숙한 맛은 일종의 미각적 오르가즘이다".[190]

샤또뇌프 뒤 빠프에 론 갱(Rhône Gang)[191], 샤토뇌프 뒤 파프의 '앙리 자이에'라 불리는 앙리 보노(Domaine Henri Bonneau)[192], 클로 데 파프(Clos des Papes)[193], 르 뷰 돈존(Le Vieux Don-

189) 샤또 드 보까스텔(Château de Beaucastel)은 1909년에 페랭(Perrin)가문이 설립하여 현재 5대째 된 피에르 페렝(Pierre Perrin)씨가 운영하고 있다.
- Perrin Reserve Cotes du Rhone(화이트), Perrin Reserve Cotes du Rhone(레드), Coudaulet de Beaucastel, Chateauneuf du Pape
- 오마주 아 자크 페랑(Hommage à Jacques Perrin)은 자크 페랑이 세상을 뜬 뒤 아들 '프랑수아 장 피에르'가 아버지에게 헌정하기 위해 1989년 만든 와인으로 한 해에 5000병씩 생산된다. 1989, 1990, 1998, 2007년 빈티지애 로버트 파커가 100점 만점을 부여했다.

190) Sylvie Girard-Lagorce, 최재호 역, p.35

191) 론 갱(Rhône Gang)은 남부 론의 대표적 와이너리인 샤또 드 몽포꽁(Château de Monfaucon, Baron Louis)의 와인 메이커 로돌프 드 뺑(Rodolphe de Pins), 샤토 페스키에(Château Pesquie)의 폴 소디에르(Paul Chaudiere), 샤토 생콤(Château Saint Comes)의 와인 메이커 루이 바뤼올(Louis Barruol), 그리고 네고시앙 회사 아비투스 와인(Avitus Wine)의 샤노니(Arnaud de la Chanonie)가 만든 그룹이다. 각자의 샤토를 운영하는 본업 외에 각자의 포도밭에서 나온 원액이나 다른 지역의 포도 원액을 본인들만의 스타일로 재해석해 새로운 와인을 만든 것이 2004년 빈티지를 시작으로 탄생한 와인 Wanted Gang, Hold-up이다.

192) 앙리 보노(Domaine Bonneau)는 1938년 생으로 12대째 포도를 재배한 집안으로 1956년 자신의 첫 빈티지를 만들었다.
- Henri Bonneau Chateauneuf Du Pape Reserve Des Celestins은 알코올 도수 16를 보이는 파워있는 와인으로 병입한지 10년이 지나야 제 맛이 나며, 30년 이상의 장기보관이 가능하다.
- 1998 Domaine Henri Bonneau Chateauneuf du Pape Cuvee Special은 로버트 파커의 'Wine Advocate' 96점. 'Wine Spectator' 98점

193) 클로 데 파프(Clos des Papes는 Paul Avril 이 1896년 세운 곳으로 Clos des Papes Châteauneuf du Pape는 와인스펙테이터의 2007년 세계 '베스트와인 10'에서 1위를 차지하였다.

jon)[194]이 있으며 샤또 라야(Château Rayas)의 '샤또뇌프 뒤 빠프'는 '세계 100대 와인'으로, 100% 그르나슈 품종의 오래된 나무의 포도로만 생산한다.

(2) 지공다스(Gigondas)

'샤또뇌프'보다 힘차지는 않지만 더 짙은 와인이다. 때로는 탄탄한 타닌과 높은 알코올을 가지고 있어 부드러워지려면 많은 시간이 필요하지만 그럴만한 가치도 있다.

(3) 리락(Lirac)

샤또뇌프의 반대편 둑에 있으며, 레드, 로제, 화이트가 나온다.

(4) 따벨(Tavel)

아비뇽의 서쪽으로 '샤또네프 뒤 빠쁘'에서 5마일 떨어져 있다. 로제와인만 만들며, 유럽 전역에서 로제와인의 대명사로도 통할 정도로 잘 알려져 있는 따벨 로제(Tavel Rosé)는 그르나슈(Grenache)품종을 주축으로 다른 9개의 품종이 블렌딩된 로제와인으로, 일반적인 로제 와인과 달리 대체로 드라이하다.

(5) 바뀌라스(Vacqueyras)

꼬뜨 뒤 론 빌라쥬(Côtes du Rhône Villages)에서 1990년 떨어져 나온 곳이다. 레드와 화이트, 핑크를 만들지만 화이트를 잘 모를 정도로 레드가 일품이다.

(6) 꼬뜨 뒤 론(Côtes du Rhône)

1309년부터의 68년 동안 아비뇽이 교황청 역할을 하게 되어 와인의 수요가 늘어난 것이 이 지역의 와인생산을 증대시켰다. 그르나슈, 무르베드르, 까리냥, 시라 외에도 많은 품종을 재배한다.

---

194) 르뷰 돈존(Le Vieux Donjon)는 미셸(Marcel Michel,)이 1966년 처음 병입한 곳으로 Le Vieux Donjon Châteauneuf du Pape는 와인 스펙테이터의 2007년 '베스트와인 10'에서 3위에 선정되어 '클로 데 파프'와 함께 샤토뇌프 뒤 파프의 저력을 보여주었다. 최소한 2년을 오크통에서 숙성시킨다.

장 베르또(Jean Berteau)[195], 샤또 하야스(Château Rayas)[196], 폴 자블레(Domaines Paul Jaboulet Aîné)[197]가 있다.

(7) 꼬뜨 뒤 론 빌라쥬(Côtes du Rhône Villages)

'꼬뜨 뒤 론' 안의 포도원 중의 16개의 빌리지에서 생산되는 와인에 빌라주(Villages)라는 말을 덧붙여 상표에 표기된다. 이 '꼬뜨 뒤 론 빌라쥬' 상표는 서로 다른 마을의 와인을 혼합해서 만든 것이다.
케란(Côtes du Rhône Cairanne)의 '꼬린느 꾸튀리에(Corinne Couturier)'는 여과 과정을 거치지 않은 개성 있는 포도주로 야성적인 맛을 자랑한다.

(8) 봄 드 보니즈(Muscat de Beaumes de-Venise)

꼬뜨 드 론의 톱 16개 안에 들어가는 것으로 스위트한 강화와인(vin doux naturel)으로 유명하다. '뮈스까'품종으로 만드는, 디저트 와인의 최고봉이라 일컬어진다. 디저트 주(酒)로는 물론 얼음을 타서 마실 경우 식전 주로도 훌륭한 매혹적인 향기가 부드럽게 자극하는 '생명의 물'이다.

제 8 절 쥐라, 사브아(Jura and Savoie)

루이 파스퇴르(1822~1895)의 고향인 프랑스의 동쪽 국경지역으로 스위스와 마주 보고 있는 산악지방이다. 부르고뉴의 동남쪽에 위치하며 오른쪽으로는 스위스로서 제네바(Geneve)와 레망(Leman)호수가 있다.

---

195) 장 베르또(Jean Berteau)는 보르도출신의 와인메이커, 네고시앙으로 남부 론으로 와서 온도조절이 가능한 스테인리스 스틸통 발효를 구축해 맛과 풍미가 일정하고 안정된 와인을 생산하고 있다.
- Cuvée Prestige Côtes du Rhône, Excellence

196) 샤또 하야스(Château Rayas)는 1880년 알베르트 레노(Albert Reynaud)가 매입하였고, 1920년에 루이 레노(Louis Reynaud)가 운영을 맡았다. 1978년에 자끄(Jacques Reynaud)가 맡으면서 최고급 와인으로 발돋음 한 후 1997년부터 조카 엠마뉴엘(Emmanuel Reynaud)이 운영하고 있다. '샤또 하야스' 외에 Château de Fonsalette, Château des Tours를 소유하고 있다.
- Château Rayas는 연간 300케이스 생산하는 '흑진주'의 애칭. 레드는 그르나슈 100%.
- Château des Tours, Domaine des Tours, Parisy, Pignan, Château de Fonsalette, Pialade

197) 폴 자불레(Domaines Paul Jaboulet Aîné)는 1834년 '앙뚜안 자블레'가 설립하여 그의 아들 '폴 자블레'의 이름을 땄다. 2006년 '샤또 라 랑군(Château La Lagune : 오 메독, 보르도 그랑크뤼 3등급)이 매입하였다.
- AOC(Hermitage, Crozes Hermitage, Côte Rôtie, Condrieu, Saint-Joseph, Cornas, Saint-Péray, Châteauneuf du Pape, Gigondas, Vacqueyras, Beaumes de Venise, Muscat de Beaumes de Venise, Tavel, Côtes du Rhône Villages, Côtes du Rhône, Ventoux)에서 와인이 생산되며, 에르미따쥬의 'La Chapelle'은 10년 이상의 숙성을 요하는 단단한 구조다.

이 지방은 스위스 국경과 인접한 프랑스 외곽에 위치하며 와인생산지로 잘 알려져 있지 않다. 와인 수출량도 많지 않고 전통적인 생산방식을 고집하는 경향이기도 하다.

8.1 쥐라(Jura)

스위스 국경과 인접한 고원지대로서 프랑스 특유의 와인이 숨겨져 있는 곳이다. 수출량은 극히 미미하나 가격은 대체로 비싸며 유행을 좇지 않는다.
화이트품종은 샤르도네와 사바냉(savagnin), 레드에는 폴사르(poulsard), 뜨루소(trou-sseau), 피노 누아가 있다.
지역 AOC(regional AOC)는 이 지방의 전역에서 나는 와인에 주어지는 AOC이며, 또한 마을 AOC(communal AOC)는 다음과 같다.

1 아르부아(Arbois)

쥐라에서 질 좋은 와인이 나오는 대표적인 곳 '뱅 드 빠유(vin de paile)'의 대부분이 쥬라 지방의 제일 북쪽에 위치한 이 아르부아(Arbois)[198] 지역에서 생산된다. 이곳이 파스퇴르의 고향이다.

(1) 뱅 존(vin jaune) : yellow wine.

사바냥(Savagnin) 단일 품종으로 만들며 셰리를 만드는 방식과 흡사하다. 발효를 거친 와인을 오크통에 넣으면 포면에 '부알르(voile)', 또는 '베이으(veil)'라는 효모의 표피막이 온전히 들어서게 되는데 2~3년의 시간이 필요하다. 그리고 통에서 6년간 숙성되는데 이 기간에 손은 전혀 대지 않고 용량의 1/3이 증발되며, 와인이 산화되어 노란색으로 변하면서 그러한 결과로 와인은 구성이 무거워지고 드라이해 진다.
클라브랭(clavelin)이라는 620ml의 작달만한 병을 사용하는데 이 량은 1리터의 와인을 오크통에서 6년 동안 숙성시킬 때 증발하고 남는 량과 일치한다. 유명한 샤토 살롱(Château Chalon)은 오로지 '뱅 존(vin jaune)'[199]만 만드는 유일한 AOC이며, 그 외에 도멘 롤레(Domaine Rolet), 'Jacques Foret', 'André & Mireille Tissot'이 있다. '뱅 존'은 서브될 때 적어도 반나절 전에 오픈되어야 한다.

---

198) 아르보아(Arbois)라는 같은 이름의 화이트와인 품종이 있다. 루아르(Loire) 지방의 토착종으로 별 특성이 없고 재배면적도 점차 줄어들고 있다.
- Oz Clark, "Oz Clark's Encyclopedia of Grapes", Websters International Publishers, 2001, p.38. - Karen MacNeil, "The Wine Bible", Workman Publishing Co, 2001, p.261

199) 샤또 살롱(Château Chalon)은 6년 이상 숙성된 황금색 와인은 620ml 병속에 병입된 후에도 10년~100년 동안 천천히 계속 숙성된다. 샤또에는 1800년 대 생산된 것도 많이 보관되어 있으며 70~80년 숙성된 후에는 벌꿀 향과 풍부한 산미가 여운이 되어 길게 남는 특유의 풍미를 제대로 느낄 수 있다.

(2) 뱅 드 빠이(vin de paile) : straw wine. 담황색.

포도를 수확한 후 선반 위에 짚을 깔고 그 위에서 3~4개월 말리면 건포도처럼 된다. 12월 말이 되어 당이 집중된 포도를 압착시켜 발효를 거쳐 와인을 만들어 3~4년 동안 오크통에서 숙성한다. 갈색을 띈 병은 375ml로 병입된 채 숙성시킬 수 있는 알코올 도수가 15%로 높은 와인. 생산량이 적으므로 가격 또한 비싸다.

2 꼬뜨 뒤 쥐라(Côtes du Jura)

쥐라지방의 중부와 남부에서 이 아펠라시옹(Appellation)을 가진다. 스타일과 품종은 북부인 아르부아(Arbois)와 비슷하다. 샤또 다를래(Château d'Arlay)의 뱅 드 빠이(vin de paile)가 '세계 100대 와인'에 포함되며, Pignier Père & Fols도 잘 알려져 있다.

3 레뜨알르(L'Etoile)

마을 협동조합으로 사용하는 아펠라시옹. 사바넹(Savagnin)품종으로 만든 '뱅 데 빠이'가 특별하다. 샤르도네로 만든 화이트의 주산지로 스파클링 와인도 조금 생산한다.

8.2 사브아(Savoie)

스위스 제네바(Geneva)의 남쪽으로 바로 아래에 위치하며 이 지방 재래종이 많으며 각각 다양한 성격을 가지고 있으나 수출은 거의 하지 않는다.

(1) 뱅 드 사부아(Vin de Savoie)

사보아 지역의 모든 생산자들이 모두 이 이펠라시옹을 사용한다. 대부분이 지역 품종인 쟈께르(Jacquère)를 사용하여 화이트와인을 만들며, 샤르도네로 일부 블렌딩한다.
17군데의 특별 빌라쥬[200]에서는 각자 자기들의 이름을 레이블에 덧붙인다.[201]

(2) 루세뜨 사브와(Roussette de Savoie) AOC

와인은 기분전환이 되는 꽃향기를 지니며, 얼얼한 신맛을 신선하게 제대로 느끼려면 오래 숙성되기 전에 마셔야 한다.

---

200) Apremont, Abymes, Montmélian, Chautagne, Arbin, Ayze, Bergeron, Charpignat, Chignan, Chignan-Bergeron, Cruet, Marignan, Ripaille, St-Jean de la Porte, St-Jeoire Prieuré, Saint-Marie d'Alloix

201) Tom Stevenson, ibid, p.225

아펠라시옹에 자신의 이름을 붙일 수 있는 빌라쥬[202]가 있다.

(3) 세이셀(Seyssel), 세이셀 무섹(Mousseux) AOC

화이트 품종인 '루세뜨'와 지방 품종인 몰레뜨(Molette)로 만드는 드라이 화이트를 생산하는 작은 아펠라시옹이나 사브아에서 가장 잘 알려져 있다. 강화와인도 만들며, '세이셀 무섹(Mousseux)'이라는 스파클링 와인도 생산하는데 이는 '몰레뜨'를 기본으로 하여 '루세뜨'를 10% 이상 사용한다.

(4) 크레피(Crépy) AOC

화이트 품종인 '샤셀라(Chasselas)'로 드라이 화이트를 만든다. 까베르네 프랑으로는 레드와 로제를 만든다. 와인은 홍미롭기도 하고 때로는 따분하기도 하다.

제 9 절 랑그독, 루시옹(Languedoc, Roussillon)과 서남부(Southwest)

프랑스 최남단의 지중해 지역이다. 포도 재배면적이 프랑스에서 가장 넓은 지역이며 지중해 영향으로 포도 경작에 아주 적합하지만 간혹 폭풍우의 우려가 있다. 레드와인 품종은 포도 알 -째 담그는 발효방식을 써서 만들어 진하면서도 떫은맛이 적다. 다양한 포도 품종과 현대적인 기술로 테이블와인에서 고급와인으로 발 돋음 하는 지역이다.

9.1 랑그독(Languedoc)

다양한 지형과 토양에 의해 레드, 스위트화이트, 드라이화이트, 로제, 스파클링 와인 등 모든 종류의 와인을 생산하고 있다. 테이블 와인뿐 아니라 양질의 와인도 많이 나오고 있다. '랑그독'의 지난 20년 동안의 생산량은 반감되었지만 AOC와인은 5배나 증가되었다.

프랑스 대부분의 지역에서 와인들은 AOC(Appellation d'Origine Contrôlée) 규정대로 표기하지만 랑그독의 와인들은 두 가지 표기법을 레이블에 사용하고 있다. 첫째는 AOC법, 둘째는 포도의 품종이나 소유주를 나타내는 방법이다.[203]

도마스 가삭(Mas de Daumas Gassac)[204]은 1978년 첫 생산인 레드와인(까베르네 소비뇽 80%)을 생산해 나와 '랑그독의 샤또 라피떼'라는 말을 들을 정도로 그랑 크뤼 와인과 견줄만한 품질이라 일컬어진다. 록 당글라

202) Frangy, Marestel(Marestel-Altesse), Monteminod, Monthoux로서 루세뜨(Roussette)만 100% 사용한다.

203) Karen MacNeil, ibid, pp.295-296

204) 도마스 가삭(Mas de Daumas Gassac)은 1970년에 가삭(Gassac)강 가의 도마스(Daumas)가(家) 소유 농장을 기베르(Whilst, Véronique and Aimé Guibert)가 구입하였는데 지질학자인 'Henri Enjalbert'교수가 브루고뉴의 꼬뜨 도르와 토양이 흡사한 것을 보고 권유하여 1972년부터 까베르네 소비뇽을 심게 되었다.

드(Roc d'Anglade)[205]는 생산량이 적어 부띠크 와이너리에 속한다.
그 외에 좋은 와이너리들[206]이 여러 곳 있다.

(1) 꼬토 뒤 랑그독(Coteaux du Languedoc) AOC

레드와 남쪽지방의 품종들로 블렌딩한 화이트, 연한 로제와인들이 아직은 평범하지만 전반적으로 향상되고 있는 곳이다. 그르나슈, 시라, 무르베드르가 레드 블렌드의 많은 부분은 점하며, 평범한 까리냥도 점차 좋아지고 있다.

(2) 포제르(Faugères) AOC

1982년 AC로 지정되어 꼬토 뒤 랑그독과 재배하는 품종이 비슷하지만 자신의 개성을 지니고 있는 지역이다. 조금 생산되는 로제가 정말 괜찮다.

(3) 쌩 시니앙(St-Chinian)

포제르(Faugère)의 좌측에 위치하며, 모든 면에서 포제르와 거의 흡사하다. 레드가 장기보관 가능하다는 것이 인상 깊은 점이다.

(4) 미네르브와(Minervois)

쌩 시니앙(St-Chinian)에서 또 좌측에 위치하며, 포제르(Faugère)나 쌩 시니앙과 비슷하나 첨언할 것은 화이트가 조금 나온다는 것이다. 1985년 AC를 획득한 후부터 질이 차츰 나아지고 있다.

(5) 까바르데/꼬뜨 드 라 말르뻬르(Cabardès/Côtes de la Malepère)

랑그독 지역의 서남쪽 끝으로 다양한 토양과 기후를 가지고 있다. 까바르데(Cabardès)는 1999년, 말르뻬르(Malepère)는 2005년에 AC의 지위를 획득했다.

(6) 블랑께뜨 드 리무/크레망 드 리무(Blanquette de Limoux/Crèmant de Limoux)

오크 배럴의 샤르도네가 의무사항이며, 셰닝 블랑도 많이 재배하는 화이트와인 지역이다.
크레망 드 리무(/Crèmant de Limoux)는 예전에는 전통적으로 스파클링와인 지역이었으며, 1990년 이래로 샤르도네나 셰닝, 혹은 두 가지를 블렌딩하여 30% 이상을 사용하고 있다.

(7) 꼬르비에르(Corbières)

11군데의 각기 다른 토양에서 다량한 성질의 포도가 생산되어 골격이 탄탄한 레드를 만들며 화이

205) 록 당글라드(Roc d'Anglade)는 페드레노(Remi Pedreno)가 소유한 포도밭이나 생 'Roc d'Anglade Vin de Pays'는 쉬라 50%, 그르나쉬 까리냥 각 25% 블랜딩의 뛰어난 와인

206) Corbières, Coteaux du Languedoc, Faugères, St-Chinian, Minervois, Cabardès/Côtes de la Malepère, Blanquette de Limoux, Crèmant de Limoux, Muscat de Frontignon, Muscat de Riversaltes, Muscat de St. Jean-de Minervois, Bonyuls, Fitou

트나 핑크도 조금 생산하고 있다.
와인 산지의 끝은 지중해와 연결되어 스페인과 국경을 이루는 바눌스(Banyuls sur mer : 바닷가에 위치한 바눌스 마을)에서 끝난다.

(8) 피두(Fitou)

랑그독에서 가장 오래된 AC지역으로 랑그독과 루시옹의 경계를 이루고 있다.

9.2 루시옹(Roussillon)

(1) 루시옹(Roussillon/Côte du Roussillon/Côte du Roussillon-Villages)

스페인의 까타루냐지방과 경계를 이루고 있는 지역으로 레드와인만 생산한다.

(2) 꼴리우르(Collioure)는 지중해와 면한 해변지역으로 완숙된 포도를 사용한다.

리브잘떼(Riversaltes)와 뮈스까 디 리브잘떼(Riversaltes)에서 나오는

- 뮈스카 섹(Muscat Sac)은 당분이 많은 뮈스까 품종을 사용하고, 특히 햇빛이 강하게 쬐면 포도의 수분이 증발하여 더욱 높은 당도가 된다. 향이 좋고 달콤한 와인이다.
- 뱅 두 나뛰렐(Vin Doux Naturels)은 포도 발효기간 중에 알코올을 첨가한다.
- 뱅 드 리큐르(Vin de Liqueur)는 발효 전의 포도 과즙에 증류주를 첨가함으로써 발효를 억제시킨 디저트와인이다.

(3) 모리(Maury)

북으로 꼬르비에르(Corbieres hill)과 남으로 피레네 산맥 사이에 위치한다. 이곳의 마스 아미엘(Domaine Mas Amiel)의 '모리(Maury)'는 '세계 100대 와인'으로 뜨거운 태양 속에서 익어 당도가 높으므로 지나치게 발효되는 것을 막기 위해 알코올을 첨가한 뒤 6개월 숙성시킨 후 큰 병에서 1년, 그리고 오크통에서 4~15년의 숙성과정을 거친다.

제 10 절 프로방스와 코르시카(Provence and Corsica)

10.1 프로방스(Provence)

프로방스는 프랑스의 동남쪽 지중해를 면한 곳으로, 오른 쪽으로 이탈리아와 국경을 접하고 있다. 리비에라(Riviera), 니스(Nice), 깐느(Cannes)를 안고 있는 프랑스에서도 가장 아름다운 지역이다.

액상 프로방스(Aix en Provence)는 고대 번창했던 수도였기도 하며, 좋은 일사광선과 기후는 빈센트 반 고흐(Vincent Van Gogh)와 같은 훌륭한 예술가를 끌어들이는 요인일 뿐만 아니라 포도재배로도 적격이어서 프랑스에서 가장 오래된 포도 재배지역이다.
로제 와인은 가장 큰 AOC지역으로 유명하며 세계에서 가장 많이 생산하는 곳이기도 하다.
프랑스에서도 20세기까지는 로제의 소비량이 전체 와인의 10% 이하였으나 지금은 20%를 훨씬 넘게 소비되고 있다. 이는 와인에 대한 선호도가 가벼운 맛으로 이동한 면도 있으며, 레드와 화이트의 중간 성격으로 대체적으로 어떤 음식과도 잘 어울리며, 와인의 선별에 복잡하지 않고, 가격이 저렴해서 부담이 덜하다는 여러 요인이 작용한 결과이다. 와인 구매의 선택권과 더불어 여성의 와인 소비량이 크게 늘었다는 점도 최근의 추세이다.

1 프로방스의 주 포도품종

레드와 로제와인의 주사용 품종은 이웃한 지방인 랑그독-루시용과 같은 품종을 사용하고 있다. 즉, 그르나슈, 생쏘, 무르베드르, 까리냥, 시라, 까베르네 소비뇽이며, 화이트는 끌레레뜨(Clairette), 마르산(Marsanne)이 있다.

2 AOC 생산 지역

(1) 방돌(Bandol)

프로방스에서 가장 탄탄하고 오래 숙성할 수 있는 와인은 이곳에서 나온다. 레드와 로제를 생산하는 이곳의 선두주자인 도멘느 땅피에르(Domaine Tempier)는 레드와인으로 훌륭한 명성을 가지고 있다.
샤또 드 피바르농(Château de Pibarnon)의 방돌(Bandol)은 '세계 100대 와인'으로 적어도 10년 이상이 되어야 제 맛이 난다. 도멘 라 베리에르(Chéne bleu Domaine de la Verrière)[207], Domaine Ray Janne, Domaine Tempier, Domaine Ott Château Romassan가 알려져 있다.

(2) 꼬또 덱쌍 프로방스(Côteaux D'Aix-en-Provence)

항구도시 마르세이유(marseilles) 바로 위쪽에 위치하며 오래된 도시인 액스(Aix)는 프로방스의 중

207) 도멘 드 라 베리에르(Chéne bleu, Domaine de la Verrière)에서 로레트(Nicole Sierra-Rolet)가 바이오다이나믹 농법으로 재배 와인을 생산한다. 레이블의 아벨라르는 12세기의 아벨라르(Peter Abelard 1079~1142)신부의 스캔들에서 따왔다.
- Chene Bleu Abelard(그르나슈 80% 시라 20%). 멋진 객실과 식당을 와이너리 내에 갖추고 있다.

심이 되는 지역이다. 다양한 와인을 생산하며 질도 전반적으로 수준 이상이다. 화이트, 레드와 로제를 생산한다.

샤또 시몬(Château Simone)의 레드와 로제가 훌륭하지만 화이트는 탄탄한 구조를 가지며, 팔레트(Palette)는 클레레트 품종으로 만들어지는 '세계 100대 와인'이다.

도멘 드 트레발롱(Domaine de Trévallon)[208]의 '뱅 드 뻬이 데 부슈-뒤-론(Vin de pays des Bouches-de-Rhône)은 프로방스에서 특이하게 까베르네 소비뇽과 시라를 반씩 브랜딩하여 역시 '세계 100대 와인'으로 만들었다.

(3) 꼬뜨 드 프로방스(Côte Provence)

이 지방에서 최대의 생산량을 내는 AOC. 이 지방 생산량의 많은 부분을 점하는 것이 핑크와인으로 관광객이 주 고객이 되므로 이곳에서는 서머 로제(summer rosés)라고도 부른다. 레드는 까리냥(Carignan)품종이 기본이 되며, 예상 밖으로 화이트의 품질도 좋다.

추천 와이너리는 도멘 리숌(Domaine Richeaume), Domaine Saint André de Figuière, Domaines Ott Château de Selle.

(4) 까시스(Cassis)

마르세이유(Marseilles) 가까이의 지중해 연안의 작은 AOC지역으로, 같은 이름의 블랙 커런트로 만든 리큐르와는 아무런 관련이 없다. 화이트를 주로 생산하며, 레드와 핑크도 일부 나온다.

마들레느(Clos Sainte Magdeleine)가 추천된다.

(5) 레 보 드 프로방스(Les Baux de Provence)

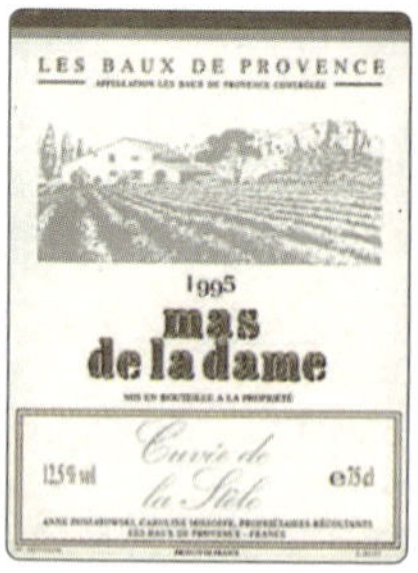

까베르네와 시라를 주품종으로 하여 레드와 로제를 만든다. 제초제와 살충제를 사용하지 않는 유기농 재배에 힘쓰고 있다. 추천 와이너리로 마스 드 라 담(Mas de la Dame)

208) 도멘 드 트레발롱(Domaine de Trévallon)은 알피유(Alpilles)산의 북쪽으로 아비뇽과 아를레(Arles) 사이의 생-레미 드 프로방스(Saint-Rémy-de-Provence,)에서 서쪽으로 7km 지점에 1973년 설립되었다.

(6) 벨레(Bellet)

니스(Nice) 북쪽으로 이태리와의 경계에 홀로 뚝 떨어져 있다. 서늘한 기후로 인하여 프로방스 내에서도 다른 곳들의 와인과는 차이가 나서 레드의 생산량이 적다. 화이트와 로제는 산도가 좀 높은 편이다.

(7) 빨레뜨(Palette)

액상 프로방스에 둘러싸여 있으며, 이곳의 80%는 샤또 시몽(Ch. Simone)의 소유다. 레드, 화이트, 로제가 나오는데 좋은 해의 레드와 로제는 꽤 괜찮다.

(8) 꼬또 바루와(Coteaux Varois)

이곳의 화이트는 따분하지만, 남쪽지방의 다양한 품종을 섞은 레드는 좋은 편이다.

10.2 코르시카(Corsica)

코르시카는 잘 알려진 대로 나폴레옹(Napoleon)의 고향으로, 프로방스에서 동남쪽으로 약 150km 떨어진 곳에 있는 산이 많은 섬이다. 미디움-바디의 좋은 가격의 레드와 로제와인으로 잘 알려져 있다. 이곳의 와이너리의 소유주는 이태리 사람이 많으며, 화이트는 베르멘티노(Vermentino), 레드는 이 지방 자생종인 니에루치오(Nielluccio)와 시아카렐로(Sciacarello)가 주품종이다.

제 11 절 프랑스 서남부 지역(Southwest France)

프랑스의 남서쪽 코너로 위로는 '보르도', 왼쪽으로는 대서양, 밑으로는 피레네(Pyrénées)산맥이 스페인과 국경을 이루고 있다. 그리고 오른쪽으로는 지중해성 포도원인 루시옹(Roussilon)과 맞닿아 있다. 똘루즈(Toulouse)가 가장 큰 도시로, 알렉산더 뒤마의 '3총사 이야기'의 배경이 되는 지방이다.

11.1 특징

겨울과 봄은 습도가 높고 여름이 길며, 대서양과 지중해의 해양성 기후의 영향을 받는다.
레드와인은 까베르네 소비뇽과 까베르네 프랑, 메를로, 그리고 말벡을 사용한다. 타나트(Tannat)도 조금 쓰이며 특히 까오르에서 사용된다. 화이트와인은 드라이나 스위트 둘 다 로컬 품종으로 좋은 와인이 나온다.

보르도와 가까운 지역이라 보르도의 명성에 눌려 국제적인 인지도가 높지 않았으나 명성에 비해 질 좋은 와인이 나오는 곳이다.
대서양과 피레네 산맥 사이의 가스코뉴(Gascony) 지방에서 현재 가격대비 최고의 화이트 와인을 선보이고 있는 도멘 뒤 타리케(Domaine du Tariquet)[209]의 최고급 아르마냑도 높은 명성을 가지고 있지만 '타리케'의 간판은 단연 화이트 와인으로서 보르도는 물론 보르도 근교의 프랑스 최대의 굴 양식장이 있는 알카숑(Arcachon)지역의 레스토랑 판매 1위를 차지하며, 화이트 와인으로만 프랑스 내에서 연간 450만병을 판매하고 있다. 위니 블랑과 콜롱바르 뿐만 아니라 샤르도네, 세미용 등의 화이트 품종으로 여러 가지 화이트와 로제 와인, 알마냑을 만들고 있다.

11.2 생산 지역

(1) 베르쥬락(Bergerac)

꼬뜨 드 베르쥬락(Côtes de Bergerac) AOC를 사용한다.
보르도의 동쪽에 있으며 보르도와 비슷한 레드와 화이트를 생산하나 가격은 보르도와 비슷하지 않다. 레드는 까베르네 소비뇽과 메를로, 까베르네 프랑으로 레드와 로제를 만든다. 화이트의 주품종은 세미용과 소비뇽 블랑이다. 샤또 벨뷔 쉬르 발레(Château Bellevue sur Valée)[210]가 있다.

- **몽바지악(Monbazillac)** : 보르도의 소떼른과 비슷한 보르리티스 스위트와인이 전문이다. 소떼른에 비해서는 복합성과 함께 가격도 당연히 떨어진다.
- **소씨냑(Saussignac)** : 몽바지약의 서쪽에 있는 작은 AOC로 세미용이나 뮈스까델을 베이스로 한 스위트 화이트를 만드는 AOC로 셰닝 블랑이나 소비뇽 블랑도 허용된다.
- **뻬샤르망(Pécharmant)** : 베르쥬락시(市)와 인접한 레드와인 생산지역이다. 보르도 품종을 사용하지만 메를로는 오히려 보르도를 능가한다. 까베르네 소비뇽과 까베르네 프랑, 말벡도 사용되며 전체적으로 질이 높다.
- **로제뜨(Rosette)** : 스위트, 화이트가 나오는 작은 AOC로 품종은 몽바지약과 같다.
- **몽트라벨(Montravel)** : 베르쥬락의 서쪽 끝자락으로 화이트와인 AOC이다. 주로 세미용, 그리고 소비뇽 블랑, 뮈스까델을 사용하며 드라이, 세미-스위트 드라이, 스위트의 세 가지로 나뉘는

---

209) 도멘 뒤 타리케(Domaine du Tariquet)는 아르마냑(Armagnac)을 생산하기 위해 재배하던 위니 블랑(Ugni Blanc)과 콜롱바르(Colombard) 품종을 사용해 화이트 와인을 만든 게 크게 성공하였는데 가스꼬뉴지방의 땅값과 인건비가 인접한 보르도보다 저렴하여 가격 경쟁력이 있었고, 브랜디 생산에 주로 사용하던 위니 블랑과 콜롱바르 품종으로 빚은 화이트 와인의 꽃과 과일 향, 균형감 잡힌 산도를 지녀 소비자들에게 어필했던 것이다. 이러한 성공으로 '타리케'는 3대째 화이트 와인 생산에 주력하고 있으며, 미쉘린 3스타 레스토랑들과 고급호텔의 와인 리스트에 Domaine du Tariquet Classic, 레 꺄트르 세파쥬 리저브(Les 4 cepages Reserve), Domaine du Tariquet Reserve 가 보인다.

210) 샤또 벨뷔 쉬르 발레(Château Bellevue sur Valée)는 뉴욕 태생의 아들러(Robert Adler)와 한국 출신의 부인(Claire Adler)과 함께 2002년부터 경작하여 2003년 첫 출시부터 그랑 뱅에 오른 와이너리다. 24ha에서 6000병만 생산하는 가라쥬 와인.
- Le vin de Bob(까베르네 소비뇽, 로제, 세미용, 소비뇽 블랑)

데 드라이 몽트라벨은 아주 좋다. 꼬뜨 드 몽트라벨(Côtes de Montravel)과 오 몽트라벨(Haut Montravel)의 두 개의 AOC는 몽트라벨과 흡사하며 세미 스위트, 스위트가 나오는데 량은 적다.

- **꼬뜨 드 뒤라(Côtes de Duras)** : 이 AOC의 가운데는 뒤라시(市)가 있으며, 베르쥬락의 남서쪽으로 보르도의 '앙뜨르 뒤 메르'와 경계하고 있는 도르도뉴(Dordogne)강 남쪽지역이다. 사용하는 품종은 보르도와 같고 보르도 스타일의 쓸 만한 와인이 나오며 화이트는 꽤 괜찮은 편이다.
- **꼬뜨 드 마르망대(Côtes de Marmandais)** : 갸론강 가의 보르도의 그라브 바로 동쪽지역으로 1990년에 AOC를 획득했다. 쉽게 마실 수 있는 레드가 기본이며 아주 적은 양의 로제와 화이트가 나온다.
- **뷔제(Buzet)** : 보르도에서 남동쪽으로 90km 떨어진 갸론 강 유역으로 바로 밑으로는 알마냑(Armagnac)이 붙어 있다. 뷔제시(市)를 포함한 26개 마을(communes)가 AOC를 이루며 보르도 스타일의 다양한 와인이 생산된다. 특히 퀴베 나폴레옹(Cuvée Napoléon), 바롱 다르되이(Baron d'Ardeuil)는 질이 아주 좋다.
- **꼬트 드 브뤼호와(Côtes de Brulhois)** : 뷔제의 남동쪽으로 타나트(Tannat)와 보르도의 레드품종으로 만드는 다크 레드와인이 나온다.

(2) 까오르(Cahors)

7세기경부터 포도를 재배한 오래된 곳으로, 19세기 말의 필록세라(phylloxera)와 1956년의 극심한 서리로 황폐화되었지만 1960년 대 초 말벡으로 회생한 지역이다. 따라서 주품종은 아르헨티나와 마찬가지로 말벡으로 레드만 생산하며 역사적으로는 보르도를 앞서는 지역으로 대부분의 와인은 아주 질이 좋다.
또한 이 지역 토착품종인 따나(Tannat)를 블렌딩용으로 사용하여 강건한 와인을 만들어 낸다.
라그라제트(Domaine de Lagrézette)[211]의 '샤또 라그라제트(Château Lagrezette)'는 까르티에 파티에는 꼭 나오므로 일명 '까르티에 와인'이라 부르며, 말벡 85%와 메를로 13%의 적정 숙성 20년이다. 끌로 라 꾸딸(Clos La Coutale)[212]도 이곳에 있다.

- **꼬뜨 드 프롱또내(Côtes de Frontonnais)** : 토착품종인 네그레트(Négrette)로 만든 레드가 두드러지며 로제도 일부 생산된다. 똘루즈 시의 바로 위에 있어서 생산량은 거의 똘루즈에서 소비된다.
- **가이약(Gaillac)** : 와인 생산이 1세기 때부터 이루어진 아주 오래된 곳으로 중심이 되는 '가이약'시와 알비(Albi)시는 아주 아름다운 곳이다. 16세기에 레 뱅 드 꼬끄(les vins du Coq)가 유명

---

211) 라그라제트(Domaine de Lagrézette)는 15세기에 'Massault family'가 만든 곳으로 까르티에(Cartier) 사장을 지낸 페랭(Marie Therese and Alain Dominique Perrin)이 1980년부터 운영하고 있다.
- 르 피조니에(Le Pigeonnier)는 '비둘기 집'이라는 뜻으로 말벡 100%. 적정숙성 25년.
- Cuvée Dame Honneur,는 말벡 91%, 메를로 9%의 적정 숙성기간이 35년

212) 끌로 라 꾸딸(Clos La Coutale)은 6대째인 베르네드(Valmy & Phillippe Bernède)가 운영하고 있다.
- Grand Coutale, Clos La Coutale(말벡, 메를로)

하였다. AOC는 78개 마을(communes)이며 우수한 화이트 디저트와인 전문으로 특히 과일향의 가벼운 스파클링와인이 생산한다. 스위트와인은 가이약 두(Gaillac Doux), 가이약 꼬트(Gaillac Côtes)라는 레이블을 사용하기도 한다.

- Marcillac은 까오르의 서쪽으로 산지의 조그만 AOC로 파워 있는 레드와인과 로제도 일부 나온다.

(3) 베른(Béarn)

프랑스의 제일 서남쪽에 위치하여 대서양과 스페인과의 국경지역이다. 이 AOC의 레드는 60% 이상의 타나트(Tannat)를 사용하여 향이 강하다. 마디랑의 서쪽에 있으며 마디랑 보다 부드러운 편이지만 특별한 개성이 보이지 않는다.

- **마디랑(Madiran)** : 타닌이 높은 타나와 페르(Fer) 종이 있으며, 특히 타나트(Tannat) 품종으로 만든 독한 레드를 안정시키려면 몇 년의 기간이 필요하지만 그 힘은 없어지지 않는다. 잘 익으면 팔팔한 생기도 보이고 고상함도 갖추어진다. 과일 향을 두드러지게 하기 위해 두 가지 까베르네가 사용된다.
  '세계 100대 와인'인 샤토 몽튀스 프레스티주(Château Montus Prestige)를 소유한 알랭 브뤼몽(Alain Brumont)은 '샤토 부스카세'도 소유하고 있으며 투박한 '타나트'만으로 보르도의 특등급 와인들과 어깨를 나란히 할 와인을 만들고 있다.

  파세랑 뒤 빅 빌(Pacherenc du Vic Bilh)은 마디랑 안에 있는 별도의 AOC로 일반적으로 스위트 화이트 와인을 생산한다.
- **쥐랑송(Jurançon)** : 스페인 국경 가까이 있는 서남부 지방의 최남단으로 뽀 강이 흐르는 곳에서 화이트와인만 생산하는 지역이다. 가이약(Gaillac)과 비슷하며 쁘띠 망상(Petit Manseng)으로 스위트 화이트', 그로 망상(Gros Manseng)으로 드라이 화이트를 빚으며, 꾸르뷔(Courbu)라는 로컬 품종을 사용하여 질적으로 우수한 화이트 디저트와인을 생산한다.
- **이루레기(Irouléguy)** : 피레네 산맥을 경계로 스페인과 인접한 곳으로 사용하는 언어는 프랑스도 스페인어도 아닌 바스크(Basque)어를 사용하는 지역이다. 타닌이 많고 향긋한 레드, 파워풀한 로제, 화이트도 생산하는 AOC로 레드가 주생산품인 100ha의 작은 곳이다.
- **뛰르상(Tursan)** : 강건한 타나트(Tannat) 품종으로 좀 독한 레드를 만들며, 화이트는 바로크(Baroque)라는 지역품종으로 오크 숙성시킨다.
- **꼬뜨 드 쌩몽(Côtes de St Mont)** : 레드는 페르 세르바두(Fer Servadou)와 '타나트'를 사용하며, 재래종 화이트는 뤼피악(Ruffiac)과 쁘띠 꾸르뷔(Petit Courbu)가 있다. 게 중에는 아주 멋진 향도 보인다.
- **알마냑(Armagnac)** : 알마냑의 서쪽으로 마디랑, 쥐랑송이 있으며 뚤루즈시의 좌측에 위치한다. 와인보다 꼬냑과 더불어 브랜디 산지로 잘 알려져 있다.

PART 6

구세계 와인

01 CHAPTER 이탈리아 와인

이태리는 4000년 이상 와인을 생산한 역사와 16세기까지 세계 와인을 리드해 온 전통을 지닌 나라로, 유럽 와인 생산의 30% 이상을 차지하며 세계 와인의 20% 이상을 점하는 세계 최대의 와인 생산국이다. 국토가 자중해로 돌출한 반도 국가로 남북으로 길게 뻗은 지형은 지방에 따라 기후와 풍토의 차이가 있어 와인의 종류도 다양하다.

1500여종의 와인이 생산되는데 80% 이상이 레드와인이 점하고 있다. 바르베라(Barbera), 네비올로(Nebbiolo), 돌체토(Dolcetto), 프레이사(Freisa), 그리뇨리노(Grignolino) 등 대개의 와인은 포도 품종 이름을 사용하지만 지명을 사용하는 와인도 있다.

제 1 절 이태리 와인의 특성

1 이태리 와인의 포도 품종

이태리는 약 400여 종의 포도 품종이 재배되고 있고, DOC, DOCG 와인 생산에 사용되는 품종이 공식적으로 293종에 이르고 있다.

이태리는 오래 전부터 각 지역에서 고유의 토착 품종으로 특색 있는 와인을 만들어왔는데 토착품종이 아닌 프랑스 품종 또는 국제품종이 이태리에 도입된 시기는 1820년대부터 프랑스와 인접한 피에몬테 지방에서부터 시작되었다. 필록세라에 의해 피해를 입었던 19세기말 후반부터 베네토, 프리울리 배네치아 줄리아 등 동북부 지방에서부터 외래종을 받아들였고, 1960년 대 이후에는 외래품종이 바탕이 된 슈퍼 투스칸의 성공에 따라 확산되었다.

표 6-1 이태리 레드와인용 포도 품종

품종	성격	주 재배지역
Barbera	타닌이 적고 신선한 맛	삐에몬테, 롬바르디아
Corvina	약간의 타닌과 과일향, 루비색	베네또 지방의 베로나 일대
Dolcetto	드라이하며 약간 씁쓸한 맛	삐에몬테의 랑게(Langhe)
Monte-pulchiano	드라이하고 과일향. 강한 바디와 좋은 틀	아브루쪼, 마르께, 라찌오, 에밀리아, 몰리세, 뿔리아
Nebbiolo	과즙, 방향, 타닌, 미디움/풀바디	북부, 삐에몬테 지방
Primitivo	성장이 빠른 조생종, 진판델과 유사하다	뿔리아, 깜빠니아 지역
Sagrantino	타닌이 풍부하고 힘이 있다	움브리아 지방의 몬떼팔꼬
Sangiovese	제비꽃 향, 과실향이 풍부하다	토스카나, 에밀리아 로마냐, 움브리아, 라찌오, 마르께
Nero d'Avola	부드러운 질감, 오랜 숙성에 적합. 신맛이 강하고 타닌이 적다, 진한 자줏빛	시칠리아 섬의 토착품종

그러나 전 세계적으로, 특히 신세계의 와인 산업의 발전과 공통적인 품종에 따라 와인의 맛과 질이 획일화되어가는 추세라고 판단한 이태리의 양조업자들은 토착품종 고유의 특색 있는 와인을 만들고자 노력함에 따라 차츰 결실이 나타나고 있다.

한 품종이 레드와 화이트의 원료로 각각 사용되는 경우가 있는데 이때에는 비안꼬(bianco))와 네로(nero)를 품종 뒤에 붙여 구분한다. 삐노 네로(Pinot nero), 까나이올로 네로(Canaiolo nero), 그레꼬 네로(Greco nero), 말바지아 네라(Malvasia nera) 등이 대표적인 품종으로 이 품종의 이름 뒤에 비안꼬를 붙이면 화이트와인의 원료가 되는 것이다.[1)]

1) 김종범, "*이탈리아 포도주 이야기*", 학민사, 2003, p.83

표 6-2 이태리 화이트와인용 포도 품종

품종	성격	주 재배지역
Cortese	신맛이 강하다	삐에몬테, 롬바르디아
Inzolia	풍부한 과일향, 장기보관 가능	시칠리아, 엘바섬
Malvasia	높은 당도. 다양한 품종으로 다양한 와인 양조	삐에몬테, 알또 아디제, 라찌오, 뿔리아, 사르데냐
Moscato	Muscat. 풍부한 아로마, 다양한 스타일	전 국토. 특히 삐에몬테
Pinot Grigio	Pinot Gris의 이태리이름. 드라이한 와인 재료	이탈리아 동북부 지방
Prosecco	사과, 꽃향. 발포성와인 양조	베네또 지방
Trebbiano	소아베의 원료. 다양한 아로마 프랑스의 Ugni Blanc	이탈리아 전역
Vernaccia	셰리 형태의 디저트와인 양조	마르께, 토스까나, 사르데냐
Verdicchio	다양한 와인 양조	마르께 지방
Garganega	깔끔 간결한 맛. 소아베와인	베네또 지방

2 이탈리아 와인의 레이블(Label)

이탈리아 와인은 회사 명칭이 크게 표기되나 고급 와인의 경우 지역이 표시되기도 한다. 기재사항은 다음과 같다. 즉, 상표, 지역 명, 등급, 빈티지, 로고, 병입 장소, 생산회사 이름과 주소, 알코올 함량, 용량 등이다.

대개의 와인들은 상표나 이름을 붙일 때 품종과 생산지명을 함께 표기하는 경우가 많으므로 와인의 이름만으로도 언제, 어디서, 누가, 어떤 품종으로 만든 와인이라는 것을 쉽게 알 수 있다. 브루넬로 디 몬탈치노(Brunello di Montalcino)라는 와인은 품종인 '브루넬로'와 지역명인 '몬탈치노'가 전치사 '디(di : 영어로 of의 뜻)'와 같이 쓰여진 것으로 '몬탈치노의 브루넬로', '몬탈치노에서 브루넬로 품종으로 만든 와인'이라는 의미이다.

품종과 산지명을 결합하여 같이 쓰는 와인에는 다음과 같은 것들이 있다.

바르베라 달바(Barbera d'Alba), 브라체토 다퀴(Brachetto d'Acqui), 브루넬로 디 몬탈치노(Brunello di Montalcino), 람브루스코 디 소르바라(Lambrusco di Sorbara), 몬테팔꼬 사그란티노(Montefalco Sagrantino), 몬테풀치아노 다부르쪼(Montepulchiano d'Abruzzo), 모스카토 다스티(Moscato d'Asti), 모스카토 디 사르데냐(Moscato di Sardegna), 네비올로달바(Nebiolo d'Alba), 베르나챠 디 지미나노(Vernaccia di Giminano)

Tip 이탈리아 와인의 주요 용어

- Abboccato(아보카토) : 세미-드라이
- Amabile(아마빌레) : 세미-스위트
- Annata(아나타) : 수확, 수확 년도
- Bianco(비앙코)/ Nero(네로) : 화이트와인 / 다크 레드와인
- Chiaretto(끼아레토) : 색이 진한 로제와인
- Classico(끌라시코) : 역사가 있는 특정의 포도원에서 생산한 와인을 지칭
- Dolce(돌체) : 아주 단, 스위트 와인
- Frizzante(프리잔테) : 세미 스파클링 와인
- Passito(파씨토) : 그늘에서 말린 포도로 만든 스위트와인
- Liquoroso(리쿼로소) : 강화 와인
- Recioto(레초토) : 파씨토 방식이지만 기간이 오래(2~3개월)된 방식의 와인
- Ripasso(리파쏘) : 발효후 남은 껍질을 와인에 첨가하여 색과 향을 더하는 방식
- Riserva(리세르바) : 규정된 알코올 도수와 숙성기간을 상회한 와인, 보통 오크통 숙성
- Rosato(로사토) : 로즈 와인
- Rosso(로쏘) : 레드 와인
- Secco(세코) : 드라이, 드라이 와인
- Spumante(스푸만테) : 스파클링 와인
- 슈뻬리오레(Superiore) : 알코올 도수가 규정보다 0.5° 이상 높은 것
- 당도 : Secco-Abboccate-Amabile-Dolce 순서로 높아진다.

3 이태리 와인의 등급

1963년 이탈리아 정부가 프랑스의 A.O.C법을 모방하여 와인 품질 등급법인 D.O.C법을 제정하였으며 1967년부터 시행되고 있다.
이태리는 EU(European Union)의 회원국이므로 기본적으로 EU의 공식적 시스템을 따라 등급을 나누고 있다. D.O.C규정에는 각 지역의 지리적 경계와 사용하는 품종과 블렌딩 비유르 양조 및 저장 장소와 양조방법, 최소 알코올 농도, 숙성기간, 용기의 형태 및 용량, 단위면적 당 수확량 등을 규정하고 있다. QWPSR(Quality Wines Produced in a Specific Region)에는 DOC와 DOCG의 두 가지로 분류하며 그 외 IGT와 VdT가 있다.

(1) D.O.C.G (Denominazioni Di Origine Controllata e Garantita)

이태리의 최상급 와인 등급으로 D.O.C급 와인 중 품질이 뛰어난 와인 5종을 생산하는 지역을 선정하여 1985년 D.O.C.G급이라는 이태리 최고급 등급을 만들었다.
생산지명을 규제하고 보증함이라는 뜻으로 최상위의 와인에만 붙이는 등급이다. '원산지 명칭 통제 보증'의 의미로 5년 이상의 D.O.C와인 중 일정 수준을 심사하여 결정한다.

표 6-3 이태리의 DOCG 와인

지역	와인
피에몬테	Acqui(Brachetto d'Acqui), 'Barbaresco, Barolo, Dolcetto di Dogliani Supreriore, Gatinara, avi(Cortese di Gavi), Ghemme, Moscato d'Asti, Roero
토스카나	Brunello di Montalcino, Carmignano Rosso, Chianti, Chianti Classico, Morellino di Scasano, Vernaccia di San Gimignano, Vino Nobile di Montepulciano,
베네토	Recioto di Soave, Bardolino Superiore, Soave Superiore
롬바르디아	Franciacorta, Valtellina Superiore, Sforzato di Valtelina
프리울리 베네치아 쥴리아	Coli Orientale del Friuli Picolit, Ramandolo
움브리아	Montefalco Sagrantino di Montefalco, Torgiano Reserva
에밀리아 로마냐	Albana di Romagna
아브루쪼	Montepulciano d'Abruzzo Colline Teramane
마르케	Conero, Vernaccia di Serrapetrona
깜빠니아	Fiano dii Avellino, Greco di Tufo, Taurasi
시칠리아	Cerasuolo di Vittoria
사르데냐	Vermentino de Gallura

자료 : Kevin Zraly, "*Windows On The World Complete Wine Course*", Sterling Publishing, 2006, p.137 참조

레드는 분홍색, 화이트는 연두색 띠를 병목 부분에 둘러 바로 알아보기 쉽다.
35개의 DOCG 와인 중에 피에몬테가 9개, 토스카나가 7개로서 절반을 차지하고 있다.

(2) D.O.C (Denominazioni Di Origine Controllata)

1963년 와인품질 등급법에 의해 최초로 규정된 등급으로 D.O.C.G 다음으로 우수한 품질의 와인이다. 생산지명을 규제하는 '원산지 명칭 통제 '의 뜻으로 이태리의 QWPSR의 기본 등급이기도 하다. 포도의 품종은 표시하지 않고 원산지만 표시한다. 색상과 품종, 최소 알코올 도수, ha당 최대 수확량, 사용된 포도의 종류별 함량 %, 숙성기간이 규정되어 있으며, 특정지역의 등록된 포도밭에서 정해진 양만 생산한다.
DOC 와인은 300개가 넘으며 이는 이탈리아 와인 생산량의 20%를 점하며 약 60%가 레드와인이다.

(3) I.G.T(Indicazione Geografica Tipica)

지방 특산 와인으로서, 1992년 법령에 의하여 새로 생긴 등급으로 1995년부터 시행되었다. 프랑스의 (Vin de Pays)에 해당되며 레이블 상에 표시된 지역에서 수확된 포도를 85% 이상 사용하여 만들어야 한다.

포도의 품종과 생산지역, 빈티지를 표시해야 하지만 DOC나 DOCG 와인과 달리 포도밭이 정해진 것도 아니며 여러 규정에 얽매일 필요가 없어 다양한 실험으로 좋은 와인을 만들려는 노력이 계속되고 있다.

(4) 비노 다 따볼라(VdT : Vino da Tavola)

일반 상용 와인으로 프랑스의 뱅 드 따블(Vin de Table)에 해당된다.
테이블 와인으로 상표에 레드, 화이트, 로제를 표시한다. 규제가 일체 없으나 외국산 포도를 블렌딩하지는 못한다.

제 2 절 이태리의 와인 생산지역

표 6-4 이태리 와인 산지

<table>
<tr><th>구분</th><th>지역</th><th>와인 생산 지역</th></tr>
<tr><td rowspan="3">1. 서북 지방</td><td>피에몬테(Piemonte)</td><td>Arneis, Asti, Barbareso, Barbera, Barbolo, Dolcetto, Gattinara, Gavi, Ghemme</td></tr>
<tr><td>롬바르디아(Rombardia)</td><td>Franciacorta, Oltrepo' Pavese, Valtellina, Lugana, Riviera del Garda Bresciano</td></tr>
<tr><td>리구리아(Liguria)</td><td>리비에라(Riviera)</td></tr>
<tr><td rowspan="3">2. 동북 지방</td><td colspan="2">트렌티노 알토 아디제(Trentino Alto Adige)</td></tr>
<tr><td>베네토(Veneto)</td><td>Amarone, Bardolino, Prosecco, Soave, Valpolicella</td></tr>
<tr><td>Friuli-Venezia Giulia</td><td>Collio, Colli Orientali del Friuli</td></tr>
<tr><td rowspan="3">3. 중서부 지방</td><td>토스카나(Toscana)</td><td>Brunello di Montalcino, Carmignano, Chianti, Vernaccia di San Gimignano, Vin Santo, Vino Nobledi Montepulciano, Bolgheri</td></tr>
<tr><td>움브리아(Umbria)</td><td>Montefalco, Orvieto, Torgiano</td></tr>
<tr><td colspan="2">로마(Roma), 라찌오(Lazio)</td></tr>
<tr><td rowspan="4">4. 중동부 지방</td><td>Emilia- Romagna</td><td>Albana di Romagna, Lombrusco</td></tr>
<tr><td>아브루쪼(Abruzzo)</td><td>Montepulciano d'Abruzzo</td></tr>
<tr><td>마르케(Marches)</td><td>Verdicchio</td></tr>
<tr><td colspan="2">몰리제(Molise)</td></tr>
</table>

구분	지역	와인 생산 지역
5. 남부 지방	뿔리아(Puglia)	Salento Peninsula, Trulli, Castel del Monte, La Capatanata
	깜빠니아(Campania)	Fiano di Avellino, Greco di Tufo, Tourasi,
	바시릴카타(Basilicata)	Aglianico del Vulture
	깔라브리아(Calabria)	Cirò
	시칠리아(Sicilia)	Malvasia delle Lipari, Marsala, Moscato di Pantelleria
	사르데냐(Sardegna)	Vermentino di Gallura, Vernaccia di Oristano

2.1 이태리 서북지역(Northwest Italy : Piemonte, Rombardia, Liguria, Valle d'Aosta)

이태리의 북서쪽에 해당되는 지방으로 피에몬테, 롬바르디아, 리구리아와 다오스타(Valle d'Aosta)를 포함하는 지역이다. 서쪽과 북쪽으로 알프스산맥과 맞닿아 있고 아래로는 남쪽으로 리구리아(Ligurian)해가 있다. 가을이 길어서 늦게 성숙되는 네비올로(Nebbiolo) 품종이 자라기에 아주 이상적이다.

2.1.1 피에몬테(Piemonte)

이태리어로 '아름다운 기슭'이라는 뜻의 피에몬테는, 스위스의 남쪽에 있는 지역으로 최상품의 와인을 생산하며, 인접한 토스카나주와 함께 이탈리아 최대의, 최고의 와인 생신지역이다. 대개 한 품종의 포도로만 생산해 혀에 감기는 묵직한 맛이 있어서 프랑스의 부르고뉴에 비견된다. 주도(州都)인 토리노(Torino)에서 남쪽으로 60km 정도 내려가면 알바(Alba)라는 작은 마을이 있다. 이 인근에서 트뤼프(송로버섯)와 바롤로(Barolo)와인이 생산된다.[2)]
피에몬테의 포도품종을 보면, 와인은 거의가 단일 품종으로 만들며 레드와인이 약 65%, 화이트가 17%, 스푸만테(스파클링 와인)이 18%를 점한다.[3)]
레드 품종으로는 바르베라가 50% 정도, 그리고 네비올로와 돌체토가 주 품종이며, 또한 모스카토와 코르테세도 많이 재배된다.
피에몬테의 와인 생산지역은 크게 알바(Alba) 지방과, 남서지방, 북부지방, 서부지방으로 나뉜다.

---

2) Harriet Lembeck, "*Grossman's Guide to Wines, Beers, and Spirits*", Wiley Publishing, Seventh Revised, 2006, pp.98-101

3) Kevin Zraly, "*Windows On The World Complete Wine Course*", Sterling Publishing, 2006, pp.139-140

1 알바(Alba) 지방

(1) 바롤로(Barolo) DOCG

바롤로는 마을이름이자 와인이름으로 토리노(Torino) 남쪽의 꾸네오(Cuneo) 지방에 속한 바롤로 시(市)를 중심으로 한 11개 마을을 아우르는 지역이다.

바롤로 와인은 '이탈리아 와인의 왕'으로 불리기도 한다. 좋은 빈티지로 잘 만들어진 바롤로는 지구상의 가장 좋은 와인 중 하나로 꼽히기 때문이다. 알코올 함량은 최저 12.5%로 바디가 묵직하다.

바롤로는 네비올로 품종 한가지로만 만들므로 포도 자체의 순수함을 느낄 수 있다. 수확 철이 다가오면 바롤로 마을 주변은 아침 안개가 끼는데 '네비올로'라는 이름 역시 안개(Nebbia)에서 유래했다 한다. 네비올로는 다른 품종들에 비해 늦게 익는 만종(晩種)으로 겨울이 오기 직전 마지막 햇살까지 받아들여 농익은 포도로 만든 게 이탈리아 최고의 와인으로 자리 잡게 되었다.

일반적인 바롤로는 최소한 3년으로 1년은 나무통에서 숙성하지만 '리제르바(Riserva)'는 5년 이상의 숙성을 거친다. 양조장에 따라 혹은 빈티지에 따라 7년, 8년, 10년이 지나야 출시하는 경우도 많다. 너무 일찍 개봉해서 정작 맛이 좋아질 때엔 마실 게 남아 있지 않는 걸 우려하기 때문이다. 따라서 마실 때엔 한 두 시간 전에 미리 개봉하고 디켄팅을 거치는 것이 좋다.

최상품 바롤로 생산량의 대부분(87%)이 5군데 지역에서 만들어지는데 그 이름은 다음과 같다.[4]

라 모라(La Morra), 바롤로(Barolo), 세라룽가 달바(Serralunga d'Alba), 카스틸리오네 파레토(Castiglione), 몬포르테 달바(Monforte d'Alba)이다.

북쪽의 '라 모라'는 아로마가 풍부하고, 동쪽의 '세라룽가 달바'와 '몬포르테 달바'는 높은 타닌과 구조가 잘 잡혀있다.

고급 바롤로를 만드는 와이너리는 엘리오 알타레(Elio Altare)[5], 와인 평가 연감인 감베로 로쏘(Gambero Rosso)[6]로부터 별 세 개를 받은 라 스피네타(La Spinetta)[7]와 콘테르노(Giacomo Conterno)[8]의

---

4) Mary Ewing-Mulligan, Ed McCarthy, "*Italian Wine for Dummies*", Hungry Minds, 2001, p.43

5) 엘리오 알타레(Elio Altare)는 'Giuseppe Altare'가 1948년 '라 모라'에 자리 잡은 후 현재는 손자가 운영하고 있다. 1970년대 양조법 개선으로 숙성기간이 짧아도 좋은 품질의 바롤로를 만들어 '모던 바롤로'로 일컬어진다.

6) 와인 평가 연감인 감베로 로쏘(Gambero Rosso)로부터 와인잔 3개를 받으면(뜨레 비치에리) 그 해의 와인 중에서 가장 뛰어난 것으로, 이 와인잔 3개를 받은 와인이 10개를 넘을 때 마다 그 포도원에 별을 부여한다. 별 4개를 보유한 곳은 '안젤로 가야', 별 세 개를 받은 곳으로는 '라 스피네타'가 유일하다.

7) 라 스피네타(La Spinetta)는 리베티(Giuseppe and Lidia Rivetti)가 1977년 'Castagnole Lanze.'에 세워 1985년 바르베라로 첫 빈티지를 내었고 1996년부터 바르바레스꼬도 나오고 있다.
레이블에 있는 코뿔소와 사자는 르네상스 시대의 독일 화가 뒤러(Albrecht Dürer)가 그린 판화다.

8) 콘테르노(Giacomo Conterno : 몬포르테 달바)의 Monfortino Barolo는 "The king of wine and wine of king"이라 불리며 지아꼬모 꼰데르노(Giacomo Conterno)가 1912년부터 생산하기 시작했다.

그랑부씨아 바롤로(Granbussia Barolo)는'이태리 10대 와인'에 들어가는 것으로 1994년에 로버트 파커가 1989년 빈티지를 98점 평점하였다.

피오 체사레(Pio Cesare)[9], 미켈레 끼아를로[10], 알도 콘테르노[11]와 로베르토 보에르초(라모라), 마우로 마스카렐로(카스틸리오네 팔레토)가 있으며, 그리고 브루노 지아꼬사(Bruno Giacosa), 바르톨로 마스까렐로(Bartolo Mascarello : 바롤로), 지우세뻬 마스카렐로(Giuseppe Mascarello), 지우세뻬 리날디(Giuseppe Rinaldi), 루치아노 산드로네(Luciano Sandrone), 파올로 스카비노(Paolo Scavino), 비에띠(Vietti)가 있다.

(2) 바르바레스꼬(Barbaresco) DOCG

바롤로와 함께 피에몬테를 대표하는 와인으로 역시 네비올로 품종으로 양조된다. 1980년에 바롤로와 같이 DOCG등급을 획득하였으며, 바롤로보다는 숙성기간이 짧다. 바롤로와는 토양이나 기후, 품종이 같으므로 두 개가 매우 흡사한 성격을 가지고 있다. 최저 알코올 함량은 12.5%이다.

- 바르바레스꼬(Barbaresco) 지역은 바르바레스꼬 와인의 45%를 생산하는 곳으로 최고의 포도밭들이 이곳에 있다. 와인의 색상이나 성격은 네이베보다 대체로 가벼운 편으로 라이트-바디, 좋은 향과 탄탄한 구조를 지니고 있다.

---

9) 피오 체사레(Pio Cesare)는 아무도 바롤로와 바르바레스꼬 땅에 주목하지 않던 시절부터 땅의 힘을 굳게 믿고 1881년 설립된 패밀리 와이너리로 생산와인의 70%가 해외로 수출되고 있다. 피오 체사레 소유의 여러 다른 포도원에서 수확한 포도를 블랜딩하여 와인을 생산한다.

10) 미켈레 끼아를로(Michele Chiarlo)는 끼아를로(Michele Chiarlo)가 1956년 설립한 '그란디 마르키'의 회원사로 바롤로와 가비 지역에 양조장을 확장 운영했다. 훌륭한 품질의 와인생산에만 온 힘을 쏟아 포도밭의 중요성을 인식하여 최적의 조건을 지닌 포도밭을 구입해 일구고 있다.
- La Court Barbera d'Asti 'Nizza', Barolo Cerequio, Cannubi 등

11) 알토 콘테르노(Poderi Aldo Conterno)는 바롤로의 중심부인 'Monforte d'Alba'에 위치해 있다. 지아코모 콘테르노의 아들로 1969년에 자립하여 독자적으로 와인을 생산하고 있다.

- 네이베(Neive) 지역은 바르바레스꼬에서 가장 풀-바디의 타닌이 많은 와인이 나온다.
- 뜨레이소 달바(Treiso d'Alba) 지역은 높은 구릉지대로 덜 알려져 있지만 바르바레스코 와인의 20%가 이곳에서 생산된다. 라이트-바디의 경향이 있는 우아한 와인으로 알려져 있다.

가야(Cantina Gaja)는 4종의 바르바레스꼬를 생산하여 바롤로레 밀려있던 바르바레스꼬의 우수성을 전 세계에 알렸다. 즉 소리 띨딘(Sori Tildin)[12], 소리 산 로렌조(Sori San Lorenzo), 꼬스라 루씨(Cosra Russi), 노르말 바르바레스꼬(Normal Barbaresco)이다. 이 중 소리 띨딘, 노르말 바르바레스꼬, 소리 산 로렌조가 이태리의 10대 명품 와인에 들었는데 모두 네비올로 100%이다.

고급 바르바레스꼬를 만드는 와이너리는 체레또(Ceretto), 프라텔리 치그류티(Fratelli Cigliuti), 브루노 쟈코사(Bruno Giacosa), 마르케시 디 그레시(Marchesi di Gresy) 등이 있다.

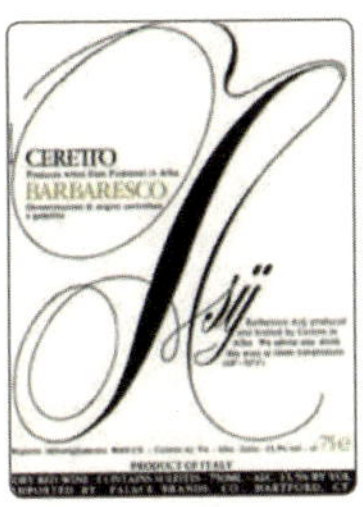

(3) 알바(Alba)

알바시(市)는 그 이름을 세 가지 레드와인에 붙이고 있는데 포도품종도 그 이름을 따고 있다.

- **네비올로 달바(Nebbiolo d'Alba)** : 바르베라나 돌체토에 비하여 농도나 세련미는 떨어지지만 한 마디로 좋은 와인이다. 라이트 스타일로 영 할 때 마시기 좋으며 병입하기 전에 한해 정도만 숙성시킨다. 마시기 제일 좋은 시기는 3년에서 7년 정도로 알려져 있다.
- **바르베라 달바(Barbera d'Alba)** : 바르베라 품종은 색소가 진하고 산도가 높지만 껍질과 씨에 타닌은 거의 없다. 따라서 바르베라와인은 색이 진하고 신선한 느낌을 준다. 피에몬테의 전 지역에서 잘 자라며 영 할 때나 15년 정도 오래 숙성 되어도 마시기에 좋지만 8년 이하일 때에는 보통 와인과 별로 다를 바 없다.
  피짜에 잘 어울리며 토마토 소스의 파스타에는 환상적이다.
- **돌체토 달바(Dolcetto d'Alba)** : 돌체토로 만드는데 이 품종은 다른 것 보다 일찍 익고 와인도 또한 일찍 숙성된다. 바르베라 보다는 약하지만 그래도 산도와 탄닌이 많은 편으로 피짜나 향이 짙은 음식, 샐러드, 샌드위치 등과 잘 어울린다.

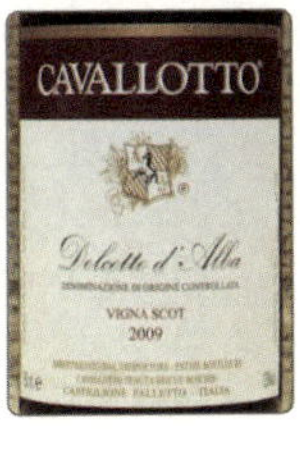

12) 띨딘(Tildin)은 가야에게 최상급 와인에 대한 교육을 시켜주었던 할머니의 이름을 따 지은 바르바레스꼬 남서쪽에 있는 가야의 포도밭 이름이다.

몬타넬로(Tenuta Montanello), 까발로토(Cavallotto), 까페타 그룹[13](Capetta Grroup)의 까페타(Cantine Capetta)가 있다.

(4) 로에로(Roero) DOC

알바 시(市)의 바로 위 북쪽에 있는 지역이다. 로에로 로쏘(Roero Rosso)는 토착종인 아르네이스(Arneis)가 2~5% 밖에 안 들어가는 거의 네비올로 품종으로만 만들어지는 레드이다. 로에로 아르네이스(Roero Arneis)는 아르네이스 품종으로 만든 미디엄-바디의 화이트이다.

(5) 돌체토(Dolcetto) DOC

- 돌체토 델레 랑게 몬레가레시(Dolcetto delle Langhe Monregalesi)는 타나로(Tanaro)강에서 남으로 거슬러 올라간 곳에 펼쳐있는 지역으로, 돌체토로 만든 레드 와인
- 돌체토 디 디아노 달바(Dolcetto di Diano d'Alba)는 바롤로와 바르바레스코 사이의 조그만 지역으로, 역시 돌체토의 레드 와인.
- 돌체토 디 도랴니(Dolcetto di Dogliani)에서 나는 돌체토로 만든 레드 중 일부는 아주 좋다.

(6) 알바(Alba)의 기타 DOC

- 베르두노 페라베르가(Verduno Pelaverga)는 1995년에 DOC로 지정된 토착종인 페라베르가로 미디엄-바디의 레드를 만든다.
- 랑게(Langhe)에는 6개의 DOC가 있다. 네비올로, 돌체토, 프레이사(Freisa), 파보리타(Favorita), 아르네이스(Arneis), 샤르도네의 6개 품종으로, 와인들은 이름대로의 각각의 품종을 100% 사용하여 만든다.

안젤로 가야(Angelo Gaja)[14]는 네비올로 단일품종만 고집하는 지역에서 까베르네 소비뇽 등 다른 품종도 실험적으로 사용하며, 안젤로는 "까베르네 소비뇽은 카리스마가 있는 존 웨인(John Wayne)같은 이미지이며, 네비올로는 은은한 매력으로 오랫동안 남는 마르첼로 마스트로얀니(Marcello Mastroianni)와 같은 이미지다'라고 했다.[15]

---

13) 까페타 그룹(Capetta Grroup)은 1953년에 까페타(Francesco Capetta)가 창설하여 그 가족들(Riccardo, Maria Teresa, Carla, & Gabriella Capetta)과 함께 운영하고 있다.

14) 안젤로 가야(Angelo Gaja)는 17세기에 스페인에서 이주해 온 '가야'패밀리로 와이너리는 1859년 'Giovanni Gaja'가 만들어 현재 4대째 운영되고 있다. 오너인 '안젤로 가야'는 양조학과 경제학을 전공했으며 이탈리아 와인생산에 있어 3대 거장의 한 명으로 꼽힌다. 피에몬테, 토스카나의 볼게리, 몬탈치노 등의 18곳의 와이너리에서 와인을 생산하고 있다.
- Barolo(세계 100대 와인'으로 간주된다) : Sperss(Langhe Nebbiolo DOC), Conteisa(Langhe Nebbiolo DOC), Dagromis(Barolo DOCG)

15) Tom Stevenson, "*The New Sotheby's Wine Encyclopedia*", DK Publishing, Third Edition, 2001, p.345

'가야 & 레이 샤르도네(Langhe)'는 딸(Gaia Gaja)과 할머니(Clotilde Rey)의 이름을 딴 '안젤로 가야'의 최고의 화이트와인이며, 돌체토(Dolcetto)는 바르베라로 만드는 레드, 스푸만테 아스티(Spumante Asti)는 인공적으로 이산화탄소를 투입하지 않는 스파클링 와인이다.
그리고 폰타나 프레다(Fontana Fredda)[16]의 2003년 오픈된 '빌라 콘테사 로사(Villa Contessa Rosa Ospitalita)'는 호텔과 레스토랑이 갖추어져 있다. 그리고 발비 소프라니(Balbi Soprani)[17]가 있다.

2 피에몬테 남서지방

(1) 아스티(Asti) DOCG

아스티는 이탈리아의 가장 중요한 스파클링 생산지로 유명한 곳으로 독특한 스파클링 와인의 이름이기도 하다. 아스티 와인은 예전에는 스파클링와인을 뜻하는 '스푸만테'가 아스티의 이름 뒤에 붙여 사용되었지만 지금은 '아스티'라는 이름 하나로도 족하게 되었다.
당도가 높은 모스카토(Moscato) 품종으로 만들며, 그 풍부한 향과 기포와 갖가지의 산도가 달콤함과 너무나 잘 상쾌하게 어우러져 있다. 병 숙성 품종이 아니므로 빨리 마시는 편이 좋다.

- 아스티(Asti)의 와인은 포도 액이 발효되기 시작하면 일단 멈추었다가 다시 시작하기를 몇 번이나 되풀이하는 독특한 과정을 거치므로 알코올의 도수가 8% 정도밖에 안되며 따라서 포도의 신선한 향이 그대로 전해진다.
  스푸만테 범주에 들므로 탄산압력이 높아 마개에 철사가 사용된다.
- 모스카토 다스티(Moscato d'Asti)는 아스티와 같은 품종, 같은 지역, 같은 DOCG이다. 아스티와 거의 흡사하지만 다른 점은 세미 스파클링 와인이라는 점으로 향이 보다 섬세하며 알코올 농도도 일반적으로 5~6%로서 더 낮다. 이는 스푸만테 범주에 들지않고 일반 화이트로 분류되며 병마개도 일반와인과 같다.

16) 폰타나 프레다(Fontana Fredda)는 '랑게'의 중심부인 Serralunga d'Alba, Barolo, Diano d'Alba의 구릉지대에 위치한다. 미라피오리의 공작(conte di Mirafiori)이었던 궤리에리(Emanuele Guerrier)의 열정으로 1878년 시작된 스푸만테(스파클링)는 피에몬테의 전통으로 만든다.
- Serralunga d'Alba Barolo, Raimonda Barbera d'Alba

17) 발비 소프라니(Balbi Soprani)는 와인 그룹사인 까페타(Capetta)의 대표적 브랜드이다.

스크리말리오(Cantina Vinicola Scrimaglio)[18]와, 바바(Bava)[19]가 있으며, 간치아(Gancia)[20]는 이태리 최초로 스파클링 와인을 만들어 낸 곳으로 지하 와인 셀러는 유네스코 세계 문화유산으로 등재되어 있다.

(2) 바르베라 다스티(Barbera d'Asti)

바르베라 품종의 원산지가 아스티일 것으로 추측될 정도로 이곳에서 200년도 더 전부터 재배되었다. 다스티의 어떤 곳은 과일 향과 더불어 높은 산도의 생기 있는 바르베라를 만들며, 또 어떤 오래된 와이너리는 진하고 원숙하여 농후한 최상의 바르베라를 생산한다.

(3) 돌체토(Dolcetto)

돌체토 품종은 피에몬테의 여러 군데서 재배하며, 돌체토 DOC 와인 중 5개는 알바(Alba)지역에서 생산되고 다른 세 개는 아스티(Asti)와 알레산드리아(Allessandria)에서 나온다.

- 돌체토 다스티(Dolcetto d'Asti)는 아스티지방의 남쪽지역 포도밭에서 생산되는 돌체토 품종의 가벼운 레드
- 돌체토 다퀴(Dolcetto d'Acqui)의 '아퀴(Acqui)'라는 이름은 이곳의 아퀴 테르메(Acqui Terme)라는 이름에서 온 것으로, 이 레드와인은 꽃향기로 유명하다.

---

18) 스크리말리오Cantina Vinicola Scrimaglio)는 몬페라또(Nizza Monferrato)에 자리 잡은 '스크리말리오'가(家)가 1200년대부터 포도를 재배하였다. 1920년대에 프란체스꼬(Pietro Francesco)가 구입하여 와인을 피에몬테 바깥지역으로 판매하기 시작하여 아트 와이너리로 알려져 있다.
   - 패션와인으로 Fiat, Alfa Romeo, Lancia 와인이 나온다.

19) 바바(Bava)는 1911년 꼰코나토(Cocconato)에서 설립되었으며 매년 각국의 유명 요리사와 건축가를 섭외해 컨셉 디너를 연다. 바르베라 병에는 18세기의 바이올린 스트라디바리의 스케치를 넣었다.

20) Gancia(간치아)는 1850년에 'Carlo Gancia'가 설립하여 5대째 가족 승계로만 이어져 오고 있다.

- 돌체토 디 오바다(Dolcetto di Ovada)의 오바다(Ovada)는 가비(Gavi) 왼쪽의 피에몬테지방의 제일 남쪽에 자리하고 있는 곳이다. 해양으로부터의 영향과 거친 토양에 철저히 동화된 이곳의 돌테토는 다른 지역보다 탄닌이 많은 풀-바디로 숙성될수록 더 좋아진다.

(4) 프레이사(Freisa)

- 프레이사 다스티(Freisa d'Asti)는 프레이사로 만든 드라이나 스위트한 레드와인
- 프레이사 디 키에리(Freisa di Chieri)는 토리노지방의 투린(Turin)시(市)의 왼쪽 지역이다. 드라이나 스위티 레드를 생산하며 스위트스타일은 아마비레(amabile)라고 표시된다. 생산량은 적다.

(5) 그리뇨리노(Grignolino)

- 그리뇨리노 다스티(Grignolino d'Asti)에서는 주로 그리뇨리노를 사용하고 프레이사 품종도 조금 사용된 레드. 가벼운 타입으로 색이 밝다.
- 그리뇨리노 델 몬페라토 까사레세(Grignolino del Monferrato Casalese)는 포(Po)강 남쪽지역에서 생산되는 그리뇨리노를 주로 사용한다. 프레이사를 일부 사용한 레드와인.

(6) 말바시아(Malvasia)

- 말바시아 디 까소르조 다스티(Malvasia di Casorzo d'Asti)는 스위트하고 가볍고 연한 레드로 꽃향기와 더불어 좋은 향이 있으며, 드물게 스파클링와인도 있다.
- 말바시아 디 까스텔노보 돈 보스코(Malvasia di Castelnuovo Don Bosco)는 말바시아를 주로 사용하며 때로는 프레이사를 조금 사용하기도 하는 스위트하고 향긋한 세미 스파클링 레드 와인이다.

(7) 브라케토/코르테세/루케(Brachetto/Cortese/Ruché)

- 브라케토 다퀴(Brachetto d'Acqui)에서는 '아퀴(Acqui)'라고도 하는 브라케토 품종으로만 만드는 스위트 레드로 스파클링와인도 보이기도 한다.
- 꼬르테세 디 알토 몬페라토(Cortese di Alto Monferrato)는 코르테세로 만든 섬세한 드라이 화이트
- 루케 디 카스타뇨레 몬페라토(Ruché di Castagnole Monferrato)는 루케로 만든 조금 스위트하기도 하지만 드라이에 가까운 미디엄-바디의 레드로 향이 뚜렷하다.

(8) 가비(Gavi) DOCG

1,000년 이상 오래된 생산지역으로 전통적으로 바르베라와 돌체토를 사용한 레드가 나왔다. 그러나 토착종인 꼬르테세(Cortese)는 스파클링와인을 만드는 원료로 높은 산도와 미묘한 향을 가지고 있다. 이 높은 산도로 인해 친숙해지기에는 부담스러운 면이 있지만, 잘 만들어진 '가비'는 농익은 사과와 포도, 꿀, 꽃 등의 향이 나며 다소 옅은 노란색을 띤다.

(9) 기타 피에몬테 남동지방

- 몬페라토(Monferrato) DOC는 피에몬테 남동쪽의 넓은 지역으로 몬페라토로 만든 레드와 화이트가 나온다.
- 알부냐노(Albugnano) DOC는 네비올로를 주로 사용한 드라이, 세미 드라이의 레드와 로제가 나온다.
- 바르베라 델 몬페라토(Barbera del Monferrato) DOC는 아스티와 알레산드리아에 걸쳐있는 넓은 지역으로 대부분의 와인은 주로 알레산드리아에서 나온다. 바르베라로 만든 레드.
- 로아쪼로(Loazzolo) DOC는 피에몬테에서 가장 작은 DOC지역으로, 모스카토로 만든 스위트 화이트와인. 때로는 노블 랏(noble rot)의 영향으로 높은 당도와 알코올(15.5도)가 보이기도 한다.
- 가비아노(Gabiano) DOC는 바르베라, 프레이사, 그리뇨리노로 만든 드라이, 미디엄 바디의 레드
- 루비노 디 깐타베나(Rubino di Cantavenna) DOC에서 바르베라를 주로 사용한 드라이 레드를 생산한다.
- 꼬리 토르토네시(Colli Tortonesi) DOC는 돌체토, 바르베라 품종을 각각 85% 이상 사용하여 화이트, 레드, 로제가 나온다.

3 피에몬테 북부지방

(1) 까레마/까루소(Carema/Caruso)

- 까레마(Carema) DOC는 피에몬테의 서북지역. 네비올로 품종을 사용한 레드가 나오며 이곳의 토양이 라이트-미디엄 바디의 기품 있는 와인을 만든다. 까레마 와인의 높은 산도는 장기보관을 가능케 하며 좋은 와인은 20년 이상의 장기 숙성을 요한다.
- 에르바루체 디 까루소(Erbaluce di Caluso) DOC에서는 에르바루체라는 화이트품종을 사용한다. 중세시대에는 황금색이나 호박색의 디저트와인으로 유명하였고, 지금은 까루소 파씨토 리쿼로소(Caluso Passito Liquoroso)라는 강화와인이 나온다. 그리고 드라이 화이트, 스파클링 스타일도 생산.
- 까나베세(Canavese) DOC는 네비올로, 바르베라, 에르바루체, 카나베세의 레드와 화이트 등 다섯 가지 타입의 와인이 나온다.

(2) 베르첼리/노바라 힐(Vercelli/Novara hills)

- 가띠나라(Gattinara) DOCG는 가띠나라에서 생산되는 1991년 DOCG를 획득한 레드와인. 네비올로를 86% 이상 사용하며 보나르다(Bonarda)나 다른 품종을 10% 정도 배합하며 만든다. 3년 이상의 숙성, 리제르바는 4년 이상 숙성. 오래될수록 적갈색을 띠며 꽃 향이 섞인듯한 섬세하고 진한 향이 특색으로, 가벼운 산이 포함된 맛과 과즙 맛이 어우러진다.
- 게메(Ghemme)는 가띠나라와 매우 흡사하며 1997년 DOCG등급을 받은 레드이다. 네비올로를 65~85% 사용하고 베스폴리나(Vespolina)와 기타 품종을 블렌딩한다. 최저 숙성기간은 3년으로, 최적 4~5년이다. 섬세하고 독특한 향과 에테르 향의 그윽한 특징을 보이고 드라이하며 약간 텁텁하다.

- 레소나(Lessona) DOC는 네비올로를 75% 이상 베이스로 한 레드와인으로 숙성되면 제비꽃 향이 난다.
- 브라마테라(Bramaterra) DOC는 네비올로를 50~70% 사용하는 빨리 마시기 좋은 레드.
- 보까(Boca) DOC는 네비올로를 45~70%, 베스포리나(Vespolina)를 20~40%, 보나르다를 20% 이상 사용한 레드로 최소한 3년 이상 숙성시킨다.
- 싯짜노(Sizzano) DOC는 게메시(市)의 남쪽 지역으로, 네비올로를 40~60%, 베스포리나를 15~40, 보나르다를 25% 이상 사용한 라이트-바디의 레드를 만든다. 다른 와인들보다 빨리 마시기에 적합하다.
- 파라(Fara) DOC는 네비올로를 30~50%, 보나르다를 40% 이상 사용한 가장 라이트-바디의 레드.
- 꼴리네 노바레시(Colline Novaresi) DOC는 에르바루체(Erbaluce)로 만드는 드라이 화이트. 보나르다를 40%, 그리고 네비올로와 베스포리나(Vespolina)를 30% 이상 사용한 드라이 레드를 만든다,
- 꼬스테 델라 세시아(Coste della Sesia) DOC는 최근의 DOC지역으로, 네비올로를 50% 이상 사용한 드라이 레드, 드라이 로제, 그리고 에르바루체(Erbaluce)를 100% 사용한 드라이 화이트도 나온다.

(3) 발레 다오스따(Valle d'Aosta)

왼쪽으로 프랑스, 위로 스위스와 경계를 이루는 북서부 산악지대로 포도밭은 몽블랑(Mont Blanc)의 발치까지 펼쳐져 있다. 다른 곳에서는 보기 힘든 블랑 드 모제(Blanc de Morgex), 쁘띠 루즈(Petit Rouge), 비앙 드 뉘(Vien de Nus) 품종이 보이기도 하며, 네비올로, 메를로, 시라도 쓰인다. 발레 다오스타(Valle d'Aosta) DOC 아래 28개의 하위명칭이 표기된다.

- 발레 다오스타 로쏘(Rosso)는 지역 품종들을 블렌딩하여 햇와인(novello)으로 즐긴다.
- 발레 다오스타 삐노 그리지오(Pinot Griogio)는 삐노 그리지오를 최소 85% 이용하며 늦수확으로 당도를 높였다.

4 그 밖의 피에몬테 와인

- 꼬리네 사루쩨시(Colline Saluzzesi) DOC는 포(Po)강의 양쪽에 걸쳐있는 지역으로 풀-바디의 스위트한 레드와 스파클링도 나온다.
- 피네로레세(Pinerolese) DOC에서 바르베라, 보나르다, 프레이사, 돌체토, 두 덴리(Doux d'Henry)를 각각 사용한 다섯 가지의 레드 와인이 나온다.
- 발수사(Valsusa) DOC는 1997년에 DOC로 지정된 레드와인만 생산하는 지역이다.
바르베라, 돌체토, 네레타(Neretta)를 각각 60% 이상 사용하거나 혹은 블렌딩하기도 하는 드라이 레드를 만든다.
- 피에몬테(Piemonte) DOC의 레드는 바르베라, 그리뇨리노, 브라체토(Brachetto), 화이트는 코르테세(Cortese), 모스카토, 샤르도네로 만든다.

피에몬테의 유명 와이너리로는 엘리오 그라쏘(Elio Grasso), 레나토 라티(Renato Ratti), 마르케시 디 바롤로(Marchesi Di Ba-rolo), 체레토(Ceretto), 엘리오 알타레(Elio Altare), 프라텔리 오데로(Fratelli Oddero) 등이 있다.[21)]

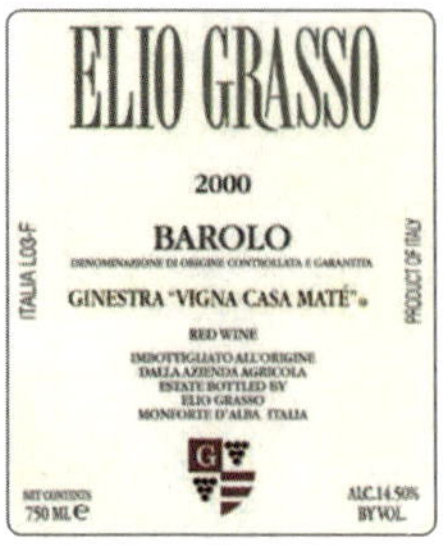

2.1.2 롬바르디아(Lombardia)

북쪽으로는 스위스와 국경을 접하고 있으며, 알프스와 프레 알프스, 아뻬니니(Apennines) 사이에 있는 지역으로, 산악기후에 의해 많은 영향을 받아온 곳이다. 마죠레(Maggiore)호, 가르다(Garda)호, 꼬모(Como)호 등 맑고 푸른 호수들이 산재해 있으며 밀라노(Milano)가 주도(州都)이다.

네비올로, 바르베라, 끄로아띠나(Croatina)와 같은 피에몬테지방의 품종들이 큰 부분을 차지하는데 네비올로는 이곳에서 끼아벤나스까(Chiavennasca)라 부른다.

1 발뗄리나(Valtellina)

롬바르디아의 최북단, 꼬모(Como)호(湖)의 동쪽에 위치하여 알프스의 가파른 경사가 시작되는 곳으로 아다(Adda)강변에서 주로 생산된다. 네비올로로 만드는 라이트-바디의 레드가 스위스 국경지대의 발텔리나(Valtellina) 와인생산지에서 나온다.

- 발뗄리나 수뻬리오레(Valtellina Superiore) DOCG 는 롬바르디아 주의 대표적인 레드와인으로 네비올로 품종을 90% 이상 사용하고 기타 레드품종으로 블렌딩하며, 손드리오(Sondrio) 지역의 아다(Adda) 강변에서 주로 생산된다.
  하위 명칭표기 생산지 중 사쎌라(Sassella)는 8~10년, 인페르노(Inferno)는 5~6년, 그루멜로(Grumello)는 3~4년이 이상적이고 그 외에 발겔라(Valgella), 마로지아(Mariggia) 지역이 있다. 과육의 향이 진하게 느껴질 만큼 향이 강하며 드라이하며 타닌의 맛이 떫으면서 감칠맛이 도는 것이 특징이다. 2년 이상 숙성해야 하며 생산지역별로 숙성기간의 차이가 있는데,
- 발뗄리나 슈뻬리오레 리세르바(Superiore Riserva)는 4년 이상의 숙성을 요한다.

2 올뜨레뽀 빠베제(Oltrepo' Pavese) DOC

파비아(Pavia)는 롬바르디아의 서남지방으로 밀라노의 바로 남쪽에 있으며 포 강(江)의 남쪽이기도 하여 "포 강 너머의 파비아"라는 뜻이기도 하다. 롬바르디아 전체 와인생산량의 반 이상을 차지하고, DOC 와인의 2/3 이상을 점하고 있기도 하다.

21) Ornella d'Alessio, Marco Santini, "*Wine Country Europe*", Rizzoli International Publications, 2005, pp.180-181

하위명칭 표기는 17군데로 생산지에 따라 품종은 조금씩 차이가 나는데 품종은 바르베라, 끄로아띠나(Ctoatina), 우바 라라(Uva Rara), 우게따(Ughetta), 베스폴리나(Vespolina)와 피노 네로(Pinot Nero) 등을 사용하여 레드와 스파클링, 화이트, 그리고 로제를 생산한다.

- Oltrepo' Pavese Rosso, Oltrepo' Pavese Sangue di Giuda
- 산 꼬롬바노(San Colombano) DOC는 크로아티나, 바르베라와 우바 라라로 드라이 레드와인 한 가지 타입만 만든다.

3 프란치아꼬르타(Franciacorta) DOCG

스파클링와인의 이름이기도 하다. 이곳은 1967년도에 DOC로 지정되었다.
이태리에서 가장 좋은 스파클링 와인을 생산하는 지역으로 스파클링 와인을 지역명과 같은 이름으로 표기하여, 이태리의 스푸만떼라 하지 않고 '프란치아꼬르따'로 따로 부르며 1995년으로 DOCG급으로 승격되었다.
1차 발효에 이어 병입된 상태에서 효모를 통한 2차 발효과정을 거치는 과정이 샴페인과 동일하다.
피노 네로, 샤르도네, 피노 비앙코를 주 품종으로 사용하며, 논-빈티지는 18개월, 빈티지는 30개월 이상의 숙성을 거쳐야 한다.
프란치아꼬르타의 유명 생산자는 테레 디 프란치아꼬르타(Terre di Franciacorta)와 까델 보스꼬(Bellavista Ca'del Bosco)[22], 카발레리(Cavalleri).
그리고 엔리코 가티(Enrico Gatti), 몬테 로싸(Monte Rossa), 리치 쿠바스트로(Ricci Curbastro), 우베르티(Uberti), 꼬르나레토(Cornaleto)가 있다.

2.1.3 리구리아(Liguria)

컬럼버스(C.Columbus)의 고향인 제노아(Genoa)가 주도(州都)인 곳으로 조선업을 비롯한 중공업이 발달한 곳으로 긴 해안을 따라 아름다운 항구도시들이 산재하여 있다.
좁고 작은 지역으로 생산량은 많지 않으나 포도 연구의 낙원이라고 불리는 곳이다. 고대의 포도원

22) 까델 보스꼬(Bellavista Ca'del Bosco)는 1968년 자넬라(Maurizio Zanella)가 설립하여 '프란치아꼬르타'의 명성을 외부에 알린 곳이다.
- 여섯 타입의 Franciacorta DOCG 외.

들이 있으며 100여종의 품종과 함께 지역 토종의 품종들도 보이는데 바로바로싸(Barbarossa), 비안케타(Bianchetta), 부쩨토(Buzzetto), 칠리에지올로(Ciliegiolo), 루마씨나(Lumassina), 마싸르다(Massarda), 피가토(Pigato) 같은 품종들이다.
생산하는 와인의 80%가 화이트이며, DOC는 전체의 12% 정도에 지나지 않는다.

1 서부 리비에라(Riviera)

제노아의 서쪽으로 프랑스에 가까운 곳이다.

(1) 로쎄세 디 돌체아쿠아(Rossese di Dolceaqua) DOC

로쎄세 품종으로 같은 이름의 향이 가득한 레드와인을 만든다. 영(young)할 때 좋은 와인.

(2) 리비에라 리구레 디 포넨테(Riviera Ligure di Ponente) DOC

각 두 가지씩의 화이트, 레드가 나오는 곳이다. 화이트로는 피가토(Pigato)와 베르멘티노(Vermentino)가 있다. 피가토는 피에몬테지방의 가비(Gavi)와 흡사하여, 꽃향기가 있는 풀-바디의 드라이 화이트이며, 베르멘띠노는 피가토에 비하여 좀 가벼운 대신 더 섬세하다.
레드와인은 돌체토의 한 종류인 오르메아스꼬(Ormeasco)로 만들며 드라이한 미디엄-바디.

2 동부 리비에라(Riviera)

제노아의 동쪽으로 토스카나에 가까운 곳이다.

- 친퀘떼레(Cinqueterre) DOC는 제노바와 라 스페지아(La Spezia)항(港) 사이의 라 스페지아에 근접해 있다. 이름 자체가 '5개의 땅'이란 뜻으로 몬테로소 알 마레(Monterosso Al Mare), 베르나짜(Vernazza), 꼬르니글리아(Corniglia) 마을 등의 5개의 고립된 작은 마을이 급경사의 절벽 사이에 있다. 화이트와인은 보스꼬(Bosco)를 60% 이상 사용하여 라이트바디가 나오며, 친퀘테레를 주로 사용한 호박색 디저트와인은 알코올 농도가 17% 정도 된다.
- 꼴리 디 루니(Colli di Luni) DOC는 산지오베제를 60~70% 사용하여 레드를, 베르멘티노와 뜨레비아노로 화이트를 만든다.
- 꼴리 디 레반토(Colli di Levanto) DOC는 베르멘티노와 산지오베제를 각각 40% 이상 사용하여 화이트와 레드를 만든다.
- 골포 델 티구리오(Golfo del Tigullio) DOC는 제노아의 동쪽 20km 정도의 해안지역으로 유명한 리조트지역이다. 돌체토를 주로 사용한 레드, 베르멘티노를 주로 사용한 화이트가 나온다.

2.1.4 발레 다오스타(Valle d'Aosta)

서쪽으로 프랑스와 북으로는 스위스와 접해있으며 알프스의 몽블랑 자락 밑에 위치하는 알프스로 둘러싸인 아름다운 곳이다. 이탈리아의 20개 주 중에서 가장 면적이 작은 특별 주[23]이다. 주도(州都)는 아오스타(Aosta)로 프랑스어가 많이 사용되고 곳곳에 프랑스 문화의 흔적이 많이 보인다. 와인 재배 지역은 세 군데로 나뉜다.

(1) 발디네(Valdigne)

발레 다오스타의 서북지방으로 모제(Morgex)지역은 해발 1,200미터에 위치하여 19세기에 전 유럽에 필록세라(phylloxera) 병이 만연했을 때에도 워낙 높은 곳이라 무사한 곳이다.

- 블랑 드 모제 에드라 살레(Blanc de Morgex et de la Salle)는 모제(Morgex)품종으로 만드는 화이트와인. 스파클링와인도 나온다.

(2) 발레 첸트라레(Valle Centrale)

발레 다오스타의 중부지역으로 아오스타의 동쪽과 서쪽지방. 이곳에서 대부분의 와인이 생산되며 네 군데의 포도재배 지역이 있다.

- 앙페르 다르비에(Enfer d'Arvier)는 아오스타의 서쪽에 있는 아르비에(Arvier) 인근 지방. 쁘띠 루즈(Petit Rouge)를 주품종으로 돌체토와 피노 누아, 가메이를 블렌딩해 만드는 풀-바디의 레드와인.
- 또레뜨(Torrette)는 아르비에의 동쪽에 있는 지역. 쁘띠 루즈를 70% 사용하고 피노 누아와 가메이, 돌체토를 블렌딩해 만드는 라이트-바디의 레드와인.
- 누스(Nus)는 아오스타의 동쪽에 있는 넓은 지역. 비엔 드 누스(Vien de Nus)를 50% 이상, 그리고 쁘띠 루즈나 피노 누아를 40% 이상 사용하여 만드는 향이 진한 드라이 화이트.
- 샹바브(Chambave) DOC는 누스의 바로 동쪽에 붙은 마을로 쁘띠 루즈를 60% 이상 사용하고, 돌체토, 가메이, 피노 누아로 블렌딩하는 향이 진한 드라이 화이트.

(3) 바싸 발레(Bassa Valle)

- 아르나드-몬조베(Arnad-Montjovet)는 샹바브의 남쪽과 동쪽에 걸쳐 있는 지역. 네비올로를 70% 이상, 그리고 돌체토, 비엔 드 누스, 피노 누아를 블렌딩한 미디엄-바디의 드라이 레드와인.
- 돈나즈(Donnas) DOC는 발레 다오스타의 가장 동남쪽에 위치한 지역. 네비올로를 85% 이상 사용하고 프레이사, 비엔 드 누스를 블렌딩한 레드와인이 생산된다.

---

23) 이탈리아에는 지방 행정단위로 일반 주 15군데와 특별 주 5개로 20개 주가 있다. 일반 주는 피에몬테, 롬바르디아, 베네토, 리구리아, 에밀리아 로마냐, 토스카나, 움브리아, 마르케, 몰리제, 아브루쪼, 라찌오, 깜파냐, 깔라브리아, 바실리카타, 뿔리아.
- 특별 주는 발레 다오스타, 트렌티노 알토 아디제, 프리울리 베네치아, 시칠리아, 사르데냐

2.2 이태리 동북지역(Trentino Alto Adige, Veneto, Friuli Venezia Giulia)

위로는 돌로미티(Dolomites)로부터 아래로는 연해있는 아드리언(Adrian)해 사이에 위치하는 이태리의 동북 지역이다.

2.2.1 뜨렌티노-알토 아디제(Trentino-Alto Adige)

북쪽으로 스위스와 오스트리아와 접해 있는 이곳은 알프스를 따라 산세가 아름다우며 90% 이상이 산악지역이다. 1919년 이탈리아로 편입하여 독일어가 제2 국어로 사용되고 있는 문화적으로는 게르만문화권에 가까운 곳이다. 이태리 와인 수출의 절반을 담당하는 곳으로, 많은 좋은 와인들이 이 춥고 높은 지역에서 생산된다.

1 뜨렌티노(Trentino)

이곳에는 6개의 DOC 지역이 있다.

- 뜨렌티노(Trentino) DOC는 샤르도네와 피노 비앙코를 80% 이상 사용한 화이트를 생산한다. 레드는 까베르네 프랑, 까베르네 소비뇽, 메를로를 주로 사용하여 생산한다.
- 뜨렌토(Trento) DOC는 넓은 지역이지만 스파클링와인으로만 알려져 있다. 화이트와 로제도 나오는데 샤르도네와 피노 비앙코, 피노 네로, 피노 뫼니에를 사용한다.
  페라리(Ferrari)[24)]가 유명하다.

- 떼롤데고 로딸리아노(Teroldego Rotaliano) DOC는 A.D 200년 경부터 재배되었던 떼롤데고는 레드 품종의 이름으로, 진한 색의 타닌이 많은 강건한 스타일의 레드를 만든다.
- 소르니(Sorni) DOC는 작은 지역으로 두 가지 스타일의 와인이 나온다. 화이트는 노시오라(Nosiola), 뮐러-투르가우, 실바너, 피노 비앙코, 피노 그리지오, 샤르도네를 사용하고, 레드는 테롤데고, 스키아바, 라그레인(Lagrein)을 사용한다.
- 까스텔러(Casteller) DOC는 스키아바를 베이스로 한 라이트 레드가 나온다. 드라이, 혹은 세미 스위트 스타일도 있으며 가볍게 마시기에 좋아서 지역에서 거의 다 소진된다.
- 발다디제(Valdadige) DOC는 7가지 스타일의 와인이 나오는데 모두 그리 비싸지 않다. 레드는 스키아바, 람브루스코, 메를로, 피노 네로, 라그레인(Lagrein), 테롤데고, 네그라라(negrara)로 만든 드라이, 혹은 세미 드라이 타입. 화이트는 9가지 이상을 블렌딩한 드라이와 세미 스위트, 그리고 로제가 나온다.

---

24) 페라이(Ferrari)는 페라리(Giulio Ferrari)가 1902년 만든 후 1952년 그의 사후 루넬리(Bruno Lunelli)가 양도받아 지금은 그의 아들(Gino, Franco and Mauro)가 운영하며 좋은 스파클링 와인이 나온다.

2 알토 아디제(Alto Adige)

스키장으로 유명한 볼짜노(Bolzano)가 중심인 곳으로 대부분이 산악지역으로 전체 면적 중 약 15% 정도에서 포도 재배가 가능하다. 와이너리의 대부분이 남쪽이나 혹은 동쪽을 향한 경사면에 위치한다. 게비르츠트라미너, 실바너, 케너(Kener), 라그레인(Lagrein) 등의 품종을 주로 사용하여 대부분 화이트와인을 생산한다.
알로아 라제데르(Alois Lageder)[25]는 훌륭한 와인생산의 잠재력을 지니고 있던 알토 아디제 지방을 깊은 잠에서 깨운, 지역 선두 와이너리로 꼽힌다.

- 산타 마달레너(Santa Maddalener) DOC는 스키아바(Schiava)를 기본으로 하여 만든, 진한 컬러와 과일향이 가득한 화이트
- 메라네세 디 코리나(Meranese di Collina) DOC는 스키아바로 만든 와인 중의 향이 제일 가득한 와인을 만든다.
- 테라노(Terlano) DOC는 소비뇽 블랑, 피노 비앙코, 샤르도네로 만든 화이트와인으로 잘 알려져 있다.
- 꼬리 디 볼자노(Colli di Bolzano) DOC는 시아바를 베이스로 라이트-바디의 화이트가 나온다.
- 발레 이사르코(Valle Isarco) DOC는 실바너, 뮐러-투르가우, 게비르츠트라미너, 피노 그리지오(독일식 이름은 루랜더)와 같은 독일 품종의 화이트와인이 나온다. 이곳에서 생산하는 레드는 단 한 개로, 스키아바 품종을 60% 이상 사용하고 있다.
- 바레 베노스타(Valle Venosta) DOC는 북서쪽으로 멀리 떨어져 스위스와 오스트리아와의 국경 가까이에 있으며 리슬링으로 만든 화이트가 잘 알려져 있다. 샤르도네 외에도 다른 화이트 품종도 많이 재배된다.
- 라고 디 칼다로(lago di Caldaro) DOC는 DOC 지역 중에 오래된 넓은 곳으로, 스키아바 품종으로 부담 없이 마시기에 적합한 레드를 만든다.

2.2.2 베네토(Veneto)

물의 도시로 유명한 베네찌아(Venezia)가 주도(州都)로 로미오와 줄리엣의 무대인 베로나(Verona) 외에 파도바(Padova) 등의 유명한 도시들이 있다. 포(Po)강과 아드리아(Adria)해의 끝에 뻗쳐있는 기름진 평원으로 이루어져 있으며, 프레 알프스(Pre-Alps) 지역이 가장 중요한 포도 재배지역으로 기후의 변화가 심한 편이다. 이탈리아의 주별(州別) 와인의 생산량은 4위이지만 DOC와인 생산량은 첫째가는 지방이다.
베로나의 가르다(Garda)호 동쪽 연안에서 이 지방의 3대 와인인 바르돌리노(Bardolino), 베로나 북쪽에서 발폴리첼라(Valpolicella)와 소아베(Soave : 레드, 화이트)가 나온다.

25) 알로아 라제데르(Alois Lageder)는 1855년 설립된 곳으로 Haberlehof Pinot Bianco, Lindenburg Lagrein, Margreid Moscato Rosa, Lowengang Chardonnay, Portico dei Leoni, Cor Romigberg, Pinot Grigio, Gewüztraminer,가 나온다.

1 베로나(Verona)

매년 4월에 열리는 이탈리아의 최대 와인 전시회 '비니탈리(Vinitaly)'의 개최지로 유명하다. 베니스의 동쪽에 위치하며, 베로나의 중요한 DOC와인 지역은 네 군데로서 바르돌리노, 발폴리첼라, 소아베, 비앙코 디 쿠스토자이다.

(1) 바르돌리노(Bardolino)

이탈리아의 호수 중에서 경관이 아름답기로 유명한 가르다(Garda) 호수를 둘러싸고 있는 지역으로 이곳에서 생산되는 바르돌리노는 꼬르비나(Corvina) 35~65%, 론디네라(Rondinella) 10~40%, 모리나라(Molinara) 10~20%, 네그라(Negra)를 10% 이상 사용하여 생산하는 매우 부드럽고 상쾌한 레드 와인이다. 색깔이 밝고 감촉이 부드러우며 향취가 짙은데 이 중에서 꼬르비나가 가장 좋으며, 좋은 바르돌리노는 꼬르비나를 더 많이 사용하여 만든다. 가볍고 부드러운 와인으로 가려는 경향이 오히려 단점으로 지적되기도 한다.

스파클링 바르돌리노도 나오며, 로제는 여름에 조금 차게 해서 마시면 더욱 어울린다.

베르타니(Bertani)[26]는 이탈리아 아마로네 와인의 대표주자이며, 그 외의 여러 곳[27]에서 좋은 바르돌리노를 만들고 있다.

(2) 발폴리첼라(Valpolicella)

바르돌리노, 코르비나, 론디네라, 모리나라 품종을 사용하여 만든다. 전통적으로 '아빠시멘토(appassimento)', 혹은 '리파소(ripasso)'라는 독특한 양조방법으로 전통의 체리나무 통을 사용한다. 마시(Masi)[28], 퀸타렐리(Quintarelli)[29], 그리고 꼬르테 지아라(Corte Giara)[30]를 설립한 알레그리니(Allegrini)[31]가 '발폴리첼라'와 '아마로네'를 만든다.

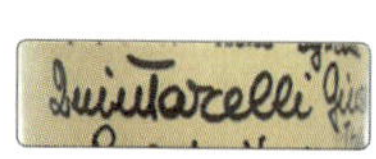

26) 베르타니(Bertani)'는 베르타니 형제(Gaetano and Giovan Battista Bertani)가 1857년 세운 이탈리아 아마로네 와인의 대표주자이다.

27) Guerrieri-Rizzardi, Cavalchina, Fratelli Zeni, Lamberti, Santa Spfia

28) 마시(Masi)는 1353년부터 와인을 양조하던 보스까이니(Boscaini)가문에서 18세기 말 이곳에서 일군 'Vaio dei Masi' 포도밭에서 유래되어 베네또 지역 와인양조기술에 혁신을 불러일으켰다.

29) 퀸타렐리(Quintarelli)는, Dal Forno, Le Ragose, Brigaldera, Bolla, Tommasi에서 좋은 발폴리첼라를 만들고 있다.
• 아마로네(Amarone della Valpolicella)와 레치오토 델라 발폴리첼라(Recioto della Valpolicella)

30) 꼬르테 지아라(Corte Giara)는 1989년 '알레그리니'와 더불어 엄선된 발폴리첼라의 포도재배자들이 만든 조합으로 고품질의 와인을 누구나 쉽게 마실 수 있도록 하는 현대적인 감각을 강조하였다.

31) 알레그리니(Allegrini)는 '신곡'의 저자인 단테의 아들 알레그리니(Pietro Allegrini)가 1353년 피렌체에서 옮겨 와 1557년부터 와인을 만들 곳으로, 지금도 알레그리니(Marilisa Allegrini)가(家)가 운영하고 있다.

- 레치오토 델라 발폴리첼라(Recioto della Valpolicella)는 아마로네를 만들면서 발효를 멈춰 당분을 남긴 와인이다.
- 아마로네는 일반 포도보다 늦은 시기에 수확한 포도를 통풍이 잘 되는 그늘의 나무로 만든 발(짚) 위에 놓고 다음해 1, 2월 까지 3~4개월 건조시키는데 포도에서 수분이 빠져나가 당도가 높아지면서 건포도처럼 변한다. 이 포도를 완전히 발효시켜 만들면 아마로네가 된다. 통상적으로 '아마로네'라 부르는 아마로네 델라 발폴리첼라(Amarone della Valpolicella)는 이태리에서 가장 좋은 풀-바디 와인 중의 하나로 향이 풍부하고 알코올 도수가 14~16°로 높으며 장기 숙성이 가능하한 베네토지역의 레드와인이다.

(3) 소아베(Soave)

베로나 시의 동쪽에 있는 구릉지대로 이탈리아에서 가장 유명한 화이트 와인의 생산지이다. 주 품종인 가르가네가와 뜨레비아노 외에 샤르도네, 피노 비앙코를 사용하고 있다.
가르가네가(Garganega) 품종은 그리스가 고향이며, 10월에 익는 만생종으로 껍질이 두껍고 단단하며 당도가 풍부하여 높지 않은 산도는 당도와 조화를 이룬다. 잘 익으면 붉은 색에 가까운 진 노란색을 띤다.
뜨레삐아노 디 소아베(Trebbiano di Soave)는 웬만한 기후나 토양에도 잘 적응하며 '가르가네가'와 블렌딩하면 좋은 조화가 된다.
소아베지역에는 소아베(Soave), 몬테포르테(Monteforte), 산 마르티노(San Martino B.A), 라바뇨(Lavagno), 메짜네(Mezzane), 낄리에로(Caliero), 꼴로노라(Colognola), 일라시(Illasi), 까짜노(Cazzano), 산 보니파치오(San Bonifacio), 론까(Ronca), 몬테치아(Montecchia), 지오반니 이라리오네(S. Giovanni Irarione) 등의 마을이 전부나 일부가 포함된다.

- 소아베(Soave) DOC는 아로마가 풍부하고 약간 쌉싸름한 드라이 화이트와인이다. 모젤처럼 초록색병에 들어있는 녹색이 감도는 연 노란색으로 감미롭고도 강렬한 향을 지니고 있다.
  1~2년 내에 마시므로 신선한 향이 깔끔하며 약간 쌉쌀하여 아페리티프용으로 최상이다.
- 소아베 끌라씨코(Soave Classico) DOC는 소아베와 몬테포르떼 달뽀네(Monteforte d'Alpone) 지역 내에서 수확한 포도로 동일 지역에서 양조한 와인이다.
  싱싱함, 균형, 섬세함이 장점으로 과일 향이 감미롭게 느껴진다. 대부분이 수확 후 1~2년 안에 마신다. 견고한 바디가 숙성의 가능성을 보여주며 장기 숙성 타입도 나오고 있어 좋은 빈티지는 10년까지 숙성하기도 한다.

- 소아베 스푸만테(Soave Spumante) DOC는 강렬하면서 동시에 감미로운 향을 지닌 미디엄 바디의 와인으로 약간 쌉쌀한 맛이 나온다. 녹색이 연하게 보이는 노란 빛으로 전반적으로 조화를 잘 이루고 있다.
  브뤼, 엑스트라 브뤼, 드라이 혹은 엑스트라 드라이.
- 소아베 수뻬리오레(Superiore) DOCG는 가르가네가를 최소 70% 사용하고 뜨레삐아노와 샤르도네, 삐노 비앙꼬가 30%까지 사용되며, 2001년 DOCG를 받았다. 3개월 이상의 병입 숙성을 하지만 2년의 숙성을 거치면 '리제르바(Riserva)'라 붙여진다.
  칸티나(Cantina), 스테파니니(Stefanini), 타멜리니(Tamellini), 지니(Gini), 산타(Santa), 소피아(Sofia)에서 좋은 소아베를 만들고 있다.

- 레치오토 디 소아베(Recioto di Soave) DOCG는 1998년 DOCG등급을 받았으며, 수확 시에 상태가 좋은 포도송이를 선별해 선반에 널어 반쯤 말린다. 이를 아빠씨멘또(appassimento)라 하며, 이 과정을 거치고 압착하기 전에 6개월 가까이 청결하게 관리하므로 당도가 높다.

(4) 비앙코 디 꾸스토자(Bianco di Custoza)

베로나의 남서쪽에 위치하며, 트레비아노 토스카노를 주로 사용하여 만든 드라이, 라이트-바디의 화이트가 나오며, 스파클링와인도 생산된다.

(5) 베로나의 기타 DOC

- 두렐로(Durello)는 토착종인 두렐라(Durella)로 산도가 높은 드라이 화이트를 만든다. 스파클링와인도 생산.
- 가르다 오리엔탈레(Garda Orientale) DOC는 까베르네 소비뇽과 까베르네 프랑, 메를로, 피노 네로, 마르제미노(Marzemino), '코르비나'로 만드는 레드와인. 가르가네가(Garganega), 피노 비앙코, 피노 그리지오, 샤르도네, 트레비아넬로(Trebianello), 리슬링, 코르테세 등으로 만드는 화이트가 있다.

2 베네토의 중부 산악지대

베로나와 베니스 사이의 지방으로 5개의 DOC 지역이 있다.

- **브레간제(Breganze)** : 화이트는 85% 이상 토카이 프리울라노(Tocai Friulano)를 사용하며, 레드는 메를로를 주로 사용한다. 베스파이올라(Vespaiola) 품종을 사용한 디저트와인인 또르코라토(Torcolato)도 나온다.
  파우스토 마쿠란(Fausto Maculan)은 이 지역의 유명한 와인생산업체이다.

- **감벨라라(Gambellara)** : 황금색 디저트와인과 스파클링와인을 생산하는 지역이며, 특히 이웃한 소아베(Soave)와 매우 흡사한 화이트와인이 나온다.
- 꼴리 베리치(Colli Berici)는 역사가 오래된 넓은 지역으로 드라이화이트와 드라이레드가 나온다.
- 꼴리 에유가네(Colli Euganei)는 가르가네가(Garganega), 프로세코(Prosecco), 토카이 프리울리, 소비뇽을 주로 사용한 화이트가 나온다.
- 바뇨리(Bagnoli)는 최근에 DOC로 지정된 곳이다. 레드는 메를로를 주로 사용하고, 샤르도네 외에 여러 품종으로 만드는 드라이화이트, 그리고 라보소(Raboso)를 주로 사용한 로즈와인, 스파클링와인이 나온다. 포도밭을 가로지르는 개울의 이름을 딴 벨렌다(Bellenda)[32]가 있다.

3 베네토 동부지방

(1) 프로세꼬 디 꼬네랴노-발도비아데네(Prosecco di Conegliano-Valdobbiadene)

알프스 남쪽의 두 지역으로 서쪽의 발도비아데네, 동쪽의 아드리아해에 가까운 코네라뇨 지역을 일컫는다.

발도비아데네 지역은 스파클링와인을 주로 생산하고, 꼬네랴뇨(Colli di Conegliano) 지역은 드라이화이트와 드라이 레드, 스위트화이트와 스위트레드의 네 가지 와인을 생산한다.

까르뻬네 말볼띠(Carpene Malvolti)[33]의 설립자 안또니오 까르뻬네는 1877년, 이탈리아 최초의 양조학교를 설립하기도 하였고, 이곳은 발포성 와인 프로쎄꼬(Prosecco)의 역사에서 빼놓을 수 없는 중요한 이름으로 우아함과 독특한 개성으로 세계시장을 사로잡았다.

32) 벨렌다(Bellenda)는 1700년대 초 베네치아에서 이주해온 코스모(Cosmos)가족이 비또리오 베네또(Vittorio Veneto)에 정착하였지만, 와인 생산은 늦어 첫 빈티지가 1987년에 나왔다. 생산량은 적으며 생산의 20%를 이탈리아에, 80%는 해외에 공급하고 있다. 두 가지 레이블을 사용하는데 '발렌다'는 벨렌다에서 수확한 포도로, '꼴 디 루나(Col di Luna)'는 다른 포도밭에서 공급받은 포도를 일부 포함된 와인이다.
- Contrada di Concenigo, San Fermo와인은 주변의 경작지 이름에서 비롯되었다.

33) 까르뻬네 말볼띠(Carpene Malvolti)는 안또니오 까르뻬네(Antonio Carpene)가 1868년 설립한 곳이다.
- 여러 타입의 Prosecco DOC

(2) 몬텔로 에 코리 아소라니(Montello e Colli Asolani)

메를로, 까베르네 프랑, 까베르네 소비뇽을 주로 사용하여 블렌딩한 레드. 샤르도네, 피노 비앙코, 피노 그리지오를 사용한 화이트. 그리고 스파클링은 샤르도네와 피노 비앙코를 사용한다.

(3) 피아베(Piave)

베네찌아의 바로 위에 위치하며, 레드로는 까베르네 소비뇽, 까베르네, 메를로, 피노 네로를 사용하며, 화이트에는 샤르도네, 피노 비앙코, 피노 그리지오를 사용하는 지역이다.

(4) 꼬네라뇨(Prosecco di Conegliano-Valdobbiadene)

베네치아의 북쪽으로 피아베의 바로 위에 있는 지역이다. 로레단 가스파리니(Conte Loredan Gasparini)[34)]의 카포 디 스타토(Venegazzù Capo di Stato)는 까베르네 소비뇽과 메를로를 배합하는 전형적인 보르도 스타일 와인으로 이탈리아를 방문하여 만찬 때 극찬했던 프랑스 드골 대통령을 기념하여 스타토(국가 원수)라는 이름을 붙인 '세계 100대 와인'이다.

(5) 리손-프라마쪼레(Lison-Pramaggiore)

베네토지방의 가장 동쪽에 있는, 아드리아해(海)와 붙어있는 지역으로 12개의 DOC와인을 가지고 있다. 유명한 산타 마가리타(Santa Margherita) 사(社)의 본사가 이곳에 있다. 산타 마가리타는 샤르도네를 주로 사용하지만 이곳에서는 피노 그리지오를 사용한 화이트를 만든다.

2.2.3 프리울리-베네치아 줄리아(Friuli-Venezia Giulia)

이태리의 북동쪽 끝에 위치하여 베네토와 오스트리아, 유고슬라비아에 둘러싸여 있으며 아드리아 해변으로 약간 경사져 있다. 주도(州都)인 트리에스테(Trieste)는 아름다운 항구도시로 해안을 따라 늘어선 바로크풍의 건축물들이 도시의 품격을 더해주고 있다.

이태리가 레드와인 국가로 알려진 반면, 화이트 와인이 이곳의 와인 생산량의 수위를 차지한다. 동쪽으로 슬로베니아(Slovenia)와 국경을 접하고 있는 꼴리오(Collio)와 꼴리 오리엔탈리 델 프리울리(Colli Orientali del Friuli)지역에서 좋은 와인을 생산한다.

품종은 피노 그리지오(Pinot Griogio), 피노 비앙코(Pinot Bianco), 샤르도네와 소비뇽, 그리고 이 지방 토산종인 토까이 프리울라노(Tocai Friulano), 리볼라 기알라(Ribolla Gialla)가 있다.

---

34) 로레단 가스파리니(Azienda Agricola Conte Loredan Gasparini) 1590년 설립된 곳으로 로레단 백작(Count Piero Loredan)이 1950년에 보르도 품종을 심으면서 빛을 발하기 시작했다.

(1) 꼴리오(Collio)

꼴리오, 혹은 꼴리오 고리찌아노(Collio Goriziano)라고도 한다. 많은 포도원들이 동쪽으로 국경을 접하고 있는 슬로베니아에 걸쳐 있어, 슬로베니아에서 생산되는 와인들의 병 레이블에서도 코리오라는 이름을 쉽게 볼 수 있다.

이탈리아의 화이트와인 중에서 꼴리오와인은 풀-바디에 속하는 편이다. 화이트로는 토까이 프리울라노 품종이 이 지역에서 제일 뛰어나고 피노 비앙코, 피노 그리지오, 소비뇽 블랑, 샤르도네를 사용하며, 토착종인 리보라 잘라(Ribolla Gialla), 말바시아 이스트리아나(Malvasia Istriana)도 좋은 품질이다. 레드는 까베르네 프랑과 메를로 품종이 주도한다.

꼬르몬스(Cantina Produttori Cormons Soc. Coop)[35]는 드리우스(Adriano Drius)가 1968년 설립한 '지역 양조 협동조합'으로, 이곳의 포도나무는 세계 5대륙의 와이너리로부터 받은 600여종으로 '세계의 포도밭'이라는 별명과 더불어 '포도 품종 박물관'이라는 말도 듣는다. 생산되는 와인은 세계 90여 개 국 정상에게 보내고 나머지는 경매나 자선행사에서 판매한다. 1985년 빈티지부터 레이블은 세계 유명 예술가들이 매년 3명씩 만들고 있으며 1989년산에 백남준의 작품을 실었다. 델리 파체(Vino Della Pace)는 '평화 와인'이란 뜻으로 서로 다른 문화의 평화적인 공존을 염원하는 메시지를 전달한다. 그리고 퓨아띠(Puiatti Winery & Lounge)[36]가 있다.

(2) 꼴리 오리엔탈리 델 프리우리(Colli Orientali del Friuli)

- **라만도로(Ramandolo)** : 꼴리 오리엔탈리의 북쪽 지역. 베르두쪼(Verduzzo)로 만든 화이트 스위트 디저트
- 치알라(Cialla)는 중앙지역으로, 피코리트(Picolit)로 만드는 세미-스위트 화이트. 리볼라 잘라(Ribolla Gialla)로 만든 드라이 화이트. 베르두쪼로는 드라이, 세미-드라이, 스위트 화이트를 만든다. 다양한 품종을 사용하는 드라이 레드도 생산.
- 로삿쪼(Rosazzo)는 남쪽지역으로. 이곳은 특히 천년 이상이나 된 오래된 수도원인 아빠지아 디 로삿쪼(Abbazia di Rosazzo)에서 재배하던 리보라 잘라(Ribolla Gialla) 품종으로 유명하다. 드라이 화이트, 세미-드라이, 스위트 화이트. 드라이 레드가 나온다.

---

35) 꼬르몬스(Cantina Produttori Cormons Soc. Coop)가 있는 꼬르몬스(Cormons)마을은 이태리 북동부에 위치하여 라틴, 게르만, 슬라브계가 교차하는 곳이다.
  - Tocai friulano Collio doc, Collio&Collio, Sauvignon Collio doc, Pinot grigio Collio doc, Melograno Collio doc rosso

36) 퓨아띠(Puiatti Winery & Lounge)는 오크통을 전혀 쓰지 않고 스테인리스스틸로만 숙성하지만 향과 맛, 숙성에서 생동감 있는 와인이 나온다. 깔끔한 화이트를 주로 생산하며 다양한 와인이 나온다.

(3) 프리울리 이손조(Friuli Isonzo)

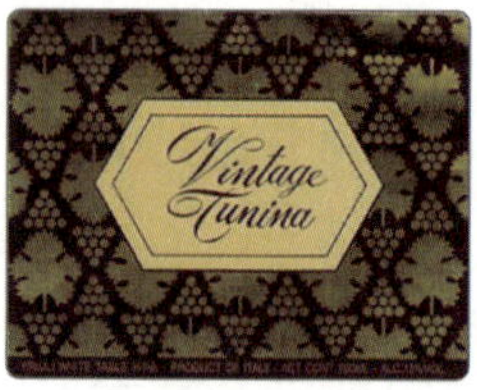

토까이 프리우라노를 40~50% 사용한 화이트, 메를로를 60~70% 사용하는 레드가 나온다.
슬로베니아와의 접경지역에 있는 예르만(Jermann)[37]에서 만든 화이트인 빈티지 뚜니나(Vintage Tunina)는 세계적으로 상위권에 들어가는 품질의 풀-바디 와인으로 10년의 숙성이 필요하다.

(4) 까르소(Carso)

동남쪽 지역. 레포스코(Refosco)와 관련이 있는 품종인 테라노(Terrano)를 사용한 레드가 주로 생산된다.

(5) 그라베 델 프리울리(Grave del Friuli)

샤르도네, 피노 비앙코로 만드는 화이트. 까베르네 프랑, 까베르네 소비뇽으로 만드는 레드와 로제. 샤르도네, 피노 비앙코, 피노 네로로 만드는 드라이 스파클링이 나온다.

(6) 프리울리 아퀴레이아(Friuli Aquileia)

메를로를 70~80% 사용한 로제, 리슬링, 소비뇽, 트라미너로 만드는 화이트가 나온다. B&B를 같이 운영하는 포파니(Azienda Agricola Foffani)[38]가 있다.

(7) 프리울리 라띠사나(Friuli Latisana)

메를로를 주로 사용한 로제. 샤르도네, 피노 비앙코, 피노 네로로 만드는 세미-드라이 스파클링 와인이 나온다.

(8) 프리울리 안니아(Friuli Annia)

소비뇽, 말바시아 이스트리아나(Malvasia Istriana)를 사용하는 화이트, 레드. 그리고 샤르도네와 피노 비앙코를 사용한 스파클링 와인이 생산된다.

---

37) 예르만(Silvio Jermann)는 안또니오 예르만(Antonio Jermann)이 1881년 설립하여 아로마가 풍부하고 조화를 잘 이루는 개성 있는 와인을 생산한다. Venezia Giulia IGT, Rosso delle Venezie IGT, Vintage Tunina, Vinnae, Pignacolusse, Were dreams, Mjzzu Blau & Blau, Traminer Aromatico, Pinot Bianco, Capo Martino in Ruttaris, Chardonnay, Pinot Grigio, Red Angel on the Moonlight, Afix Riesling.

38) 포파니(Azienda Agricola Foffani)는 1789년부터 와인을 생산하여 현재는 후손인 포파니(Giovanni Foffani)가 포도밭과 양조를 맡고 그의 부인(Elisabetta Missoni)이 P.R, 그리고 아들(Guglielmo and Lorenzo)이 도우고 있다.

(9) 리손-프라미찌오레(Lison-Pramaggiore)와 프리울리 라티사나(Friuli Latisana)

베네치아에 가까운 남쪽으로 해안에 면한 지역이다.

2.3 이태리 중서부지역(Toscana, Umbria, Roma, Lazio)

이탈리아의 중부지역으로, 북쪽과 동쪽의 아펜니노(Appennines) 산맥과 서쪽의 타이레니안(Tyrrhenian)해 사이에 있다. 르네상스의 발상지인 피렌체와 피사, 볼게리, 몬탈치노를 중심으로 한 토스카나지방과 이태리의 수도인 로마를 포함하고 있다.
대부분의 땅이 암석과 편암으로 되어 있어 메마르나 올리브와 포도나무만은 잘 자란다.
주 재배 품종인 산지오베제(일명 Brunello, Morellino, Prugnolo)는 이탈리아의 대표적인 토종 레드와인 품종의 하나로 산도가 풍부하여 오래 숙성되는 경우 아주 부드럽고 화려한 맛을 낸다.

2.3.1 토스카나(Toscana)

단테와 보카치오의 고장, 그리고 피렌체를 안고 있는 이 지방은 와인 제조의 전통과 역사를 가진 고급 레드와인 산지다. 비교적 가벼운 맛을 지니고 있어 프랑스의 보르도에 비견되고 있다.
토스카나 지역은 7개의 D.O.C.G.급 와인을 생산하는데, 이 중 가장 잘 알려진 와인이 키안티와 '브루넬로 디 몬탈치노' 와인이다.

- 키안티(Chianti)
- 키안티 클라씨코(Chianti Classico)
- 브루넬로 디 몬탈치노(Brunello di Montalcino)
- 까르미냐노(Carmignano)
- 비노 노빌레 디 몬테풀치아노(Vino Nobile di Montepulciano)
- 베르나차 디 산 지미냐노(Vernaccia di San Gimignano)
- 모렐리노 디 스칸사노(Morellino di Scansano)

1 키안티(Chianti) DOCG

키안티는 토스카나의 중요 와인 산지인 피렌체 지역 남쪽 아르노강 좌안에 뻗어 있는 산맥 지역으로, 와인산지의 이름인 동시에 이 지역에서 생산되는 와인을 뜻한다. 키안티 와인은 워낙 다양한 생산자가 생산하므로 품질의 편차가 다소 큰 편이다.
키안티라는 명칭은 AD 700년경의 기록에서도 찾아볼 수 있다. 유명 메이커인 브롤리오(Blolio)는 1057년부터 최근까지 32대에 걸쳐 와인을 만들고 있다. 예로부터 이탈리아 농부들은 밭에서 일을 하면서 갈증 해소용으로 와인을 마셨는데, 이때 와인 병을 짚으로 싸고 새끼줄로 매어 허리춤에 차고 일했다. 이러한 유래로 키안티 와인은 호

리병 모양의 병에 담고, 그 아랫부분을 '라피아'라는 짚이 싸고 있는 특징이 있었다. 이 독특한 모양을 피아스코(Fiasco) 병이라고 불렀으나, 최근에는 인건비나 위생상의 문제로 사용하지 않고 보르도 타입의 병을 주로 사용한다.
키안티는 산지오베제를 최소 80% 이상 사용하여야 된다.

또한 키안티는 6개의 세부지역으로 나뉘어지며 다음과 같다.
- 키안티 꼴리 피사네(Chianti Colli Pisane)
- 키안티 꼴리 피오렌티니(Chianti Colli Fiorentini)
- 키안티 꼴리 세네시(Chianti Colli Senesi)
- 키안티 꼴리 아레티니(Chianti Colli Aretini)
- 키안티 꼴리 몬탈바노(Chianti Colli Montalbano)
- 키안티 꼴리 루피나(Chianti Colli Rufina)

키안티 루피나는 키안티 지역 중 북동쪽에 있는 곳으로 키안티 끌라시코와 대등한 품질이라고 평가받는다.

키안티의 레이블은 다음과 같이 구분된다.
- **키안티(Chianti)** : 기본급인 일반와인. 가격 $
- **키안티 수페리오레(Chianti Superiore)** : 고급 와인. 가격 $$
- **키안티 끌라시코(Chianti Classico)** : 가격 $$$
  키안티 내의 특정지역에서 나온 것으로 전통적 방식으로 한정된 양만을 생산한다.
- **키안티 끌라시코 리제르바(Chianti Classico Reserva)** : 가격 $$$$
  끌라시코 지역에서 나온 것으로 최소 2년 이상 숙성된 것.[39]

(1) 키안티의 DOCG, DOC

병입되어 포장까지 완료된 키안티 와인에는 DOCG와 DOC를 인증하는 레이블을 붙이는데 이는 정부에서 공인하여 붙이는 것이다. 이와는 별도로 꼰소르지오(Consorzio)라는 동업자조합에서 기준을 통과한 제품에 부착하는 표시가 있다. 수탉모양을 한 이 표시[40]가 바로 고전적인 키안티 와인이라는 인증으로서, 이것을 부착한 와인은 전통적인 방식으로 제조된 '키안티 끌라시코'이다.

(2) 키안티 끌라씨코(Chianti Classico) DOCG

키안티 중에서도 토양과 기후 조건이 좋은 키안티 내의 특정지역을 '키안티 끌라시코'라고 하며 와

39) Kevin Zraly, ibid, p.138

40) 정식 명칭이 'Consorzio del Marchio Storico Chianti Classico)로서 1924년 조합이 창립되면서 사용한 검은색 바탕의 노란 수탉 모양의 문장. 현재 600명이 넘는 업자들이 250여종의 와인을 생산하는 규모이다. 키안티 끌라시코를 생산하는 전체생산업자의 약 80% 정도가 가입되어 있다.

인 병목에 수탉 문양이 있는 것이 특징으로 대부분이 산지오베제 100%로 만든다. 키안티 끌라시코는 숙성연도에 따라 지오바네(giovane : 젊은), 베끼오(vecchio : 오래된)로 구분된다.[41)]

- **빈 산토 디 키안티 끌라시코(Vin Santo di Chianti Classico) DOC**
  트레비아노와 말바시아로 만든 토스카나의 전통적인 DOC 디저트와인으로 3,4년의 배럴 숙성기간을 거친다. 건조시킨 포도를 사용하여 통에서 몇 년간 숙성시켜 만든 황금색의 디저트와인이다. 빈 산토라는 이름은 토스카나 내, 혹은 이탈리아 전역에 몇 군데나 있는 이름으로 혼동의 우려가 있다.
- **발 다르비아(Val d'Arbia) DOC**
  키안티 끌라시코 지역을 관통하는 아르비아(Arbia) 강(江)에서 연유한 이름이다. 이곳에서 생산되는 비앙코 발다르비아(Bianco Val d'Arbia)는 트레비아노, 말바시아, 샤르도네를 주로 이용하여 만든 화이트와인이다. 라이트, 혹은 미디엄 바디로, 성격은 드라이, 미디엄-스위트, 스위트의 종류가 있다.
- **꼴리 델에트루리아 첸트라레(Colli dell'Etruria Centrale) DOC**
  키안티와 키안티 클라시코 지역에 걸쳐있는 이 지역에서는 다양한 성격이 와인이 생산된다. 레드와 로제는 산지오베제를 주로 사용하고, 화이트는 트레비아노를 50% 이상 사용한다.
  바론 리카솔리(Barone Ricasoli)[42)]는 1141년에 시작된 세계에서 가장 오래된 기업 중 네 번째로 와인업계로는 두 번째이며, 이태리에서는 가장 오래된 '키안티의 창시자'로 알려진 와이너리이다.
  마쩨이(Mazzei)는 바디올라(Badiola) 등의 와인을 생산하며 B & B(Bed & Breakfast)시설도 갖추어져 있다.
  파토리아 니따르디(Fattoria Nittardi)[43)]는 1183년에 지어진 곳으로 1530년 미켈란젤로가 이 집을 소유하여 조카인 레오나르도에게 와이너리 관리를 맡기면서 '교황을 위한 와인을 보내라'는 메시지를 남겼다고 한다. 이런 전통을 따라 2003년도 빈티지의 와인 '넥타 데이'를 교황 베네딕토에게 바치는 것을 시작으로 매년 6병씩 보내고 있다. 첫 빈티지인 1981년부터 아트 레이블을 시작하여 이탈리아의 '샤토 무통 로칠드'라는 별명을 얻었다.

41) 이 또한 색깔로 구분되는데 지오바네(젊은)는 빨간색, 베끼오(오래된)는 노란색으로 수탉의 색깔에서 나온 것이다. 지오바네는 1~3년 정도의 숙성, 베끼오는 최소 3년 이상의 숙성으로 보존용은 10~15년이 최적 음용시기이다.

42) 바론 리카솔리(Barone Ricasoli)는 1970년대에 주류업체 씨그램이 인수하였으나 리카솔 리가(家)의 32대째인 프란체스꼬(Francesco Ricasoli)가 1993년 재인수하여 산지오베제 100%나 90% 이상으로 와인을 만들고 있다.
- Castello di Brollio는 이태리 와인전문지인 'Gambero Rosso'가 최고등급을 매겼으며 2001년 빈티지는 싱가포르항공 1등석에 공급되었다.

43) 파토리아 니타르디(Fattoria Nittardi)는 독일의 유명 갤러리 '디 갤러리(Die Galerie)'의 대표인 팸퍼트(Peter Femfert)가 1983년 별장을 찾고자 토스카나 지역을 여행하다 인수해 와인을 생산하고 있다.

볼빠이아(La Volpaia)[44]는 포도재배와 양조 외에 2000년에 문을 연 요리학교에 레스토랑과 와인 실습실을 갖추고 있다.

루피노(Casa Ruffino)[45]는 '뉴요커의 와인'이라는 별명을 가질 정도로 뉴욕에서 가장 많이 팔리며 영화 '악마는 프라다는 입는다'에서 여러 차례 등장하였다.
폰토디(Fontodi)[46]는 이태리 와인 전문평가서인 '감베로 로쏘(Gambero Rosso)'에서 13차례나 최우수 품질 평가를 받는 끼안티와인의 자긍심을 가지고 있다.
일 보로(Il Borro)는 명품 브랜드 '페라가모' 창업주의 손자인 페라가모(Salvatore Ferragamo)가 만드는 와인으로, 그 외에 피안 디 노바(Pian di Nova), 폴리쎄나(Polissena)도 생산되고 있다.
레오나르도 다 빈치(Cantine Leonardo da Vinci)[47], 시에피(Siepi), 세르 라포(Ser Lapo), 폰떼루톨리(Castello di Fonterutoli)와, 카파넬레 아비뇨네지[48], 셀바피아나[49], 가스텔로 데이 램폴라[50],

44) 라 볼빠이아(La Volpaia)는 끼안티 중심부의 '여우의 굴이'란 의미의 볼빠이아 지역에서 마스께로니(Giovanella Stianti Mascheroni)가 운영하고 있다.

45) 루피노(Casa Ruffino)는 1877년 뽄따씨에베(Pontassieve)지역에 사촌간의 루피노 형제(Ilario and Leopoldo Ruffino)가 만든 후 1884년 니스 전시회의 금메달, 토리노의 동메달, 1895년 보르도에서 금메달을 수상하여 이름을 날리기 시작했다. 1910년 폴로나리 가문(Folonari family)이 인수하여 1927년 끼안띠 와인의 첫 빈티지가 출하(Riserva Ducale)되었고, 제2차 세계대전 후에 토스카나의 8군데에 포도밭 1500만ha를 일구었다.

46) 폰또디(Fontodi)는 빤자노(Panzano)의 해발 400m에 위치하며, 1968년 마네띠(Giobani Manetti)가 인수한 곳이다.
- 끼안티 클라씨꼬 외에 '비냐 델 소르보(vigna del Sorbo)', '플라찌아넬로 델라피에베 는 100% 산지오베제의 수퍼 투스칸

47) 레오나르도 다 빈치(Cantine Leonardo da Vinci)는 1961년 '다 빈치'의 고향인 '끼안티 빈치'에서 설립된 곳이라는 의미로 브랜드 이름을 지었다. 모나리자를 비롯한 다양한 그림을 레이블에서 볼 수 있다.

48) 카빠넬레(Capannelle Avignonesi)는 로세띠(Raffaele Rossetti)가 1974년 만든 '까빠넬레'와 '아비뇨네지'의 토스나의 두 명가에서 합작해서 태어난 와인이 '50 % 50'이다. 까빠넬레에서 산지요베제, 아비뇨네지에서 메를로를 반씩 내어 함께 블렌딩 한 것으로 빈티지가 나쁜 해에는 생산하지 않는다.

49) 셀바피아나(Fattoria Selvapiana)는 피렌체의 캐톨릭 주교들의 여름 별장으로 사용되던 곳을 1827년 셀바피아나(Michele Giuntini Selvapiana)가 구입하여 지금 5대째 살고 있는 곳이다.

50) 까스텔로 데이 람폴라(Castello dei Rampolla)는 끼안티 끌라시코의 판짜노(Panzano)에서 나폴리(Alceo di Napoli)가 운영.

베라짜노[51], 그리고 포지오피아노[52], 포지오 보넬리[53], 퀘르체토[54]가 잘 알려져 있으며, 산 펠리체(Agricola San Felice)는 끼안티, 몬탈치노, 마렘마의 세군데 밭에서 좋은 와인이 생산된다.

2 몬탈치노(Montalcino)

기후는 키안티 끌라시코에 비하여 건조하고 따뜻한 편으로, 기후와 토양이 산지오베제 품종이 자라기에 지구상의 최적의 지역으로 알려져 있다.

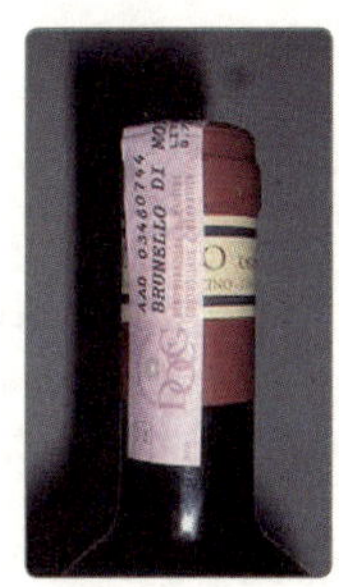
(DOCG Seal)

- **브루넬로 디 몬탈치노(Brunello di Montalcino) DOCG**
  브루넬로는 비공식적인 지방사투리로서 정식이름은 산지오베제이며 특히 산지오베제 중에서 포도알이 큰 종류를 이 지방에서 부르는 이름이다. 토스카나에서도 이곳에서 산지오베제가 가장 잘 자란다. 산지오베제로 만든 이 와인은 DOCG급 레드와인으로 매년 세계 와인 랭킹 10위 안에 들어가고 있다.
  이탈리아 와인 중에서 최초로 DOCG등급을 획득한 것으로, 이곳의 와인들은

---

51) 베라짜노(Castello di Verrazzano)는 1525년 미국 뉴욕을 처음 발견한 베라짜노(Giovanni da Verrazzano)에서 이름을 따 왔으며 레이블에도 등장한다. 원 소유쥬였던 베라짜노 집안의 대가 끊겨 1958년부터 까펠리니가(Cappellini family)에서 운영하고 있다.

52) 포지오피아노(Fattoria di Poggiopiano)는 갈라르디 형제(Alberto and Carlo Galardi)가 1935년 만든 곳으로 B&B 시설도 겸비되어 있다.

53) 포지오 보넬리(Poggio Bonelli)는 시에나 남동쪽에 언덕에 위치한 곳으로, 세계에서 가장 오래된(1472년 설립) 은행인 몬테 데이 파스키 디 시에나사가 매입하였다.
- Villachigi, Pooggiassai

54) 퀘르체토(Castello di Quercetto)는 프랑스에서 이주한 프랑수아(François family,)가 1897년 설립한 곳으로 '참나무 숲의 성'이란 뜻이다.
- '야생 멧돼지'라는 뜻의 Cignale와 Il sole di Allesandro 는 대표적 와인이다.

타닌이 많으며, 색이 짙고 향이 코끝에서 맴도는 좋은 질을 가지고 있어 이를 보존하기 위해 이탈리아 정부에서는 산지오베제의 맛을 살리려고 최소한의 숙성기간을 두었다. 규정으로는 나무통 속에서 2년, 병 속에서 4개월 이상을 의무적으로 두어야 하는데 이로서 프랑스 와인에서도 느낄 수 없는 몬탈치노 와인의 섬세함이 태어난다.

키안티에서 남쪽으로 한 시간 이상 떨어진 이곳은 강한 햇볕으로 만들어진 당도가 높은 알코올을 생성시켜 수 십 년이 가는 보디를 형성하게 만든다.

- **로쏘 디 몬탈치노(Rosso di Montalcino) DOC**

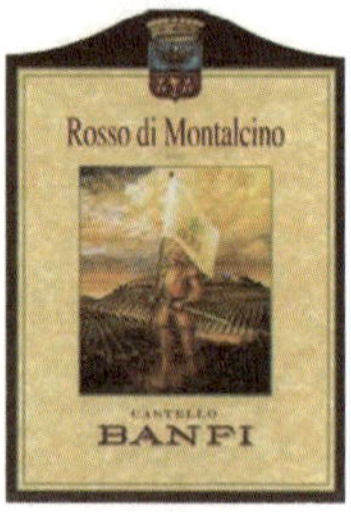

100% 산지오베제를 사용하여 만든 레드로 브루넬로와 매우 흡사하나, 라이트-바디로 숙성이 덜 되었을 때 마시기 편하며 숙성기간이 1년이다. 브루넬로의 동생 격 와인으로 브루넬로용 포도밭이나 심은 지 얼마 안 되는 나무, 혹은 부르넬로를 만들기에는 수준이 좀 떨어지는 포도로 만든다. 빈티지가 좋지 않을 때 부르넬로를 포기하고 로쏘를 담그는 와이너리도 있다.

카스텔로 반피(Castello Banfi)[55]는 산지오베제를 중심으로 한 여러 품종을 재배하며, 글라스 박물관, 숙박시설, 레스토랑, 스파 & 피트니스센터 등을 고루 갖추고 재즈 페스티벌도 열고 있다.

- **산탄티모(San'Antimo) DOC**

샤르도네, 소비뇽 블랑, 피노 그리지오, 피노 네로를 사용한 화이트와인. 까베르네 소비뇽, 메를로를 사용한 레드를 만든다. 산지오베제와 같은 지역품종을 사용하지 않아도 된다는 1996년의 법에 의하여 DOC를 획득하였다.

14세기에 설립된 비온디 산티(Biondi Santi)[56]의 '브루넬로 디 몬탈치노'는 '세계 100대 와인'으로 최하 10년이 흘러야 와인의 가치가 드러나며 50년까지 인내심을 가지고 기다려야 진가가 나타난다. 병 개봉 후 한나절 이상 숨을 쉬게 해주라고 병에 명기되어 있다. 약자로 BdM로 표기되기도 한다. '브루넬로'라는 포도품종은 19세기 말 비온디 산티(Ferruccio Biondi Santi)가 개발하여 '브루넬로 디 몬탈치노'로 명명된 것으로 '비온디 산티'에 의해 1988년 세상에 선보였다.

---

55) 까스텔로 반피(Castello BANFI)는 반피(Teodolinda Banfi)의 후원으로 조카 마리아니(John Mariani Sr)가 설립한 곳이다. 피에몬테에 있는 비니 리갈리(Vigne Regali)에서는 화이트와 스파클링을 생산하고 있다.
- Brunello Di Montalcino DOCG : Poggio all'Oro, Poggio alle Mura, Chianti Classico(Reserva, Superiore)

56) 비온디 산티(Biondi Santi)는1토스카나 '브루넬로 디 몬탈치노'의 빌라 뽀지오 살비(Villa Poggio Salvi)와, 마렘마 지역의 까스뗄로 디 몬떼뽀(Castello di Montepo) 와이너리에서 전통을 지키면서 좋은 와인을 생산한다.

암브로지오 에 지오반니 폴로나리 테누떼[57]가 있으며, 데누타 산 귀도(Tenuta San Guido)[58]의 첫 빈티지인 1968 사씨까이아(Sassicaia)는 최초의 슈퍼 투스칸이 되었다.

솔데라(Soldera)[59]와 같은 유명한 곳들이 많다.

3 까르미냐노(Carmignano) DOCG

피렌체에서 서쪽으로 15km 정도 떨어진 작은 지역으로 토스카나의 DOCG와인 중에서 덜 알려진 곳이다. 1975년 DOC가 되었다가 1990년 DOCG가 되었다. 레드는 산지오베제를 45~65% 사용하며 그 외에 까나이올로(Canaiolo)와 까베르네 소비뇽, 트레비아노 등도 사용된다.

- **까르미냐노(Carmignano) DOC** : 아르티미노(Artimino), 빌라 카페차나(Villa Capezzana), 포지올로(Poggiolo)에서 좋은 와인을 만든다.
- 바르코 리알레(Barco Reale di Carmignano) DOC

4 몬테풀치아노(Montepulciano) DOCG

토스카나 지방의 동남쪽에 위치하며, 1980년에 DOCG를 획득한 토스카나 레드의 두 번째 자리를 점하는 지역이다.

- **비노 노빌레 디 몬테풀치아노(Vino Nobile di Montepulciano) DOCG**
  몬테풀치아노는 토스카나의 동남쪽에 위치한 작은 곳으로 전통적으로 산지오베제를 80~100% 사용하며 다른 품종은 20% 이내로 제한된다. 2년의 오크통 숙성이 규정되어 있다. 근래에 들어 까베르네나 특히 메를로와 같은 품종의 재배가 늘어나고 있는 곳이다.

---

57) 암브로지오 에 지오반니 폴로나리 떼누떼(Ambrogio e Giovanni Folonari Tenute)는 1700년대 후반에 암브로지오 폴로나리(Ambrogio Folonari)와 아들 지오반니(Giovanni)가 설립했다. 토스까나의 여러 지역에 7개 포도원, 프리울리 지역에 1개 포도원을 경영하고 있다.
- 생산와인 : La Fuga Brunello di Montalcino, Villa Nozzole Chianti Classico, Torcalvano Vino Nobile di Montepulciano 등

58) 떼누따 산 귀도(Tenuta San Guido)는 마리오 인치사 디 로께따(Mario Incisa di Rocchetta)가 설립하였다.
- 생산와인은 Sassicaia, Guidalberto, Le difese, Tenuta San Guido 등

59) 솔데라(Soldera)는 솔데라(Gianfranco and Graziella Soldera)가 까세 바쎄(Case Basse)포도밭에서 수확한 포도를 슬로베니아산 대형 오크통에서 숙성한다.

와인의 이름에서도 볼 수 있듯이 노빌레(nobile)는 '귀족의'라는 뜻으로, 이 와인의 품격이 귀족적이고 고급스럽다는 의미를 내포하고 있다.

- 로쏘 디 몬테풀치아노(Rosso di Montepulciano) DOC는 비노 노비레와 거의 비슷하여 산지오베제로 만든 레드와인이 나온다. 숙성은 단지 5개월만을 요한다.
- 빈 산토 디 몬테풀치아노(Vin Santo di Montepulciano) DOC는 말바시아를 70% 이상 사용하여 황금색이나 호박색인 화이트(디저트와인)을 만든다. 레드는 산지오베제를 50% 이상 사용하여 만들며 호박색을 띤 레드 색깔이다. 화이트는 3년, 레드는 8년 이상 숙성한다.

이 외에 아비뇨네시(Avignonesi), 보스카렐라(Boscarelli), 데이(Dei), 파토리아 델 체로(Fattoria Del Cerro), 파사티(Fassati), 포지오 알라 살라(Poggio Alla Sala)도 잘 알려져 있다.

5 베르나차 디 산 지미냐노(Vernaccia di San Gimignano) DOCG

베르나차는 중세풍 도시로 포도밭은 도시의 동쪽에 있다.
베르나챠 디 산 지미냐노(Vernaccia di San Gimignano)는 풀-바디의 화이트와인으로 드라이, 소프트한 타입이다. 베르나챠 품종으로 만든다. 몬테니돌리(Azienda Motenidoli)[60]가 있다.

6 토스카나의 해안지역

- 볼게리(Bolgheri) DOC는 슈퍼-투스칸의 원조인 사씨카이아(Sassicaia)가 나오는 작은 지역이다. 화이트는 트레비아노, 베르멘티노, 소비뇽을 블렌딩하여 만들며, 레드와 로제는 까베르네와 메를로, 그리고 산지오베제로 만든다.
  레 마끼올라(Le Macchiola)[61], 테누타 세테 폰티(Tenuta Sette Ponti)[62]가 있다.
- 발 디 꼬르니아(Val di Cornia) DOC는 볼게리의 남쪽 지역으로, 대부분 라이트, 미디엄-바디의 와인으로 트레비아노와 베르멘띠노를 주로 사용한 화이트이다. 레드와 로제는 산지오베제, 까베르네 소비뇽과 메를로를 주로 사용하여 만든다. 이곳의 주요 와인생산지는 수베레토(Suvereto), 빈센쪼(Vincenzo), 깜피리아 마리티마(Campiglia Marittima), 피옴비노(Piombino)로 레이블에 표기하고 있다.

---

60) 몬테니돌리(Azienda Motenidoli)의 Vernaccia di San Gimignano 3종류, Chianti Colli Senesi 3종류, Canaiuolo, Il Templare, Vinbrusco가 감베로 로쏘 등의 여러 상을 수상하며 인정받고 있다.

61) 레 마끼올라(Le Macchiola)의 팔레오(Paleo)는 지중해의 슈발 블랑으로 불리우며 2001년 빈티지부터 까베르네 프랑만 100% 사용한다.
- 스크리오, 메소리오도 좋은 평판을 받는다.

62) 테누타 세떼 폰티 (Tenuta Sette Ponti)의 Oremo는 첫 빈티지가 2005년으로 2006, 2007년산이 연속으로 감베로 로소의 3 비키에리 (Bicchieri), Oreno 2006, Crognolo 2007, Poggio al Lupo 2007이 2 비케에리 획득.

- 그로쎄또(Grosseto)는 토스카나의 가장 남쪽에 있는 지역으로 가장 넓은 지역이기도 하다.
- 몬테레지오 디 마싸 마리티마(Monteregio di Massa Marittima)는 80% 이상 산지오베제를 사용하고 있지만 그 비율이 점차 줄어 까베르네와 메를로, 시라 품종이 차츰 늘고 있다.
  이곳에 아볼또레(Avvoltore)와 베르멘티노(Vermentino), 모렐리노 디 스칸사노(Morellino di Scansano) 등의 와인을 생산하는 모리스 팜스(Moris Farms)가 있다.
- 몬테쿠꼬(Montecucco) DOC는 1998년 DOC로 지정된 곳으로 레드와 화이트를 각각 산지오베제 60%, 트레비아노 60%를 블렌딩하여 만들고 있다.
- 까팔비오(Capalbio)는 산지오베제를 50% 이상 사용한 레드, 트레비아노를 50% 이상 사용한 화이트를 생산한다.
- 소바나(Sovana)는 산지오베제, 까베르네 소비뇽, 메를로, 알레아티코(Aleatico) 품종을 사용하는 완전 레드와인 생산지역이다.
- 꼬스타 델라젠타리오(Costa dell'Argentario)는 여러 개의 섬을 포함한 해안의 리조트 지역으로 안소니카(Ansonica : 시칠리에서는 인졸리아라 부름) 외에 여러 품종으로 드라이 화이트를 생산한다.
- 빠리나(Parrina)는 뜨레비아노와 안소니카, 샤르도네를 베이스로 한 화이트. 레드와 로제는 산지오베제를 주로 사용하여 만든다.
- 모렐리노 디 스칸사노(Morellino di Scansano)는 스칸사노(Scansano)시 주위의 높은 지역에서 산지오베제로 향기로운 드라이 레드를 만든다.
- 비앙코 디 삐티랴노(Bianco di Pitigliano)는 트레비아노를 50%~80% 사용하여 만든 소프트, 드라이 화이트를 주로 생산한다.

7 토스카나의 그 밖의 DOC 와인

- 뽀미노(Pomino) DOC는 피렌체의 동북쪽 루피나 D.O.C 부근에 있으며, 프랑스에서 이주해 온 사람들의 노력으로 샤르도네, 메를로 등의 프랑스 품종을 생산하고 있는 곳이다. 모래토양과 언덕이 많은 지역이지만 기후는 온화하다. DOC법에 맞추기 위하여 산지오베제와 같은 이탈리아 품종도 재배하였다.
- 비앙코 디 발디니에보레(Bianco di Valdinievole)는 트레비아노를 주로 사용하여 만든 드라이 화이트
- 몬테카를로(Montecarlo)는 루까(Lucca)시의 동쪽 지역으로 트레비아노와 세미용을 비롯한 다양한 품종으로 미묘한 향이 있는 드라이 화이트를 생산한다. 레드는 산지오베제와 시라 등의 다양한 품종을 이용하여 만든다.
- 꼴리네 디 루케시(Colline di Lucchesi)는 산지오베제 등을 사용한 레드, 트레비아노 등을 사용하여 화이트를 생산한다.
- 칸디아 데이 꼴리 아푸아니(Candia dei Colli Apuani)에서 베르멘띠노(Vermentino)와 알바로라(Alborola)를 주로 사용하여 향이 진한 드라이 화이트를 생산한다.
- 비앙코 델렘포레세(Bianco dell'Empolese)는 트레비아노를 주로 사용하여 드라이 화이트를 만든다.

- 비앙코 피사노 디 산 또르페(Bianco Pisano di San Torpè)는 뜨레비아노를 주로 사용한 드라이 화이트가 나온다.
- 몬떼스쿠다이오(Montescudaio)에서 트레비아노와 말바시아, 베르멘띠노를 사용하여 드라이 화이트를 만든다.
- 엘바(Elba)는 역사적으로 유명한 섬으로 이 섬의 이름을 붙이는 다양한 와인이 나온다. 트레비아노로 만든 드라이 화이트, 병 숙성의 스파클링, 산지오베제를 주로 사용한 레드 등을 생산한다.
- **비앙꼬 베르지네 발디키아나(Bianco Vergine Valdichiana)**
  뜨레비아노를 주로 사용한 드라이 화이트와 조금 스위트한 편인 스파클링 와인을 생산.
  마르께시 데 프레스코발디(Marchesi de' Frescobaldi)[63]에서 1995년 '몬다비(캘리포니아)-프레스코발디' 합작으로 루체 델라 비테(Luce della Vite)를 만들어 프리미엄 슈퍼 투스칸인 루체(Luce)와 루첸테(Lucente)를 생산하기도 했다.

- 마렘마(Maremma) IGT는 볼게리의 남쪽 해안에서 몬탈치노에 이르는 토스카나에서 제일 남쪽에 위치한 지역으로 오르치아(Orcia)강과 몬테아미아탄산을 끼고 있어 해풍이 그대로 계곡을 타고 올라오고 태양이 강렬한 곳이다. 산티도르(Sant' Isidoro Tenuta)[64], 모라이아(Tenuta Moraia)[65]가 있다.

Tip 토스카나의 와인 시음회(Antepria di Toscana)

매년 2월 중순 토스카나의 3대 와인산지인 키안티 클라시코(Antepria di Chianti Classico), 몬테풀치아노(Antepria di Motepulciano), 몬딸치노(Antepria di Motalcino)에서 전년도 빈티지에 대한 등급 부여와 당해 연도부터 판매되는 와인의 시음회가 열린다.
이러한 시음회가 전에는 각각의 조합에서 개별적으로 시행되었으나 1990년부터는 공동 시행을 하게 되었다. 이는 와이너리들의 대형화에 따라 몇 개 지역에 포도밭을 가지고 있는 경우가 많아 효율성을 기하기 위해서였다.

---

63) 마르께시 데 프레스코발디(Marchesi de' Frescobaldi)는 1092년 토스카나에 정착한 '프레스코발디'가는 포도밭을 가꾼 곳으로 1300년경부터 와인을 수출하기도 했다. 토스카나의 Castello di Nipozzano, Castello di Pomino, Castel Giocondo, Tenuta di Castiglioni, Tenuta dell'Ammiraglia, Santa Maria, Costa di Nugola에 1,000헥타의 포도밭을 가꾸고 있다.

64) 산티도로(Sant' Isidoro Tenuta)는 로마에서 북쪽으로 90km, 해안에서 10km 떨어진 언덕 지역에 1930년대 후반에 세워진 와이너리로 빨롬비(Giovanni Palombi)에서 그 아들 'Emidio'를 거쳐 지금은 3대째 'Giovanni Palombi가 운영하고 있다.
- Lazio IGT : Soremido, Cortithus, Forca di Palma, Terzolo

65) 모라이아(Tenuta Moraia)는 시칠리아 섬과 가까운 그로세토(Grosseto)시 인근에 있으며 Il Sodero, Il Pacchia, Saccente, Sellaio, Soldimela와 Naure가 나온다.

8 슈퍼 투스칸(Super Tuscan)

토스카나에는 DOC와 DOCG의 규정을 아랑곳 하지 않고 독자적 와인을 생산하기도 하는데 품질이 뛰어나 '슈퍼 투스칸'이라 부르기도 하고, '비노 다 따볼라(Vino da Tavola)'로 표시하기도 한다. 또한 순수 산지오베제 품종에서부터 까베르네 쇼비뇽, 메를로, 시라 이외의 이태리의 모든 적포도 품종의 복합적 배합 와인 모두를 일컫기도 한다.

1970년대 티냐넬로(Tignanello), 사씨카이아(Sassicaia), 솔라이아(Solaia) 등의 와인들이 상업상의 성공으로 시작한 것이 '슈퍼 투스칸'의 시작이었다. 하지만, DOC법률 중에는 토스카나 지역의 포도를 사용하여야 DOC로 인정받을 수 있다는 조항 때문에 이들 와인들은 '비노 다 타볼라(Vino da Tavola)'에 만족하여야 하였다. 하지만, 몇몇 슈퍼 투스칸 와인들은 DOCG급 와인보다 가격도 비싸고 와인의 질도 뛰어나서 1994년, '사씨카이아'는 DOC등급으로 상향조정 되었다. 이후 와인제조자들은 품질 향상에 좀 더 기회를, 그리고 그들 각자의 유일한 재배지에 최상의 적절한 해결 방법을 좀 더 자유롭게 찾을 수 있게 되었다.

다음은 슈퍼 투스칸 와인들이다.[66]

- **아비노네시(Avignonesi Toro Desiderio)**
  지금은 까베르네 소비뇽을 15% 정도 섞었지만, 전에는 투스카니에서 처음으로 메를로로 만들어 시장에 출하된 것이다. 과일 향과 부드러운 타닌을 언제나 풍성하게 보여준다. 꼬르토나(Cortona) 인근에서 생산된다.

- **카마르티나(Querciabella Camartina)**
  산지오베제 60%, 까베르네 소비뇽이 35% 그리고 메를로와 시라를 소량 배합한, 농축된 복합적 향의 와인이다. 1996년 빈티지 이래로 모두가 다 탁월한 와인이다. 끼안티의 그레베(Greve)지역에서 생산.
- **카살페로(Barone Ricasoli Casalferro)**
  이 감칠맛 나는 레드 와인은 직접 재배한 산지오베제 50%와 메를로 50%의 배합으로 양조했다. 이 와인은 거의 끊임없이 진한 과일 향과 견고한 타닌으로 훌륭한 세련미를 보이고 있다. 가이올레(Gaiole) 남쪽 지역에서 생산.

- **체파렐로(Isole e Olena Cepparello)**
  순수 산지오베제로 만든다. 재배지 중 가장 좋은 포도밭의 가장 좋은 포도를 선정하여 만드는 방식으로, 투스카니 지역에서 언제나 가장 정교하게 양조되는 레드 와인이다. 1997년 빈티지(96점)는 훌륭한 품질로, 1999

66) Mary Ewing-Mulligan, Ed McCarthy, ibid, p.169

년 와인 스펙테이터가 선정한 100대 와인 중에서 3등을 하였다. 바르베리노 발 델사(Barberino Val d'Elsa)지역에서 양조.

- **꼴레지오네 데 마찌**(Isole e Olena Cabernet Sauvignon Collezione de Marchi)
  1986년 첫 빈티지 이래로 이탈리아 최고의 순수 까베르네 소비뇽 레드 와인이다. 특히 1990, 1997 빈티지는 최고의 와인들이다. Barberino Val d'Elsa지역에서 양조
- **꼬르타치오**(Villa Cafaggio Cortaccio)
  산 마르티노(San Martino)의 큰 형 격인 이 레드와인은 순수 까베르네 소비뇽 스타일로 근래에는 매년 빈티지가 점점 나아지고 있다. 판자노(Panzano) 인근 지역에서 생산.

- **꼬르자노**(Fattoria Corzano e Paterno Il Corzano)
  까베르네 소비뇽과 메를로, 산지오베제의 배합으로, 생산된 지 5~6년 후에 개병하면, 견고하고 지성적인 레드 와인이다. 산 가스치아노(San Casciano)지역에서 생산.
- **플라찌아넬로**(Fontodi Flaccianello)
  1981년 첫 생산된 이 와인은 산지오베제만으로 만들어져 항상 탁월한 품질로 이태리 토착 품종만으로 고품질을 생산할 수 있다는 것을 입증하고 있다. 이 와인의 견고한 타닌의 기개와 원숙함은 와인의 수명을 대단히 오랫동안 보장한다.

- **갈라트로나**(Fattoria Petrolo Galatrona)
  1994년의 첫 빈티지 이래 명성이 급상승한 와인으로 최고의 뽀므롤 와인을 생각나게 하는 순수 메를로 와인이다. 'Montevarchi'타운 근처의 'Chianti Colli Aretini'지역에서 양조.

- **구아도 알 타쏘**(Antinori Guado al Tasso)
  때로는 소박한 면도 보이나, 진하고 힘찬 와인의 농익은 향과 부드러운 타닌이 가득하다. 까베르네 쇼비뇽 60%, 메를로 30%, 시라 10%의 배합와인이다. 볼게리(Bolgheri)지역에서 양조.
- **라마이오네**(Marchesi de'Frescobaldi Lamaione)
  순수 메를로 와인으로, 부드럽고도 귀여운 스타일로 소비자를 만족시킨다. 1997 빈티지(96점)는 지금까지 나온 것 중에서 가장 좋은 와인이다. 몬탈치노(Montalcino)의 '부르넬로 디 몬탈치노'에서 양조.

- **라빠리타**(Castello di Ama Vigna l'Apparita)
  순수 메를로 와인으로 남성적이고 진한 와인이다. 언덕 경사면에서 재배하여 타닌의 견고한 기개가 남아 있다. Gaiole지역에서 양조.

- **마세토(Tenuta dell'Ornellaia Masseto)**
'르 팽(Le Pin)'이 보르도의 진귀한 최고의 와인이듯이 '마세토'는 순수 메를로 와인으로 이태리의 '르 팽'이라고 부른다. 요염한 향과 부드러운 타닌을 지닌 세상에서 가장 매력적인 와인 중의 하나다. '볼게리(Bolgheri)의 Tenuta dell'Ornellaia(1981년 설립)'에서 양조

- **메쏘리오(Le Macchiole Messorio)**
순수 메를로 와인으로 생산량이 아주 적다. 품질이 일정치 않으나 좋을 때는 아주 훌륭하다. 1997년 빈티지(97점)는 풍부한 과일 향으로 선풍적인 반응이 있었다. 볼게리(Bolgheri)지역에서 양조되며 오너 캄폴미(Eugenio Campolmi)가 갑자기 사망하면서 전설처럼 떠올랐다.

- **올마이아(Col d'Orcia Olmaia)**
가장 좋은 까베르네 소비뇽 품종을 선정하여, 산 안젤로 스칼로(Sant'Angelo Scalo)타운의 인근인 꼴 도르치아 몬탈치노(Col d'Orcia의 Montalcino)에서 양조하는 이 와인은 굉장히 농익은 향을 가지고 있으면서 힘찬 와인이다.
- **오르넬라이아(Tenuta dell Ornellaia)**
'볼게리' 지역 최고의 보르도 스타일 와인으로 까베르네 쇼비뇽 65%, 메를로 30%, 까베르네 프랑 5%로 블렌딩 되었다. 1998년 빈티지가 와인 스펙테이터 2001년 '올해의 와인'으로 선정되었다.

- **포기오 알 솔레(Poggio al Sole Serraselva)**
보르도 스타일의 뛰어난 와인으로, 메를로 60%, 까베르네 소비뇽 40%로 블렌딩. 트라바르넬레(Tavarnelle)지역에서 양조한다.

- **람폴라(Castello dei Rampolla d'Alc)**
1995년에 처음 데뷔한 이 와인은 까베르네 쇼비뇽 85%와 쁘띠 베르도 15%의 보르도 스타일로 만들어 벽돌집을 만들 듯 명성을 하나하나 쌓아 올렸다. 판짜노(Panzano)지방에서 양조

- **레디가피(Tua Rita Redigaffi)**
동네의 작은 개울 이름인 데리가피는 '마세토', '메쏘리오'와 더불어 메를로 100%로 만드는 메를로 삼총사로 강력한 파워를 지녔다. 토스카나의 토양이 메를로와 얼마나 잘 어울리는지를 보여준다. 1994년에 탄생하여 2000년산을 로버트 파커가 100점 만점으로 평했다. 투아 리타(Tua Rita)[67]가 만든다.

---

67) 투아 리타(Tua Rita)는 1984년에 비스티(Rita Tua & Virgilio Bisti)부부가 토스카나 해안지역의 수베레토(Notri in Suvereto)의 해발 100미터 지역에 일군 곳으로 부인의 이름이자 '당신의 리타'라는 뜻이기도 하다.

- **리콜마(San Giusto a Rentennano La Ricolma)**
  순수 메를로 와인이어서 대단히 부드럽다. 풍부하고 농익은 맛이지만 세련미가 있고 단단한 느낌이 남아 있다. 가이올레(Gaiole)지역에서 양조한다.

- **사프레디(Fattoria Le Pupille Saffredi)**
  야생적이고 풍부한 아로마와 진하고 강한 맛의 색다른 레드 와인이다. 까베르네 소비뇽 55%, 메를로 35%, 아일칸테(Ailcante) 10%의 배합 와인으로 20년 가까이 마렘마(Maremma)의 최고 와인이다. Morellino di Scansano 지역에서 양조
- **삼마르코(Castello dei Rampolla Sammarco)**
  1996년까지는 이탈리아의 블루칩이었으나 근래에는 다소 빛이 바래긴 했다. 그러나 여전히 견고하고 진한 맛의 최고 수퍼 투스칸이다. 까베르네 쇼비뇽 80%, 산지오베제 20%의 블렌딩. 판짜노(Panzano)지역에서 양조

- **산 마르티노(Villa Cafaggio San Martino)**
  순수 산지오베제 와인으로 색이 짙고 감칠맛이 있으며 힘찬 와인이다. 수확을 줄이고 최신식의 양조 방법으로 '산 마르티노'는 이 지역에서 드물게 농축방법을 성공시켰다. 판자노(Panzano)지역에서 양조한다.
- **사씨카이아(Tenuta San Guido Sassicaia)**
  테누타 산 구이도(Tenuta San Guido)[68]의 볼게리지역에서 양조되는 까베르네 소비뇽 75%, 까베르네 프랑 25%의 보르도 스타일의 블렌딩 와인으로 1968년 출시되어, 1985년 세계 와인 전문가들로부터 평점 100점을 받아 세계적 명성을 얻게 되었다. 이로서 이탈리아 와인이 세계 시장에서 고급 와인으로 인정받게 한 주역으로 슈퍼 투스칸의 시효이다. 이태리 최고의 명품 와인. 삼성그룹의 이건희 회장이 2002년 추석 선물로 사용한 것으로도 알려져 있다.

- **시에피(Fonterutoli Siepi)**
  진하고 농익었지만(메를로), 아직 매끄럽고 견고한 골격(산지오베제)은 남아있다.
  즉, 산지오베제와 메를로가 서로 조화되는 성질을 갖고 있다는 것을 이 '시에피'가 실증해 준다. 카스텔리나(Castellina)지역에서 양조한다.

- **솔라이아(Antinori Solaia)**
  최초의 '슈퍼 투스칸' 와인 중에 하나로 단일 포도원의 까베르네 소비뇽 75%, 산지오베제 20%, 까베르네 프랑 5%로 블렌딩된 레드와인이다. 1997년 빈티지가 '와인 스펙테이터 2000년 올해의 와인'으로 이탈리아

---

68) 테누타 산 구이도(Tenuta San Guido)는 이곳의 창시자인 마리오 인시자 델라 로체타(Mario Incisa della Rocchettar)가 자갈밭(sasso)을 일구어 1968년부터 상업화된 빈티지를 냈다.

와인으로서는 처음으로 '따스한 햇빛(solaia)'이라는 뜻의 솔라이아가 선정되었다. 'Mercatale Val di Pesa'에서 양조, 안티노리(Antinori)의 작품.

- **솔렝고(Argiano Solengo)**
  독특한 풍미가 있는 Solengo는 짙은맛의 매력적인 와인이다. 초기에는 산지오베제를 섞었으나 현재는 까베르네 소비뇽, 메를로, 시라를 같은 비율로 배합하고 있다. 부르넬로 디 몬탈치노(Brunello di Montalcino)지역의 아르지아노(Argiano)[69]에서 만든다.

- **티냐넬로(Tignanello)**
  1971년 처음 나온 '티냐넬로'는 토종 품종인 '산지오베세'를 사용하여 만들어 세계에서 이탈리아 와인의 독창성을 인정받은 것이다. 티나넬로를 만드는 마르께시 안티노리(Marchesi Antinori)[70]는 9군데의 와이너리 중 토스카나 지방에서 생산된 것만 안티노리 브랜드를 붙이고 다른 지역 와인에는 독자 브랜드를 붙여 지역별로 와인을 특화하고 있다.

- **또리오네(Fattoria Petrolo Torrione)**
  메를로가 약간 들어간 우아한 산지오베제 와인으로 아주 미묘한 품질이다. 몬테바르치(Montevarchi) 인근의 끼안티 꼴리 아레티니(Chianti Colli Aretini)지역에서 생산.
- **또르테(Montevertine Le Pergole Torte)**
  순수 '산지오베제'산(産). 입속에서 느끼는 맛과 향이 환상적으로 조화를 이루어, 훌륭한 부르고뉴 와인을 떠올리게 한다. 라다(Radda)지역에서 양조.
- **뜨리노로(Tenuta di Trinoro)[71]**
  보르도에서 대단히 작은 샤또(micro-chateau)의 와인을 가라쥬(Garage wine, 혹은 Cult wine)이라 하는데 이 와인은

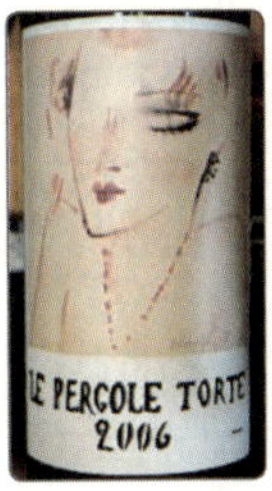

---

69) 아르지아노(Argiano)는 1580년에 설립된 곳으로 1992년 친자노(Noemi Marine Cinzano)가 인수하여 슈퍼 투스칸인 '솔렝고' 외에 수올로(Suolo)로 생산하고 있다.

70) 마르께시 안티노리(Marchesi Antinori)는 안티노리(Giovanni di Piero Antinori)가 1385년 피렌체 와인생산조합(Arte Fiorentina dei Vinattieri)에 가입한 이후 25대째인 안티노리 후작(Marchese 'Piero Antinori)과 세 딸들이 운영하고 있다. 그의 선조인 니콜로 안티노리가 이탈리아 통일에 기여한 공으로 1861년 후작(Marchese)작위를 받아 세습되고 있다. 삼성그룹 이건희 회장이 명절 때마다 주요 계열사 사장들에게 와인선물을 하고 있는데, 2003년 추석선물로 이 '티냐넬로'를 선택한 것으로 알려져 있다.
- Cervaro della Sala(Umbria IGT : Chardonnay 85%, Grechetto 15%)는 1987년이 첫 빈티지로 '20세기를 빛낸 100대 이탈리아 와인'에 오른 화이트다.
- Solaia(Toscana IGT)는 2000년, 와인 스펙테이터로부터 '올해의 와인'으로 선정되며 '이탈리아 와인의 모든 장점을 집약한 와인'이라는 평가를 받았다.

71) 뜨리노로(Tenuta di Trinoro)는 안드레아 프랑케티((Andrea Franchetti)가 1997년 첫 빈티지를 만들었고 시칠리아에도 포도밭을 만들어 2002년에 첫 빈티지를 내기도 하였다. 프랑게티의 다른 와인들로는 레 쿠폴레(Le Cupole)는 트리노르의 세컨드 와인격이다.
- 프랑케티(Franchetti)와, 시칠리아에서 생산하는 구아르디올라 비앙코(Guardiola Bianco, 화이트)와 파소피시아로 Passopisciaro, 레드)가 있다.

토스카나의 컬트와인, 토스카나의 '슈발 블랑'이라고도 일컬어진다.

2.3.2 움브리아(Umbria)

토스카나 주의 동쪽으로 접하며 바다를 접하고 있지 않은 지역이다. 대학도시인 페루지아(Perugia)가 있는 이탈리아의 심장부라고 부른다. 양질의 포도를 대량 수확할 수 있는 자연조건이 잘 갖추어진 지역이다. 플로렌스 사람들이 지배해 온 지역으로 문화뿐 아니라 농경이나 음식까지 토스카나의 연장선에 있다.
화이트와인 지역으로 알려져 있었으나 지난 10여 년간 레드와인의 생산이 늘어나 이제는 레드가 차지하는 비율이 40% 가까이 된다.
이곳에서 재배하는 사그란띠노(Sagrantino) 품종은 이태리에서 재배되는 레드와인 품종 중 타닌(폴리페놀)이 제일 많이 함유되어 있어 바디 형성에 큰 영향을 주고 있다.

- 꼬리 알토티베리니(Colli Altotiberini)는 티베르강(江) 양안을 따라 있는 좁고 긴 구릉지역이다. 산지오베제를 주로 사용한 드라이 레드와 로제, 트레비아노가 주원료인 드라이 화이트.

- 꼬리 페루지니(Colli Perugini)는 페루지아 남쪽의 구릉지. 알토티베리니와 품종, 와인의 종류와 성격이 흡사하다.
- 꼬리 델 뜨라시메노(Colli del Trasimeno)는 움브리아 서쪽의 넓은 지역으로 중부 이탈리아에서 제일 큰 호수인 트라시메노 호(湖)를 둘러싼 구릉지이다. 트레비아노를 주로 사용한 화이트, 산지오베제를 주로 사용한 드라이 레드. 람보르기니(Lamborghini)[72]가 있다.
- 꼬리 마르타니(Colli Martani)는 티베르강(江) 동쪽 연안의 넓은 지역. 세 가지의 화이트와 산지오베제를 주로 사용한 레드가 나온다.
- 또르쟈노(Torgiano)는 DOCG와 몇 개의 DOC와인을 생산하는 곳으로 페루지아의 건너편 티베르(Tiber) 강(江)의 동쪽 연안이다. 이곳에 있는 '그라찌오니 발리오니(Grazioni Baglioni)'라는 포도주 박물관은 1974년에 세워져 이탈리아 와인의 역사를 잘 보여주고 있다.
  - 또르쟈노 로쏘 리세르바(Torgiano Rosso Riserva) DOCG는 1991년에 DOCG를 획득한 레드와인으로 산지오베제를 주로 사용하여 만들며, 3년 이상의 숙성을 거치며 빈티지에 따라 10년 이상 숙성시키는 것도 있다.
  - 또르쟈노(Torgiano) DOC는 트레비아노를 주로 사용하여 만든 화이트, 드라이 로제가 있으며, 18개월 이상 숙성시킨다. 이곳의 룽가로티(Lungarotti)[73]는 와인 외에 문화산업에도 참여하

---

72) 람보르기니(Lamborghini)는 람보르기니(Ferruccio Lamborghini)가 '뜨라시메노)호 인근에 1971년 만든 곳으로 딸인(Patrizia)가 유명한 와이너리로 발전시켰다.
- Campoleone Rosso, Trescone Rosso

73) 룽가로티(Lungarotti)는 이탈리아 현대 와인양조의 선구자 중 한 명인 죠르지오 룽가로띠(Giorgio Lungarotti)가 1960년 대 설립한 곳으로 Rubesco, Torre di Giano, Giubilante가 생산된다.

고 있으며 와인박물관도 운영 중으로 가볼 만한 곳이다.

- **몬테팔꼬(Montefalco)** : 이태리 중부의 움브리아주의 주요 도시인 페루지아(Perugia), 아씨시(Assasi), 폴리뇨(Poligno), 스폴레토(Spoleto)가 내려다 보이는 언덕에 자리잡아 '테라스'라는 별칭을 가지고 있다. 15세기의 성 안에 있는 인구 6,000명 남짓의 작은 도시이다.
  - 사그란띠노 디 몬테팔꼬(Sagrantino di Montefalco) DOCG는 중세 때부터 재배되어온 토착종인 사그란띠노를 100% 사용하여 만든 레드와인. 1979년에 DOC등급을 받은 후 1992년 다시 DOCG등급을 획득한 움브리아의 대표적 와인이다. 전통적으로는 스위트와인이었으나 지금은 탄탄한 바디의 드라이한 레드로 25년 이상의 숙성이 가능한 것으로 통한다. 진한 붉은 빛을 띠며 감미로운 향과 깨끗한 맛을 가지고 있다.
  - 로쏘 디 몬테팔꼬(Rosso di Montefalco) DOC는 산지오베제와 사그란띠노를 주로 사용한 레드와, 화이트인 몬테팔꼬 비앙꼬(Bianco).

- **오르비에토(Orvieto)** : 그레체토(Grechetto)를 60% 이상 사용한 오르비에토 화이트와인과, 아레아티코(Aleatice) 외에 8가지 품종을 70% 이상 사용한 레드와인 로쏘 오르비에타노(Rosso Orvietano) 등 10가지 정도의 와인이 생산된다.
  오르비에토에서는 화이트를 광범위하게 만드는데 목이 긴 풀치넬라(pulcinella)라는 병을 사용한다.[74]
- **아씨시(Assisi)** : 페루자 동쪽의 아씨시시(市) 주변지역. 움브리아의 최상의 드라이 화이트는 그레체토(Grechetto)로 만들며, 레드, 로제도 생산.
- **꼬리 아메리니(Colli Amerini) DOC** : 움브리아에서 가장 남쪽 DOC지역. 트레비아노로 만든 드라이 화이트. 드라이 레드와, 풀-바디의 드라이 로제는 산지오베제를 주로 사용한다.
- **라고 디 꼬르바라(lago di Corbara) DOC** : 꼬르바라 호수 주변의 DOC로 새로 지정된 지역. 레드와인으로 이상적인 곳으로 세 가지 종류의 레드가 나온다.

74) Harriet Lembeck, ibid, p.110

2.4 라티움(Latium)

이탈리아의 수도인 로마(Roma)와 라찌오(Lazio)를 포함하는 지역으로, 이곳에서 생산하는 전 와인의 80% 이상이 화이트이며, DOC 와인의 95% 이상이 역시 화이트인 와이트와인 지역이다.
라찌오는 로마 외곽에 위치하여 전통과 문화유산이 산재한 지역으로 로마시대부터 재배되어 온 포도품종들이 여전히 재배되는 곳도 있으며 그러한 전통적인 방식으로 와인을 생산하는 곳도 있다. 떼베레(Tevere)강 왼쪽의 구릉지대는 로마시대 이전의 에뜨루리아 시대까지 거슬러 올라가는 역사를 가지고 있다.
화이트 와인을 지배적으로 생산하는 곳으로 레드는 찾아보기 힘들다. 매년 평균 600만 헥타 리터가 넘게 생산하는데, 개운한 느낌을 주는 드라이 화이트와인으로 아페리티프용으로서 와인 애호가들에게 선호된다.

2.4.1 까스텔리 로마니/꼬리 알바니(Castelli Romani/Colli Albani) 지방

로마의 남동지역으로 라티움지방의 DOC와인의 80%를 생산하는 곳이다.

- **프라스카티(Frascati)** : 이탈리아의 가장 대중적인 화이트와인을 생산하는 곳 가운데 하나로서, 말바시아 디 칸디아(Malvasia di Candia)와 트레비아노(Trebbiano)품종을 70% 이상 재배한다. 드라이, 스위트 화이트와인과 스파클링이 나온다.
  폰타나 칸디다(Fontana Candida)와 고토 도로(Gotto d'Oro)가 대중적 브랜드로 가볍고 특성 없는 와인이 어디서나 눈에 뜨인다.
- **마리노(Marino)** : 말바시아 디 칸디다(Malvasia di Candida)를 주품종으로 사용하며 트레비아노도 많이 사용하는 지역이다. 드라이, 세미 드라이 세미 스위트 화이트와 스파클링 와인을 대량 생산한다.
- **꼬리 알바니(Colli Albani)** : '말바시아 디 칸디다'를 60% 이상 사용하여 드라이, 스위트 화이트, 스파클링을 생산한다.
- **까스텔리 로마니(Castelli Ramani)** : 화이트는 말바시아와 트레비아노, 레드와 로제는 주로 체사네세(Cesanese), 메를로, 몬테풀치아노 산지오베제 등을 사용하며, 공히 드라이, 스위트 와인이다.
- **몬테콤파트리 코로나(Montecompatri Colonna)** : 프라스카티의 동쪽에 붙어있는 작은 지역으로 와인의 품종, 성격이 프라스카티와 흡사하다.
- **꼬리 라누비니(Colli Lanuvini)** : 말바시아 품종을 주로 사용하여 드라이, 세미 스위트 화이트를 만든다.
- **자가롤로(Zagarolo)** : 말바시아와 트레비아노로 드라이 화이트를 만드는 곳으로 생산량이 미미하다.
- 제나짜노(Genazzano)는 최근에 DOC로 지정된 곳으로 말바시아 등으로 드라이 화이트, 산지오베제 등으로 드라이 레드를 만든다.

- 발레트리(Velletri)는 말바시아, 트레비아노로 드라이나 스위트 화이트, 스위트 스파클링. 산지오베제로 드라이 레드가 나온다.

2.4.2 라티움 북부 지방

- **몬테피아스코네(Montefiascone)** : 로마 북쪽의 화신 호수인 볼세나(Bolsena)호를 둘러싼 해발 450m의 언덕에 위치한 작은 마을이다. 트레비아노 65%, 말바시아 20%로 만든 세미 드라이 스타일의 화이트인 '에스트 에스트 에스트(Est Est Est)'라는 특산 와인[75]이 안티카 칸티나 레오나르디(Antica Cantina Leonardi SAS)[76]에서 생산된다.
- 아레아티코 디 그라도리(Aleatico di Gradoli)에서 아레아티코로 만든 스위트 레드, 디저트와인이 나온다.
- **꼬리 에트루스키 비테르베시(Colli Etruschi Viterbesi)** : 산지오베제, 몬테풀치아노 등의 품종으로 블렌딩한 드라이, 스위트 레드와 로제와인. 트레비아노, 말바시아 등으로 블렌딩한 드라이, 스위트 화이트와인이 있다. 그리고 열 가지의 다양한 품종으로 만든 드라이, 스위트 와인이 생산된다.
- 비냐넬로(Vignanello)에서 산지오베제로 만든 레드와 로제, 트레비아노와 말바시아로 만든 화이트, 그리고 스푸만테가 나온다.
- **체르베테리(Cerveteri)** : 로마 북쪽의 좁고 긴 지역으로 드라이 화이트인 '체르베테리 비앙코'는 꽤 유명한 대중적 와인이다. 트레비아노, 말바시아로 만든 화이트. 산지오베제, 몬테풀치아노로 만든 레드. 그리고 다른 다양한 레드도 나온다.
- 타르키니아(Tarquinia)는 새로운 DOC지역으로 체르베테리와 흡사한 곳이다.
- 비앙코 카페나(Bianco Capena)에서 말바시아와 트레비아노로 만든 드라이 화이트가 나온다.
- **꼬리 델라 사비나(Colli della Sabina)** : 티베르 강(江) 오른편의 새로운 DOC지역으로 드라이 화이트와 스파클링은 트레비아노와 말바시아를 각각 40% 이상 사용한다. 레드는 산지오베제를 40~70%, 몬테풀치아노를 15~40% 사용한다.

2.4.3 라티움 남부해안 지방

- **꼬리(Cori)** : 말바시아와 트레비아노로 만든 드라이 화이트. 몬테풀치아노를 주로 사용한 드라이 레드.

---

75) 12세기 무렵, 와인 애호가인 독일의 사제가 로마를 방문하면서 하인을 앞서 가게 하고 맛있는 와인이 있는 집에는 '에스트(여기에 있다는 뜻)'라고 써놓게 하였다. 사제가 이 마을에 당도하자 'Est Est Est'라는 글자가 보여 아예 짐을 풀어놓고 본격적으로 마시다가 너무 많이 마셔 죽었다는 유래가 있다.

76) 안티카 칸티나 레오나르디(Antica Cantina Leonardi SAS)는 두군데(San Poggio:, Marcello)의 포도밭에서 Est Est Est를 비롯한 Poggio del Cardinale, Pensiero, Vivi, Le Muffe, Don Carlo 등이 나온다.

- **아프리리아(Aprillia)** : 라티움지방의 와인 르네쌍스로 불리는 곳으로 세 가지 타입의 와인은 각각 그 이름의 품종을 95% 이상 사용하여 만든다. 화이트로는 아프리리아 트레비노, 레드로는 메를로, 드라이 로제인 산지오베제이다.
- 치르체오(Circceo)는 새 DOC지역으로, 트레비아노로 만든 드라이 화이트. 메를로를 85% 이상 사용한 레드, 로제가 나온다.

2.4.4 라티움 남동부 / 남부지방

- **체사네세 디 아피레(Cesanese di Affile)** : 체사네세(Cesanese) 품종으로 만든 레드와인. 전통적으로 스위트와인이나 드라이 쪽으로 바뀌는 경향이다.
- **체사네세 디 오레바노(Cesanese di Olevano)** : '체사네세 디 아피레'와 비슷한 성격이며, 둘 다 점차 사라지고 있는 추세다.
- **체사네세 디 피료(Cesanese di Piglio)** : 남동부지방에서 품질이 제일 좋으나 산악지방의 환경에서 경작에 어려움이 많다.
- **아티나(Atina)** : 라티움 지방에서 가장 최근에 DOC로 등록된 것이다. 레드는 까베르네 소비뇽을 주로 쓰며 메를로도 일부 쓰인다. 화이트는 세미용, 말바시아, 베르멘티노를 사용하는 것으로 알려져 있다.

2.5 이태리 중동부지역(Emilia-Romagna, Abruzzo, Marches, Molise)

아드리아해를 연해서 있는 이태리의 등과 같은 모습의 지역이다.

2.5.1 에밀리아-로마냐(Emilia-Romagna)

베네토주와 롬바르디아주 밑으로 넓게 자리 잡은 곳이다. 주도(州都)인 볼로냐(Bologna)를 중심으로 한, 포(Po) 강변의 오른쪽으로부터 산기슭으로 이어지며 아페니니 산맥과 이어진 광대하고 기름진 평야이다. 모자이크 벽화도시로 유명한 라벤나(Ravena), 파바로티의 고향인 모데나(Modena), 유명한 스포츠카인 페라리(Ferrari)를 만들어내는 마라넬로(Maranello) 도시 들이 있다.
와인의 연 평균 생산량은 1000만 헥타 리타가 넘으며 대부분이 일반적인 테이블 와인이다. 이태리보다 국외에서 더 유명한 람브루스코(Lambrusco)가 나오는 곳이다.

1 에밀리아(Emilia) 평야 지역

- **람브루스코 레지아노(Lambrusco Reggioano)** : 생산과 수출량에 있어서는 제일 많은 지역으로 람브루스코 품종으로 라이트-바디의 레드와 세미-스위트가 나온다.

- **람브루스코 디 소르바라(Lambrusco di Sorbara)** : 소르바라(Sorbara : 람부르스코의 일종)를 60% 이상 사용한 드라이(국내 소비용)와 세미 스위트 레드(수출 시장 주력 상품)를 만든다.
- **람브루스코 사라미노 디 산타 크로체(Lambrusco Salamino di Santo Croce)** : 소르바라와 매우 흡사한 사라미노(Salamino)를 90% 이상 사용한 레드로서 색상이나 바디가 좀 가벼운 편이다.
- **람브루스코 그라스파로싸(Lambrusco Grasparossa di Castelvetro)** : 모데나(Modena)에서 남쪽으로 10여km 떨어진 작은 곳이다. 그라스파로싸(Grasparossa) 품종을 85% 이상 사용하여, 드라이, 풀-바디의 진한 자줏빛 레드를 생산한다.
- 몬투니 델 레노(Montuni del Reno)에서 토착종인 몬투(Montù)로 드라이, 세미-드라이의 화이트가 나온다.

2 에밀리아 구릉지역

(1) 꼬리 피아첸티니(Colli Piacentini) DOC

- **꼬리 피아첸티니(Colli Piacentini)** : 17가지의 다양한 종류의 와인을 만든다. 이에는 바르베라(barbera), 보나르다(Bonarda) 등으로 만든 레드와인. 샤르도네(Chardonnay), 말바시아(Malvasia) 등으로 만든 화이트가 있으며, 각각의 품종 이름을 85% 이상 사용한다.
- **꼬리 피아첸티니 피노 스푸만테(Colli Piacentini)** : 피노 네오(Pinot Nero)와 샤르도네를 주로 사용한 화이트나 로제와인이다.
- **구투르니오(Gutturnio)** : 바르베라를 55~70% 사용한 레드.
- **트레비아니노 발 트레비아(Trebbianino Val Trebbia)** : 토착종인 오르투고(Ortrugo) 외에 여러 종류의 품종으로 만든 드라이, 세미-드라이 화이트
- **발누레(Valnure)** : 트레비아노로 주로 사용한 화이트 와인
- **몬테로쏘 발 다르타(Monterosso Val d'Arta)** : 트레비아노를 사용하며 블렌딩 할 때에는 소비뇽을 더한다.

(2) 꼬리 디 파르마(Colli di Parma) DOC

파르마(Parma) 남쪽의 구릉지대. 말바시아(Malvasia) 품종을 선호하는 곳으로 꼬리 디 파르마 소비뇽(Colli di Parma Sauvignon)은 소비뇽 블랑을 사용한 드라이 화이트와 스파클링와인. 꼬리 디 파르마 로쏘(Colli di Parma Rosso)는 바르베라를 60~75% 사용한 레드.

(3) 꼬리 볼로네시(Colli Bolognesi)

볼로냐(Bologna)의 남서 지역으로, 포도 품종이나 재배지에 따라 약 50가지에 달하는 여러 종류의 와인이 나온다. 주로 사용하는 품종은 바르베라, 까베르네 소비뇽, 메를로, 소비뇽, 피노 비앙코, 웰시리슬링(Welchriesling), 피그노레토(Pignoletto), 샤르도네 등이다.

꼬리네 볼로네시 비앙코는 주로 알바나(Albana) 품종으로 만든다.
레이블 상에 표기하는 세부지역은 일곱 군데로 꼬리네 디 리오스토(Colline di Riosto), 꼬리네 마르코냐네(Colline Marconiane), 졸라 프레도사(Zola Predosa), 몬테 산 피에트로(Monte San Pietro), 꼬리네 디 올리베토(Colline di Oliveto), 테레 디 몬테부델로(Terre di Montebudello), 세라발레(Serravalle)이다.

(4) 꼬리 디 스칸디아노/디 카노싸(Colli di Scandiano/di Canossa) DOC

드라이 스파클링, 스위트 화이트, 레드, 로제 등 9종류의 와인과 3종류의 블렌딩 와인이 나온다.

3 로마냐(Romagna)

- **알바나(Albagna)** : 껍질이 두꺼운 알바나 품종으로 만든다.
  - 알바나 디 로마냐(Albana di Romagna)는 알바나를 100% 사용한 드라이, 세미-드라이, 스위트한 와인으로 1987년 이탈리아에서 처음으로 DOCG 화이트 와인으로 등록된 것이다. 드라이하며 감미로운 맛이 특징으로 가벼우며 조화가 잘 된 열대과일 향기가 난다.
  - 로마냐 알바냐 스푸만테는 DOC 스파클링 와인.
- **산지오베제 디 로마냐(Sangiovese di Romagna) DOC** : 산지오베제로 만든 드라이 레드
- **트레비아노 디 로마냐(Trebbiano di Romagna) DOC** : 트레비아노로 만든 드라이 화이트, 스파클링 와인
- **까니나 디 로마냐(Cagnina di Romagna) DOC** : 레포스코(Refosco)로 만든 진한 자주색의 풀-바디 레드로 탄닌이 많은 와인.
- **파가데비트 디 로마냐(Pagadebit di Romagna) DOC** : 봄비노 비앙코(Bombino Bianco)로 만든 드라이, 세미-드라이 화이트
- 보스코 에리체오(Bosco Eliceo) DOC에서 트레비아노 로마뇨로(Trebbiano Romagnolo), 소비뇽, 말바시아 등으로 블렌딩한 라이트-바디의 화이트 와인과, 드라이, 세미 드라이의 화이트. 그리고 레드가 나온다.
- **꼬리 디 리미니(Colli di Rimini) DOC** : 트레비아노 로마뇨로를 주로 사용하여 블렌딩한 드라이 화이트, 피그노레토(Pignoletto)를 주로 사용한 드라이, 세미-스위트 화이트. 그리고 산지오베제를 주로 사용하여 블렌딩한 레드.
- **꼬리 디 이모라(Colli di Imola) DOC, 꼬리 디 파엔자(Colli di Faenza) DOC** : 각각 이모라시(市)와 파엔자 시(市) 주변의 구릉지에 있는 새로운 DOC지역이다.

2.5.2 아브루쪼(Abruzzo)

깜빠니아에서 동쪽으로 있는 곳으로, 아펜니니산과 아드리해에 둘러싸인 지역이다. 주의 중간을 따라 산맥이 가로지르는 이러한 지역적 특성으로 다른 지역과의 교류가 어려웠지만 1960년 이후 로마, 볼로냐, 남부의 바리(Bari) 등으로 고속도로가 연결되어 교류가 활발해졌다.

라뀔라(L'Aquilla)를 비롯하여 뻬스카라(Pescara), 떼라모(Teramo), 끼에티(Chieti)의 4개 지역으로 나뉘진다.

주도(州都)인 라뀔라(L'Aquilla)는 아펜니니산맥의 최고봉인 그란 사쏘(Sasso)의 기슭에 있으며 술모나(Sulmona)와 스깐노(Scanno), 란치아노(Lanciano), 떼라모(Teramo) 등이 중세의 주택양식을 잘 간직하고 있다.

몬테풀치아노 품종이 19세기 초 도입된 이래 전 지역에서 가장 많이 재배되고 있으며 트레삐아노(Trebbiano)와 산지오베제, 그리고 말바시아가 전통적으로 쓰여왔다. 또한 뜨레피아노에는 뜨레삐아노 다부루쪼(d'Abruzzo)와 트레삐아노 토스카노(Toscano)의 두 가지가 있다.

(1) DOC 와인

- **몬테풀치아노 다브루쪼 꼴리네 테라마네(Motepulciano d'Abruzzo Colline Teramane) DOCG**
  90% 이상의 몬떼풀치아노 품종을 이용해 양조하며 산지오베제만이 블렌딩이 허용된다. 떡갈나무나 밤나무 통에서 최소한의 1년을 포함해 2년 이상의 숙성을 해야 한다. 레이블에 '리제르바'를 표기하기 위해서는 3년 이상의 숙성이 되어야 한다.
- **몬테풀치아노 다브루쪼(Motepulciano d'Abruzzo) DOC**
  타닌과 산이 적은 레드와인으로 몬테풀치아노 품종이 기본으로 사용한다. 이 지역에서 생산된 아로마가 강하지 않은 레드품종을 최대 15%까지 블렌딩이 허용된다. '리제르바'는 2년의 숙성을 더 거쳐야 된다.
- **몬테풀치아노 다브루쪼 체라수올로(Motepulciano d'Abruzzo Cerasuolo) DOC**
  몬테풀치아노 품종의 포도를 다른 방식으로 양조한 로제와인으로 체리 레드빛깔이 아름답다. 진한 과일 향과 섬세하고 강렬한 향을 지니고 아로마가 풍부하고 균형이 잘 잡혀있다. 시음 적기가 1~2년으로 부드럽고 드라이한 느낌을 지닌다.
- 트레비아노 다브루쪼(Trebbiano d'Abruzzo) DOC는 뜨레비아노 품종을 85% 이상 사용하며 그 외의 품종은 지역에서 재배된 것으로 최대 15%까지 사용할 수 있는 테이블와인으로, 훌륭한 화이트와인이다.
- **꼰트로구에라(Controguerra) DOC**
  1996년 제정된 아브루쪼에서 가장 젊은 DOC이다. 떼라모 지역의 해발 440m 지점에서 경작되는 아브루쪼 지역의 대표적 와인으로, 몬테풀치아노를 60% 이상 사용한 레드를 만든다.
  화이트는 뜨레삐아노를 최소 60%에 빠세리나를 최소 15%, 그리고 다른 품종을 섞는다.
  스푸만떼는 샤르도네 30%, 그리고 베르디끼오(Verdichio), 뻬고리노(Pecorino) 등의 여러 품종을 블렌딩한다.

2.5.3 마르케(Marches)

마르케는 움브리아 주의 동쪽으로 이태리 반도에서 아드리아 해의 중간을 향하고 있는 해안을 접한 지역이다. 이 지역의 와인들은 구릉과 산자락을 따라 특색있는 것이 생산되는데 화려하기보다 상쾌한 편으로서 야외용으로 적합하다.

페사로(Pesaro), 우르비노(Urbino), 아스꼴리 피체노(Ascoli Piceno), 마체라타(Macerata) 등이 와인 생산의 중심지 역할을 하고 있다.

마르케의 DOC 존(zone)은 11개이다.

- **베르디끼오 디 예시(Verdicchios de Jesi)**
  예시(Jesi)시(市)의 서쪽 언덕에 포도밭이 있으며 아드리아해(海)에서 불과 20~30km 떨어져 있다. 비싸지 않은 드라이한 화이트와인으로 레몬 향이 나며, 생선 외에도 두루 잘 어울리며 베르디끼오(Verdicchio)를 100% 사용하기도 하고 말바시아와 트레비아노를 블렌딩하기도 한다.
  우마니 론끼(Umani Ronchi)[77]가 알려져 있다.
- **베르디끼오 디 마텔리카(Verdicchios di Matelica)**
  이 지역의 기후와 토양의 특성으로 8월말부터 일교차가 커져 포도의 숙성에 좋은 조건을 보이며, 따라서 와인도 독특한 특징을 보인다. 생산량이 '베르디끼오 디 예시'의 1/10밖에 되지 않아 잘 알려져 있지 않고 성격도 비슷하지만, '베르디끼오 디 예시'보다는 풀-바디로 장기보관이 가능한 화이트와인이다.
- 꼴리 페사레시(Colli Pesaresi)는 우르비노와 페사로 사이에 있는 언덕지역으로, 산지오베제로 만든 레드, 트레비아노를 주로 사용한 화이트가 나온다.
  내륙 쪽에 위치한 우르비노는 트뤼프(truffle)의 가을시장으로 제일 큰 곳이다.
- **꼴리 마체라테시(Colli Marceratesi)**
  마체라티노(Marceratino)를 주로 사용한 라이트-바디의 드라이 화이트를 생산한다.
- **파레리오 데이 코리 아스코라니(Falerio dei Colli Ascolani)**
  트레비아노를 주로 사용한 드라이 화이트가 나온다.
- **비앙켈로 델 메타우로(Bianchello del Metauro)**
  메타우로(Metauro) 강(江) 계곡에 있는 작은 곳이다. 비앙켈로로 만든 레몬향의 화이트와인은 생동감이 있어 여름에 관광객들에게 인기가 높다.
- **로쏘 꼬네로(Rosso Cònero)**
  안꼬나 지방의 꼬네로 산(Monte Conero) 주변에서 생산되는 마르케의 가장 뛰어난 레드로 평가받고 있다. 몬테풀치아노를 85% 이상 사용한 탄닌이 꽤 많은 풀-바디의 와인이다.
- **로쏘 피체노(Rosso Piceno)**
  마르께에서 레드와인으로는 생산량이 제일 많은 와인이다. 산지오베제를 60% 이상 사용하며, 몬테풀치아노도 40%까지 사용하기도 하고 때로는 화이트 품종도 15%까지 사용하기도 한다.

---

77) 우마니 론끼(Umani Ronchi)는 지노 우마니 론끼(Gino Umani Ronchi)가 1957년 설립하여 훌륭한 와인을 생산하며, 베르디끼오(Verdicchio), 로쏘 콘체로(Rosso Conero) 외에 Abruzzi, Montepulciano d'Abruzzo, San Lorenzo, San Sebastiano, Busche, Saline, Villa Bianchi, Monteschiavo, Follonica, Torre, Piantate Lunghe, Montipagano에서 포도를 재배하고 있다.
- 생산와인 : Pelago, Le Busche, Jorio 등

- **라크리마 디 모로 달바(Lacrima di Morro d'Alba)**
  라크리마(Lacrima)로 만든 과일향의 드라이 레드를 생산.
- **에시노(Esino)**
  마체라타(Macerata) 지방의 앙코나(Ancona)지역 전체를 일컫는 넓은 곳으로 새로운 DOC 지역이다. 베르디끼오를 50% 이상 사용한 드라이 화이트인 에시노 비앙코(Esino Bianco), 산지오베제와 몬테풀치아노를 60% 이상 사용한 레드와인인 에시노 로쏘(Esino Rosso)를 생산한다.
- **베르나챠 디 세라페트로나(Vernacccia di Serrapetrona)**
  토스카나(Toscana)의 베르나챠(Vernaccia)는 드라이 화이트임에 비하여, 이곳의 베르나챠는 세미 스위트나 스위트 스타일의 레드, 스파클링 레드를 만든다.

2.5.4 몰리제(Molise)

이태리 중동부지역의 남단에 위치하며 아브루쪼 주와 남쪽으로 맞닿아 있는 조그마한 곳이다. 행정구역으로 분리된 지가 40년 밖에 안 되는 지역으로 포도재배의 구조가 고대조직의 영향을 아직 많이 받고 있다.
주도(州都)는 깜포바쏘(Campobasso)로, 이제르니아(Isernia)와 더불어 두 도시가 중심이 되어 몬떼풀치아노 품종을 주로 사용하여 와인을 생산하고 있다.

- **비페르노(Biferno) DOC** : 몬떼풀치아노를 60~70% 사용한 레드 비페르노 로쏘와 드라이 로제인 비페르노 로사토, 트레비아노를 65~70% 사용한 드라이 화이트인 비페르노 비앙코가 나온다.
- **펜트로(Pentro, 혹은 Pentro d'Isernia) DOC** : 몬떼풀치아노와 산지오베제를 거의 반씩 사용한 드라이 레드, 60~70%의 트레비아노 토스카노를 사용한 드라이 화이트를 생산한다.

2.6 이태리 남부지역과 섬들(Puglia, Campania, Basilicata, Calabria, Sicily, Sardegna)

이태리 반도의 남부 지방으로 뿔리아(Puglia), 깜빠니아(Campania), 바실리카타(Basilicata), 칼라브리아(Calabria) 지방과 더 남쪽의 시칠리(Sicily) 섬과 티레니안(Tyrrhenian)해(海)를 건너 사르데냐(Sardegna)를 포함하는 지역이다.

2.6.1 뿔리아(Puglia)

이탈리아 국토 모양의 장화 뒤축에 해당되는 지역이다. 주도(州都)인 바리(Bari)와 성곽이 아름다운 루체라(Lucera), 여러 문화가 혼재되어 있는 트로이아(Troia) 등의 도시가 있다.
온화한 기후와 더불어 강렬한 태양이 있는 이곳은 모든 종류의 가벼운 음식, 특히 해산물이나 딸기, 아이스크림 등과 잘 어울리는 아페리티프 와인으로 유명하다. 발효가 일찍 중지되고 자연적인 상태에서 당분이 남아있을 때 이탈리아 남부 디저트 와인의 가장 풍부한 맛의 경지를 느낄 수 있다.
주요 품종은 네그로아마노(Negroamaro)와 프리미티보, 말바시아 네라(Malvasia Nera)가 있으며 모두 레드 품종이다.
프리미티보(Primitivo)는 이 지방의 만두리아(Manduria)지역에서 나는 포도 품종으로, 숙성되면서 색상이 감홍색이나 오렌지 레드를 보이고 가벼운 향을 발산한다. 와인의 알코올은 14°에 이르고 정제에 최소한 9개월이 소요되며, 풀 바디의 질감으로 마시기에 아주 좋다. 그리스시대부터 이 지방에서 재배되었으며, 미국산이라고 알려진 진판델(Zinfandel)과 유전자가 같은 것으로 최근에 알려졌다.
뿔리아는 25개의 DOC지역이 있으며 크게 '살렌토, 트룰리, 바리, 라 까파타나타'의 네 개의 지역으로 구분된다.

(1) 살렌토 반도(Salento Peninsula)

질적으로는 뿔리아에서 가장 중요한 지역이다.

- **살리체 사렌띠노(Salice Salentino)** : 토착종인 네그로아마로(Negroamaro)가 주품종이며 말바시아 네라(Malvasia Nera)도 20% 이상 사용하고 있다. 레드와인을 주로 생산하고 로제와 화이트도 나온다.
- **프리미티보 디 만두리아(Primitivo di Manduria)** : '프리미티보 디 만두리아'는 지역이름이기도 하고 품종 이름이기도 하며 진판델(Zinfandel)과 성격이나 색, 알코올 농도, 향 등 많은 면에서 흡사하다.
  '프리미티보 디 만두리아 '와인은 100% 같은 이름의 이 품종으로 만든다.
- **브린디시(Brindisi)** : 네그로아마노가 주품종인 드라이한 레드, 로제와인. 파트리글리오네(Patriglione)는 브린디시에서 가장 좋은 와인이다.
- 꼬페르티노(Copertino)는 살리체 사렌띠노의 남쪽으로 레체(Lecce)시의 왼쪽에 있다.
  네그로아마노를 주품종으로 한 드 DOC라이 레드와 로제와인이 나온다.
  아폴로니오(Apollonio Casa Vinicola SRL)[78]에서 엘포(Elfo) 시리즈(Rossoo, Rosato, Bianco)가 나온다.

- 스퀸자노(Squinzano)는 해안가에 브린디시의 남쪽 지역으로 벌크와인을 많이 생산한다.
  생산하는 와인은 레드와 로제로, 주품종은 역시 네그로아마노이다.
- 레보라노(Levorano)는 꼬페르티노와 살리체 사렌티노의 동쪽에 있는 작은 지역이다.
  네그로아마노로 만든 레드와인인 로쏘와 로사토가 있다. 그리고 65% 이상의 말바시아 비앙카(Malvasia Bianca)로 만든 화이트와인인 레보라노 비앙코(Levorano Bianco)는 1980년 사렌토(Salento)지방의 첫 화이트 DOC가 되었다.

78) 아폴로니오(Apollonio Casa Vinicola SRL)는 레체(Lecce)의 몬테로니(Monteroni)에 1870년에 세워진 곳이다.

- 나르도(Nardò)는 살렌토반도의 서쪽 구석 지역으로 네그로아마노를 주품종으로 한 로제와 레드가 나온다.
- 알레지오(Alezio)는 갈리폴리(Gallipoli) 동쪽의 해변에 위치한 작은 지역으로 이곳의 로제는 역시 네그로아마노로 만드는데 이탈리아의 최상의 로제 중 하나로 손꼽힌다.
- 마티노(Matino)는 살렌토 지방에서 처음으로 DOC가 나온 곳이며(1971년) 가장 남쪽에 위치한다. 네그로아마노로 두 가지(레드, 로제)의 드라이 DOC가 나온다.
- 릿짜노(Lizzano)는 프리미티보 디 만두리아의 서쪽과 일부 겹쳐지는 곳으로 타란토(Taranto)만(灣)에 붙어있다. 다양한 품종과 와인이 나오는데 특히 드라이 화이트와 스파클링이 생산된다.
- 가라티나(Galatina)는 뿔리아에서 가장 작고 가장 최근의 DOC지역으로 코페르티노(Copertino)의 남쪽, 해변도시인 오트란토(Otranto)의 서쪽에 위치하고 있다. 역시 네그로아마노의 레드, 로제가 나온다.
- **알레티코 디 뿔리아(Aletico di Puglia)** : 이오니아해의 '타란토'만에 연한 타란토(Taranto)시 인근이다.

(2) 트룰리(Trulli)

살렌티노 반도의 북쪽에 위치하며 바리(Bari) 시(市)의 남쪽으로 이트리아(Itria) 강이 만든 협곡과 계곡 지형이다. 트룰리(Trulli)는 석회암을 쌓아 지은 원추형의 집을 이르는 말로 이러한 집들이 빽빽이 늘어서 있는 것을 멀리서 보면 하나의 나무 같다고 한다.
네 군데의 DOC 와인 중 레드와 화이트가 각 두 군데씩이다.

- 로꼬로톤도(Locorotondo)는 뿔리아에서 가장 유명하며 베르데카(Verdeca)를 주품종으로 하는 드라이 화이트, 그리고 스파클링와인도 나온다.
- 마르티나 프랑카(Martina Franca)는 로꼬로톤도와 모든 면에서 흡사한 곳으로 역시 화이트 DOC 지역이다.
- 지오아 델 꼴레(Gioia del Colle)는 바리시 남쪽의 넓은 지역이다. 다양한 품종을 재배하나 프리미티보 품종을 주력으로 사용한다.
- 오스튜니 오따비아넬로(Ostuni Ottavianello)는 브린디시시(市)의 북서쪽에 있는 유서 깊은 오래된 고장이다.
  오따비아넬로(프랑스의 생소(Cinsault)품종 계통)로 만든 드라이, 라이트-바디, 체리-레드 와인과, 지역품종인 임피뇨(Impigno)와 프랑카빌라(Francavilla)를 주로 사용한 드라이 화이트 오스투니 비앙코(Ostuni Biancao)가 나온다.

(3) 바리 지역(Bari Province : Central Puglia)

이곳에는 다섯 군데의 DOC 와인이 있다.

- 까스텔 델 몬테(Castel del Monte)는 중앙 뿔리아의 바리(Bari) 지방에서 가장 중요한 DOC이다. 오랫동안 이곳에서 선도자 격인 리베라(Rivera)[79]에서 만든 일 팔코네(Il Palcone)는 세계적으로도 잘 알려져 있다.
  드라이레드인 로쏘(Rosso)는 우바 디 트로이아(Uva di Troia), 아그리아니코(Aglianico), 몬테풀치아노를 주로 사용하였다. 드라이화이트인 '비앙코'는 팜파누토(Pampanuto)와 샤르도네, 봄비노 비앙코(Bombino Bianco)를 주로 사용하여 만든다.
- 모스까토 디 트라니(Moscato di Trani)는 바리(Bari) 북쪽으로, 해변도시인 트라니(Trani)를 안고 있는 지역이다.
  모스까토 디 트라니(Moscato di Trani)와 모스까토 리알레(Moscato Reale)를 85% 이상 사용하여 만든 전통적인 황금색 디저트 와인은 남부 이탈리아에서 최고의 스위트와인이다.
- 로쏘 바를레따(Rosso Barletta)는 트라니시(市)와 바리(Bari)市의 북쪽에 있는 해변도시인 바를레따(Barletta)시(市)를 안고 있는 지역이다. 토착종인 우바 디 트로이아(Uva di Troia)를 기본으로 사용한 드라이 레드를 생산한다.
- 로쏘 까노사(Rosso Canosa)는 카스텔 델 몬테(Castel del Monte)의 바로 남쪽에 있는 작은 지역이다.
  우바 디 트로이아(Uva di Troia)로 드라이 레드를 만들며, 까스텔 델 몬테와 매우 흡사하다.
- 그라비나(Gravina)는 바실리카타(Basilicata)와 경계하고 있는 서쪽지역으로 역시 작은 DOC 지역이다. 말바시아 델 키안티(Malvasia del Chianti)를 주품종으로 하여 매우 섬세한 드라이 화이트를 만든다.

(4) 라 까파타나타(La Capatanata)

뿔리아의 가장 중요한 와인생산지로 북부평원 지대이다.

- 산 세베로(San Severo)는 뿔리아에서 제일 북쪽에 위치하며 생산량도 가장 많은 선도지역이다. 몬테풀치아노를 주품종으로 하여 만든 레드와, 봄비노 비앙코(Bombino Bianco)를 주로 사용하여 만든 드라이 화이트가 나온다. 스파클링와인도 생산.
  코빠도로(Tenuta Coppadoro)에서 라디꼬사(Radicosa), 꼬티오네(Cotinone), 페스꼬로쏘가 와인을 생산하는데 라디꼬사가 탁월하다.

---

79) 리베라(Azienda Vinicola Rivera)는 꼬라토(Giuseppe de Corato)가 20세기 초에 포도를 심기 시작하여 50년 뒤 그의 아들 세바스띠아노(Sebastiano)가 설립한 곳으로 봄비노 네로(Bombino Nero), 네로 디 뜨로이아(Nero di Troia), 알리아니꼬(Aglianico) 등의 다양한 토착품종을 주로 재배하고 있다.
- Puer Apuliae, Lama di Corvo, Il Falcone, Cappellaccio

- 오르타 노바(Orta Nova)에서 산지오베제를 주로 사용하여 만든 드라이 레드가 나온다.
- 로쏘 디 체리뇰라(Rosso di Cerignola)는 오르타 노바의 남쪽지역이다. 우바 데 트로이아와 네그로아마로를 주품종으로 한 드라이 레드가 생산된다.
- 카체 미테 디 루체라(Cacc'e Mmitte di Lucera)는 7가지 품종으로 만든 심플한 레드로 손쉽게 마시기에 좋다.

2.6.2 깜빠니아(Campania)

로마 바로 아래에 있으며 주도(州都)는 나폴리로, 소렌토, 폼페이 등의 관광지를 포함하고 있는 지역이다. 깜빠니아 주에서 가장 훌륭한 와인은 나폴리에서 동쪽으로 30분 정도의 거리에 위치한 아벨리노(Avellino)시 주변에서 생산되는 '따우라시'와 '피아노 디 아벨리노', '그레코 디 투포'를 꼽고 있다.
주요 포도 품종으로는 알리아니코(Aglianico), 피아노(Fiano), 그레코(Greco), 산지오베제가 있다.
DOCG 3군데와 16개의 DOC, 그리고 9개의 IGT가 있다.

- **타우라시(Taurasi) DOCG** : 캄빠니아 "Provincia di Avellino"의 서부지역에 해당되며, Calore 강이 남동쪽에서 북쪽으로 흐른다. Calore강의 지류가 합류하여 '타우라시 DOCG' 지역을 관통하고 있다. 기원이 로마제국 이전 그리스 시대까지 거슬러 올라갈 정도로 이탈리아에서 가장 오래되고 품질 또한 유명한 것이다.
  알리아니코(Aglianico)와 비티스 헬레니카(Vitis Hellenica)를 85% 정도 사용하며 다른 품종을 15% 정도 배합하는데 최상의 타우라시는 알라아니코를 100% 사용하기도 한다. 2년은 나무통에서 1년은 병에서 숙성되는 3년 이상의 숙성기간을 거치며 15~20년이 지나야 최상의 품질이 된다. 에테르 향의 뒷맛이 강하고 길게 남는 진한 붉은 색이다.
  마스트로베라디노(Mastroberardino)[80]는 캄빠니아의 떼루아를 지켜온 최고의 와이너리로 꼽히며 이곳의 라디치 타우라시 리제르바(Radici Taurasi Riserva)는 오크통 숙성 30개월, 병입 숙성 18개월 후 출시되며 40년 이상의 장기보관이 가능하며, 라끄리마(Lacryma)도 잘 알려져 있다.

- **피아노 다벨리노(Fiano d'Avellino) DOCG** : 남부 이탈리아의 최상의 드라이 화이트와인으로 알려져 있다. 피아노(Fiano) 품종을 85% 이상 그레코(Greco), 꼬다 디 볼페(Coda di Volpe), 트레비아노(Trebbiano)를 사용하여 균형을 잡는다.
- **그레코 디 뚜포(Greco di Tufo) DOCG** : 2,000년 전에 그리스에서 전해진 화이트 품종인 그레코(Greco)를 85% 이상 사용하여 만들며 꼬다 디 볼페(Coda di Volpe)로 균형을 잡는다. 양조한지

80) 마스트로베라르디노(Mastroberardino 는 베라르디노(Pietro di Berardino)가 1750년 세운 와이너리로 1878년 'Cavalier Angelo Mastroberardino'가 공식 등록하였다.

보통 3~4년이 되면 시음하나 10~12년이 최적 음용시기이다. 피아노 디 아벨리노와 흡사하지만 과일향이 더 짙다.

(1) 나폴리 부근 지역

- 캄피 플레그레이(Campi Flegrei)는 나폴리의 서쪽으로 나폴리 일부를 포함하는 지역이다.
  캄피 플레그레이 비앙코델라(Campi Flegrei Biancolella)와 '캄피 플레그레이 팔랑기나(Falanghina)는 팔랑기나, 비안코렐라와 꼬다 디 볼페(Coda di Volpe)품종으로 만든 드라이 화이트와인이다.
  캄피 플레그레이 로쏘(Campi Flegrei Rosso)는 드라이 레드와인으로 피에디로쏘(Piedirosso), 아그랴니코(Aglianico), 샤시노소(Sciascinoso)품종으로 만든다.
- 꼬스타 다말피(Costa d'Amalfi)는 소렌토(Sorrento)의 바로 오른쪽 지역으로 와인은 주로 푸로레(Furore), 라벨로(Ravello), 트라몬티(Tramonti)의 세 지역에서 생산되며 와인 이름도 대개 이 지명을 붙인다.

- 페니솔라 소렌띠나(Penisola Sorrentina)는 소렌토(Sorrento)의 바다를 향해 돌출한 지역이다. 같은 이름의 와인이 교황 바오르 3세로부터 '군주들을 위한 와인'으로 칭송받았다. 레테레(Lettere)와 그랴나노(Gragnano) 지역은 드라이 레드, 소렌토는 레드와 화이트가 나온다.
- 아스프리니오 디 아베르사(Asprinio di Aversa)는 나폴리 북쪽 지역으로 아스프리니오(Asprinio) 품종을 85% 이상 사용하여 같은 이름의 화이트와인을 양조한다. 스파클링와인(dry spumante)은 100% 아스프리니오 품종으로 만든다.

(2) 북쪽 지역

- **팔레르노 델 마씨꼬(Falerno del Massico)** : 까세르따 지역의 마씨꼬 산(Monte del Massico) 주변에서 생산된다. 고대 로마에서부터 즐겨 마시던 것으로 지금도 주목받는 곳이다.
  와인은 세 가지 스타일로 드라이 화이트의 비앙코(Bianco), 드라이 레드의 로쏘(Rosso), 프리미티보(Primitivo)이다.
- 갈루치오(Galuccio)는 팔레르노의 북쪽에 있는 미네랄이 풍부한 토양이다.
  와인은 팔레르노와 비슷하지만 향이 더 있으며 가벼운 느낌이다. 레드와 화이트, 로제 등 전통적 유형의 와인을 주로 생산한다.
- 소로파카(Solopaca)에서 '로쏘'와 '로사토'는 드라이 레드, '소로파카 비안코'는 드라이 화이트, 그리고 60% 이상의 팔랑기나(Falanghina)로 만든 스파클링이 나온다.
- 타부르노(Taburno)는 소로파카의 남쪽에 있는 지역으로, 레드, 화이트, 스파클링을 생산한다.
- 산타가타 데이 고티(Sant'Agata dei Goti)는 두 가지의 드라이 레드와인으로 아그리아니코, 피에디로쏘. 두 가지의 드라이 화이트로 그레코, 팔랑기나. 그리고 스위트 화이트로 팔랑기나 파씨토(Falanghina passito)를 사용한다. 모든 와인이 90% 이상 해당 품종을 사용한다.
- 과르디올로(Guardiolo)의 포도밭은 과르디아 산프라몬디(Guardia Sanframondi) 마을 근처의

높은 지역에 위치한다.
드라이 화이트인 '과르디올로 비앙코', 레드와 로제, 드라이 레드인 '과르디올로 아그리아니코', 스파클링이 나온다.

- 산니오(Sannio)는 가장 최근의 포도밭으로 다양한 와인이 생산된다.

(3) 기타지역

- 카프리(Capri)는 지중해의 유명 관광지이며 소렌토 바로 앞에 있는 섬으로 경사지에서 포도재배가 왕성하다. 생산되는 와인들은 대부분 관광객들에 의해 소비된다.
- 카스텔 산 로렌쪼(Castel San Lorenzo)는 특이하게 북쪽 피에몬테 지방의 품종인 바르베라를 재배하고, 스푸만떼를 양조한다.
카스텔 산 로렌조(Castel San Lorenzo Rosso/Rosato)는 바르베라와 산지오베제를 80% 사용한 드라이 와인이다.
바르베라, 스위트 모스카토 비안코, 모스카토 스푸만테가 주요 와인 품목이다.
- 이스끼아(Ischia)는 나폴리 앞의 섬으로 포도밭은 경사지에 발달해 있으며, 이태리에서 와인의 역사가 오랜 곳 중의 하나이다.
- 베수비오(Vesuvio)는 나폴리의 동쪽으로 화산의 경사지를 따라 포도밭이 뻗어 있다.
'라끄리마 크리스티 델 베수비오(Lacryma Christi del Vesuvio)는 '그리스도의 눈물(Tears of Christ)'이라는 뜻의 깜빠니아 페릭스(Campania Felix)에서 만든 화이트, 레드, 로즈가 유명하다.

- **치렌토(Cilento)** : 카프리 섬을 향해 돌출해 있는 소렌토 반도에서 내륙으로 들어가면서 만나는 살레르노(Salerno)시 인근지역이다. 남부의 사시까이아(Sassicaia)라 불릴 정도의 파워를 보여주는 몬테베트라노[81]가 있다.

2.6.3 바실리카타(Basilicata)

주도(州都)는 포텐자(Potenza)로서 주도와 함께 암벽 위의 거리와 집들로 유명한 마테라(Matera)가 유일하게 규모를 갖춘 도시일 정도로 낙후된 지역으로 이외의 주요도시는 멜피(Melfi), 마라테아(Maratea) 등이 있다.
6, 7세기에 그리스인들이 포도를 경작했던 유서 깊은 지역이나 외부로 덜 알려가 있는 곳이기도 하

81) 몬테베트라노(The Azienda Agricola Montevetrano)는 이태리의 고급 와인중의 하나로 거론되는 보르도 스타일의 브랜딩.
- 콜리 디 살레르노, 몬테베트라노(Colli di Salerno, Montevetrano)는 까베르네 소비뇽 60%, 메를로, 30%, Aglianico(알리아니꼬) 10%

다. 제일 큰 도시인 '포텐자'는 해발 800미터 지점에 위치하는, 아펜니네 산맥 속에 위치하고 있어 대부분이 언덕으로 일부만 평지이다. 이태리에서 남쪽 지방에 속하지만 겨울 내내 눈에 덮여있는 가장 추운 곳이기도 하다.

와인생산은 영세한 규모의 소규모 생산업자들이 많으며 품질도 그리 뛰어나지 않다. 그러나 거칠지만 소박하고 순수한 맛의 와인들이다.

알리아니코 델 불투래(Aglianico del Vulture)는 이탈리아의 와인 생산지역 중에서 하위에 랭크되고 있지만 레드 와인인 알리아니코 델 불투레는 1971년 DOC를 획득한 이 지역 단 하나의 DOC인 와인이다. 드라이, 세미 드라이 레드로 어떠한 종류의 음식과도 잘 어울리는 훌륭한 와인이다.

여러 가지의 알리아니코(Aglianico) 품종으로 만들며 베키오(vecchio : old)는 3년 이상, 리제르바(Riserva)는 5년 이상 숙성시키나, 빈티지가 좋은 해는 특별히 10년 이상 숙성시키기도 한다.

2.6.4 칼라브리아(Calabria)

이탈리아 반도의 장화모양의 코끝에 해당하는 맨 아랫부분인 이오니아 해(海)가 시작되는 곳에 위치하고 있다. 삼면이 바라도 되어 잇고 북부만이 바실리카타주와 접하고 있는 지역이다. 주도(州都)는 레지오 칼라브리아(Reggio Calabria)로서 그리스 유물들이 전시되어 있는 국립박물관이 소재하고 있다. 카탄자로(Catanzaro)와 코센자(Cosenza) 등도 중요한 도시들이다.

포도를 재배할 수 있는 땅이 많지 않고 생산량의 대부분이 레드 와인과 로제이다. 와인의 품질은 그다지 뛰어나지 못하지만 전 지역에서 고른 품질이 생산된다. 특히 해발 700미터 이상의 고지대에서 생산되는 와인은 햇볕에 말라붙은 토양에서 나무 한 그루 당 단 한 병의 와인의 만들어지기 때문에 그 와인은 아주 훌륭하다. 그런 여건에서 생산되고 또한 뛰어난 품질로 가격이 비싸서 시장에서 쉽게 찾을 수 없다. 12군데의 DOC와인을 가지고 있다.

이 지역 최고의 와인은 치로(Cirò), 돈니치(Donnici), 라메찌아(Lamezia).[82]

(1) 동쪽 지역

- 치로(Cirò)는 시라(Sila) 산의 동쪽 부분으로 이오니아 해(海)에 면해 있다.
  레드로 치로 로쏘(Cirò Rosso)와, 로제로 치로 로사토(Cirò Rosato). 그리고 치로 비앙코(Cirò Bianco)라는 드라이 화이트 스타일 와인이 나온다. 치로 로쏘(Cirò Rosso)는 이 지역에서 단 하나 클라시코(classico)로 지정된 이 지역 최고의 와인.
- 멜리싸(Melissa)는 치로(Cirò)의 바로 남쪽에 위치하며, 멜리싸 로쏘(Melissa Rosso)와 비앙코(Bianco)는 각각 치로의 레드와 화이트와 비슷하지만 질은 그에 미치지 못한다.
- 산타나 디 이솔라 카포 리주토(Sant'Anna di Isola Capo Rizzuto)는 멜리싸 남쪽으로 붙어있는

82) Harriet Lembeck, ibid, p.114

곳으로 지금은 육지이지만 예전에는 섬이었던 지역이다.
갈리오포(Gaglioppo)를 주로 사용한 드라이 레드가 나온다.

(2) 서쪽 지역

- **폴리노(Pollino)** : 아펜니네(Apennines)산맥의 부분인 폴리노(Pollino)산에 따온 이름으로 바실리카타와 경계한 지역에서 와인이 생산된다. 폴리노 로쏘(Pollino Rosso)는 갈리오뽀를 주로 사용한 드라이 레드. 상품(上品)은 2~3년 정도 숙성시킨다.
- 베르비카로(Verbicaro)는 DOC와인으로 레드, 화이트와 로제가 생산된다.
- 산 비토 디 루찌(San Vito di Luzzi)는 갈리오뽀와 말바시아 네라(Malvasia Nera)를 주로 사용한 레드, 말바시아 비앙카(Malvasia Bianca)와 그레코 비앙코(Greco Bianco)를 주로 사용한 화이트를 생산한다.
- 돈니치(Donnici)는 시라산(山)의 서쪽 경사면에 위치하며, 드라이 레드가 주로 생산된다.
- **사부토(Savuto)** : 칼라브리아에서 상품(上品)에 들어가는 와인을 생산하는 곳이다. 보통 갈리오뽀를 35~45%, 그레코 네로(혹은 네렐로 카푸치노, 말리오꼬 카니노)를 30~40%, 그리고 산지오베제를 10% 이상 사용하여 레드를 만든다.
- 스카비냐(Scavigna)는 칼라브리아의 서쪽 해안에 있는 사부토의 남쪽 지역이다. 갈리오뽀와 네렐로 카푸치노를 60% 이상 사용한 드라이 레드와인. 드라이 화이트 와인은 트레비아노, 샤르도네, 그레코 비앙코, 말바시아 비앙카를 사용하여 생산한다.
- 라메찌아(Lamezia)에서 그레코(Greco) 품종의 화이트와 드라이 화이트. 그리고 여러 품종의 블렌딩을 사용한 레드를 만드는데, 이들 품종으로는 노벨로(Novello), 네렐로(Nerello), 갈리오뽀(Gaglioppo), 그레코 네로(Greco Nero) 등이 있다.

(3) 남쪽 지역

- **그레코 디 비앙코(Greco di Bianco)** : 이오니아 해안에 면한 비앙코(Bianco) 시(市)의 뒷 언덕에 위치하여 같은 이름의 스위트와인인 그레코 디 비앙코(Greco di Bianco)를 생산한다. 그레코 비앙코 품종을 사용한 이 와인은 허브와 감귤향이 육감적인 호박색으로 알코올 함량이 최소 17%가 넘어야 한다.
- 비본지(Bivongi)는 드라이 레드와 드라이 화이트를 생산하는 새로운 DOC와인 지역이다.

2.6.5 시칠리아(Sicilia)

지중해에서 가장 큰 섬으로 우리나라 제주도의 13배 정도가 되는 면적이다. 주도(州都)인 팔레르모와 메시나(Messina), 카타냐(Catania), 시라쿠사(Siracusa), 엔나(Enna), 젤라(Gela), 아그리젠토(Agrigento), 마르살라(Marsala), 트라파니(Trapani) 등이 중심도시이다. BC 800년 경 그리스인들이 섬에 정착하면서 포도재배와 자연발효를 통한 와인양조가 시작되었다.

높은 해발과 풍부한 화산토로 구성된 화산지대인 에트나(Etna)는 이탈리아의 부르고뉴라 불릴 정도로 일반적인 이탈리아 와인들과는 다른 개성을 보여준다.

아프리카 쪽에서 불어오는 더운 바닷바람과 1년에 300일 이상 해가 나는 기후임에도 화이트가 60% 이상을 차지한다.

화이트 품종은 카타라토(Catarrato), 그레카니코(Grecanico), 인졸리아(Inzolia), 타스카(Tasca) 말바시아(Malvasia), 모스카토(Moscato)와 같은 품종이 있으며 흔히 블렌딩되어 사용된다. 또한 샤르도네도 이곳에 잘 적응되었다.

레드 품종은 까베르네 소비뇽, 메를로, 시라, 그리고 네로 다볼라(Nero d'Avola)는 칼라브레세(Calabrese)라고도 부르며 시라와 비슷한 맛이나 재배가 까다로운 편이다. 그 외에 네렐로 마스깔레세(Nerello Mascalese), 그릴로(Grillo) 같은 것이 있다.

시칠리아에는 19개의 DOC 지역이 있다.

- **알카모(Alcamo, 혹은 Bianco Alcamo)** : 시칠리의 북쪽지방으로 팔레르모(Palermo)의 서쪽에 있다. 카타라또(Catarratto) 품종을 80% 이상 사용한 라이트-바디의 드라이 화이트와인이 나온다.
- **체라스올로 디 비토리아(Cerasuolo di Vittoria)** : 적어도 13° 이상의 알코올 도수를 가진 강건한 드라이 레드가 나오며, 이 와인은 영(young)할 때가 가장 좋다.
- **꼰테아 디 스끄라파니(Contea di Sclafani)** : 새로운 DOC지역으로 해발 450~600미터에 이르는 산의 경사면에 위치하여 선선한 기후를 보이고 있다. 드라이 레드와 화이트, 로제와인이 우수하다. 레가리알리(Regaleali) 시리즈를 생산하는 따스까 달메리따(Tasca d'Almerita)[83]는 꾸준히 포도품종에 관한 실험을 계속하여 이탈리아, 그리스, 스페인과 프랑스 태생의 40여개 품종을 연구 중이다.

- **콘테사 엔텔리나(Contessa Entellina)** : 10개의 DOC와인이 생산된다. 인졸리아(Inzolia), 샤르도네, 그레카니코(Grecanico), 소비뇽과 같은 화이트와 블렌딩 화이트로는 드라이 비앙코가 있다. 레드로는 까베르네 소비뇽, 메를로, 피노 네로, 그리고 레드와 로제가 있다.

  시칠리아 최고의 와이너리로 평가 받는 돈나푸가타(Aziende Vitivinicole Donnfugata)[84]의 레드와인 앙겔리(Angheli)는 시칠리아의 현대적인 와인 메이킹을 대표할 만한 와인이며, 탄크레디(Tancredi)는 영화 "레오파드(The Leopard)'에서 알랑 드롱이 맡은 우아함과 기품 있는 배역의 이름이다. 스위트와인인 벤 리에(Ben Ryè)는 바람이 많은 곳에서 나는 '바람의 아들'이라는 뜻.

83) 따스까 달메리따(Tasca d'Almerita)는 돈 루치오(Don Lucio)와 따스까(Don Carmelo Mastrogiovanni Tasca) 형제가 1830년에 설립했다.
- Capofaro, Grillo Mozia, Tascante

84) 돈나푸가타(Donnafugata)는 랄로(Rallo Family)에 의해 1851년 설립되어 4대째 내려오는 가족기업이다. "돈나푸가타"란 이름은 19C 부르봉 왕국 페르디난도 4세의 아내인 여왕 마리아 카롤리나(Maria Carolina)가 나폴리 왕토에서 도망친 은신처였던 돈나푸가타가 소유한 포도밭인 꼰떼싸 안뗄리나(Contessa Entellina)로 피신해 온 곳이란 데에서 유래하였다. 와이너리는 Contessa Entellina, Pantelleria, Marsala에 있다.,

- **델리아 니보렐리(Delia Nivolelli)** : 시칠리 남서부의 새로운 와인 존. 몇 개는 DOC로 지정되었지만 대부분의 드라이화이트와 레드는 아직 DOC가 아니다.
- **엘로로(Eloro)** : 시칠리의 동남쪽 코너지역으로, 모두가 레드 아니면 로제와인.
- **에트나(Etna)** : 시칠리의 북동지역으로 에트나(Etna) 산(山)의 해발 700미터 되는 경사면에 포도밭이 있다. 이태리에서 가장 더운 곳인 해안가의 카티나(Catina)를 내려 보고 있지만 시칠리에서는 가장 서늘한 곳이다. 에트나 블랑코(Etna Blanco)라는 드라이화이트, 그리고 드라이 레드와 로제가 있다.

  시칠리아의 대표적인 와이너리인 두카 디 살라파루타(Duca di Salapaluta)[85]의 와인 이름이기도 한 엔리코 공작(Duca Enrico)은 프랑스에서 양조기술을 배우고 왔을 뿐 아니라 프랑스 양조 기술자를 초빙하는 등 와인 발전에 지대한 공을 세운 인물이다. '시칠리아 네로 다볼라의 교과서'라는 이 와인은 이곳의 간판급 와인이다.

  안드레아 프랑케티(Andrea Franchetti)[86]에서 주품종이 네렐로(Nerello Mascalese)로 피노 누아와 유사한 레드인 파소피치아로(Passopisciaro)가 나온다.
- **파로(Faro)** : 시칠리의 동북 코너지역으로 드라이 레드의 고장. 와이너리도 몇 안되고 생산량도 적다. 주 품종은 네렐로 마스깔레세.
- **말바시아(Malvasia)** : 시칠리아 북부에서 북쪽으로 40km 떨어진 스트롬보리(Stromboli) 섬과 리파리(Lipari) 섬으로서 라이트 바디의 말바시아 델레 리파리(Malvasia delle Lipari)라는 디저트와인이 나온다.
- **마르살라(Marsala)** : 시칠리아 서부도시의 이름을 딴 마르살라는 이 지역 포도품종인 카타라토(Catarrato), 그릴로(Grillo), 인조리아(Inzolia)로 만든 시칠리아를 대표하는 강화와인이다. 와인을 베이스로 투명한 브랜디를 첨가하여 알코올 도수를 18° 수준으로 끌어올렸다.

  마르살라를 트라파니(Trapani), 팔레르모(Palermo), 아그리겐토(Agrigento)지역에서 만든다. 1773년 영국 리버풀에서 온 우드하우스(John Woodhouse)가 아랍인이 구축해 놓은 항구마을인 마르살라 엘 알라(Marsala el Alah)에서 이 와인을 처음 만들어 영국에 보내 인기를 끈 데서 비롯되었다. 마르살라에 포도밭을 가졌던 영국의 넬슨 제독이 남달리 사랑했던 것으로도 유명하다.

---

85) 두카 디 살라파루타(Duca di Salapaluta)는 1824년 알리아타(Giuseppe Alliata)가 설립하였다.

86) 안드레아 프랑케티(Andrea Franchetti)는 토스카나에 자리잡고 1997년도에 첫 빈티지를 낸 후 2000년부터 '에트나'에서 와인을 생산한다.
- 구아르디올라 비앙코(Guardiola Bianco)는 샤르도네를 주품종으로 한 화이트.

종류에 따라 쓴 맛, 적당히 쓴맛, 달콤한 맛이 있으며, 색은 금색, 황색, 붉은 색을 띄고 있다. 세코(secco)는 드라이, 세미세코(semisecco)는 세미 드라이, 돌체(dolce)는 스위트이다.

카테고리는 숙성연도에 따라 정해진다.

- 피내(Fine) : 최소 1년 이상 숙성
- 슈페리오레(Superiore) : 최소 2년 이상 숙성
- 슈페리오레 리제르바(Superiore Riserva) : 최소 4년 이상 숙성
- 베르지네(Vergine), 솔레라스(Soleras), 혹은 베르지네 솔레라스(Vergine Soleras) : 최소 5년 이상 숙성
- 베르지네 솔레라스 스트라베끼오, 베르지네 솔레라스 리제르바, 솔레라스 스트라베끼오, 혹은 솔레라스 리제르바 : 최소 10년 이상의 숙성

- **멘피(Menfi)** : 시칠리 서남부 연안에 위치한다. '인졸리아'를 50~70% 사용한 드라이 화이트 와인인 멘피 비앙코(Menfi Bianco)와 페우디 데이 피오리(Feudi dei Fiori). 네로 다볼라(Nero d' Avola)를 50~70% 사용한 드라이 레드인 보네라(Bonera)가 나온다.
- **몬네알레(Monreale)** : 팔레르모 인근의 시칠리의 북서쪽에 있는 작은 지역이지만 재배하는 포도의 품종은 다양하다.
- **모스카토 디 노토(Moscato di Noto)** : 시칠리 남동쪽으로 스위트 와인지역이다. 모스카토 비역시 스위트 와인인 모스카토 디 노토 마투랄레(Moscato di Noto Naturale)는 모스카토 비앙코(Moscato Bianco) 품종으로 만든다.
  스위트 스파클링과 강화와인도 나오는데, 리쿠오로소(Liquoroso)는 최소 알코올 농도가 22%가 된다.
- **모스카토 디 판텔레리아(Moscato di Pantelleria)** : 시칠리에서 남서쪽으로 40km 떨어진 판테렐리아 섬으로 북아프리카의 튜니시아(Tunisia)와 가까운 곳이다. 아프리카의 더운 바람과 태양이 포도가 자라기에 좋지 않으나 이러한 조건이 오히려 지비보(Zibibbo) 품종이 이탈리아에서 최상의 디저트 와인을 만들어 내었다.
  당도가 굉장히 높은 파씨토(Passito) 품종으로 알코올 14.5%의 와인을 만드는데, 리쿠오로소 스타일은 최소한 21.5%, 엑스트라(Extra)로 레이블링하려면 23.9%가 되어야 한다.
- **모스카토 디 시라쿠사(Moscato di Siracusa)** : 시칠리 동남쪽 지역 시라쿠사시 인근이다. 모스카토 품종으로 만든 최소 16.5%의 알코올을 지닌 같은 이름의 디저트와인으로 유명하다.

- **리에시(Riesi)** : 시칠리의 서남쪽으로 위로 칼타니세타(Caltanissetta)시가 있고 북에서 내려오는 살토(Salto)강의 우측지역이다. 네로 다볼라(Nero d'Avola)의 특성을 잘 살린 돈 안토니오(Don Antonio)는 100% 네로 다볼라로 만드는 오크 숙성 와인으로 모르간테(Morgante)에서 생산한다.
- **삼부카 디 시칠리아(Sambuca di Sicilia)** : 시칠리의 서남지역으로 멘피지역과 일부가 겹친다. 블렌딩한 화이트, 레드, 로제와인이 나온다. 드라이 비앙코(Bianco)는 인졸리아를 주로 사용하고, 드라이 레드와 로제는 네로 다볼라 품종을 주로 사용하여 생산한다.
- **산타 마게리타 디 벨리체(Santa Margherita di Belice)** : 시칠리 서남지역으로 콘텟싸 엔테리나와 멘피 사이에 있는 작은 곳이다. 드라이 화이트는 그레카니코(Grecanico)나 카타라또(Catarratto) 품종을 50~70%, 인졸리아 품종을 30~50% 사용하여 만든다. 드라이 레드는 산지오베제나 까베르네 소비뇽을 50~80% 사용하여 만든다.
- **시아카(Sciacca)** : 시칠리 서쪽지역으로 멘피 인근에 있는 해변도시인 시아카시(市) 주변의 새 DOC 지역이다.

  좋은 와이너리로는 몬테네로(Montenero), 리트라(Litra)를 생산하는 아바찌아 산타 아나스타시아(Abbazia Santa Anastasia), 그리고 피리아또(Casa Vinicola Firriato)[87] 외에 살라파루타(Duca Di Salaparuta), 따스카 달메리타(Tasca d'Almerita), 프라네타(Cantina Planeta), 플로리오(Cantine Florio), 마르코 데 바르톨리(Marco De Bartoli)가 있다.

2.6.6 사르데냐(Sardegna)

이태리 본토에서 서쪽으로 180km 정도 떨어진 지중해에서 두 번째로 큰 섬으로, 섬 전체의 분위기나 사회, 문화적 기반이 이탈리아와는 다른 느낌이 드는 곳이다. 특히 사르도(Sardo)라는 이 지역의 방언은 고대 라틴어의 원형을 잘 간직하고 있으며 이탈리아어보다는 스페인어에 가깝다.

기후는 온화하지만 강수량이 적고 토양이 척박하여 농업에 적합하지 않은 곳이다. 그러나 토양이 포도재배에는 좋으며 레드와 화이트 품종에 다 좋지만 전통적으로 화이트 양조가 우세하다.

---

87) 피리아또(Casa Vinicola Firriato)는 1980년대 중반 가에따노 부부(Salvatore and Vinzia Di Gaetano)가 가 설립한 와이너리로 레드로는 Santagostino Baglio Soria, Chiarmonte, 화이트로 Altavilla Della Corte

1 사르데냐의 포도 품종

사르데냐의 DOC 와인 생산 주품종은 2개의 레드, 3개의 화이트를 일컫는다.

- **깐노나우 디 사르데냐(Cannonau di Sardegna)** : 사르데냐를 대표하는 품종으로 1300년대 스페인의 아라곤 왕조에서 전래된 것이다. 예전에는 깐노나우로 스위트한 강화와인(liquoroso dolce naturale)을 많이 만들었으나 지금은 드라이, 세미스위트, 스위트 레드를 많이 생산하고 있다. 깐노나우의 생산지역을 더 자세히 보면 올리에나(Oliena, 혹은 Nepente di Oliena)와 제르주(Jerzu), 까포 페라토(Capo Ferrato)로 나누어진 것을 레이블에서 볼 수 있다.
- **모니카 디 사르데냐(Monica di Sardegna)** : 모니카는 깐노나우 품종보다 더 부드러운 소프트-바디의 레드를 만들며 대체로 드라이 한 편이다. 섬의 모든 곳에서 재배되지만 서부지방인 깜피다노 평원에서 주로 재배한다.
- **베르멘티노 디 사르데냐(Vermentino di Sardegna)** : 드라이 화이트 와인을 만들며 주로 북쪽에서 재배한다.
- **사르데냐 세미다노(Sardegna Semidano)** : 부드럽고 향이진한 드라이 화이트와인을 만든다.
- **모스카토 디 사르데냐(Moscato di Sardegna)** : 본토에서 전래된 것으로 일조량이 많고 강우량이 적은 이곳의 토양에 맞게 재배되고 있다. 스위트 스파클링 와인을 만든다.

2 사르데냐의 와인 생산지

사르데냐의 11군데 와인 존(zone)은 다음과 같다.

- **알게로(Alghero)** : 사르데냐의 북서쪽 작은 지역. 토르바토(Torbato)로 사르데냐에서 최상의 드라이 화이트와 스파클링 와인을 만든다. 다양한 품종으로 레드도 일부 생산.
- **아르보레아(Arborea)** : 오리스타노(Oristano)지방에 있는 넓은 지역으로 산지오베제로 만든 라이트 레드, 트레비아노로 만든 화이트
- **깜피다노 디 테랄바(Campidano di Terralba)** : 사르데냐의 서남쪽 깜피다노(Campidano) 평원에 있는 넓은 지역이다.
  보바레 사르도(Bovale Sardo)와 보바레 디 스파냐(Bovale di Spagna)를 주로 사용하여 드라이 레드를 만들며 이 와인은 외지에서는 판매되지 않는다.
- **카리냐노 델 술치스(Carignano del Sulcis)** : 사르데냐의 남서쪽 지방으로 바로 옆의 두 섬까지를 포함하는 지역이다. 까리냐노로 만든 레드.
- **칼리아리(Cagliari)** : 카르데냐의 남쪽 해안 지역으로 여름 기간에는 이탈리아에서 가장 더운 곳 중의 한 군데이다.
  레드로, 지로 디 칼리아리(Girò di Cagliari), 모니카 디 칼리아리(Monica di Cagliari), 화이트는

말바시아 디 칼리아리, 나스코 디 칼리아리(Nasco di Cagliari)가 있다.

모스카토 디 칼리아리(Moscato di Cagliari)는 모스카토 비앙코(Moscato Bianco) 품종으로 만드는 스위트, 혹은 강화(liquoroso dolce naturale) 화이트 와인이다.

누라구스 디 칼리아리(Nuragus di Cagliari)는 사르데냐에서 가장 생산량이 많은 드라이, 라이트 화이트이다.

- 말바시아 디 보사(Malvasia di Bosa)는 말바시아로 만든 드라이 스위트 화이트
- **만드로리사이(Mandrolisai)** : 보바레 사르도(Bovale Sardo), 칸노나우(Cannonau), 모니카(Monica) 등의 품종으로 만든 드라이 레드이다.
- **모스카토 디 소르소-센노리(Moscato di Sorso-Sennori)** : 모스카토 비앙코(Moscato Bianco)로 만든 스위트 화이트와 강화와인
- **베르멘티노 디 갈루라(Vermentino di Gallura)** : 베르멘티노 품종을 95% 이상 사용한 아주 훌륭한 화이트로 사르데냐에서 처음으로 DOCG로 오른(1996년 인정) 와인이다.
- **베르나차 디 오리스타노(Vernaccia di Oristano)** : 다른 베르나차 품종과는 관련이 없는 이 지방 토착종인 베르나차 이 오리스타노((Vernaccia di Oristano)로 만든 셰리와 흡사한 에프리티프 와인으로 최상으로 디저트와인으로도 좋다. 담황색의 아몬드 향.

Tip 그란드 마르키(Grand Marchi)

프리미엄 브랜드라는 이태리어로 각 지역의 성향을 잘 표현한 대표적 가족 경영 와이너리들이 모인 단체이다. 2006년부터 매년 한국을 방문해 소속 회원사들의 와인을 물론 이탈리아 와인과 문화에 대해 홍보하고 있다.

Tip 이탈리아의 와인 가이드

- 감베로 로쏘(Gambero Rosso Vini d'Italia) : 이태리어로 '붉은 새우'라는 뜻으로, 출판사 이름이자 이 출판사가 발행하는 시리즈인 와인 평가 연감으로 1987년 발간되었다. 영어와 독일어판도 나오고 있으며 레스토랑과 바에 대한 가이드도 발행하며 음식전문 채널도 같은 이름으로 방송한다.
  와인 잔의 개수로 평가결과를 표시하는데 잔 3개가 '뜨레 비키에리(Bicchieri)'로 최고이며, 와인 잔 3개를 받은 와인이 10개를 넘을 때 마다 그 포도원에 별(★)을 부여한다. 별 4개를 보유한 곳은 '안젤로 가야', 별 세 개를 받은 곳으로는 '라 스피네타'가 유일하다.
  이 외에 Duemilavini, I Vini d'Italia, I Vini di Veronelli 와 같은 와인 가이드도 있다.
- 두에밀라비니(Duemilavini) : A.I.S(Associazione Italian Sommeliers : 이태리 소멜리어협회)에서 발간하는 와인평가서로 2, 3, 4, 5의 네 단계로 평가하고 평가 5는 91~100점에 해당되는 가장 탁월한 와인의 평점이다.
- 비니 디탈리아(I vini d ' italia)
- 이 비니 디 베로넬리(I vini di veronelli) : AIS는 와인잡지 비벤다(Bibenda)를 발행하며 매년 '오스카 델 비노(Oscar del vino)'를 열어 최고의 와인을 선정하는 등 이태리에서 와인의 교육, 평가에 큰 영향력을 미치고 있다.

CHAPTER 02 독일 와인

독일은 유럽의 와인 생산국 중에서 가장 북쪽에 위치한 유럽의 주요 와인 생산국 중의 하나다. 날씨가 춥고 일조량이 적으므로 대체적으로 레드 와인용 포도재배에는 적합하지 않다. 이런 기후적 특성으로 독일 와인의 80% 이상이 화이트 와인이다. 즉 일조량이 부족하게 되면 당분의 함유량이 적고 대신에 산도(酸度)가 높아진다. 이런 특성으로 인하여 독일의 화이트 와인은 대체로 가벼운 느낌을 주며 마시기에 편하다.

대표적인 품종으로는 리슬링(Riesling)이 유명하지만 전국의 포도밭 가운데 21~22% 정도만 차지하고 있다.

독일은 또한 스파클링 와인의 세계 최대 생산국이며 소비국이다. 독일에서 생산되는 스파클링 와인은 젝트(Sekt)라 하는데 프랑스의 샴페인과 달리 병 속에서 가스가 생성되지 않고 탱크 속에서 가스를 만들어 내기 때문에 값이 비교적 싸다.

제 1 절 독일 와인의 특성

1.1 독일의 포도 품종

표 6-5 독일의 포도품종[88]

화이트 품종	특징
Weisser Riesling	통상 '리슬링'으로 호칭하며 방향성이 뛰어난 최고급품종이다.
GewÜrztraminer	향이 강하여 좋은 빈티지에는 아주 감미로운 와인이 탄생된다
MÜller-Thurgau	리슬링과 실바네르의 교배종으로 리슬링보다 부드럽다. 뚜르가우 출신의 밀러(H. MÜller) 박사가 1882년 개발한 종으로 독일에서 가장 많이 재배하며 독일 제2위의 재배면적으로 풍미가 상쾌하다.
Kerner	QmP클래스에 많이 사용되며, 당도가 높아 따로 보충하지 않는다.
Silvaner	조숙성(早熟性) 품종으로 가볍고 부드럽다
Scheurebe	리슬링의 대체 품종으로 개발된 것으로 향이 강하다.
Ruländer	피노 그리(Pino Gris)의 독일 이름으로 Grauburgunder이라고도 부른다. 바디가 있는 와인이 생산된다.

레드 품종	특징
Spätburgunder	프랑스 피노 누아와 동일 품종으로 깊은 맛의 와인을 생산한다
Portugieser	일반적으로 가벼운 와인을 생산한다. 마시기 쉬운 테이블와인이다
Dornfelder	극히 일부에서만 재배되는 품종이다

1.2 독일 와인의 레이블

포도의 재배지역명이 크게 표시되며 품종과 등급이 반드시 표기된다.
빈티지, 포도의 재배자 또는 와인 생산업자, 와인의 타입(Trocken은 dry와 같은 의미로 단맛이 없는 것을 나타내는 용어. Halbtrocken은 아주 적은 단맛이 감지될 때 사용. 공식 품질 관리번호(타펠바인과 란트바인에는 붙이지 않는다) 에르제우게라프풀룽(Erzeugerabfullung)은 재배자나 재배자 조합이 와인의 품질을 보증한다는 뜻.[89]

---

88) Hiroko Noda(野田), "ベスト ワイン", ナツメ社, 2006, p.121

89) Harriet Lembeck, "*Grossman's Guide To Wines, Beers, & Spirits*", Wiley Publishing, Inc, 7th Edition, 2006, p.69

1.3 독일 와인의 품질 분류

독일은 포도밭으로 등급을 정하지 않고 수확시의 포도의 숙성도(당도)에 따라 등급을 매긴다. 와인의 품질을 관리하기 위하여 19세기부터 규정을 제정하였고, 1971년 7월 19일에 와인법이 제정된 이후 1982년에 일부 수정하여 현재까지 사용되고 있다. 크게는 타펠바인(Tafelwein)과 란트바인(Landwein), 크발리테츠바인(Qualitätswein)의 세 등급으로 나뉘어진다.

표 6-6 독일 와인의 분류

<table>
<tr><th colspan="2">등급</th><th>내 용</th></tr>
<tr><td rowspan="2">타펠바인(Tafelwein)</td><td>도이체 타펠바인(Tafelwein)</td><td>테이블 와인</td></tr>
<tr><td>EWG Tafelwein</td><td>독일 내에서 병입한 것</td></tr>
<tr><td>란트바인(Landwein)</td><td>타펠바인보다 높은 알코올 도수와 품질</td><td></td></tr>
<tr><td rowspan="7">크발리테츠바인
(Qualitätswein)</td><td>쿠베아(QbA : Qualitätswein bestimmter Anbaugebiete)</td><td>13개 특정지역에서 생산</td></tr>
<tr><td rowspan="6">프레디카츠바인
(Prädikatwein)</td><td>카비네트(Kabinet)</td></tr>
<tr><td>슈페트레제(Spätlese)</td></tr>
<tr><td>아우스레제(Auslese)</td></tr>
<tr><td>베렌아우스레제(Berenauslese)</td></tr>
<tr><td>트로켄베렌아유스레제
(TBA : Trockenberenauslese)</td></tr>
<tr><td>아이스바인(Eiswein)</td></tr>
</table>

1 타펠바인(Tafelwein)

- **도이체 타펠바인(Deutsche Tafelwein)** : 평범한 식탁용 와인으로 4곳의 넓은 타펠바인 지역에서 생산된다. 보통 알코올 함유량이 5% 내외로, 프랑스, 이태리의 최하등급인 테이블 와인과 동일하며 독일 와인 생산량의 10% 미만이다.[90] 독일에서 생산된 포도 100%로 만든다.
- **EWG Tafelwein** : 가장 낮은 등급으로 독일 내에서 병입한 테이블 와인이다.

2 란트바인(Landwein)

타펠바인(Tafelwein)보다 알코올 함유량이 약간 높은 상급 와인으로 프랑스의 '뱅 드 뻬이(Vin de Pays)'급 와인과 동급이다. 1982년 독일 와인법을 수정할 때 따펠바인의 새로운 카테고리로 선정되

---

90) Harriet Lembeck, ibid, pp.117-120

었으며, 평범한 따펠바인 보다 수확할 때 더 성숙해 있기 때문에 더 높은 알코올 도수와 개성을 가진 풍부하고 신선한 테이블 와인이다.

발효 전에 설탕을 첨가할 수 있지만 포도액은 첨가하지 못하며, 재배지역(Gebiete)은 20개로 정해져 있다. 트로켄(Trocken)은 드라이, 할프트로켄(Halbtrocken)은 미디엄 드라이, 프루티(Fruity)는 조금 드라이한 것에서 아주 달콤한 것까지 있다.

3 크발리테츠바인(Qualitätswein)

'고급 와인'이란 뜻으로 다시 두 종류로 나뉜다.

(1) 쿠베아(QbA : Qualitätswein bestimmter Anbaugebiete)

특정지역에서 생산된 고급와인으로 13개의 재배지역이 지정되어 지역의 특성을 가장 잘 표현하면서 그 지역에서 지정된 포도품종으로 양조된 것이다..

품종이나 수확연도를 표시할 때에는 그 함유량이 85% 이상 되어야 한다. 레이블의 의무 기재사항은 생산지명, 공인 검사번호(A.P.Nr), 병입자, 주소, 용량과 QbA 문구이다.

독일 와인의 가장 많은 양이 이에 속하며, 일상생활에서 편히 마실 수 있는 와인으로 가볍고 상쾌하며 풍미가 있다.

(2) 프레디카츠바인(Prädikatswein)

2006년까지는 쿠엠페(QmP : Qualitätswein mit Prädikat)라고 했으며, 특징 있는 고급와인이라는 뜻으로 최고급 와인등급이다.

품종과 수확연도, 포도밭을 표시할 경우에는 해당 함유율이 85% 이상이 되어야 한다. '베렌아우스레제'와 '트로켄베렌아우스레제'는 51% 이상이면 된다. 40개 지구(Bereich) 내에서 생산되는 것으로 한정된다. 레이블의 의무 기재사항은 '프레디카츠바인' 6 단계의 품질 등급표(Prädikat)로 등급명을 기재하는데 포도의 당도에 따라 분류된다.

- **카비네트(Kabinet)** : 대중적인 것으로 약간 스위트하다. 정상적인 수확시기에 딴 잘 익은 포도로 만들어진 가벼운 와인으로 독일 고급와인의 시작이다. 세미드라이하여 음식과 함께 또는 아페리티트(Apertif)로 적당하다.
- **슈페트레제(Spätlese)** : 늦은(spat) 수확(lese)을 의미한다. 정상적인 수확보다 적어도 1~2주 정도 늦게 거둔 포도로 만든 우수 품질의 와인이다. 정상적인 와인보다 햇볕을 더 많이 받은 포도로 만들어 바디가 더 무겁고 풍미가 더 깊어, 맛과 농도에 있어 더 진하다.
  라인가우 지역에서 18세가 중반에 탄생된 것으로 알려져 있다.
  원조인 독일 외에 미국의 이오스(Eos), 칠레의 산 페드로(San Pedro), 몬테스(Montes), 캐나다의 이바치(Ibachi), 뉴질랜드의 포리스트(Forrest) 등도 유명하다.
- **아우스레제(Auslese)** : '선택된'이란 뜻으로, 잘 성숙된 포도를 특별히 선별하여 만든 것이다. '스페트레제'가 수확시기만 늦추어 선별한 포도로 만든 것이지만 '아우스레제'는 늦게 수확한 것 중

에서도 잘 익은 포도송이만 골라 따서 만든 것. 품위 있는 포도주로 주로 향취와 맛이 강렬하다.

- **베렌아우스레제(Berenauslese)** : '과실(beeren)'과 '따기(lese)'라는 뜻의 포도송이 중 과숙하여 포도알이 쭈글쭈글해 진 것만을 골라 일일이 하나씩 딴 포도로 만든 와인이다.
  최고 품질의 원숙미와 진한 맛을 가진 디저트용 와인으로 대체로 10년에 두세 번밖에 생산되지 않는다. 이 등급부터는 스위트와인이라고 불리우며 당도가 아주 높은 와인이다.
  뮐러 투르가우나 실바너 품종으로 만든 베렌아우스레제는 10만원대이지만 라인이나 모젤지역의 리슬링으로 만든 것은 20만원대 이상이 된다.
- **트로켄베렌아유스레제(TBA : Trockenberenauslese)** : 건조시킨 건포도같은 포도송이에서 한 알씩 골라 따서 만든 와인이다. 향이 풍부하고 꿀과 같은 진한 맛이 있는 최고의 와인으로 가격도 비싸며 흔히 TBA로 줄여 부른다. 1921년 모젤지역에서 처음 만들어졌다.
- **아이스바인(Eiswein)** : 베렌아우스레세와 같은 과숙한 포도를 12월~1월 사이에 포도밭에서 얼은 상태의 포도송이를 보통 영하 8도 정도에서 수확한 뒤 해동시키지 않고 착즙하여 만든 와인이다. 포도에 있는 산미와 감미가 농축된 최고급품으로 대단히 독특한 와인이다.

Tip Ice Wine

차갑게 준비해서 마시는 아이스 와인은 농축된 향기로움과 달콤한 맛이 디저트 와인으로 인기 있다.
아이스 와인은 포도 수확시기를 훨씬 넘겨 눈이 덮일 때까지 두었다가 수확하는데 이를 냉동적출(Cryoextraction)이라고 한다. 자연적으로 어는 과정을 거쳐 일반 포도보다 2~3배의 높은 당도의 포도로 만들어진다. 영하 10~13° 의 날씨가 3일 이상 지속될 때 자연 상태 포도를 손으로 수확한 후 짜야 당도와 품질이 좋은 제품이 생산된다. 영하의 날씨에 포도 알 내에 있는 수분은 얼기 시작하나 내부의 농축된 당분 주스는 얼지 않고 그대로 남아 있어 더욱 달콤한 포도가 된다. 대부분의 아이스 와인은 리슬링 포도품종으로 만들어진다.

Tip 독일 와인의 용어

- 에델포일레(Edelfäule) : 보트리티스 시네리아, 즉 귀부병이다. 베렌아우스레제나 트로켄베렌아우스레제 와인을 만들 때 이 귀부병의 포도를 사용한다. 낮은 따뜻하고 밤에는 이슬이 맺힐 정도로 공기가 차갑고 아침에는 안개가 끼는 가을에 많이 발생된다.
- 그로세 게바흐스(Grosse Gewachs) : 드라이한 최고 품질의 와인으로, 라인가우 지역에서는 '에레스테스 게바크스(Erestes Gewachs)'라 한다.
- 구트사브퓔룽(Gutsabfüllung)은 농장에서 병입된 와인을 뜻한다(estate bottled)
- 프래디카트바인(Prädikatwein)는 자연당으로 과일향이 풍부한 와인.
- 쉬스레제르베(Süssreserve) : 발효되지 않은 포도즙으로 천연 당분을 그대로 지니고 있는 것을 이른다. 같은 포도원의 같은 품종으로 같은 당도의 미발효 포도즙 중에서 일정량을 따로 보관한 것으로, 발효된 와인에 첨가하ㅁ여 당도를 높인다. 그러나 좋은 품질의 와인은 쉬스레제르베 방식을 사용하지 않고 발효를 중지시키는 방법으로 당도를 유지한다.

제 2 절 독일 와인의 생산지

독일 와인의 생산지는 13군데이나 모젤, 라인가우, 라인헤센, 팔츠를 4대 생산지로 꼽는다.

표 6-7 독일 와인의 생산지

생산지 명	와인 생산 마을	특징
모젤(Mosel)	Bernkastel, Brauneberg, Eitelsbach, Erden, Piesport, Graach, Grünhaus-Mertesdorf, Leiwen, Ürzig, Wehlen, Wiltingen	리슬링 80%
라인가우(Rheingau)	Erbach, Rüdesheim, Rauenthal, Hochheim, Johannisberg	리슬링 82%
라인헤센	Bingen, Flörsheim-Dalsheim, Gau-Odernheim, Nackenheim, Nierstein, Oppenheim	단순한 와인
팔츠(Pfalz)	Deidesheim, Dürkheimer, Forst, Gimmeldingen, Haardt, Kallstadt, Ruppertsberg, Wachenheim	풀 바디 화이트
아르(Ahr)	Ahrweiler, Bad Neuenahr, Dernau, Heimersheim, Heppingen, Marienthal, Mayschoβ	레드 80%
바덴(Baden)	Ihringen, Vogtsburg Burkheenim, Malterdingen, Bischoffingen, Durbach, Oberrotweil	화이트 80%
프랑켄(Franken)	Bürgstadt, Würzburg, Randersacker, Iphofen	맥주 고장
헤시세 베르크슈트라세	Bensheim, Heppenheim, Zwingenberg, Groβ, Umstadt	
미텔라인(Mittelrhein)	Bacharach, Boppard, Spay, Osterspay, Oberwesel	화이트 94%
나에(Nahe)	Bad Kreuzenach, Ebernburg, Oberhausen, Minster-Sarmsheim, Monzingen, Waldböckelheim, Windesheim	화이트 90%
잘레 운슈투르트	Höhnstedt, Kösen	북쪽
작센(Sachsen)	Dresden-Pillnitz, Proschwitz via Meiβen	단순 와인
뷔르템베르그	Bönnighheim, Fellbach, Heilbronn, leinbottwar, Korb, Unter-türkheim, Winterbach	단순 레드

1 모젤(Mosel)

2007년까지 모젤-자르-루베르(Mosel-Saar-Ruwer)로 부른 곳으로, 모젤 강, 자르 강, 루베르 강 유역에 펼쳐 있는 독일을 대표하는 와인 산지로, 모젤 강을 따라 코브렌츠(Koblenz)에서부터 남쪽의 프랑스 국경까지 연해 있다.

화이트와인을 99% 생산하는 지역이다. 모젤 강 유역은 부드럽고 섬세하며, 자르 강 유역은 힘이 있고 바디가 튼튼하고, 루버 강 유역은 향이 풍부하고 풋풋한 신맛이 특징이다. 전체적으로는 꽃향기가 나는 섬세한 와인을 생산한다.

이 지역의 와인은 대체로 가벼우며 알코올 도수는 10°를 넘지 않는다.
재배하는 포도의 품종은 리슬링이 55%, '뮐러 투르가우'가 20% 정도로, 와인의 성질은 섬세하고 신선하여 매력적이다. 독일의 다른 지역들에서는 갈색 병을 사용하는데 반하여 이곳은 그린 색 병을 사용하여 한 눈에 식별이 가능하다.[91)]
독토르(Wiengut Doctor. H. Thanisch)[92)]는 1360년 대주교가 이 마을을 방문했을 때 갑자기 병에 걸려 위험해졌으나 이 와인을 마시고 나아 닥터라는 명칭을 붙이게 했다.
'세계 100대 와인'에 들어가는 리슬링 샤르츠호프베르거 아이스바인(Riesling Scharzhofberger Eiswein)을 생산하는 에곤 뮐러(Weingut Egon Müller), 베른카스텔러 바슈투베 베렌아우스레제(Bernkasteler Badstube Beerenauslese)를 만드는 도멘 하이데만 베르크바일러(Domeine Heiddemann Bergweiler)가 잘 알려져 있다.

그리고 프리츠 하그(Weingut Fritz Haag), 카르토이제르호프(Weingut Karthäuserhof), 루젠(Weingut Dr. Loosen), Gustverwaltung von Schubert-Grünhaus와[93)] 요한 요제프 프륌(Weingut Johann Josef Prüm Estate)[94)]에서 좋은 와인이 나온다.

2 라인가우(Rheingau)

라인 강의 북쪽 둑에 면하고 있으며 빙겐(Bingen)과 마인츠(Mainz) 사이에 위치하고 있다. 전설의 로렐라이 바위, 로마시대의 '리메스'(limes) 성벽'과 고풍스러운 곳이다.
와이너리는 길이가 36km밖에 되지 않는 아담한 지역 안에 위치하고 있다. 작은 곳이지만 모젤지역과 함께 독일의 양대 와인산지로 쏜 꼽히는 곳으로 최고급 와인을 생산하고 있는 지역이다.
길이 80km에 이르는 타우누스(Taunus)산맥이 차가운 대기를 막아 포도의 생육에 도움을 주므로 좋은 리슬링을 얻을 수 있어 이곳의 리슬링을 '진정한 리슬링(true riesling)'이라고 부르기도 한다.
리슬링 품종을 80% 이상 재배하며, 값이 가장 비싼 와인도 이 지역에서 나온다. 전통적으로 베렌아우스레세와 트로켄베렌아우스레세(Trockenbeernauslese)도 이곳에서 생산되는데 품질 면에서 독일 와인의 대표 급 와인이다. 늦은 수확으로 만드는 스위티한 아이스와인(Eiswein)도 유명하다.

91) Kerry Stewart, "A Traveller's Wine Guide to Germany", Aurum Press, 1998, pp.30-43

92) 독토르 타나쉬(Wiengut Doctor H. Thanisch)는 베른 카스텔(Bernkastel-Kues)마을에 소재하며 희귀성과 12 ~1월에 포도의 당도가 최고조에 달했을 때 손으로 수확하여 생산하는 품질로 유명하다.

93) Armin Diel and Joel Payne, "*German Wine Guide*", Wilhelm Heyne Verlag GmbH & Abbeville Publishng, 1999, p.184

94) 요한 요제프 프륌(Weingut Johann Josef Prüm Estate)은 줄여서 'Joh Jos Prüm' 또는 'J J Prüm'이라고도 한다. 1911년 설립된 곳으로 와인들은 20년씩의 숙성력을 보여준다.

세상에서 보석에 비유할 수 있는 와인이 있다면 이 와인은 틀림없이 그 중 하나일 것이다.
트로켄베렌아우스레제를 마신 것은 단 한 번뿐이어서 그 색과 향과 맛이 정확하게 기억나는 건 아니다. 하지만 그 기억은 절대 화농하지 않았다. 글라스에 따를 때의 느낌까지 기억하고 있다.
이상한 색의 와인이라고 생각했다. 그런 색을 그때까지 나는 본 적이 없었다. 내 혀의 어딘가에 그 와인이 남아있다. 그것은 절대 사라지지 않을 것이다. ~~~~~~~~~~~~
단지 나는 그 한 번의 경험으로 절대적인 것에 접촉해 버린 것이다. 우리는 죽음의 세계를 몰라. 그래서 대신 죽음의 감미로움을 상상해 보는 거야. 이 와인은 그런 맛이 나. 죽음의 세계 맛이.[95]

가늘고 날씬한 리슬링 와인이라도, 모젤에서 나는 리슬링은 초록색 병이고 라인가우의 리슬링은 갈색 병에 담아 구별하고 있다.
클로스터 에버바흐(Kloster Eberbach)[96]는 영화 '장미의 이름(1986년, 장 자크 아노 감독, 움베르토 에코의 소설)'의 배경이 되기도 한 고색창연한 곳으로, 재배되는 포도의 77%가 리슬링, 15%가 피노누아이다.
슬로쓰 볼라츠(Schloβ Vollrads : Oestrich-Winkel 소재)에서 드라이한 맛의 슬로쓰 볼라츠 리슬링 스패트레제(Schloβ Vollrads Riesling Spätlese)가 나온다.

슬로쓰 요하니스버그(Schloβ Johannisberg : Geisenheim-Johannisberg 소재)에서 나오는 슬로쓰 요하니스버그 리슬링 아이스바인(Riesling Eiswein)은 장기 숙성 타입의 전형적 라인가우 와인이다.
켄더만(Reh Kendermann)[97]의 블랙 타워(Black Tower)는 독일의 와인 중 단일 브랜드 수출 1위이다. 그 외의 좋은 곳[98]이 여러 군데 있다.[99]

3 라인헤센(Rheinhessen)

빙겐(Bingen)과 마인츠(Maintz), 보름스(Worms)의 세 도시에 둘러싸여 있으며, '라인가우'의 바로 남쪽에 붙어 있다. 독일 최대의 재배 면적을 가진 곳으로 매일 마실 수 있는 단순한 와인을 많이 생산하고 있다. 기후가 비교적 온난한 지역으로, 리슬링을 10%도 안 되게 경작한다.

---

95) 村上 龍, 권남희역. "*와인 한잔의 진실*", 창해, 1999, PP.175-195

96) 클로스터 에버바흐(Kloster Eberbach)는 슈타인베르크(Steinberg)에 위치하며 12세기에 문을 연 'Eberbach Monastery'(에버바흐 수도원)이 그 시작으로 그 후 1803년에 매각되었다가 1866년에 프러시아 왕가, 1945년부터 독일의 헤세(Hesse)주(州)정부의 소유가 되어 현재 헤세주가 최대 주주로 되어 있다.

97) 켄더만(Reh Kendermann)의 Kendermanns, 3W, Val Duna, Lindemans, Carl Reh

98) Weingut Robert Weil(Kiedrich 소재. Weingut George Breuer(Rüdesheim 소재), Weingut Johannishof(Johannisberg 소재), Weingut Peter Jakob Kühn(Oestrich 소재), Weingut Franz Küntsler(Hochheim 소재), Weingut Schlo Reinhartshausen,(ltville-Erbach 소재), Gutsverwaltung Geheimarat J. Wegeler Erben,(estrich-Winkel 소재)

99) Ornella d'Alessio, Marco Santini, "***Wine Country Europe***", Rizzoli International Publications, 2005, p.270

리브프라우밀히(Liebfraumilch)는 '성모의 젖'이라는 이름이 붙어있는 와인으로 독일 수출 와인의 절반을 점하고 있다. 독일와인의 이미지 그대로 스위티하다. '리브프라우밀히'는 와이너리나 어느 한 지역이름이 아닌, 라인헤센에서 생산되는 포도의 이름을 뜻하는 것으로 따라서 블렌딩와인의 뜻이기도 하다. 재배하는 품종은 뮐러 투르가우가 22%, 실바너가 13%, 리슬링이 9% 정도이다.
좋은 와이너리는 켈러(Weingut Keller), 군데르로흐(Weingut Gunderloch), 프레이헤르(Weingut Freiherr Heyl zu Herrnsheim)[100]

4 팔츠(Pfalz)

라인헤센(Rheinhessen)에서 프랑스의 알자스까지 80km에 걸쳐 있는 독일에서 두 번째로 큰 지역이다. 동쪽으로는 라인 강이 경계선이고 왼쪽으로는 하르트(Haardt)산맥이 있다. 독일에서 와인 만들기에 가장 햇볕이 많고 가장 건조한 지역이다. 따뜻한 기후 덕으로 풀-바디의 화이트와 좋은 레도도 나온다.
재배품종은 리슬링 21%, 뮐러 투르가우가 19% 정도이며, 실바너, 케르네르도 있지만 좋은 품질의 와인을 만드는 데에는 소이레베(Scheurebe), 블라우브루군더(Blauburgunder : 피노 누아)가 중요하다.
밀러 카토이르(Weingut Müller Catoir), 뷔르크린 볼프(Weingut Dr. Bürklin Wolf), 쾰러 루프레흐트(Weingut Koehler Ruprecht), 게오르그 모스바케르(Weingut Georg Mosbacher), 크리스트만(Weingut Christmann)에서 좋은 와인이 나온다.

5 아르(Ahr)

본(Bonn)의 10km 남쪽에 위치하며 아르(Ahr)강에 인접해 있다. 북쪽에 위치하고 있지만 '아르 밸리(Ahr valley)'는 호헤 에이펠(Hohe Eifel)에 둘러싸여 보호받음으로서 온도가 유지되는 것이 포도성장에 아주 유익하다.
놀랍게도 이곳은 레드와인 품종 일색으로 전체 와인 생산량 중 레드 와인이 차지하는 비중이 80% 이상이다.[101]
재배품종은 스패트브루군더(Spätburgunder)[102]가 55%, 리슬링이 9% 정도이다.

100) Armin Diel and Joel Payne, ibid, p.399

101) Tom Stevenson, ibid, pp.270-271

102) 스패트브루군더(Spätburgunder) 피노 누아(Pinot Noir)를 독일이나 오스트리아에서 이르는 것으로, 블라우브루군더(Blauburgunder)와 혼용해서 사용되며 '스패터브루군더'가 더 흔히 쓰인다.

좋은 와이너리로는 도이체호프 크로스만 헬레(Weingut Deutzerhof-Cossmann-Hehle), 메이어 내켈(Weingut Meyer-Näkel), 크로이즈베르그(Weingut Kreuzberg),넬레스(Weingut Nelles)

6 바덴(Baden)

북쪽의 프랑켄(Franken)으로부터 약 400km 떨어진 독일에서 가장 남쪽에 위치한 와인 생산지역이다. 독일의 다른 지역들과 비교하여 따사한 햇볕과 온화한 기후를 가지고 있는데, 삼림과 오덴발드(Odenwald) 산맥으로 둘러싸여 있기 때문이라 할 수 있다.
이곳은 와인생산의 80%가 화이트, 나머지 20%의 레드가 생산된다.

재배품종은 뮐라 투르가우, 스패트부르군더가 각 30% 정도이다.
좋은 와이너리는 헤게르(Weingut Dr. Heger), 베르체르(Weingut Bercher), 베른하르드 후베르(Weingut Bernhard Huber), 앙드레아스 라이블레(Weingut Andreas Laible), 칼 조네르(Weingut Karl H. Johner), 살베이(Weingut Salwey)

7 프랑켄(Franken)

독일 포도원들 중 가장 북동쪽에 위치하며, 중 가장 대륙적 기후의 특징을 가지고 있다. 건조하고 더운 여름, 겨울의 매서운 추위가 경작에 영향을 끼친다. 와인보다는 맥주의 고장으로 이름이 나 있다. “프랑켄에 가면 뷔르츠부르그 스타인(Würzburger Stein : 프랑켄에서 가장 유명한 와인) 한 잔 마시느니 ‘Stein of Würzburger’ 맥주 한 잔 마시는 게 낫다”라는 말도 있다.
실바너(Silvaner)의 고향으로, 뮐라 투르가우가 42%, 실바너가 21% 정도 재배된다.
좋은 와이너리는 한스 비르슈잉그(Weingut Hans Wirsching), 루돌프 퓌르스트(Weingut Rudolf Fürst), 율리우스피탈(Weingut Juliusspital), 슈미터 킨더(Weingut Schmitt's Kinder)

8 헤시쉐 베르그스트라세(Hessische Bergstraβe)

옛날 로마시대의 ‘산악 도로(mountain road)’의 북부와 일치하는 지역으로 고대의 무역통로였다. 로마인들이 중세기간 동안 이 지역으로 포도재배법을 전수하여 개발하고 퍼뜨렸다. 따라서 이 지역의 포도원의 역사는 그만큼 오래 된 것이다.
리슬링이 56%, 뮐라 투르가우가 12% 정도 재배된다.

좋은 와이너리는 베르그스트라세(Staatsweingut Bergstraβe)를 들 수 있다.

9 미텔라인(The Mittelrhein)

본(Bonn)과 빙겐(Bingen) 사이에 라인(Rhine) 강을 따라 160km에 걸쳐 길게 늘어서 있다. 로렐라이(Loreley), 니베룽(Nibelungs) 등과 같은 전설의 고장으로 시인, 작가, 예술가들이 영감을 얻곳이기도 하다. 화이트와인의 생산이 94%를 점하는 곳으로 주 품종인 리슬링이 74% 정도 재배된다.

좋은 와이너리로는 오구스트 페를(Weingut August Perll), 토니 요스트 하넨호프(Weingut Toni Jost-Hahnenhof), 토니 로렌츠(Weingut Toni Lorenz), 하인리히 뮐러(Weingut Heinrich Müller), 라첸베르거(Weingut Ratzenberger), 바인가르트(Weingut Weingart)

10 나에(Nahe)

미텔라인(Mittelrhein)으로부터 옆으로 번져 나와 나헤(Nahe) 강의 여기저기에 산재해 있는 모습이다. 서리가 끼지 않고 강우량이 적당한 따뜻하고 온화한 기후이다.

리슬링을 비롯한 화이트와인을 90% 이상 생산하는 지역으로 품질 면에서 따진다면 독일에서 빼 놓을 수 없는 곳이다. 리슬링이 26%, 뮐러 투르가우가 21%, 실바너가 10% 정도 재배된다. 독일 뿐 아니라, "세상에서 가장 좋은 화이트 와인 생산지 중의 한 곳"이기도 하다.
좋은 와이너리는 헤르만 된호프(weingut Hermann DÖnnhoff), 에미리히 쉔레베르(Weingut Emirich-SchÖnleber) 등이다.

11 잘레-운스트루트, 사흐센(Saale-Unstrut, and Sachsen)

베를린과 프랑켄 사이에 있는 독일에서 가장 북쪽에 위치한 곳이다. 사흐센(Sachsen)은 드레스덴(Dresden)으로부터도 128km나 동쪽에 위치하여 체코슬로바키아와 국경을 접하고 있다. 북쪽 지방의 대륙성 기후임으로 겨울은 길고 아주 춥지만 여름에는 기온이 높다.
뮐러 투르가우 25%, 실바너 11% 등이 재배된다.

12 작센(Sachsen)

드레스덴(Dresden)을 중심으로 엘베(Elbe) 강변의 좌우에 포도원들이 있다.
재배되는 포도 품종은 뮐러 투르가우 21%, 리슬링이 16% 정도이다.

13 비르템베르그(Württemberg)

독일의 포도 경작지 중 가장 동쪽에 위치한다. 북쪽으로 프랑크프루트가 있고 남쪽으로는 콘스탄스(Constance)호가 있으며, 스투트가르트(Stuttgart)를 중심으로 인근에 바덴바덴(BadenBaden)시가 있다.
서쪽의 삼림들, 동쪽의 산악들로 포도 생육 기간이 특히 따뜻한 지역이다.
쉴러바인(Schillerwein)이라는 라이트 레드와인과 로제(rosé)을 생산한다.
이곳은 분명히 독일 내에서 레드와인을 생산하는 지역으로 독일 레드와인의 40%를 점하지만, 가볍고 신선하며 그리고 레드와인의 특징인 탄닌과 바디가 보이지 않아 외국에서는 레드와인으로 인정받지 못하고 있다.[103)]
뵈흐바그(WÖhrwag), 그라프 아델만(Weingut Graf Adelmann), 에른스트도이텔(Ernst Dautel), 슈로스구트 그라프 본 나이페르그(Schloβgut Graf von Neipperg), 알브레흐트 슈베글러(Albrecht Schwegler) 등의 와이너리가 알려져 있다.

Tip 독일 우수와인 양조협회(VDP : Verdend Deurscher Prädiktatsweing□ter)

1910년 결성된 조직으로 독일의 13개 산지에서 194개의 와이너리가 가입되어 있고 독일 포도밭의 4%를 차지하고 있다. 반드시 자기 소유의 포도에서 나온 포도로 양조해야 하며 전체 면적의 70% 이상을 독일 전통 품종을 재배해야 한다.
레이블에 독수리 마크 표시가 있으며 독수리 안에는 포도 송이가 들어있다.
VDP와인(우수와인 양조협회)도 따로 등급을 가지고 있다.

- 에르스테 라게(Erste Lage)는 최상급의 밭에서 나오는 1등급 와인이다.
- 클라시피치에르테 라게(Klassifizierte Lage)는 지정된 포도밭에서 우수한 품질로 분류되어 생산 한 와인이다.
- 구츠 운트 오르츠바이네(Guts-und Ortsweine)는 지방의 특성을 반영한 일반적인 고급 와인이다.

103) Tom Stevenson, "*The New Sotheby's Wine Encyclopedia*", A Dorling Kindersley Book, 3rd Edition, 2001, pp.295-296

03 CHAPTER 스페인 와인

포도 재배면적이 세계 제일(115만 ha)이고 생산량은 세계 제3위(연간 34억 리터)의 자리를 차지하는 와인 대국이지만 날씨가 건조하고 관개시설이 빈약하여 생산성이 좋지 않다. 농도가 짙고 알코올 함량이 높다는 특징을 가지고 있다. 품질에 대한 인식이 낮고 전근대적인 방법으로 와인을 만드는 곳이 많아 1970년대 초반까지는 별로 인식이 좋지 않았지만 1980년대 후반 이후에는 좋은 평판을 받고 있다.

특히 1986년 EU에 가입하여 와이너리에 대한 자본금 투입이 늘어나고 현대적 기술이 도입되었으며, 1996년에는 관개시설이 법적 요건으로 정해지면서 질적으로 많은 발전이 있었다.

제 1 절 스페인 와인의 특성

스페인 와인은 강렬한 맛에 부드러운 타닌이 복합적으로 어우러지며, 프랑스에 비해 더 기름진(rich) 느낌으로 레드와인은 색이 매우 깊고 진하다.

1 포도 품종

표 6-8 스페인와인의 포도 품종

와인	품종	내용
레드	뗌쁘라니요(Tempranillo)	스페인 고유 품종으로 레드용으로 광범위로 사용. 날씨가 더우면 수확기가 빨라진다.
	그르나슈(Grenache)	스페인에서 가장 비싼 레드
	가르나챠 띤타(Garnacha Tinta)	리오하 및 북부지역. 당분함량이 높고 수확량이 많다. 프랑스의 그르나슈 블랑과 같은 품종
	보발(Bobal)	주로 레반떼 지역, 짙은 레드나 로제와인. 프랑스 무르베드르와 같은 품종
	기타	까베르네 소비뇽, 메를로, 시라, 피노 누아, Cabernet Graciano, Mazuelo, Monastrel
화이트	팔로미노(Palomino)	셰리의 주원료. 당분이 높다.
	파레야다(Parellada)	까바(스파클링 와인)의 주원료
	비우라(viura)	스페인 고유의 청포도, 고급 화이트 와인 생산
	아이렌(Airén)	가뭄에 강하며 과실향, 브랜디 양조용. 마드리드 DOwl역의 주품종으로 중부 및 남부지역
	기타	샤르도네, 소비뇽 블랑, 리슬링, 말바시아, 모스카텔, Albariño, Arinto, Garnacho Blanca, Parellada, Palomino, Pedro Ximénez, Verdejo, 샤렐로(Xarel-lo) 등

2 스페인 와인의 숙성연도에 따른 카테고리

노브레(Noble)는 배럴에서 12개월, 끄리안사(Crianza)는 24개월 숙성. 아네호(Anejo : 숙성시킨'의 의미)라고도 한다.
레세르바(Reserva)는 36개월 숙성. 비에호(Viejo)라고도 한다.

3 스페인의 와인 용어

블랑꼬(Blanco)는 화이트, 꼬세차(Cosecha)는 빈티지, 에스뿌모쏘(Espumoso)는 스파클링 와인으로 샴페인방식은 까바(Cava)라 한다.

둘체(Dulce)는 스위트, 로사도(Rosado)는 로제 와인, 세꼬(Seco)는 드라이를 이르며, 비노 꼬리엔테(Vino Corriente)는 테이블 와인을 뜻한다.

4 와인의 등급

특정 지역에서 생산되는 와인의 품질을 보호하기 위한 법률적 시스템인 '데노미나시온 데 오리헨(DO : Denominación de Origen)'제도는 1926년에 리오하, 1933년에 헤레스, 그리고 1937년에 말라가가 지정되었다. 그러나 1936년에 스페인 내전 이후에 제2차 세계대전으로 와인 산업이 황폐화되었으나 50년대 들어 새로 활기를 띄기 시작하여 1960년대 DO지역의 확대로 발전을 이루었으며 1991년 최종 확정되었다.
스페인의 와인등급은 QWPSR(Quality Wines Produced in a Specific Region)로 이태리와 비슷하게 나누고 있으며, 다음과 같이 분류한다.

- **DOC(Denominación de Origen Calificada)** : 생산지명을 규제하고 보증함이라는 뜻으로 극소수의 최상위의 와인에만 붙이는 등급이다. 리오하와 프리오라토지역이 스페인의 두 군데 DOC산지이다. 이태리의 DOCG와 유사하다.
- **DO(Denominación de Origen)** : 생산지명을 규제한다는 뜻으로 이태리의 QWPSR의 기본 등급으로 69개가 지정되어 있다. 스페인와인산지의 골격을 이루는 지정 와인산지로 포도의 재배, 양조, 판매에 이르기까지 규제가 있으며 프랑스의 AOC와 같은 성격이다.
- **VCIG(Vinos de Calidad con Indicación Geográfica)** : 비노 데 띠에로(Vino de la Tierro)라고도 부른다. 와인의 품질과 명성이 있는 와인 생산지역에 부여되는 명칭. 지리적인 위치로 인하여 부여되는 것으로 원산지 증명, 레이블의 인증, 와이너리와 와인의 등록, 테이스팅 위원 등을 지정하는 위원회가 구성되어 있다. 프랑스의 뱅 드 빼이(Vin de Pays)와 비슷하다.
- **비노 대 메사(Vinos de Mesa)**
  - Vinos de Mesa sin Indicacion Geográca : 테이블 와인. 지리적 명칭이 없으며, 다른 지역의 것이 혼합되어도 무방하다.
  - Vinos de Mesa sin Indicacion Geográca : 테이블 와인으로 넓은 지역의 지명이 붙는 것이다.

제 2 절 와인 생산지

표 6-9 스페인의 와인 생산지

와인 생산지	DO 지역	
북중앙 지역 (North Central)	리오하	Rioja Alta, Rioja Alavesa, Rioja Baja
	나바라	Navarra

와인 생산지	DO 지역	
까스티야 레온	리베라 델 두에로(Ribera del Duero), 루에다(Rueda), Toro, Cigales, Bierzo	
까타루냐 (Cataluña)	프리오라토(Priorato), 페네데스(Penedès), Alella, Costers del Segre, Ampurdán-Costa Brava, Conca de Barberà, Pla de Bages, Tarragona, Terra Alta,	
안달루치아(셰리)	헤레스(Jerez), Condado de Huelva, Málaga	
갈리시아(Galicia)	리아스 바익사스(Rias Baixas), Ribeiro, Valdeorras, Monterrei, Ribeira Sacra	
레반테(Levante)	Alicante, Almansa, Bullas, Jumilla, Utiel-Requena, Valencia, Yecla	
라 만차(La Mancha)	Méntrida, La Mancha, Valdepeñas, Vinos de Madrid, Mondéjar, Manchuela, Almansa	
기타 지역	마요르까	Mallorca : Binissalem
	카나리아	Canarias : Abona, El Hierro, Lanzarote, La Palma, Tacoronte Acentejo, Valle de Guimar, Valle de la Orotava

2.1 북 중앙 스페인(North Central)

이베리아 반도의 중앙 동북부에 있는 에브로(Ebro)강 상류지역으로 북동쪽으로 피레네(Pyrenee) 산맥과 경계를 이루고 있다. 드라이 로제와인의 산지로 오랫동안 알려졌으나 최근에 레드와인이 부상하고 있는 지역이다.[104)]

이 지역은 '라 리오하', '나바라' 및 바스크 지방(Bascque country)의 일부를 포함하고 있다. 동서의 길이가 100km, 남북으로는 50km 폭이 된다.

대서양과 지중해성 기후가 교차되면서 와인의 성격에 영향을 미친다.

1 리오하(Rioha) 지역

리오하는 스페인 북부의 프랑스 국경 가까이에 위치하여 예로부터 보르도의 영향을 많이 받았다. 특히 1870년대의 필록세라에 의하여 보르도의 와인산업이 황폐화되었을 때 보르도의 와이너리 운영자가 많이 옮겨와서 이곳의 와인 양조에 많은 영향을 끼쳐 스페인 최고의 레드와인 생산지로 정착되었다.

리오하의 중심 도시는 로고로뇨(Logoroño)로, 와인 산지는 1991년 스페인의 와인등급 중 최상급인 DOCa(Denominación de Origen Calificada) 지역으로 유일하게 지정되었다. DOCa에는 리오하 알따, 리오하 알라베사, 리오하 바하의 3개 지역으로 나뉘어진다.

리오하의 주 포도품종은 레드용으로는 뗌프라니요, 가르나챠, 그라시아노(Graciano), 마주에로(Mazuelo)이며, 화이트용으로 가르나챠 블랑(Garnacha Blanc), 말바시아, 비우라 등이다.[105)]

---

104) Stuart Walton, "*The New Encyclopedia of Wine*", Anness Publiching, 2005. pp.163-164

105) Karen MacNeil, "*The Wine Bible*", Workman Publishing, 2001, p.418

표 6-10 리오하의 세 가지 레이블[106)]

레이블	가격	특성
크리안사(Crianza)	$	오크배럴에서 최소한 1년 이상 후, 2년 이상 숙성
레세르바(Reserva)	$$	오크베럴에서 최소한 1년 이상 후, 3년 이상 숙성
그란 레세르바(Gran Reserva)	$$$$	오크베럴에서 최소한 2년 이상 후, 5~7년 숙성

- 리오하 알따(Rioja Alta)는 대서양 기후로 뗌프라니요를 주로 사용하여 고급 레드와인을 만든다. 이곳의 라구니아(Lagunilla)[107)]는 1870년대에 필록세라가 이 지역의 포도원을 황폐화시키자 미국에서 묘목을 들여와 위기를 벗어나게 하였다.
- 리오하 알라베사(Rioja Alavesa)는 대서양성 기후와 지중해성의 해양 기후의 영향을 받는 곳이다. 바디가 강하고 산도가 높은 와인을 생산한다.
- 리오하 바하(Rioja Baja)는 대륙성 기후와 지중해성 기후가 혼합된 지역이다. 가르나차를 주로 사용하여 알코올 농도가 높은 와인을 생산한다.

'마르께스 데 리스깔'[108)]은 스페인에서 보르도식 양조과정을 도입한 최초의 곳으로 호텔, 도서관, 박물관까지 갖추어 놓고 있다.

이시오스(Ysios)[109)]는 미국의 자본력과 스페인의 전통이 어우러져 훌륭한 품질의 와인이 생산되고 있으며, 스페인 최고의 건축가인 깔라뜨라바(Santiago Calatrava)가 설계한 건물로도 유명하다.

---

106) Kevin Zraly, "*Windows On The World Complete Wine Course*", Sterling Publishing, 2005, p.147

107) 라구니아(Lagunilla)는 Felipe Lagunilla가 1855년 설립한 곳으로 Lagunilla Casa del Commendador를 생산.

108) 마르께스 데 리스깔(Marqués de Riscal)는 '리스깔의 후작'이란 뜻으로 1858년 아메자가(Camilo Hurtado de Amezaga)에 의해 설립되었다.

109) 이시오스(Ysios)는 후안 알꼬르따'와이너리와 같이 미국의 얼라이드 도멕이 보유하고 스페인의 이베루스(Iverus)그룹이 운영하는 와이너리.

마르께스 데 까세레스(Marqués de Cáceres)[110]에서 전통적인 보르도 스타일 와인을 생산하고 있다. 보데가스 란(Bodegas Lan)[111]은 리오하 지역 최고의 프리미엄 와인 생산지인 로그로뇨(Logroño), 알라바(Alava), 니바라(Nivara)의 세 곳의 이름의 첫 자를 따서 'LAN'으로 이름 지어 1972년에 설립되었다.

이곳의 와인들은 모두 스페인 토착품종인 뗌프라니요, 마쑤엘로, 가르나차, 기르시아노 등으로만 만들며 부드럽고 모든한 스타일이다.

이 외에도 좋은 와이너리들[112]이 있다.

2 나바라(Navarra)

레드 58%, 로제 33%, 화이트와인이 9%의 비율로 전통적으로 로제가 유명한 곳이다. 메를로, 까베르네 소비뇽 등의 프랑스 품종의 재배가 점차 늘고 있는 추세다.

나바라 안에 바하 몬따냐(Baja Montaña), 리베라 알따(Ribera Alta), 리베라 바하(Ribera Baja), 띠에라 에스텔라(Tierra Estella), 발디자르베(Baldizarbe)가 있다.

2.2 가스띠야 레온(Castilla-Lèon)

마드리드 북쪽의 이 지역은 문화의 중심지로 대륙성 기후를 보인다. 스페인에서 가장 빠르게 와인 산업이 발달하고 있는 곳이다.

가스띠야 레온의 DO 지역은 리베라 델 두에로(Ribera del Duero), 루에다(Rueda), 또로(Toro), 시가레스(Cigales), 비에르조(Bierzo)가 있다.[113]

---

110) 마르께스 데 까세레스(Marqués de Cáceres)는 샤또 까망삭(Château Cameensac, 메독)의 오너인 포르네르(Forner)가족이 1970년 '리오하 알따'의 쎄니체로(Cenicero)에 설립하였다.

- Gaudium, 풀 바디 와인 MC, Gran Reserva, Reserva, 과일향이 풍부한 Crianza는 가장 많이 팔리고 있다. Blanco, Satinela, Blanco Fermantado en Barrica, 세미 스위트인 Satinela.

111) 보데가스 란(Bodegas Lan)의 Culmen Reserva는 뗌프라니요 85%, 그라시아노(Graciano) 15%, Viña Lanciano Reserva, 그리고 LAN Edición Limitada 2004는 "Wine Spectator"에서 2007년 'TOP 100 of the world'로 선정되었다.

112) 아옌데 핑카(Allende Finca), Bodegas Artadi, 브레톤(Bodegas Breton), 마르티네스 부한다(Bodegas Martinez Bujanda), Bodegas Montecillo-Viña Cumbrero, 비냐 몬티(Viña Monty), 무가(Bodegas Muga-Muga Reserva), 프라도 에네아(Prado Enea), 토레 무가(Torre muga), 레미레스 데 가누사(Bodegas Remirez de Ganuza), Bodegas Roda, 리오하나스-몬테 레알(Bodegas Riojanas-Monte Real), 시에라 칸타브리아(Bodegas Sierra Cantabria) Señorio De San Vincente, 콘티노(Contino), Finca Valpiedra, 라라오하 알타-비냐 알베르디(La Rioja Alta-Viña Alberdi), 비냐 아르단사(Viña Ardanza), 라 리오하 알타(La Rioja Alta), SA, 리오하 알베사(Rioja Alavesa), 로페스 데 헤레디아(López de Heredia), R Viña Tondonia, 데 무리에타(Marqués de Murrieta), 마르티네스 부한다-콘데 데 발데마르(Martínez Bujanda-Conde de Valdemar), 레메유리(Remelluri), 비냐 레알(Viña Real), 비냐 알비냐(Viña Albina), 비냐 톤도니아(Viña Tondonia), 비네데스 델 콘티노(Viñedos Del Contino)

113) Jan Read, "*Wines of Spain*", Octopus Publishing Group, 2005, p.44

1 루에다(Rueda)

리베라 델 두에로에서 약 30km 떨어진 곳으로 이곳의 살라만카(Salamanca)는 스페인 최초의 대학이 세워진 곳이다. 일조량은 많지만 두에로 강으로 흘러가는 구아레냐(Guareña)강이 흘러가므로 밤기운은 서늘하다.

레드와인용으로 템프라니요, 가르나차, 까베르네 소비뇽을 쓰며, 화이트는 소량 생산되지만 푸른색에 노란색이 엷게 비치는 신선한 화이트와인이 이름나 있다.

화이트 품종으로는 베르데호(Verdejo)를 많이 쓰고 소비뇽 블랑, 팔로미노, 마까베오를 사용한다. 1970년대까지는 팔로미노를 사용한 강화와인을 많이 만들었으며, 스파클링와인도 나온다.

보데가스 이호스 데 알베르또 구띠에레스(Bodegas Hijos de Alberto Gutiérrez)[114]라는 긴 이름의 와이너리에서 나오는 레드와 화이트가 훌륭하다.

2 리베라 델 두에로(Ribera del Duero)

마드리드의 북쪽으로 약 150km 떨어진 해발 750~800m의 고원과 구릉에 포도밭들이 산재해 있는 곳으로 중심도시는 바야돌리드(Valladolid)라는 고색창연한 도시로 1982년 와인 산지의 법률적 지위인 DO를 얻었다.

여름에는 무덥고 겨울에는 차가운 기온이지만 두에로 강이 약간 누그러뜨린다. 전통적으로 로제와인이 유명한 레드와인만 생산지역으로 화이트와인은 없다.

뗌프라니요, 까베르네 소비뇽, 메를로, 말벡, 띤또 델 빠이스, 가르나차, 마까베오가 재배된다.

보데가스 베가 시실리아(Bodegas Vega Sicilia)[115]는 빠블로 알바레스(Pablo Alvarez)가 만든 스페인에서 가장 비싼 와인을 생산해 내는 곳이다. 뗌쁘라니요, 까베르네 소비뇽, 말벡, 메를로를 주로 재배한다. 우니코(Unico)는 베가 시실리아에서 만드는 최고의 와인으로 오크통에서만 10년 이상 숙성시켜 판매하고 병입하고도 3~5년 숙성한다. 전통과 현대를 지혜롭게 껴안으면서 스페인 와인 르네상스의 정수를 보여주고 있어 스페인의 '로마네 꽁띠'라 부르고 있다.

알레한드로 페르난데스(Alejandro Fernández)의 페스케라 하누스 그란 헤세르바(Pesquera Janus Gran Reserva)는 탄탄하고 억센 구조로 그 속에 숨어있는 야성적인 느낌의 진가를 맛보려면 적어도 15년은 기다려야 하는 '세계 100대 와인'이다. 그리고 알토(Aalto), 코날도 데 하자(Bodegas Conado De

---

114) 1949년 창립된 곳으로 '이호스 데 알베르또 구띠에레스'는 '알베르또 구띠에레스의 아들'이라는 뜻이다.

115) 보데가스 베가 시실리아(Bodegas Vega Sicilia)는 1864년에 설립되어 처음부터 프랑스 품종으로 질 좋은 와인을 만들기 시작하여 1910년대부터 세계에 알려졌다.

- 우니코 레세르바 에스페시알(Unico Reserva Especial)은 스페인의 전통적 와인생산 방식인 여러 빈티지를 섞어 만드는, 우아하면서 개성있다는 평이다.

Haza), 핑구스(Dominio de Pingus), 페스퀘리(Tinto Pesquera) 외에 좋은 와이너리들[116]이 있다.

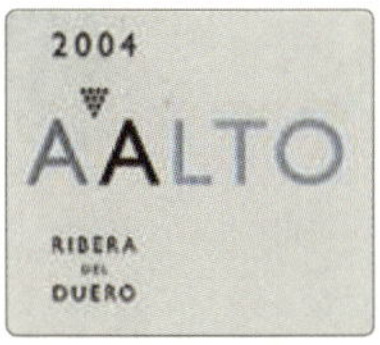

Tip 바야돌리드(Valladolid)에 주립 와인박물관

카스티야 이 레온 자치지역(Comunidad AutÓnoma de Castilla y LeÓn) 바야돌리드주(Provincia de Valladolid)에 속한 도시 페냐피엘(Peñafiel)에 있는 박물관.
다양한 와인,와인 관련 도구, 와인의 역사가 담긴 사진 등을 소장하고 있다.
유명한 와인 생산 지대인 리베라 델 두에로(Ribera del Duero)의 와인 문화와 와인 제조 기술을 널리 알리기 위한 목적으로 설립한 와인 전문 주립 박물관으로 페냐피엘 시의 높은 언덕 위에 위치한 15세기에 재건축한 고성인 페냐피엘 성(Castillo de Peñafiel) 안에 자리 잡고 있다.
와인 역사, 포도나무, 포도 재배, 와인 제조 공정, 와인 제조 전문가, 와인 측량 도구, 와인 감별법, 와인 음주법, 와인 관련 축제 등 모두 9개 주제로 나누어 다양한 와인, 와인 관련 도구, 와인의 역사가 담긴 많은 사진 등을 일목요연하게 전시하고 있다. 전시 공간 이외에 연구실, 리셉션 홀, 시음 홀, 회의실 등의 부대시설을 갖추고 있으며 회의실에서는 관람객을 대상으로 바야돌리드주에서 생산한 와인에 관한 영화와 슬라이드를 상영한다.

3 또로(Toro)

마드리드의 북서쪽 방향으로 200km 떨어진 포르투갈의 북단과 맞닿아 있는 곳이다. 말바시아 등으로 화이트.를 만들고, 가르나차, 뗌쁘라니요를 주로 사용하여 레드를 만든다. 이곳이 스페인의 대표적 와인명가들로부터 집중적 투자대상이 된 것은 대략 1990년대 말부터였다.
베가 시실리아 가문의 '또로 프로젝트'가 결실을 맺어 시장에 선보인 첫 와인은 '삔띠아'(Pintia)이며, 또로의 이름을 더욱 빛낸 것은 에구렌(Eguren) 형제가 만들고 있는 스페인판 '가라쥬' 와인들이다. 2000년 첫 빈티지로 생산된 '떼르만씨아'(Termanthia)가 에구렌 형제의 최고 와인으로 꼽히며, 저렴한 가격의 와인인 '떼르메스'(Termes)를 1999년 빈티지부터 내놓고 있다.

116) Abadia Retvertam, Bodegas Emilio Moro, Bodegas Peñalba López, Bodegas Y Vigñedos Valduero, Bodegas Y Vigñedos Alion, Finga Vega Sicilia, Pago de los Capellanes, Viña Mayor,

보데가스 파리냐(Bodegas Fariña)[117]의 또로(Toro)D.O에서 나오는 꼴레지아타(Colegiata)는 100% 말바시아(화이트 와인)와 100% 띤따 데 또로(로제와 레드와인)를 사용하며, 그랑 꼴레지아타(Gran Colegiata), 그리고 '까스티야 레온' 레인지가 나오고 있다.

4 시갈레스(Cigales)

비우라, 빨로미노 등으로 화이트. 뗌쁘라니요와 가르나차를 사용하여 레드 및 로제를 만들고 있다.

5 비에르소(Bierzo)

말바시아, 고데요 등으로 화이트. 가르나차를 주로 사용하여 레드 및 로제를 생산한다.

2.3 까타루냐(Cataluña : Cava Country)

와인의 명산지인 페네데스(Penedés)와 따라고나(Tarragona) 등의 와인산지가 이곳에 있다. 스페인의 북동쪽 코너로, 북으로 피레네 산맥이 둘러싸고 있고 동남쪽으로는 지중해 쪽에 면하여 바르셀로나 밑에 있다.

페네데스(Penedès)는 바르셀로나의 남서쪽 해안에 면한 지역으로, 와인 제조의 천재인 미구엘 또레스(Miguel Torres)가 페네데스를 까타루냐에서 제일 유명한 지방으로 만들었다.

까바(Cava)는 페네데스에서 나오는 세계에 널리 알려진 발포성 와인으로 스페인산 스파클링 와인의 85%가 까바의 이름으로 나오며, 미구엘 또레스가 스페인에서 유일하게 샴페인 방식으로 병에서 2차 발효를 시킨 DO 와인으로 만들었다.[118] 코도르니우(Codorniu)와 프렉시넷(Flexinet)은 가격이 비싸지 않은 질 좋은 까바의 생산사로 잘 알려져 있다.

1 DO 지역

(1) 페네데스(Penedés)

레드와인용으로 뗌프라니요, 까베르네 소비뇽, 가르나차, 메를로, 화이트와인용으로 샤르도네, 리슬링, 게뷔르츠트라미너, 파레야다(Parellada), 마카베오, 까바용으로 마카베오, 파레야다, 샤렐로(Xarel-lo), 샤르도네가 재배된다.

---

117) 보데가스 파리냐(Bodegas Fariña)는 1940년 파리냐(Salvador Fariña)가 설립하여 지금 3대째 이어져 오는 가족경영 와이너리로 소유한 밭 외에도 130ha 정도의 밭에서 계약 구매로 생산된 포도를 공급받고 있다.

118) Tom Stevenson, "*The New Sotheby's Wine Encyclopedia*", DK Publishing, Third Edition, 2001, pp.363-365

이곳의 '프리뭄 파밀리아에 비니(PFV)'[119]의 회원사인 '미구엘 또레스'[120]의 '그란 코르나스 블랙'은 레이블이 검은 색이어서 '검은 전설(black legend)'로 통한다. 까베르네 소비뇽 100%이다.

그리고 쟝 레온(Jean Léon), 알베트 노아(Albet i Noya), 마르케스 데 모니스트롤(Marques de Monistrol)이 알려져 있다.

(2) 쁘리오라토(Priorato)

바르셀로나의 남쪽 지중해 가까이에 위치하고 있다.

13세기부터 수도원에서 포도를 재배하여 19세기에 들어 많이 활성화되었으나 필록세라에 의해 황폐화된 후 1910년부터 와인생산 조합이 만들어져 성찬용 와인이 생산되었다. 1980년 대 후반부터 비약적인 발전으로 현재는 스페인 최고 품질의 와인이 많이 나와 리오하와 더불어 스페인에서 두 곳밖에 없는 DOC지역이다.

15개 안팎의 월드 클래스 와인들이 나오는 일급 와인산지로 이미 확실한 위치를 다지고 있다.

가르나차(Garnacha : Grenache) 품종으로 스페인의 가장 풀 바디 와인이 나온다.

레네 바르비에(Cata el Mundo René Barbier)의 클로 모가도르(Clos Mogador)는 '세계 100대 와인"에

119) 프리뭄 파밀리아에 비니(PFV : Primum Familiae Vini)는 "first families of wine"라는 뜻으로 와인업계에서 가장 대표적인 가족경영 와이너리들의 모임이다.
멤버는 프랑스의 샤또 무통 로실드, 위젤(Hugel, 알자스), 드루앵(Joseph Drouchin, 브루고뉴 본느), 폴 로제(Pol Roger), 샤또 드 보까스텔(Château de Beaucastel, 론)의 5곳. 스페인의 또레스(Miguel Torres, 뻬네데스), 베가 시실리아(Vega Sicilia, 가스띠야 레온).의 2곳, 포르투갈 시밍톤(Symington, 뽀르뚜), 독일의 뮐러(Egon Müller, 모젤-자르-루베르), 이태리의 티냐넬로(Tignanello)를 만드는 안티노리(Piero Antinori, 토스카나)와 사씨까이아를 만드는 테누타 산 귀도(Tenuta San Guido, 토스카나의 Bolgheri)의 2곳이다. 사씨까이아(Sassicaia)에 이어 2010/2011 년도의 회장은 베가 시실리아(Vega Sicilia)의 알바레스(Pablo Alvarez)이다.
미국의 몬다비(Robert Mondavi), 자블레 위젤(Jaboulet), 샤또 코스 데스투르넬은 기업에 매각되면서 회원에서 탈퇴되었다.

120) 미구엘 또레스(Miguel Torres)의 마스 라 플라나(Gran Coronas Mas la Plana)는 파리의 와인 올림피아드 1970에서 '라뚜르'를 제치고 우승하여 유명해졌다.

들어간다.
알레야(Marqués de Alella)는 샤르도네, 슈넹 블랑으로 화이트. 가르나차 등으로 레드를 만들며, '보데가스 알바로 팔라시오스'[121]의 클로스 레르미타(Clos L'Ermita)는 연간 생산량이 3000병 안팎의 가르나챠, 카리녜냐(Cariñema : Carignan), 까베르네 소비뇽으로 만든 와인이다. 그 외에 좋은 와이너리들[122]이 있다.

(3) 까타루냐의 다른 지역들

- **암뿌르단-꼬스따 브라바(Ampurdán-Costa Brava)** : 가르나차 블랑까 등으로 화이트. 마주엘로, 가르나차 등으로 레드를 생산한다.
- **꼰까 데 바르베라(Conca de Barberà)** : 샤르도네, 마까베오 등으로 화이트. 가르나타, 까베르네 소비뇽, 메를로 등으로 레드를 생산한다.
- **꼬스떼르 델 세그레(Costers del Segre)** : 샤르도네, 가르나차 블랑까, 마까베오 등으로 화이트. 까베르네 소비뇽, 마수엘로 등으로 레드를 생산한다.
- **쁠라 데 바제스(Pla de Bages)에** : 샤르도네, 마가베오 등으로 화이트, 가르나차 띤따, 메를로, 까베르네 소비뇽 등으로 레드를 만든다.
- **따라고냐(Tarragona)** : 그라나차 블랑까, 마까베오 등으로 화이트. 마주엘로, 그라나차 등으로 레드와 로제를 생산한다.
- **테라 알따(Terra Alta)** : 가르나차 블랑까, 마까베오 등으로 화이트. 까베르네 소비뇽, 가르나차 등으로 라이트 레드를 생산한다.

2.4 안달루시아(Andalucia) : 헤레스(Jerez)

헤레스는 스페인의 남단에 위치하는 안달루시아 지방의 까디스(Cadiz) 지역의 북위 36도에 있는 세비야(Sevilla)의 바로 인근으로 까디스(Cadiz) 지역에 있다. 이곳은 약 3000년 전 페노키아인이 조성하여 포도나무도 재배한 것으로 알려져 있다.
셰리(헤레스, Jerez)의 고장으로 이곳의 지역 이름이 다양하여 세레뜨(Ceret), 쎄리스(Seris), 그리고 쉐리(Sherry)와 쎄레스(Xeres)로 부르다 헤레스(Jerez)라고 부르게 되었다.

1 안달루시아의 DO지역

- **꼰다도 데 우엘바(Condado de Huelva)** : 팔로미노로 스위트 강화와인을 생산한다.
- **말라가(Málaga)** : 모스까뗄, 빼드로 히메네스를 사용하여 만드는 디저트와인. 포도를 건조시켜

121) 보데가스 알바로 팔라시오스(Bodegas Alvaro Palacios : Las Terrasses)에서 나오는 Finca Dofi는 레르미타의 세컨드 와인 격으로 Clos Dofi에서 1994년 이름이 바뀌었다.

122) Costers del Siurana(Clos de L'Obac, Miserere), Vinicola del Priorato(Mas d'Alba, Onix), Scala dei(Cartoixa, El Cipres, Novell), Clos Erasmus, Clos Martinet, Clos Figueres, Tirant,

당도를 높인 후에 발효하여 알코올을 첨가하여 농도를 높이기도 하는데 배부분 솔레라 시스템으로 숙성시킨다.

- **헤레스(Jerez)** : 까디스 해안지역으로 정확한 명칭은 '헤레스 데 라 프론떼라(Jerez de la Frontera)'이다 .헤레스는 셰리의 고향으로, '셰리'는 섬세한 맛의 조화를 상징하는 아페리티프로서 알코올 도수는 뽀르또가 통상 20임에 비해 셰리는 18° 정도가 된다. 셰리(헤레스, Jerez)가 일반 포도주와 구별되는 점은 일반 포도주처럼 어느 한 해에 수확된 특정한 포도로 만들지 않고 서로 다른 해에 수확된 포도로 만든 와인을 한데 섞어 혼합해 만든다는 것이다.
  강화와인(Fottified Wine)은 와인의 알코올 도수를 올리기 위해(알코올 도수 15~20°) 브랜디를 혼합한 것으로, 셰리와 뽀르뚜(Port)로 대별된다. 다른 강화와인으로는 이태리의 마르살라(Marsala)와, 이태리나 프랑스의 베르무스(VerMouth)가 있다.

2 셰리(Sherry)

셰리는 스페인의 와인생산량 중 3% 밖에 되지 않지만 세계적으로 널리 알려진 식전주 혹은 디저트주이다. 1996년 1월 1일, '셰리'라는 말을 스페인이 독점적으로 사용할 수 있게 되었다. 스페인이 1986년에 유럽경제공동체에 가입하면서 '셰리'라는 이름을 지키게 된 배타적 권한을 가지게 된 것이다.

(1) 셰리를 만드는 품종

- **팔로미노(Palomino)** : 약 90% 정도가 셰리의 양조에 쓰인다. 중성적으로 신맛이 적어 일반와인용으로는 안 좋지만 셰리 제조용으로는 아주 이상적이다.
- **페드로 히메네스(Pedro Ximénez)** : 이 품종을 독일에서 스페인으로 들여온 페드로 시에몬(Peter Siemons)의 이름을 따 명명되었고 'PX'라는 약칭으로 흔히 부른다.
- **뮈스까델 피노(Muscadel)** : 블렌딩용으로 많이 쓰인다.

(2) 셰리의 타입

표 6-11 쉐리의 타입별 특성

타입	특성
만사니아(Manzanilla)	드라이. 피노(Fino) 스타일. 옅은 담황색에 쓰고 톡 쏘는 맛.
만사니아 파싸다 (Manzanilla Passada)	만자니아가 숙성기간을 거치며 '플로어'이스트가 없어지면서 맛과 색이 진해진다. 아몬띠아도와 유사
피노(Finos)	드라이. 옅은 담황색. 15.5~17%의 알코올. 아페리티프용. 숙성이 덜된 어린 시기가 좋다. 쉽게 산화될 가능
아몬티야도(Amontillado)	'피노'에서 '플로어'이스트가 없어진 후 더 진한색의 풍부하고 구수한 맛의 미디움 드라이. 헤이즐넛의 향

올로로소(Oloroso)	미디움 드라이, 진갈색의 건포도, 호두의 맛과 향. 디저트용	
팔로 콜타도(Palo Cortado)	'아몬티야도'에서 더 풍부한 맛과 향으로 변한 것. 색과 알코올 함유량은 '올로로스'와 비슷하다.	
Medium Sherry	'아몬티야도'나 '올로로스'에 단맛을 조금 첨가한 것.	
Pale Cream	엷은 금빛의, '피노'와 '아몬티야도'를 블렌딩한 것	
Cream Sherry	'올로로소'에 단맛을 첨가한 것.	
Brown Sherry	짙은 색의 달콤한 디저트셰리, 질 낮은 '올로로소' 스타일	
East India Sherry	단맛과 색을 강하게 만든 브라운 셰리 타입	
Pedro Xieménez	페드로 시메네즈품종 말린 것으로 만듦.	짙은 갈색의 달콤한 디저트용
뮈스카델(Muscadel)	모스카텔품종으로 만든다.	

- **피노(Finos)** : 포도의 발효가 끝난 뒤 알코올 도수를 끌어올리기 위해 브랜디를 첨가하는 포티피케이션(fortification)이 끝난 뒤 맑게 정제된 것이다.
  플로르(flor)라는 이스트가 와인의 표면을 덮고 자라게 되어 와인의 산화를 방지하며, 와인의 맛과 향을 독특하게 변화시킨다. 이렇게 하기 위해서 오크통에는 90%만 채우고 10%의 여유 공간을 남겨 두어 플로르(효모의 막)가 생성되도록 한다.
- **올로로소(Oloroso)** : 포티피케이션 작업 후에 맑지 않은 즙으로 알코올 함유량이 18%~20%에 이른다. 강한 알코올 성분으로 플로르(flor, 효모의 짙은 막)가 자라지 못한다.

(3) 셰리의 숙성

와인을 숙성시키고 저장하는 곳은 어디나 할 것 없이 다 지하에 만들어 온도와 습도를 유지시키고 있으나 셰리는 지상에 창고를 둔다. 이 창고를 보데가(Bodega)라고 하며, 지상의 신선한 공기가 필요하기 때문이다.
일반적인 와인 양조에서는 양조 중에 산소가 유입되지 못하도록 하지만 셰리 양조는 산소를 유입시켜 와인을 산화시키기 때문이다.

■ 솔레라(Solera) 시스템

셰리를 숙성시키는 시스템으로 쉐리를 통에 넣어 일 년에 한 단씩 쌓아 두는데 이 단을 끄리아데라(Criadera)라고 한다. 해가 지날수록 한단씩 높아지게 되는데 보통 7단 이상이 되며 아래층일수록 오래된 것이 되고 이것을 솔레라(Solera)라고 한다. 이렇게 오래된 밑의 단의 와인을 뽑아내면 위의 단의 내용물이 아랫단으로 한단씩 흘러가게 만들어두어 자연히 오래된 것과 새로운 것이 조금씩 블렌딩되게 만든다. 따라서 셰리에는 빈티지가 있을 수 없다. 법적으로는 1/3 이상을 꺼내지 못하도록 하고 있으나 자체적으로 1/5이하가 되도록 규제하고 있다.

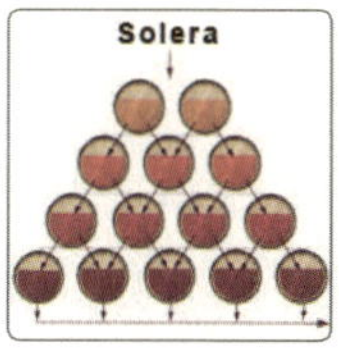

(4) 셰리 생산지

- **헤레스 데 라 흐론떼라(Jerez de la Frontera)** : '헤레스 데 라 흐론떼라'라는 도시 이름 그대로를 쓰는 셰리주의 대표적인 것. 뜨거운 태양의 열기가 쉼 없이 땅에 내려오는 곳에서 생겨난 경건함과 원숙함이 넘치는 와인이다.
- 푸에르토 데 산타 마리아(Puerto de Santa María)
- 산루까르 데 바라메다(Sanlúcar de Barrameda)

(5) 셰리의 생산자 Top 10(수출의 60% 이상 차지)

셰리는 스페인 와인 생산량의 3%도 되지 않지만 헤레스지방의 경제에 큰 몫을 점하고 있다. 도미끄(Bodegas Fundador Pedro Domecq)[123], 스페인에서 굴지의 주류업체인 까벨레로(Louis Caballero)그룹 소유인 에밀리오 루스타우(Emilio Lustau)[124]를 비롯한 곤잘레스 바이아스(González Byass), 비니콜라 히달고(Binicola Hidalgo), 오스본(Osborne), 산데만(Sandeman), 윌리엄스 앤 험버트(Williams & Humbert), 크로프트(Croft), 새보리 앤 제임스((Savory and James), 하베이스(Harveys)의 열 군데가 '셰리의 탑 10'이다.

123) 도미끄(Domecq)는 1730년에 렘베예(Pedro Domecq Lembeye)가 설립하여, 1994년에는 영국기업 얼라이드 라이온즈(Allied Lyons)가 인수하였다.

124) 에밀리오 루스타우(Bodegas Emilio Lustau)는 1896년 베르디오(Don José Ruiz-Berdejo)가 만든 곳으로 사위인 루스타우(Don Emilio Lustau Ortega)에게 1940년 양도된 후 1990년에 까벨레로(Louis Caballero)그룹에서 인수하였다.
- 만사니야 데 산루카르(Manzanilla de Sanlucar)가 '세계 100대 와인'에 들어가며, Lustau Specilities 시리즈, Lustau Almacenista, Lustau Solera Reserva, Solera Granreserva 등의 여러 시리즈가 나온다.

2.5 갈리시아(Galicia : Green Spain)

스페인의 최북단으로 포르투갈의 위에 위치하여 대서양 해안선을 따라 발달한 지역으로 켈트와 바스크 문화의 중심지이다. 와인산지로는 유명하지 않지만 좋은 화이트와인 생산으로 환영받고 있다. 갈리시아의 남부에 있는 작은 마을인 리아스 바이세아스(Rías Baixas)는 년 중 초원으로 덮여 있는 서늘하고 습도가 높은 지역으로, 알바리뇨(Albariño)와 같은 화이트와인을 생산하여 세계에서 밀려드는 주문을 다 소화하지 못하고 있다.
갈리시아의 DO 지역은 다음과 같다.

- **리베이로(Ribeiro)** : 다양한 종류의 와인을 생산하지만 화이트가 우세한 곳이다.
- **발데오라쓰(Valdeorras)** : 고데요(Godello) 등을 사용한 화이트. 가르나차 등으로 레드와인을 생산한다.
- **리아스 바이세아스(Rias Baixas)** : 알바리뇨(Albariño, 포르투갈=Alvarinho)로 만드는 화이트 와인이 95%를 차지하는 지역으로 레드와 로제도 일부 생산된다. 알바리뇨는 맛과 향에서 비오니에와 게뷔르츠트라미너에 비견된다.[125)]

파쇼 데 세뇨란스(Pazo de señoráns)는 20$ 대의 저렴한 가격이지만 세계 최고의 레스토랑인 '엘 불리'와 미슐랭 3스타급 레스토랑의 와인 리스트에 자주 이름이 오르는 와인이다. 알코올 도수 12°로 해산물 요리의 좋은 친구라 일컫는다.
마르틴 코다흐(Martin Códax)의 알바리뇨 코다흐 리아스 바이아스(Albariño Rías Baixas Burgáns), 오르가니스트룸(Organistrum), 그리고 빌라리뇨 깜바도스(Bodegas de Vilariño Cambados)가 알려져 있다.

- **몬떼레이(Monterrei)** : 도냐 블랑카(Doña Blanca)를 주로 사용한 화이트. 멘시아(Mencia) 등을 사용한 레드가 나온다.
- **리베이라 사끄라(Ribeira Sacra)** : 팔로미노를 주로 사용한 화이트, 멘시아 등을 사용한 레드가 나오며 화이트가 우세한 지역이다.

125) Oz Clark, Margaret Rand, "*Encyclopedia of GRAPES*", Webster International Publishers, 2001, p.36

2.6 레반떼(Levante)

스페인의 중동부에 위치한 지역으로 발렌시아(Valencia) 및 무르시아(Murcia) 자치구가 있다. 태양이 뜬다는 의미를 가지고 있는 이 지방에 뛰어난 명품은 없지만 몇 개의 DO산지가 있다. 이 지역에서는 좀 더 진한 와인들이 생산되고 있으며, 대체로 강한 화이트 와인이 생산된다.
레반떼 지방의 DO지역은 다음과 같다.

- **알리칸떼(Alicante)** : 모스까뗄을 주로 사용하여 화이트. 가르나차, 센시벨 등을 사용한 레드를 만든다.
- **알만사(Almansa)** : 가르나차와 센시벨을 주로 사용한 레드와 로제를 만든다.
- 부야스(Bullas)는 아이렌을 주로 사용한 화이트. 가르나차, 센시벨, 모나스뜨렐 등을 사용하여 레드와 로제가 생산된다.
- **후미야(Jumilla)** : 아이렌, 메르세게라 등을 사용하여 화이트. 가르나차, 센시벨, 모나스뜨렐 등으로 레드와 로제를 만든다.
- **우띠엘 레케나(Utiel-Requena)** : 메르세게라, 비우라를 주로 사용한 화이트와 가르나차, 센시벨 등을 사용하여 블렌딩용(用)의 짙은 적포도주와 로제가 생산된다.
- **발렌시아(Valencia)** : 모스까뗄을 주로 사용한 스위트 화이트. 가르나차, 모나스뜨렐 등을 사용하여 레드를 생산.
- **예끌라(Yecla)** : 마카베오, 아이렌 등으로 화이트. 모나스뜨렐과 까베르네 소비뇽, 가르나차 등을 사용하여 레드와인을 생산한다.
  보데가스 까스타뇨(Bodegas Castaño)[126]의 에쿨라(Hecula)는 100% 모나스트렐(Monastrell : 무르베드르)로 만들어 2001년부터 로버트 파커의 평가를 6년 연속 90점 이상을 받아 가격대비 장 뛰어난 와인으로 평가받고 있다. 2008년산이 6유로(9,600원, 2011년 8월 기준)

2.7 라 만차(La Mancha)

메세따(the Meseta) 지역으로도 부르며 스페인의 중심부에 자리 잡은 고원지대다. 마드리드의 바로 남쪽에 있는 이곳은 포도 재배 면적이 가장 넓어 평원에서 집중적으로 와인이 생산되고 생산량 또한 가장 많은 곳이다.

126) 보데가스 까스타뇨(Bodegas Castaño)는 1950년에 포도밭을 만든 후 1980년에 와인을 첫 병입, 와이너리는 Las Gruesas, El Espinal, Pozuelo, Arabi의 네 군데에 있으며 Dominio시리즈, Castaño시리즈.

1 라 만차의 DO 지역

- **멘트리다(Méntrida)** : 그라나차, 뗌쁘라니뇨 등을 사용하여 레드와인을 생산한다. 가격이 저렴하여 대중적으로서 샹그리아(Sangria)로 많이 이용된다.
  샹그리아는 대중적인 희석 포도주로 원래 가정마다 만드는 전통음료로서 일반 술집에서 흔히 접할 수 있다. 재료로는 레드(드물게 화이트)를 베이스로 사과나 오렌지, 레몬을 얇게 저며 넣고, 탄산수, 설탕, 얼음을 넣는다.
- **라 만차(La Mancha)** : 스페인의 중앙 고원지대로 스페인 와인생산의 40%를 차지하고 있다. 아이렌(Airen)을 주로 사용하여 만든 와인은 산도가 약하나 알코올 농도가 높아서 블렌딩용으로 많이 사용된다.
- **발데페냐스(Valdepeñas)** : 뗌쁘라니요로 레드와인을 만들며 좋은 품질로 알려져 있다.
- **비노스 데 마드리드(Vinos de Madrid)** : 아이렌 등으로 화이트, 가르나차, 띤또 삐노로 레드와인을 만든다.
- **몬데하르(Mondéjar)** : 마까베오 등을 사용한 화이트, 까베르네 소비뇽, 센시벨을 주로 사용하여 레드를 생산한다.
- 만추에라(Manchuela)와 알만사(Almansa)

2.8 스페인의 기타 DO지역

- 마요르까(Mallorca)의 DO 지정지역은 비니살렘(Binissalem) 지역으로서, 모요(Mollo)로 화이트와인, 만또 네그로(Manto Negro)로 레드와인을 만든다.
- **까나리아 제도(Islas Canarias)**
  - 아보나(Abona)에서 말바시아, 빨로미노 등으로 화이트 와인을 생산한다.
  - 엘 이에로(El Hierro에서 말바시아, 빨로미노, 모스까뗄로 화이트와인, 네그라몰(Negramoll)로 레드와 로제를 생산한다.
  - 란사로떼(Lanzarote)는 사용하는 품종, 와인 등이 아보나(Abona)와 흡사하다.
  - 라 팔마(La Palma)는 부하리에고(Bujariego) 등으로 화이트, 네그라몰 등을 사용하여 레드를 만든다.
  - 따꼬론떼 아센떼호(Tacoronte Acentejo)에서 빨로미노 등으로 화이트, 리스딴 네그라(Listán Negra)을 주로 사용하여 레드와인을 만든다.
  - 바예 데 기마르(Valle de Guimar)는 빨로미노로 만드는 화이트, 리스딴 네그라를 주로 사용한 레드를 만드나 화이트가 우세한 지역이다.
  - 바예 데 라 오로타바(Valle de la Orotava)는 재배하는 품종, 와인 등이 '바예 데 기마르'와 흡사하다.
- **엑스트레마두라(Extremadura) 지방** : DO 지정지역은 리베라 델 구아디아나(Ribera del Guiduana) 지역으로서, 여러 가지 품종을 사용하여 다양한 와인이 생산되고 있다.

04
CHAPTER

포르투갈

유럽의 서남단 이베리아 반도의 서쪽에 위치하여 동과 북으로 스페인과 국경을 이루고 서와 남은 대서양에 면해있다. 국토는 남북으로 600km, 동서가 193km로 우리나라와 비슷한 면적에 인구는 1100만 정도이다.

와인산업은 활기 없는 나라로서, 훌륭한 디저트와인인 뽀르뚜(Porto) 외에는 값이 저렴하고 손쉽게 마실 수 있는 와인 생산국가로 취급되었다. 그러나 1986년 EU의 한 멤버로 가입함으로써 제도의 정비, 산지의 지정, 외국 자본 도입 등으로 와인 산업의 부흥에 힘을 쏟았고 특히, 90년대 중반의 빈티지로 인해 국제적 인지를 얻기 시작하여, 속성와인이라는 이미지와 훌륭하지 못했던 포르투갈 테이블 와인의 이미지를 불식시키고 있다.

Tip 포르투갈 와인 어휘

- 아데가(adega), 퀸타(quinta) : Winery, Cellar
- 브랑코/틴토(branco/tinto) : white/red
- 클라레테(clarete) : light red wine
- 에스푸만떼(espumante) : sparkling wine
- 레제르바(reserva) : good vintage wine
- 로사도(rosado) : rose wine
- 베르데(verde) : young, green
- 비뇨 데 메사(vinho de mesa) : table wine

제 1 절 포도의 품종

와인을 생산하는 다른 나라들은 일반적으로 까베르네 소비뇽이나 샤르도네 같은 국제적 품종을 많이 재배하고 있으나 포르투갈은 거의 모두가 토종 품종으로 와인을 생산하고 있다.

1.1 레드용

- **또우리가 나시오날(Touriga Nacional)** : 포도송이가 매우 작으며 높은 탄닌과 기분 좋은 산미, 그리고 진한 향이 이 종의 특질로 포르투갈 품종 가운데 가장 훌륭한 것으로 꼽힌다. 더운 기후에서 성장이 좋으며 수확은 이르나 단위 생산량은 떨어진다.

- **띤따 까웅(Tinta Cão)** : 찬 가후대를 좋아하는 품종으로 블렌딩하는 경우 아주 미세하고 복합적인 특질을 더해준다. 생산 방법을 재래식으로 하면 수확이 좋지 않아 경작 면적이 점차 줄어들고 있다.
- **띤따 호리츠(Tinta Rotiz)** : 스페인의 템프라니요(tempranillo)의 포르투갈 이름으로 그냥 '호리츠'라고도 많이 일컫는다. 짙은 껍질, 높은 당도와 적절한 산성이 특성으로 꼽힌다.
- **띤따 바호까(Tinta Barroca)** : 꽃과 과일향이 보이며 와인이 빨리 익는 특질도 보인다. 낮은 산도와 부드러운 탄닌으로 탄닌이 강한 와인을 부드럽게 하게 위해 블렌딩용으로 쓰인다. 초기 숙성의 뽀르뚜 와인이나, 남아공에서는 강화와인으로 사용된다.
- **또우리가 프란체사(Touriga Francesa)** : 다소 쓰고 떫은맛이 있으나 당과 산의 조화와 과실의 특성이 보인다.

1.2 화이트용

아린뚜(Arinto), 알바리뇨(Alvarinho), 돈젤리뇨 브랑꼬(Donzelinho Branco), 구베이오(Gouv-eio), 말바지아 피나(Malvasia Fina), 모스카텔(Moscatel), 비오지뇨(Viosinho)

제 2 절 포르투갈 와인의 등급

포르투갈 와인의 등급은 1908년 제도로서 확립되었지만 엄격하게 적용하지 못하고 있다가 1987년 EU에 가입하면서 프랑스의 등급 제도를 응용하여 다시 제정되었다.

- **DOC(드노미나씨옹 데 오리쟁 꼰트롤라다 : Denominaçia de Origem Controlada)**
  프랑스의 AOC와 동일한 개념으로 원산지 명칭 통제와인이다. 13개 지역.
- **IPR(인디카싸옹 드 프로브니엥시아 헤굴라멘따다** : Indicação de Proveniência Regulamentada)
  고급와인 생산지로 1990년에 지정되었다. 31개 지역
- **빙뇨 헤지오나오스(Vinhos Regionâos)** :프랑스의 벵 드 뻬이(Vin de Pays)에 해당되는 등급으로 1993년도에 6개 지역을 지정하였다.
- **빙뇨 데 메자(Vinhos de Mesa)** : 프랑스의 벵 드 따블(Vin de Table)에 해당되는 등급으로 일반적인 테이블 와인이다.

제 3 절 포르투갈의 와인 생산지역

전국적으로 와인이 생산되고 있지만 지명도가 높고 좋은 품질을 생산하는 곳은 거의 북부지방에 분포하고 있다.

3.1 뜨라즈-오스 몬뜨스(Trás-os-Montes) 지방

1 뽀르뚜(Porto) DOC

포르투갈의 북단에 위치하며 대서양을 면한 지역으로 1756년 지정된 곳이다. 포르투갈 제2의 도시이며 두에로(Douro)강과 대서양이 만나는 곳에 위치하고 있다. 여름은 건조하고 더우며 겨울은 습기가 많고 온화한 편으로, '두에로 밸리(Douro valley)'는 혹서(酷暑)와 혹한(酷寒)이다.[127)]
세계적으로 인정받는 디저트와인으로, 발효하는 과정에 브랜디를 20% 첨가하여 발효를 멈추게 해서 알코올 도수를 20° 정도로 높인 스위트한 주정 강화와인이다.
뽀르뚜의 더운 여름이 박테리아에 의해 와인을 버리게 하자 이를 극복하기 위해 고안된 것이 알코올 도수를 높인 와인이었다. 짙은, 그리고 화사한 자두빛깔의 아름다운 색과 달콤한 맛으로 특이한 감미를 보여주어 더 유명하다.

(1) 뽀르뚜의 종류

- **통 숙성(Cask aged Port)** : 루비 뽀르뚜, 토니 뽀르뚜, 에이지드 토니(aged Tawny), 그리고 단일 빈티지 와인으로 나무통 숙성기간이 최소 7년 이상인 콜헤이타(Colheita)가 있다.
- **병 숙성(Bottle aged Port)** : 레이트 보틀드 빈티지(LBV), 빈티지 캐릭터(Vintage Character : LBV와 비슷하나 좋은 해의 빈티지로 블렌딩), 단일 포도원의 포도로 만드는 퀸타(Quinta), 빈티지 포트가 있다.

(2) 뽀르뚜의 타입

뽀르뚜 양조 스타일은 그 해 수확된 포도로 담는 빈티지 스타일과, 숙성이 진행 준인 원액을 한데 블랜딩하는 논 빈티지의 두 가지가 있다.
뽀르뚜의 유명 생산자인 하모스 삔뚜(Ramos Pinto)는 뢰데러(Roederer) 샴페인사 소유로, 열매와 가지를 분리해서 작업하므로 부드러운 탄닌을 이끌어내어 입안에서 느껴지는 당도가 높은 편이다.

127) Harriet Lembeck, "*Grossman's Guide to Wines, Beers, and Spirits*", Wiley Publishing, Seventh Revised, 2006, pp.150-155

표 6-12 뽀르뚜의 타입별 특성

Wood Port	가격 $	Ruby Port	짙은 색깔, 과일향	Young, Non-vintage 와인과 블렌딩. 저렴
		Tawny Port	연한 색깔, 섬세함	여러 빈티지와 블렌딩 간혹 40년 이상과도 블렌딩
LBV	$$	Late Bottled Vintage, 싱글 빈티지로 만든. 수확 후 4~6년 숙성. Vintage Port와 비슷하나 좀 가벼운 편. 병입하여 5~6년이 최적음용기로 디켄팅(decanting)이 필요 없다.		
Vintage Port	$$-$$$	그해 수확한 포도만을 사용하여 나무통에서 2년 숙성. 병입하여 수년~수 십 년 간, 그레이트 빈티지는 15~30년 숙성		

보험회사인 악사(Axa)사 소유인 퀸타 도 노발(Quinta do Noval)의 나시오날(Nacional)은 '세계 100대 와인'이며, 높은 알코올 수치와 풍부한 당도로 '영'할 때도 매력적인 니푸르트(Niepoort & Co.,Ltd)와 테일러 플라드게이트 & 이트맨(Taylor, Fladgate & Yeatman)[128]이 있다.

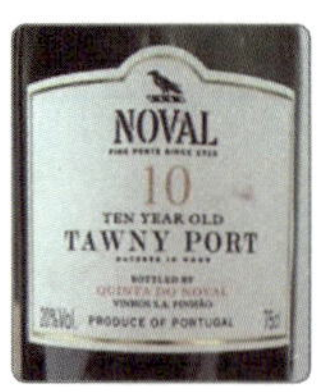

또한 그라함(W. & J. Graham's), 산데만(Sandeman), 페헤이라(A.A. Ferreira), 폰세카(Fonseca), 콕번 스미스(Cockburn Smithes), 마르티네즈(Martinez)가 있으며,

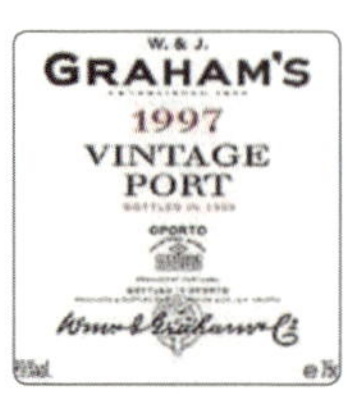

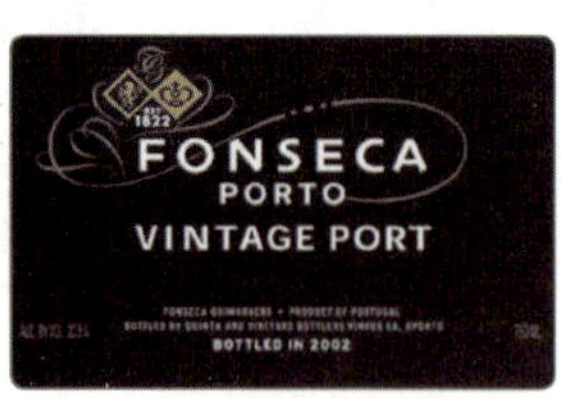

128) 테일러-플래드게이트(Taylor, Fladgate & Yeatman)는 모직상이었던 에바슬레이(Job Bearslay)가 1692년 창업하여, 테일러(Joseph Taylor)가 1816년, 플래드개이트(John Fladgate)가 1837년, 이트맨(Morgan Yeatman)이 1844년 동참하였다. 현재도 울 마크가 사용되는 '4XX'는 테일러사의 고유문양이기도 하다.

그리고 다우(Dow), 스미스 우드하우스(Smith-Woodhouse), 로베르스톤(Robertson's), 칼렘(Cálem), 처칠(Churchill), 델라포스(Delaforce), 굴드 캠벨(Gould Campbell), 오프리 보아 비스타(Offley Boa Vista), 오스본(Osborne), 로벨로(Robello), 발렌테(Valente), 크로프트(Croft), 실바(C. da Silva), 하베이스 브리스톨(Harveys of Bristol), Warre & Co 등이 주목받고 있다.

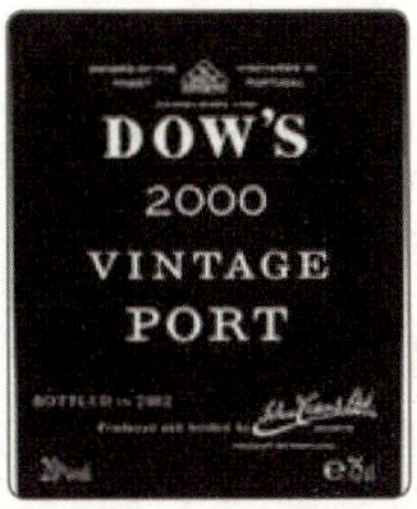

2 도우루(Douro) DOC

프로투갈의 북단, 뽀르뚜 우측의 동북부 지역으로 최고의 명성을 가진 뽀르뚜와인의 생산지로 지정되어 있다. 편암으로 뒤덮인 산악지대로 마로(Maro)와 몬테무로(Motemuro)산맥이 계단식 포도원을 대서양의 센바람으로부터 막아주고 있다.

1982년 지정으로 드라이 레드와인을 자랑하는 지역이다.

퀸따 두 빠나스칼(Quinta do Panascal)[129)]의 '프리미엄 리저브'는 병입 전에 여과 과정을 거치므로 디켄팅이 필요 없고 색깔이 영롱하다.

퀸따 두 바예 마리아(Quinta do Vale D. maria), 퀸따 도 크라스토(Quinta do Crasto), 퀸타 데 라 로자(Quinta de la Rosa)에서 좋은 레드를 만들고 있으며, 페레이라 뽀르뜨(Ferreira Port)에서 만든 바르카 벨라(Barca Velha)는 풀-바디의 좋은 드라이 레드와인으로 오랜 숙성이 필요하다.

3 샤브스(Chaves) IPR. 쁘라날또 미란데스(Planalto Mirandês) IPR. 발빠소스(Valpaços)

북부내륙 지방으로 신선한 화이트와인과 색이 옅은 레드와인을 생산한다.

129) 퀸따 두 빠나스칼(Quinta do Panascal)은 기마렌슈(Manoel Pedro Guimaraens)가 1822년 세운 것으로 드라이한 화이트 포트인 '폰세카(Fonseca Porto Siroco)'는 상큼한 과일맛과 깔끔한 나무향이 난다.

3.2 비뇨 베르드(Vinho Verde) – 밍요(Minho) 지방

북서부 해안지방으로 가볍고 신선한 와인이 나온다. 다양한 와인이 생산되나 화이트가 우세한 지역으로 1992년 DOC로 지정되었다. 구에데스(Guedes)사의 마테우스(Mateus)와인과, 지역 이름과 같은 비뇨 베르드(Vinho Verde)가 있다.

- 마테우스 로제(Mateus Rosè)는 소그라페(Sogrape) 사에서 만든 로제와인. 생산지가 여러 곳이기 때문에 고급와인에는 들지 못하지만 약발포성으로 상쾌한 맛이 있어 세계에서 가장 많이 팔리고 있는 로제와인이다. 병 모양이 호리병 형태이다.
- 비뇨 베르드(Vinho Verde)는 포르투갈 특유의 일 년짜리 미디움-드라이 화이트 와인으로 탄산 거품이 가미되어 있어 가볍게 마실 수 있다. 아벨레다(Aveleda), 까살 가르시아(Casal Garcia)라는 브랜드가 시중에 많이 보인다. 레드 비뇨 베르드는 특히 산도가 높다는 것을 마시기 전에 명심해야 한다.

3.3 베이라스(Beiras) 지방

도우루강(江) 남쪽의 대서양과 스페인 국경 중간에 위치하며 포도재배 면적은 2천 헥타르에 달한다.

- **바이하다(Bairrada) DOC** : 979년 지정된 곳으로 풀-바디의 레드와 가볍고 신선한 화이트와인을 만든다. 스파클링 와인도 생산.
- **다옹(Dão) DOC** : 1908년에 D.O지역으로 지정된 곳으로 여름이 온난하고 건조하여 당도가 높은 포도가 생산되어 알코올 농도가 높은 레드로 유명하다. 색이 짙고 맛이 풍부한 주로 장기보관을 통해 질이 높아지는 수준높은 레드를 생산하고 있다. 화이트도 일부 생산.
- **라포잉스(Lafões) IPR** : 포르투갈의 독특한 와인으로 레드가 90%를 점한다.
- 따보라 배호자(Távora-Varosa) DOC에서 화이트와인과 병내 2차 발효법으로 만드는 스파클링 와인을 생산한다.

Tip 비다 노바(Vida Nova)

포르투갈 남부지방에 위치한 알부페이라(Albufeira)에 있는 영국의 유명한 팝 싱어인 클리프 리차드(Cliff Richard) 소유의 와이너리에서 생산되는 와인. 1993년 이곳에 와이너리를 소유한 그는 최첨단 시설과 지하 셀러(와인 저장고)를 갖고 있다.

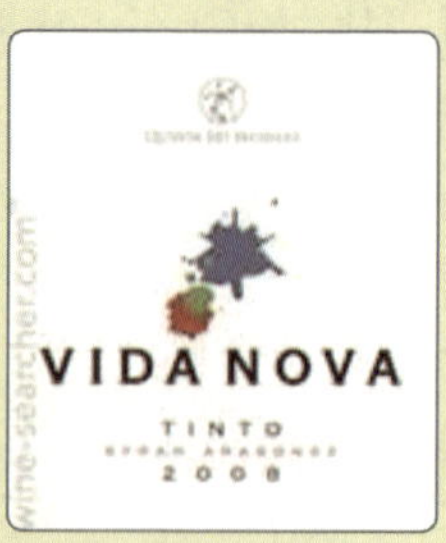

3.4 에스뜨레마두라(Estremadura) 지방

- **알렝께(Alenquer) DOC** : 1999년 지정된 곳으로 풀-바디 레드와 라이트 화이트 와인을 생산.
- **아루다(Arruda) DOC** : 1999년 지정된 곳으로 라이트 레드를 생산한다.
- **부셀라스(Bucelas) DOC** : 1911년 지정된 곳으로 드라이 화이트가 나온다.
- **까르카벨로스(Carcavelos) DOC** : 1907년 지정된 곳으로 색이 짙은 스위트 화이트, 강화와인이 생산된다.
- **꼴라레스(Colares) DOC** : 1908년 지정되어 탄닌이 많은 레드를 생산한다.
- **로리냐(Lourinha) DOC** : 1994년 지정된 주로 브랜디를 생산하는 지역이다.
- **오비두스(Óbidos) DOC** : 1999년 지정된 곳으로 좋은 레드와 증류용 화이트가 생산된다.
- **또레즈 베드라즈(Torres Vedras) DOC** : 1999년 지정되어 주로 벌크와인이 생산되는 지역이다.
- **알꼬바사(Alcobaça) IPR** : 라이트 레드와 화이트와인이 나온다.
- **잉꼬스타즈 다이레(Encostas d'Aire) IPR** : 라이트 와인이 나온다.

3.5 마데이라(Madeira)

포르투갈 본토에서 1000km, 모로코 해안에서 640lm 떨어진 대서양에 있는 섬으로, 1418년에 발견된 마데이라는 '삼림의 섬(island of woods)'이라는 뜻이며, '대서양의 진주'로도 부른다.
1976년 특별자치지역으로 지정하여 마데이라의 자치권을 못 박아 자연과 조화된 개발이 이루어져 수도 리스본에 이어 포르투갈에서 두 번째의 고소득을 자랑한다.

- **비스코이토스(Biscoitos) IPR** : 떼르사이라(Terceira) 섬에서 만드는 강화 와인.
- **마데이라(Madeira) DOC** : 1908년 지정된 곳으로, 이곳의 섬 이름이자 주정강화 와인의 이름이 '마데이라'로서 셰리, 뽀르투와 함께 세계 3대 강화와인이다. 사용하는 품종은 보알(Boal), 말바시아(Malvasia), 세르시알(Sercial), 떼란테스(Terrantez), 베르델료(Verdelho), 띤따 네그라 몰레(Tinta Negra Mole) 등으로 포도를 으깨어 발효시킨다. 다음 95% 정도의 브랜디를 첨가하여 알코올 농도를 15~18% 정도로 맞추고 '에스투파스(estufas)'라는 가열시설에서 숙성시킨 뒤 당밀로 만든 증류주를 첨가한다. 드라이한 와인은 에스투파스(estufas)를 거치기 전에 미리 강화하여 만들고, 스위티 스타일은 나중에 강화시킨다.
  숙성기간은 Reserve(5년 이상 숙성), Special Reserve(10년 이상 숙성), Extra Reserve(15년 이상 숙성)로 구분하며, 빈티지는 당해 연도의 고급 품종을 사용하여 20년 이상 숙성시킨 것이다.
- **그라시오자(Graciosa) IPR** : 그라시오자(Graciosa) 섬에서 생산되는 테이블 와인이다.

- **피코(Pico) IPR** : 피코(Pico) 섬에서 생산되는 강화와인이다.

3.6 알가르브(Algarve) 지방

모두 1988년 지정된 곳으로, 대부분이 알코올 농도가 높고 신맛이 적은 레드와인을 생산하며 품질이 빈약한 편이다. 라고아에서는 화이트 강화와인도 생산된다.
DOC 지역은 라고스(Lagos) DOC, 라고아(Lagoa) DOC, 뽀르띠마옹(Portimão) DOC, 따비라(Tavira) DOC가 있다.

3.7 알렝떼조(Alentejo) DOC

리스본에서 동남쪽으로 180km 떨어져 있는 스페인과 연해 있는 지역으로 대규모의 기계화된 와이너리가 많은 곳이다. 원래 있던 5개의 DOC와 3개의 IPR을 1998년 통합 지정한 곳이다.
에르다데 두 에스뽀러웅(Herdade do Esporão)[130]이 있다.

3.8 떼라스 두 사두(Terras do Sado) 지방

- 세뚜발(Setúbal) DOC는 1907년 지정된 곳으로, 모스카델로 만든 강화와인을 생산한다. 발효 도중에 알코올을 부어 당분이 남아 있는 강화와인으로 장기간 오크통에서 숙성시킨다.
- 빨메라(Palmela) DOC는 1999년 지정된 곳으로 주로 레드와인을 생산한다.

3.9 히바떼주(Ribatejao) 지방

- 히바떼주(Ribatejao) DOC는 2000년 지정된 곳으로 라이트 레드와 화이트를 생산한다.

130) 에르다데 두 에스뽀러웅(Herdade do Esporão)은 피나그라(Finagra)사가 1973년 매입하여 1987년 현대적 시스템을 도입하고 꾸준한 투자와 노력으로 100헥타르 규모의 저수지를 건설하여 600헥타르의 포도밭을 에워싸고 있다.

05 CHAPTER

유럽국가의 와인

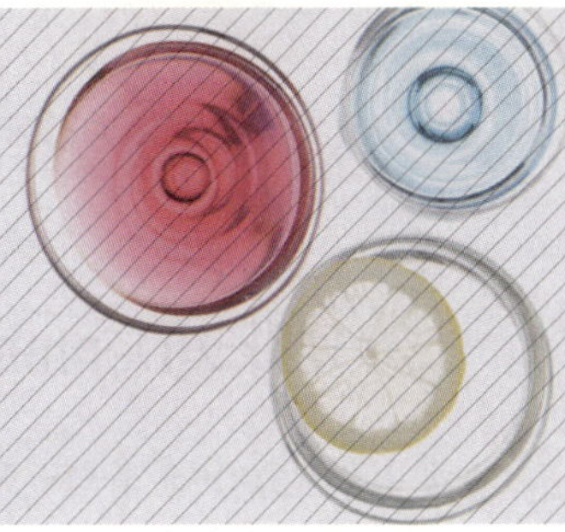

지구 온난화와 같은 기후 변화로 인하여 와인생산이 없거나 미미했던 나라들도 생산량이 대폭 늘거나 와인 산업의 발전에 힘을 기울이고 있다.
영국은 이미 전 세계 스파클링 와인 시장에서 주목받고 있으며, 네델란드의 샤르도네와 피노그리의 품질은 와인 평론가 젠시스 로빈슨이 언론 기고에서 찬사를 아끼지 않았다.
노르웨이에서는 독일 와인 생산업자가 리슬링 품종으로 생산하고 있고, 스웨덴에서 생산되는 아이스와인은 이미 품질을 인정받고 있다.
지중해에 있는 섬나라 몰타는 이탈리아의 와인 명가 안티노리의 자본과 기술이 1990년 대 초반부터 들어와 있다.

제 1 절 서유럽 국가

1.1 영국(Britain)

영국은 기후로 인해 알코올 도수가 낮고 산도는 높은 와인이 나오지만 이로 인해 스파클링 와인은 오히려 가능성이 있다. 포도밭은 대부분이 남부인 잉글랜드와 웨일즈에 위치하고 있다.
생산지역은,

- **윌드, 다운랜드(Weald and Downland)** : East and West Sussex, Kent, London South, Surrey
- **웨섹스(Wessex)** : Dorset, Hampshire, Isle of Wight, Wiltshire
- **사우트웨스트, 웨일즈(Southwest & Wales)** : Avon, Cornwall, Devon, Gloucestershire
- **태임즈, 칠턴(Thames & Chiltern)** : Berkshire, Buckinghamshire, London West, Oxfordshire
- **이스트 앵글리아(East Anglia)** : Bedfordshire, Cambridgeshire, Essex, Hertfordshire, London North, Norfolk, Suffolk
- **메르시아(Mercia)** : 첼셔(Cheshire), 더비셔(Derbyshire), Leicestershire, Northampotonshire, Nottinghamshire, Rutland, Shropshire, Staffordshire, Warwickshire, West Midlands, West Yorkshire

1.2 덴마크(Denmark)

덴마크는 2001년 유럽연합(EU)로부터 상업적인 와인생산을 허가받은 이후 포도 재배가 급격히 늘어 와인생산량도 600hL(1hL는 100L)를 상회하고 있다.

1.3 레바논(Lebanon)

지중해에 있는 사이프러스를 마주보고 있는 이스라엘 위에 위치한 해안 지역으로 와인 생산지로는 베카아(Bekaa Valley)가 있다. 까베르네 소비뇽, 생쏘, 시라 품종이 해발 1,000m의 강우량이 적고 년 중 300일 이상의 일조량을 받으며 재배된다.

가스통 오샤르(Gaston Hochar)가 '가지르'지역에 설립한 샤또 무사르(Château Musar)는 아랍어 므자르(m'zar)에서 유래한 '무사르'가 '훌륭한 경치를 가진 장소'를 뜻하듯 바카스 신전이 있었던 베카아 계곡에 자리잡아 '세계 100대 와인'에 오르는 7년 이상 저장고에서 숙성된 와인으로 부드러운 첫 모금의 신선한 과일 맛에서 이내 진한 향으로 바뀌다가 숙성되면서 풍만함이 더해간다. 단점은 해마다 품질에 편차가 있다는 점이다.

도멘 케프라야(Domaine Kefraya)의 샤토 케프라야(Château Kefraya)도 잘 알려져 있다.

1.4 네델란드(Netherland)

와인은 네델란드에서 수천 년 전부터 재배해 왔으나 기후 변화로 인해 거의 중단되었다가 1970년에 생산이 재개되어 그 이후로 포도의 경작지가 매년 증가해 오고 있다.

1 와인 품종

(1) 화이트 와인

리슬링과 리바너, 오쎄루아를 주로 재배하고, 뮐러 뚜르가우(Müller Thugau), 피노 그리도 생산하고 있다.

리바너(Rivaner)는 리슬링과 샤슬라(Chasselas)를 이중교배한 품종으로 이른 시기에 익는다. 은은한 꽃향기와 넛맥의 섬세한 향을 지닌 와인으로 알려져 있고 식전주로 잘 어울린다.

오쎄루아(Auxerrois)는 오래된 품종으로 림버그의 토양과 기후에 알맞다. 강하고 향기로운 와인으로 아스파라거스에 잘 어울린다.

(2) 레드 와인

피노누아를 키우며 이 와인은 가금류에 잘 어울린다.

- oude jenever, jonge,

2 와인 생산지

림버그(Limberg) 지바으이 마스트리흐트(Maastricht) 근처에 있는 제케르달(Jekerdal)은 네델란드에서 가장 오래된 와인 생산지로 알려져 있다. 이 지역은 산등성이의 칼슘이 많은 토양과 서풍을 막아주는 환경이 포도 재배에 적당한 기후를 만들어 준다.

그리고 게더랜드(Gelderland)지역에서도 포도가 재배되고 있다. 1695년에 로테르담(Rotterdam)에서 문을 연 데 쿠이퍼(De kuyper)에서 다양한 주류가 나오며, 그리고 아포스텔후브(Apostelhoeve)[131], 후브 네쿰(Hoeve Nekum)[132]이 있다.

1.5 스위스(Switzerland)

동서 348km, 남북 220km의 작은 나라로, 독일과 프랑스, 이탈리아에 둘러싸인 스위스는 포도 재배와 와인 양조에 적합한 곳이며, 포도밭들도 또한 독일과 프랑스, 이탈리아와 맞닿고 있다. 그러나 스위스 와인 애호가들조차 스위스 밖에 있는 사람들은 스위스와인을 접하기가 쉽지 않다. 생산량이 적을 뿐 아니라 그나마 스위스 내에서 소비하기에도 모자라기 때문이다.

1 스위스 와인의 품종

스위스 와인의 반 정도는 화이트이며 이들 대부분이 사슬라(Chasselas) 품종으로 생산되는바 독일이나 동부 프랑스와 루아르에서도 일부 생산된다. 풀-바디의 드라이한 성격으로 미네랄과 흙냄새가 난다.

화이트와인의 다른 품종으로는 피노 그리, 실바너, 마르산과 스위스의 토착품종인, 쁘티 아빈(Petit Arvin)과 아마이네(Amigne)가 있다.

메를로는 레드와인의 주 품종이며, 피노 누아, 가메이도 많이 재배된다.

수많은 산과 언덕이 형성하는 다양한 고도와, 1,500여개의 크고 작은 호수들, 산에 둘러싸인 아늑한 분지, 이 같은 각양각색의 지형으로 인해서 스위스의 포도 경작지들은 같은 조건을 가진 곳이 없다할 정도로 포도원마다 다양한 기후를 지니고 있다. 따라서 와인의 성격도 다양하여 섬세한

---

131) 아포스텔후브는 아포스텔의 농장이라는 뜻으로 네델란드에서 가장 오래되고 유명한 와인 양조장이다.

132) 후브 네쿰은 네쿰의 농장이라는 뜻. 전형적인 림버그 스타일 농장으로 1673년에 프랑스의 루이 14세가 마스트리흐트를 포위한 것을 그린 17세기 그림에도 이 농장의 모습이 나와 있는 오래된 곳이다.
네델란드의 황태자 알렉산더와 막시마 공주의 결혼식에 이곳의 1999년 산 리슬링 60병이 제공되었으며, 2003년 림버그 최고의 와인 양조장으로 선발된 바 있다.

화이트가 주를 이루고, 풀-바디의 레드도 꽤(25%) 나온다.

2 스위스의 주요 와인 생산지역.

스위스는 와인 생산지역도 그 지역에서 사용되는 언어에 따라 구분하게 된다.

(1) 프랑스어 사용지역

레만 호수를 중심으로 스위스의 서남부지방이다.

- **보(Vaud)** : 레만 호수와 연해 있는 곳으로 샤슬라를 80% 정도 재배하며 살바냥(Salvagnin)과 가메이, 삐노 누아 등을 재배한다.
- **발레(Valais)** : 론(Rhône)강을 연해있는 동부의 해발 1,100m의 고지대로 스위스 전체생산량의 30% 이상을 점하고 있다. 샤슬라로 가볍고 신선한 화이트 와인과, 가메이와 삐노 누아로 레드를 생산한다.
- **뇌샤텔(Neuchâtel)** : 보(Vaud) 위에 위치한 북서부지방으로 날씨가 온난하며 샤슬라로 화이트, 삐노 누아로 레드를 생산한다.

이 외에도 프리버그(Fribourg), 제네바(Geneva), 쥬라(Jura)가 있다.

(2) 독일어 사용지역

가장 폭 넓은 곳으로 수도인 쥬리히를 중심으로 독일에 가까운 지역이다.

- **뚜르가우(Thurgau)** : 독일과 국경을 접한 북부지방. 샤슬라를 많이 사용한다.
- 아르가우(Aargau), 바젤(Basel), 베른(Bern), 그라우빈덴(Graubünden), 생갈렌(St.-Gallen), 슈비츠(Schwyz), 슈아프하우젠(Schaffhausen)

(3) 이탈리아어 사용지역

스위스 남부의 이탈리아와 면한 작은 지역이다.

- **티치노(Ticino)** : 1512년까지 스위스연방에 포함되기 이전까지는 이탈리아의 영토였던 곳으로 이탈리아적 색이 배어있어 '스위스 속의 이탈리아'로 불리기도 한다. 루가노호수와 마조레호수 주변은 스위스의 대표적 레드와인 생산지로 유명하다.
  와인은 소프라세네리(Sopraceneri), 소또세네리(Sottoceneri)에서 생산된다.
- 그리손(Grissons)의 미속스(Misox)에서 생산된다.

제 2 절 동유럽 국가

2.1 알바니아(Albania)

알바니아의 와인 생산의 역사는 로마시대 이전으로 거슬러 올라가지만 공산정권 하의 무신론자나 특히 인구의 다수를 점하는 무슬림으로 인하여 와인의 소비가 극히 저조하였다.
그러나 민주 정권의 수출 의지로 서유럽 전문가의 지도와 재배자의 적극성이 합쳐 와인 산업이 발전하고 있다.

2.2 오스트리아(Austria)

기원전 4세기부터 포도를 재배하고 와인을 양조한 곳이지만 인정받기 시작한 것은 20세기 후반에 들어서이다.
오스트리아의 와인생산량은 스위스에 비해서는 두 배나 되지만 이 또한 많지 않은 양이다. 대부분이 알프스의 위용이 움츠러들어 작은 언덕으로 변하는 지역인 동부지역에서 생산된다. 고품질의 드라이 와인이 오스트리아 와인의 특징으로 세계적으로 인정받고 있다.
화이트와 레드의 생산량은 7 : 3으로 화이트가 우세하며, 레드는 헝가리와 국경을 접한 부르겐란트(Burgenland)지방에서 집중적으로 생산된다. 이 지방은 오스트리아에서 가장 따뜻한 곳 중의 하나로, 와인은 미디움에서 풀-바디로 때로는 매력적으로 향긋하며 또는 생동감 있는 과일향이 나기도 한다.
와인 생산업자의 일부가 값나가는 스위트 와인을 만들기 위하여 와인에 부동액을 혼합하여 탄로난 이른바 '부동액 사건'이 생긴 것이 1985년의 일로 오스트리아 와인의 명성에 큰 타격을 입었다. 그러나 그 뒤에 절치부심하고 각고의 노력으로 이미지 제고에 성공하였다.
특히 2002년 런던에서 35종의 화이트와인이 출품되어 블라인드 테이스팅 결과 상위 10위에 오스트리아 와인이 7개 포함된 반면 부르고뉴 산은 하나도 없었다. 와인 평론가 젠시스 로빈슨은 이를 두고 '오스트리아 7, 부르고뉴 0'이라는 제목의 칼럼을 파이낸셜 타임스(FT)에 쓴 바 있다.
이 7종의 오스트리아 와인 중 5종이 '그뤼너 벨트리너'였다.

1 포도의 품종

(1) 화이트 품종

오스트리아 와인은 깔끔하고 담백한 맛이 장점으로 특히 화이트 와인이 그렇다.

- 그뤼너 벨트리너(Grüner Veltliner)가 주요 품종이다.
  토착종으로서 풀-바디의 탄탄한 구성과 약초나 향긋한 식물성 향이 나고 단단하고 푸른 고추 맛을 연상시키는 매운 느낌도 난다. 단단한 구조 위에 풍부한 질감이 형성되어 있으며 피니시가 지속적이다. 별명으로 그루베(Gruve)로 불리며 고품질로 웬만한 음식에 두루 어울리고, 스스로는 드러내지 않으면서 요리의 본래 맛을 일깨워주는 조연 역할에 탁월하다.

- 벨슈리슬링(Welschriesling)은 동유럽에서 대중적으로 오스트리아에서 많이 재배된다.
- 리슬링과 라인리슬링(Rheinriesling)은 와인의 품질 면에서 중요하다.
- 뮐러 뚜르가우(Müller-Thurgau), 바이스 부르군더(Weissburgunder), 루렌더(Ruländer), 실바너, 게비르츠트라미너, 소비뇽 블랑, 샤르도네 등이 사용된다.

(2) 레드 품종

블라우프랜키슈(Blaufränkisch), 블라우어 포르투기저(Blauer Portugieser), 블라우어 쯔바이겔트(Blauer Zweigelt), 생 로랑(St. Laurent), 피노 누아 등이 있다.

2 오스트리아 와인의 등급

오스트리아 와인의 등급은 독일과 유사하나 더 엄격한 기준을 따르며, 주로 포도즙 발효시의 당도와 포도의 숙성도에 따라 결정된다. 당도의 단위는 KMW(Klosterneuburger Mostwaage)로 표시하는데 순수한 당분의 중량을 %로 나타낸 것이다.
레이블에 특정 품종을 명시하려면 그 품종이 최소 85% 이상 사용되어야 한다. 빈티지도 최소 85% 이상 그해의 포도여야 하고, 생산지 명기는 포도 전체가 그 지역에서 생산된 것이어야 한다.

(1) 프레디카츠바인(Präkatswein)

당도나 포도주스를 첨가할 수 없으며, 수확시기가 규정되어 수확년도를 반드시 상표에 표기하여야 한다. 이는 또 6단계로 나뉘어진다.

- **트로켄베렌아우스레제(Trockenbeerenauslese)** : 귀부포도(botrytis cinerea)로 만든 와인. 30KMW 이상.
- **아우스브루흐(Ausbruch)** : 귀부포도로 만든 와인으로 동일 포도밭에서 나온 슈페트레제 이상의 와인을 첨가할 수 있다. 27KMW 이상.
- 베렌아우스레제(Beerenauslese) : 25KMW 이상
- **아우스레제(Auslese)** : 단일 품종을 사용하며, 다음 해 5월 1일까지는 판매할 수 없다. 21KMW 이상
- **슈페트레제(Spätlese)** : 단일 품종을 사용하며, 다음 해 3월 1일까지는 판매할 수 없다. 19KMW 이상

(2) 카비넷(Kabinett)

17KMW 이상이며, 당도를 첨가할 수 없다.

(3) 크발리테츠바인(Qualitätswein)

15KMW 이상이며, 당도를 첨가할 수 있으며 16개의 지역으로 정해져 있다. 와인위원회에서 크발리테츠바인 이상급 와인에 대해서는 시음과 화학적 분석을 하여 맛과 스타일, 품질을 보증하고 있다.

(2) 란트바인(LandWein)

14KMW 이상으로, 품종과 빈티지를 표기하며 지역이 정해져 있다.

(5) 타펠바인(Tafelwein)

10.6KMW 이상으로, 품종이나 산지, 빈티지를 표시하지 않는다.

- **아이스바인(Eiswein)** : 25KMW 이상
- **슈트로바인(Strowein)** : 3개월 이상 건조시킨 포도로 만든 와인
- **베르그바인(Bergwein)** : 26° 이상으로 경사진 포도밭의 포도로 만든 와인

3 오스트리아와인 생산 지역

(1) 브루겐란트(Burgenland)

동쪽의 헝가리와의 국경지대로서 생산량의 40% 가까이를 점하며, 안에 다음과 같은 세부생산지역으로 나뉜다.

- 노이지들르제(Neusiedlersee), 위겔란트(Hügelland), 미텔부르겐라트(Mittelburgenland), 쉬드부르그란트(Südburgenland)

(2) 니더에스테라이히(Niederösterreich)

오스트리아 와인 생산량의 60% 가까이를 생산하는 곳이다. 다음과 같은 하위 지역이 있다.

- Part I
  - 바하우(Wachau) : 아름답고 푸른 도나우 강을 배경으로 강변의 동남향 언덕에서 '그뤼너 벨트리너'와 리슬링으로 고품질 화이트 와인이 나온다.[133)]
  - 캄프탈(Kamptal), 크렘스탈(Kremstal), 트라이센탈(Traisental), 도나우란트(Donauland), 비엔나(Vienna)
- Part II : 바인비에르텔(Weinviertel), Thermenregion, Carnuntum

133) Philipp Blom, "*The Wines of Austria*", Mitchell Beazley, 2006, pp. 96~102.

(3) 스타이어마르크(Steiermark)

쉬드스타이에르마르크(Südsteiermark), 쉬도스타이에르마르크(Südoststeiermark), 베스트스타이에르마르크(Weststeiermark)

(4) 베르그란트(Bergland österreich)

보라르베르그(Vorarlberg), 어퍼 오스트리아(Upper Austria), 티롤(Tyrol), 카린시아(Carinthia), 잘츠부르그(Salzburg)

(5) 와이너리와 와인[134)]

- 피클러(F.X Pichler : Dürnstein 소재, FX Unendlich)
- 요제프 야메크(Weingut Josef Jamek : Joching 소재)
- Weingut Nikolaihof, Weingut Feiler-Artinger, Weingut Ernst Triebaumer Weinlaubenhof Kracher(Illmitz 소재), Weingut Schloss Gamlitz Weingut Winkler-Hermaden Schloss Kapfenstein

Tip 라트하우스(Rathaus Wine & Design)

오스트리아의 비엔나에 있는 4층 규모의 작은 호텔이지만 와인과 관련되어 유명한 호텔이다. 33개의 각 객실들은 각각의 다른 와인 생산자들의 지원에 의해서 만들어져 모양이 다 다르고 더욱이 객실문은 그 와이너리의 와인을 상징하는 문양을 새겨 놓거나 와인 레이블로 꾸며져 있다. 그리고 방에 어울리는 와인을 진열해 놓고 투숙객이 시음할 수 있데 되어 있다. 또한 와인생산자가 운영하는 와이너리를 둘러보는 일일관광 프로그램도 운영 중이다.

2.3 보스니아(Bosnia-Herzegovina)

해안이 가까운 남쪽 지방에서 포도나무를 재배하고 있으며, 고유의 토착품종인 지라프카(Zilavka)로 화이트를, 블랑티나(Blantina)로 레드와인을 만든다.

---

134) Ornella D'alessio, Marco Santini, "*Wine Country Europe*", Rizzoli International Publications, 2005, pp.288-289

2.4 불가리아(Bulgaria)

2세기경부터 포도를 재배하고 와인을 생산한 전통과 좋은 자연적 환경으로 고품질의 저렴한 와인을 생산하고 있다. 대륙성 기후의 북부 지역과 지중해성 기후의 남부는 각각의 토양과 더불어 특색 있는 와인이 나온다.
1980년대 초반의 구 소련의 고르바초프의 알코올 개혁정책으로 대부분의 포도나무들이 뿌리 채 뽑혔지만 그 후의 민주화로 1991년부터 국영 와이너리들이 사영화되기 시작하여 발전을 이루고 있다. 까베르네 소비뇽을 중심으로 한 와인들이 매우 우수하여 와인 수출의 증가세가 뚜렷하다.
동유럽의 여러 나라 중 외국인 투자가 가장 활발하다. 보르도의 라몽도트(쌩떼밀리옹), 샤또 라 가플리에르의 소유주 슈테판 폰 니이페르크, 그리고 미국과 프랑스, 이탈리아에서 이곳에 와이너리를 많이 설립했다.

1 와인 생산지역

(1) 두나브스카(Dunavska Raunina)

북부 지방으로 불가리아 와이너리 면적의 35%를 점한다.

- **DGO 지역(region)** : 플레벤(Pleven), 비딘(Vidin)
- **DGO 내의 세부지역** : 두나브스키(Dunavski), 미찌아(Mizia), 노보셀레스키(Novoseleski), 라비스키(Rabishki), 비딘스키(Vidinski)
- **DGO 구역(district)** : 알렉산드로보(Aleksandrovo), 브잘라(Bjala), 브잘라 체르크바(Bjala Cerkva), 브잘라 슬라티나(Bjala Slatina), 딤카(Dimca), 드베 모길리(Dve Mogili), 돌니 다브니크(Dolni Dâbnik), 엘레나(Elena), 카멘(Kamen), 코마레보(Komarevo), 크리보달(Krivodal), 레브스키(Levski), 롬(Lom), Magura, Mihajlovgrad, Nikopol, Orahovo, Polski Trâmbes, Resen, Rupci, Sevlivo, Strakika, Trojan, Varhovka, Vraca

(2) 트라키스카(Thrakiiska Nizina)

불가리아 와이너리의 22%를 점하는 남쪽 지역이다.

- **DGO 지역(region)** : 치르판(Cirpan/Chirpan), 돌리나타(Dolinata na Maritza), 하스코보(Haskovo), 이암볼(Iambol), 파자르드지크(Parzardzik), 플로브디브(Plovdiv), 스트라 자고라(Stara Zagora), 스트란디아(Strandja)
- **DGO 마을(village)** : Blatec, Brestovica, Brezovo, Dalboki, Elbovo, Gavrilovo, Granit, Kalugerovo, Korten, Liubimac, Nova Zagora, Perustica, Septemuri, Sivacevo, Svoboda, Vetren, Vinogradec, Zlatovrab

(3) 체르노몰스키(Tschernomorski Raion)

불가리아 포도재배 면적의 30%를 점하는 동쪽지역이다.

- **DGO 지역(region)** : 부르가스(Burgas), 라즈그라디(Razgrad), 타르고비슈테(Targovischte), 톨부빈(Tolbubin)
- **DGO 마을(village)** : Ajtos, Bjala, Dragoevo, Euxinograd, Kabelskovo, Kavarna, Kamen Brjag, Kubrat, Medovetz, Pliska, Pomorie, Popovo, Preslav, provadija, Sabla, Silistra, Tutraken, Zarev Dol

(4) 졸리나카(Jolinaka na Struma)

수도인 소피아(Sofija)의 남쪽에 있는 지역으로 와인 생산은 불가리아 전체의 10%에도 못 미치지만 멜니크품종(Shiroka Melnishka loza)으로 만드는 멜니크(melnik)와인이 유명하다.

- **DGO 지역** : Blagoevgrad, Kjustendil, Molina Dolina, Petric
- **DGO 마을** : 보보세보(Bobosevo), 다미아니카(Damjanica), 멜니크(Melnik), 산단스키(Sandanski)

(5) 포드발란스키(Podbalanski Raion)

DGO는 슬리벤(Sliven) 한 군데로 DGO 마을(village)은 바니아(Banja), 체르니카(Cernica), 히사르(Hissar), 카르노바트(Karnobat), 카산라크(Kasanlak), 페데레보(Pâderevo), 스트랄자(Straldza)가 있다.

2.5 크로아티아(Croatia)

아드리아해를 사이에 두고 이탈리아와 마주보고 있는 지역으로 크로아티아 내전에서 황폐화된 와중에 명맥을 간신히 이어온 포도나무 재배지들이 적극적으로 복구되어 평범한 재배자들이 좋은 와인을 만들고자하는 일상을 이어가고 있다.
와인 생산지는 내륙과 해안으로 나뉘어진다.

(1) 내륙 지역

7군데의 지역에서 포도나무 재배가 이루어지고 있다.
Bilogora-Drava, Kupa, Moslavina, Plesivica, Prigorje, Slavonski, Zagroje-Medimurje,

(2) 해안 지역

해안은 보스니아의 국경을 따라 남으로 길게 뻗어 있으며 4군데 지역에서 와인이 생산된다.

이스트리아(Istria), 라바츠코 프리모리에(Hravatsko Primorje), 키아르네르(Kvarner), 달마티아(Dalmatia)

2.6 체코(Czech Republic)

체코에는 와인 생산지역에는 모라비아(Moravia), 보헤미아(Bohemia)로 나뉘어진다.

- 모라비아는 체코 와인의 주요 생산지역으로 모라바(Morava)강 유역의 후스토페체 호도닌(Hustopece-Hodonin)과 디예(Dyje)강 유역의 Znojmo-Mikulov가 있다.
- 보헤미아는 수도 프라하(Prague)의 동북지역으로 와인 생산량은 미미하다.

2.7 그리스(Greece)

7세기부터 와인을 생산한 그리스는 터키 족의 점령과 여러 정치적 혼란 속에서도 와인 생산을 포기하지 않았으며 1960년대부터 재도약의 시대를 맞이하였다. 지금은 세계 13위의 와인생산국으로 생산량보다 질을 중요시하여 고품질의 와인이 나오고 있다.
산토리니 섬은 지금으로부터 4천 년 전 화산폭발로 만들어진 섬으로 이 곳은 맛이 강한 화이트 와인 산지로 알려져 있다. 이 곳의 포도밭 면적은 1천2백 헥타아르로 시커먼 화산 토양으로 구성되어 있으며 토착 품종인 아시르티코(Assyrtiko) 포도를 재배하고 있다. 뜨거운 태양과 쉴새 없는 바람으로부터 보호하기 위해 지면을 움푹하게 파서 포도나무를 심고 위를 천으로 가려서 포도를 재배하고 있다.
여기서 생산된 와인은 미네랄이 풍부하여 프랑스의 샤블리(Chablis) 와인과 비슷하게 느껴지기도 한다.
그리스의 섬 산토리니는 화산섬이라 포도재배가 과연 가능할까 싶었지만 입을 다물 수 없을 정도로 굉장한 와인들이 있고 박물관도 많다. 이들의 포도나무들은 굉장히 낮은데 꽈리형식으로 꼬아서 재배를 하고 굉장히 따스한 햇살을 받으며 자란다. 또한 지하수가 있으면서 화강암이라 그 사이사이로 충분히 뿌리를 내릴 수 있어 물에 대한 걱정도 없고 낮은 건조 밤은 습도가 많아 바다 이슬도 많이 맺혀 돌들 사이에 잘 숨어 있다가 나무를 도와주어 굉장히 잘 자란다고 한다. 게다가 공장이 없어 맑은 환경 속에서 성장하여 정말 자연의 포도를 제대로 얻을 수 있다.

Tip 그리스 전통 술 '우조'

한국의 소주 같은 격인데 알코올도수가 46도정도 되며 굉장히 맑은데 물과 만나면 우유 빛으로 바뀌는데 물과 섞어 마시며 막걸리나 소주처럼 대중적이다. 포도껍질을 재료로 증류해서 만드는 술로 허브 같은 향신료를 섞고 한 번 더 증류시킨다.

(1) 그리스와인의 특성

그리스는 남쪽에 위치하여 태양광선이 포도 재배에 적합하며, 산이 많은 나라로 많은 와이너리들이 고도가 높은 곳에 위치하고 있다. 화이트와인이 60% 정도로 우세하며. 스위트 디저트 화이트도 나오지만 대부분이 드라이 화이트와인이다.
그리스와인의 가장 큰 강점은 수백 가지의 토착품종이 있다는 것으로 이것이 약점이 되기도 한다. 이 다양한 품종들이 만들어내는 갖가지의 와인들이 애호가들의 호기심과 관심을 이끌어내기는 하지만 생소한 이름들로 인하여 판매하기 또한 어렵기도 하다.
그리스의 '에게해'에는 3000개가 넘는 섬 가운데 사람이 사는 곳은 63군데에 불과하다.

(2) 와인 규제

1971년부터 원산지 표기제도 시행하여 정부에서 지정한 지역을 표시하고 있다.

- **OPAP** : 품질이 좋은 상품(上品)의 원산지 표기 와인으로 대체로 드라이한 편이다. 펠로폰네스 네메아(Nemea)의 레드와인이 이의 전형이다.
병의 위쪽에 빨간색 줄무늬가 있어 식별이 용이하다.
- **OPE** : 원산지 표기 제한 와인으로 모두 스위트 와인들이다. 펠로폰네스의 파트라스 뮈스카(Muscat of Patras)가 이의 전형이다.
병의 위쪽에 파란색 줄무늬가 있다.
- **에피트라페지오스 오네노스(EO : Epitrapezios Oenos)** : 원산지 명칭을 표기하지 않는 와인이므로 여러 지역의 와인을 블렌딩 할 수 있다. 프랑스의 '뱅 드 따블'과 유사하다.

(3) 그리스의 포도 품종

- **화이트 품종**
  - 아씨르티코(Assyrtiko) : 그리스의 토종 품종 가운데 제일 중요한 것으로서 산토리니를 만든다.
  - 로디티스(Rhodities)는 포도송이가 핑크색 포도로 화이트 파트라스를 만든다.
  - 사바티아노(Savatiano) : 화이트로 가장 광범위하게 재배되는 것으로, 이 사바티아노가 발효될 때 송진을 첨가한 와인이 그리스의 전통적인 레치나(Restina)이다.
  - 모스코필레로(Moschofilero)
- **레드 품종인**
  - 아이오르티코(Aghiorghtiko)로 네메아(Nemea)를 만든다.
  - 크시노마브로(Xinomavro)

(4) 그리스 와인의 생산지

- **마케도니아(Macedonia)** : 그리스의 가장 북쪽지방. 산악지역으로 서늘한 기후이다.

나오싸(Naoussa)는 향긋한 꽃과 과일냄새가 나는 미디움-바디의 레드와인이다.

AO(Appellation of Origin)지역으로는 나오사(Naousa)와 아민테온(Amynteon)이 대표적이고, 그 외 멜리톤(Cotes de Meliton), 고메니싸(Goumenissa)와, 찬타리(Tsantali)와이너리가 있는 아기오리티코스(Agioritikos)에서 뛰어난 와인이 나온다.

- **펠로폰네스(Peloponnese)** : 그리스 남부의 긴 반도지형으로 다양한 기후와 토양으로 주목할 만한 여러 와인이 나온다.
  AO지역으로 만티니아(Mantinia), 네메아(Nemea), 파트라스(Patras)가 주요 지역이며, 마브로다픈(Mavrodaphne de Patras), 뮈스카(Muscat of Patras), 뮈스카 리온(Muscat Rion of Patras)이 있다.
  부드러운 레드의 네메아(Nemea), 드라이 화이트의 파트라스(Patras)와 만티니아(Mantinia), 그리고 마브로다핀(Mavrodaphne de Patras)은 스위트 레드, 스위트 화이트로는 뮈스카(Muscat de patras)이 있다.
- **크레트(Crete)** : 남부의 큰 섬으로 레드와 화이트를 각각 생산하는데, 크레타의 지명에서 기인한 여러 가지 이름을 붙이고 있다.
  AO지역으로 아르카네스(Archanes), 다프네스(Daphnes), 프레사(Peza), 시티아(Sitia)
- **테살리(Thessaly)** : 안키아로스(Anchialos) AO, 라프사니(Rapsani)
- **중부 그리스(Central Greece)** : 아티카(Attica), 칸차(Kantza) AO, 렛시나(Retsina) TA(Traditional Appelation)의 '렛시나'는 소나무 송진을 첨가하여 빚은 와인이다.

- **에게(The Aegean)** : 렘노스(Lemnos, (Limnos) AO, 레스보스(Lesbos) AO, 뮈스카 렘노스(Muscat of Lemnos) AO, 뮈스카 사모스(Muscat of Samos) AO
- **이오니아(Ionia Islands)** : 마브로다프네(Mavrodaphne of Cephalonia) AO, 뮈스카 체파로니아(Muscat of Cephalonia) AO, 로볼라(Robola of Cephalonia) AO, 그리고 산타 마브라(Santa Mavra), 베르데아(Verdea)가 있다.
- **도데카네세(The Dodecanese)** : 뮈스카 로데스(Muscat of Rhodes) AO, 로데스(Rhodes) AO
- **시클라데스(The Cyclades)** : 산토리니(Santorini) AO에서 같은 이름의 섬세한 화이트 와인이 생산된다. 파로스(Paros) AO
- **에피루스(Epirus)** : Zitsa AO

또한 그리스는 수많은 작은 섬들에서 각각 다양한 와인을 생산하고 있다.

2.8 헝가리(Hungary)

동유럽의 와인 제조국들은 1980년대 후반과 1990년대 초반 공산주의의 몰락과 더불어 와이너리의 개인 소유로 인하여 생기를 되찾았다. 이 중 헝가리는 가장 큰 잠재력을 지닌 나라이다. 헝가리의 와인 전통과 역사는 이 나라의 폭넓은 기후대와 토양, 고도(高度)로 포도경작에 적합하여 고대의 로마시대 이전으로 거슬러 올라간다.

헝가리는 위도 상 북쪽에 위치하지만 산에 둘러싸여 상대적으로 따뜻한 기온을 가지고 있다. 그러나 와인은 80% 이상을 화이트가 점하고 있다.

1 주요 포도 품종

- **화이트 품종** : 하르슈레벨뤼(Hárslevelü), 올라스리즐링(Olaszrizling), 푸르민트, 소비뇽 블랑, 샤르도네
- **레드 품종** : 카다르카(Kadarka), 켁프란코스(Kékfrankos), 포르투기저(Portugieser), 까베르네 소비뇽, 메를로, 피노 누아

2 와인 등급

헝가리 와인의 등급은 '국립 와인평가원(National Wine Qualfying Institute)'에서 규정한 네 가지 카테고리가 있다.

- **Kulonleges Minosegi Bor** : 최상품(extra-quality wine)
- **Minosegi Bor** : 상품(quality wine)
- **Taj Bor** : 보통 등급(regional wine)
- **Asztali Bor** : 테이블 와인(table wine)

또한 와인의 병목에 헝가리 국기의 삼색표지인 초록, 흰색, 빨강으로 띠가 둘러 있는 것은 '와인상인협회'가 수출을 허용한 표식이다.

3 헝가리의 와인생산지

22개의 공식 와인생산지[135]를 가지고 있다.

(1) 헝가리 와인 3대 생산지

- **노이시델 호(Lake Neusiedel)** : 소프론 지역, 소몰로 지역, 북서부의 오스트리아 쪽. 에게르(Eger)라는 레드와인이 많이 알려져 있다.

135) 1.Sopron, 2.Balatonmelléhe, 3.Balatonfelvidék, 4.Somtó, 5.Badacsony, 6.Balatonbogláár, 7.Balatonfured, 8.Pannonhalma, 9.Aszár-Neszmely, 10.Mór, 11.Mersekalja, 12.Villány, 13.Etyek-Buda, 14.Tolna, 15.Szekszárd, 16.Hajós-Boja, 17.Kunság, 18. Csongrád, 19.Mátraalja, 20.Eger, 21.Bükkalja, 22.Tokaj-Hegyalja

- **발라톤 호(Lake Balaton)** : 버더초니 지역, 유럽에서 가장 큰 호수로 헝가리의 중앙부 서쪽의 반을 차지한다.
- **다뉴브 강(Danube Riber)** : 빌라니, 섹사르도지역, 북에서 남쪽으로 헝가리의 중앙을 관통한다. 다뉴브의 북부는 화이트와인이 주로 생산되며, 남부는 부르고뉴타입의 레드를 많이 만든다.
  빌라니(Villány) 시클로스지역은 헝가리 중부의 최남단에 있으며 발라톤 호수의 동남쪽 인근에 위치하여 온난한 기후와 좋은 날씨로 훌륭한 레드가 생산되고 있다.
  토종인 케크프랑코쉬와 케크오포르토(kekoporto)를 비롯해 까베르네 소비뇽, 메를로, 까베르네 프랑과 같은 유럽의 품종들이 함께 쓰인다.
- **기타** : 북부의 에게르지역, 그리고 동북부 최북단의 유명한 토카이지역이 있다.

(2) 유명 와인

- **에게르(Eger)** : 헝가리의 수도인 부다페스트에서 동북쪽으로 150km 지점으로 '토카이'로 가는 길목에 위치하고 있다,
  - '에그리 비카베르'는 '에게르의 황소의 피(bulls blood of Eger)'라 부르며 레이블에는 'Bulls Blood'로 표기되고 뿔달린 황소의 뎃생이나 사진이 들어간다. 케크프랑코쉬(kekfrankos), 오포르토(oporto), 까베르네(cabernet)와 메를로의 블렌딩이다.
- **토카이 아수(Tokaji Aszú)** : 세계적 탑 클래스의 디저트와인으로, 토카이(Tokaji)라는 도시명에서 연유된 토카이 헤자야(Tokaji-Hegyalja)란 지역에서 나온다. 토카이(Tokay)는 헝가리 토카이(Tokaji)의 미국화된 말이다. 토카이(Tokaji)의 "i"는 "-에서부터, -에서 온"이라는 뜻으로 토카이 아수(Tokaji Aszú)는 토카이에서 온 아수(Aszú)와인이라는 뜻이다.

효모균(botrytis cinerea)에 의하여 영향을 받은 귀부병 포도를 사용하므로 당도가 높으며, 이 당도에 따라 등급을 매기고 있다.[136]

공산주의의 국유화로 인해 40여년 침체되었다가 프랑스, 영국, 스페인의 투자를 받아 점진적으로 예 명성을 찾고 있다. 1990년 세워진 영국회사인 로얄 토카이 와인(Royal Tokaji Wine Company)의 비르살마주 아수(Birsalma's Aszu)는 '세계 100대 와인'에 들어가는 것으로 토카이라는 명칭은 28개 지역에서 쓸 수 있다. "지상에서 느끼는 천상의 맛"이라는 찬사가 명불허전이다.

용량은 500ml로 땅딸막한 병에 들어있다.

---

136) Harriet Lembeck, ibid, pp.172-175

- 셉시(István Szepsy)[137]는 프랑스 루이 15세로부터 "왕들의 와인이자 와인의 왕"이라는 극찬을 받았고 그 이후 지금까지 세계적인 인기를 얻고 있는 와인으로서 헝가리 언론은 '셉쉬'가 토카이 와인과 동어의나 마찬가지라고 표현하고 있다.
- **그 외의 이름난 와이너리와 와인[138]**
  - 티보르 갈(Tibor Ga : Bull's Blood Reserve), Thummerer(Polett Cuvée),
  - 파조스(Chateau Pajzos : Chateau Pajzos Tokay Aszù 5 Puttonyos),
  - 오레무스(Tokaj-Oremus : Oremus Tokay Aszù 6 Puttonyos),
  - 그로프 데겐펠드(Gróf Degenfeld : Tokay Purmint), Királyudvar(Tokay Aszù 6 Puttonyos, Tokay Cuvée),
  - 디스노쾨(Disznókó Szolobirtok És Pincészet : Tokay Aszù 5 Puttonyos)

2.9 이스라엘(Israeli Wine)

고대의 와인압착기 유물이 골란고원(Golan Heights)과 북부의 갈릴리(Galilie)에서부터 중부의 사마리아(Samaria)와 남부 네게브(Negev) 사막에서 발견되었고, 와인의 보관과 수송을 위한 항아리들이 이스라엘 전역에서 발견되었다.

구약성서에서도 포도나무 재배와 와인양조가 나오므로 와인의 역사가 적어도 2000년 이상된 곳이며 성경에는 와인, 포도나무, 포도밭이라는 단어가 각각 200번, 60번, 90번 이상이 나오고 와인압착기라는 단어는 15번이 나온다.

AD 636년의 이슬람교(Moslem) 정복으로 침체된 와인양조는 1870년에 로쉴드 남작(Baron Edmond de Rothschild)의 도움으로 되살아나기 시작했으나 품질은 20세기에 들어와서야 국제대회에서 상을 수상하면서 좋은 품질임을 보여 준다.

---

137) 셉쉬(István Szepsy)는 60헥타르(63만 m²), 50개의 포도밭에서 매년 6만병씩 생산되는 셉쉬 와인은 30여 개 국에 수출되고 있다. 100만 원 대가 넘는 일부 최고가 몇 종류를 제외하여도 드라이 와인이 한 병에 3~16만원 대로 토카이의 다른 브랜드보다 3~4 배가량 비싸다.
오너인 셉쉬((István Szepsy)를 2000년 '월 스트리트 저널(WSJ)'이 '토카이 와인 제조의 새로운 장을 연 인물'이라고 표현하였다. 그의 조상들이 부다페스트에서 200dukm 떨어진 토카이와 마드(Mad) 일대에서 약 1500년 전부터 와인을 만들어 그 때 만든 지하 와인저장고를 지금도 쓰고 있다.
• Szepsy Tokay Aszù 6 Puttonyos, Tokay Cuvée

138) Ornella D'alessio, Marco Santini, ibid, pp320-321

(1) 이스라엘의 포도 품종

레드로는 까베르네 소비뇽, 까베르네 프랑, 까리냥, 어르가맨(이스라엘품종), 가메이, 그르나슈, 메를로, 쁘띠 시라, 시라, 피노 누아, 피노타주, 산지오베제, 템프라니오.
화이트는 게뷔르츠트라미너, 샤르도네, 수냉 블랑, 꼴롱바르, 뮈스까, 리슬링, 소비뇽, 블랑, 세미용, 비오니에, 에메랄드 리슬링(뮈스까델과 레슬링의 잡종)

(2) 이스라엘의 공식 와인 산지

- **사마리아(Samaria)** : 갈멜산(Mt. Carmel), 샤론 평야(Sharon Plain)
- **네게브(Negev)** : 비르세바(Beersheba Valley), 북 네게브 고원(Nothern Negev Plateau)
- **삼손(Samson)** : Upper Shefela, Gezer, Latroun
- **갈릴리(Galilee)** : Central Upper Galilee, Golan Heights, Nothern Upper Galilee, Lower Galilee
- **유대 힐(Judean Hills)** : Bet El Hills, Hebron Hills, Jerusalem Mountains, Bethlehem Hills

Tip 코셔 와인(Kosher Wine)

일반적으로 코셔라는 말이 붙은 음식은 우대 법률, 즉 구약 성경에 기록된 식생활 법칙에 따라 만든 것을 말한다. 따라서 코셔 와인이란 안식일(토요일)을 철저히 지키는 유대인이 성경 시대의 유대 법에 따라 양조한 와인을 일컫는다.
이스라엘 와인이 코셔로 인증받기 위한 몇가지 조건이 있다.

- 파종 후 4년 이상 된 포도나무의 열매만 사용 가능하다.
- 양조에는 안식일을 준수하는 유대인 남성만 참여할 수 있다.
- 포도밭은 7년째 되는 해에는 휴작해야 한다. 휴작기간에는 다른 농산물의 재배도 금한다.
- 생산된 와인의 1%는 쏟아버린다(십일조의 의미다).

이스라엘의 대부분의 와이너리에서 생산되는 와인은 코셔와인인 경우가 많지만 이것이 와인의 품질을 결정하는 기준은 되지 않는다. 이러한 조건을 충족하면 코셔와인 인증을 받아 뒤 레이블에 Ⓚ 마크를 넣어 소비자에게 알린다.

(3) 와이너리

바르칸(Barkan)[139], 연간 1500만병을 생산하여 전체 시장의 절반가량을 차지하는 이스라엘 최대의 와인생산사인 갈멜(Carmel)[140], 이스라엘의 선도적 와이너리로 보르도 스타일의 와인이 나오는

139) 바르칸(Barkan)은 주류 생산업체인 스톡(Stock)이 1990년 만들어 중앙 평원의 키부츠 훌다(Kibbutz Hulda)에 최신 와이너리를 만들기도 하여 년간 약 6백만병의 와인을 생산한다.
- Superieur, Reserve, Classic. '스톡'은 1950년에 설립되어 연간 150만병을 생산하는 세갈 와인(Segal)도 소유하고 있다.

140) 갈멜(Carmel)는 중앙 해안지역의 리숀 르지온(Rishon LeZion) 와이너리들과 갈멜산 지역의 지쳐론 야코브의 와이너리들과 같이 로쉴드(Edmond de Rotschild)남작이 공동으로 설립했다.
- Kerem 시리즈, Regional 시리즈, Priviate 시리즈, Selected 시리즈가 나온다.

가스텔(Castel)[141], 복합적으로 농축된 와인이 생산되는 이스라엘 최고의 와이너리 중 하나인 마르갈리트(Margalit)[142], 달턴(Dalton)[143], 에프랏(Efrat)[144], 골란 하이츠(Golan Heights Winery)[145], 빈야미나(Binyamina)[146], 레카나티(Recanati)[147], 시호스 와이너리(SeaHorse Winery), 티슈바(Tishbi)[148], 야티르(Yatir)[149], 등이 있다.

2.10 마케도니아(Macedonia)

세 군데의 와인 생산지역으로 포바다리(Povadarje), 플리나 오소고보(Plina-Osogovo0, 펠라고니야 폴로그(Pelagonija-Polog)가 있다.

---

141) 가스텔(Castel은)1988년 예루살렘의 서쪽 700m 고도의 유대 힐 지역에 있는 라마 라지엘(Rama Raziel)에 벤 자켄(Eli Ben-Zaken)이 설립한 곳이다.
- Grand Vin Castel, Chardonnay C, 그리고 세컨드 레이블인 Petit Castel.

142) 마르갈리트(Margalit)는 1989년 갈멜산 자락의 하데라(Hadera)에 마르갈리트 부자(Yair & Assaf Margalit)가 설립했다.
- 까베르네 소비뇽, C/S Special Reserve, 까베르네 프랑, Enigma.

143) 달턴(Dalton)은 1993년 갈릴리의 달턴공원 내에 설립되어 이스라엘에서 처음으로 우수한 소비뇽 블랑을 소개하였다.
- Kerem Ben Zimra와 레바논과의 국경에 인접한 곳에도 비니어드가 있다. Reserve, Dalton, Cannan

144) 에프랏(Efrat)은 테퍼버그(Tepperberg)가문이 1870년 예루살렘에 설립하였다가 1964년 도시 교외의 모짜(Motza)로 이전했다.
- Tepperberg Reserve 시리즈, Tepperberg Selection 시리즈, Israel 시리즈

145) 골란 하이츠(Golan Heights Winery)는 골란 고원의 카트즈린(Katzrin)에 있으며 골란과 어퍼 갈릴리에도 포도밭이 있다.

146) 빈야미나(Binyamina)는 엘리아즈(Eliaz)라는 이름으로 1948년에 하이파(Haifa)에서 설립되어 1952년에 갈엘산 밑의 빈야미나시(市)로 옮겼다.
- Special Reserve, Binyamina Series

147) 레카나티(Recanati)는 레니 레카나티(Leny Recanati)가 2000년 샤론지역 북부의 어퍼 밸리에 만들었다.
- Special Reserve는 까베르네 소비뇽과 메를로의 블렌딩. Reserve, Recanati 시리즈, Yasmin은 대중적 와인

148) 티슈비가(家)는 1882년 지쳐론 야코브(Zichron Yaakov) 도시 근처의 갈멜산 경사지에 포도나무를 심기 시작하여, 빈야미나(Binyamina)와 어퍼 갈릴리, 예루살렘 등의 포도밭에서 연간 90만병을 생산하고 있다.

149) 야티르(Yatir)는 갈멜과 유대 힐 인근의 야티르지역 생산자들 간의 협동조합.

2.11 몬테네그로(Montenegro)

세 군데의 와인 생산지역으로 크로노고르스코(Cronogorsko), 티토그라브스키(Titogradski), 프리모리(Primorje)가 있으며 크로노고르스코의 스크달(Skadar)호수 남쪽 연안에 잘 알려진 와이너리들이 있다.

2.12 루마니아(Romania)

루마니아의 국명에서부터 '로마인의 후예'라는 의미를 알 수 있다. 200년 남짓 로마의 지배를 받았지만 유럽의 동쪽 변방인 이곳 사람들은 라틴 민족이 대부분으로 풍습을 보면 남부 유럽과 흡사하다.
유럽의 남동쪽에 위치한 루마니아는 북으로는 우크라이나와 몰도바, 서쪽은 헝가리, 유고와 경계를 이루며, 동쪽은 흑해와 접해 있다. 면적은 한반도 전체면적보다 조금 더 크며 인구는 2400만명 정도로 남한 인구의 절반에 불과하다.
그리스 신화에 나오는 와인의 신인 디오니소스(Dyonisos) 신화의 발생지가 루마니아에 있는 다뉴브 강 연안의 트라치아(Tracia)이다. 따라서 루마니아의 포도 재배의 역사는 4000년 이상이 되며 루마니아인들의 선조인 다치아(Dacia)인이 만든 와인은 품질도 매우 우수하였다고 알려져 있다.
프랑스 보르도와 같은 위도 상에 위치한 루마니아는 더운 여름과 추운 겨울 그리고 구릉지대가 포도를 재배하기에 좋은 환경을 제공해 주어 부드럽고 섬세한 와인이 생산된다.
화이트와인, 특히 게뷔르츠트라미너는 탁월하여 충분한 가능성이 있지만 때에 따라 질의 차이가 많이 나는 일관성이 문제다.

(1) 와인 생산지역

- **바나트(Banat)** : Minis, Recas-Tirol, Teremia
- **도브루디아(Dobrudja)** : Murfatlar, Saricia-Niculitel
- **몰다비아(Moldavia)** : Cotnari, Dealurile-Moldovei, Odovesti, Tecuci-Galati Odovesti 내의 하위 세부 지역으로 Catchiest, Nicoresti가 있다.
- **무테니아(Mutenia)** : Dealul Mare 내에 Pietroaselerk가 있다.
- **올테니아(Oltenia)** : Arges-Stefanesti, Ragasani, Drobeta-Turnu, Severin, Segarcea
- **트란실바니아(Transylvania)** : Alba Iulia-Aiud, Bistrita-asaud, Tirnave.

(2) 추천 와이너리

뱀파이어(Vampire), 코트나리(Cotnari), 테라 다시카(Terra Dacica), 캐슬 브룩(Castle Brook), 로라(Laura)

2.13 러시아(Russia)

겨울에 영하 30°로 이하로 떨어지는 기후 조건으로, 드넓은 영토이지만 포도 재배지는 흑해와 카스피해 사이의 지역으로 극히 한정되어 있다.
체체노 잉구시(Checheno-Ingush), 다게스탄(Dagestan), 크라스노다르(Krasnodar), 로스토프 나 도누(Rostov-na-Donu), 스타브로폴(Stavropol)에서 와인이 생산되며 화이트와 스파클링이 우세하다.

2.14 세르비아(Serbia)

포도나무 재배의 세군데 주요지역은 세르비아, 코소보(Kosovo), 보이보디나(Vojvodina)이다.

2.15 슬로바키아(Slovakia)

체코와 같은 나라였으나 1993년에 나뉘어졌으며, 카르페티안 산맥 쪽과 니트라(Nitra)지방에서 각기 다른 성격의 와인이 소량 나온다. 그리고 슬로바키아의 동부지역, 홀호베크 트르나바((Hlohovec-Trnava), 모드리 카멘(Modry Kamen), 스카리카 자호리(Skalica-Záhorie)에 와이너리가 산재한다.

2.16 슬로베니아(Slovenia)

로마시대에 포도를 재배하기 시작하여 중세시대부터 소작인들이 주로 농사를 지었으나 2차 대전 후 대형 협동농장 체제로 되었다. 1991년 독립 후 중-소규모 와이너리가 많이 생겼으며 토양과 기후 등의 여건이 와인의 가능성을 보여주는 곳이다.[150]
아드리아해(海)에 면하여 이탈리아 반도 최북단의 동쪽으로, 좌측으로는 이탈리아, 북으로는 오스트리아, 아래로는 크로아티와(Croatia)와 국경을 접하고 있어 서유럽의 영향을 많이 받으며 생산지역은 해안쪽과 내륙으로 완연히 구별된다.

(1) 해안 지역(Primorska Slovenija : Coastal Slovenia)

이탈리아와의 국경에 가까운 지역으로 지중해성의 온화한 기후를 보인다.
브르다(Brda), 카르스트(Karst), 코페르(Koper), 비파바(Vipava)에서 포도 재배가 활발하다.

150) Ornella D'alessio, Marco Santini, ibid, pp.290-303

(2) 내륙 지역(Kontinentalna Slovenija : Inland Slovenia)

오스트리아, 헝가리, 크로아티아에 둘러싸인 곳으로

- 포드라비나(Podravina)에는 할로제(Haloze), 루토메르 오로르스케(Lutomer-Ororske), 마리보르(maribor), 프레크무리(Prekmurje), 라드고나 카펠라(Radgona-Kapela), 슬로벤스케(Slovenske)에서 와인이 생산된다.
- 포사비나(Posavina)는 베라크라이나(Beraklajina), 비제리스코 스레믹(Bizeljsko-Sremic), 도레니스카(Dolenjska), 스마리 비르스타인(Smarje-Virstajn)에서 와인이 생산된다.

(3) 와이너리와 와인

비나코페르(Vinakoper : Capris Plemenito Rdeče), 트라토리아 야즈벡(Azienda Vinicola E Trattoria Jazbec : Intanto), 바틱(Azienda Agricola Batič : Rosso Batič), 에르제틱(Azienda Agricola Erzetič : Ribolla), 모비아(Azienda Agricola Movia : Veliko Belo, Beliko Rdece),
빌라 루씨스(Azienda Agricola Villa Russiz : Graf de La Tou), 가스텔로 디 스페싸(Castello Di Spessa : Segrè), 비나이올리 예르만(Vinnaioli Jermann : Vintage Tunina)

PART **7**

신세계 와인 (New World Wine)

북미, 남미, 남아공, 호주, 뉴질랜드. 이러한 나라들은 유럽이 아닌 와인생산국들로서 흔히 신세계(New World)라고 부른다. 반대로 전 세계 와인의 2/3 이상을 생산하고 있는 유럽의 전통적 와인 생산국들을 구세계(Old World)라고 부르고 있다.
유럽에서는 와인을 몇 천 년 동안이나 생산해 왔으므로, 어느 곳이 경작하기에 좋으며, 어떤 포도가 잘 자라는지, 어떻게 해야 드라이 와인이 되며 또 스위트한 와인이 되는지를 오랜 세월에 걸쳐 터득해왔다. 반대로 신세계에서는 와인메이커 각자가 어떤 포도를 재배하여 어떤 스타일의 와인을 만드는지를 각자가 결정하여야 한다. 따라서 신세계의 와인 생산자들의 사고방식과 제조스타일은 특색이 있다.

표 6-1 신세계와 구세계의 차이

구분	신세계	구세계
포도 경작 시기	15세기 이후	4세기부터
발전 동기	신대륙 정복, 종교적 선교의 필요. 18세기 이후는 이민자에 의해	로마의 세계 정복
와인에 대한 규제	자유분방, 느슨한 규제	성문법에 의한 규제 시스템. 와인의 등급, 품계, 산지 지정
규제의 목적	오픈 시스템을 통한 창의성 도모	생산자와 소비자를 함께 보호
양조	양조의 혁신 기술 및 자본력	떼루아의 전통, 전통 보존

Tip 신세계의 연보(年譜)

- 1522년 : 멕시코 정복자 Corte's가 포도 경작
- 1547년 : 페루에서 포도나무 식재
- 1554년 : 칠레에서 포도나무 식재
- 1655년 : 남아공 희망봉 일대에서 네델란드인이 포도 경작
- 1788년 : 호주. 선장 필립(Arthor Phillip)이 포도 경작
- 1819년 : 뉴질랜드. 마서든(Samuel Marsden)이 포도 경작
- 1820년 대 : 미 캘리포니아 내파밸리, 소노마에서 포도나무 재배
- 1960년 대 : 캘리포니아 와인의 국제 유통 참여
- 1973년 대 : 호주 와인의 국제 시장 진출
- 1980년 대 : 남아공, 뉴질랜드 등의 국제 시장 진출
- 1990년 대 : 칠레 와인의 국제 시장 진출

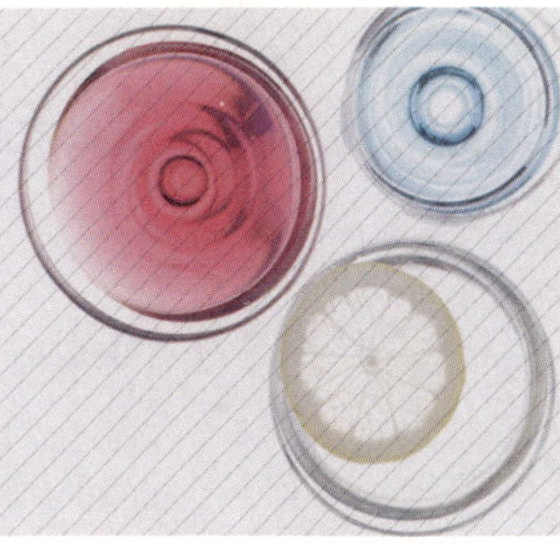

01 CHAPTER 미국

배를 타고 인생을 항해하고 있던 어느 때
조용한 시(詩)와 같은 훌륭한 음식과 나무랄 데 없는 포도주가 떠올랐다.
음식과 포도주를 같이 즐기면,
그들은 식탁에 기쁨을 주는 서정적인 선물이 된다.
- CIA at greystone -

제 1 절 미국 와인의 이해

1 미국와인의 레이블

회사명과 포도품종이 가장 크게 표시된다. 미국은 등급표시가 없는 대신 캘리포니아의 나파벨리, 소노마 카운티, 뉴욕의 핑거 레이크스 등의 지역명이 사실상 와인 등급을 나타낸다.

- **상표** : 소유쥬의 이름을 쓰기도 하나 대체로 포도원 명칭을 붙인다.
- **빈티지** : 포도의 95% 이상이 그 해당년도에 재배된 것을 의미한다.
- **생산지** : 포도가 생산된 지역, 캘리포니아라고 명시되어 있으면 사용 포도의 100%가 캘리포니아에서 수확된 것이라야 된다.
- **포도의 품종** : 레이블 상에 명시된 품종의 75% 이상이 사용된 와인을 뜻한다.
- 특징과 제조업체(제조업체명과 지명을 명시), 알코올 함유량[1)]

2 미국 와인 품질 등급

미국의 와인은 연방정부 기관인 B.A.T.F(The U.S Bureau of Alcohol, Tobacco and Firearms : 재무성 전매국)에서 관리하고 있으며, 유럽 와인과 같은 품질 등급에 대한 자세한 규정은 없고, 와인 제조에 사용되는 포도의 지역별 사용량에 대해서만 규정하고 있다. 그러므로 미국 와인을 구입할 때에는 제조회사를 확인하는 것이 중요하다.

(1) 카운티 와인(County Wine)

이 와인은 적어도 75% 이상을 동일한 카운티(County : 미국의 State 밑의 행정 단위)에서 재배한

1) Harriet Lembeck, "*Grossman's Guide to Wines, Beers*, & Spirits", Wiley Publishing Inc, 7th Revised Edition 2006, pp.200-202

포도를 사용하여야 한다.

(2) AVA(American Viticultural Areas Wine)

'미국 정부 승인 포도재배 지역'이란 뜻으로, 연방 정부에 승인되고 등록된 주나 지역 내에 속하는 특정 포도 재배 지역으로 최소한 85% 이상 동일 지역에서 생산된 포도를 사용하여야 한다.

(3) 스테이트 와인(State Wine)

전량 동일 주(State)에서 재배된 포도를 사용하여 생산된 와인. 즉 캘리포니아라고 표시하려면 포도의 전량이 캘리포니아 주에서 생산된 포도를 사용하여야 한다.

(4) 어메리칸 와인(American Wine)

미국 내에서 재배된 포도를 사용하여 제조된 와인을 말한다.

제 2 절. 캘리포니아(California)

캘리포니아는 해안 쪽의 온난한 해양성 기후와 지대가 높은 동쪽의 차가운 기후가 만나 낮과 밤의 일교차가 커 포도가 자라기에 좋은 조건을 갖추고 있다. 캘리포니아를 한 국가로 간주한다면 세계 6대 와인생산 국가로도 충분히 랭크될 정도로서, 미국 전체 와인 생산량의 약 90%를 점하고 있다.

'캘리포니아 와인의 아버지'로 불리는 선교사인 세라(Junipero Serra)가 1769년 샌디에이고 인근에 포도나무를 처음 심었고, 1861년에는 크룩(Charles Krug)이 상업적인 목적으로는 처음으로 세인트 헬레나에 포도원을 설립했다.

1899년 구스타브 니봄(Gustave Niebaum)이 와인이 파리 국제 박람회에서 금메달을 수상하여 국제 무대에 알려지기 시작된 이후, 1976년 프랑스 캘리포니아 와인 비교 시음회에서 캘리포니아산(産) 와인이 프랑스를 제치면서 확고한 국제적 명성을 얻었다.

1 미국 와인의 품질

(1) 파리의 심판(The Judgement of Paris)

1976년 5월 24일. 프랑스 파리에의 인터컨티넨탈 호텔에서 프랑스 와인과 미국 와인을 놓고 최고의 와인 전문가들이 상표를 가리고 하는 시음인 블라인드 테이스팅(blind tasting)에서 미국 와인이 완승한 사건이다.

표 6-2 파리의 심판 결과

순위	화이트와인			레드 와인		
	와인 명	빈티지	지역	와인 명	빈티지	지역
1	Chateau Montelena	1972	CA	Stag's Leap Wine Cellars	1973	CA
2	Mersault Charmes Roulot	1973	부르고뉴	Château Mouton Rothscuild	1970	보르도
3	Chalone Vineyard	1974	CA	Château Montrose	1970	보르도
4	Spring Mountain	1973	CA	Château Haut-Brion	1970	보르도
5	Beaune Clos des Mouches Joseph Drouhin	1973	부르고뉴	Ridge Vineyards Monte Bello	1971	CA
6	Freemark Abbey Winery	1972	CA	Château Léoville Las Cases	1974	보르도
7	Bâtard-Montrachet Ramonet Prudhon	1973	부르고뉴	Heitz Wine Cellars Martha's Vineyard	1972	CA
8	Puligny-Montrachet Les Pucelles Domaine Leflaive	1972	부르고뉴	Clos Du Val Winery	1972	CA
9	Veedercrest	1972	CA	Mayacamas	1971	CA
10	David Bruce	1973	CA	Freemark Abbey	1969	CA

출처 : George M.Taber, "Judgement of Paris", Scribner, 2005, pp.202~203

당시 미국 시사주간 타임이 이를 '파리의 심판'이란 제목으로 보도하면서 붙여진 이름이다. 이 사건은 신세계 특히 미국 와인에 대한 인식을 완전히 바뀌어 놓은 테이스팅이었다.
이 행사를 주관했던 스티븐 스퍼리어[2]가 '피에르 타리[3], 빌렌[4], 브리나[5], 레이몽 올리베르[6], 미셸

2) 스티븐 스퍼리어(Steven Spurrier) : 프랑스에 이주해 살았던 영국인으로 최고의 와인학교 중 하나인 '아카데미 뒤 뱅'과 파리 최고의 와인샵 중 하나인 '까브 들 라 마들렌'을 운영하고 있었다.

3) 삐에르 타리(Pierre Tari) : 샤토 지스쿠르(Chateau Giscours) 소유주, 그랑크뤼 클라세 와인협회 사무총장,

4) 오베르 드 빌렌(Aubert de Villaine)은 부르고뉴의 전설적인 와이너리인 DRC(Domaine de la Romanee Conti)의 소유주

5) 장 클로드 브리나(Jean Claude Vrinat)는 미슐랭에서 늘 별 세 개를 받는 레스토랑 타이유방(Taillevent)의 오너

6) 레이몽 올리베르(Raymond Oliver) : 레스토랑 '르 그랑 베푸르(Le Grand Véfour)주인, 와인전문가

도바즈[7], 크리스티앙 바네크[8]와 삐에르 브레쥬[9], 클라우드 드부아 미로[10], 패트리샤 갈래거[11], 오데뜨 칸[12] 등 프랑스 최고의 와인시음가 11명을 모아 시음회를 열었다.
시음할 와인으로 화이트와인으로는 샤르도네 품종으로 부르고뉴산 4종, 캘리포니아산 6종, 레드와인은 까베르네 소비뇽 품종으로 보르도산 와인 4종, 캘리포니아산 6종이 준비되었다.
시음결과는 현장에 있던 타임기자에 의해 보도되었는데 놀라움을 넘어 경악(驚愕)과 충격(衝擊)이었다. 올리비에르씨가 부르고뉴산 '바타르 몽라셰'를 맛보고 "이건 분명코 캘리포니아 와인이군, 전혀 향이 없잖아", 캘리포니아산 와인을 맛보고는 "이제야 프랑스로 돌아왔군"이라는 말을 했다는 사실까지 밝혔다.
"프랑스의 장엄함"이라는 찬사를 받으며 1위에 뽑힌 게 캘리포니아 와인인 것이었다.
프랑스 와인 홍보행사를 위해 품평회를 개최한 스퍼리어는 풋내기 캘리포니아 와인을 자신이 선택한 것에 대해 울분을 터뜨렸다. 프랑스 와인업자들이 사기극이라고 분노했고 스퍼리어는 1년 동안 프랑스 전역의 포도원 출입을 금지 당했다.
'파리의 심판'으로 캘리포니아를 비롯한 '신세계 와인'들이 보르도와 부르고뉴로 대표되는 '구세계 와인'을 몰아붙이고 '신세계'에 큰 자극과 용기를 불러일으켜 저마다 와인산업을 키우고 품질을 높이는데 투자했다. 한편 내파 밸리 인근의 UC 데이비스는 와인 양조학의 세계적 명문대가 되었다.

(2) 심판의 재대결

파리의 심판이 열린 후 30년 동안 절치부심하던 프랑스 와인들이 2006년 다시 미국 와인과 대결했다. 2006년 런던과 나파 밸리 두 곳에서의 블라인드 테이스팅이었다.
런던의 피카딜리 광장에 있는 전통있는 '베리 브라더스 앤드 루드' 와인샵, 나파 밸리에서는 미국와인센터(COPIA)에 각각 9명씩의 와인전문가들이 모여 카베르네 품종의 레드와인 10종(캘리포니아산 6종, 보르도산 4종)을 시음했다. 화이트와인은 레드에 비해 저장 기간이 짧아 이번에는 시음하지 않았다. 이번에도 캘리포니아산이 완승했다.

---

7) 미 셸 도바즈(Michel Dovaz) : 프랑스 와인 연구소(the Wine Institute of France)
8) 리스티앙 바네크(Christian Vanneque) : 뚜르 다르쟁(Tour D'Argent)의 소멜리어
9) 삐에르 브레쥬(Pierre Brejoux) : the Institute of Appellations of Origin
10) 클라우드 드부아 미로(Claude Dubois Millot) : Substitute to Christian Millau
11) 패트리샤 갈래거(Patricia Gallagher) : l'Academie du Vin, 미국인
12) 오데뜨 칸(Odette Kahn) : Editor of La Revue du vin de France

표 6-3 2006년 런던-내파 밸리 재대결 시음결과

순위	와인 이름	빈티지	지역	1976년 당시
1	Ridge Vineyards Monte Bello	1971	CA	5위
2	Stag's Leap Wine Cellars	1973	CA	1위
3	Heitz Wine Cellars Martha's Vineyard	1970	CA	7위
3	Mayacamas Vineyards	1971	CA	9위
5	Clos Du Val Winery	1972	CA	8위
6	Château Mouton Rothschild	1970	보르도	2위
7	Château Montrose	1970	보르도	3위
8	Château Haut-Brion	1970	보르도	4위
9	Château Leoville Las Cases	1971	보르도	6위
10	Freemark Abbey Winery	1969	CA	10위

1위에서 5위가 모두 캘리포니아 와인으로 30년 전의 테이스팅을 주관했던 스티븐 스퍼리어씨가 "당시 프랑스 와인은 맛의 절정에 도달하기에는 숙성기간이 짧았다. 이번에는 프랑스와인이 이길 것이며 미국 와인은 상위 4위도 끼지 못할 것"이라고 예측한 말을 무색하게 만들었고 캘리포니아 와인도 세월이 흐르면서 훌륭하게 숙성된다는 걸 입증했다.

2 캘리포니아 와인 타입과 주품종

(1) 캘리포니아 와인법에 의한 와인 타입

AVA(American Viticultural)는 포도의 재배지역을 구분하는 의미에서 1983년부터 시행된 것으로 메이커가 스스로 품질기준을 정하여 자율적으로 관리하고 있다).

- **Varietal Wine** : 단일 품종을 75% 이상 사용하여 레이블에 포도 품종을 명시한다. 상급 와인
- **Properietary Wine** : 여러 종류의 포도를 섞어 만든 것이다. 캐쥬얼한 것이거나 보르도 타입의 고급품이 이런 방식으로 만든다.
- **Generic Wine** : 일상적인 테이블 와인으로 유럽의 유명 산지이름을 붙이기도 한다.

(2) 캘리포니아 와인의 주품종

- **레드** : 까베르네 소비뇽, 메를로, 진판델, 피노 누아, 시라
- **화이트** : 샤르도네, 소비뇽, 블랑, 쉐닝 블랑, 비오니에, 리슬링[13)]

13) Kevin Zraly, "*Windows on the world Complete Wine Course*", Sterling Publishing Co, 2005, pp.71-72

제 3 절 캘리포니아의 와인 생산지

<table>
<tr><th colspan="2">생산지</th><th>지역</th></tr>
<tr><td rowspan="4">북부
해안 지대</td><td>Mendocino County</td><td>Anderson Valley, Cole Ranch, Mendocino, Mendocino County, Potter Valley, Redwood Valley</td></tr>
<tr><td>Lake County</td><td>Lake County(Benmore, Clear Lake, Guenoc)</td></tr>
<tr><td>Napa Valley</td><td>Napa, Calistoga, Atlas Peak, St. Helena, Rutherford, Mount Veeder, Yountville, Oakville Hills, Angwin, Geyserville</td></tr>
<tr><td>Sonoma County</td><td>Angwin, Calistoga, Cloverdale, Forestville, Fulton, Geyserville, Glen Ellen, Greyserville, Healdsburg, Guerneville, Kenwood, Napa, Santa Rosa, Sebastopol, Sonoma, South San Francisco, Trenton, Windsor</td></tr>
<tr><td rowspan="5">북-중부
해안 지대</td><td>Alameda County</td><td>Livermore Valley</td></tr>
<tr><td>Monterey County</td><td>Arroyo Seco, Carmel Valley, Chalone, Hames Valley, Monterey, San Lucas,</td></tr>
<tr><td>San Benito County</td><td>Sienega Valley, Lime Kiln Valley, Mount Harlan, Paicines, San Benito</td></tr>
<tr><td>Santa Clara</td><td>San Ysidro, Santa Clara, Santa Cruz Mountains</td></tr>
<tr><td colspan="2">Santa Cruz County</td></tr>
<tr><td>남-중부
해안지대</td><td>AO : San Luis Obispo, Santa Barbara</td><td>AVA : Arroyo Grande Valley, Edna Valley, Paso Robles, Santa Maria Valley, Santa Ynez Valley</td></tr>
<tr><td colspan="2">캘리포니아 중부 지대
(Central Valley)</td><td>Clarksburg(Sacramento County), Dunnigan Hills(Yolo County),
Lodi : 새크라멘토(Sacramento), 샌 와킨(San Joaquin Counties)
마데라(Madera) : 마데라, 프레스노(Fresno Counties),
Merritt Island(San Joaquin County), North Yuba(Yuba County)</td></tr>
<tr><td rowspan="4">기타</td><td>시에라 풋힐스
(Sierra Foothills)</td><td>Amodour County(Shenandoah, Fiddletown)
El Dorado County, Calaveras County,
Placerville County, Yuba County</td></tr>
<tr><td>North CA</td><td>Siskiyou County : Seiad Valley
Humboldt County : Willow Creek AVA</td></tr>
<tr><td>South CA</td><td>Los Angeles County(Malibu-Newton Canyon, Cucamonga)
Riverside County(Temecula AVA)
Ventura County, San Diego County</td></tr>
<tr><td>Solano County</td><td>Solano County(Green Valley, Suisun Valley), Marin County</td></tr>
</table>

3.1 북부 해안지대

1 멘도시노 카운티(Mendocino County)

주요 와이너리 중에서 가장 북쪽으로 내파와 소노마의 위에 붙어 있다. 캘리포니아 스파클링 와인 중의 최상의 품질이며 뛰어난 '진판델'도 만들어진다.

- **앤더슨 밸리(Anderson Valley) AVA** : 멘도시노에서 제일 바다와 가까운 곳으로 샤르도네와 피노 누아, 게비르츠트라미너, 리슬링의 성장에 적합하여 스파클링 와인을 만들기에 아주 좋다. 좋은 까베르네 소비뇽과 피노 누아도 볼 수 있다.
  골든아이스(Goldeneyes Winery), 요크빌(Yorkville Cellars) 외에 좋은 와이너리[14]들이 있다.

- 콜 랜치(Cole Ranch) AVA는 앤더슨 밸리의 우측에 위치한 좁고 작은 밸리의 작은 규모(25헥타)의 지역이다. 까베르네 소비뇽, 샤르도네, 리슬링이 재배되며 모두가 콜 가문(Cole family) 소유다.
- 맥도웰 밸리(McDowell Valley) AVA는 콜 랜치의 동남쪽으로, 멘도시노에서 제일 남쪽의 아주 좋은 토양이나 길이 300m의 작은 지역이다.
- 멘도시노(Mendocino) AVA
- 멘도시노 카운티(Mendocino County) AO는 와인을 멘도시노 카운티 아무 곳에서나 가져 오므로 AVA가 아니고 AO라 칭한다.
- 포터 밸리(Potter Valley) AVA
- 레드우드 밸리(Redwood Valley) AVA는 멘도시노에서 제일 처음으로 포도밭을 만든 곳으로 멘도시노호(湖) 바로 위에 위치한다.

2 레이크 카운티(Lake County)

멘도시노 밑의, 세인트 헬레나 산과 마야카마 산 북쪽으로 클리어 호(Clear lake)가 있는 지역이다. 미국에서 가장 대중적인 브랜드 가운데 하나인 켄달 잭슨(Kendall Jackson)[15]은 투어 프로그램으

14) Brutocao Cellars, Christine Woods Vineyards, Edmeades, Fetzer Vineyards, Greenwood Ridge Vineyards, Handley Cellars, Husch Vineyards, Jepson Vineyards, Lolonis Winery, McDowell Valley, Maple Creek Winery, Mendocino, Mendocino Ridge, Meyer Family Cellars, Navarro Vineyards, Pacific Echo Cellars, Parucci Winery, Potter Valley, Roederer Estate,

15) 켄달 잭슨(Kendall Jackson)은 1982년에 잭슨(Jess S. Jackson)이 설립하여 설립 1년 만에 미국 와인 경연대회에서 플래티넘 상을 받은 샤도네이로 주목을 받았다. 프랑스에 전용 오크통 제작공장을 갖고 있다.
  - 빈트너스 리저브 샤도네이(K-J Vinter's Reserve Chardonnay) 1982는 전미와인대회에서 대상을 수상하여 백악관 만찬용으로 지정되기도 했다. 샤르도네의 발효가 중지되어 단맛이 약간 날 때 제대로 발효된 와인과 혼합하면 당분이 남게 된다. 이러한 방식으로 여러 와이너리의 좋은 와인들을 블렌딩해 자연적인 풍미와 품격 있는 샤르도네를 만들고 있다. 베리테(Vérité), 카디날(Cardinale) 등 보르도 스타일 특급와인 생산에도 주력하고 있다.

로 인기가 많다.

튜립 힐(Tulip Hill Winery)과 시고 델 라고(Ceago del Lago), 게녹 앤 랭트리(Guenoc & Langtry Estate Vineyards), 쿠거스 립(Cougar's Leap Winery), 플로리에즈(Ployéz Winery), 샤먼 릿지(Shamon Ridge Winery), 스틸(Steele Wines), 와일드허스트(Wildhurst Vineyards)와 같은 좋은 와이너리들이 있다.

3 내파 밸리(Napa Valley)

인디언어로 '풍요의 땅'이란 뜻의 내파는 샌프란시스코에서 북쪽으로 54km 떨어져 있고, 왼쪽으로는 소노마 카운티, 오른쪽으로는 베리싸(Berryessa) 호수가 있다. 캘리포니아의 800여개 와이너리 중 300개 가까이가 몰려 있는 캘리포니아를 대표하는 와인 산지로서 캘리포니아 와인 산업의 중심이다. 최고급 와인을 만드는 '부티크 와이너리'가 몰려 있고 고급 와인은 대부분 이 지역에서 나오므로 미국와인의 중심지 격이 된다.

레드로는 까베르네 소비뇽, 메를로, 피노 누아, 그리고 진판델이 주 품종이며, 화이트로는 샤르도네, 소비뇽 블랑을 많이 사용한다. 최근에 블렌딩 와인이 늘어나는 추세에 있다.

- **내파(Napa)** : 셰이퍼(Shafer vineyards)[16]의 까베르네 소비뇽은 20년간 백악관 만찬와인으로 사용되었으며, 파이어브레이크(Firebreak)는 산지오베제 93%, 까베르네 소비뇽 7%의 캘리포니아의 슈퍼 투스칸으로 알려져 있다.

  HdV Wines[17]는 로마네 콩티의 소유주 '빌란(Aubert de Villaine)'이 내파의 하이드(Hyde)가와 만나 Hyde의 Hd, 'Aubert de Villaine'의 'd V'를 합쳐 만든 이름이다. 전설적인 까베르네 소비뇽 메이커로 1973년산 레드가 1976년 파리의 심판에서 1등에 올랐던 스태그스 립(Stag's Leap Wine Cellar)[18]은 2007년 1억 8500만 달러에 팔린바 있다.

---

16) 셰이퍼(Shafer vineyards)는 첫 와인인 1978년 산 까베르네 소비뇽부터 호평을 받은 독특한 향미를 가진 컬트와인이다. 파커가 "까베르네 소비뇽이 다다를 수 있는 최상의 맛"라고 평가하며 두 번이나 100점을 매긴, 2008년 워싱턴에서의 G20 정상회담의 메인와인이다. '시카고 미래 경제 위원장'으로 출판업에 종사했던 '데이비드 쉐이퍼'가 데이비드 대학에서 양조학을 전공한 아들 '더그 쉐이퍼'와 함께 시작한 곳이다.

17) HdV Wines는 시라, 샤르도네, Belle Cousine(벨 쿠진)은 '아름다운 여사촌'이란 뜻으로 래리(larry) 하이드의 사촌이자 빌렌의 부인인 패멀라가 이들을 소개하여 딴 이름이다.

18) 스태그스 립(Stag's Leap Wine Cellar)의 이름은 쫓기던 수사슴(stag)이 절벽 사이를 펄쩍 뛰어(leap) 도망갔다는 데서 유래한다.
   - 캐스크 23(Cask 23)는 '세계 100대 와인'이며, Hawk Crest Cabernet Sauvignon은 스태그스 립의 세컨드 와인이다. 2005년 연세대가 개교 120주년을 기념하여 선정한 와인으로 학교 휘장과 상징물인 독수리를 형상화한 레이블을 주문 제작해 붙이기도 했다.

그 외에 좋은 와이너리[19]들이 많다.

- **캘리스토가(Calistoga)** : 몬텔레나(Château Montelena Winery)는 1882년 시작된 곳으로 1976년 파리의 심판 때 1등한 샤르도네로 유명한 곳으로 영화 와인 미라클(Bottle Shock)에 소개되었다. 2008년에 보르도의 '샤토 코 데스투르넬'의 소유주에게 1억 1000만 달러에 매각되었다.
  마르카생(Marcassin)은 터리(Helen Turley)가 샤도내이와 피노 누아로 만드는 스타일리쉬한 컬트와인을 생산하는 작은 와이너리다.
  클로 페가스(Clos Pegase)[20]는 그리스 신화에 나오는 날개달린 말 '페가수스'에서 이름을 따온 곳으로, 무어(Henry Moore)의 'Mother Earth', 세자르(Cesar)의 'thumb', 모리스(Robert Morris), 장 뒤부페(Jean duvuffet), 세라(Richard Serra) 등의 유명 조각가 작품 300여점이 전시되어 있다.
  다이아몬드 크릭(Diamond Creek Vineyards)의 4개의 밭 중 하나(0.3ha)에서 나오는 볼캐닉 힐(Volcanic Hill)은 '세계 100대 와인'으로 생산량이 극히 적다.
  슈람버그(Schramsberg Vineyards), 까베르네 소비뇽으로 탁월한 와인이 나오는 아로호(Araujo Estate Wines)[21] 외에 좋은 곳[22]들이 많다.

19) Abreu, Acacia Winery, S. Anderson Vineyard, Bialé Vineyards, Bouchaine Vineyards, Carneros Creek Winery, Chimney Rock, Clo Du Val, Codorniu Napa, Colgin-Schrader Cellars, Domaine Carneros, Elyse, Havens Wine Cellars, The Hess Collection, Kent Rasmussen, Mayacamas Vineyards, Pahlmeyer, Patz and Hall, Pine Ridge Winery, Plumpjack, Saintsbury, Sequola Grove, Signorello Vineyards, Silverado Vineyards, Robert Sinsky Vineyards, Staglin, Trefethen Vineyards, Turley Cellars, White Rock, William Hill Winery, ZD Wines

20) 클로 페가스(Clos Pegase)는 'Jan Shrem'부부가 운영하고 있다. 건물은 그레이브스(Michael Grave)가 지었다.
- Mitsuko's Vineyard, Tenma, Applebone Vineyard, Dunaweal Vineyard

21) 아로호(Araujo Estate Wines)는 아로호(Bart and Daphne Araujo) 소유로 까베르네 소비뇽과 시라를 사용한다.

22) Cuvaison, Marcassin, Robert Pecota Winery, Storybook Mountain Vineyards, Sterling Vineyards

- 아트라스 픽(Atlas Peak)에는 같은 이름의 아트라스 픽(Atlas Peak)[23]이 잘 알려져 있다.
- **세인트 헬레나(St. Helena)** : 캘리포니아에서 가장 오래된 곳인 베린저(Beringer Vineyards)[24], 샤플렛(Chappellet Winery & Vineyards)[25], 덕혼(Duckhorn Vineyards)[26], 조셉 펠프(Joseph Phelps Vineyards)[27].

하이츠 와인 셀러즈(Heitz Wine Cellars)의 까베르네 소비뇽으로 만든 마샤즈 비녀드(Martha's Vineyards)는 '파리의 심판'에서 7위에 오른, '세계 100대 와인'으로 매년 6만여 병의 생산에 몇 번째 병인지 레이블에 명시된다.

스파츠우드(Spottswoode Estate Vineyard & Winery)[28]는 CCOF(California Certified Organic Farmers)의 공식인증을 받은 100% 유기농으로 재배한 포도만을 사용한다. 빈티지에 따라 독특함이 있지만 일관되게 안정감을 보여주며 1982년의 첫 빈티지부터 컬트(Cult)라고 불렸으며 캘리포니아 내에서 "가장 수집할 가치가 있는 와인 중 하나"라고 인정받고 있다. 비더크레스트(Veedercrest)

---

23) 아트라스 픽(Atlas Peak)은 끌로 뒤 브아(소노마)와 '윌리엄 힐(William Estate, 내파)'을 소유하는 워커(Hiram Walker)와 볼랭져(프랑스 샹빠뉴), 안티노리(이태리 끼안티)가 손잡아 산지오베제로 와인을 만든다.

24) 베린저(Beringer Vineyards)는 1876년 세워져서 금주법 때문에 모든 와이너리가 포도밭을 갈아엎을 때 이곳만 미사주를 위한 합법적인 와인생산이 허용되었었다.
- Founder's Estate, Stone Cellars, Knights valley, Napa Valley, Private reserve(까베르네 소비뇽, 샤도네이)는 1970년 대 첫 출시되어, 와인 전문지인 '와인 스펙데이터'에서 선정하는 세계 100대 와인의 레드와 화이트에 각각 뽑힌 프리미엄 와인이다.

25) 샤플렛(Chappellet Winery & Vineyards)은 1969년 샤플렛(Donn & Molly Chappellet)이 설립한 곳으로 110에이커(약 13만평)의 계단식 포도밭에서 좋은 와인을 생산하고 있다.
- Signature 2001은 최고급 까베르네 소비뇽 와인으로 오래 두고 마실 수 있는 와인의 표본으로 알려져 있다. 오래 숙성될수록 매력적인 와인이 된다.

26) 덕혼(Duckhorn Vineyards)에서는 까베르네 소비뇽, 메를로, 소비뇽 블랑을 주로 사용한다.
- '덕혼 내파 밸리 소비뇽 블랑'과 '골든아이 피노누아'가 버락 오바마 대통령 취임 축하 오찬 행사 때 축배용으로 사용되어 오바마 백악관의 첫 와인이 되었다.

27) 죠셉 펠프(Joseph Phelps Vineyards)는 1972년 만든 와이너리로 론의 대표품종인 시라를 들여와 재배하였다. 론 스타일의 와인 '르 미스트랄(Le Mistral)'과, 보르도 스타일의 블렌딩으로 만든 '인시그니아(Insignia)'를 생산하고 있다.

28) 스파츠우드(Spottswoode Estate Vineyard & Winery)의 까베르네 소비뇽은 20개월간 100% 프렌치 오크통에서 숙성한 와인으로, 농후한 오크향이 특징으로 모카, 바닐라, 초콜릿 향이 어우러진 풀 바디 스타일로 로버트 파커가 '나파의 마고'라고 찬사하였다.
- 2001년산은 와인 애드버케이트(Wine Advocate)에서 로버트 파커가 95점, 와인 스펙테이트(Wine Spectator)에서 제임스 로베(James Laube)가 90점, 디켄터(Decanter)에서 "Highly Recommended(★★★)'라는 평가를 받았다.

는 1972년의 첫 빈티지가 1976년의 '파리의 심판'에서 화이트와인 9위에 올랐고, 1886년에 세워져 와인 업계의 '프리마크 대학'이라고 불리는 프리마크 애비(Freemark Abbey)는 레드와인 10위에 들었다.
이 외에도 쟁쟁한 와이너리[29)]들이 많다.

- **러더포드(Rutherford)** : 내파밸리에 최초로 세워진 보리으(Beaulieu Vineyard)[30)]에서 와인을 만든 첼리스체프(André Tchelistcheff)는 '캘리포니아 양조의 아버지', 나아가서 '양조의 교황'이라고 일컫는다.
  페주(Peju Province)[31)]는 와인의 품질도 훌륭하지만 멋진 와이너리의 정원과 음식과의 조화를 이루는 와인 페어링 등의 투어 프로그램이 잘 되어 있어 인기가 높은 곳이다.
  코폴라감독이 세운 루비콘(Rubicon Estate)[32)]은 영화와 와인에 관한 박물관이 있으며 이곳의 '니에바움 코폴라 루비콘(Niebaum-Coppola Rubicon)은 '세계 100대 와인'이다.
  프란시스칸 오크빌(Franciscan Oakville Estate)[33)], 래일(Lail Vineyards)[34)]이 있으며, '필립 멜카(Melka)'는 '무엑스'[35)]씨와 같이 오래 일해 온 사이의

29) Barnett Vineyards, Beaucanon, Buehler Vineyards Inc, Burgess Cellars, Cain Cellars, Chatles Krug,, Conn Creek Winery, Conn Valley, Corison, Dunnewood, Flora Springs, Forman Vineyards, Freemark Abbey, Grace Family Vineyards, Green and Red Vineyards, Robert Keenan Winery, Long Vineyards, Markham Vineyards, Louis M. Martini, Merryvale Vineyards, Newton Vineyards, Raymond Vineyard and Cellar, St. Clement Vineyards, Seavey, Spring Mountain Vineyards, Sutter Home Winery, Smith-Madrone, Spottswoode, Stony Hill Vineyard, Philip Tongni Vineyard, Viader, Whitehall Lane Winery

30) 보리으(Beaulieu Vineyard)는 라투르(Georges de Latour)가 1904년 세운 와이너리로 Georges de Latour Private Reserve Cabernet Sauvignon, BV Reserve Wines, BV Napa Valley Wines, Beaulieu Vineyard Maestro Collection, BV Coastal Estates 등의 와인이 나온다.

31) 페쥬(Peju Province)는 FiftyFifty, 진판델, 시라, 메를로, 까베르네 프랑, 까베르네 소비뇽을 생산

32) 루비콘(Rubicon Estate)은 1879년 설립된 잉글눅(Inglenook Vineyards)을 1975년 코폴라(Francis Coppola)감독이 1975년 매입하여 이곳을 만든 니바움(Gustave Niebeum)과 자신의 이름을 합쳐 'Niebaum-Coppola Estate Winery'로 바꾸었다가 여기서 생산되는 와인인 'Rubicon'의 이름을 따서 2006년에 다시 개명했다.
- Rubicon(샤르도네), Blancaneaux, Cask Cabernet, 시라, 메를로, 까베르네 프랑, Edzione Pennino

33) 프랜시스칸(Franciscan Oakville Estate)은 주변에 오퍼스 원, 베린저, 실버 오크, 그로스(Groth) 등 쟁쟁한 와이너리에 둘러싸인 내파의 중심부에 위치한 허니어스(Agustin Huneeus)의 와이너리다.
- 매그니피센(Magnificent)은 까베르네 소비뇽과 까베르네 프랑을 블렌딩한 프랜시스칸의 대표적인 와인

34) 레일(Lail Vineyards)은 카폴라가 인수한 잉글눅을 세운 니바움(Gustave Niebaum)의 자손이 다시 만든 와이너리로 니바움의 조카인 다니엘(John Daniel)이 로버트 몬다비와 가까이 지내면서 오늘날의 내파 밸리를 만드는데 크게 이바지하였다. 다니엘의 딸인 레일(Robin Lail)이 아들과 손자와 더불어 이끌고 있다.
- Daniel Cuvée

35) 무엑스(Cristian Moueix)는 프랑스의 페트뤼스(Pétrus) 소유주로 내파에도 도미너스(Dominus)라는 와이너리를 만들어 1990년부터 와인을 생산하고 있다. 중국인 부인을 둔 무엑스 씨는 "'가와바다 야스나리'나 '이노우에 야스시'의 소설에서 느껴지는 섬세함을 와인에서 표현하고 싶다"고 말할 정도로 동양에 대한 지식이 많다.

와인 메이커로 '다나'[36]에 참여하고 있는데 이 다나(Dana Estate Lotus Vineyard)는 '한국제분 동아원'의 이희상씨가 2005년 포도밭을 인수해서 자신의 호인 '단하'에서 따온 '다나'로 명명한 와이너리다.

러더포드 힐(Rutherford Hill Winery)[37], 글기치 힐스(Grgich Hills Cellar)[38], 케이머스(Caymus Vineyards)[39]의 'Special Selection'은 '세계 100대 와인에 포함된다. 이 외에도 좋은 와이너리들[40]이 있다.

- 마운트 비더(Mount Veeder)에 헤스 콜렉션(Hess Collection)[41]이 있으며, 샤토 포텔(Château Potelle)은 까베르네 소비뇽과 진판델이 나오지만 샤르도네가 더 유명하다.

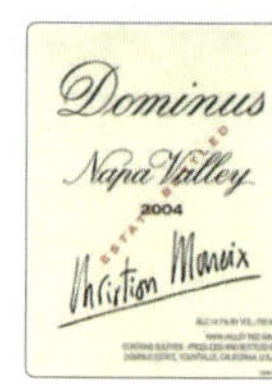

- **욘트빌(Yountville)** : 샹동(Domaine Chandon)은 모에 샹동(Moet Chan-don)을 만드는 모에 헤네시(Moet Hennessy)사에서 캘리포니아에 만든 와이너리로 프랑스 샹빠뉴 지방의 전통 샴페인 제조방식으로 만드는 스파클링 와인으로 유명하다.

도미너스(Dominus Estate Winery)[42]에서 '세계 100대 와인'인 도미너스(Do-

---

36) 다나 허시, 다나 헬름스, 온다도로, Lotus Vineyard 2007는 연간 3000병 한정으로 2010년 첫 생산되어 로버트 파커로부터 평점 100점을 받아 고급 와인으로 이름을 올렸다. 바소(Vaso)는 화병, 항아리를 뜻하는 이탈리아어로 레이블에 나오는 조선백자를 통해 동양적 가치를 전달하고 있어 이름부터 레이블까지 동양적 색채가 묻어나는 와인이다.

37) 루더포드 힐(Rutherford Hill Winery)은 내파 밸리의 동쪽 언덕으로 1976년 나파 밸리의 주요 포도원들이 합동으로 와이너리를 설립했다. 메를로 특유의 과일 향과 마시기 편한 느낌의 가능성을 보고 재배하여 입지를 굳히고 있다. 1984년에 지은 와인 저장고는 통로의 길이만 2km나 되는 규모로 와인 숙성에 알맞은 온도와 습도를 측정하여 맞추어 주는 데 와인의 증발과 공기와의 과다접촉을 방지해 주고 있다.
1996에 터레토(Anthony Terlato, his sons Bill and John)가 구입하여 이 지역의 와인발전을 위해 노력하고 있다. "식탁에 고기 요리가 올라올 때면 언제든지 서브할 수 있도록 박스로 구매해 두는 편이 좋은 와인"이라는 평을 'Wine and Spirits'지가 언급하며 2001년 빈티지는 91점을 매겼다.

38) 글기치 힐스(Grgich Hills Cellar)는 크로아티아 'Dalmatian coast'에서 태어난 글기치(Miljenko "Mike" Grgich)'가 오스틴 힐즈(Austin Hills)와 같이 만든 곳으로, 글기치는 1976년 '파리의 심판'에서 1등한 샤르도네 '샤토 몬텔레나(Chateau Montelena)'를 만든 와인메이커다.

39) 케이머스(Caymus Vineyards)는 1906년 알자스 출신의 와그너가 세운 후 금주법으로 문을 닫았다가 후손인 찰스 와그너가 1960년 재설립하였다.

40) Cakebread Cellats, Crichton Hall, Inglenook Vineyards, Mumm Napa Valley, Swanson

41) 헤스 컬렉션(Hess Collection)은 헤스(Donald Hess)가 1986년부터 운영하고 있는 와이너리로서 두 채의 대형 갤러리 건물에는 방대한 현대 미술품들을 전시하고 있다.

42) 페트뤼스의 소유주인 무엑스(Chritian Mouiex) Estate)가 나파 밸리의 잉글누크 (Inglenook)의 소유자였던 다니엘(John Daniel)의 두 딸(Reil & Smith)과 합작하여 '오퍼스 원'보다 3년 앞선 1982년 설립한 곳이다. 1994년부터 무엑스 혼자 보르도스타일의 레드를 만든다.

minus)와, 나파누크(Napanook), 오델로(Othello)[43]가 나온다.

- **오크빌(Oakville Hills)** : 스크리밍 이글(Screaming eagle)[44]의 까베르네 소비뇽은 1992년 생산 첫해에 로버트 파커로부터 99점을 받았다.
  파 니엔테(Far Niente)[45]는 에너지를 하나도 쓰지 않는 1만 3000요 평에 달하는 친환경 저장고와 그림 같은 조경으로 유명하다.
  미국의 와인 평론가로부터 매년 최상의 평점을 받고 있는 할란(Harlan Estate)[46]과 마이바흐(Maybach)[47], 실버 오크(Silver oak Cellars)[48]가 있으며, 바인클리프(Vine Cliff)[49]의 레이블의 '바인 클리프'란 글자 밑에 그려져 있는 피닉스(phoenix)는 불 속에서 살아나는 불사조로 이 와이너리의 의미를 나타내는 상징으로 '불 속에서 살아남은 땅의 생명력, 포도의 재탄생'을 그린 것이다.

43) Othello를 프랑스어 발음이 오텔로인데 이는 'Otez l'eau'로서 이 뜻은 '물을 치워 주세요'로 '그리고 와인을 주세요'라는 의미로 해석되기도 한다.

44) 스크리밍 이글(Screaming eagle)은 처음부터 미리 고객 명단에 오른 사람들을 대상으로 우편판매만 하며 판매량도 매년 1인에 3병으로 제한했는데 신청은 이미 2000년에 마감되었다. 판매가격은 병당 500달러이지만 e베이의 경매가격이 3000~4000달러나 되며 그나마 쉽사리 나오지도 않는다.

45) 파 니엔테(Far Niente)는 1885년 설립되었으나 1919년의 금주령으로 폐쇄되었다가 오클라호마에서 화원 일을 하던 니켈 (Nickel)부부가 1979년 재건한 곳이다.

46) 할란(Harlan Estate)은 1984년에 설립된 곳으로 1년에 약 2000케이스(2만 4000병)에 불과하여 병당 가격이 150~200만 가량 된다.
"위대한 와인이란 최고의 환경을 최대한 표현한 와인이다". "어린 와인은 과일향이 살아 있고 싱싱하고 맛있다. 몇 년 지나면 가죽, 담배 등의 복합적인 풍미가 느껴지기 시작한다. 젖살이 빠진달까. 그러다 잠깐 몇 개월 혹은 몇 년 동안 이상해 질 때가 있다. 어정쩡한 사춘기처럼. 그러다 다시 원숙한 맛과 향으로 진화된다" 설립자 빌 할란(Harlan)의 말이다.

47) 마이바흐(Maybach)는 1901년 독일에서 마이바흐 엔진을 설계하여 메르세데스를 만든 마이바흐(Wilhelm Maybach)의 이름에서 따 온 와이너리.
- 까베르네 소비뇽의 레드로 2007년 빈티지는 로버트 파커의 99점 평점.

48) 실버 오크(Silver oak Cellars)는 콜로라도에서 사업을 하다 1972년 내파 밸리로 옮겨 온 던컨(Ray Duncun)이 운영하는 곳으로 까베르네 소비뇽'을 생산한다.

49) 바인 클리프(Vine Cliff)는 1871년 세워진 와이너리로 1906년의 화재로 돌조각만 남은 황폐한 땅으로 변했다가 1985년 지금의 소유주인 스위니(Rob Sweeney)가 매입하여 다시 포도나무를 심었다.
- '바인 클리프 까베르네 소비뇽'은 1990년 첫 생산되어 '와인 스펙테이터'에서 1998년 91점, 2005년 93점, 2006년 92점을 받아 최상급으로 꼽히며 역시 백악관 만찬 와인으로 선정되기도 했다.

또한 '캘리포니아 와인의 상징', '내파의 성지'로 불리는 로버트 몬다비(Robert Mondavi Winery)[50]에서 다양한 투어 프로그램에는 와인 테이스팅은 물론 품종별 비교가 가능하도록 만든 시식용 포도밭을 둘러보고 미술품 전시, 정기적으로 개최되는 음악 콘서트도 볼 수 있다. 까베르네 소비뇽만 다루는 전용 숙성 저장고가 있다. 데이비스 켈리포니아 대학에 2500만 달러를 기부하여 '로버트 몬다비 와인 & 식품과학연구소'를 설립하기도 했다. 입구의 수도사(修道士) 모양의 조각상이 양 손을 벌리며 방문객을 1966년부터 맞이하고 있다.

오퍼스 원(Opus One)[51]이라는 이름은 음악에서 작곡가의 첫 번째 작품을 뜻하는 말이다. 몬다비(Robert Mondavi)와 로쉴드(Baron Philppe de Rothschild)가 같이 만든 보르도 스타일 와인으로 까베르네 소비뇽, 메를로, 까베르네 프랑, 말벡으로 블렌딩한 레드. "무통도 아니고 몬다비도 아닌 것"이라고 로버트 몬더비가 말했다.

필립 로스차일드와 로버트 몬더비가 만든 서해안 최고의 적포도주지. 마셔 보면 알겠지만 보르도에도 부르고뉴에도 토스카나에도 없는 와인이야. 미국 최대의 업적은 할리우드 영화나 비트족의 시, 재즈, 팝 뮤직이 아냐. 오퍼스 원(Opus One)이야. 오퍼스 원은 진정한 의미에서 구대륙과 신대륙의 조화의 상징이지. 역사라는 것은 외부와의 관계를 쌓아가는 거라고 말했다더군요. 그 사람이 일생을 통하여 누구와 관계를 만들어나가는가 하는 것이 그 사람의 역사가 된다는 말도 덧붙여서.[52]

그리고 좋은 와이너리들[53]이 많이 있다.

- 앵귄(Angwin)의 던 비녀드(Dunn Vineyards)에서 까베르네 소비뇽으로 소량의 고품질 와인을 만든다. 제이드 마운틴(Jade Mountain), 라 호타(La Jota)도 잘 알려져 있다.

50) 로버트 몬다비(Robert Mondavi Winery)는 내파 밸리를 남북으로 관통하는 29번 도로의 중안에 위치한 이곳은 한 해에 800만 상자의 와인을 생산하여 연간 매출액이 4억 달러에 달한다.
- 로버트 몬다비 까베르네 소비뇽 리저브는 이곳의 대표적 와인. 바르베라, 까베르네 소비뇽, 샤르도네, 셰닝 블랑, 리슬링, 진판델 등 다양한 품종을 사용한다.

51) '오퍼스 원(Opus One)'은 '로버트 몬다비 와이너리'의 바로 맞은편에 자리 잡고 있다.
- '오퍼스 원' 단 한 가지만 생산하며 1979년 첫 와인이 출하되었고, 1985년 빈티지는 프랑스와 영국, 독일 등 유럽에 판매된 최초의 캘리포니아 와인이었다.

52) 村上 龍, 권남희역, "와인 한잔의 진실", 창해, 1999, p.14

53) Cosentino, Dominus, Dalla Valle, EtudeGirard Winery, Groth Vineyards, Lewis Cellars, Robert Pepi Winery, Saddleback, Vichon Winery, Villa Mt. Eden winery,

- 기서빌(Geyserville)에 고품질을 화이트가 나오는 머피 구디(Murphy-Goode)가 있다.
- **스태그스 립(Stags' Leap)** : '아트라스 픽'과 '욘트 빌' 사이에 있는 내파에서도 특히 까베르네 소비뇽의 고장이라 일컫는다. 침니 락(Chimney Rock)[54)], 키호테(Quixote Winery)[55)]가 있다.

Tip 컬트 와인

1990년 대 들어 내파 밸리의 몇몇 와이너리에서 생산을 시작한 최상급 와인을 뜻하며 소규모 농원에서 한정된 양만 생산하므로 '부티크 와인'이라고도 부른다,

이 시기에 최고급 와인이 잇따라 나오자 와인비평가들이 찬사를 아끼지 않았는데 특히 로버트 파커가 게 중에 몇 개에 100점 만점을 주면서 기름을 부은 격이 되었다.

즉 1992년 첫 빈티지가 나온 스크리밍 이글은 일 년에 2500병밖에 나오지 않는데 파커가 99점을 부여해 찾는 사람이 많아져도 구하기가 힘들어 자연스럽게 관심이 대상이 되었다. 그래서 구매자 명단에 이름을 올려야 구매가 가능한 판매시스템으로 회원의 사망 시에나 구매가 가능한 와인들이 많다.

컬트와인의 범위는 규정된 것이 아니므로 관점에 따라 달라진다. 처음에는 내파 밸리의 최고급 와인을 지칭하는 말이었지만 지금은 캘리포니아 주 전역을 통틀어 소량 생산되는 고품질의 와인을 지칭하는 말이 되었다.

현재 내파의 잘 알려진 컬트와인으로는 아로호(Araujo, 년간 4000상자 생산), 콜긴 셀러즈(Colgin Cellars, 2500상자), 브라이언트 패밀리(Bryant Family, 1000상자), 달라 발레(Dalla Valle, 1000상자), 그리고 할란 에스테이트(Harlan Estate 1800상자), 스크리밍 이글(Screaming Eagle, 500상자), 그레이스 패밀리(Grace Family, 350상자), 셰이퍼(Shafer)의 힐사이드 셀렉트(Hillside Select) 등이 꼽힌다.

---

54) 침니 락(Chimney rock)은 1980년에 윌슨(Wilson)이 만든 부띠끄 와이너리로 2000년에 터라토(Anthony J.Terlato)가에서 50%의 지분을 획득했다. 침니락(돌기둥)이란 이름은 이 와이너리의 동쪽에 깎아놓은 듯이 뾰족한 바위가 많은 것에서 따온 것이다.
- 베르네 소비뇽, Tomahawk Vineyard C/S, Elevage, Fumé Blanc

55) 키호테(Quixote Winery)는 오스트리아의 훈데르트바세((Hundertwasser)가 건물을 설계했다.
- Quixote, Panza

Tip 내파 밸리 리저브(Napa valley Reserve)

사교클럽 형식으로 운영되는 '내파 밸리 리저브'는 내파 밸리에 와이너리는 갖고 싶지만 여력이 되지 않는 사람들에게 일정 규모의 와인 밭을 떼어주고 와인을 생산토록 하는 방식이다.
보증금으로만 최소 15만 달러를 내야 하지만 대기번호를 받아야 할 만큼 인기가 높다. 영화배우 로버트 레드퍼드, 축구스타 데이비드 베컴, 사이클 스타 랜스 암스트롱 등 유명 인사들이 가입해 있고 현재 총 가입자는 한국인 4명을 포함해 450명 정도다.[56]

4 소노마 카운티(Sonoma County)

샌프란시코의 바로 북쪽에 있는 '나파 밸리(Napa valley)'와 태평양 사이에 끼어 있으며, 규모로는 '내파 밸리'의 두 배에 달한다. 캘리포니아에서 가장 역사가 깊은 곳으로 미국 와인의 본고장으로서의 분위기와 환경을 갖추고 있다.[57]

(1) 소노마의 AVA 와인 산지명

알렉산더 밸리(Alexander Valley), 초크 힐(Chalk Hill), 드라이 크릭 밸리(Dry Creek Valley), 나이트 밸리(Knights Valley), 로스 카네로스(Los Caneros), 노던 소노마(Nothern Sonoma), 러시안 리버 밸리(Russian River Valley), 소노마 코스트(Sonoma Coast), 소노마 카운티-그린 밸리(Sonoma County-Green Valley), 소노마 마운틴(Sonoma Mountain), 소노마 밸리(Sonoma Valley)

(2) 소노마의 지역별 와이너리

- **앵귄(Angwin)** : '샤토 왈트너'[58]는 보르도 스타일의 까베르네 소비뇽과'러시안 리버 밸리' 밭에서 수확하는 샤르도네로 부르고뉴 스타일을 만들며, 이곳의 퀴베 티터스(Cuvée Titus)는 '세계 100대 와인'으로 꼽힌다.
- **캘리스토가(Calistoga)** : 피터 마이클(Peter Michael Winery)[59]이 있다.
- **클로버데일(Cloverdale)의 프릿츠(Fritz Cellars)는 샤르도네로 잘 알려져 있고, 80년 이상의 진판델을 사용한다.**

56) 조선일보, 2010.10월 19일. b5

57) Don W. Martin, Betty Woo Martin, "*The Best of the Wine Country*", Discover Guide, 2005. pp.53-121

58) 샤토 왈트너(Château Woltner)는 브런(Adolphe Brun)과 섹스(Jean Chaix)가 1877년 '누보 메독 비너드'란 이름으로 세운 와이너리였다. 금주법으로 침체되었으나 1981년 프랑시즈 드와브런과 아내 프랑스와즈 왈트너가 인수하여 발전하였다. ,

59) 피터 마이클(Peter Michael Winery)은 영국인인 마이클(Peter Michael)이 전통적인 방법에 에어 컨디셔닝, 스팀 제트, 습도조절 등의 신기술을 결합하여 샤르도네와 소비뇽 블랑을 사용한다.

• **포레스트빌(Forestville)** : 게리 페렐(Gary Farrell), 로리어(Laurier), 조셉 스완(Joseph Swan Vineyards), 토포러스 러시안 리버((Topolos Russian River Vineyards) 등이 있다.

• **펄턴(Fulton)** : 마티넬리(Martinelli Vineyards), 윌리엄 셀벰(Williams- Selyem) 등이 있다.

• **기서빌(Geyserville)** : 기서 픽(Geyser Peak Winery), 라이스(Lyeth Winery), 소노마 룹(Sonoma-Loeb), 트렌태듀(Trentadue Winery) 등이 있다.

• **그렌 엘렌(Glen Ellen)** : 글렌 엘렌(Glen Ellen Winery), 애로우드(Arrowood Vineyards), 벤징거(Benzinger), H. Coturri & Sons LTD, 로렐 글렌(Laurel Glen Vineyard) 등이 있다.

• 그레이서빌(Greyserville)의 샤또 수브레인(Château Sou-verain)에서 값이 저렴한 와인을 대량으로 만들지만 가격만으로 품질을 예상하면 안된다.

• **힐드스버그(Healdsburg)** : 세계 와인 판매 1위의 기업인 갤로(E & J Gallo)[60]는 전세계 단일 회사로서는 가장 큰 와인 회사로 차로 둘러보아도 한 시간 이상 걸리는 큰 농장으로, 저렴한 와인에서부터 고가의 프리미엄 와인에 이르기까지 다양한 와인을 생산한다.
조단(Jordan)의 까베르네 소비뇽은 언제나 좋은 품질로 미국 대통령 취임식 만찬으로 자주 쓰이며, 스파클링 와인도 생산한다.
그 외에 여러 와이너리[61]들이 많다.

• **게르너빌(Guerneville)** : 러시안 리버 밸리(Russian River Valley)
코벌(Korbel Champagne Cellars)은 캘리포니아의 스파클링 와인을 선도하는 곳이다.

---

60) 갤로(Ernest & Julio Gallo)는 1933년 갤로 형제(Ernest Gallo 와 Julio Gallo)에 의해 설립되어 현재 약 90여개국에 수출을 하고 있으며, 소노마 카운티(Sonoma County)의 주요 와인 산지 4곳에 8개의 와이너리를 가지고 있으며, 2010년 2월에 타 품종 포도를 피노누아로 속여 갤로에 판 프랑스 수출업자들이 법원에서 유죄를 선고받은 적도 있다.
• 비시클레테(Bicyclette)가 '빨간 자전거'라는 뜻으로 당시에 프랑스원액을 수입해 만든 와인(조선일보 2010. 2월 19일)

61) Bellerose Vineyard, Belvedere, Chalk Hill Winery, Christopher Creek, Clos du Voia, Dry Creek Vineyard, Duxoup Wine Works, Ferrari-Carano, Field-Stone Winery, Foppiano Vineyards, Hop Kiln Winery, Marietta Cellars, Michel-Schlumberger, Nalle, Preston Vineyards, Quivira, Rabit Ridge, A. Rafanelli, J. Rochioli Vineyard, Simi Winery, Stonestreet

- **켄우드(Kenwood)** : 켄우드(Kenwood)[62], 세인트 진(Château St. Jean)[63]은 전 세계 와인 중 수위를 다투는 생크 세파주(Cinq Ce'pages-보르도 스타일 레드)'를 만드는 와이너리이며, 그 외에 쿤드(Kunde Estate), 세인트 프랜시스(St. Francis Vineyard) 등이 있다.

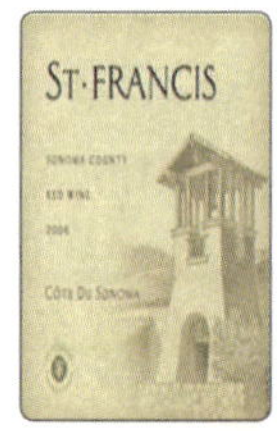

- **내파(Napa)** : 브라이언트 패밀리(Bryant Family Vineyard)는 까베르네 소비뇽만 만드는 뿌티크 와이너리로 외부에 공개하지 않으며, 와인은 구매리스트와 엄선된 레스토랑에만 판매하고 있다.
- **산타 로사(Santa Rosa)** : 애들러 펠스(Adler Fels Winery), 매탄자스 크릭(Matanzas Creek Winery), 디 로치(De Loach Vineyards), 피셔(Fisher Vineyards) 등이 있다.

- **세바스토펄(Sebastopol)** : 아이언 호스(Iron Horse Vineyards), 델린저(Dehlinger Winery), 마리나 토레스(Marimar Torres Vineyards) 등이 있다.
- **소노마(Sonoma)** : 부에나 비스타(Buena Vista Winery), 100년 이상의 축적된 경험과 지식으로 질 좋은 와인을 만들어 내는 세게시오(Seghesio)[64], 멤버십, 클럽, 음악회를 비롯한 투어, 디너 등 각종 이벤트를 활발히 여는 세바스티아니(Sebastiani)[65] 외에 많은 와이너리들[66]이 있다.

---

62) 켄우드(Kenwood)은 20세기 초의 소설가인 잭 런던(Jack London)이 6개의 농장을 만들었으나 40세에 갑자기 죽어 누이가 맡아 운영하다가 1959년 나라에 헌납하여 '잭 런던 공원'이 되었다. 70년대에 들어서 남아 있던 가족명의의 밭에 누이의 증손자가 포도나무를 심어 키운 포도를 바로 옆의 켄우드 와이너리에 공급하면서 좋은 와인이 생산되었다.
- '잭 런던(Jack London) 시리즈는 1978년 까베르네 소비뇽을 위시하여 87년부터는 진판델, 90년부터는 메를로가 나오고 있다.
- '잭 런던 진판델(Jack London Zinfandel)'은 병에 늑대의 얼굴이 그려져 있는 것으로 보름달 속에 선명하게 드러난 늑대의 머리는 흑백의 명암만으로 강한 인상을 준다. 이는 잭 런던의 소설에 나오는 늑대와 장서표(藏書票)로 쓰던 로고를 그대로 옮겨 놓은 것이다.

63) 샤토 세인트 진(Château St. Jean)은 와인스펙테이터(Winespectator)가 선정한 전 세계 100대 와인 중 2위를 차지하기도 하였다. 일본의 산토리(Suntory)사가 베린저(Beringer : 내파의 세인트 헬레나)사에 양도하였다.

64) 세게시오(Seghesio)는 노던 소노마의 알렉산더 밸리, 러시안 리버 밸리, 드라이 크리크 밸리에 있는 약 400에이커의 와이너리다. 이태리 이민자들이 이룬 것들 중 하나로, 1895년 세게지오(Edoardo Seghesio)가 이탈리아의 피에몬테에서 이주해 오면서 시작되었다.
- '진판델 올드 바인'과 진판델 소노마'는 와인 스펙테이터에서 각각 2003년의 100대 와인, 2004년의 11위에 선정되었다.

65) 세바스티아니(Sebastiani)는 1895년 이태리 토스카나에서 이민온 사무엘(Samuele Sebastani)가 세운 곳으로 2008년에 폴리William Foley)가 인수하였다.
- Sebastiani Secolo가 와인 스펙테이터에서 92점

66) Carmenet Vineyard, Cline Cellar, Richard Cuneo, Gloria Ferrer, Gundlach-Bundschu Winery, Hacienda Winery, Hanzell Vineyards, Hartford Court, Robert Hunter, Ravenswood, Robert Stemmler, Viansa

또한 세계 어느 곳에서나 주문에 의해 원하는 스타일로 와인양조를 대행해 주는 회사인 크러시패드(Crushpad)[67]가 이곳에 있다.

- 사우드 센프란시스코(South San Francisco)에 펠그리니 패밀리(Pellegrini Family Vineyards)[68] 가 있다.
- 트렌턴(Trenton)에 있는 키슬러(Kistler Vineyards)[69]의 허드슨 비녀드 샤르도네(Hudson Vineyard Chardonnay)는 '세계 100대 와인'으로 섬세함과 농밀도가 훌륭하게 조화된다.

- **윈저(Windsor)** : 파이퍼 소노마(Piper Sonoma), 소노마 커트러(Sonoma-Cutrer Vineyards), 로드니 스트롱(Rodney Strong Vineyards), 랜드마크(Landmark Vineyards)와 같은 와이너리들이 있다.

5 북-중앙 해안지방(The North-Central Coast)

샌프란시스코 만에서 샌프란시스코 남쪽에 있는 몬트레이(Monterey)에 이르는 지역이다.
원래는 몇 개의 큰 회사들이 그리 비싸지 않은 와인을 엄청나게 많이 생산하던 곳이었는데 지금은 최상품을 만드는 곳으로 자랑하고 있다.[70]

---

67) 크러시패드(Crushpad)는 프랑스 보르도와 캘리포니아의 50여 곳의 포도밭과 계약하여 와인의 스타일, 품종, 포도밭, 병, 레이블, 판매까지 와인생산의 전 과정을 대행해 준다.(www.crushpadwine.com)

68) 펠레그리니(Pellegrini Family Vineyards)에서 바르베라와 까리냥으로 만드는 토스카나 스타일 와인이 나온다.
- Olivet Lane, Cloverdale Ranch, Pellegrini 레이블로 판매된다.

69) 키슬러(Kistler Vineyards)는 1978년 창립되어 빅슬러(Mark Bixler)와 키슬러(Steve Kistler)가 부르고뉴 스타일의 샤르도네와 피노 누아만을 생산하고 있다. "미국 샤르도네의 제왕"

70) Tom Stevenson, "*The New Sotheby's Wine Encyclopedia*", A Dorling Kindersley Book, 3rd Edition 2001, pp.469-471

(1) AVA 산지

- **알라미다 카운티(Alameda County) AVA : Livermore Valley**
  에드먼드 세인트 존(Edmunds St. John)과 대부분의 와이너리[71]는 샌프란시스코 시(市)의 동쪽 지역에 위치한다.

- **몬터레이 카운티(Monterey County) AVA** : 아로요 세코(Arroyo Seco), 카멜 밸리(Carmel Valley), 샤론(Chalone), 헤임즈 밸리(Hames Valley), 몬터레이(Monterey), 산 루카스(San Lucas).
  샤르도네가 주 품종으로 리슬링과 게비르츠트라미너도 쓰이며, 레드는 까베르네 소비뇽과 피노 누아가 우세하다.
  산타 루치아 하이랜드(Santa Lucia Highlands)와 대부분의 와이너리들[72]은 산타 크루즈와 산타 클라라 밑의 해변가에 주로 위치한다.

- **산 베니토 카운티(San Benito County) AVA** : 시네가 밸리(Sienega Valley), 라인 클린 밸리(Lime Kiln Valley), 마운트 할란(Mount Harlan), 파이치네스 산 베니토(Paicines, San Benito) 샌프란시스코 남쪽에 위치한 칼레라(Calera Wine Company)[73]는 초기에는 진판델을 많이 재배하였으나 지금은 피노누아와 비오니에로 와인을 만드는 캘리포니아에서 가장 부르고뉴 스타일의 와인을 만드는 곳 중 하나이다. 로버트 파커가 '캘리포니아의 로마네 콩티'라고 칭하였다.

- **산타 클라라 카운티(Santa Clara County) AVA** : 산 이시드로(San Ysidro), 산타 클라라 밸리, 산타 크루즈 마운틴스(Santa Cruz Mountains) 릿지(Ridge Vineyards)에서 진판델과 까베르네 소비뇽 외에 다양한 품종의 와인이 나온다. 릿지의 파소 로블스(Paso Robles)는 10~20년의 장기 숙성이 가능하다.
  그 외에 여러 와이너리들[74]이 있다.

- **산타 크루즈 카운티(Santa Cruz County) AVA** : 벤 로먼드 마운틴(Ben Lomond Mountain), 파치코 패스(Pacheco Pass), '파리의 심판'에서 화이트와인으로 10위에 올랐던 데이비드 브루스(David Bruce)와 대부분의 와

71) Cedar Mountain, Concannon Vineyard, Elliston Vineyards, Murrieta's Well, Rosenblum Cellars, Ivan Tamas, Wente Bros

72) Arroyo Seco, Bernardus Winery, Chalone Vineyard, Château Julien, Durney Vineyard, Estancia Estates, Hames Valley, Jekel Vineyard, Paraiso Springs Vineyard, Paul Masson Vineyards, Monterey Peninsular Winery, Morgan Winery, Robert Talbott Vineyards, San Lucas, Talbott Vineyards

73) 칼레라(Calera Wine Company)는 만화 '신의 물방울 8권'에 소개된 곳으로 젠슨(Josh Jensen)이 1975년 설립하였다.
- 와인 이름의 젠슨(Jensen)은 아버지의 이름, 셀렉(Selleck)은 와인을 가르쳐준 스승, 리드(Reed)는 첫 번째 투자자, 밀스(Mills)는 와이너리에 축대 벽을 세워 농사에 도움을 준 건축가, 라이언(Ryan)은 칼레라 설립 당시 초창기 매니저의 이름을 붙였다.

74) Almadén Vineyards, J. Lohr, Mirassou Vineyards, Mount Eden Vineyards

이너리들[75]은 샌프란시스코의 바로 남쪽에 있으며, 해변 쪽은 선선한 기후로 특히 피노 누아가 자라기에 적합하고 샌프란시스코 만 쪽으로는 까베르네 소비뇽이 주요 품종이다. 샤르도네는 양쪽 지역에서 다 선호한다.

- **산 마티오 카운티(San Mateo County)** : 이곳의 크로닌(Cronin Vineyard)은 소비뇽 블랑도 훌륭하지만 목안을 꽉 채우는 샤르도네로 유명하다. 토마스 포개티(Thomas Fogarty Winery)도 알려져 있다.

(2) AO 산지

알라미다(Alameda County), 콘트라 코스트(Contra Coasta County), 몬트레이(Monterey County), 산 베니토(San Benito County), 산 마테오(San Mateo County), 산타 클라라(Santa Clara County)

6 남-중앙 해안지방(The South-Central Coast)

로스앤젤레스 위의 산타 바바라(Santa Barbara)에서부터 북으로 산타 마리아(Santa Maria), 산 루이스 오비스포(San Luis Obispo)를 포함하는 지역이다. 급성장하는 지역으로 좋은 와인을 많이 생산하고 있다. 이곳의 피노 누아, 샤르도네와 이태리 품종의 와인들이 차세대 와인으로 주목받고 있다.

(1) AVA 산지

- **아로요 그랑데 밸리(Arroyo Grande Valley) AVA** : 해양성의 선선한 곳으로 피노 누아와 샤르도네에 이상적이며, 차세대 와인산지로서 진판델의 명산지로 알려져 있다. 이곳에서는 가장 큰 메종 도이츠(Maison Deutz)가 알려져 있으며 샤르도네와 피노누아를 사용한다.
- **에드나 밸리(Edna Valley) AVA** : 산타루치아산과 작은 언덕에 둘러 싸인 해안에 근접한 작은 지역으로 주변과 다른 온화한 여름이며, 포도밭은 해발 120미터 정도에 있다.
- **파소 로블스(Paso Robles) AVA** : 로스앤젤레스 위의 남중앙 해안지역에서 넓은 지역으로 18세기 후반부터 와인을 만들던 곳이다.언덕이 많은 지역으로 지역은 따뜻하고 해양의 영향으로 따뜻하고 안개가 많다. 레드와인 지방으로 알려져 특히 진판델과 론의 품종을 많이 재배하고 있다. 삭숨(Saxum Vineyards)[76]에서 그르나슈(Grenache), 시라, 무르베드르(Mourvedre)를 블렌딩하여 4시간 이상의 디켄트가 필요한 모두 15° 이상의 강한 와인들이 나온다.

---

75) Bargetto, Bonny Doon Vineyard, Cinnabar Vineyards, Frick Winery, Kathryn Kennedy Winery

76) 삭숨(Saxum Vineyards)은 년 간 생산량이 2200~2800케이스에 지나지 않고 와이너리 방문도 사양하고 있다.
- Saxum James Berry Vineyard 2007은 2010년 와인 스펙테이터의 올해의 와인 1위에 오른 15.8°.
- Bone Rock 2007은 로버트 파커의 98~100점. 15.7°
- Booker Vineyards 2007은 로버트 파커 99점. 15.5°,
- Heart Stone Vineyard, Broken Stones

- **산타 마리아 밸리(Santa Maria Valley) AVA** : 태평양의 바람이 여름은 시원하게 겨울은 따뜻하게 샤르도네와 시라를 많이 재배한다.
- **산타 이네즈 밸리(Santa Ynez Valley) AVA** : 남과 북으로 산이 둘러 쌓여 있고 오른쪽은 호수, 왼쪽은 낮은 언덕으로서 해양이 온화한 기후를 만들어준다. 까베르네와 진판델의 고장이라 하지만 샤르도네의 품질도 높다

(2) AO 산지

산타 바바라(Santa Barbara), 샌 루이스 오비스포(San Luis Obispo)가 있다.

- **산타 바바라(Santa Barbara County)** : 와인 영화 사이드웨이의 배경이 되는 지역으로 전망도 좋다. 특유의 삼각형 레이블과 샤르노에와 피노누아를 사용하여 부르고뉴 스타일의 와인을 생산하는 오 봉 클리마(Au Bon Climat)[77]와 여러 와이너리들[78]이 있다.
- 샌 루이스 오비스 포(San Luis Obispo County)에는 에버를(Eberle Winery), 에드나 밸리(Edna Valley Vineyard), 메종 도이츠(Maison Deutz) 등이 있다.

3.2 캘리포니아 중부 지방(Central Valley)

남쪽의 베이커스필드(Bakersfield)시에서 북의 프레스노(Fresno)에 이르는 길이 300여Km, 폭이 80~160km에 달하는 광활한 평야지역으로 최대의 와인산지이며 캘리포니아 포도의 80%를 생산하고 있다. 대규모 와이너리에서는 주로 벌크와인을 생산한다.

77) 오 봉 클리마(Au Bon Climat)의 레이블에 'Histroic Vineyards Collection'이라고 보이며 와인마다 이름을 달리하여 이에 관련된 삽화도 그려 넣는다.
- 이자벨, 오 봉 클리마 : 오너 클렌드넨(Jim clemdenen)의 딸의 이름을 붙인 ABC의 최고 와인이다.

78) Babcock Vineyards, Byron, Cambria, Chimère, Fess Parker Winery, Firestone Vineyard, Foxen Vineyard, The Gainey Vineyard, Hartley Ostini, Kristone, Longoria, Il Podere Dell Olivos, Mosby Winery, Qupé, Rancho Sisquoc, Sanford Winery, Santa Barbara Winery, Lane Tanner, Vita Nova, Wild Horse, Zaca Mesa Winery

(1) AVA 와인 산지명

클라트스버그(Clarksburg : Sacramento County), 더니건 힐스(Dunnigan Hills : Yolo County), 로디(Lodi : Sacramento and San Joaquin Counties), 마데라(Madera : Madera and Fresno Counties), 메리트 아일랜드(Merritt Island : San Joaquin County), 노스 유바(North Yuba : Yuba County)

(2) 주요 와인 생산지

- **마데라 카운티(Madera County)** : 캘리포니아에서 포르투갈 스타일 포트와인을 전문으로 생산하는 피크린 비너드(Ficklin Vineyards)와 퀘디(Quady Winery) 등이 있다.
- **새크라멘토 카운티(Sacramento County)** : 보글(Bogle Vineyards), 필립(R. H. Phillips) 등이 있다.
- **샌 호아킨 카운티(San Joaquin County)** : 저렴한 와인을 대향 생산하는 프랜지아(Franzia Winery) 등이 있으며, 저그와인(Jug wine)[79] 생산지로 유명하다.
- 스태니스라우스 카운티(Stanislaus County)에 갤로(E & J Gallo Winery) 등이 있다.

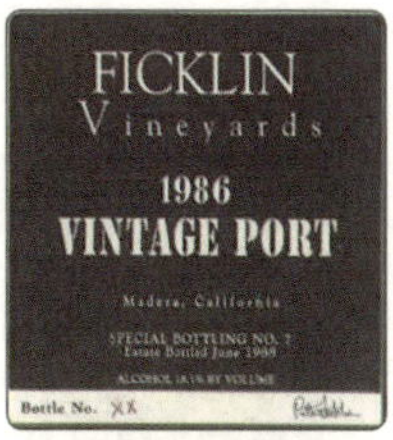

3.3 캘리포니아 기타 지방

(1) 시에라 풋힐즈(Sierra Foothills)

- **아모도르 카운티(Amodour County)** : 캘리포니아 새넌도 밸리(California Shenandoah Valley) AVA, 피들타운(Fiddletown) AVA
  와이너리는 아마도르 풋힐즈(Amador Foothills Winery), 칼리(Karly Wines), 몬테비냐(Montevińa), 새넌도 비녀즈(Shenandoah Vineyards) 등이 있다.

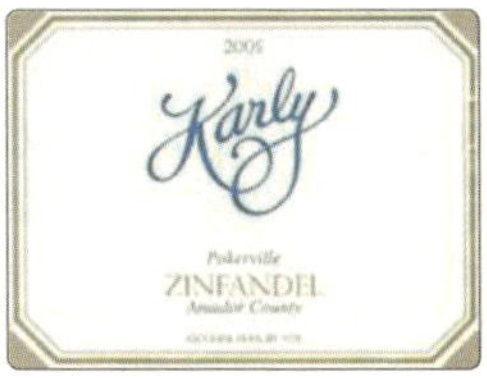

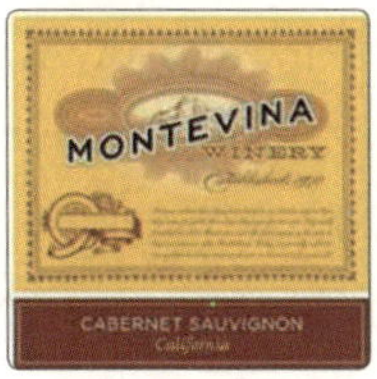

- 엘 도라도 카운티(El Dorado County)에는 엘 도라도(El Dorado) AVA가 있다.
  와이너리는 보거(Boeger Winery), 마드로나 비녀즈((Madrona Vineyards) 등이 있다.

---

79) 저그와인(Jug wine)은 단순한 일상와인을 이르는 말로, 샤블리나 버건디 같은 총칭적인 상품명이 붙기도 한다. 처음 만들어졌을 때 와인 병이 아닌 항아리형 병(jug)에 담겨 나오면서 붙은 이름이다. 캘리포니아산 저그와인은 가격이 싸지만 품질이나 맛에서 일관성을 유지하는 좋은 일상와인이다.

- 캘러베레스 카운티(Calaveras County)에는 아이언스톤(Ironstones)[80] 등이 있다.
- 플레이서빌 카운티(Placerville County)에는 라바 캡(Lava Cap) 등이 있다.
- 유바 카운티(Yuba County)에는 르네쌍스(Renaissance) 등이 있다.

(2) 북 캘리포니아(Northern California)

- **시스키보 카운티(Siskiyou County)** : 시에드 밸리(Seiad Valley)
- **험볼트 카운티(Humboldt County)** : 윌로우 크릭(Willow Creek) AVA

(3) 남 캘리포니아(Southern California)

- **로스앤젤레스 카운티(Los Angeles County)** : 말리부 뉴턴 캐년(Malibu-Newton Canyon) AVA, 커캐노가 밸리(Cucamonga Valley) AVA가 있다. 와이너리는 모래가(Moraga) 등이 있다.
- 리버사이드 카운티(Riverside County)에는 티미큘라(Temecula) AVA가 있다. 와이너리는 캘러웨이(Callaway Vineyard and Winery) 등이 있다.
- 벤츄라 카운티(Ventura County)에는 리워드(Leeward Winery), 오자이(The Ojai Vineyard) 등이 있다.
- 샌 디에고 카운티(San Diego County)에는 토른턴(Thornton) 등의 와이너리가 있다.

(4) 레이크, 솔라노 카운티(Lake, Solano County)

- **레이크 카운티(Lake County)** : 벤모어 밸리(Benmore Valley) AVA, 클리어 레이크(Clear Lake) AVA, 귀녹 밸리(Guenoc Valley) AVA가 있다. 와이너리는 귀녹(Guenoc Winery), 커녹티(Konocti Winery), 켄달 잭슨(Kendall Jackson), 스틸리(Steele) 등이 있다.

- **솔라노 카운티(Solano County)** : 솔라노 카운티 그린 밸리(Solano County Green Valley) AVA, 스이선(Suisun Valley) AVA 가 있다.
- **마린 카운티(Marin County)** : 와이너리는 캐린 셀러즈((Kalin Cellars), 션 트랙커리(Sean Thackrey and Company) 등이 있다.

---

80) 아이언 스톤(Ironstones)은 1994년에 카우츠(John Kautz)가 연 곳으로 까베르네 프랑과 시라를 사용한다. 레이블에는 시라즈(Shiraz)로 써여 있다.
- Silver oak, Barnett, Mayacamas, Beringer white Zinfandel

제 4 절 오리건 주(Oregon State)

캘리포니아 바로 위의 북위 45도 위아래에 걸쳐 있는 오리건 주는 1847년부터 포도를 재배하고 와인을 만들었으나 현대적 포도 재배의 시작은 1970년대에 들어와서 부터이다. 현재 3,000여 개의 와이너리가 있어 미국에서 캘리포니아 다음으로 많은 지역이다.

4.1 오리건 주의 주요 포도 품종

재배하는 포도의 품종은 40개가 넘지만 주 품종은 피노 누아(Pinot Noir)와 피노 그리(Pinot Gris)이다.

(1) 레드 품종

피노 누아는 오리건 주의 와인 생산의 약 70%를 점하고 있다. 피노 누아는 재배가 까다롭고 손길이 많이 가는 품종인데 오리건에서는 이 피노 누아로 만든 와인으로 명성을 얻고 있다. 부르고뉴와 같은 위도 상에 있다는 조건과 떼루아(Terrior)가 가능했기 때문이다.
오리건 주 와인법에 따라 100% 피노 누아로 빚어야만 레이블에 피노 누아로 표기할 수 있다.

(2) 화이트 품종

'피노 그리'는 피노 그리지오(Pinot Grigio)라고도 하며, 미국 내에서 피노 그리의 최대 생산자는 오리건 주의 킹 에스테이트(King Estate : 윌러멧 밸리)이다.

4.2 오리건 주의 와인 생산지역

오리건 주에는 16개의 AVA가 있으며, 윌라미트 밸리(Willamette Valley, 1984년 지정), 엄쿠아 밸리(Umpqua Valley, 2004년 지정), 로그 리버 밸리(Rogue River Valley, 2004년 지정), 얌힐 카운티(Yamhill County), 워싱턴 카운티(Washington County)로 크게 구분된다.

표 6-4 오리건 주 와인생산지역

<table>
<tr><th>지역</th><th>세부 지역</th><th>구역</th></tr>
<tr><td>Washington County</td><td colspan="2">비버톤(Beaverton), 스콜스(Scholls), 힐스보로(Hillsboro), Helvetia</td></tr>
<tr><td rowspan="4">얌힐 카운티
(Yamhill County)</td><td>뉴버그-맥밀
(Newberg~McMinnvill)</td><td>Newberg, Dundee, Dayton, Lafaette, McMinnville</td></tr>
<tr><td>레드힐스-시핼램 밸리
(Redhills~Chehalem Valley)</td><td>Dundee, Chehalem Valley, Northwest of Newberg</td></tr>
<tr><td>애머티 힐즈(Amity Hills),
Coast Range Foothills</td><td>애머티(Amity), 맥민빌(McMinnville)</td></tr>
<tr><td>살렘 이올라
(Salem, Eola Hills)</td><td>Salem, Rickreall, Dallas, Turner, Silverton, Molalla, Auroa</td></tr>
<tr><td>Willamette Valley</td><td colspan="2">로레인(Lorane), 유진(Eugene), 베니타(Veneta), 코밸리스(Corvallis)</td></tr>
<tr><td>Umpqua Valley</td><td colspan="2">로즈버그(Roseburg), 엘크턴(Elkton)</td></tr>
<tr><td rowspan="4">로그 리버 밸리
(Rogue River Valley)</td><td>베어 크릭 밸리(Bear Creek Valley)</td><td>Ashland, Talent, Medford and Central Point</td></tr>
<tr><td>Applegate River Valley</td><td>Jacksonville, Grants Pass</td></tr>
<tr><td>Illinois River Valley</td><td>케이브 졍선(Cave Junction)</td></tr>
<tr><td>골드 힐(Gold Hill)</td><td></td></tr>
<tr><td colspan="3">컬럼비아 밸리(Columbia Valley), 왈라 왈라 밸리(Walla Walla Valley)</td></tr>
</table>

1 워싱턴 카운티(Washington County)

포트랜드의 서쪽 인근에 있어 '오레곤'주의 포도재배 지역 중에 가장 도시화되어 있다. 맑은 날에는 동쪽으로 후드(Hood)산의 흰 눈이 쌓인 봉우리와 도심의 빌딩 스카이라인이 보인다.

- **비버톤(Beaverton)** : 폰지(Ponzi Vineyards), 쿠퍼 마운틴(Coope Mountain vineyards)가 있다.
- **스콜스, 힐스보로, 헬베티아(Scholls, Hillsboro, Helvetia)** : 랩터 릿지(Raptor Ridge Winery), 오크 놀(Oak Knol Winery), 헬비티어(Helvetia Winery & Vineyards)가 있다.
- **포리스트 그로브(Forest Grove)** : 모니토르(Montinore Estate), 데이비드 힐(David Hill Vineyards & Winery), 셰이퍼(Shafer Vineyard Cellars), 투아라틴(Tualatin Eatate)가 있다.

2 얌힐 카운티(Yamhill County)

오레곤 주에서 한 군데 만을 가야 한다면 선택해야 할 곳으로 캘리포니아의 내파나 소노마와 같은 고품질의 와인 생산지역으로 대부분이 포도밭은 평지이지만 양조장은 언덕에 위치한다.
와인 생산지역으로 뉴버그(Newberg), 던디(Dundee), 데이턴(Dayton), 라파엣(Lafaette), 맥민빌(McMinnville)이 있다.

(1) 뉴버그~맥민빌 루트

- **뉴버그(Newberg)** : 애이들세임(Adelsheim Vineyard), 브릭 하우스(Brick House Vineyard), 오텀 윈드(Autumn Wind Vineyard), 렉스 힐(Rex Hill Vineyards), 슈핼럼(Chehalam), 베리타스(Veritas Vineyard)와 같은 와이너리들이 있다.

- **던디(Dundee)**: 아처리 서미트(Archery Summit) 외에 여러 와이너리들[81]이 있다.
- **데이톤(Dayton)** : 도멘 드루앵 오레곤(Domaine Drouhin Oregon) 외에 와이너리들[82]이 많다.
- **라파티(Lafaette)**: 샤또 베노트(Château Benoit) 등이 있다.
- **맥민빌(McMinnville)** : 켄 라이트(Ken Wright Cellars), 팬더 크릭(Panther Creek Cellars), 아이리(The Eyrie Vineyards), 영버그 힐(Youngberg Hill Vineyards) 등이 있다.

(2) 레드 힐즈~시핼렘 루트

던디(Dundee), 시핼럼 밸리(Chehalem Valley). 뉴버그(Newberg) 서쪽지역이다.

- **시핼럼 밸리(Chehalem Valley)** : 칼튼 와인메이커(Carlton Winemakers Studio) 외에 여러 곳[83]이 있다.
- 뉴버그 서북쪽(Northwest of Newberg)에는 보 프레레(Beaux Frères), 애들세임(Adelsheim Vineyard), 브릭 하우스(Brick House Vine yards), 패트리카 그린(Patrica Green Cellars)등이 있다.

(3) 애머티 힐즈(Amity Hills)와 코스트 레인지 풋힐즈(Coast Range Foothills)

- 애머티(Amity)에는 애머티 비녀드(Aminity Vineyards), 크리스틴 힐(Kristin Hill Winery), 템페스트 비녀드(Tempest Vineyards) 등이 있다.
- 맥빈빌(McMinnville)에는 얌힐 밸리(Yamhill Valley Vineyards)가 있다.

---

81) Argyle Winery, Beaux Frères, Cameron Winery, Domain Drouhin, Duck Pond Cellars, Dundee Spring Winery(Perry Bower Vineyard), Erath Winery, Lange, Sokol Blosser Winery, Torii Mor, Cameron Winery, Torii Mor Winery, Lange Winery, Maresh Red barn, Erath Vineyards Winery

82) Sokol Bloser Winery, Wine Country Farm Cellars Archery Summit Winery, Domaine Serene Vineyards and Winery

83) Cuneo Cellars, Elk Cove Vineyards, Ken Wright Cellars, Kramer Vineyards, Laurel Ridge Winery, Soléna, Willakenzie Estate

(4) 살렘(Salem), 이올라 힐즈(Eola Hills)

- 살렘~이올라 힐즈(Eola Hills)의, 살렘(Salem)에는 허니우드(Honeywood Winery) 외에 와이너리들[84]이 여럿 있다. 릭리올(Rickreall)에는 화이어스티드(Firesteed Cellars), 이올라 힐즈(Eola Hills Wine Cellars 그리고 달라스(Dallas) 등이 있다.
- 살렘 동쪽의, 터너(Turner)에는 윌라멧 밸리(Willamette Valley Vineyards), 실버톤(Silverton)에는 매르켐 힐(Marquam Hill Vineyards) 등이 있다. 오로라(Auroa)에는 샴포그(Champoeg Wine Cellars) 등의 와이너리와, 모알라(Molalla)가 있다.

3 윌러멧 밸리(Willamette Valley)

오레곤 내의 북서쪽 끝부분을 위치하며 포틀랜드(Portland)를 안고 있는 오리건 인구의 3분의 2가 거주하는 지역이다. 또한 오리건 주의 70% 이상의 포도 농장이 있는 곳으로 북서쪽 끝에 위치한다. 해양성 기후로 겨울에는 비가 많이 오고 여름은 온난하고 건조하여 오레곤주에서 가장 선선한 곳이다.

오리건 주의 와인 생산량은 1만 9400톤으로 미국 내 4위(2004년 기준)이며 모두 40종 이상의 와인을 만들고 있다. 이 중 피노 누아가 차지하는 비율은 50% 정도. 그러나 금액으로는 60%를 상회한다.[85]

- 로레인(Lorane)에는 샤또 로레인(Château Lorane)이 있다.
- 유진(Eugene)에는 킹 에스테이트(King Estate Winery)[86]와 실밴 릿지(Silvan Ridge/Human Vineyards) 등이 있다.
- 베니타(Veneta)에는 시크리트 하우스(Secret House Vineyards) 등이 있다.
- 코배리스(Corvallis)에는 티 와인 셀러(Tyee Wine Cellars) 등이 있다.

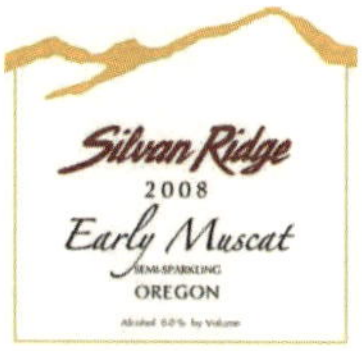

84) Evesham Wood Winery, Cristom Vineyard, Wines Tree Vineyard, Stangland Vineyards, Bethel Heights Vineyard

85) John Doerper, "*Oregon Wine Country*", pp.163-172

86) 킹 에스테이트(King Estate Winery)는 오리건에서 손꼽히는 와이너리로 피노 누아 품종은 100% 유기농으로 재배한다. 방문센터는 자체가 레스토랑이다 식탁에 오르는 대부분의 재료가 유기농으로 직접 재배되는 것들이다.

4 엄쿠아 밸리(Umpqua Valley)

남쪽에 있어 따뜻한 기후와 뛰어난 배수능력으로 샤르도네, 리슬링, 피노누아, 소비뇽 블랑, 그리고 더 따뜻한 곳에서는 까베르네 소비뇽을 전문적으로 재배한다. 오리건 최초의 와이너리인 힐크레스트(Hillcrest. 1962년)가 있는 곳이다.
와인생산지로는 로즈버그(Roseburg Area), 엘튼(Elkton)지역이 있다.

- **로즈버그(Roseburg)** : 지라데(Girardet Wine Cellars and Vineyard) 외에 많은 와이너리들[87]이 있다.
- **엘튼(Elkton)** : 브랜드보그(Brandborg Vineyard and Winery), 리버스 엣지(River's Edge Winery)가 있다.

5 로그 리버 밸리(Rogue River Valley)

오레곤 주에서 가장 남쪽으로 건조하고 따뜻한 해양성 기후로 피노 그리, 리슬링, 샤르도네, 게뷔르츠트라미너도 생산한다. 샤르도네는 대표적 화이트 와인이다.
와인생산지로는 베어 크릭 밸리(Bear Creek Valley), 앰플게이트 리버 밸리(Applegate River Valley), 일리노이즈 리버 밸리(Illinois River Valley), 골드 힐(Gold Hill) 지역이 있다.

(1) 베어 크릭 밸리(Bear Creek Valley)

- **애쉬랜드(Ashland)** : 위싱거즈(Weisinger's of Ashland), 애쉬랜드(Ashland Vineyards & Winery) 등이 있다.
- 타렌트(Talent)에는 파스칼(Paschal Winery) 등이 있다.
- **메드포드(Medford and Central Point)** : 그리핀 크릭(Griffin Creek at Eden Valley Orchards)가 있다.

87) La Garza Cellars, Abacela Vineyards and Wineary, Callahan Ridge, Hill Crest Vineyard, Champagne Creek Cellars, Melrose Vineyards, Henry Estate Winery

(2) 애플게이트 리버 밸리(Applegate River Valley)

로그 리버 밸리 내의 새로운 명칭이 붙은 지역으로 건조하고 따뜻하여 메를로, 까베르네 소비뇽, 까베르네 프랑, 세미용에 적합한 지역이다.

- 잭슨빌(Jacksonville)에는 밸리 뷰(Valley View Winery) 등이 있다.
- 그랜츠 패스(Grants Pass)

(3) 일리노이즈 리버 밸리(Illinois River Valley)

케이브 정션(Cave Junction)에는 포리스(Foris Vineyards), 베어 크릭(Bear creek Winery), 브릿지 뷰(Bridgeview Vineyard and Winery) 등이 있다.

(4) 골드 힐(Gold Hill)

델 리오(Del Rio Vineyards) 등이 있다.

6 컬럼비아 밸리(Columbia Valley)

오리건 북쪽의 경계선을 따라 워싱턴 주와 붙어있는 곳으로 아주 건조하여 세미용, 진판델, 까베르네 소비뇽들과 잘 조화된다.

7 왈라왈라 밸리(Walla Walla Valley)

콜럼비아 밸리와 인접한 곳으로 기후나 특성이 비슷하다.

제 5 절 워싱턴 주(Washington State)

캐나다와 국경을 접하여 미국 태평양 연안의 북부에 위치한 워싱턴 주는 프랑스의 유명 와인 산지인 보르도(북위 44.5°), 부르고뉴 지역(북위 47.15°)과 같은 위도 상에 위치(북위 46.15°)해 있고 포도가 한창 익는 7월의 평균기온은 보르도와 비슷하여 좋은 포도 생산이 가능한 곳이다. 게다가 워싱턴 주의 연평균 강우량은 200mm에 불과하여 보르도(850mm)의 4분의 1 수준밖에 안되며 수확기 강우량은 더 적어 비로 인하여 포도 성장에 해를 입지는 않는다.

워싱턴 주의 남북으로 뻗은 캐스케이드 산맥의 서쪽은 해양성 기후인데 반하여 대부분의 포도밭이 몰려 있는 동쪽은 1년 내내 비도 별로 없이 일교차가 심하여 신맛이 강하고 생동감 있는 와인을 생산한다.
여름의 일조시간은 캘리포니아보다 2시간가량 길어서 포도가 서서히 익으므로 레드와인이 캘리포니아산보다 우아하고 나긋하다는 평을 듣는다.

5.1 워싱턴 주의 주요 포도 품종

- **레드 품종** : 까베르네소비뇽, 메를로, 시라
- **화이트 품종** : 샤르도네, 리슬링, 소비뇽 블랑, 게뷔르츠트라미너
  샤르도네는 뛰어난 과일향과 상쾌한 신맛과 더불어 밸런스가 미국 내에서 탁월하다고 알려져 있으며, 리슬링은 미국 내에서 가장 많이 재배되고 있다.

5.2 워싱턴 주의 와인 생산지역

워싱턴 주의 AVA는 아홉 군데로 그 중 컬럼비아 밸리(Columbia Valley, 1984년 지정), 야키마 밸리(Yakima Valley, 1983년 지정), 왈라왈라 밸리(Walla Walla Valley, 1984년 지정), 퓨젯 해협(Puget Sound, 1995년 지정)에서 주로 생산된다.

표 6-5 워싱턴주의 와인생산지역

생산지역	세부 지역
Columbia Valley	Richland, Kennewick, Pasco
Yakima Valley	Wapato, Zillah, Granger, Outlook, Sunnyside, Prosser
왈라 왈라 밸리 (Walla Walla Valley)	West of Walla Walla, Downtown Walla Walla, South of Walla Walla, Walla Walla Airport Wine Ghetto, East of Walla Walla
퓨젯 사운드 (Puget Sound)	Seattle, Kirkland, Woodinville
	Redmond, Snohomish, The Islands, Bainbridge Island, Whidbey Island, Lopez Island, San Juan Island, The Northwest Interior, South Sound, The Southern Lowlands
기타	Red Mountain, Red Mountain, Columbia Gorge, Horse Heaven Hills, Wahluke Slope, Rattlesnake Hills

1 컬럼비아 밸리(Columbia Valley)

야키마 밸리와 왈라왈라 밸리 사이에 있는 면적이 주의 1/3 정도가 되는 넓은 지역이다. 다양한

품종의 레드와 화이트를 생산한다.

■ 와인생산지와 와이너리[88]

- 리치랜드(Richland)에는 북월터(Bookwalter Winery), 바바드 그리핀(Barbard Grifin)과 같은 와이너리들이 있다.
- 켄네윅(Kennewick)에는 뱃저 마운틴(Badger Mountain/Power Winery) 등이 있다.
- 파스코(Pasco)에는 고든 브라더스(Gordon Brothers Family Vineyards), 프리튼 프리미엄(Preton Premium Wines) 등이 있다.

2 야키마 밸리(Yakima Valley)

오레곤과 가까이에 있는 워싱턴의 남쪽지역으로 캐스캐이드 산의 동쪽에 있다.
워싱턴주에서 가장 먼저 포도가 생산된 지역으로, 까베르네 소비뇽, 까베르네 프랑, 메를로, 네비올로, 산지오베제, 시라, 그리고 화이트로는 샤르도네, 뮈스까, 소비뇽 블랑, 세미용, 비오니에, 게비르츠트라미너, 셰닝 블랑 등의 다양한 품종을 재배한다.
2001년 AVA로 공식 인정된 레드 마운틴(Red Mountain)은 시라, 메를로, 까베르네 소비뇽으로 존재도 인정받고 있다.

■ 와인생산지와 와이너리

- **와파토(Wapato)** : 세이지랜드(Sagelands Vineyard) 등이 있다.
- **질라(Zillah)** : 보내르(Bonair Winery), 하이야트(Hyatt Vineyards), 실버 레이크(Silver Lake at Roza Hills), 와인글래스(Wineglass Cellars) 등의 와이너리들이 있다.

- **그랜저(Granger)** : 이튼 힐(Eaton Hill winery) 등이 있다.
- **아웃룩(Outlook)** : 텝트(Tefft Cellars) 등이 있다.

---

88) John Doerper, "*Washington Wine Country*", Compass American Guides Fodor's Travel Publications, 2004, pp.174-178.

- **프로써(Prosser)** : 윌로우 크레스트(Willow Crest Winery), 야키마 리버(Yakima River Winery) 외에 와이너리들이 여러 곳[89]이 있다.

- **써니사이드(Sunnyside)** : 워싱턴 힐즈(Washington Hills Cellars/Apex/Bridgman Cellars), 터커(Tucker Cellars)가 있다.

3 왈라왈라 밸리(Walla Walla Valley)

오리건 주에 같이 걸쳐 있는 워싱턴 주의 남단에 위치하여 매우 건조한 곳으로 레드와인에 주로 집중하여 메를로와 시라를 집중적으로 생산한다.

■ 와인생산지와 와이너리

- 왈라왈라 서부(West of Walla Walla)에는 레콜레 41(L'Ecole No.41), 스리 리버(Three River Winery), 우드워드 캐년(Woodward Canyon Winery) 등이 있다.

- **왈라왈라 중심부(Downtown Walla Walla)** : 캐노 릿지(Canoe Ridge Vineyard), 위트맨(Whitman Cellars), 세븐 힐즈(Seven Hills Winery), 워터브룩(Waterbrook Winery), 캐이유스(Cayuse Vineyards)가 있다.
- **왈라왈라 남부(South of Walla Walla)** : 아이젠하워(Isenhower Cellars), 콜빈(Colvin Vineyards), 글렌 피오나(Glen Fiona), 페퍼 브릿지(Pepper Bridge Winery) 등이 있다.
- **왈라왈라 공항지역(Walla Walla Airport Wine Ghetto)** : 태머랙(Tamarack Cellar), 부티(Buty), 레이닝거(Reininger), 러셀 크릭(Russel Creek Winery) 등이 있다.

---

89) Hinzerling Winery, Chinook Wines, Hogue Cellars, Thurston Wolfe Winery, Kestrel Vintners

- **왈라왈라 동부(East of Walla Walla)** : 패트릭 폴(Patrick M.Paul Vineyards), 레오네티(Leonetti Cellar), 왈라 왈라 빈트너스(Walla Walla Vintners), 아베이어(Abeja) 등이 있다.

4 퓨젯 해협(Puget Sound)

태평양을 면한 주의 서쪽 지역으로 시애틀 인근이다. 기후가 시원하여 화이트와인 품종에 탁월하고 특히 피노 그리와 피노 누아가 훌륭하며 리슬링도 잘 자란다.

■ 와인생산지와 와이너리

- **시애틀(Seattle)** : 채터 크릭(Chatter Creek Winery) 등이 있다.
- **로페즈 아일랜드(Lopez Island)** : 로페즈 아일랜드(Lopez Island Vineyards) 등이 있다.
- **노스 인테리어(The Northwest Interior)** : 패섹(Pasek Cellars), 마운트 베이커(Mount Baker Vineyards) 등이 있다.

- **우드빌(Woodinville)** : 에로이카(Erocia)[90], 샤토 생 미셸(Château Ste Michelle)[91], 콜 솔라레(Col Solare)[92]와 컬럼비아(Columbia Winery), 디 스테파노(Di Stefano Winery), 솔버 레이크(Solver Lake Winery), 파첼리(Farcelli Winery), 등이 있다.

---

90) 에로이카(Erocia)는 역시 샤토 생 미셸'이 'Dr. Loosen estate(독일)'와 같이 훌륭한 리슬링을 만들기 위해 1999년 설립한 것으로 베토벤의 심포니 3번 '에로이카'로 이름을 정하였다.
- Erocia(리슬링 100%)

91) 샤토 생 미셸(Château Ste Michelle)은 1912년에 설립된 워싱턴주에서 가장 오래된 전통과 명성을 자랑한다. 60년대에 대대적인 양조용 포도밭을 가꾸면서 워싱턴 주에 와인 바람을 몰고 온 주역으로서 최고의 와이너리(winery)로 도약했다.
- Ethos, Single Vineyards(Canoe Ridge Estate, Cold Creek Vineyard, Horse Heaven Vineyard), Indian Wells

92) 콜 솔라레(Col Solare)는 '샤토 생 미셸'이 1992년 'Marchese Piero Antinori, 토스카나)'와 함께 만든 곳으로 '빛나는 언덕'이란 뜻이다.
- Col Solare(C/S 75%, 메를로 20%, 까베르네 프랑 5%)

- **스노호미시(Snohomish)** : 퀼세다 크릭(Quilceda Creek Vintners)[93]이 있다.
- **커크랜드(Kirkland)** : 케이버태피(Cavatappi Winery) 등이 있다.
- **배인브릿지 아일랜드(Bainbridge Island)** : 배인브릿지 아일랜드((Bainbridge Island Vineyard and Winery) 등이 있다.
- **샌 후안 아일랜드(San Juan Island)** : 샌 후안(San Juan Vineyards) 등이 있다.

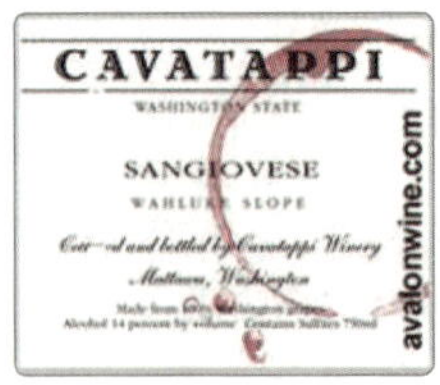

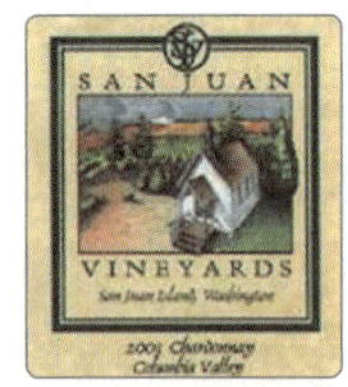

- **사우스 사운드(South Sound)** : 후드스파트(Hoodsport Winery) 등이 있다.
- **위드배이 아일랜드(Whidbey Island)** : 위드베이 아일랜드(Whidbey Island Vineyards and Winery), 그린뱅크(Greenbank Cellars)가 있다

- **사우스 로우랜드(The Southern Lowlands)** : 샐리섄(Salishan Vineyards) 등이 있다.
- **레드몬드(Redmond)** : 디라일리(Delille Cellars) 등이 있다.
- **드 아일랜드(The Islands)** : 컴패스(Compass Wines) 등이 있다.

5 레드 마운틴(Red Mountain)

왈라왈라 밸리 위에 위치하며 지역내로 컬럼비아 강과 스네이크 강이 교차해 흐른다. 까베르네 소비뇽과 메를로, 시라를 주품종으로 재배하는 따뜻한 기후를 가지고 있다.
와인 생산지와 와이너리는 벤튼(Benton)시의 오른쪽에 주로 위치하고 있다.
테라 블랑카(Terra Blanca Vintners), 오크유드(Oakwood Cellars), 세스 라이언(Seth Ryan Winery), 키오나(Kiona Vineyards)와 와인평론가 스트븐슨(Tom Stevenson)이 혹평한[94] 헤지스 셀러(Hedges Cellars)[95] 등이 있다.

---

93) 퀼세다 크릭(Quilceda Creek Vintners)은 1978년 설립어 좋은 까베르네 소비뇽이 나온다. 로버트 파커의 '와인 애드버키트'에서 2002~3, 2005, 2007년에 100점, 2004, 2006년은 99점에 랭크되었다.
- Quilceda Creek

94) "I have never tasted Hedges wine that I would not want to drink"
Tom Stevenson, "The New Sotheby's Wine Encyclopedia", A Dorling Kindersley Book, 3rd Edition 2001, p.486.

95) 헤지스 셀러(Hedges Cellars)는 1986년 소련의 체르노빌 원전사고가 생겼을 때 방사능 오염을 걱정하던 유럽인에게 워싱턴 주 출신의 톰 헤지스(Hedges)가 보르도 스타일의 와인을 급히 만들어 판매한 것이 인기를 얻은 데서 유래한다. 워싱턴에서 생산된 까베르네 소비뇽과 메를로를 사서 직접 병에 넣고 판매하여 큰 반응이 있자 급히 포도밭을 조성하였던 것이다.

제 6 절 미국의 기타 지역

미국 내의 와이너리가 많은 주는 캘리포니아, 워싱턴, 오리건, 뉴욕, 버지니아, 텍사스(Texas : Bell Mountain AVA, Escondido Valley AVA, Fredericksburg AVA, Texas High Plains AVA, Texas Hill Country AVA), 펜실베니아, 오하이오, 미시건, 미주리(Missouri : Augusta AVA, Hermann AVA, Ozark Highlands AVA),

미국 동북부 지역(The Northeast)은 미시건호수를 포함한 그레이트 레이크(Great Lakes)와 대서양 사이의 폭넓은 지역이다. 17세기 중반에 맨하탄과 '롱 아일랜드'에 처음으로 포도원이 생겼지만 1957년이 되어서야 와인을 만들 수 있는 품종이 재배되기 시작했다.

(1) 각 주별 AVA

- **코네티커트(Connecticut) 주** : Southeastern New England, Western Conneticut Highlands
- **매리랜드(Maryland) 주** : Catoctin, Cumberland Valley, Linganore
- **매사추세츠(Massachusetts) 주** : Martha's Vineyard
- **미시건(Michigan) 주** : Fennville, Lake Michigan Shore, Leelanau Peninsula, Old Mission Peninsula
- **뉴 저지(New Jersey) 주** : Warren Hills
- **뉴욕(New York) 주** : Cayuga Lake, Finger Lakes, Hudson River, Lake Erie, Lonf Island(Long Island AVA, North Fork AVA, The Hamptons AVA)
- **오하이오(Ohio) 주** : Grand River Valley, Isle St, George, Loramie Creek, Ohio River Valley
- **펜실베니어(Pennsylvania) 주** : Central Delaware Valley, Langcaster Valley, Rocky Knob, Shenandoah Valley
- **버지니아(Virgina) 주** : Kanawha River Valley, Nothern Neck George Washington Birthplace, North Fork of Roanoke, Virgina's Eastern Shore

(2) 미국 기타 지역

그 밖에 와인을 생산하고 있는 주(州)는 다음과 같다.[96), 97),]

알라바마(Alabama), 애리조나(Arizona : Sonoita AVA), 아르칸사스(Arkansas : Altus AVA, Arkansas Mountain AVA, Ozark Mountain AVA), 콜로라도(Colorado : Grand Valley AVA), 플로리다(Florida), 조지아(Georgia), 하와이(Hawaii), 아이다호(Idaho), 일리노이즈(Illinois), 아이오아(Iowa), 캔사스(Kansas), 켄터키(Kentucky), 루이지애나(Louisana), 미네소타(Minnesota), 미시시피(Mississippi : Mississippi Delta AVA), 몬태나(Montana), 네바다(Nevada), 뉴 멕시코(New Mexico : Mesilla Valley AVA, Middle Rio Grande Valley AVA, Mimbres Valley AVA), 노스 캐롤라이나(North Carolina), 오크라호마(Oklahoma), 사우스 캐롤라이나(South Carolina), 테네시(Tennessee), 위스콘신(Wisconsin : Lake Wisconsin), 유타(Utah), 버지니아(Virginia)

---

96) Tom Stevenson, ibid, pp.487-495

97) Harriet Lembeck, ibid, pp.228-231

CHAPTER 02

캐나다

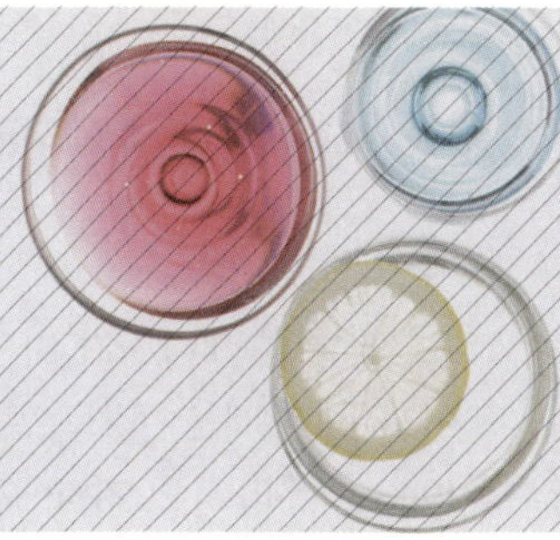

제 1 절 캐나다 와인의 이해

1859년에 처음으로 포도밭을 일구어 성찬주를 빚기 시작하여 1866년 예리호의 인근 필리(Pelee) 섬에서 최초의 상업적 와이너리인 '뱅 빌라(Vin Villa)'가 탄생했다. 1929~1945년까지는 1, 2차 세계대전의 기간으로 이 시기에 금주법도 시행되어 와인의 정체기에 혜당되나 1970년대 중반부터 새로운 여명기가 시작되었다.

캐나다의 주요 포도원들은 서부의 브리티쉬 컬럼비아(Bristish Columbia)주, 밴쿠버의 오카나간 밸리(Okanagan Valley)와, 그 곳에서 3,200km 떨어져 있는 동부의 온타리오(Ontario) 남서쪽에 있는 나이아가라 반도 등 주로 미국과 국경을 접하고 있는 곳이다.

그 외에 노바 스코티아(Nova Scotia)와 퀘벡(Quebec)에서도 재배된다.

1 포도 품종

북위 41°~50° 사이에 위치한 와인 산지는 북방 한계선 지점에 있어 냉해를 잘 견디고 빨리 익는 조생종이 필요한 곳으로, 생명력이 강인하고 껍질이 두터운 잡종이 강세를 보인다.

(1) 화이트와인

글로벌 품종인 샤르도네, 리슬링, 게뷔르츠트라미너, 피노 그리 외에 특별히 추위에 강한 혼합종(hybrid)이 이 지역의 떼루아에 잘 적응하고 있다. 프랑스의 '우니 블랑'과 독일의 세이벨의 교배종인 비달(Vidal Blanc), 세이블 블랑(Seyval Blanc), 케르너(Kerner), 에흐렌펠저*Ehrenfelser) 등이 있다.

(2) 레드와인

까베르네 소비뇽, 까베르네 프랑, 피노 누아, 메를로, 시라, 가메이 외에 혼합종으로 마레샬 포슈(Maréchal Foch), 바코 누아르(Baco Noir), 렘버그(Lemberge, 혹은 Blaufrawkish), 즈바이겔트(Zweigelt) 등이 있다.

2 캐나다와인의 품질 등급(VQA : Vintners Quality Alliance)

캐나다 와인을 대할 때 병의 레이블 아래쪽이나 상단에 'VAQ'라는 표식을 볼 수 있다. 이 단어는 "Vintners Quality Alliance"의 약자로서 캐나다의 퀄리티 와인에 대한 정부의 인증표기로 "질 좋은 캐나다 와인"이라는 뜻과 같다.

오늘날처럼 캐나다가 아이스와인을 비롯한 수준 높은 와인을 생산할 수 있었던 것은 VQA가 배경이 되었기 때문이라고 할 수 있다.
1988년 온타리오 지역에서 이 제도가 처음 시작된 이후 B.C지역이 1990년 받아들였고 종전까지는 권고사항이었던 VQA를 1999년 온타리오에서 입법화하고 다시 2000년 6월 29일 VQA법(Vintners Auality Alliance Act)을 연방정부 차원에서 제정 공표하여 이때까지의 '임의적 기준 설정 시스템'이 법령의 효력을 갖게 된 것이다.
VQA의 기본 기능은 표준 기준의 설정이며, VQA제도 이행에 따른 일차적 기관은 와인 인스티튜트(Wine Institute)이다. 표준 기능을 보면 다음과 같다.

- 포도의 종 사용을 제한한다. 원칙적으로 비티스 비니페라의 포도 종을 써야 한다. 예외적으로 비달과 같은 몇 가지 잡종이 허용된다.
- 포도의 수확 시 익은 포도를 사용한다. 이 경우 포도당의 내용이 성숙도를 정한다. 또한 estate bottled wine과 아이스 와인의 경우가 다르다.
- 레이블에 표시된 포도는 적어도 85% 이상 당해 포도종이어야 한다.
- 레이블에 표시된 와인 산지에 적합하기 위해 적어도 95%는 공식적으로 인정된 지정된 산지(DVA : Designated Viticultural Area) 것이어야 한다.
- 특정 포도밭을 표기할 때는 100% 그 포도밭에서 생산된 것이어야 한다.
- VQA를 지정받고자 할 때는 당해 와이너리가 독립된 평가단의 시음, 평가서를 제출해야 한다. 이 경우 평가단의 블라인드 테이스팅을 하게 된다.

제 2 절 생산 지역

1 브리티쉬 컬럼비아(BC : Bristish Columbia)

밴쿠버가 있는 캐나다의 서부 지역으로, 이 곳 와인의 80% 이상은 화이트로서 오세로(Auxerrois), 게비르츠트라미너와, 독일에서 개발된 비니페라(Vinifera)의 교배종인 바쿠스(Bacchus)와 에렌펠서(Ehrenfelser)를 사용한다. 레드와인은 피노 누아와 메를로가 주 품종으로 차츰 증가되는 추세에 있다.
와인생산지는 다음과 같다.

(1) 오카나간 밸리(Okanagan Valley)

태평양 연안의 브리티시 컬럼비아주에 있는 오카나간 밸리는 오른 쪽의 모나쉬 산맥(Monashee Mountain Ranges)이 강우량을 차단해 주고 소노라 사막(Sonora dessert)의 열기로 여름이 건조하고 더운 기후를 보인다. 오카나간 호수가 144km에 걸쳐 있어 여름의 넉넉한 일조량으로 데워진 호수의 방사열이 포도나무의 겨울 냉해를 막아준다.

호반을 둘러싸고 포도밭이 형성되어 있으나 북쪽 지역은 경사가 심하고 남쪽이 완만하여 많은 와이너리들이 산재해 있다.
풍부한 일조량과 적은 강수량이 포도의 당도를 한껏 높여 주는 지역이다.
캐나다 전역의 많은 와인 생산지 중 '오카나간 밸리'와 '나이아가라 온 더 레이크'지역이 아이스와인의 양대 산맥으로 꼽힌다. 이곳의 와이너리들은 대부분 강 연안의 고지대나 비탈길에 있어 산비탈을 타고 넘어온 겨울의 매서운 바람이 아이스와인용 포도의 숙성과 수확에 큰 도움을 준다.
매년 1월 캠룹스(Kamloops)에 있는 선픽스 리조트(Sunpeaks Resort)에서 열리는 '오카나간 아이스와인 페스티발'에서는 흥미로운 프로그램이 선 보이며, 아이스와인을 비롯한 B.C지역의 모든 와인을 한 자리에서 볼수 있다.
서머힐 피라미드 에스테이트[98], 세인트 허버터스[99], 퀘일스[100]가 있으며, 딥 크릭 앤 하인리[101]는 1978년 캐나다 아이스와인의 첫선을 보여 캐나다의 아이스와인이 시작된 곳이다.

(2) 밴쿠버 아일랜드(Vancouver Island)[102]

1970년 대에 던칸(Duncan) 남쪽에서 와인을 빚기 시작하여, 1983년부터 1990년 대에는 지방 정부가 자금을 지원한 던칸 프로젝트로 오세르와(Auxerrois), 오르테가(Ortega) 등 100여 종의 다양한 품종을 마련했다.
서리와 냉해의 위험이 비교적 적으며, 코위챈 밸리(Cowichan Valley)는 주변의 산들이 태평양의 바람을 막아 준다.

---

98) 서머힐 피라미드(Summerhill Pyramid Estate Winery)는 이집트 쿠푸왕의 피라미드를 1/8로 축소한 형태의 저장고는 서머힐의 상징으로 알려져 있다. '서머힐'의 표현으로는 "피라미드가 통풍이나 습도, 온도 등 와인 숙성을 위한 최적의 조건을 제공하여 여름의 외부온도가 38도에 이를 때에도 내부는 11~14도를 유지"하여 유기농 와인을 빚고 있다. 오너인 사이프스(Stephen Cipes)의 Cipes는 희랍어로 '포도'라는 뜻으로 와이너리를 숙명으로 알고 1986년 이곳으로 와 1991년 첫 빈티지를 냈다.

99) 세인트 허버터스(St. Hubertus Estate Winery)는 1920년대에 'St. Hubertus & Oak vineyard'로 시작한 유서 깊은 곳으로 지금은 게버트(Andy Gerbert) 형제가 운영하고 있다. 이곳의 와인은 짙은 당으로 효모가 제대로 활동하지 못하므로 인공 효모를 발효의 진행상태를 보며 투입량을 조절하여 넣으며 발효 또한 통상 3개월이 소요되는 늦은 진행을 보인다.

100) 퀘일스 게이트(Quaile's Gate Estate Winery)는 Mission Hill winery의 인근으로 1990년 수튜어트(Dick Stewart)가 아들과 함께 문을 열었다. 퀘일스는 오카나간호 주변에 서식하는 메추리를 가리키는 말이다.

101) 딥 크릭 & 하인리(Deep Creek Wine Estate & Hainle Vineyard)는 피치랜드(Peachland)에 있으며, 처음에는 하인리(Walter Hainle)가 문을 열었으나 지금의 소유주인 하버(Garber)가가 인수하였다. 딥 크릭은 테이블 와인을, 뒤의 하인리는 아이스와인을 취급하고 있다.

102) John Schreiner, "***British Columbia Wine Country***", Whitecap Books, 2004, pp.17-35

(3) 프래저 밸리(Fraser Valley)

밴쿠버 남쪽 랑그리(Langley)의 미국 국경 인근이다.
강우량이 적고 건조해 관개가 필요하며 해안지역으로 습도가 높아 포도 질병이 우려된다. 일반적으로 조기 수확되는 편이다. 비옥한 프레저(Fraser)강의 퇴적층으로 토양은 미사토(微沙土)가 많다.
샤베르통(Domaine de Chaberton)은 1991년 이 지역에서 처음으로 문을 연 와이너리다.

(4) 시말카민 밸리(Simalkameen Valley)

오카나간 밸리의 서쪽에 있으며 겨울이 오카나간보다 다소 춥다. 여름도 계곡의 높은 산으로 인해 일몰 후에도 대기의 열기가 남아 있으며 바람이 계속 있어 늘 건조한 곳이다. 토양은 자갈과 진흙이 많다.
1984년 현재의 세인트 라스글로(St. Lasglo : 당시의 Keremeos Vineyard)가 최초로 포도밭을 가꾸면서 시작되었다.

(5) 걸프 아일랜드(Gulf Island)

여름에 가뭄과 홍수 등의 위험이 내재해 있지만 포도 경작에 알맞은 기후를 보인다. 솔트 스피링(Salt Spring), 새터나(Saturna), 펜더(Pender) 등의 와이너리가 있다.

(6) 기타

B.C에서 다음과 같은 와인 산지들이 더 있다.
오프 드 비튼 페스(Off The Beaten Path), 켈로나(Kelowna), 마운트 부세리(Mount Boucherie), 서머랜드(Summerland), 피치랜드(Peachland), 펜틱션(Pentiction), 나라마타 벤치(The Naramata Bench), 골든 마일(The Golden Mile), 블랙 세이지 로드(The Black Sage Road), 오소유스 레이크 벤치(Osoyoos Lake Bench)

2 온타리오(Ontario)

캐나다의 동부 남쪽으로 치우친 지역으로 남으로 슈퍼리어(Superior)호, 미시건(Michigan)호가 있으며 동남쪽에 있는 토론토 밑으로는 온타리오(Ontario)호와 에리(Erio)호로 둘러싸여 있다. 이러한 호수들과 '나이아가라 에스카프먼트'[103]가 찬 대륙성 기후를 조절해 준다.

103) 나이아가라 에스카프먼트(Niagara Escarpment) : 나이아가라 강의 단애(斷崖)로 높이가 335m에 이른다. 나이아가라 폭포 근처의 퀸스톤(Queenston)에서 톰버모리(Tombermory)에 이르는 길이가 725km에 걸쳐있는 절벽이다.

이 지역은 서늘한 기후로 화이트가 60% 이상을 차지하며 샤르도네, 리슬링, 게비르츠트라미너, 피노 블랑, 오세로(Auxerrois)를 사용한다. 레드와인은 까베르네 프랑, 메를로를 사용한다.

온타리오에서는 VQA(Vintners Qaulity Alliance) 규정 외에 DVAs(Designated Viticultural Areas : 지정 포도 재배지역)로 3 군데를 정하고 있다. 지역명(regional appellation)을 표시하기 위해서는 최소한 85% 이상의 그 지방 포도를 사용하여야 한다. [104]

온타리오 와인협회에서 매년 발행하는 '온타리오 와이너리 가이드북', '와인 루트 맵'은 와이너리 투어에 많은 도움이 된다.

이니스킬린(Inniskillin)[105]의 비달 아이스와인은 '세계 100대 와인'에 포함되며 1989년 빈티지가 1991년 6월의 보르도 VINEEXPO에서 그랑프리에 올랐다. 비달(2003)은 2009년 노벨평화상 축하만찬에 등장한 것으로 15년 이상 장기보관 가능하다.

잭슨 트리거스(Jackson-Triggs Winery)[106]는 매년 여름에 유명 뮤지션을 초청하여 초대 콘서트를 개최한다.

와인 생산지는 다음과 같다.

(1) 나이아가라 반도(Niagara Peninsula)

캐나다에서 규모가 제일 큰 와인산지로 북쪽의 온타리오호, 동쪽의 나이아가라 강과 맞닿아 있고, 335m 높이의 거대한 절벽이 지나고 있다. 이 단애에 부딪힌 대기가 환류해 들어와 포도나무의 냉해를 막아주고 여름에는 서늘한 바람이 일어 포도의 조숙을 막아준다. 기후가 선선하여 독일식 와인을 리슬링, 바달 등을 이용하여 만든다.

뿌티크 와이너리인 헨리 오브 팰햄(Henry of Pelham Family Estate)[107], 레드 품종을 이용한 아이스와인이 독특한 필리터리(Pillitteri Estate Winery[108]와, 바인랜드(Vineland Estate Winery)[109]가 있다.

---

104) Rod Phillips, "***Ontario Wine Country***", Whitecap Books, 2006, p.26

105) 이니스킬린(Inniskillin)은 온티리오 와인의 선구자이자 캐나다 아이스와인을 세계에 알린 와인 메이커인 칼 카이저(Karl Kaiser)가 대표로 있는 곳으로 1975년 와인 학자인 지랄도(Donald JP. Ziraldo)와 같이 창립하였다. 이니스킬린이란 1812년 캐나다전쟁에 참가했던 아일랜드의 연대 이름에서 유래한다. 이 연대의 쿠펴대령이 제대하면서 받은 왕실 땅이 이 농장이다.

106) 잭슨 트리그(Jackson-Triggs Winery)는 달콤 쌉사름한 게뷔르츠트라미너가 일품이다. 이곳 외에 B.C 지역의 오카나간 밸리에도 와이너리를 가지고 있다.

107) 헨리 오브 펠햄(Henry of Pelham Family Estate)은 세인트 캐서린(St. Catharines)마을의 1842년 호텔로 쓰였던 작은 건물을 사용하며, 1984년 토론토에서 이주해 온 스펙가(家)가 만들어 1988년 첫 빈티지를 보였다.

108) 필리터리(Pillitteri Estate Winery)는 창업자인 필리터리(Gary Pillitteri)가 이탈리아 시칠리에서 1948년 이곳으로 이주해 와 문을 열었다.
- 스파클링 비달 아이스와인, 스파클링 리슬링 아이스 와인.

109) 바인랜드 이스테이트(Vineland Estate Winery)는 1857년에 지어진 역마차 정거장이었던 곳으로 1979년에 리슬링 묘목을 심은 데서 비롯된다.
- 리슬링 종류, 피노 그리, 까베르네 프랑, 아이스와인(비달, 리슬링)

(2) 에리호 북안(Lake Erie North Shore)

온타리오주의 서남부에 있는 에리호의 북쪽 호안(湖岸)을 따라 자리잡은 와인 산지이다. 토양은 모레, 진흙, 유기물이 혼합된 양토(壤土)와, 사토(沙土) 등이다. 이 지역은 5대호에서 생성된 온난한 기후의 영향을 받고 풍부한 일조량으로 포도 수확이 빠른 곳이기도 하다.

콜리오(Colio Estate Winery)[110]가 있다.

(3) 필리 아일랜드(Pelee Island)

캐나다에서 가장 남쪽에 있는 작은 섬으로 육지에서 25km 떨어진 에리호(Lake Erie)에 있으며 비교적 온난하여 다양한 종류의 와인이 생산된다.

1866년 캐나다에서는 이 지역에서 최초의 와이너리가 탄생하여 처음으로 와인이 양조된 곳이다.

북위 41.5°로 이탈리아의 피에몬테 아스티와 같은 위도인 필리 아일랜드(Pelee Island Winery)[111]가 있다.

제 3 절 아이스 와인(Ice Wine)

와인이 '신이 주신 선물'이면 아이스와인은 '날씨의 선물'인 셈이다. 아이스 와인이 독일에서 시작되었다는 점에서는 이견이 없다. 현재 자연적인 아이스 와인을 생산하는 국가는 독일, 오스트리아, 캐나다 3개국 밖에 없다. 그러나 기후변화 여러 현상에 의해 유럽의 아이스와인은 정체되어 있는 반면 캐나다는 비약적인 발전을 보여 왔다.

캐나다의 아이스 와인은 1978년 BC지역에 있는 하인리 비너드(Hainle Vineyards)에서 1978년 처음 빚은 것으로 공인되고 있다.

---

110) 콜리오 이스테이트(Colio Estate Winery)는 1980년에 설립된 곳으로, 2005년도에 온타리오의 '올해의 와인 메이크'로 선정된 곳이다.

111) 필리 아일랜드 와이너리(Pelee Island Winery)는 1982년 문을 연 곳으로, 샤르도네, 게뷔르츠트라미너 리저브, 피노 누아 리저브, 그리고 비달 아이스와인이 나온다.

(1) 아이스와인 용 포도의 품종

아이스와인을 만드는데 써야 하는 포도 품종에 대한 규정은 없다. 일반적으로 흔히 쓰이는 품종은 리슬링과 비달(Vidal)이다.
리슬링(Riesling)은 독일이 원산지로 글로벌한 품종이며 독일에서도 아이스와인을 생산하는데 보편적으로 쓰인다. 비달(Vidal)은 이탈리아가 고향인 위니 블랑(Ugni blanc. 일명 Trebbiano)과 자이벨(Seibel)의 교배종이다.
껍질이 두꺼워 내한성(耐寒性)이 좋은 편으로 캐나다에서 가장 많이 쓰이는 아이스와인용 포도 품종이다.
이 외에도 아이스와인용 포도는 레드 화이트를 두루 다 쓰고 있는데 다음과 같다.
샤르도네, 까베르네 프랑, 게비르츠트라미너, 피노 블랑, 피노 누아, 메를로, 쉬라즈, 즈바이겔트(Gweigelt), 케르너(Kerner), 에흐렌펠즈(Ehrenfelser), 마레샬 포슈(Marechal Foch)

(2) 수확

북반구의 와인 산지들은 대체로 9월이면 포도를 수확한다. 그러나 아이스와인은 말 그대로 얼은 포도로 와인을 빚은 것이므로 포도를 그대로 방치해 두었다가 얼기를 기다려 이른 경우에는 11월, 늦게는 이듬해 2월이 되어 수확한다.
캐나다는 아이스와인을 만들기 위해서는 당국(Wine Institute)에 포도 수확에 관해 사전 신고를 하여야 하며 수확은 VQA규정에 따라 섭씨 -8℃ 이하에만 허용된다. 따라서 생산자들은 기후의 변화에 민감하며 실제 수확은 한밤중이나 새벽에 동이 트기 전에 이루어진다. 돌처럼 딱딱한 포도송이를 압축하면 고농축 과즙이 한 방울씩 떨어지고 당분 수치도 35브릭스(brix) 이상이 되어야 한다.

(4) 아이스와인의 양조

- 꽁꽁 얼은 포도송이를 수확해서 지체 없이 바로 양조장으로 운반해 압착(pressing)하여 즙을 얻는데 압착 작업은 천천히 이루어지는데 통상 1 사이클의 압착에 5~6시간이 소요된다.
  압착으로 얻은 과즙은 진하고 황금빛을 띈다.
- 발효는 저온 발효로 섭씨 15°~20°로 맞춘다.
- 발효 소요기간 3주~12주로 당도의 함유와 효모의 활동에 의해 결정된다.
  효모(yeast)는 강열한 활동을 하는 PDM과 같은 배양된 효모를 사용한다.
- 병입은 수확 때부터 계산해 통상 6개월에서 9개월이 소요된다.
  아이스와인의 라이프사이클은 리슬링의 경우 10년경으로 보고 있으나, 기본적으로 영(young)하고 신선할 때 마시는 것이 바람직하다.

표 6-6 테이블와인과 아이스와인의 비교

구분	테이블와인	아이스와인
포도 소요량	1병에 1kg 필요	1병에 필요한 량이 비달 5kg, 쉬라즈 10kg
발효 온도	섭씨 21℃~28℃	섭씨 15℃~20℃의 저온발효
발효 기간	1주~3주 소요	3주~12주 소요
알코올 도수	8°~15°	9°~12°

(4) VQA의 아이스와인 양조 요건

캐나다의 퀄리티 와인을 상징하는 VQA(Vintners Quality Alliance)는 특히 아이스와인 양조에 대해 매우 엄격하여 아이스와인 충족요건을 요구하고 있다.

- 와인 생산은 VQA나 이의 대리인이 모니터링 해야 한다. 수확 시의 기온이 적어도 섭씨 -8℃ 이하여야 한다. 이를 상회할 때는 즉시 수확을 중지시킨다.
- 포도의 품종은 반드시 승인된 것이어야 한다.
- 포도는 포도나무에서 자연 현상으로 얼어진 것이어야 한다. 수확과 양조는 일관된 작업으로 이루어져야 하며 이때의 기온은 섭씨 -8℃나 그 이하여야 한다.
- 아이스와인 용 포도는 100% 지정된 산지에서 난 것이어야 하고 이를 레이블에 표기한다.
- 과즙의 평균 당도는 최저 35Brix 이상이어야 하고 양조된 알코올과 잔류 당은 반드시 자연적인 것이어야 한다. 인위적이거나 투입되는 것은 일체 용인되지 않는다.

(5) 아이스와인의 서빙

- 반드시 칠링해서 마시는 것이 좋다.
  버켓을 이용하면 15분 정도, 냉장 시에는 서빙 2시간 전에 칠링하는 것이 바람직하다.
- 아이스와인을 디저트로 쓸 때에는 디저트가 와인보다 덜 달아야 한다.
- 과일이나 덜 숙성된 소프트 치즈는 훌륭한 궁합이 된다.
- 마시다 남은 와인은 다시 봉한 후 냉장 해 두면 일반 와인보다 오래 맛의 손상 없이 보관이 가능하다.
- 아이스와인 병은 가장 보편적인 것이 375ml, 그리고 일반 사이즈인 750ml 외에 200ml병도 나오고 있다.
- 글라스에는 한 잔당 1.5온스가 적당하다.
- 빠테(paté)나 푸아그라(fóie gras) 요리에는 아페리티프로 사용하여 주 요리 앞에 식전주로 사용해도 좋다.

03 CHAPTER 아르헨티나

남미에서 브라질 다음으로 두 번째로 큰 나라로 국토 면적이 277만 km², 남북이 3,700km, 동서가 1400km에 이르며 인구는 3700만 정도이다. 북에서 동쪽으로 볼리비아, 파라과이, 브라질, 그리고 우루과이와 국경을 접하고 있으며 그 밑의 동남 방향으로 대서양에 면해 있다. 서쪽은 1600km에 이르는 안데스 산맥이 길게 뻗어 있으며 그 너머로 칠레가 있다.

1516년 스페인의 솔리스(Juan Diaz de Solis, 1471 ~ 1516)가 세상에 알린 후 스페인의 식민통치로 이어지다 1816년 독립되었다.

아르헨티나 와인의 역사는 칠레와 흡사하여 스페인 정복자들이 비니페라(vinifera) 품종을 가지고 온 데서 비롯되었다.

1541년 쁠라떼 강(Plate river) 유역에 스페인서 가지고 온 포도나무의 재배와, 1550년 스페인의 남미원정대가 페루에서 가지고 온 포도묘목, 그리고 1556년 칠레에서 안데스를 넘어 포도나무를 가져온 것을 시초로 보고 있다.

당시의 포도는 검은 껍질의 끄리오야 치카(criola chica) 종으로 캘리포니아의 미션(mission), 칠레의 파이스(pais)와 같은 종으로 300여 년 간 남미 포도의 근간을 이룬 품종이다.

1820년 대 식민지 통치가 종식되고 부에노스아이레스와 멘도사 간에 철도가 부설되자 많은 이민자의 유입으로 프랑스, 이태리, 스페인의 양조기법도 들어와 와인 산업이 크게 부흥하였다. 그러나 20세기 중반부터 경제 기반의 몰락과 인플레이션으로 이어져 침체되었으나 1990년 대 부터 나라의 안정과 해외 투자의 유입으로 와인산업도 새로이 도약하였다.

칠레가 품질이 뛰어나다면 아르헨티나는 칠레의 네 배와 세계의 5번째 와인 생산국으로 양(量)으로 승부한다. 칠레가 지난 10여 년 동안에 질(質)에 중점을 두기 위해서 포도재배 면적을 줄여왔다면 아르헨티나는 또 그 반대다. 1990년대까지는 구태의연한 생산방법을 고수했지만 이제는 세계 와인생산국으로 무시할 수 없는 존재로 바뀌고 있다.[112)]

제 1 절 와인법령과 포도 품종

1 와인 법령

아르헨티나는 남미에서 유일하게 D.O.C(Denominación de Origin Controlada)시스템을 갖춘 나라이다.[113)]

와인에 대한 규제의 주 대상은 포도의 생산과 와인의 수출이다. 그러나 다른 신세계 국가들과 마찬가지로 와인 관련 법령은 까다롭지 않은 편으로, 포도종의 원산지 확인이나 재배와 수확과 양조 등에 관한 규제는 없다. 레이블 규제의 일환으로 포도의 품종을 나타낼 때에는 80% 이상을 당해 품종이어야 한다는 법규는 정해져 있다. 감독의 주체는 INVA(Instituto Nacional de Vitivinicultura Argentina)이다.

2 포도 품종

칠레의 대표 품종이 카르미네르(Carmenere)라면 아르헨티나를 대표하는 것으로는 말벡(Malbec)이 있다. 로제를 50% 가까이 생산하며 화이트는 30%, 레드는 20% 정도이나, 일반적으로 레드가 화이트보다 질이 높다.

---

112) Tom Stevenson, ibid, p.509

113) Christopher Fielden, "*The Wines of Argentina, Chile and Latin America*", Faber and Faber, 2001, p.15

(1) 레드와인용

- **말벡(Malbec)** : 아르헨티나의 대표 품종으로 까베르네 다음으로 많이 생산하고 있는 품종이다. 말벡의 생장에 가장 좋은 기후와 조건을 갖추고 있는 나라로 그 중에서도 멘도사의 말벡을 최고로 친다. 원산지는 프랑스이나 오세루아(Auxerrois) 또는 꼬(Côt)로도 알려져 있다.
- 까베르네 소비뇽은 거의 모든 곳에서 볼 수 있으며 특히 멘도사의 루항 데 꾸요(Luàjn de Cuyo)와 마이푸(Maipú)에서 최상품이 난다.
- 메를로는 보르도처럼 까베르네와 블렌딩하여 순하고 고상한 풍미를 갖는 와인을 만들며, 리오네그로에서 최상품이 난다.
- 피노 누아의 식재는 그리 오래 되지 않았으나 스파클링 와인용으로 사용한다.
- 시라는 몇 군데의 와이너리에서 우수한 와인을 만들고 있다.
- 바르나르도(Barnardo)는 단일 품종으로 쓰지 않고 말벡이나 까베르네 소비뇽에 블렌딩되어 사용된다.
- 그 외에 바르베라 다스띠(Barbara d'Asti), 람부르스꼬(Lambursco), 산지오베제, 뗌쁘라니요, 가르나차, 가메이 등이 재배된다.

(2) 화이트 와인용

- 샤르도네는 아르헨티나에서 가장 우수한 화이트 품종으로 해마다 생산량이 늘고 있다. 멘도사와 뚜푼가토(Tupungato)지역이 적지(適地)다.
- 슈냉 블랑은 기본적으로 미묘한 풍미를 보이고 있어 아르헨티나에서는 다른 품종과의 블렌딩에 써야 할 의무적 품종으로 간주되기도 한다.
- 소비뇽 블랑은 산도를 유지하기 위해 다른 품종보다 좀 더 일찍 수확한다. 풍미를 즐기는 소비자들의 수요가 늘어 계속 증산되고 있다.
- 리슬링은 디저트와인에 쓰이기도 하지만 아르헨티나의 리슬링은 우아한 맛을 보인다.
- 또론테스(Torrontés Riojano)는 스페인이 원 고향으로 알려져 있는 것으로 다른 나라에는 잘 알려져 있지 않고 특이한 품종으로 진화해 와 아르헨티나에서 아주 익숙한 품종이다.
- 바디가 훌륭하며 향이 넘쳐 국제적으로도 좋은 평판을 얻고 있다. 살타지역에서 뿌리를 내렸지만 라 리오하 지방의 것을 최상으로 치고 있다.
- 이 외에도 세미용, 위니 블랑, 비오니에 등이 있으며, 전통적인 재배품종으로 크리오야 그란데(Criolla Grande), 크리오야 찌까(Criolla Chica), 세레사(Cereza)가 있다.

제 2 절 와인 산지

표 6-7 아르헨티나의 와인 산지

<table>
<tr><th>대 구분</th><th>중구분</th><th colspan="2">세부 구분</th></tr>
<tr><td>서북지역</td><td colspan="3">살타(Salta), 라 리오하(La Rioja), 까타마르카(Catamarca), 카파야테(Cafayate)</td></tr>
<tr><td rowspan="8">중서부 지역</td><td rowspan="7">멘도사</td><td>북멘도사</td><td>Las Heras/Lavalle : El Borbollón, El Plumerillo</td></tr>
<tr><td rowspan="3">어퍼 멘도사 리버</td><td>Godoy Cruz, Guaymallén</td></tr>
<tr><td>루한 데 꾸요(Luján de Cuyo)</td></tr>
<tr><td>마이푸(Maipú)</td></tr>
<tr><td>우코밸리</td><td>Tupungato, Tunuyán, San Carlos</td></tr>
<tr><td>동부 멘도사</td><td>San Martin, Junin(Medrano), Rivadavia(Palmira), Santa Rosa(Las Catitas), La Paz(Alto Del Salvador)</td></tr>
<tr><td>남부 멘도사</td><td>San Rafael : Las Paredea, Cuadro, Benegas, Cañada Seca, El Cerrito, Jaime Prats, Goudge, La Llave, Las Malvinas, Rama Caida, Villa Atuel, General Alvear : Carmensa</td></tr>
<tr><td colspan="3">산 후안(San Juan)</td></tr>
<tr><td>빠타고니아</td><td colspan="3">리오 네그로(Rio Negro), 네우켄(Neuquén)</td></tr>
</table>

대표적 와인 산지로는 네 군데를 들 수 있다. 즉 서북지역(the North-West), 중서부지역(the Centre-Wset), 남부지역(the South)과 기타지역이다. 아르헨티나 생산량의 90% 이상을 차지하는 멘도사(Mendoza)와 산 후안(San Juan)은 중서부지역에 속한다.[114]

경우에 따라서는 멘도사(Mensoza)를 따로 구분하기도 한다.

2.1 서북지역(레히온 노로에스떼 : Regíon Noroeste)

1 살타(Salta)

가장 북쪽에 위치하고 있어 좌측으로는 칠레, 윗쪽으로는 볼리비아의 국경과 가깝다. 아르헨티나에서 가장 오래된 와인 산지로 17세기 선교사들이 처음으로 포도나무를 식재한 곳으로 19세기 유럽에서 온 이민자들이 까파야떼(Cafayate valley) 일대에 경작을 이루어 대부분의 와이너리들이 긴 역사를 가지고 있다.

포도재배지역은 해발 1,500m 지역에 주로 위치한 모래 토양에 있으며 강우량이 적고 일조량이 많

114) Christopher Fielden, ibid, p.15

으며 밤낮의 기온차가 높아 포도나무 경작에 적지로 꼽힌다. 이 곳은 토착종인 또론테스 리오하노(Torromtes Riojano)가 주품종이며 까베르네 소비뇽도 많이 나온다.

2 라 리오하(La Rioja)

북쪽의 살따 지역 밑의 아르헨티나 중부지역으로 멘도사의 위에 위치한다. 1995년 DOC지역으로 지정된 곳으로, 주요 와이너리들은 거의 법인 체제로 운영되고 있어 엄격한 품질관리를 하고 있으며, 이 지역에 잘 맞는 또론떼스(Torrontés Riojano) 화이트와인의 명산지이다.

3 까타마르카(Catamarca)

작은 지역으로 재배하는 포도의 대부분을 로컬 브랜디에 사용된다.

2.2 중서부지역(레이혼 센뜨로-오에스테 : Región Centro-Oeste)

1 멘도사(Mendoza)

아르헨티나의 대표적 와인산지로 수출용 우량 와인의 생산이 활발한 곳이다.
대서양에서 내륙으로 1500km 떨어진 칠레 국경에 가까운 지역으로 안데스 산맥의 동쪽의 해발 700~1500m에 자리 잡고 있다. 아르헨티나 와인의 70%가 이곳에서 나는 대표적 와인 산지로 36만 에이커에 달하는 세계에서 가장 큰 와인 산지로도 알려져 있다. 토양은 미네랄이 풍부한 안데스의 충적토로 되어 있고 물의 흡수가 좋은 사토(沙土)로 유기질이 많다.
레드 품종으로는 말벡이 우세하고 그 외에 메를로, 바베라, 뗌쁘라니요, 삐노 누아, 까베르네 소비뇽을 사용하며, 화이트는 슈냉 블랑, 리슬링, 샤르도네, 머스캇, 빨로미노, 페드로 히메네스를 사용한다.

(1) 북 멘도사(North Mendoza : Región del Norte Mendocino)

해발 600~700m에 위치하며, '라스 에라스'와 '라바예'로 나누어진다.

- **라스 에라스(Las Heras)** : 엘 보르볼롱(El Borbollón), 엘 플루메리요(El Plumerillo)
- **라바예(Lavalle)** : 로스 코랄리토스(Los Coralitos), 로스 코스타 데 아라효(Los Costa de Araujo), 누에바 칼리포르니아(Nueva California)

(2) 어퍼 멘도사 리버(Upper Mendoza River : Región Zona Alta del Rioe Mendoza)

- **고도이 크루스(Godoy Cruz)와 과이마옌(Guaymallén)**
- **루한 데 꾸요(Luján de Cuyo)** : 아그렐로(Agrelo), 카로디야(Carrodilla), 드룸몬트(Drummond), 라스 콤푸에르타스(Las Compuertas), 페르드리엘(Perdriel), 포르트레리야스(Potrerillas), Ugarteche, Vistalba

유명 와이너리로 보데가 노통[115], 알타 비스타[116], 슈발 데 장드[117], 루이기 보스까[118], 알토스 라 호르미가스[119], 모에&샹동(Moët & Chandon)사의 와이너리인 '보데가 테라자스'[120]가 있으며,

'보데가스 샹동(Bodegas Chandon)은 아르헨티나의 스파클링 와인의 70~80%를 점하는 곳으로서 브라질에서도 자매회사와 더불어 시장점유율이 가장 높은 회사이다.

'보데가스 카로'[121]는 아르헨티나의 '카테나'와 프랑스의 로쉴드(Domaines Barons de Rothschild (Lafite))가 50%씩 투자하여 1998년 만든 곳으로 Caro의 앞 두 글자 Ca는 카테나 가문을, 뒤에 두 글자 RO는 로쉴드 가문을 상징한다. 이

---

115) 보데가 노통(Bodega Norton)은 철도 엔지니어였던 영국인 노통(Edmund James Palmer Norton)이 멘도사 강 남쪽의 '루한 데 꾸요(Luján de Cuyo)'의 해발 800~1050m 지역에 1895년 설립한 와이너리이다. 1989년 오스트리아의 스와로브스키(Gernot Langes Swarovski)가 인수하여 아르헨티나 프리미엄 와인으로 나서고 있다.

116) 알타 비스타(Alta Vista)는 헝가리의 토카이(Tokay)에 투자했었던 샤또 끌리네Château Clinet, 뽀므롤)의 오너(Jean-Micel Arcaute)가 '루한 데 꾸요'와 네 군데 포도밭에서 말벡과 까베르네 소비뇽으로 와인을 만들고 있다.

117) 슈발 데 장드(Cheval des Andes)는 '안데스 산맥의 말'이란 뜻으로, 샤또 슈발 블랑(보르도)과 명품기업 LVMH(Louis Vuitton, Moët Hennessy)이 아르헨티나에 Bodegas Chandon을 설립하여 스파클링 와인을 생산해 오다 '남미 와인을 재정의'하고자 테라사스 데 로스 안데스(Terrazas de Los Andes)와 같이 설립한 곳이다.

118) 루이기 보스까(Luigi Bosca)에서 Icono, '루이기 보스까 갈라'가 시리즈로 1,2, 3, 4가 나온다. 말벡 80%, 쁘띠 베르도 15%.

119) 알토스 라 호르미가스(Altos Las Hormigas)는 와인 메이커인 모레스깔끼(Antonio Morescalchi)와 안토니니(Alberto Antonini)와 1995년 함께 만든 와이너리로 해발 800m의 완만한 경사면에 위치하며 말벡과 이탈리아의 양조기법을 조화시켜 좋은 와인을 만든다. '호르미가스'는 개미라는 뜻이다.

120) 보데가 테라자스(Bodega Terrazas)는 까베르네 소비뇽은 980m, 말벡은 1067m, 샤르도네는 1200m라는 식으로 품종에 따라 최적의 위치를 찾아 고도를 달리하여 재배하며 샤르도네는 다른 품종들을 다 수확하고 나서 30일이 더 지난 뒤에 수확한다.

121) 보데가스 카로(Bodegas Caro)의 말벡은 Vistalba, La Consulta, Tupungato and Agrelo에서 재배, 까베르네 소비뇽은 Agrelo and La Consulta에서 재배한다. 프랑스 오크통에서 18개월간 숙성되었으며, 연간 4만병 이하로 생산되는 고품질 소량 생산 와인이다.

- Caro, Amancaya

곳에서는 까베르네 소비뇽과 말벡의 장점을 살리기 위해 두 품종이 별도로 재배하고 양조되어 오크 숙성시 블렌딩 된다.

'보데가스 까테나 자파타'[122]는 아르헨티나에서 가장 큰 와이너리로 보데가스 에스메랄다(Bodegas Esmeralda), 보데가 라 루랄(Bodega la Rural)과 더불어 아르헨티나의 삼대 와이너리 중의 하나이다.

- **마이뿌(Maipú)** : 꼬킴비토(Coquimbito), 루셀(Russell), 크루스 데 피에드라(Cruz de Piedra), 룬룬타(Lunlunta), 라스 바란카스(Las Barrancas)

이곳의 트라피체[123], 파스깔 또소[124], 뜨리벤토[125]가 유명하며 뜨리벤토(Trivento)는 안데스에 오는 따뜻한 봄바람(Zonda), 동쪽에서 불어오는 여름의 시원한 바람(Sudestada), 남쪽에서 오는 건조하고 차가운 겨울바람(Polar)이라는 '세 가지 바람'이라는 뜻이다.

(3) 우꼬 밸리(Uco Valley : Regi ón del Valle de Uco)

뚜풍가또, 뚜누얀, 산 까를로스를 포함하는 높은 지대로 비교적 고급 와인을 생산하고 있다.

---

122) 보데가스 까떼나 자파타(Bodedas Catena Zapata)는 이태리 마르께(Marche) 출신의 까떼나가 1902년 첫 묘목을 심은 이래 도밍고(Domingo), 니꼴라스로 이어지는 자손들이 관개와 기술개발로 고품질을 만들어 1991년 미국 수출을 위시해서 세계적인 인기를 얻고 있다. 와인 잡지 '디켄터'에서 1984년부터 뽑은 '올해의 인물'에 뽑히기도 했다.
- Nicolas Catena Zapata : 까베르네 소비뇽 90%, 말벡 5%, 기타 5%.
- Catena Alta : 말벡 90%, 까베르네 소비뇽 10%
- Alamos Argento

123) 보데가스 트라피체(Bodegas Trapiche)는 베네하스(Don Tiburcio Benegas)가 1883년 설립한 와이너리로 1970년 플렌타(Pulenta family)가 인수하여 계속 개선을 거듭하고 있다.
- 이스까이(Trapiche Iscay)는 말벡과 메를로를 블렌딩한 것으로 적당한 타닌과 그에 따른 틀과 균형으로 명성을 얻고 있다.
- Medalla, Broquel, Oak Cask, Trapiche, Falling Star, Astica

124) 파스칼 또소(Pascual Toso)는 이탈리아 삐에몬테(Canal D' Alba Piamonte) 출신의 '파스칼 또소'가 1880년 아르헨티나로 이민 와 1890년 산 호세(San José, Guaymallén)에 세운 오랜 전통의 와이너리다. 20세기 초에 마이뿌(Maipú)지역에 크게 확장한 곳은 '라스 바랑가스(Las Barrancas)'로 부른다. 까베르네 소비뇽으로 평균 이상의 질을 가진 와인을 만들고 있다.
- 또론떼스(Torrontés)는 토착종인 또론떼스를 100% 사용하여 양조한 드라이 화이트.
- 전통적인 샴페인 제조방식에 따라 만드는 토소 스파클링 와인과 까베르네 소비뇽이 나온다.

125) 뜨리벤토 보데가스 이 비네도스(Trivento Bodegas y viñedos)는 1996년 세워진 곳으로, Trivento Reserve(시라, 말벡, 까베르네 소비뇽, Trivento Golden Reserve Malbec, Trivento bi Varietals : 까베르네와 말벡, 시라와 말벡을 각각 50%씩 블렌딩, Trivento Tribu Varietals(까베르네 소비뇽, 메를로, 말벡, 뗌쁘라니요)

- **뚜풍가또(Tupungato)** : 라 아르보레다(La Arboleda), 아구아스 아마르가스(Aguas Amargas)
- **뚜누얀(Tunuyán)** : 빌라 세아(Villa Sea), 비스타 플로레스(Vista Flores), 라스 로사스(Las Rosas), 로스 사우세스(Los Sauces)
  끌로 데 로스 시에테[126], 아차발 페레르[127]가 잘 알려진 곳이다.
- **산 카를로스(San Carlos)** : 엘 체필로(El Cepillo), 칠레치토(Chilecito), 보데가 루르통(Bodega J. & F. Lurton)[128]이 있다.

(4) 동부 멘도사(East Mendoza : Región del Este Mendocino)

해발 750m의 산 마르떤를 포함하는 지역으로 뚜누얀(Tunuyán))강에서 물을 끌어와 사용하기도 한다.

- 산 마르틴(San Martin)
- 후닌(Junin) 내에 메드라노(Medrano)가 있다. 에스메랄다(Bodegas Esmeralda)는 페르난데스(Don Juan Fernández)가 딸 이름을 따서 지은 곳이다.
- 리바다비아(Rivadavia) 내에 팔미라(Palmira)가 있다.
- 산타 로사(Santa Rosa) 내에 라스 까티타스(Las Catitas)가 있다.
- 라 파스(La Paz) 내에 알토 델 살바도르(Alto Del Salvador)가 있다.

(5) 남부 멘도사(South Mendoza : Región del Sur Mendocino)

가장 더운 곳이다.

---

126) 끌로 데 로스 시에테(Clos de Los Siete)는 쌩떼밀리옹에서 와인 양조 컨설팅을 하던 롤랑(Michel Rolland)과 와인메이커인 아르꼬뜨(Jean Michel Arcaute), 르가이(Château Le Gay)와 몽비엘(Château Montviel, 뽀므롤)'의 오너인 페레-버쥬(Yves & Catherine Péré-Vergé)와 다쏘(Château Dassaut, 쌩떼밀리옹)의 다쏘(Laurent Dassault), 레오빌 뿌아페레(Château Léoville Poyferré, 쌩쥴리앙)의 퀴벨리에 (Bertrand & Jean Guy Cuvelier), Piper Heidsick(샹빠뉴)의 d'Aulan, 그리고 금융회사의 로쉴드(Edmond de Rothschild) 이 들 7명이 만든 와이너리다. 2002년 첫 수확으로 말벡 40%, 메를로/시라/까베르네 소비뇽이 각 20%로 블렌딩 와인

127) 아차발 페레르(Achaval Ferrer)의 네 군데의 포도밭에서 각각의 개성이 다른 와인이 나오며 이틸리아의 와인 메이커인 치쁘레쏘(Robertto Cipresso)가 1998년 합류하였다.
- Finca Mirador : 'Medrano'의 해발 700 지점, 5헥타로 헥타당 4000그루의 밀도로 말벡 재배
- Finca Altamira : 1925년부터 시작된 곳으로 해발 1050m에서 말벡이 나온다.
- Finca Bella Vista : 해발 950m의 'Luján de Cuyo'의 페드리엘(Perdriel)에 있으며 멘도사 강 남쪽 해발 950m로 13 헥타에서 헥타 당 6000그루의 밀도로 말벡을 경작하고 있다. 100년의 역사.
- Finca Diamante : 우코 밸리의 'Tupungato'소재, 해발 1000m로 18헥타에서 메를로, 까베르네 프랑을 재배한다.
- Finca Bella, Vista Quimera, Malbec Mendoza

128) 보데가 루르통(Bodega J. & F. Lurton)은 루르똥(Lurton)형제가 1992년부터 까테나(Catena)에서 일하다가 1996년 자신의 포도밭을 만든 곳이다.
- Torrontés, J&F Lurton, Mendoza

- **산 라파엘(San Rafael)의 세부지역**
  라스 파레데아(Las Paredea), 쿠아드로 베네가스(Cuadro Benegas), 엘 체리토(El Cerrito), 라 라베(La Llave), 구게(Goudge), 라마 카이다(Rama Caida), 카냐다 세카(Cañada Seca), 라스 말비나스(Las Malvinas), 빌라 아투엘(Villa Atuel), Jaime Prats.
  와이너리는 발렌틴 비안치(Valentín Bianchi)[129]가 알려져 있다.

- **제네랄 알비아(General Alvear)** : 카르멘사(Carmensa)가 있다.
  와이너리로는 플레차스 데 로스 안데스[130], 파울 홉스[131]가 알려져 있다.

2 산 후안(San Juan)

멘도사의 바로 북쪽에 있는 비교적 더운 곳으로, 사토(沙土)와 자갈이 많은 토양으로 배수가 잘 되고 산 후안 강에서 물을 풍부하게 얻고 있다. 포도 경작지가 6만 헥타르로 아르헨티나에서 두 번째로 큰 와인 산지이며 아르헨티나 와인의 20% 가까이를 차지한다.
이곳에서 생산하는 포도의 반 이상이 식용과 건포도용으로 농축주스도 많이 생산되고 있다.
재래종인 끄리오야(Criolla)와 세레사(cereza)의 생산량이 많으며, 아페리티프 와인으로 버머스, 뮈스까델, 쉐리 등이 많이 나왔으나 최근에는 레드와인의 생산이 늘고 있다.

2.3 빠따고냐/리오 네그로(Patagonia : Rio Negro)

남위 39°의 안데스 산맥 기슭에 있는 아르헨티나 와인 산지 중 가장 남쪽 지역으로 포도 외에도 각종 과일이 풍부하게 나오는 곳이다.
대륙성 기후로 차고 건조하며 겨울에 습도가 높다. 강우량은 적은 편이며 일교차가 크다. 알코올과 산도가 높은 화이트를 많이 생산하며 스파클링 와인도 생산하고 있다.

---

129) 발렌틴 비안치(Valentín Bianchi)는 이탈리아에서 온 발렌틴 비안치가 1928년 세운 곳으로 'Asti', 'Las Paredes', 'Dona Elsa'의 세군데 경작지가 있다.
- Don Valentin Lacrado), Enzo Bianchi Gran Cru, Elsa Malbec

130) 플레차스 데 로스 안데스(Bodega Flechas de Los Andes)는 바롱 벤자민 로쉴드와 로랑 다쏘(Laurent Dassault; 쌩떼밀리옹 그랑크뤼 샤또 다쏘 소유) 가문의 파트너쉽에 의해서 멘도사 지역의 안데스 산맥 기슭 꼬르디에라(cordillera)에서 탄생하였다. 플레차스는 스페인어로 화살표를 의미하며, 이는 로쉴드 가문의 심벌 마크인 5개의 화살을 상징한다. 로쉴드와 다쏘 두 가문은 프랑스 보르도에서의 경험을 바탕으로 최상의 와인 생산을 목표로 2003년 와이너리를 설립하고, 2004년 첫 수확을 이루었다.
- Flechas De Los Andes Gran Malbec

131) 파울 홉스(Paul Hobbs)가 1981년 오퍼스 원(Opus One) 양조팀의 일원으로 참가 후 시미(Simi Winery)에서 일하다가 1989년 멘도사의 까테나(Nicolas Catena)와 합류했다. 1991년 폴 홉스(Paul Hobbs Winery)를 세워 샤르도네, 피노누아, 까베르네 소비뇽으로 와인을 만들고 있다. 멘도사와 캘리포니아의 내파, 소노마에 11개의 포도밭을 가꾸고 있다.

04 CHAPTER 칠레

광활한 남태평양과 장엄한 안데스산맥의 신비스러운 영감이 살아있는 곳. 북쪽 페루 국경의 무더운 아타카마 사막지대에서부터 남쪽 얼음이 덮인 '티에라 델푸에고'까지 4329km에 폭은 177km로 좁고 기다란 밴드 형태의 특수 자연 조건을 가지고 있다. 또한 서쪽으론 남태평양과 경계를 이루는 해안선, 동으로는 안데스 산맥이 있어 필록쎄라(Phyloxera)의 침투로부터 온존할 수 있을 만큼의 격리된 지리조건을 갖추고 있다.

남위 35°를 중심으로 위치한 칠레의 포도밭은 1,300km에 이르는 태평양 연안에 따라 길게 형성되어 있다. 그 중 산티에고(Santiago) 남부에 포도재배가 집중되어 있다. 태평양의 바닷바람은 병충해를 예방하기도 하면서 선선한 기후를 좋아하는 품종에게는 더할 나위 없는 조건을 제공한다. 포도가 완숙하기에 충분한 일조량과 온화한 기후를 가지고 있어 와인 양조에 적합한 나라다.

유럽 와인에서 느낄 수 있는 섬세한 밸런스와 신세계 와인의 특징인 풍부한 과일 향과 힘을 동시에 느낄 수 있는 것이 칠레 와인의 장점으로, 정갈한 토양과 최적의 기후 조건 아래 만들어지는 칠레의 와인은 신선한 과일 향과 부드러운 오크 뉘앙스, 맛깔스러운 타닌과 다양한 풍미가 깃들어 있는 뛰어난 와인이다.

제 1 절 칠레의 개요

1 역사

데아귀레(Don Francisco de Aguirre)에 의해 1548년에 처음으로 코피아포(Copiapo)에 포도나무가 심어졌고 1551년에 최초로 수확이 이루어졌다. 16세기 후반 이후부터 와인생산량이 증가되어 이웃 페루에까지 수출(*Pais 품종)하기 시작하였다. 1830년 정부가 종묘원을 설립(Quinta Normal)하므로서, 19세기 후반 필록쎄라(Phylloxera) 병이 창궐했을 때 피해를 입지 않은 나라가 되어 와인산업 발전에 중요한 이정표가 되었다. 1850년대에 프랑스의 고급 품종을 수입하여 와인을 본격적으로 생산하기 시작했다.

20세기로 와서 1902년에 알코올 규제법이, 1938년에는 와인생산량 규제법, 제2차 세계대전 이후 정부의 수입규제 조치, 사회주의 정권하에서 토지개혁으로 포도원이 없어지는 등의 어려움이 있었다. 1985년 VINEXPO에 칠레에서 4개 업체가 처음 참가하였고, 포도재배 기술의 향상, 질 좋은 품종에 적합한 최적의 포도원 및 산지 탐색 등을 위해 와인생산업계의 품질향상을 위한 노력이 시작되었다. 1995년 포도재배 지역에 대한 규정, 레이블링 가이드라인 등 와인생산 선진화에 필요한 법이 마련되는 등 1980년대 중반 이후 투자가들이 칠레에 와이너리를 설립하거나 합작 또는 기술제휴로 와인산업 발전에 크게 기여하고 있다.

Tip 필록쎄라

포도에 기생하는 병균 이름이다. 이다. 나무 전체를 완전히 죽이므로 포도에 있어서는 제일 나쁜 병이다. 1870년대에 유행성 전염으로 만연하여 유럽 전체의 포도원들이 거의 전멸되었다. 다행히도 미국 토종포도나무들은 이에 영향을 받지 않아서 미국나무의 뿌리줄기를 이식받은 유럽 품종이 면역을 갖추고 되살아나게 되었다.

2 기후

칠레의 여름은 무덥고 태양이 뜨겁지만 습기가 별로 없다. 북반구의 해당 위도 지역과 달리 태평양의 해류, 특히 홈볼트 한류의 영향으로 밤이 되면 안데스 산맥의 영향으로 기온이 많이 내려간다. 선선한 태평양의 바닷바람은 병충해 예방효과와 더불어 낮과 밤의 온도 차이가 질 좋은 포도로 와인을 제조할 수 있는 자연적 환경을 만들어주므로 포도 재배에 유리한 기후조건을 갖추고 있다.
지중해성 기후로 겨울에 비가 내리며 여름은 다소 건조하고 일조량이 많은 가운데 포도 성장기간에 거의 비가 오지 않아 개화 시기로부터 수확기까지 약 150일 정도의 hang time[132]을 유지시켜 줌으로써 균질하고 완숙한 포도를 수확할 수 있게 해준다. 아울러 이와 같이 이상적인 기후 덕택에 칠레는 다른 어느 나라보다도 환경 친화적인 포도재배가 가능하다고 할 수 있다.

3 포도 품종

포도품종은 다양하여, 여전히 빠이스(Páis)를 재배하고는 있지만 프랑스 포도 품종이 주종을 이루어 까베르네 소비뇽의 재배가 제일 많다.

- **레드 품종** : 까베르네 소비뇽, 까베르네 프랑, 시라, 메를로, 말벡, 피노 누아, 빠이스(Páis), 까리냥(Carignan), 까르메네르(Carmenère)는 단일 품종으로 생산하는 유일한 국가로 칠레의 최고 품종으로 꼽힌다.
- **화이트 품종** : 소비뇽 블랑, 샤르도네, 머스캣, 세미용, 리슬링, 슈맹 블랑, 또론텔(Torontel).

4 칠레 와인의 분류

1967년부터 포도밭의 지역별 구분, 면적제한 등을 시행하다가 1995년부터 원산지명칭 통제제도가 시행되어 레이블에 표시하도록 하고 있다. 1998년 보완된 내용으로는 원산지, 품종, 수확연도, 병입 등의 사항을 규제하고 있다.
칠레 와인의 분류는 다음과 같다.

132) hang time : 체공시간, 미식축구에서 땅에 닿기 전에 공을 차는 펀트(punt)한 공의 체공 시간

(1) 원산지 표시 와인(DO : Denominacion de Origen)

해당 지역에서 생산된 포도를 75% 이상 사용하여야 하며, 품종을 표기할 때에는 해당 품종을 75% 이상 사용하여야 한다. 여러 품종을 블렌딩 하였을 때에는 비율 순서대로 세 가지만 표시한다. 수확연도를 표기할 경우에는 해당 연도의 포도를 75% 이상 사용하여야 한다.

Tip 생산자 병입(Estate bottled)

포도의 수확과 양조, 병입, 보관이 자기 소유의 시설에서 일괄적으로 이루어질 때에 표시할 수 있다. 즉 공장 소유의 포도밭이 있으며, 병입공장과 포도밭이 원산지 내에 위치하는 것을 말한다.

(2) 원산지 표시 없는 와인

품종과 생산연도에 대한 규정은 원산지 표시 와인과 같지만 원산지에 대한 표시만 없다.

(3) 비노 데 메사(Vino de Mesa)

포도의 품종과 생산연도를 표시하지 않는 것으로, 식용포도로 만드는 경우가 많다.

제 2 절 칠레의 와인 생산지역

와인생산은 대부분 남위 32°에서 38° 사이의 지대에서 이루어진다. 산티아고에서 북으로 100km 내외, 남으로 300km 이내의 275,000 에이커의 포도원이 칠레 와인의 주 원산지이다.
칠레의 와인생산지는 12군데 지역이나 주요생산지는 다음과 같다.

- **아꽁까구아(Aconcagua Valley** : Casablanca Valley)
- **바예 센뜨랄(Valle Central)** : 마이포(Maipo Valley), 마우레(Maule : Curicó Valley), 라펠(Rapel Valley : Colchacua Valley

1 아따까마 지역(Atacama Region)

칠레의 제일 북쪽에 위치하며, 강수량이 부족한 거의 사막 수준의 지역으로 대부분 식용 포도를 생산한다. 세부지역(subregion)으로 바예 코피아노(Valle Copiano)와 바예 후아스코이(Valle Huascoy)가 있다.

표 6-8 와인 생산지역

<table>
<tr><th>지역</th><th>세부 지역</th><th>Zones</th><th>세부 구획(Areas)</th></tr>
<tr><td>Atacama</td><td colspan="3">Copiano, Huasco</td></tr>
<tr><td rowspan="2">꼬낌보
(Coquimbo)</td><td>Elquí</td><td colspan="2">Vicuna, Paihuano</td></tr>
<tr><td>Limari</td><td colspan="2">Ovalle, Monte Patria, Punitaqui, Rio Hurtado</td></tr>
<tr><td rowspan="2">아꽁까구아
(Aconcagua)</td><td>Aconcagua</td><td colspan="2">Panquehue</td></tr>
<tr><td colspan="3">Casablanca</td></tr>
<tr><td rowspan="9">바예 센뜨랄
(Valle Central)</td><td>Maipo Valley</td><td colspan="2">Santiago, Pirque, Puente Alto, Buín, Isla de Maipo, Talagante, Melipilla</td></tr>
<tr><td rowspan="2">Rapel Valley</td><td>Cachapoal</td><td>Rancagua, Requinoa, Rengo, Peumo</td></tr>
<tr><td>Colchacua</td><td>San Ferrnando, Chimbaronga, Nancagua, Santa Cruz, Palmilla, Peralillo</td></tr>
<tr><td rowspan="2">Curicó Valley</td><td>Teno</td><td>Rauco, Romeral</td></tr>
<tr><td>Lontué</td><td>Molina</td></tr>
<tr><td rowspan="3">Maule Valley</td><td>Claro</td><td>Talca, Pencahue, San Clemente</td></tr>
<tr><td>Loncomilla</td><td>San Javier, Villa Alegro, Parral, Linares</td></tr>
<tr><td>TuTuven</td><td>Cauquenes</td></tr>
<tr><td rowspan="2">Southern Valley</td><td colspan="2">Itata</td><td>Chillán, Quillón, Portezuelo, Coelemu</td></tr>
<tr><td colspan="2">Bío-Bío</td><td>Yumbel, Mulchén</td></tr>
</table>

2 꼬낌보 지역(Coquimbo Region)

안데스 산맥 기슭으로 강수량이 부족한 곳이며, 대부분 브랜디용을 생산한다. 알코올 함량이 높고 산도가 낮다. 세부지역(subregion)으로 바예 엘퀴(Valle Elqui)와 리마리(Limari Valley)가 있다.

3 아꽁까구아 지역(Aconcagua Region)

산티아고(Santiago) 북부, 고급 와인을 만드는 곳 중에서 가장 따뜻한 곳이다.

(1) 바예 델 아꽁까구아(Valle del Aconcagua)

산티아고(Santiago)에서 북쪽으로 100km 정도의 지역. 온화한 지중해성 기후를 보이고 있으며 양질의 와인을 생산한다. 진한 색과 과일향이 풍부한 레드와인을 생산해 낸다. 까베르네 소비뇽, 까베르네 프랑, 메를로를 재배하며, 시라의 재배가 늘어나는 추세이다.

비냐 에라수리스(Viña Errázuriz)[133]의 돈 맥시아노(Don Maxmiano Founder's Reserve)는 까베르네 소비뇽 87%, 메를로 13%의 프렌치 오크에서 20개월 숙성시킨 유명와인이며, 세냐(Seña)는 몬다비(Robert Mondavi)와 합작하여 칠레 토양의 정수를 담아냈다. 와인의 레이블엔 두 와이너리의 제휴를 상징하는 문장과 사인이 새겨져 있다.

(2) 바예 델 카사블랑카(Valle del Casablanca)

화이트와인과 섬세한 피노 누아에 적합한 지역을 찾던 포도주 양조학자인 파블로 모란데(Pablo Morandé)에 의해 발견된 곳으로서 1982년에 포도가 처음 재배되었다. 해발이 높은 곳에 위치하여 선선한 기후를 가지고 있다. 샤르도네와 소비뇽 블랑으로 매력적인 와인을 생산해 내는 곳으로 유명하다. 레드는 삐노 누아를 많이 쓰며 국제적으로 많이 알려지고 있다.
비냐 깔리테라(Viña Caliterra)[134]는 1995년 캘리포니아의 로버트 몬다비가 합류하여 칠레의 와인 수출의 세 번째를 차지하고 있다.
마테틱 비너드(Matetic Vineyards)[135]는 재배에서 수확, 숙성, 병입에까지의 전 과정에서 농약을 비롯한 일체의 화학합성 첨가물을 사용하지 않고 자연 생태학적 유기물과 미생물 등 천연 자재만을 사용하는 바이오 다이나믹(bio- dynamic Organic Production)방식을 사용하여 와인을 만들고 있다. 그리고 비냐 까사블랑카(Viña Casablanca)[136]가 있다.

4 바예 센뜨랄(Valle Central : Central Region)

칠레 와인 전체 생산량의 65%를 차지하는 곳이다.
레드와인으로 유명한 마이포 밸리를 비롯한 '바예 센뜨랄'지역은 고온 건조한 최적의 지중해성 기후를 보이고 있다. 낮에는 뜨거운 태양이 포도를 충분히 익게 해주며, 밤이 되면 안데스 산맥과 차가운 남태평양 한류의 영향으로 기온이 급강하하는데 이는 포도의 산도를 보존시키는데 도움이

133) 비냐 에라수리스(Viña Errázuriz)는 1870년 스페인의 나바라(Nvarra)에서 온 돈 맥시미아노(Don Maximiano)가 설립한 와이너리로 아꽁까구아의 빵께후에(Pangquehue)에 있는 700헥타의 와이너리는 한 사람이 가지고 있는 단일 포도밭(single vinyard)으로서는 세계에서 제일 큰 곳이었다.

134) 비냐 깔리테라(Viña Caliterra)는 스스로 "칠레 와이너리의 새로운 세대"라 표현하고 있는 채드윅(Chadwick)가족이 1989년 만든 와이너리로 'Casablanca'와 'Colchagua'에 포도밭이 있다.

135) 마테틱 비너드(Matetic Vineyards)는 산티아고에서 100km에서 떨어진 발빠라이소지역(Valparaíso Region)에 위치하여 산 안또니오 밸리(San Antonio Valley)에 둘러싸인 로사리오 밸리(Rosario Valley)에 있다. 1999년부터 마테틱(Jorge Martetic)을 비롯한 가족들이 전념하고 있다.

136) 비냐 까사블랑카(Viña Casablanca)는 1992년 캐롤라이나(Santa Carolina)가 만든 곳으로, 샤르도네, 소비뇽 블랑, 게비르츠트라미너로 화이트 와인을 주로 만든다. 까베르네 소비뇽과 메를로도 구색으로 갖추고 있다.

된다. 따라서 당도와 산도의 밸런스가 완벽한 양질의 포도가 생산된다.

(1) 바예 델 마이포(Valle del Maipo)

산티아고가 있는 온화한 날씨의 이 곳은 까베르네 소비뇽 와인에 최상의 지역이라고 할 수 있을 만큼 까베르네 소비뇽을 주품종으로 생산하고 있다. 칠레의 거의 모든 전통적인 와이너리의 탄생지로 알려져 있다.

- **세부구획(Areas)**

  산티아고(Santiago : Peñalolén, La Florida), 피르케(Pirque), 뿌엔테 알토(Puente Alto), 부인(Buin : Paine, San Bernardo), 이슬라 데 마이포(Isla de Maipo), 따라간테(Talagante : Peñaflor, El Monte), 그리고 메리필라(Melipilla)가 있다.

비냐 알마미바(Viña Almaviva)는 1978년 설립된 곳으로, 1997년 프랑스의 로쉴드(Baron Philippe de Rothschild)'와 칠레의 '콘차이 토로'가 합작하여 뿌렌테 알토(Puente Alto)에 만든 와이너리다. 알마비바(Almaviva)는 모짜르트의 '피가로의 결혼'에 나오는 주인공의 이름에서 유래하며, 프랑스의 와인양조기술과 칠레의 토양이 빚어낸 걸작이다.
콘차 이 토로(Concha y Toro)[137]의 돈 멜초르(Don Melchor)는 마이포 계곡 중심부에 위치한 '푸엔토 알토'포도밭에서 나오는 의심의 여지없이 칠레에서 제일가는 와인으로 '세계 100대 와인'에 들어가는 풀 바디의 프리미엄와인이다. 3,300ha 면적의 포도밭에서 연간 1,100만 케이스의 와인을 생산 하며, 미국에 가장 많이 수출하고 있는 와이너리다.

쿠시노 마쿨(Cousiño Macul)은 고전적인 보르도 스타일의 전통적인 와인을 만드는 와이너리로 피니스 떼라에(Finis Terrae)는 까베르네 소비뇽과 메를로를 각각 50%씩 블렌딩한 정상급 레드와인이다. 비냐 하라스 데 피르케(Viña Haras de Pirque)[138]는 1892년에 세워진 경주마 목장에서 따온 이름

---

137) 콘차이 또로(Concha y Toro)는 1883년 '콘차 이 또로(Del Melchor de Concha y Toro)가 설립하여 프랑스인 부인 'Emilians Subercaseaux'가 보르도에서 가져온 묘목으로 보르도식으로 만들기 시작하였다. 카사블랑카를 비롯한 12개의 포도밭에서 까베르네 소비뇽, 샤르도네, 메를로, 소비뇽 블랑 등을 재배한다.

138) 하라스 데 피르케 (Viña Haras de Pirque)는 폴로 선수 출신인 마테 (Eduardo A. Matte)가 1991년 마이포 밸리의 피르케 지역에 종마장을 포함한 포도밭을 설립하였다.
- 에쿠스(Equus), 캐릭터(Character), 엘레강스(Elegance)

으로 '피르케의 종마장'이라는 의미를 가지고 있으며, 와이너리는 전 세계에서 유일한 말발굽 형태로 설계되었으며 레이블은 인상파 화가인 '에드가 드가'의 작품 '기수'에서 따왔다. 2003년 이태리의 안티노리와 같이 만든 안티노리 & 마테(Antinori & Matte) 사(社)가 설립되어 최초의 칠레, 이태리 합작 와인인 명품 '알비스 (Albis)' 를 출시했다.

도멘 폴 브루노(Domaine Paul Bruno)는 프랑스의 샤토 꼬스 데스투르넬(Chateau Cos d'Estournel), 샤토 마고(Chateau Margaux)에서 투자한 와이너리로 까베르네 소비뇽 한 가지 만을 생산하고 있다.

따라빠카 엑스 사발라[139]에서 소비뇽 블랑과 샤르도네로 브루고뉴 샤블리 스타일 와인이 나오며 칠레 국내시장에서는 막강하다.

산타 리타[140]의 까사 레알(Casa Real)은 까베르네 소비뇽 100의 수출용 레이블로 뛰어난 바디감과 풍부한 타닌으로 견고하다. 비냐 까르멘(Viña Carmen)은 1850년에 설립된 역사가 가장 오래된 와이너리로 메를로와 까베르네 소비뇽을 기본으로 시라를 사용한 레드가 생산되며, 화이트는 샤르도네와 소비뇽 블랑을 기본으로 게뷔르츠트라미너와 비오니에를 사용한다.

에스쿠도 로호(Escudo Rojo)는 바롱 필립 로쉴드(보르도)가 칠레에서 생산하는 와인으로 빨간 레이블이 눈에 금방 들어온다. 디 마르티노[141]도 잘 알려져 있다.

(2) 바예 데 라펠(Valle de Rapel)

마이포 지방보다 기후가 선선하며 까베르네 소비뇽과 소비뇽 블랑을 가장 많이 재배하며 메를로로 유명한 지역이다.

---

139) 비냐 따라빠카 엑스 사발라(Viña Tarapacá Ex-Zavala)는 살라만까(Francisco de Rojas y Salamanca)가 1874년 세운 곳으로 원 이름은 '비냐 데 로하스(Viña de Rojas)였다. 1920년대에 '사발라'가문이 구입한 뒤에 부인과 이혼하면서 물려주어 전(前- Ex)의 사발라(Zavala)라는 이름이 붙었다. 그 후 몇 군데를 거쳐 지금은 'Compañía Chilna de Fósforos)가 소유하고 있다.
- León de Tarapacá, Gran Tarapacá, Gran Reserva, Millenium(까베르네, 메를로, 시라 블렌딩)

140) 산타 리타(Viña Santa Rita)는 1880년에 페르난데즈(Domingo Fernandez Concha)가 설립한 와이너리이다. 지금은 발데소(Ricardo Claro Valdé)시가 이끄는 칠레에서 두 번째로 큰 와인회사에서 운영하며 일찍이 앞선 기술 도입하여 고품질의 와인을 만들기 시작했다.
- Triple C는 까베르네 소비뇽, 까베르네 프랑, 까르미네르의 블렌딩.
- Medalla Real Carbernet Sauvignon/Sauvignon Blanc(왕이 수여한 메달이라는 뜻)

141) 디 마르티노(De Martino)는 1934년 파스쿠아로네(Pietro De Martino Pasculaone)가 이태리 로마 근교의 비냐넬로(Bignanello)에서 와인을 만들다가 1934년 이주하여 마이뽀에 창립한 곳으로 현재 3~4세대가 참여하고 있다.
- Familia, Single Vineard(Quebrada Seca, Parcela 5, El León, Limávida, Las Cruces, Alto de Piedras, Alto Los Toros, La Aguada, Las Águilas, Organico, Legado

- **바예 데 까차포알(Cachapoal)** : 세부구획(areas)으로, 랑까구아(Rancagua : Graneros), 레뀌노아(Re-quinoa), 렝고(Rengo : Malloa, Quinta de Tilcoco), 뻬우모(Peumo : Pichidegua), 모스타잘(Mostazal), 꼬데구아(Codegua : Olivar), 라스 까브라스(Las Cabras), 산 빈센토(San Vincento)가 있다.
- **바예 데 꼴차구아(Colchagua)** : 칠레의 수도 산티아고에서 남쪽으로 차로 두 시간쯤 떨어진 곳이다. 세부구획(areas)으로, 산 페르난도(San Ferrnando), 낌바롱가(Chimbaronga), 낭까구아(Nancagua : Pracilla), 산타 크루즈(Santa Cruz : Chépica), 빨밀라(Palmilla), 뻬랄리로(Peralillo)가 있다.

코노 수르(Cono Sur)[142]는 1998년부터 친환경 생산을 시작하여 와이너리 내에선 자전거만을 이용할 수 있어 자전거를 회사의 심벌로 삼았으며 자연보호를 위하여 인조 코르크를 사용하며 재배면적의 20% 이상은 완전 유기농재배를 한다. 오키오(Ocio)는 '피노 누아'로 만든 '코노 수르'의 아이콘 와인이다.

비냐 운두라가[143]는 1988년에 칠레 전체의 수출량의 40%를 차지하였으며 2003년에는 무려 60%를 차지하였는데 1947년에 12헥타르의 포도밭이 2003년에는 995헥타로 대폭 확대된 것이 주된 요인이다.

뷰 마넨[144]은 100년 전통을 자랑하는 와인양조의 역사와 뷰(Viu) 일가의 능력과 결합하여 1980년대 말부터 품질을 인정받았으며 2000년 대 부터는 주목할 만한 칠레 와이너리로 호평 받고 있다. 2004년 'Wine & Spirits'에서 "3大 베스트 칠레 와이너리"로 선정된 곳이다.

---

142) 코노 수르(Cono Sur)은 꼴차구아의 'Chimbarongo'에 1993년 설립된 곳으로 모회사가 '콘차이 토로'이다. 이름은 '남회귀선 아래, 남아메리카의 최남단 지역으로 구성된 지리적 영역', 남쪽의 고깔'을 가리키는 말'에서 따왔다.
- 20 Barrels Limited Edition(소비뇽 블랑, 샤르도네, 피노 누아, 메를로, 시라, 까베르네 소비뇽)
- Visión(Single Vineyard)과 Reserva는 소비뇽 블랑 외에 11품종,
- Ocio

143) 비냐 운두라가(Viña Undurraga)는 운두라가(Francisco Underraga)가 결혼할 때 부인의 지참금으로 가지고 온 소 목장 두 개를 팔아 1882년 경매로 대지를 산 데서 비롯된다.
- Altazor
- 까베르네 소비뇽과 게뷔르츠트라미너, 그리고 까베르네 소비뇽과 피노누아의 블렌딩의 명성이 높다.

144) 뷰 마넨(Viu Manent)은 1935년 뷰 그라시아(Don Miguel Viu Gracia)가 산티아고에 보데가 뷰(Bodegas Viu)라는 이름으로 설립한 가족경영형태 와이너리로 칠레와인의 역사와 전통의 일부라고 할 수 있다.
1966년 제2세대인 뷰 마넨(Don Miguel Viu Manent)은 19세기부터 포도를 재배해 온 오랜 전통의 포도원인 아찌엔다 산 까를로스 데 꾸나코(Hacienda San Carlos de Cunaco)를 매입했다.
- 비노스 뷰(Vinos Viu)

비냐 로스 바스코스[145], 까사 라포스토에[146], 데 마르티노[147], 비냐 산 페드로(Viña San Pedro), 등이 있다. 그리고 더글러스 머레이(Douglas Murray)와 비다우레(Alfredo Vidaurre) 그란드(Pedro Grand)[148]가 같이 만든 몬테스[149]의 알파 엠(Montes Alpha M)은 몬테스사의 최고급 프리미엄 와인으로 칠레의 특급 와인 중에서도 선두에 서 있다. 보르도 방식으로 만들어져 맛의 깊이와 느낌이 고상하고 귀족적이다. ''M'은 머레이'의 머릿글에서 따왔다.

(3) 바예 데 꾸리코(Valle de Curicó)

이곳의 일교차는 약 18° 정도로서 충적토 지형으로 배수가 잘되는 지역으로서 까베르네 소비뇽과 메를로로 좋은 레드와인을 생산하는데 좋은 지역이며, 샤르도네도 유명하다.

산타 카롤리나(Santa Carolina : Viña Casablanca 생산), 산 페드로(San Pedro), 콘차이 토로(Cnocah Y Toro : Don Melchor 생산), 발디비에소(Valdivieso)와 라 포르투나(La Fortuna)와 같은 칠레의 가장 큰 와이너리들이 이곳에서 반경 1~2km 내에 있어 칠레 와인거래의 중심지 역할을 하고 있다.

---

145) 비나 로스 바스코스(Viña Los Vascos)는 18세기 중반 스페인에서 온 미구엘(Miguel Echeñique)이 만든 후 1988년 프랑스의 바론 로실드(Domaine Baron de Rothschild)가 투자하여 재탄생한 곳이다.
- Grande Réserve Cabernet Sauvignon 은 칠레의 슈퍼 레드라 불린다.
- Le Dix De Los Vascos

146) 까사 라포스토에(Casa Lapostolle)은 라포스토에(Marnier Lapostolle)와 남편인 부르네(Cyril de Bournet)가 1994년 설립한 곳이다.
- '끌로 아팔타 꼴차구아(Clos Apalta Colchagua) 2001은 2004년 와인 스펙데이터의 'Top 100'에 95점으로 2위로 선정된 바 있는 와인이다.

147) 데 마르디노(De Martino) 톰 스티븐슨이 추천한 칠레의 Top10 와이너리로, Familia, 9군데의 싱글 비니어드, Organic, Legado 시리즈, 347 Vuneyards 시리즈

148) 머레이(Douglas Murray)는 Vinexpo 1985에서 금상을 받은 '몬테스(Aurelio Montes)'와 '비냐 산 페드로'에서 8년 만에 30만 상자의 수출실적을 올린 마케팅 전문가이다. 그리고 비다우레(Alfredo Vidaurre)는 금융전문가, 그란드(Pedro Grand)는 와인설비 전문가이다.

149) 비냐 몬테스(Viña Montes)는 1988년 설립되어 프랑스에서 선진적인 와인 기술을 도입해 와인의 품질 향상을 도모하고 있다. 생산량의 95%를 세계 78개국에 수출한다. 까베르네 소비뇽, 샤르도네, 메를로, 시라, 까르미네르를 사용한다.
- Montes Folly 2000 : 시라 100%. 폴리(folly)란 바보란 뜻으로, 가파른 곳은 경사가 50%나 되는 곳에 시라를 심으려 해서 바보란 말을 들은 데서 유래한다.
- Purple Angel는 까르미네르 92%.

- 바예 떼노(Valle Teno)에는 라우코(Rauco : Hualeñé)와 로메랄(Romeral : Teno)이 있다.
- 바예 론뚜에(Valle Lontué)에는 모리나(Molina : Rio Claro, Curicó)가 있다.

칠레의 대기업인 CCU(Compañias Cervecerias Unidas) 그룹이 소유하고 있는 비냐 산 페드로/산타 헬레나(Viña San Pedro/Santa Helena)[150]의 까보 데 호노로스(Cabo de Hornos)는 나무의 평균 수령이 60년인 까베르네 소비뇽으로 18개월의 오크통 숙성을 거치는 칠레의 대표적인 프리미엄급 와인이다. 이곳의 와인 '1865'는 설립연도를 뜻하였으나 한국에서는 '18홀을 65타에 친다'는, 혹은 '18세에서 65세까지' 라는 의미를 담아 인기를 얻었다. 그리고 비냐 발디비에소(Viña Valdivieso)[151]는 '론뚜에'시의 오른쪽 발디비에소 쪽으로 철로가 지나고 있어 '칠레 최악의 포도밭'[152]으로 알려졌지만 스파클링 와인회사로 유명하며, 까발로 로코(Caballo Loco)와 에끄라(Eclat)가 대표 와인이다.

미구엘 토레스(Sociedad Vinícola Miguel Torres)[153]는 스페인의 토레스(Miguel Torres)가 투자한 곳이다.

(4) 바예 델 마우레(Valle del Maule)

칠레에서 포도 재배지역이 가장 넓은 지역으로서 약간 습한 지중해성 기후로 겨울에 비가 많다. 이 지역 특유의 포도인 빠이스(Páis)를 많이 재배하며 화이트는 세미용을 많이 사용하나 화이트와인 보다는 레드와인이 좋다. 모리나(Molina) 동쪽은 선선한 지역으로서 소비뇽 블랑, 샤르도네를 생산하는데 있어 최상의 지역이다.

---

150) 비냐 산 페드로/ 산타 헬레나(Viña San Pedro /Santa Helena)는 1865년 꼬레아 알바노(Correa Albano)형제에 의해서 설립되었다가 1994년 칠레에서 내수용이나 수출에서 세 번째를 차지하는 큰 와인회사로서 빈티지 샴페인도 생산한다.
- 빈티지 스파클링와인은 샤르도네 90%, 피노 누아 10%.
- 1865 limited Edition은 까베르네 소비뇽 65%, 시라 35% 블렌딩.
- 1976년 구입한 산타 헬레나(Santa Helena)도 산 페드로 소속 와이너리로 이곳에서는 Gran Vino와 Siglo de Oro, 그리고 Selección del Directorio의 세 가지 레벨의 와인이 나온다.

151) 비냐 발디비에소(Viña Valdivieso)는 1879년 발디비에소(Alberto Valdivieso)가 스파클링 와인을 만들기 위해 'Santa Elena Estate'를 구입하면서 시작되었다. 지금은 미항(Mitjans, Ribas y Cia)사 소유로 칠레 국내의 스파클링 와인시장의 80%를 장악하고 있다.

152) Christopher Fielden, ibid, p.178

153) 미구엘 토레스(Sociedad Vinícola Miguel Torres)는 까베르네 소비뇽, 샤르도네, 피노누아와 게비르츠트라미너를 만들고 있으며 스파클링 와인도 생산하고 있다.

- **바예 끌라로(Valle Claro)** : 탈카(Talca : Maule, Pelarco), 펜카우에(Pencahue), 산 클레멘테(San Clemente)가 있다.
- **바예 론꼬미야(Valle Loncomilla)** : 산 하비에르(San Javier), 빌라 알레그레(Villa Alegre), 파랄(Parral : Retiro), 리나레스(Linares : Yerbas Buenas)가 있다.
- 바예 뚜뚜벤(Valle Tutuven)에는 코퀘네스(Cauquenes)가 있다.

5 남부 지역(Region Sur O Meridional)

(1) 바예 델 이따타(Valle del Itata)

봄에 서리가 내리는 지역. 이따타 강을 따라 샤르도네, 서쪽으로는 까베르네 소비뇽을 재배한다.

- **세부구획(areas)** : 칠라(Chillá : Bulnes, San Carlos), 퀼리온(Quillón : Ránquil, Florida), 포르테주엘로(Portezuelo : Ninhue, Quirihue, San Nicolás), 그리고 코엘레무(Coelemu : Treguaco)가 있다

(2) 바예 델 비오-비오(Valle del Bío-Bío)

벌크와인 생산지. 칠레 고유의 빠이스(Páis), 모스카텔(Moscatel)을 주로 재배하며 게비르츠트라미네도 재배한다.

- **세부구획(areas)** : 윰벨(Yumbel : Laja), 물첸(Mulchén : Nacimiento, Negrete)가 있다.

05 CHAPTER

라틴 아메리카

1 볼리비아(Bolivia)

볼리비아는 아르헨티나와 칠레, 파라과이의 위에 위치한다. 남미의 와인 생산국 중 별로 중요하지 않으며 테이블와인의 범주를 벗어나지 못한다.

포도나무의 재배는 1560년대에 시작되어 대부분이 해발 1600~2400미터의 고지에 있으며, 와이너리 중의 일부는 지구상의 가장 높은 곳에 위치하는 것도 있다. 와이너리의 대부분은 아르헨티나와 파라과이와 국경을 접하고 있는 국토의 동남쪽인 타리하(Tarija) 지방에 위치한다.

2 브라질(Brazil)

브라질은 남위 5°에서 33°에 이르는 넓이로는 중국과 비슷한 광대한 지역이다. 다양한 품종을 재배하고 있으며 남미에서 세 번째로 중요한 와인생산국으로서, 이렇게 넓은 곳에서 포도 재배에 적합한 토지도 반드시 있을 터이지만 와인은 아직 빈약하다.

1999년 세워진 브라질 포도연구소(IBRAVI : Instituto Brasileira do Vinho)는 정부의 주도 하에 47군데의 지역대표들이 참가하여 테이블와인과 스파클링와인에 대한 규정을 만들고 와인의 질적 향상을 주도하고 있다.

브라질은 특이하게 화이트와인과 스파클링 와인이 강세를 보이고 있다. 1970년대에 이미 모에 샹동, 바카르디, 올라이드 도멕 등의 다국적 기업들의 투자가 시작되었다.

와이너리로는, 오로라(Aurora), 까사 모에 샹동(Casa Moët Chandon), 가스텔 뿌홀스(Castel Pujols), 드레헤르(Dreher), 포레스티에르(Forestier), 데 란티에르(De-Lantier), 리오그란덴스(Vinicola Riograndense), 팔로마스(Palomas), 등이 있다.

3 콜롬비아(Colombia)

1525년 스페인의 침략을 받은 후 1559년에 포도나무를 재배하기 시작했지만 1920년대에 들어 와이너리들이 생겼다.

코우체 바예(Cauce Valley), 시에라 네바다 데 산타 마리아(Sierra Nevada de Santa Marta), 오까냐(Ocaña)의 세 지역에서 주로 생산된다.

와이너리는 100여 군데 남짓하며 보데가스 안다루사스(Bodegas Andaluzas), 비니콜라 안디냐(Vinicola Andiña), 보데가스 아네하스(Bodegas Añejas), Vinerias del Castillo, Cinzano, Viños de la Corte, Divinos, Pedro Domecq Colombia, Grajales, Inverca, Martini & Rossi, David & Eduardo Puyana, Viña Ramariz, Rojas, Bodegas Sevillanas, Bodegas Venecians 등이 있다.

4 쿠바(Cuba)

쿠바는 시가(cigars)와 럼(rum)주로 유명한 곳으로 아열대성기후로 인한 장단점이 있다.
장점으로는 12월과 7월의 일 년에 두 번의 빈티지가 가능하며, 단점으로는 균성병이 유행하며 때로는 열대성 저기압이 수확을 망치게 하기도 한다. 유럽 특히 영국에 와인을 수출하고 있다.

5 멕시코(Mexico)

멕시코에 스페인으로부터 와인이 들어온 것은 1521년으로 미주지역의 최초였다. 1524년 뉴 스페인(New Spain. 현재의 멕시코) 총독이었던 '헤르난 코르테스(Hernan Cortes)'가 포도경작을 지시하여 1595년에는 이미 와인의 자급자족이 이루어졌다.
북쪽의 '바야 캘리포니아(Baja California)'에서부터 남쪽의 '산 후안 댈 리오(San Juan del Rio)'에 이르기까지 8개의 주(州)에서 포도를 경작하고 있다. 전체적으로 50,000헥타(125,000에이커)에 이르는 포도밭들이 있지만 이 중의 40%가 테이블 와인이나 건포도용으로 쓰인다. 나머지의 대부분도 증류하여 브랜디로 만들고 있다. 멕시코에서 와인생산의 애로사항은 기후가 더운 지역이라거나 이웃한 미국으로부터 값싼 와인이 물밀 듯이 몰려온다는 게 아니다. 가장 큰 장애물은 와인을 마시는 문화가 없다는 것이다.[154)]
컬럼버스가 2차 항해 때에 포도나무를 가지고 와 재배한 곳이 히스파뇰라(Hispaniola)섬으로서 미주대륙에서 가장 오래된 와이너리가 있는 곳이다. 멕시코에서 가장 문제인 것은 와인이나 와이너리보다 와인을 마시는 문화가 없는 곳이라 한다. 하지만 어떤 곳의 와인들은 스페인에서 가장 좋은 와인보다 결코 떨어지지 않는 품질을 보이기도 한다.

(1) 와인 생산지

소노라(Sonora)에서 멕시코의 와인의 30% 가까이가 생산된다. 그리고 바야 깔리포아 노르테(Baja California Norte), Aguascalientes, Zacatecas, Coahuila, Chihuahua, Querétaro, Durango에서 와인이 생산된다.

(2) 좋은 와이너리

Vides de Guadalupe-Domecq S.A/Casa Domecq, Productos de Uva S.A./L.A.Cetto, Monte Xanic, Château Camou, Casa de Piedra, Vina Liceaga, Vodegas Valle de Guadalupe, Bodegas de Santo Tomás Cavas Valmar, Mogor Badan

6 파라과이(Paraguay)

아르헨티나로부터 온 선교사들이 포도나무를 가지고 와 퍼뜨렸으나 기후가 맞지 않아 와인이 발전되지 못했다. 특히 년 간 2,000mm의 강우량에다 포도가 한창 영그는 12월에 비가 집중되고 있기

154) Tom Stevenson, ibid, pp.502-503

때문이다.
생산량의 80%가 남부지방인 까꾸페(Caacupé)에 집중되고 있다.

7 페루(Peru)

타카마(Tacama)가 이 나라에서 제일 중요한 와이너리로 말벡을 사용한 와인만이 수출 가능하며, 그 외 화이트나 스파클링은 뛰어나지 못하다.
오쿠아헤(Ocucaje), 비스타 알레그레(Vista Alegre) 같은 와이너리가 있다.

8 우루과이(Uruguay)

와인 산지로 산 호세(San José), 까레노네스(Calenones), 체로 까르넬로((Cerro Carmelo) 등이 있다. 와이너리는 비에호(Castillo Viejo), Establecimento Juanico, Irurtia, H.Stagnari, Vinos Finos Juan Carrau 등이 있다.

이 외에도 남미의 기타 생산국으로, 에콰도르(Ecuador), 페루(Peru), 베네주엘라(Venezuela) 등에서도 와인을 생산하고 있다.[155]

155) Tom Stevenson, ibid, pp.505-506

06 CHAPTER 호주

덥고 일조량이 풍부한 호주에서는 북반구의 나라들과는 달리 골짜기나 고도가 높은 선선한 곳을 택해 포도를 재한다. 포도 품종의 고유의 향기가 살아있는 신선하면서 부드러운 포도주, 향과 맛의 감각이 돋보이며 병에 넣은 그 상태대로 바로 마셔도 지장 없는 포도주가 호주 와인의 이미지다. 그래서 누구나 부담 없이 찾을 수 있는 포도주로 자리를 굳히고 있다.

1985년경부터 영국으로 수출할 정도로 와인 산업이 성장하다가 그 10년 후부터는 미국에서도 호주산 와인이 대중화되었다. 20세기 중엽 이후로 기술 혁신으로 양질의 와인이 생산되어 현재는 900곳이 넘는 와이너리에서 연간 600만병을 생산하며 이 중 1/4이 수출된다. 가격에 비해서 품질이 좋은 와인을 매년 생산하고 있으며 생산량도 거의 변동이 없다.

제 1 절 호주 와인의 이해

1 호주의 포도 품종

(1) 레드 품종(Red Grape)

- **쉬라즈(Shiraz)**[156] : 39.0%
  프랑스의 시라(Syrah)와 같은 것으로, 장기보관이 가능한 바디가 강한 와인을 만들며 진하고 자극적인 맛이다. 오스트레일리아 와인의 주품종.
- **까베르네 소비뇽(Cabernet Sauvignon)** : 29.5%
- 메를로(Merlot)는 11.0%, 그리고 피노 누아(Pinot Noir)는 4.5% 이다.[157]

(2) 화이트 품종(White Grape)

- **샤르도네(Chardonnay)** : 39.0%
- **세미용(Sémillon)** : 10.0%
- 리슬링(Riesling)이 6.4%, 그리고 소비뇽 블랑(Sauvignon Blanc)이 4.8% 이다.[158]

2 호주 와인의 품질 규정

호주 와인은 다른 나라처럼 특별히 와인의 등급이나 기재사항을 법으로 정하고 있지는 않다. 그러나 1990년부터 LP(Label Integrity) Program)이 시행되어 미국과 유사하게 빈티지, 생산지역, 포도의 품종, 상호, 알코올 함유량, 용량 등이 표기된다.

레이블 상의 와인이름은 일반적으로 포도의 품종 명을 쓰나 이럴 때에 반드시 명기된 품종이 85% 이상 함유되어야 한다.

펜폴즈, 린더만, 윈담 이스테이트 등 호주를 대표하는 대부분의 와인회사가 빈 시리즈를 생산하고 있다. Penfolds Bin 389, 407, Lindeman's Bin 65, Wyndam Bin 222, 555, 888과 같은 식이다. 이러한 빈 시리즈의 숫자에 대한 설은 다양하나 와인이름을 정하지 않았던 1930년 대 이전에 와인의 저장탱크 번호를 상표에 사용했다는 설이 가장 유력하다. 그 당시에 문맹이 대부분이었던 노동자들이 수확한 포도를 저장 탱크에 넣을 때 글자를 쓰지 않고 간편한 숫자로 표기하여 쉽게 구별하였다는 설도 있다.

---

156) 프랑스의 론(Rhône)과 미국 캘리포니아(California)에서 시라(Syrah)라고 부른다.

157) Maryann Egan, "*Australian & New Zealand Wine for Dummies*", Wiley Publishing Australia, 2004, p.25

158) Maryann Egan, ibid, p.27

제 2 절 호주의 와인 생산지

6개 주(州) 중의 4개주에서, 20개 회사가 호주와인의 90% 이상을 생산한다.

표 6-9 호주와인의 생산지

Territory	Zone	Region
New SouthWales (N.S.W)	Big Rivers	Murray-Darling, Perricoota, Riverina, Swan Hill
	Central Ranges	Cowra, Mudgee, Orange
	Hunter Valley	헌터(Hunter : Broke Fordwich)
	Nothern Rivers	Hastings River
	South Coast	Shoalhaven Coast, Southern Highlands
	Southern NSW	Canberra District
	Nothern Slopes, Western Plains / Gundagai, Hilltops, Tumbarumba	
South Australia (S.A)	Barossa	바로사 밸리(Barossa Valley), Eden Valley
	Far North	Southern Flinders Ranges
	Fleurieu	Currency Creek, Kangaroo Island, Langhorne Creek, 맥라렌 베일(McLaren Vale), Southern Fleurieu
	Limestone Coast	쿠나와라(Coonawara), Mount Benson, Padthaway
	Lower Murray	Riverland
	Mounty Lofty Ranges	애들레이드 힐스(Adelaide Hills : Lenswood)
	The Peninsulas	
	Adelaide Plains, 클레어 밸리(Clare Valley), Piccadilly Valley	
Victoria (Vic)	Central Victoria	Goulburn Valley(Nagambie Lakes), Bendigo, Heathcote, Strathbogie Ranges
	North East Vic	Alpine Valleys, Beechworth, Glenrowan, Rutherglen
	North West Vic	Murray-Darling, Swan Hill
	Port Phillip	Geelong, Mcaedon Ranges, Sunbury, Mornington Peninsula, 야라 밸리(Yarra Valley)
	Western Vic	Grampians, Henty, Pyreness, Ballarat
	Tasmania	North Coast, East Coast, Hobart Region

Territory	Zone	Region
Western Australia (W.A)	Perth	Peel, Perth Hills, Swan District
	South-West Australia	마가렛 리버(Margaret River), Blackwood Valley, Geographe, Great Southern,
	Central Western Aus, Eastern Plains, Inland & North of WA	
퀸즈랜드 (Queens Land)	Granite Belt, South Bernett, Darling Downs	

1 뉴 사우드 웨일즈(New South Wales)

호주 동남쪽에 위치하며 시드니(Sydney)와 행정수도인 캔버라(Canberra)를 포함하고 있다. 헌터 밸리(Hunter Valley)에서는 강하고 스위트하며 흙냄새 비슷한 맛을 지닌 쉬라즈(Shiraz) 와인이 유명하다. 이 와인의 특유한 향은 계곡의 화산 현무암 토양에서 비롯된다고 한다.
전에는 헌터 리슬링(Hunter Riesling)이라 부르던 병입되어 숙성되는(bottle-aged) 세미용이 있다. 호주 전체 생산량의 약 30%를 차지하며, 주요 생산지는 다음과 같다.

(1) 빅 리버(Big River : Murray-Darling, Perricoota, Riverina, Swan Hill)

샤르도네를 주로한 화이트 와인을 많이 생산하며, 쉬라즈와 까베르네 소비뇽도 생산된다.

(2) 센트럴 레인지(Central Ranges : Cowra, Mudgee, Orange)

- **카우라(Cowra)** : 빅토리아주와 경계하고 있으며 디저트 와인이 유명하다. 화이트와인의 비중이 크며 주로 샤르도네로 만들고, 레드는 쉬라즈와 까베르네 소비뇽을 사용한다.
- **멋지(Mudgee)** : 멋지는 따뜻한 지역이지만 와이너리들은 해발 450~660 미터에 위치하여 이 나라의 가장 고지대로 밤 기온은 차다. 오랫동안 질이 좋지 않은 와인으로 인식되어 왔으나, 이러한 기후와 토양과 사람들의 노력으로 지금은 높은 명성을 이루었다. 레드와인은 시라즈와 까베르네 소비뇽이 리드하며, 화이트는 샤르도네와 세미용을 주로 사용한다.

  베스트 와이너리로는 다음과 같은 것이 있다.
  헌팅턴(Huntington Estate), 앤드류 해리스(Andrew Harris Vineyards), 보터볼러(Botobolar Vineyards), 로건(Logan Wines), 로위 패밀리(Lowe Family Wine Company), 올란도 윈덤(Orlando Wyndham Poet's Corner Wines), 셀덤 신(Seldom Seen Vineyards), 사이먼 길버트(Simon Gilbert Wines), 티스틀 힐(Thistle Hill Vineyards)
- **오렌지(Orange)** : 센트럴 하이랜드(Central Highland)로 알려진 곳으로 대체로 덥지만 고도에 따라 기온차이를 보인다. 쉬라즈, 까베르네 소비뇽과 샤르도네를 재배한다.

(3) 헌터 밸리(Hunter Valley) : Hunter Broke Fordwich

현재 130여 군데의 와이너리가 있다.

- **로우어 헌터 밸리(Lower Hunter Valley)** : 시드니 북쪽의 100km에 위치하여 매우 따뜻하고 습도가 높은 지역으로 쉬라즈로 만든 농후한 레드와인과 세미용으로 드라이 화이트의 좋은 와인을 만들며, 샤르도네, 까베르네 소비뇽도 많이 사용한다.
  울프 블라스, 로즈마운트(Rosemount) 등을 거느리고 있는 포스터 그룹(Foster's Group)의 린드만스[159], 브로큰 우드(Brokenwood Wines), 윈담[160], 레이크스 폴리(Lakc's Folly)를 비롯하여, 맥윌리엄스 마운트(McWilliam's Mount Pleasant Winery), 로스버리(The Rothbury Estate), 타워(Tower Estate), 타이렐스(Tyrrell's Wine), 헝거포어 힐(Hungerfore Hill), 펜폴즈가 있다.[161]

- **어퍼 헌터 밸리(Upper Hunter Valley)** : 헌터(Hunter)강 북쪽의 해변에서는 먼 지역으로 매우 건조한 곳이다. 좋은 샤르도네 와인을 위주로 한 고급의 드라이 화이트를 주로 생산하고 있다.
  애로우필드(Arrowfield Wines), 야라맨(Yarraman Estate)과 로즈마운트(Rosemount Estate)[162]가 있다.

(4) 노던 리버(Nothern Rivers : Hastings River Region)

여름이 온난하고 강우량이 많아서 습도가 높고 병충해가 많은 편이다. 삐노 누아, 까베르네 소비뇽, 샤르도네, 세미용 등을 재배하며 병충해에 강한 레드와인용 샴부르생(Chambourcin)을 많이 재배한다.

159) 린드만스(Lindeman's)는 영국태생의 의사인 린더만(Henry Lindeman)이 1840년 호주로 이민 와서 '뉴 사우스 웨일즈'의 헌터 밸리에 1843년부터 포도밭을 일구었다. 후손에 의해 이어지다가 1971년 필립 모리스사에서 인수하였고 2005년에 포스터그룹의 일원이 되었다. 1956년의 멜버른 올림픽, 2000년의 시드니 올림픽 공식스폰서를 하였고, 2006년에 남아공과 칠레에도 진출하였다.

160) 윈담(Wyndham Estate),은 조지 윈담(George Wyndham)이 1828년 델우드 이스테이트를 창립하여 호주 와인의 시초를 닦은 곳으로 그가 세상을 떠난지 100주년이 되는 1970년에 그를 기려 윈담으로 이름을 바꾸었다.
- Bin Series로 111, 222, 333, 444, 515, 525, 535, 555, 777, 888, 999
- George Wyndham 시리즈, Show Reserve 시리즈, Black Cluster

161) Maryann Egan, ibid, pp.67-69

162) 로즈마운트(Rosemount Estate)는 1864년에 독일출신의 Carl Brecht가 설립한 곳이다.

(5) 사우던 코스트(Southern Coast)

숄해븐 코스트(Shoalhaven Coast), 사우던 하이랜드(Southern Highlands)가 있다.

(6) 사우던 NSW(Southern New South Wales : Canberra District)

수도인 캔버라 주변 지역으로 대륙성 기후를 보인다. 샤르도네와 리슬링, 까베르네 소비뇽을 재배한다.

2 사우스 오스트레일리아(South Australia)

호주 남단의 중앙에 위치하며 포도원들은 아더래이드(Adelaide)를 중심으로 북쪽으로 있다. 호주에서 생산량이 가장 많아 전체 생산량의 50%를 상회하고 있다. 저급 와인에서부터 호주 최상급의 값비싼 와인도 일부 생산하며 다양한 종류의 와인이 나온다.[163)]

(1) 바로사(Barossa)

- **바로사 밸리(Barossa Valley)** : 애덜래이드의 북동쪽 50km 지점에 있다. 독일이나 폴란드로부터 온 이민자들이 일찍부터 정착한 곳으로 오스트레일리아에서 좋은 와인을 만드는 가장 오래된 곳이다. 덥고 건조한 기후로 인하여 해발 200m~300m에 포도밭이 있으며, 년 간 강우량은 무난하나 겨울에 집중되어 포도가 영그는데 아주 좋다. 드라이 레드, 가벼운 드라이 화이트, 강화 와인 등 여러 종류가 나온다.

  제이콥스 크릭(Jacobs Creek)[164)]의 울프 블라스(Wolf Blass)는 1966년 첫 빈티지가 나온 이래 '바로사의 남작', '블렌딩의 달인'이라는 찬사를 받아왔으며 2001년 '세계 와인 쇼'에서 'Best Australia Producer'로 선정된 외에 숱한 상을 받았다.

  호주의 'Big 4'[165)]에 들어가는 '베린저'[166)]에 속한 샐트램(Saltram winery)[167)],

163) Oz Clarke, *"Oz Clarke's Australian Wine Companion"*, Harcourt Inc, 2004, pp.58-75

164) 제이콥스 크릭(Jacobs Creek)은 1847년 요한 그람프가 '제이콥스 크릭' 와인 메이커인 '올랜드 와인'을 설립했다.
- Wolfblass는 검은 바탕에 양 날개를 활짝 편 독수리를 엠블럼으로 삼은 호주의 인기 와인.

165) 호주에는 현재 BRL Hardy, Orlando, Southcorp, Beringer-Blass의 'big 4'가 있다. 이들 '빅 4'는 산하에 숱한 와이너리를 거느리면서 보통 수준에서부터 고급 와인에 이르기까지 다양한 와인을 생산하며 호주 생산량의 80%를 점하고 있다.

166) 호주의 'Big 4'에 들어가는 '베린저'에는 '살트램'을 비롯하여 다음과 같은 와이너리들이 속해 있다.
- Andrew Garrett, Benjamin Port, Black Opal, Eaglehawk, Flanagan's Run, Greg Norman, Jamiesons Run, Krondorf, Mildara Coonawarra, Pepperjack, Tisdall, Wolf Blass, Yarra Ridge, Yellowglen

167) 샐트램(Saltram winery)은 1862년 'No.1 Shiraz'를 시작으로 지금까지 많은 와인을 생산하였다.

그리녹 크릭 셀라즈(Greenock Creek Cellars)[168], 투 핸즈(Two Hands)[169]를 비롯하여 유명 와이너리들[170]이 있다.

펜폴즈(Penfolds Winery)[171]의 펜폴즈 슈펍 그레인지(Penfolds superb Grange)'는 전에 '그레인지 허미티지(Grange Hermitage)'라고 부르던 것으로 10년 이상의 숙성을 요하는 풀 바디 와인으로 '세계 100대 와인'이다. 쉬라즈의 백미로 전설적인 슈버트(Max Schubert)의 작품. 로버트 파커가 1976년 빈티지에 100점 만점을 부여하면서 세계적 명성을 얻었다.

바로사밸리 에스테이트(BVE : Barossa Valley Estate)는 세계 최대규모의 와인회사 '하디'와 바로사밸리 지역 포도재배업자 80여명이 함께 만든 프리미엄급 와인 브랜드다.

- **에덴 밸리(Eden Valley)** : 바로사 밸리의 동쪽에 있으며 해발 400m 지점에 위치하여 기온이 좀 낮다. 강우량은 많으나 평균적으로 겨울에 520mm 정도 내리며 포도가 익는 10월에서 3월까지의 여름은 180mm에 불과하다. 바로사가 시라즈임에 비하여 이곳의 품종은 리슬링과 쉬라즈로 대별된다. 이곳의 대표 와이너리는 헨스키(Henschke Wines)이다.

(2) 플로이어-맥러렌 베일(Fleurieu-McLaren Vale)

맥라렌 베일(McLaren Vale), 커런시 크릭(Currency Creek), 캥거루 아일랜드(Kangaroo Island), 랭혼 크릭(Langhorne Creek), 사우던 플로이어(Southern Fleurieu)가 포함된다.

---

168) 그리녹 크릭 셀라즈(Greenock Creek Cellars)는 1978 설립된 호주 바로사의 작은 부띠끄(boutique)와이너리로 호주에서 잘 알려진 Penfolds, 헨시케(Henschke) 수준이다. 현재 'Michael & Annabelle Waugh' 부부가 소유하고 있으며 로버트 파커로부터 100점 만점 와인을 6번이나 평가받았다.
- Marananga Vineyard는 Roennfeldt Road(쉬라즈, 까베르네 소비뇽), Apricot Block Shiraz, Seppeltsfield Vineyard에서 Seven Acres Shiraz, Alices Shiraz가 나온다.

169) 투 핸즈(Two Hands)는 Michael Twelftree와 Richard Mintz가 1999년 세운 곳으로,
- Flagship Wine : Ares, Aphrodite, Aerope, Anteros
- Picures 시리즈
- Single Vineyard : Coach House Block, Zippy's Block, Barney's Block
- Garden 시리즈 : Max's Garden, Harry & Edward's Gardern, Sophie's Garden, Samanta's Garden, Lily's Garden, 그리고 Bella's Garden은 와인 스펙테이터 '2007 베스트와인 톱 10'에서 5위로 선정되었었다.

170) Charles Melton Wines, Elderton Wines, Leo Buring Wines, Orlando-Wyndham, Peter Lehmann Wines, Richmond Grove, Rockford Wines, St Hallett, Seppeltsfield Winery, Turkey Flat Vineyards, Yalumba Winery

171) 펜폴즈 와이너리(Penfolds Winery)는 1884년부터 와인을 만들고 있는 곳으로, 'Penfolds' Yattarna Chardonnay'는 잘 익은 사과, 망고, 파파야 등의 과일향이 난다.
- Koonunga Hill, Thomas Hyland, Rawson's Retreat

아더레이드의 남쪽으로, 지형에 따라 변화가 심하지만 대체로 해양의 영향을 받는 부드러운 기후의 지역이다.

- 플로이어 맥러렌 배일(Fleurieu-McLaren Vale)
- 커런시 크릭(Currency Creek)
- **캥거루 아일랜드(Kangaroo Island)** : 전형적인 해양성 기후인 섬으로 관광객이 많이 찾는 곳이다. 까베르네 소비뇽, 쉬라즈 등으로 미디엄 바디의 레드를 만든다. 화이트용은 샤르도네를 재배한다.
- **랭혼 크릭(Langhorne Creek)** : 대량생산에 기후조건이 좋은 곳으로, 와인은 캥거루 아일랜드와 성격이 흡사하다.
- **맥라렌 베일(McLaren Vale)** : 색이 진하고 무거운 맛의 레드가 많이 나오며, 시라즈, 까베르네 소비뇽, 그르나슈 외에 산지오베제, 쁘띠 베르도(Petit Verdot), 메를로, 뗌프라니요, 까베르네 프랑도 보인다. 그르나슈와 시라즈로는 최고의 레드를 만든다.
  화이트는 꽉 찬 느낌을 주는 좋은 것이 나오는데, 샤르도네와 리슬링, 그리고 세미용, 비오니에, 마르산(Marsanne), 루산(Roussanne)도 보인다.
  만화 같은 그림의 재미있는 레이블로 유명한 몰리두카[172]와, 맥스웰[173]에서 나오는 허니 미드(Honey Mead)는 벌꿀을 발효시켜 만든 독특한 것이다. 또한 미스터 릭스(Mr Riggs), 미토로(Mitolo)와 같은 고품질, 소량생산 와이너리들[174]이 있으며 1912년 조셉 오스본(Joeseph Osborn)에 의해 설립된 다렌버그(d'Arenberg)는 호주의 '컬트(Cult)와인'이라 불리고 있다.
  이 외에 여러 와이너리들[175]이 있다.

- **사우던 플로이어(Southern Fleurieu)**

---

172) 몰리두카(Mollydooker)는 Fox Creek에 와인메이커로 일하면서 2001년부터 2005년까지 5년간 로버트 파커 평점을 99점을 4회, 98점을 3회 받았던 마르퀴스(Sparky & Sarah Marquis)부부가 만든 와이너리이다.
- 'Carnival of love'는 와인 스펙테이터의 월드 '베스트 와인 톱 10'에 선정되기도 하였다.
- Violinist, The Scooter, The Marte D, Two Left Feet, The Boxer, Gigglepot,, Blue Eyed Boy, Enchanted Path, Carnival of Love, Velvet Glove

173) 맥스웰(Maxwell Wines)은 1875년 스코틀랜드에서 이주해 온 조각가 맥스웰(William James Maxwell)이 자신의 토지에 포도를 심고 와인을 양조하기 시작했다. 아들(John)을 거쳐 손자(Ken)가 다링가 셀러(Daringe)를 설립했다가 양도한 후 1979년 설립했다.

174) Beresford Wines, Hamilton, Paxton Vineyards, Hugo Wines, Noon Winery, Pirramimma Winery, Shottesbrooke, Woodstock.

175) Coriole Vineyards, Hardys Tintara Winery, Primo Estate, Tatachilla Winery, Hardys Reynella, Fox Creek Wines, Chapel Hill, Wirra Wirra Vine-yards, Clarendon Hills.

(3) 라임스톤 코스트(Limestone Coast : Coonawara, Mount Benson, Padthaway)

빅토리아의 멜버른(Melbourne)과 S.A(South Australia)의 아더레이드 사이에 있는 S.A의 동남부로 남쪽 해변을 따라 있는 곳이다. 이곳에서 마운트 벤슨(Mount Benson)을 제외한 전 지역이 지중해성 기후와 비슷한 해양성 영향을 받아서 낮에는 덥지만 밤에는 해풍으로 선선해진다. 따라서 포도의 성숙기에 낮에는 높은 기온이었다가 밤에는 뚝 떨어지는 양상을 보이는데 늦은 3월부터 이른 5월 사이의 수확기 때까지 낮에는 41°까지 오르다가 밤에는 10°까지 떨어지는 큰 일교차를 보인다.

- **쿠나와라(Coonawarra)** : 아더레이드에서 남쪽으로 300km 떨어진 선선한 곳으로 테라 로사(Terra rossa)라는 붉은 토양으로 유명하다. 호주에서 가장 좋은 까베르네 소비뇽의 고장으로 호주의 보르도로 일컫기도 하며 쉬라즈도 많이 재배하고, 화이트용으로는 샤르도네, 리슬링을 재배한다.
  린드만(Lindemans Wines)[176] 외에 여러 와이너리들[177]이 있다.
- **마운트 벤슨(Mount Benson)** : 쉬라즈, 그리고 메를로는 그 다음 주력품종이지만 블렌딩 용으로 폭넓게 쓰인다. 화이트는 소비뇽 블랑과 리슬링, 샤르도네.
- **페서웨이(Padthaway)** : 쿠나와라에서 북쪽으로 100km의 위치에 있는 곳이다. 쿠나와라의 명성에 가려져 있지만 테라 로사(Terra rossa) 즉, 붉은 토양과 기계화에 의한 포도 재배로 알려져 있고 대규모 와이너리들이 많다. 이곳은 역시 선선한 지역으로 샤르도네와 소비뇽 블랑, 리슬링으로 만든 화이트와인이 특히 좋다. 레드용으로는 쉬라즈, 까베르네 소비뇽을 재배한다.
  와이너리는 얄룸바(Yalumba), 린드만즈 패서웨이(Lindemans Padthway), 패서웨이(Padthway Estate), 스톤헤븐(Stonehaven Vineyards) 등이 있다.

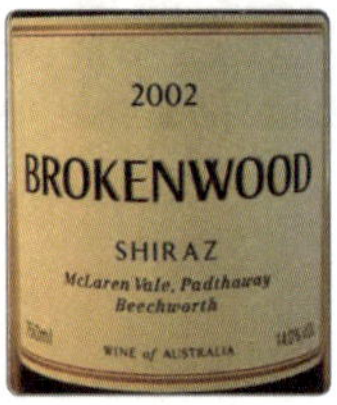

(4) 로우어 머래이(Lower Murray : Riverland)

품질은 떨어지지만 호주 전체 포도 재배량의 약 23%를 차지하는 지역이다. 내륙 쪽에 위치하여 여름은 덥고 건조하며 밤은 선선한 전형적인 대륙성 기후를 지닌 곳이다. 생산하는 와인의 량도 많

176) 린드만(Lindemans Wines)은 영국의 해군 군의관인 린드만(Dr. Henry John Lindman)부부가 카와라(Cawara) 농장을 설립한 것이 시초다.
- Coonawara, Hunter Valley, Reserve, Bin Range, Cawara, Premier Selection

177) Balnaves of Coonawarra, Bowen Estate, Brand's of Coonawarra, Katnook Estate, Koppa-rossa Wines, Majella Wines, Mildara Wines, Orlando Wines, Parker Coonawarra Estate, Penley Estate Winery, Punters Corner, Reschke Wines, Rymill Coona-warra, Wynns Coonawarra Estate, Zema Estate

아서 벌크와인도 많이 나오고 종류도 다양하여 레드와 화이트뿐만 아니라 특히 강화와인(fortified wine)을 만드는데 좋은 기후이다.
화이트품종으로는 샤르도네 외에 리슬링, 소비뇽 블랑, 세미용. 레드로는 시라즈 외에 까베르네 소비뇽, 메를로를 많이 재배한다.
와인 병에는 거의 리버랜드(Riverland)로, 그리고 '사우드 오스트레일리아'도 아닌 '사우드 이스턴 오스트레일리아(South Eastern Australia)'로 표기되어 나온다.
대표 와이너리는 앵고브스(Angove's), 밴럭 스테이션(Banrock Station), 베리(Berri Estates), 킹스턴(Kingston Estate), 린드만스, 얄룸바 등이다.

(5) 마운티 롭티 레인지(Mounty Lofty Ranges : Adelaide Hills)

아더래이드 시의 일부 지역으로 바로사와 맥라렌 사이의 이곳은 지대가 높고 선선하여 고급 테이블 와인과 스파클링 와인이 생산된다. 삐노 누아와 샤르도네, 리슬링, 소비뇽 블랑으로 만든 와인들이 좋다. 레드로는 까베르네 소비뇽을 사용한다.

(6) 사우던 에어 페닌슐러(Southern Eyre Peninsula)

대체로 지중해성 기후이며 남쪽은 해양성 기후의 영향권으로 선선한 곳이다. 샤르도네, 리슬링으로 화이트 와인을 만들고, 까베르네 소비뇽, 메를로로 레드를 생산한다.
포트 링컨(Port Lincoln)은 좁고 긴 해협을 낀 에어(Eyre)반도 끝자락에 자리 잡은 인구가 2만 명이 안 되는 작은 곳이지만 참치를 대량 양식하는 곳으로 유명하다. 이곳의 링컨 이스테이트(Lincoln Estate)는 터비(Turvey Family)가 1997년 만든 싱글 비녀드로 와인의 레이블에는 모두 참치가 있는 것이 이채로우며 특히 참치회와 잘 아울리는 것으로 알려져 있다.

(7) 아더레이드 플레인즈(Adelaideplains)

기계화에 의한 대량 생산으로 단위면적 당 수확량이 많은 곳이다. 화이트는 샤르도네, 소비뇽 블랑. 레드는 쉬라즈, 까베르네 소비뇽을 사용한다.

(8) 클래어 밸리(Clare Valley)

바로사 밸리의 북부로 애덜레이드에서 차로 2시간 남짓 걸린다. 강우량이 겨울에 많은 기후적으로는 '바로사'와는 완전히 다른 지방이다. 1842년 처음 포도밭이 만들어진 이후 170년간 호주를 대표하는 와인을 만들어왔다.

리슬링으로 만든 좋은 드라이 화이트가 나온다. 레드로는 쉬라즈, 까베르네 소비뇽, 말벡으로 풀 바디의 좋은 와인이 나온다. 오래된 건물들은 유럽의 풍취를 느끼게 하고 와이너리들은 중소 규모가 대부분이다.

애니스 래인(Annie's Lane)과 같은 규모가 큰 와이너리[178], 세븐즈 셀러스(Seven's Cellars)[179], 그리고 소규모의 보석 같은 와이너리들[180]이 있다.

3 빅토리아(Victoria)

빅토리아는 호주에서 가장 작은 주(州)이지만 호주 와인의 15%를 점하고 있는 곳으로, 오래되고 전통적인 지역이다.

'태즈매니아'는 빅토리아에서 160km 떨어진 섬으로 새로운 와인지역으로서 색이 짙고 맛이 강한 까베르네 소비뇽과, 라이트하고 섬세한 맛의 라인 리슬링, 스파이시한 트라미너, 진하고 오크향이 나는 샤르도네와 세미용, 높은 품질의 발포성 와인에 이르기까지 아주 다양한 와인을 생산한다.

와이너리가 많기로는 호주에서 첫째이며 250개가 넘는 와이너리가 대부분 소규모다.

(1) 센트럴 빅토리아(Central Victoria)

- **굴번 밸리(Goulburn Valley, Nagambie Lakes)** : 빅토리아주의 중앙에 위치하며 멜보른(Melbourne)에서 북으로 120km 떨어져 있다. 복합적인 향미와 바디가 있는 레드를 만들며, 풀-바디의 쉬라즈가 잘 알려져 있다. 그 외 까베르네 소비뇽, 리슬링, 그르나슈(Grenache)와 무르베드르(Mourvèdre)도 보인다.
- **벤디고(Bendigo)** : 기후는 따뜻하지만 여름에는 무덥다. 와이너리는 모두 개인 가족 소유로 모두 작으며 낮은 곳에 위치해 있어 빨리 익는다. 단위면적당 수확량은 적으나 색깔이 짙고 향미가 풍부한 레드가 나온다. 쉬라즈, 까베르네 소비뇽과 화이트용으로는 샤르도네를 재배한다.
  주요 와이너리는 패싱 클라우드(Passing Clouds), 블랙잭(Blackjack

178) Grosset Wines, Knappstein Wines, Leasingham Wines, Taylors Wine

179) 세븐즈 셀러스(Seven's Cellars)는 오스트리아에서 종교 박해를 피해 온 신부 2명이 1851년 세운 곳으로 처음에는 교회 성찬식용 와인(sacramental wine)을 만드는 데 주로 사용됐다. 서강대는 2007년부터 세븐힐 셀러스에서 직접 와인을 수입해 동문 등을 대상으로 판매하여 수익금으로 장학금을 지급한다.

180) Kilikanoon Wines, Mitchell Wines, Mount Horrocks Wine, Neagles Rock Vineyards, O'Leary Walk Wines, Pikes Wines, Sevenhill Vineyard & Winery, Tim Adams Wines, Wendouree Wines

Vineyards), 밸고니(Balgownie Estate), 리먼(Château Leamon), 수튼 그랜지(Sutton Grange), 워터 휠(Water Wheel Vineyards)와 같은 것이 있다.

- **히트코트(Heathcote)** : 굴번 밸리와 벤디고 사이에 있는 곳으로 강우량이 몹시 적다.
  이곳에는 재스퍼 힐(Jasper Hill Vineyards), 히트코트(Heatcote Winery)가 있다.

(2) 노스-이스트 빅토리아(North East Victoria)

봄이 서늘하고 여름이 더워 라이트 와인과 스위트 디저트 강화와인의 주산지이다. 레드와인용은 쉬라즈, 까베르네 소비뇽. 화이트용으로는 리슬링, 뮈스까델을 재배하며, 테이블와인도 점차 많이 생산하고 있다.

- **비키워스(Beechworth)** : 빅토리아 주에서 와인생산지역으로는 작은 편에 속하며 와이너리는 열 개 남짓하다. 언덕과 구릉이 많다.
  베스트 와이너리로는 소렌버그(Sorrenberg Vineyard), 캐스타나(Castagna Vineyard), 지아콘다(Giaconda Vineyard), 페니웨이트(Pennyweight Winery), 같은 것이 있다.
- **그렌로완(Glenrowan)** : 2003년 까지 와이너리가 불과 네 개 밖에 없던 작은 지역으로 추천 와이너리는 배일리스 글렌로완(Baileys of Glenrowan), 올드스톤 셀러스(Auldstone Cellars), 저드 와비 래인지(Judds Warby Range Estate) 등이다.
- **루더글렌(Rutherglen)** : 북동지역으로, 따뜻한 이곳은 호주 와인의 전초기지이다. 특히 포티파이드 뮈스캣(Muscats)의 고향이며 풀-바디의 레드 고장이다. 베스트 와이너리는 스탠턴 앤 킬린(Stanton & Killeen Wines), 캠벨러(Campbelle Wines), 모리스(Morris Wines), 챔버스 로즈-우드(Chambers Rose-wood Vineyards), 앤더슨(Anderson Winery), 올 세인츠(All Saints Estates), 와라빌라(Warrabilla Wines), R.L, Buller & Son을 들 수 있다.

(3) 노스-웨스트 빅토리아(North West Victoria) : 머레이 리버(Murray River)

빅토리아와 뉴 사우드 웨일즈(New South Wales) 사이에 있는 곳으로 밀두라(Mildura) 지역을 포함하고 있다. 이곳의 린드만(Lindemans)은 호주에서 가장 큰 와이너리들 중의 하나로 샤르도네의 판매량으로 세계에서 수위를 달리는 곳이다.

(4) 포트 필립(Port Phillip)

- **지롱(Geelong)** : 예전에는 빅토리아 최대의 산지였으나 필록세라로 인하여 한 때 폐쇄되었다가 1970년대부터 되살아난 곳이다. 까베르네 소비뇽, 쉬라즈, 삐노 누아와 샤르도네, 소비뇽 블랑을

재배한다.

- **머세돈 레인지, 선버리(Macedon Ranges, Sunbury)** : 오스트레일리아에서 가장 서늘한 곳으로 삐노 누아와 샤르도네를 재배한다.
- **모닝턴 반도(Mornington Peninsular)** : 야라 벨리 옆에 있으며 멜버른 근교의 서늘한 곳이다. 소규모 와이너리가 많아 년 중많이 찾는 관광객들에게 직접 판매를 많이 한다. 해양성 기후가 특징으로 포도가 늦게 익으므로 전체적으로 숙성기간이 긴 편이고 알코올 도수도 높은 편이다. 삐노 누아와 까베르네 소비뇽, 샤르도네 등을 재배한다.

쿠용 & 포트 필립(Kooyong & Port Phillip)[181]이 있다.

- **야라 밸리(Yarra Valley)** : 빅토리아주의 남쪽, 멜버른에서 2시간 가까이 떨어진 곳으로 해양성 기후를 가지며 더운 여름과 추운 겨울이 확연하다. 피노 누아와 까베르네 소비뇽, 샤르도네와 소비뇽 블랑, 그리고 시라즈가 가장 보편적이며, '피노 누아'는 1960년대부터 재배되기 시작했다.

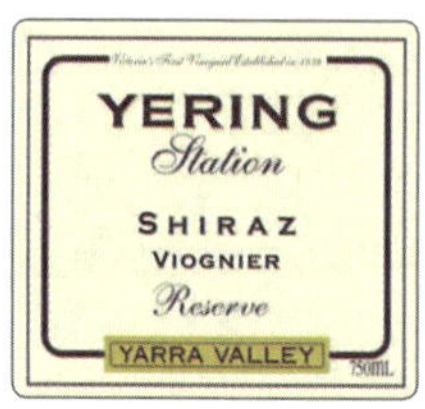

- **콜드스트림(Coldstream) 지역** : 콜드스트림(Coldstream Hills), 도메인 샹동(Domaine Chandon)[182], 로크포드(Rochford Winery)[183] 외에 좋은 와이너리들[184]이 있다.
- **야라 글렌(Yarra Glen) 지역** : 예링 스테이션(Yering Station)은 스코틀랜드에서 이주해 온 라이리 형제가 1838년 이룬 곳으로 야라밸리 최초의 와이너리다. 그리고 데 보톨리(De Bortoli), 퍼거선(Fergusson), 타라와라(TarraWarra Estate), 야라 릿지(Yarra Ridge) 등이 있다.
- **세빌르(Seville) 지역** : 야라 번(Yarra Burn Winery), 파이브 오크스(Five Oaks), 겜브룩 힐스(Gembrook Hills), 맥윌리엄즈 릴리데일(McWilliam's Lillydale), 세빌(Seville Estate) 등이 있다.
- **다이아몬드 밸리(Diamond Valley) 지역** : 지테일(Wedgetail Estate), 다이아몬드 밸리(Diamond Valley Vineyards), 이브린 컨트리(Evelyn Country Estate)들과 같은 와이너리들이 있다.

---

181) 쿠용 & 포트 필립(Kooyong & Port Phillip)은 멜버른에서 남쪽으로 80km 떨어진 모닝턴 반도의 레드 힐(Red Hill)에 있는 '포트 필립'과 '쿠용'을 'Giorgio Gjergja'가 각각 2000년, 2004년에 사서 샤르도네와 피노 누아를 위주로 와인을 생산하고 있다.
- 피노누아(적정 숙성 14년)로는 Ferrous, Haven, Meres, Kooyong 생산, 샤르도네(적정 숙성 13년)로는 Farrago, Faultline, Kooyong,을 생산한다. 'Port Phillip Estate'의 'Morillon(피노 누아)'는 적정 숙성 기간이 20년이다.

182) 도메인 샹동(Domaine Chandon)은 '동 페리뇽'의 '모에 샹동'이 조성한 곳으로 테이스팅부터 와이너리투어까지 고품격으로 운영하며 규모와 시설면에서도 손꼽을 수 있다.

183) 로크포드(Rochford Winery)는 '도메인 샹동'에 비하면 아담한 소규모이지만 '호주 와인 경연대회에서 여러 번 입상하여 이미 유명한 곳이다. 2층 갤러리에서는 그림 감상을 하며 더불어 테이스팅도 한다.

184) Dominique Portet, Giant Steps, Yeringberg, Mount Mary, Oakridge Estate, The Yarra Hill, St. Huberts Vineyards.

(5) 웨스턴 빅토리아(Western Victoria)

와인 생산지역으로 그램피언(Grampians), 헨티(Henty), 발라트(Ballarat), 피레네스(Pyreness)가 있다. 피레네스(Pyreness)는 비교적 온화한 기후로 인하여 보르도 스타일의 풀-바디 드라이 레드와인이 생산되며, 최근에 고급 생산지로 각광받는 곳이다. 쉬라즈, 까베르네 소비뇽, 그리고 샤르도네, 리슬링, 뮈스까델을 사용하여 화이트와인을 생산한다. 셉펠트 그레이트 웨스턴(Seppelt Great Western)[185]은 1890년 호주에서 처음으로 화이트뿐만 아니라 레드로도 샴페인처럼 병속 발효과정을 거쳐 스파클링 와인을 양조했다.

4 태즈매니아(Tasmania)

오스트레일리아 본토에서 동남쪽의 섬으로 찬 기후와 깨끗한 공기로 알려져 있으며 와인산업은 질적으로 이미 본토와 버금가고 있다. 품종은 삐노 그리, 게비르츠트라미너, 리슬링, 샤르도네, 삐노 누아를 많이 재배하며 스파클링 와인 또한 많이 생산된다.
이곳의 와인 생산지역은 세 곳으로 나뉘어진다.

(1) 노스 코스트(North Coast)

타마르 밸리(Tamar Valley)와 파이프스 리버(Pipers River)를 포함하는 지역으로 태즈매니어 와인의 70% 정도가 이곳에서 생산된다.
와이너리는 베이 오브 파이어(Bay of Fires), 파이퍼스 브룩(Pipers Brook Vineyards), 딜라미어(Delamere Vineyard), 클로버 힐(Clover Hill), 달림플(Dalrymple Vineyards), 홀름 오크(Holm Oak Vineyards), 얀츠 태즈매니아(Jansz Tasmania), 로즈비어스(Rosevears Estate), 타마르 릿지(Tamar Ridge Wines) 같은 곳이 있다.

185) 셉펠트 그레이트 웨스턴(Seppelt Great Western)은 1851년 설립되어 포도밭은 Great Western, St. Peters, Drumborg, Glenlofty, Barooga에 있다. 스파클링 레드와인은 2년 이상의 오크통 숙성 후에 전통 샴페인 방식인 병 속 발효를 거친다.

(2) 이스트 코스트(East Coast)

와이너리는 앱슬리 고지(Apsley Gorge Winery), 프레이시네트(Freycinet Vineyards), 스프링 배일(Spring Vale Vineyards)이 있다.

(3) 호바트 지역(Hobart Region)

뉴질랜드의 오타고(Otago) 지역에 이어 세계에서 두 번째로 남쪽에 위치하며 태즈매니아에서 두 번째로 큰 와인재배 지역이다.
베스트 와이너리는 웰링턴(Wellington Wines), 미도우뱅크(Meadowbank Estate), 크레이고우(Craigow Wines), 도멘 에이(Domaine A)이다.

5 웨스턴 오스트레일리아(Western Australia)

호주의 서쪽에 위치하여 북으로는 타나미(Tanami)사막으로부터 남으로는 눌라보어(Nullarbor)평원에 이르기까지 광활한 지역이다. 호주 전체의 4%밖에 안되는 생산량이지만 높은 품질로 명성을 얻고 있다.
와인의 주요 생산지로는 다음과 같다.

(1) 퍼스(Perth)

웨스턴 오스트레일리아의 주도(州都). 따뜻하고 건조한 스완 밸리(Swan Valley)를 포함한 퍼스(Perth) 배후 지역에서 포도들이 자란다.

- **스완 밸리(Swan Valley)** : 퍼스의 도심에서 북쪽으로 불과 20여분이면 갈 수 있는 곳이다. 와이너리들은 에이본(Avon)강을 따라 있거나 스완(Swan)강 옆의 평원에 자리하고 있어 이곳을 스완 지역(Swan District)이라고도 부른다. 기온이 선선한 지역인 모닝턴 반도나 빅토리아에서의 수확 철은 3월 말임에 비하여 이곳의 여름은 덥고 건조하여 1월 중순에 수확을 거두는, 이 나라에서 포도를 가장 빨리 수확하는 곳이다.
  일조량이 많고 더운 날씨로 포도가 빨리 익으므로 오랫동안 강화와인을 많이 생산하였으나 지금은 드라이 테이블 와인의 생산량이 압도적이다. 품종은 세닝 블랑과 시라즈를 많이 사용한다. 추천 와이너리로는 샌달포드(Sandalford Estate)[186] 외에 여러 곳[187]이 있다.

---

186) 샌달포드(Sandalford Estate)는 1840년 설립된 곳으로 넓은 잔디밭에서 연중 콘서트를 개최하고 있다.
- 와인은 Element Range, Margaret River Range, Estate Reserve, Prendiville Reserve, Fortified Wine, Dessert Wine, Advertised Specials로 나뉘어져 있다.

187) Houghton Wines, Houghton White Burgandy, Jane Brook Estate Wines, John Kosovich Wines, Lamont's, Paul Conti Wines

- **퍼스 힐즈(Perth Hills)** : 퍼스의 동쪽으로 가까이 붙어 있는 곳이다. 1970년대까지는 대부분이 과수원이었으나 1980년대부터 포도를 재배하기 좋은 곳으로 인식되었다. 와이너리는 대개 해발 200~400미터에 위치하여 기온이 바로 옆 지역과도 차이가 난다. 구름이 산 중턱에 걸려 습하며 수확하기 이전에 여름에서 가을에 걸쳐 비가 많이 오므로 상대적으로 단점으로 꼽힌다. 많은 품종이 있지만 시라즈와 까베르네 소비뇽이 주품종이며, 산지오베제, 템프라니요, 그르나슈, 메를로도 자주 보인다.
  추천 와이너리로는 밀브룩(Millbrook Winery), 웨스턴 레인지(Western Range Wines)가 있다.
- **필 지역(Peel Region)** : 퍼스에서 남쪽으로 70km 떨어진 곳으로 하루 일정으로 다녀오기에 적당한 거리이다. 기후도 퍼스와 비슷하다. 시라즈가 주품종이며, 화이트로는 샤르도네를 사용한다.

(2) 사우드 웨스트 오스트레일리아(South West Australia)

- **마가렛 강(Margaret River)** : 인도양이 가까운 상대적으로 온화한 지역으로 까베르네 소비뇽, 샤르도네, 세미용으로 매우 훌륭한 와인을 만든다. 마가렛(Margaret)강 유역은 비할 데 없는 원숙함과 균형이 잡힌 포도를 생산할 수 있게 해 주는 기후와 토양으로 오스트레일리아에서 가장 우수한 와인이 생산된다. 1970년 대 포도재배가 시작된 곳으로 지금은 90여 개의 와이너리가 있으며 가장 잘 알려진 지역 중의 하나다.
  샤르도네와 까베르네 소비뇽이 주품종이며, 세미용, 소비뇽 블랑, 시라즈, 메를로도 많이 재배되는데 메를로는 까베르네 소비뇽을 파트너로 하는 블렌딩에 많이 사용된다.
  마가렛 강 유역에 있는 리윈(Leeuwin Estate)[188]의 아트 시리즈는 현대 회화의 대가들 그림이 레이블에 인쇄되며 그 중 백미인 샤르도네는 '세계 100대 와인'에 들어갈 만큼 완벽한 균형미를 자랑한다. 그 외에 좋은 와이너리들[189]이 있다.

- **죠그래피 배이(Geographe Bay)** : 죠그래피 만(bay)의 안쪽에 위치하는 지역으로 몇 안 되는 와이너리이지만 좋은 품질을 나타낸다. 추천 와이너리로는 케이펠 베일(Capel Vale), 핵커슬레이(Hackersley)가 있다.

---

188) 리윈(Leeuwin Estate)은 1975년, 캘리포니아의 몬다비(Robert Mondavi)의 자문을 받아 퍼스 남쪽 360Km 지점에 호건(Denis and Tricia Horgan)이 세운 곳으로 1979년에 첫 빈티지를 냈다. 1985년부터 매년 수차례의 콘서트를 개최하여 미술과 음악, 음식과 와인의 만남이 이루어지는 곳이다.
- 세 가지 레이블의 와인 Art Series, Prelude Vineyards and Siblings이 나온다.

189) Amberley Estate, Brookland Valley Vineyard, Cullen Wines, Evans & Tate, Fermoy Estate, Hay Shed Hill, Moss Wood, Palandri, Pierro Vineyard, Vasse Felix, Wise Vineyards

- **블랙우드 밸리(Blackwood Valley)** : 마가렛 강의 남쪽지역, 잘 알려진 고품격의 와인을 생산하는 지역이다. 케이프 멘텔(Cape Mentelle)[190] 외에 여러 와이너리들[191]이 추천된다.
- **그레이트 사우던(Great Southern)** : 퍼스(Perth)시에서 동남쪽 세 시간 거리에 위치하며, 남쪽 바다에 면하여 선선한 기후의 덴마크(Denmark)와 알바니(Albany)시, 북쪽 내륙으로 들어가 있는 마운트 바커(Mount Barker)시, 그리고 해변에서 100km 정도 들어간 프랭크린 리버(Franklin River)의 세 지역에 와이너리들이 있다. 마가렛 리버보다 선선하여 화이트에 어울리는 곳으로 샤르도네와 특히 장기 숙성될수록 좋은 리슬링이 나온다. 레드는 까베르네 소비뇽과 시라즈로 대표되며 피노 누아로도 좋은 와인이 나온다.

- **덴마크, 알바니시 지역** : 와이너리는 하워드 파크, 캐리뷰(Karriview Wines), 웨스트 케이프(West Cape), 하위(Howe Wines), 보그넬스(Wognalls Wines) 등이 있다.
- **프랭크린 리버 지역** : 와이너리는 앨쿠미(Alkoomi Wones), 프랭크랜드(Frankland Estate), 페른그로브(Ferngrove Vineyards Estate) 등이다.
- 마운트 바커 지역의 추천 와이너리는 갤러프레이(Galafrey Wines), 챗스필드(Chatsfield), 포리스트 힐(Forest Hill Vineyard), 군드레이(Goundrey Wines), 플랜터즈넷(Plantagenet Wines)
- 마운트 바커 지역의 강력 추천 뿌띠끄 와이너리는 캐슬 락(Castle Rock Estate), 마운트 트리오(Mount Trio)

6 퀸즈랜드, 노던 테리토리(Queensland and Nothern Territory)

호주의 동북쪽에 위치하며, 동쪽으로는 '코럴(Coral)' 해, 서쪽으로는 '노던 테리터리(Nothern Territory)'와 경계를 이루고 있다. '노던 테리토리'을 포함한 퀸즈랜드의 면적은 호주의 거의 반에 육박하지만 인구는 15%에 지나지 않는다.
품종은 역시 시라즈이며 까베르네 소비뇽, 메를로, 샤르도네 그리고 세미용이다.

---

190) 케이프 멘텔(Cape Mentelle)은 호주 와인의 가장 혁신가로 꼽히는 대이비드 호넌(Mark David Hohnen)이 1970년에 만든 와이너리이지만 지금은 프랑스의 유명한 샴페인회사인 모에 헤네시(Moët Hennessy Wine Estates)의 소유로 되어 있다.

191) Alexandra Bridge Winery, Devil's Lair, Voyager Estate, Xanadu Wines.

(1) 그라니트 벨트(Granite Belt)

퀸즈랜드의 남단의 브리즈번과 골드코스트 사이에 위치하며 양쪽에서 차로 3시간 거리에 있다. 해발 700~1000m에 이르는 고도로 열대기후에 속하는 지역임에도 불구하고 겨울에는 눈이 내리는 시원한 기후를 보이고 있다. 퀸즈랜드주 포도밭의 반 이상을 차지한다.

퀸즈랜드에서 가장 큰 규모의 와이너리인 시로메트(Sirromet)[192], 배셋츠 로마빌라(Bassett's Romavilla)[193]와 코미노스(Kominos), 발란딘(Ballandean Estate), 볼드 마운틴(Bald Mountain), 클로브리(Clovely Estate) 등이 주목받는다.

(2) 사우스 버넷(South Burnett)

선샤인 코스트 뒤의 브리즈번 북서쪽에 위치하여 아열대성 기후로 여름이 길고 겨울은 온화하다.그레이트 디바이딩 레인지(Great Dividing Range)의 경계선에 있으며 붉은 토양의 킹가로이(Kingaroy) 마을이 중심에 있다.

---

192) 시로메트(Sirromet)는 퀸즈랜드 주의 수도인 브리즈번과 골드 코스트 사이에 위치하며, 레스토랑과 복합 문화공간을 보유하고 있다.

- 'Seven Scenes Cabernet Sauvignon/Shiraz', 'Vineyards Selection Shiraz'가 상을 수상한 바 있다.(Food & Wine Aisa Challenge, Japan Wine Challenge)
- 살트램 넘버원 시라즈는 부산 APEC행사 때 영부인 식사용으로 제공된 상품이다. 여성들이 선호하는 와인으로 약간 매콤한 맛이 난다.
- 제이콥스 크릭 시라즈 카베르네(Jacob's Creek Shiraz Carbenet)가 생산된다.

193) 배셋스 로마빌라(Bassett's Romavilla)는 1863년 버셋(Samuel Bassett)이 주의 남서쪽 로마(Roma)에 설립한 곳으로, 날씨가 덥고 건조해 포도의 당도가 높아서 포티파이드 와인, 소떼른 스타일의 스위트 화이트를 만들었다.

07 CHAPTER 뉴질랜드

좋은 와인이 생산되고 있는 뉴질랜드는 알코올에 대한 좋지 않은 선입견으로 인하여 와인의 역사가 상대적으로 짧다. 1980년대에 와인에 대한 투자와, 질 좋은 와인을 생산하기에 이상적인 해양성 기후로 1980년대 말부터 지금까지 와이너리의 수는 세배로 늘었지만 이웃하고 있는 호주에 비하여 와인의 생산량은 1/10에 불과하나 매년 증가하고 있는 추세다. 호주의 남쪽에 위치하여 일반적으로 선선한 기후의 뉴질랜드는 북 섬과 남 섬의 기후가 차이를 보인다.

제 1 절 뉴질랜드의 와인

1 뉴질랜드 와인의 역사

뉴질랜드에 호주에서 건너 온 선교사들이 북 섬에서부터 포도나무를 처음 심기 시작한 것이 1819년으로 알려져 있다. 1960년에는 오클랜드와 호크스베이를 중심으로 한 포도 재배지가 400ha 정도였으며, 그 후 1973년에 말바러(Marlborough)에 포도원이 조성되어 소비뇽 블랑으로 이름을 알리게 되었다. 1975년에 뉴질랜드 와인협회(The Wine Institute of New Zealand)가 발족되었고 1986부터 정부의 주도로 질이 낮은 품종의 재배산지를 축소하고 국제적인 고급품종으로의 전환이 이루어져 질적으로 우수한 와인들이 생산되기 시작했다.
뉴질랜드에서 생산되는 와인의 90% 이상이 스크류 캡을 마개로 사용하고 있다.

2 뉴질랜드의 포도 품종

이전에는 뮐러 투르가우나 미국산 잡종 등의 저급 품종이 주로 심어져 있었지만 1980년대 중반부터 품종의 교체가 대대적으로 이루어 근래의 포도 생산을 보면 소비뇽 블랑, 샤르도네, 피노 누아, 메를로, 까베르네 소비뇽, 리슬링 순이다. 괄목할 것은 소비뇽 블랑과 함께 피노 누아의 생산량이 대폭 늘어나는 것은 화이트와인 중심에서 래드와인이 점차 늘어나는 경향을 보이는 것이다.
뉴질랜드의 포도 품종은 다음과 같다.[194)]

- **레드** : 까베르네 소비뇽, 메를로, 피노 누아, 메를로, 시라, 피노타주, 쌩소
- **화이트** : 소비뇽 블랑, 샤르도네, 뮐러-뚜르가우, 피노 그리, 리슬링, 소비뇽 블랑, 슈냉 블랑

제 2 절 뉴질랜드 와인의 생산지

세계에서 가장 남단에 위치한 뉴질랜드의 와인산지는 남위 36°에서 45°까지의 약 1000마일에 걸쳐 있다. 뉴질랜드의 와인생산지는 남섬, 북섬으로 크게 나뉘어져 10개의 주요 산지로 구분된다.

194) Karen MacNeil, "*The Wine Bible*", Workman Publishing, 2001, p.807

표 6-10 뉴질랜드의 와인 생산지

구분	생산 지역	세부 지역
북 섬 (North Island)	노스랜드(Northland)	
	오크랜드(Auckland)	Matakana/Mahurangi, Kumeu/Huapai/Waimauku, Henderson, Waiheke Island, South Auckland
	와이카토(Waikato/Bay of Plenty)	
	기즈번(Gisborne)	
	호크스 베이(Hawke's Bay)	
	와이라라파(Wairarapa)	Masterton, 마틴보로(Martinborough)
남 섬 (South Island)	넬슨(Nelson)	Waimea Plains, Upper Moutere
	말버러(Marlborough)	Wairau Valley, Awatere Valley
	캔터버리(Canterbury)	Waipara, Canterbury Plains
	오타고(Otago)	Wanaka, Gibbston, Cromwell Basin, Alexandra

1 북 섬(North Island)

남 섬에 비하여 따뜻한 편으로 까베르네 소비뇽 같은 레드 품종과, 화이트 품종으로는 뮈러 투르가우, 샤르도네, 소비뇽 블랑을 재배한다.

(1) 노스랜드(Northland)

최북단에 위치하며 뉴질랜드에서 가장 오래된 와인 생산지이다. 많은 강수량, 높은 기온, 상대적으로 따뜻한 기온의 아열대성 기후로 포도재배에 적합하지 않아 뉴질랜드 전체 생산량의 불과 0.1%에 불과한 지역이다.

와이너리는 마스든(Marsden Estate), 롱뷰(Longview Estate), 오카후(Okahu Estate), 카틀 힐(Cottle Hill Winery), 오매터(Omata Estate) 등이 있다.[195]

(2) 오클랜드(Auckland)

까베르네 소비뇽보다 메를로가 늘어나고 있으며, 따뜻한 기후로 보르도 스타일의 레드가 많이 나온다. 몬타나, 빌라 마리아, 노비로, 바비키, 델리개트, 마투아 밸리, 쿠퍼스 크릭과 같은 뉴질랜드의 큰 와인생산사들이 거의 이곳에 본사를 두고 있다.

195) Michael Cooper, "*Wine Atlas of New Zealand*", Hodder Moa Beckett Publishers, 2002, pp.58-59

- **마타카나/마후랑기(Matakana/Mahurangi)** : 까베르네 소비뇽과 메를로의 레드지역이었으나 최근에는 피노 그리와 샤르도네가 늘어나 레드와 거의 비슷한 수준이다.
  와이너리는 브릭 배이(Brick Bay Wines), 프라비던스(Providence Vineyard), 앤티포딘(The Antipodean), 신션(scension), 헨런스 플라이트(Henron's Flight), 하이퍼리언(Hyperion), 마타카나(Matakana Estate), 랜섬(Ransom Wines), 마후랑기(Mahurangi Estate) 등이 추천된다.

- **쿠뮤/후아파이/와이마우쿠(Kumeu/Huapai/Waimauku)** : 오크랜드의 서북지역으로 와이테마타(Waitemata)만이 서북쪽으로 깊숙이 들어간 곳에서부터 쿠메우, 후아파이, 와이마우쿠가 서쪽 내륙으로 늘어서있다. 질적으로 다양한 와인을 지향하는 곳으로 뉴질랜드의 최상품의 와인들이 다수 이곳에서 나온다.
  쿠뮤 리버(Kumeu River Wines)는 부르고뉴 스타일의 샤르도네로 와인 스펙테이터의 평점을 매년 92~93점 받아 세계 100대 와인에 22위로 오르기도 했다. 이곳의 킴 크로포드(Kim Crawford Wines)[196]는 2000년부터 출시되는 와인 전부를 스크루 캡으로 하고 있다. 그 외에 여러 곳[197]이 추천된다.
- **헨더슨(Henderson)** : 오크랜드 시내에서 서쪽으로 불과 20km 떨어진 곳으로 1902년 창립되어 뉴질랜드에서 제일 오래된 플레전트 밸리를 비롯한 오래된 곳들이 많으며 링컨(Lincoln)을 비롯한 와이너리들[198]은 대개 중, 소규모이다.
- **와이헤케 아일랜드(Waiheke Island)** : 오크랜드에서 바다로 나가자마자 바로 만날 수 있는 곳으로 공기는 부드럽고 기온은 온화하며 푸른 초목이 뒤덮인 구릉은 자연스럽게 구비친다. 뉴질랜드가 생산해 내는 최고 수준의 보르도 스타일 레드와인이 나온다.
  펜턴(Fenton), 골드워터(Goldwater), 패세지 락(Passage Rock), 테 와우(Te Whau)를 비롯한 와

196) 킴 크로포드(Kim Crawford Wines)는 1988년부터 뉴질랜드 오크랜드의 쿠퍼스 크릭(Coopers Creek Vineyard)에서 와인메이커로 일하던 크로포드가 1996년 오크랜드에서 시작한 곳이다.

197) Coopers Creek, Harrier Rise, Matua Valley, Nobilo Wine Group, Soljans, West Brook Winery, Waimarie Wines, Kerr Farm Vineyard

198) Artisan Wines, Babich Wines, Collard Brothers, Delegat's Wine Estate, Odyssey, Pacific, Pleasant Valley, Landmark Estate Wines, St Jerome, Mazuran's Vineyard, Seibel Wines

이너리들[199]에서 주로 레드와인을 생산한다.

- **사우스 오크랜드(South Auckland)** : 와이너리들은 오크랜드시의 남서쪽 마누카우(Manukau)만을 따라 주로 위치하며, 일부는 반대방향인 동쪽의 타마키(Tamaki)해협을 가운데 두고 와이헤케섬을 마주 보고 있다.
  몬타나(Montana)[200]는 전체 뉴질랜드 와인의 50% 정도를 생산하며, 전체 수출량의 50% 이상을 차지하고 있다. 해외 수출용에는 미국의 몬타나 주와 혼동되는 것을 피하기 위해 브랜코트(Brancott)라는 레이블을 부착하여 출시되고 있다. 그리고 뉴질랜드의 3대 와인 메이커인 빌라 마리아(Villa Maria)[201] 외에 여러 와이너리들[202]이 있다.

(3) 와이카토/배이 오프 플렌티(Waikato/Bay of Plenty)

정부에서 포도재배연구소를 와이카토의 티 카우화타(Kauwhata)에 1897년 세워 포도 재배가 일찍 시작된 곳이다. 퍼스트랜드(Firstland : 예전 이름은 De Redcliffe) 외에 여러 와이너리들[203]이 있다.

(4) 기스본(Gisborne)

오크랜드 동남쪽의 태평양으로 돌출한 반도지형으로 세계에서 가장 동쪽에 있는 와인 생산지인 셈이다.
뉴질랜드 와인의 1/4 이상을 생산하는 지역으로 예전에는 벌크와인의 대량 생산 위주였지만 지금은 샤르도네의 대표적 산지로 각광받으며, 게뷔르츠트라미너도 생산된다. 몇 군데의 레드 또한 뛰

199) Mudbrick, Onetangi Road Vineyard, Stoneridge Vinetard, Peninsula Estate, Waiheke Vineyards, Cable Bay, Ferryman, Kennedy Point Vineyard, Miro Vineyard, Obsidian, Stony Batter Estate.

200) 몬타나(Montana)는 크로아티아(Croatia)말로 산이라는 뜻이다. 이러한 말이 어울릴 만큼 몬타나는 거대한 기업으로 '빌라 마리아'와 함께 뉴질랜드에서 가장 큰 와이너리다. 오크랜드, 기스본, 호크스 배이, 말버러, 네 군데에 3000헥타르 이상의 포도밭을 가지고 있으며, Marlborough, Hawke's Bay, Gisborne Chardonnay, Reserve

201) 빌라 마리아(Villa Maria)는 1949년에 창립되어 1970년대에 급속한 발전을 이룬 와이너리로 또 다른 세 개의 와이너리를 가지고 있다.
- Private Bin, Cellar Selection reserve로 나누어 생산된다.

202) Arahura Vineyard, Vin Alto, Garden of Dreams, Inverness Estate, St Francis, St Nesbit

203) Mills Reef, Morton Estate, Rongopai, Covell Estate, Judge Valley, Kanuka Forest, Ohinemuri Estate, Pukawa Vineyard, Quarry Road, Totara, Vilagrad

어난 곳이 있다.

밀튼(The Millton Vineyard)은 뉴질랜드 최초로 공인된 유기농 와인생산자이며, 마타훼로(Matawhero Wines), 소릅 브라더(Thorpe Brothers Wines), 아모르 밴드올(Amor-Bendall), 포파래 파크(Pouparae Park), 레빙턴(Revington Vineyard), Shalimar Estate, Tiritiri Vineyard, TW, Waimata 등의 와이너리가 추천된다.

(5) 호크스 베이(Hawke's Bay)

기즈번의 바로 아래 지방으로 프랑스 보르도와 기후가 유사하다. 뉴질랜드 와인 산지 가운데 가장 긴 일조시간을 보이는 경우가 많다.

레드와인을 가장 많이 생산하며, 1890년대부터 까베르네 소비뇽과 메를로, 그리고 샤르도네와 소비뇽 블랑을 재배한 뉴질랜드의 선도적 지역이다.

메를로 베이스의 레드와 파워풀한 샤르도네가 뉴질랜드 내의 최상의 품질로 명성을 가지고 있다.

테 마타(Te Mata Estate)[204], 미션 이스테이트(Mission Estate Vineyards)[205] 외에 좋은 와이너리들[206]이 있다.

(6) 와이라라파(Wairarapa)

북 섬의 제일 아래쪽에 위치하며 재배면적은 작으나 명성은 큰 지역이다. 피노 누아를 40% 이상 재배하는 피노 누아의 지방. 화이트로는 소비뇽 블랑이 19%로 샤르도네의 16%보다 우월하다.

- **매스터톤(Masterton)**:매스트톤시(市)는 루아마항가(Ruamahanga)강(江)과 와잉가와(Waingawa)강 사이에 위치하며, 와이너리는 두 강이 합쳐져서 아래는 흐르는 도시 남쪽의 강 연안에 흩어져 있다. 피노 누아와 까베르네 소비뇽을 선호하는 지역이며 소비뇽 블랑은 열대과일의 특성을 보이며 샤르도네와 리슬링, 메를로도 많이 보인다.

  와이너리는 보스윅(Borthwick), 페어몬트(Fairmont Estate), 글래드스톤(Gladstone Vineyard), 룹라인(Loopline Vineyard), 미버스(Mebus Estate), 솔스톤(Solstone) 등이 추천된다.

---

204) 테 마타(Te Mata Estate)는 보르도 스타일의 레드가 유명하며, Te Marta Coleraine은 까베르네 소비뇽과 메를로 블렌딩의 보르도 스타일로 1982년 출시된 이후 뉴질랜드 정상급 와인으로 간주된다.

205) 미션 에스테이트(Mission Estate Vineyards)는 1839년 프랑스에서 이곳에 온 캐톨릭 선교사들이 미사용 와인을 얻고자 1851년 가꾼 곳으로 수도원이 옮겨간 뒤에도 건물은 매장과 레스토랑으로 이용하고 있다.

206) Alpha Domus, Askerne, Bilancia, Brookfields, Church Road, C.J. Pask Estate, Craggy Range, Vinyard, Valley Estate, Cross Roads, Central Hawke's Bay Wine Company, Huthlee Estate, Kemblefield, Kim Crawford Wines, Kingsley, Linden Estate, Lombardi, Matariki, Riverside, Sacred Hill, Ngatarawa Wines, Sileni, Trinity Hill Wines, Te Awa Farm, Redmetal Vineyards, Unison, Vidal Estate, Stonecroft Wines

- **마틴버러(Martinborough)** : 후앙가루아(Huangarua)강은 북서쪽으로 흘러가다 마틴버러시(市) 바로 위에서 루아마항가(Ruamahanga)강에 합류되어 방향을 꺾어 남서쪽으로 흐르게 된다. 마틴버러 시는 이 두 강 사이에 있는 도시로 시(市)의 왼쪽에 있는 루아마항가강(江) 너머로는 와이라라파호(湖)가 있다. 와이너리들은 두 강 사이의 도시 북쪽으로 주로 위치하며, 지난 20년 이래로 질 좋은 와인을 생산하는 뉴질랜드에서 부상하는 지역이다.
  부띠끄 와이너리들에서 생산되는 피노 누아는 대단히 우수하다. '동트는 새벽 하늘'이란 뜻의 아타 랑이(Ata Rangi Vineyard) 외에 좋은 와이너리들[207]이 많다.

2 남 섬(South Island)

일반적으로 선선한 곳으로 1973년까지는 공식적인 와이너리가 없었지만, 지금은 말버러(Marlborough)가 뉴질랜드에서 제일 큰 상업적으로 중요한 지역으로 샤르도네와 소비뇽 블랑의 생산이 가장 많은 곳이며 뉴질랜드 와인생산량의 40%를 차지한다. 말버러뿐 아니라 남 섬 전체에서 삐노 누아는 소중한 품종으로 생산량에서 이미 까베르네 소비뇽을 앞질렀고 리슬링 또한 기후에 적합하다.

겨울에는 몹시 추우며 봄 서리까지 있지만 여름은 매우 더워 온도가 40°까지 오르기도 하는 지역이다. 레드의 대표적인 품종은 삐노 누아로 이곳의 와인은 과일의 풍미가 아주 짙고 좋은 구조감과 질감이 특징이다.

근래에는 작은 뿌띠끄 와이너리들이 늘어나고 있으며, 특히 남 섬에서는 뛰어난 와인들을 생산하고 있다.

(1) 넬슨(Nelson)

남 섬의 최북단에 위치하며 품질 높은 신선한 소비뇽 블랑과 샤르도네를 생산한다. 뉴질랜드 전체 생산량의 3%에 불과하지만 뿌띠끄 와이너리로 유명한 곳이다.

노이도르프(Neudorf Vineyards)는 재기와 진취적인 마인드로 선도적 와이너리로 알려져 있으며, 세이프라이드(Seifried Estate)는 중간 규모로 오랫동안 넬슨 지역의 와인을 선도해 온 곳이다.

NEUDORF
vineyards

- **와이미아 플레인스(Waimea Plains)** : 19세기에는 잡초와 관목류 그리고 고사리 같은 양치류로 덮여 있던 곳이 사과, 배, 핵과(核果)류의 과수원, 딸기류와 키위를 재배하는 곳으로 바뀌었다. 그 후 지난 10여 년 동안에는 마치 들불 번지듯이 포도를 재배하는 와이너리로 바뀌었던 곳이다.

Brightwater
VINEYARDS

207) Alana Estate, Alexandet, Benfield Delamare, Burnt Spur, Dry River, Wines, Margrain Vineyard, Martinborough Vineyard, Palliser Estate, Startford Wines, Murdoch James Estate, Nga Waka Vineyard, Te Kairanga, Winslow, Voss Estate Vineyard, Valnut Ridge

소비뇽 블랑과 리슬링이 주된 품종이며, 피노 누아 또한 남섬에서는 빼 놓을 수 없다.

추천 와이너리로는 브라이트워터(Brightwater Vineyards), 카이미라(Kaimira Estate), 그린휴(Greenhough), 테 매니어(Te Mania), 맥캐신즈(McCashin's), 리치몬드 플레인스(Richmond Plains), 세이프라이드(Seifried), 스펜서 홀(Spencer Holl Estate), 알렉시아(Alexia Wines), 포실 릿지(Fossil Ridge), 와이미어(Waimea Estates), 울래스턴(Woollaston Estates)를 들 수 있다.

- **어퍼 무티어(Upper Moutere)** : 남쪽으로 오목한 타스만(Tasman)만을 사이에 두고 넬슨과 마주보고 있는 곳이다. 과수원에서 과일이 익어가는 모습과 푸른 초지들 사이로 와이너리가 간간히 보인다. 샤르도네와 피노 누아가 인상적이다.
  와이너리로는 카후랑기(Kahurangi Estate), 덴턴(Denton), 글로버스(Glover's), 몬테리 힐스(Moutere Hills), 태스만 배이(Tasman Bay), 힘멜스펠드(Himmelsfeld), 노이도르프(Neudorf Vineyards), 선셋 밸리(Sunset Valley Vineyard), 와이웨라(Waiwera Estate)가 추천된다.

(2) 말버러(Marlborough)

남 섬의 최북단에 위치한 넬슨의 바로 우측에 있으며, 햇볕이 쨍쨍한 낮이 길고 밤에는 서늘하며 가을이 길어 포도가 천천히 오래 익어가는 전형적인 쿨 글라이미트(cool climate)이다.
뉴질랜드 포도원의 반 이상이 이곳에 몰려있는 최대의 와인산지인 이곳은 소비뇽 블랑이 재배되기 시작한 1973년부터 시작된 소비뇽 블랑의 본거지이자 성지로 불리우며, 뉴질랜드 전체 소비뇽 블랑의 90% 이상을 차지하고 있다.
프랑스 루아르의 쌍세르, 뿌이 퓌메와 어깨를 견주는 세계의 양대 소비뇽 블랑 와인 생산지이다.
헌터스(Hunter's), 이사벨(Isabel Estate), 잭슨(Jackson Estate), 로손스 드라이 힐(Lawson's Dry Hills Winery), 몬타나(Montana), 세인트 클레어(Saint Clair), 빌라 마리아(Villa Maria), 위더 힐즈(Wither Hills) 등의 와이너리들이 잘 알려져 있다.

- **와이라우 밸리(Wairau Valley)** : 몬타나(Montana)사가 1973년 처음 포도를 재배하기 시작하여 1870년이 되어서 와인이 생산되기 시작하였다. 와인생산자들은 이곳의 다양한 토양을 개발하고 기후를 이용하여 각각의 특색있는 와인을 만들고 있다. 클라우디 배이[208]는 로버트 파커가 "뉴질

208) 클라우디 배이(Cloudy Bay)의 소비뇽 블랑으로 만든 화이트는 식전주로 해산물이나 야채샐러드와 함께 즐기기에 어울린다. 오너는 프랑스 쌍빠뉴의 뵈브 클리코 퐁사르당(Veuve Clicquot Ponsardin).

랜드에서 맛본 최상의 포도주"[209]라 했으며, 클로 앙리[210], 도그 포인트[211], 그레이와케[212], 하이필드(Highfield Estate) 외에 많은 와이너리[213]가 있다.

- **아와티어(Awatere Valley)** : 와이라우 밸리의 동남쪽으로 위더 힐스(Wither Hills) 산 아래 계곡의 가운데에 작은 도시인 세던(Seddon)이 있다. 물살이 빠른 아와트리강(江)을 따라 와이너리가 산재한다. 소비뇽 블랑이 주류며, 리슬링과 샤르도네, 그리고 피노 누아도 보인다.
추천 와이너리로는 클리포드(Clifford Estate), 베버사우어(Vavasour), 코우라 베이(Koura Bay Wines), 크로싱스(The Crossings), 토후(Tohu Wines)가 있다.

(3) 캔터버리(Canterbury)

남쪽에 위치하며 건조하고 신선한 기후가 특징이다.
1986년에 35헥타르였던 포도밭이 서서히 늘어 1995년에 325헥타르, 2001년에는 614헥타르 이를 만큼 많은 발전이 있었다. 뉴질랜드의 포도재배 면적으로는 4%에 불과하나 생산자는 10%에 달한다.

- **와이파라(Waipara)** : 크라이스트처치(Christchurch)에서 북쪽으로 한 시간 거리에 있다. 여러 곳의 와이너리들[214]에서 피노 누아는 최상급 레드로 인정받으며, 리슬링, 샤르도네, 소비뇽 블랑이 많이 재배된다.

---

209) Michael Cooper, ibid, pp.211-242

210) 클로 앙리(Clos Henri)는 도멘 앙리 부르주아(Henri Bourgeois, 루아르 상세르)가 뉴질랜드에 세운 와이너리다.
- 2011년 3월 정몽구 현대자동차 회장이 전경련 회장단을 초청해 연 만찬에서 건배주로 쓰인 화이트 와인

211) 도그 포인트(Dog Point)는 '클라우디 베이'의 포도재배 메니저였던 서덜랜드(Ivan and Margaret Sutherland)가 동료인 힐리(James and Wendy Healy)가 합작하여 1970년 대 후반부터 만든 와이너리다.

212) 그레이와케(Greywacke)는 '클라우디베이'의 와인메이커였던 쥬드 부부(Kevin and Kimberley Judd)가 만든 곳으로 '도그 베이'를 비롯한 여러 군데의 포도밭에서 구입한 포도로 와인을 만든다.

213) Allan Scott Wines, Cairnbrae, Cellier Le Brun, Charles Wiffen, Domaine Georges Michel, Fairhall Downs, Forrest Estate, Foxes Island Wines, Fromm Winery, Grove Mill, Hawkesbridge, Herzog, Huia, Hunter's Wines, Isabel Estate, Jackson Estate, Lake Chalice, Johanneshof Cellars, Mount Riley, Mud House, Nautilus Estate, Lawson's Dry Hills, Omaka Springs, Ponder, Saint Clair, Le Brun Family Estate, Seresin Estate, Staete Landt, Te Whare Ra, Lynskeys Wairau Peaks, Wairau River, Whitehaven, Wither Hills, Montana Brancott Winery.

214) Alan McCorkindale, Alpine Pacific, Canterbury House, Daniel Schuster Wines, Fiddler's Green, Floating Mountain Winery, Glenmark, Mountford, Muddy Water, Pegasus Bay, Sherwood Estate, Torlesse, Waipara Springs, Waipara West.

- **캔터버리 플레인스(Canterbury Plains)** : 크라이스트처치에서 서남쪽으로 180km나 길게 뻗은 지역으로, 피노 누아, 샤르도네, 리슬링이 주품종이다. 와이너리로는 멜니스(Melness), 카이투나 밸리(Kaituna Valley Wines), 기선(Giesen), 랭대일(Langdale : Waipara Hills), 오피하이(Opihi), 로센대일(Rossendale), 샌디허스트(Sandihurst), 세인트 헬레나(St Helena Wines) 등이 있다.

(4) 오타고(Otago)

해안도시인 밀포드 사운드(Milford Sound) 근처에 있으며 남 섬의 남쪽에 위치하여 세계 와인 산지 가운데 최남단에 있다. 퀸즈타운(Queenstown)은 오타고 지역의 주요도시로 와카티푸(Wakatipu) 호수를 끼고 있고 도시 전체가 만년설에 뒤덮인 산들로 둘러싸여 있다. 포도밭은 뉴질랜드에서 가장 높은 곳으로 뉴질랜드에서는 유일하게 대륙성 기후를 보인다.

전체 포도 재배의 63%를 차지할 만큼 피노 누아의 지역으로 그 다음은 샤르도네가 15%로 뒤를 잇고 있다. 그 외에 피노 그리, 리슬링, 소비뇽 블랑이 보인다. 펠튼 로드(Felton Road)가 좋은 와이너리로 이름나 있다.

- **와나카(Wanaka)** : 와나카호(湖)의 남쪽에 면해 있는 도시 이름이 '와나카'로 산악지역 특유의 경치가 매혹적이다. 호숫가의 리폰(Rippon Vineyard Winery)은 피노 누아는 유명하며, 마운트 마우디(Mount Maude)는 '와나카'호와 하위아(Hawea)호 사이에 위치한다.
- **깁스톤(Gibbston)** : 퀸즈타운의 바로 우측에 위치하는 지역이다. 와카티푸(Wakatipu)호(湖)로 흘러가는 카와라우(Kawarau)강을 따라 와이너리들이 산재해 있다. 역시 피노 누아.
  와이너리로는 와이티리 크릭(Waitiri Creek), 애미스필드(Amisfield Wines), 투 패덕스(Two Paddocks), 차드 팜(Chard Farm), 깁스톤 밸리(Gibbston Valley), 마운트 에드워드(Mount Edward Winery), 페레그리네(Peregrine Wines), 해이스 레이크(Hay's Lake Vineyards), 네비스 블러프(Nevis Bluff Vineyards), RD1, Taramea Wines, Valli Vineyards가 있다.

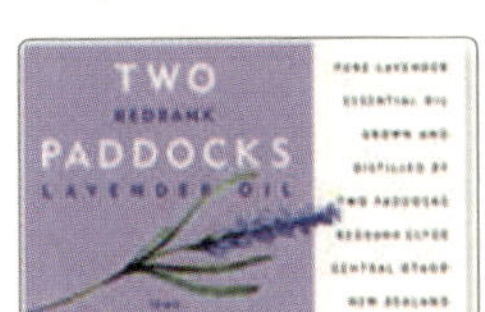

- **크롬웰 배이신(Cromwell Basin)** : 북쪽의 와나카호(湖)와 하위아(Hawea)호(湖)에서 흐르는 물이 만나 만든 크루타(Clutha)강이 남쪽으로 흘러 좁고 긴 던스탄(Dunstan)호(湖)를 만든다. 이 던스탄호(湖)를 면하여 있는 와이너리를 따라 남으로 내려가면 크롬웰시(市)를 만나며, 크롬웰시 인근에 와이너리들[215]이 많이 위치하고 있다.

215) Carrick, Bannockburn Heights, Felton Road, Kawarau Estate, Olssen's of Bannockburn, Quartz Reef, Mount Michael Vineyards, Packspur Vineyard, Pisa Range Estate

- **알렉산드라(Alexandra)** : 던스탄호(湖)에서 내려오는 물을 막은 클라이드(Clyde) 댐을 통과한 크루타강(江)이 동남쪽으로 흐르면 바로 만나는 곳이 알렉산드라다. 동북쪽에서 오는 마누헤리키아(Manuherika)강이 이곳에서 합류된다.
  마운틴 디프컬티(Mt Difficulty)를 비롯한 와이너리들[216)]은 두 강이 합류되는 삼각지역 내에 많이 위치한다. 화이트와인은 대체로 향이 짙으며 레드는 역시 피노누아이다.

뉴질랜드의 와이너리에 대한 정보는 www.winesofnz.com에서 보다 쉽게 찾을 수 있다.

216) Black Ridge, William Hill, Alexandra Company, Briar Vale, Dry Gully, Hawkdun Rise, Leaning Rock Vineyard, Springvale Estate

08 CHAPTER 남아프리카공화국 와인

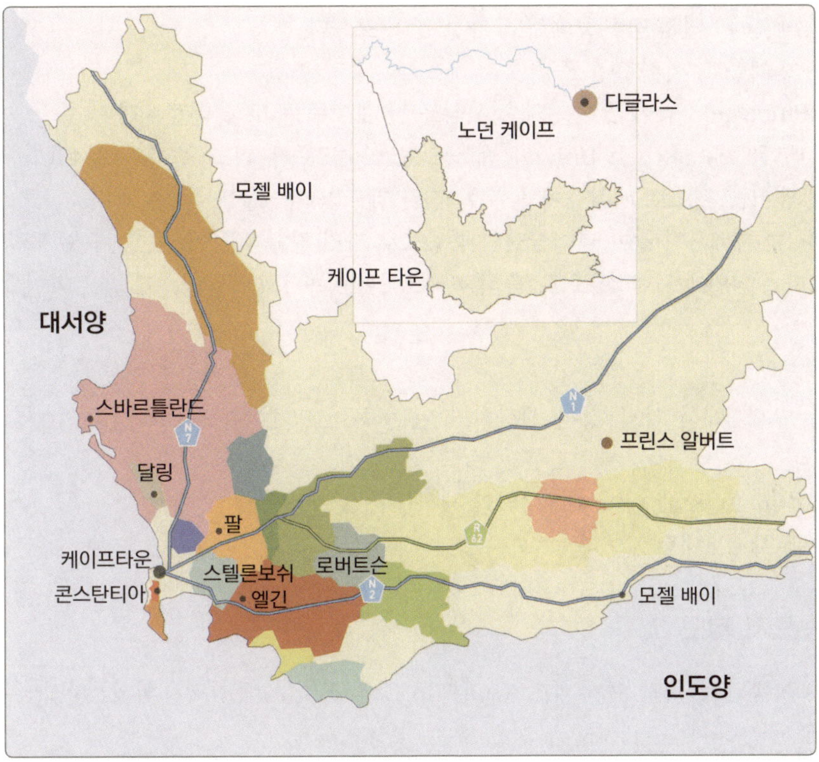

남아공은 350여 년 전부터 와인을 생산해 왔고 지금도 와인 생산에서 세계의 9위를 차지하고 있는 나라다.

"하느님 감사합니다. 오늘 케이프에서 자란 포도로 와인이 처음 만들어졌습니다." 남아공 와인 산지의 관문인 케이프 주의 첫 주지사였던 네델란드인 얀반 리벡(jan van Riebeck)이 1659년 2월 2일 일기에 쓴 글이다. 유럽인들과 어디를 가든 포도나무를 심었는데 이곳으로 이주한 네델란드, 영국인들도 마찬가지였다. 이후 와인은 계속 생산되었지만 품질은 형편없었다.

개선의 노력은 항상 있어 프랑스에 온 기술자들에 의해 비약적인 발전을 이루고 1970년 대 이후 품질이 빠르게 향상되었고, 1994년 넬슨 만델라가 대통령에 당선된 '민주화가 이루어진 이후 와인의 르네상스 시대가 활짝 열렸다는 평가와 함께 해외 수출의 길도 열렸다.

한국의 수입은 2004년 시작되어 2009년(4월)에는 27개의 수입사가 50여 개의 와이너리로부터 200여 종의 와인을 수입하고 있다. 가격 대비 높은 품질이 이러한 신장의 배경이다.

남아공 와인에 대한 정보는 WOSA(Wines of South Africa)에서 더 상세히 알 수 있다.(www.wosa.co.za)

1 품종

남아공의 와인은 레드보다 화이트와인의 생산량이 조금 많다.

(1) 레드 품종

- 까베르네 소비뇽은 역시 남아공에서도 가장 많이 쓰인다.
- 시라/시라즈, 메를로, 까베르네 프랑
- **피노타주(Pinotage)** : 남아공 와인의 정체성을 잘 보여주는 토착 품종이다.

스텔렌보쉬 대학(Stellenbosch Univ)의 페롤드(Perold)교수가 피노 누아와 생소(Cinsaut)를 교배하여 1925년 태어난 것으로 베리향이 풍부한 진한 레드빛 와인을 만든다.
다른 나라에서는 재배하지 않아 남아공만의 품종으로 자리 잡았지만 인기는 갈수록 하락하고 있으며, 메를로 등의 다른 와인에 블렌딩용으로, 특히 까베르네 소비뇽과의 블렌딩으로 좋은 와인이 나온다.

(2) 화이트 품종

- 슈냉 블랑은 세계에서 가장 많이 생산하고 있는 곳으로 레이블에 스틴(Steen)으로 표기되기도 한다.
- 리슬링은 독일, 프랑스에 이어 세계 3위의 생산량을 보인다.
- 소비뇽 블랑, 샤르도네도 보인다.

2 원산지 표시 제도

1973년부터 시행된 원산지 표시제도 WO(Wine of Origin)에 따라 위치, 지역(region), 구역(district)으로 구분하여 표기된다.
WO의 규정에 따라 빈티지는 해당 연도의 포도가 85% 이상 되어야 하며, 포도의 품종을 표기하려면 해당 품종이 85% 이상 원료로 사용되어야 한다.
원산지를 표시하려면 해당 지역 내에세 재배한 포도를 100% 사용하여야 하며, 그리고 에스테이트 보틀드(estate bottled)라는 문구는 해당 에스테이트(포도 농장)에서 재배한 포도를 100% 사용하여 양조한 와인이어야 한다.

■ 와인 생산 지역

남아공의 와인 생산지는 크게 웨스턴 케이프와 노던 케이프로 구분되며, 여기에 지역(region), 구역(district), 구획(ward)으로 나누어진다.

(1) 해안 지역(Coastal Region)

- **스텔렌보쉬(Stellenbosch)** : 스텔렌보쉬의 WO는 헬더버그(Helderberg) WO, 존커스벅(Jonkersboek) WO, 시몬스버그(Simonsberg - Stellenbosch) WO가 있으며, 케이프 타운(Cape Town) 인근으로 남아공의 생산지 가운데 가장 중요한 곳으로 훌륭한 와이이너리들리 가장 많다. 이곳에는 그

랜지허스트[217], 미어러스트,[218] 니더버그[219], 텔레마 마운틴[220] 외에 여러 와이너리들[221]이 있다.

- **팔(Paarl)** : 팔의 WO(와인생산지)로는 프란스후크(Franschhoek) WO, 웰링턴(Wellington) WO 가 있다.
  남아공에서 스텔렌보쉬와 더불어 쌍벽을 이루는 곳으로 스텔렌보쉬 바로 위로 내륙으로 뻗어 있는 곳이다. 와이너리가 많이 몰려 있으며, 골퍼 '데이비드 프로스트'가 1994년 자신의 와이너리를 이곳에 만들었다.
  백스버그[222]는 시몬스버그(Simonsberg)산맥의 각기 다른 고도의 경사지에서 가꾼 포도로 남아공에서 가장 탁월한 와인을 만들어낸다. 가격 이상으로 좋은 품질이라고 알려진 벨링햄[223], 페어뷰[224], KWV[225] 외에 여러 와이너리들[226]이 있다.

---

217) 그랜지허스트(Grangehurst),는 영국에서 이민 온 워커부부(Eddie & Betty Walker)가 1973년 만든 곳이다.

218) 미어러스트((Meerlust Estate),는 1756년 문을 연 마이버그(Hannes Myburgh)가의 소유로 케이프에서 가장 견실한 곳 중의 하나이다.
- Rubicon은 까베르네 블렌드. Meerlust Chardonnay

219) 니더버그(Nederburg Wines)는 SFW(Stellenbosch Farmers' Winery)에서 만든다.

220) 텔레마 마운틴(Thelema Mountain)은 1983년 맥린(McLean Family)에서 세운 남아공에서 가장 주목받는 곳
- Thelema Range (Stellenbosch), Sutherland Range (Elgin)

221) 안빌카(Anwilka), 블라우크리펜(Blaauwklippen), 코르도바(Cordoba), Delheim Wines, 드 토랭(De Toren), 드 트래포드(De Trafford), 글레넬리(Glenelly), 하르텐버그(Hartenberg Estate), 조단(Jordan Vineyards), Kaapzicht, 캐논콥(Kanonkop Estate), 라브니르(L'Avenir), Le Bonheur Estate, 모르겐호프(Morgenhof), 모르겐스터(Morgenster), 멀더보쉬(Mulderbosch Vineyards), 니딩스오프(Neethlingshof Estate), 닐 엘리스(Neil Ellis Vineyard), Plaisir de Merle, 루데라(Rudera), 리츠 패밀리(Reats Family), 러스텐버그(Rustenberg Estate), 시몬식(Simonsig), 스텔렌보쉬(Stellenbosch Vineyards),, 스텔렌지히트(Stellenzicht), 베르겔레겐(Vergelegen), Vergenoegd Estate, Vlottenburg Co-Operative, 브리에센오프(Vriesenhof), Warwick Estate, 워터포드(Waterfore)

222) 백스버그(Backberg Estate),는 1916년 리투니아에서 이주해 온 백(Michael Back)이 포도밭을 가꾼 이래 3대째 백 가문의 소유로 Klein Babylonstoren, 까베르네 소비뇽, 말벡, 메를로, 피노타주

223) 벨링햄(Bellingham),은 좋은 와인을 적당한 가격에 파는 것에서 고품질의 와인을 비싸게 파는 것으로 브랜드 이미지를 바꾸었다.
- Sauvenay(전통적 블렌딩 방식의 화이트), 샤르도네, 소비뇽 블랑, 시라즈

224) 페어뷰(Fairview Estate)은 찰스 백(Charles Back)이 운영하는 곳으로 농장은 1693년 세워졌다.
- La Capra 시리즈, Fairview 시리즈(화이트, 레드, 스위트), Limited 시리즈

225) KWV International의 'KWV Rooderberg'는 피노타주, 시라, 까베르네 소비뇽을 블렌딩한 미디엄 바디 와인이다.

226) Boland Wine Cellar, Cabriere Estate, Clarudge Wines, Eikehof, 글렌 칼루(Glen Carlou), Landskroon Estate, La Motte Estate, L'ormarins estate, 니더버그(Nederburg), Perderberg Cooperative, 빈우덴(Veenwooden), 빌라퐁테(Vilafonté), Villiera Estate

- 스바르틀란드(Swartland) WO, 그로넥루프(Groenekloof) WO, 리비크버그(Riebeekberg) WO가 포함되어 있다. 유명 와이너리로는 새디 패밀리(Sadie Family)와 스바르틀란드(Swartland Wine Cellar)가 있다.
- 털바그(Tulbagh) WO는 덥고 강우량이 적은 지역이나 강우량이 꽤 되는 산의 경사면에 포도밭이 있다.
- 피켓버그(Picketberg) WO는 스바틀란드와 털바그 사이의 넓은 지역이나 매우 덥고 강우량은 적어 포도를 재배하기에는 적당하지 않은 지역이다.
- 타이거버그(Tygerberg), 케이프 포인트(Cape point), 달링(Darling)

- **콘스탄티아(Constantia)** : 소비뇽 블랑과 뮈스카를 많이 재배하는 곳으로, 클레인 콘스탄티아는 1689년에 리벡(Jan van Riebeeck)이 만든 케이프타운의 최초의 와이너리로, 이곳의 '뱅 드 콘스탄스(Vin de Constance)'는 최소한 5년 이상의 숙성을 거친 후 시음하여야 하는 스위트 와인으로 당도는 지나치다는 느낌을 주지 않는다. 나폴레옹, 찰스 디킨슨, 비스마르크를 비롯하여 유럽 왕실과 문인, 예술가들이 애용한 와인이다. 500ml의 병 모양이 찌그러진 것은 입으로 불어 만들던 18세기 방식으로 만들어 형태가 고르지 않다.
  콘스탄티아 위지그(Constantia Uitsig), 그루트 콘스탄티아(Groot Constantia Estate), 스틴버그(Steenberg)도 잘 알려져 있다.

(2) 클레인 카루(Klein Karoo Region)

WO로 몬타구(Montagu) WO, 트래도우(Tradouw) WO가 있다.
와이너리로는 디 크란스(De Krans Estate)

- 랑크루프(Upper Langkloof)는 와인 생산지로는 명성이 그리 높지 않으나 골펴인 레티프 구센 구즈의 와이너리가 있다.
- 칼리츠돕(Calitzdorp)

(3) 올리판트 리버(Olifants River Region)

Koekenaap WO, Lutzville-vallei WO, Spruitdrift WO, Vredendal WO가 있다.
Citrusdal valley, Citrusdal mountain.
와이너리는 브레덴달(Vredendal Winery) 등이 있다.

(4) 브리드 리버(Breede River Valley Region

- **로버트슨(Robertson) WO** : Agterklipboogte WO, Boesmansriver WO, Bonnievale WO, Le Chasseur WO, Eilandia WO, Klaasvoogds WO, McGregor WO, Riverside WO, Vinkrivier WO 가 포함되어 있으며, 샤르도네 시라즈가 재배되고 있다.

그래햄 벡(Graham Beck)은 1983년 생긴 곳으로, 이곳에서 생산하는 스파클링 와인인 메소드 캐프 클라시크(Méthode Cap Classique)는 아프리카의 최고 품질이다.
데 웨츠호프(De Wetshof Estate). 로베르스톤(Roberston Winery), 루이버그(Rooiberg Co-Operative), 반 로번(Van Lovern)이 있다.

- **스베렌담(Swelendam) WO** : 보니베일(Bonnievale) WO, 부펠리아그(Buffeljags) WO가 있다.
- **보르체스터(Worcester) WO** : 누이(Nuy) WO, 구디니(Goudini) WO, 스랑후크(Slanghoek) WO, 스베르펜보벨(Scberpenbeuvel) WO, 아슨 데 두른(Asn-de-Doorns) WO가 있다.
  와이너리로는 보르케스터(Worcester), 구디니(Goudini), 누이(Nuy Cooperative) 등이 있다.

(5) 북부 지방

- **세데러버그(Cederberg) WO** : 뛰어난 까베르네 소비뇽을 포함하여 생산되는 와인은 좋은 품질이다.
- **오렌지 리버(Orange River) WO** : 개별 와이너리가 없고 포도밭은 모두 지역 협동농장이다,
- **오베르버그(Overberg) WO** : 엘긴(Elgin) WO, 워커 베이(Walker Bay) WO,가 포함되어 있다.
  와이너리는 부차드-핀래이선[227], 해밀턴 러셀(Hamilton Russel Vineyards), 폴 클루버(Paul Cluver) 등이 있다.

- **더글라스(Douglas) WO** : 뮈스까 달렉산더리(Muscat d'Alexanderie) 디저트와인이 알려져 있다.
- 케이프 아구라스(Cape Agulhas), 세레스(Ceres), 프린스 알버트(Prince albert valley)

아프리카는 남아공이 많이 알려져 있지만 남아공 외에도 지중해와 면하고 있는 북아프리카의 모로코는 샤또 파프클레망을 비롯해 전 세계에 35개의 와이너리를 운영하고 있는 베르나르 마그레가 아프리카 대륙의 와인생산 전초기지로 선택하였다.

튀니지에는 프랑스 배우 '제라르 드파르뒤외'의 와이너리가 있다.

---

227) 부차드-핀래이선(Bouchard-Finlayson),은 프랑스 부르고뉴 출신의 부카르(Paul Bouchard)와 해밀턴 러셀(Hamilton Russel)의 와인메이커인 핀래이선(Peter Finlayson)이 1989년에 만든 곳이다.
- Téte de Cuvée, Galpin Peak Pinot Noir, Hannibal, Kaaimannsgat Chardonnay, Missionvale Chardonnay, Crocodile's Lair, Sans Barrique Chardonnay, Walker Bay Sauvignon Blanc, Blanc de Mer

09 CHAPTER

아시아 와인

아시아의 포도재배의 역사는 2000여년 거슬러 올라가야 한다. 그만큼 와인 생산 역시 오래 되어 전통적으로 계승되어 왔다.

아시아에는 11개국에 700여개의 곳에서 와인을 생산하고 있다. 그 중 절반은 중국으로 26군데의 주요 지역에서 와인을 생산하며 그 다음은 일본으로 북극에 가까운 홋카이도에서 아열대에 가까운 미야자키에 이르기까지 와이너리가 산재해 있다.

이 외에도 한국, 베트남, 태국, 인도, 인도네시아에 이어 미얀마, 부탄, 스리랑카, 대만 등에도 와인을 만드는 양조장이 있다. 세계에서 가장 높은 포도밭이 네팔과 부탄이며, 홋카이도는 세상에서 가장 추운 포도밭이 있으며, 가장 더운 포도밭은 인도네시아 발리에 있다.

포도 품종은 카베르네 소비뇽, 메를로, 샤르도네와 같은 유명한 유럽 품종을 제일 많이 키우지만 슈냉 블랑과 쉬라즈는 인도와 태국에서 많이 볼 수 있고, 소비뇽 블랑은 인도와 중국에, 리슬링과 까베르네 프랑은 중국, 피노 누아는 일본과 중국, 독일 품종인 케르너(Kerner)는 일본, 뗌프라니요는 태국처럼 여러 품종들이 다양하게 재배되고 있다.

특이한 점은 아시아 와인의 성장 배경에는 호주가 있다는 사실로서, 지역적으로 호주와 매우 인접하다는 점도 작용하였을 것이다.

중국 산동지방의 화동양조장은 고품질의 와인을 중국에서 처음 개척한 곳으로 호주인들의 지원이 있었고 그 외에도 호주인들이 중국의 와인산업을 20년 넘게 후원해 오고 있다.

일본의 미야자키와 부탄과 인도, 태국은 호주의 영향을 받아 쉬라즈 품종을 도입한 것으로 알려져 있다.

제 1 절 중국

1 중국와인의 역사

중국 와인의 역사는 실크로드와 함께 하고 있다. 이 길을 따라 신장 위그루 자치구를 거쳐 내륙으로 전파되었다. 당(唐, AD 618~907년) 대에 이르러 오늘날의 우즈베키스탄의 타슈겐트로부터 포도의 유입이 많아져 쨩쑤(江蘇), 싼시(山西), 산뚱(山東)지방으로 퍼져 나갔다.

전통주의 측면에서는 쌀이나 수수 등 곡물로 만든 증류주가 대세를 이루었고 서구 열강들이 진출하면서 접하기 시작한 맥주가 거대시장이 되었다.

경제 성장이 본격적으로 이루기 시작하는 1980년 대 초부터 서구의 와인들이 수입되기 시작하여

1980년 프랑스의 코냑회사 레미 마르탱이 합자회사 '왕조(王朝)를 세웠고 1983년 '장성(長城)'이 출범하였다.

현재 중국내의 와인생산량은 세계 6위이며, 포도 재배면적으로는 프랑스, 이탈리아, 스페인, 터키 다음 가는 5위이나 포도밭이 지속적으로 확장되고 있어 이 같은 추세로는 4~50년 후에는 세계최대의 와인생산국이 될 것으로 예상된다.

생산량과 소비량은 매년 20% 이상의 신장을 보이고 있으며 꾸준한 성장세를 유지하고 있고, 프랑스, 호주, 미국에서 중국에 투자하면서 기술적인 보완을 해 가고 있다.

산뚱성 옌타이(烟臺) 시에서 차로 한 시간 거리인 펑라이(蓬萊) 시는 중국 와인산업의 발전상을 한눈에 보여 준다. 지금은 중국의 주요 와인 메이커가 다 이곳에 들어와 있으며 재배면적은 6000ha가 넘으며 4만 가구 이상의 농가가 포도 재배에 전념하고 있다.

이러한 성공은 첫째, 이곳이 사토(沙土)와 바닷가의 강렬한 햇볕 등 포도재배에 알맞은 기후조건의 영향이며, 둘째, 시(市) 당국에서 포도주 국(局)까지 만드는 적극적인 지원이 있었고, 셋째, 무엇보다 중국 와인시장의 팽창이라는 요인이 있었기 때문이었다.

2 와이너리

와인 생산업체는 400여 곳이며 그 중 장유(張裕)와 장성(長城)이 양대 산맥으로 이라 할 수 있으며 중국 내 소비량의 40% 이상을 차지한다.

- **장유 포도양주공사(張裕 葡萄釀酒公司)** : 중국에서 현대적 와인산업의 시초인 곳이다. 1892년 짱삐쓰(張弼士)가 유럽에서 유학을 마치고 귀국길에 150그루의 '비니페라(vinifera) 품종의 포도나무를 가지고 와 산뚱성 옌타이(烟臺)에서 재배하며 오스트리아인을 와인 마스터로 고용하여 "장유 포도양주공사(張裕 葡萄釀酒公司)'를 설립하였다.
  독일항공사 루프트한자의 1등석 메뉴에 들어갔고 최고급 호텔의 와인 메뉴에도 이름을 올리는 등 하루가 다르게 발전하고 있다. 현재 연간 10만 t 이상의 와인을 생산하고 있으며 유럽 15개국에 25만병 이상을 수출하고 있다.

- **창청(長城 : China Great Wall Wine Co)** : 1983년 허베이(河北)성 화이라이(懷來)현 샤청(沙城)에서 농민 200여명의 포도를 납품받아 와인 생산을 시작한 후 20여년 만에 세계적 와인 브랜드로 성장했다.
  까베르네 소비뇽, 피노 누아, 샤르도네 등 여러 가지 품종을 재배하고, 레드와인에서 스파클링 와인에 이르기까지 다양한 와인을 생산하고, 이미 세계 500대 와이너리로 꼽히고 있다.
  2008년 베이징 올림픽 때의 독점 와인 공급업체였고, 2010년 상하이 엑스포에서 중국 유일의 와인 공급업체로 선정되었다.
  양조장은 샤청(沙城) 외에도 '허베이(河北)성 창리'와 '산뚱(山東)성 옌타이(烟臺)'에도 있으며 생산량은 5만 t(6650만병)이 넘으며 20여개국에 수출되고 중국의 모든 해외공관에 납품되고 있다.

- **왕차오 포도주양주 유한공사(王朝 葡萄酒釀酒 有限公司)** : 1980년 프랑스의 레미 마르탱(Remy Martin)과 합자해 '왕차오(王朝, dynasty)'라는 브랜드로 와인을 출시하고 있다.
- **화동장원(華東莊園)** : 산뚱성 남족 해안가에 있는 칭따오(青島) 도심에서 30분 정도 벗어난 곳에 있는 '화동 포도주유한공사(華東 葡萄酒 有限公司)' 소유의 와이너리다. 이 와이너리는 1985년 영국인 패리(Michael Parry)가 설립한 것으로 1986년부터 리슬링, 샤르도네 등의 13개 품종으로 와인을 생산했다.
- **신티엔꿔지(新天國際)** : 1998년부터 서부 변두리 지역에 1만 ha의 포도밭을 조성하고 2000년 와인생산을 시작하여 지금은 중국 내 최대 포도밭 소유회사가 되었다.
- **와인박물관** : 고대의 포도 재배법에서 최신 와인 정보에 이르기까지 와인의 역사와 제조법, 와인과 관련된 역사도 쉽게 알려 주는 곳도 있으며, 와인 제조기구 전시실에는 옛날에 썼던 와인압착기와 증류기, 오크통 등이 놓여 있고 100년 이상 된 와인도 보관하고 있다.
  110년 동안 포르투갈의 지배령이었던 마카오에 전해진 포르투갈 와인에 대한 모든 것을 알려주며 1000여 종이 넘는 포르투갈의 지방별 특산와인과 와인 문화를 한 눈에 보기 좋게 전시하고 있다. 입장 할 때 소믈리에가 추천하는 와인을 무료로 맛볼 수 있으며, 와인 샵에서는 다양한 가격대의 포르투갈 와인을 준비해 놓고 있어 마음에 드는 와인을 구매할 수 있다.
- 윈난(雲南)성의 쿤밍, 란조우 등의 와이너리에서 중국 와인이 생산되고 있다.

제 2 절 일본(Japan)

일본은 비가 많이 오고 습도가 높아 양조용의 포도를 재배하기에 기후가 적절하지 않다. 양조기술이 좋다 할지라도 원료인 포도가 좋고 나쁨에 따라 와인의 질에 직접적인 영향을 미치게 된다. 따라서 기술이 혁신되어도 한계에 부딪히게 되고 많은 비용이 들게 되어 국제경쟁력을 갖추기 어렵다.

1 일본와인의 역사

일본 와인의 역사는 1876년(明治 10年)부터 시작된다. 야마나시(山梨)현에서 '祝村 葡萄酒釀造會社'가 설립되어 프랑스의 와인기술을 배우기 위해서 두 명의 기술자를 선발하여 유학 보낸 2년 후에 기술자들의 귀국과 더불어 와인양조가 개시되었다. 그러나 당시 일본의 나쁜 경제상황과 더불어 단 맛에만 길들여져 있던 소비자들이 프랑스식 와인 맛을 선호하지 않았던 이유로 10년 만에 문을 닫았다. 그 후 '다까노 마사노리'와 "쯔찌야 류우겐(土屋龍憲)', 두 사람이 프랑스에서 와인양조를 배우고 와서 '쯔찌야'가 만든 '大泉葡萄酒(현재의 達磨葡萄酒)'가 창업 100년의 역사를 자랑하고 있다.[228]
1877년 설립된 '대일본 야마나시 포도주 주식회사'는 얼마 뒤 경영난으로 문을 닫았지만 나중에 주

228) 豊田眞維 外, "世界が認めた 日本のワイン", リイド社, 2006, pp.142-143

류전문기업인 오션이 그 맥을 이엇고 이를 다시 소주와 청주를 생산하던 주류 기업 메르시앙이 1962년 인수했다. 메르시앙은 2007년 맥주회사 기린그룹과 전략적 제휴를 하여 전통을 이어오고 있다.
가장 어려웠던 일은 토질과 기후가 다른 일본에 서구의 포도 품종을 재배하는 일이었다. 일본에서 가장 오래된 와이너리의 전통을 잇고 있는 메르시앙(Mercian)은 화산재가 쌓여 배수가 잘 되는 '기쿄가하라'지역에 메를로 품종을 재배하는 식으로 최적의 포도 재배환경을 찾아 나가며 개발에 매진하였다.
첫 번째 결실이 1989년에 이루어져 '류블랴나 국제 와인대회'에서 금메달을 수상하였고 뒤이어 1992년의 '런던 국제 와인대회'에서도 은메달을 수상하였다.
'조노히라 '에서는 까베르네 소비뇽 품종의 재배를 성공했고 '호쿠신'과 '나이쯔루'에서는 샤르도네를 재배해 각종 국제대회에서 메달을 수상하기도 하였다. 또한 일본 고유의 품종으로 주로 식용으로 사용되던 코슈(甲州)로 소비뇽 블랑 맛과 거의 흡사한 와인을 만들어 내기도 하였다.

2 품종

코슈(甲州)는 약 1000년 전 실크로드를 통해 일본으로 유입되어 일본 특유의 포도 품종이 되었다. 다음은 코슈 종으로 만든 와인들이다.
그레이스(Grace)의 코슈는 투명에 가까울 정도의 옅은 크림 옐로. 아로마는 그다지 진하지 않으나 단맛이 느껴지고 입에 남으며 신맛은 적다.
루바이야트(Rubaiyat)의 '코슈 슈르-리'는 투명에 가까운 색조로 입에 머금으면 경쾌한 신맛과 균형 잡힌 맛이 든다. 그리고 '藏王 star'의 '샤르도네 다케다와 이나리'는 밝은 밀짚색으로 꽤 짙은 색조를 띈다. 신맛이 두렷하나 쓴맛도 희미하게 느껴지고 향의 지속성이 좋아 거슬리지 않는다.
그리고 샤또 메르시앙[229]이 있다.

3 와인 생산 지역과 와이너리

최북단인 홋까이도(北海道)에서 최남단인 규우슈우(九州)까지 포도를 재배하여 좋은 와인들을 만들고 있다. 특히 야마가따(山形), 이와데(岩手)현, 도후꾸(東北)지방, 간또(關東)지방과, 야마나시(山梨), 나가노(長野), 니이가타(新潟)현과 긴키(近畿)지방에 와이너리들이 많다.

(1) 혼슈(本州)

- **야마나시현** : 야마나시현의 와인생산은 일본 전체의 70%를 차지하고 있는 일본 최대의 와인생산지. 현 내의 어느 곳을 가도 포도밭을 쉽게 볼 수 있을 정도로 후지산과 함께 포도가 야마나시현을 상징하고 있다. 일본에 있는 현재 200여 개의 와이너리 중 90여 개가 '가쯔노마죠'를 중심

229) 샤또 메르시앙의 '기쿄가하라 시그니처'는 짙은 루비 색상의 메를로 100%.
- '코슈 카이로카'는 상쾌한 과일향과 산도의 조화가 스시나 튀김요리와 조화를 이룬다.
- 자소(紫蘇 葡萄酒)는 신체 적응력을 촉진시키는 자소 잎의 엑기스를 첨가한 와인이다.
- 고토부기(壽)는 칠레와 아르헨티나에서 원액을 수입하여 메르시앙에서 병입한 제품이다.

으로 있고 50여 개에서는 일반 방문객도 자유롭게 시음할 수 있게 하고 있다.

- **니이가타** : 까브 도치(Cave D'occi)[230]는 니이가타 시 외곽의 사구해안 근방에 조성된 와이너리로 사장인 오차키 이치로씨가 1970년대 중반 독일 양조학교에서 3년 간 배운 기술로 와이너리를 조성해 니이가타 시의 명소가 되게 만들었다.
- 그 외에 혼슈에는 아이치, 아키타, 아오모리, 효고, 이와테, 나가노, 오까야마, 오오사까, 시마네, 야마가타, 야마나시에서 와인이 생산된다.

(2) 홋까이도(北海道)

북해도는 구시로와 삿뽀로에서 와인이 생산된다.
북해도에서 나오는 '오타루'[231], '센추리(Century) 2008'[232]를 만드는 산토리 와이너리[233]가 있다. 산토리는 보르도의 샤토 라그랑주(Château Lagrange : Pomerol)와 샤토 베슈벨(Château Beychevelle : Saint-Julien) 소유주이기도 하다.

제 3 절 한국 와인

1906년 8월, 당시의 농공상부가 서울 뚝섬에 원예모범장을 설립하여 포도를 재배하기 시작하였다.
국내에서는 포도를 비롯해 감, 배, 복분자, 석류 같은 과일로 다양하게 만들고 있다.
포도는 껍질에 효모가 있어 자체 발효가 되지만 다른 과일들은 효모가 없어 따로 주입해야 한다. 발효과정을 거치는 와인은 효모가 당을 알코올로 바꾸어 주어야 하므로 당의 함량이 중요한데 당도가 낮을 때는 건조시켜 작정 당도까지 끌어올려야 한다. 몇 주가 지나면 알코올 도수가 10° 안팎으로 되는데 이때부터 와인의 참맛이 우러나오는 숙성 단계를 거쳐야 한다.

1 와인

- **샤토 마니(Chateau Mani)** : 충북 영동군에 있는 우리나라 토종 와인 브랜드다.
- **그린 영농조합** : 경기 안산시 대부도에 있으며, 그랑 꼬뜨(Grand coteau)가 나온다.

---

230) 까브 도치(Cave D'occi)는 독일 스타일의 집 몇 채에 이탈리안 및 독일풍 레스토랑, 독일제 오븐을 이용한 빵집, 기념품 상점들이 있다. 그의 노하우를 전수받은 직원들이 독립해 바로 옆에 또 포도원을 일구게 하는 식으로 이곳을 와인의 명소로 키우고 있다.

231) '오타루'의 아무렌시스(おたる Amurensis)는 머스캣, 함부르크, 아무렌시스 품종의 늦은 가을 수확으로 다소 달며 산미가 있는 레드와인.
- 오타루 하츠시보리 포트랜드(おたる 初しぼりPortland)는 머스캣으로 만든 신선하고 단 화이트와인.

232) Century는 일본의 산토리사가 야마나시 현 산등성이에 포도나무를 심은 지 100년을 기념해 샤토 라피트 로칠드의 모기업인 도멘 바롱 드 로칠드와 협력해 만들어 2011년 8월 1일 출시됐다. 까베르네 소비뇽, 메를로, 쁘띠 베르도를 주축으로 블랙 퀸과 같은 일본 고유 포도 품종도 블렌딩했다. 양사의 우호 협력을 상징하여 레이블에 흰색과 빨간색 줄과 2마리의 비둘기를 넣었다.

233) 산토리 와이너리는 100년의 역사를 지닌 곳으로 이곳은 와인 숙성에 알맞은 13℃의 온도를 유지하는 동굴에 150만병의 와인이 저장되어 있고 압축기, 분쇄기, 발효소 등 와인제조 과정의 견학과 시음 및 구매도 할 수 있다.

- **두레 양조** : 천안에 있는 영농법인 : 두레앙
- **한국와인(영천와이너리)** : 뱅꼬레(Vincoree)라는 브랜드로 나온다.

2 머루 와인

머루(wild grape)는 야생포도로 포도보다 알이 작고 껍질이 두꺼운 낙엽성 덩굴식물로 까마귀머루, 새머루 등 종류가 다양하다.
산머루 농원(영농조합법인), 주)두레마을, 무주 머루 와인, 너와 머루 와인에서 생산된다.

3 복분자(覆盆子) 와인

야생딸기는 복분자딸기, 곰딸기, 멍석딸기 등 21종이 있는데 복분자딸기는 학명이 루버스 코레네스 미켈(Rubus coreanus Miquel)로 우리나라의 토종 식물이다. 현재 국내의 농가에서 재배되고 있는 복분자의 대다수는 1960년대에 외국에서 도입된 블랙베리(blackberry)의 일종으로 알려져 있다.
발효한 뒤 장기간 숙성하고 여과 과정을 거친다. 복분자 특유의 달짝지근한 맛이다.
복분자에 설탕을 넣고 일주일 쯤 지나면 발효되면서 거품이 올라온다. 밀봉하여 거품이 줄기를 기다렸다가 설탕을 한 번 더 넣고 2차 발효과정을 다시 일주일 거친 후 찌꺼기를 거르면 완성된다.
예전부터 신장기능을 보강하고 생리불순과 혈관을 이완시켜 혈액순환에 좋다고 알려져 왔다. 비타민과 구연산도 풍부해 당질 대사를 촉진하고 피로물질인 젖산을 빨리 분해해 피로회복에 도움된다. 그리고 칼륨, 칼슘 등의 미네랄도 풍부해 식욕 감퇴, 골격 약화, 신경 장애 등을 개선해 준다. 또한 베타-시토스테롤이라는 성분은 이뇨작용을 돕고 담즙 분비를 촉진한다고 알려져 있다.

4 기타 와인

이 외에 감, 사과, 오디, 석류, 다래, 배, 오가피로도 와인이 생산된다.

제 4 절 아시아의 와인 생산국

인도네시아(Indonesia)는 발리(Bali)는 적도 부근이지만 해튼(Hatten Wines)라는 와이너리가 있고 와인 양조의 역사는 불과 10여 년이지만 런던 국제 와인대회(London International Wine Challenge)에서 은메달을 따는 성과를 거두기도 하여 질적으로는 우수하다고 평가받는다.

- 태국(Thailand)은 최신식 설비의 와이너리가 최소 5개 이상 된다.
  샤또 드 로에이(Château De Loei)는 1996년에 생긴 곳이다.
- 우즈베키스탄(Uzebekstan)은 중국과 카자흐스탄 사이에 있으며, 와인은 부크하라(Bukhara), 사마르칸트(Samarkand), 타슈켄트(Tashkent)지역에서 생산된다. 그리고 카자흐스탄(Kzakhstan)과 파키스탄(Pakistan)에서 와인이 소량 생산된다.

PART 8

와인 즐기기와 서빙

제 1 절 와인 테이스팅

1.1 와인의 맛 결정요소

와인의 맛이 천차만별인 것은 우선 다양한 품종으로 만들기 때문이다. 재료가 다르니 그 재료에 따라 맛이 달라지게 마련이다. 다음으로는 토양과 기후가 다르며, 같은 지역의 같은 품종의 포도이라 할지라도 해에 따라 날씨가 달라지기 때문에 빈티지에 따라 다르게 된다. 그리고 재배방법이나 수확기가 다르며, 발효, 저장, 숙성 등의 와인제조상의 과정에 의해서도 많은 차이를 보이게 된다.

표 8-1 와인 맛의 결정 요소

품종	색상, 향, 맛의 특질이 있어 와인 맛을 결정하는 기본적 요소. 레드와 화이트의 품종이 상이하다
떼루아 (토양/기후/기상 등)	포도가 익는데 영향을 미치는 토양과 기후, 기상. 빈티지를 결정하는 요소가 된다.
양조 기법(Know-How)	발효, 숙성, 정제, 블렌딩 등의 와인 제조상의 일련의 과정. 경륜과 경험이 필요하다.

1 외관(Appearance)

외관이란 시각(look, sight)을 뜻하며 시각에서 고려하는 요소들은 와인의 색깔, 투명도, 유동성이다.

(1) 색깔(Colour)

마시기 전에 우선 글라스를 비스듬히 기울여 와인 가장자리의 빛깔과 투명도, 점도 등의 와인의 외관을 확인한다. 이때 글라스의 배경은 흰 테이블보나 냅킨 또는 흰 종이 등이 판단하기에 도움을 준다.

색깔의 농도는 와인성분이 풍부하게 고루 포함되어 있는지를 나타내 준다. 레드 와인은 처음에 자주 빛이었다가 숙성되면서 루비나 석류 빛으로 변하다가 마지막에는 초콜릿 색깔이 된다. 오크통에서 오래 숙성시킨 와인은 벽돌색이 되기도 한다. 질이 떨어지는 와인은 깨끗하지 못하고 뿌옇게 보인다. 화이트 와인은 일반적으로 숙성이 덜 된 상태에서는 빛깔이 엷고 초록빛 색깔이나 연두빛을 띤 노란색이지만 숙성이 될 수록 짙어져서 노랑이나 황금색 빛깔을 띠다가 최종적으로 옅은 갈색으로 변하게 된다.

색도(intensity)는 엷은(pale), 진한(deep)으로 표현한다.

색깔은 골드(gold), 핑크(pink), 자주(purple), 루비(ruby), 황갈색(tawny), 선명한(starbright), 짚색(straw), 호박색(amber), 심홍색(garnet), 담황색(pale yellow), 연두색(green)으로 표현한다.

(2) 투명도(Clarity, Limpidity)

색깔과는 별도로 와인의 투명도를 통해 와인을 평가할 수 있다. 침전물은 레드 와인에는 병의 밑부분에 가라 앉아 있어야 하며, 화이트 와인은 없어야 한다. 와인이 탁하거나 미세한 불순물이 보인다면 보관 중 와인이 변질되어 있을 우려가 많으며 마실 때 좋지 않은 느낌을 받을 것이다.
농담(濃淡)과 청징도(淸澄度)도 관찰하여야 할 사항이다. 농담(濃淡)이란 색의 농도로서 숙성타입인지 프레시 타입인지를 살펴보고, 청징도(淸澄度)란 탁한 여부를 가늠하여 품질을 아는 것이다. 스파클링와인은 기포의 상태를 확인한다. 섬세한 기포가 끝까지 계속 올라오는 것이 좋은 와인이다. 투명도(혹은 선명도)는 선명한(clear), 흐린(dull)으로 표현한다.

(3) 유동성

'와인의 다리'라고도 하는 '와인의 눈물'을 관찰하는 것이다. 글라스를 가볍게 돌려서 와인 잔을 출렁이면 잔의 내측을 타고 흘러내리는 방울의 흔적을 볼 수 있다. 흘러내리는 것이 빠르면 와인의 점도가 낮은 것이고, 느리면 점도가 높은 즉 여러 성분을 다량 함유하고 있는 와인이다. 이는 와인의 유질 성분인 알코올, 글리세롤, 과당 등이 풍부한 좋은 와인을 나타낸다.

2 향(Aroma, Bouquet)

와인의 향을 맡으면, 포도품종, 토양과 기후, 생산과정, 숙성과정을 알 수 있다. 특히 포도품종은 와인의 스타일과 특징에 가장 중요한 영향을 미친다. 하지만 포도 품종의 종류가 수천여가지가 넘고, 토양과 기후, 양조과정에 따른 다양한 와인들의 스타일을 향을 한번 맡는 것만으로 분류하기 어려울 수도 있다. 하지만, 와인의 향은 실제의 맛만큼이나 많은 정보를 담고 있고 있으므로 향의 분류법을 익혀야 한다.
와인이 가지고 있는 향은 아로마와 부케로 대별되는데 이것을 감지하게 되는 후각을 말한다. 와인의 외관을 보고난 후에는 글라스로부터 올라오는 그윽한 향기를 코로 맡아보고 느껴본다. 와인의 향기가 그 와인의 질을 나타내기도 하기 때문이다. 이때 느껴지는 향기를 '아로마'라고 하는데 과일 향이 물씬 풍기는 것이 좋은 와인이다. 향기가 좋지 않은 와인은 당연히 질이 떨어지는 와인이다. 곰팡이가 핀 오래된 통에 저장되었던 와인은 썩은 버섯냄새가 나며, 코르크로 꼭 막아두지 않았던 와인은 젖은 톱밥냄새가 난다. 아황산가스를 방부제로 많이 사용한 와인은 썩은 양배추냄새가 나기도 한다.

(1) 아로마(aroma)

과일 향으로 포도가 원래부터 지니고 있어 글라스에 따르면 향이 바로 올라온다. 포도의 품종이나 숙성도에 따라 여러 가지 향기를 느낄 수 있다. 아로마 향이 풍부하면 '진한 향' '탐스런 향'으로 표현한다. 또한 향기를 나타낼 때에는 꿀과 같은 향, 꽃향기, 과일 향, 허브 향으로 나타낸다. 오크통에서 장기 숙성된 레드와인은 오크통에 의해서 생기는 바닐라 향도 느낄 수 있다.
다음은 스월링(swirling)으로, 글라스를 테이블 위에 올려둔 상태로 크게 한두 번 회전시켜 보는 것이다. 이렇게 하면 와인이 공기와 접촉해서 잠자고 있던 향기의 성분이 올라오면서 퍼진다. 이때의 향기를 부케라 하는데 스월링 후 바로 코에 대고 부케를 확인하여야 한다. 향기를 파악할 때 가장 중요한 첫인상은 이렇게 아로마와 부케에 의해서 결정지어진다.

(2) 부케(bouquet)

숙성되는 과정에 내부에서 생기는 향기로 숙성의 정도와 방법에 따라 다양한 향이 만들어진다. 레드와인은 비교적 진한 향기로, 야생딸기, 나무딸기, 버찌와 같은 과일 향, 피망과 같은 야채 향, 장미나 제비꽃 같은 꽃향기, 허브, 정향나무나 감초 같은 향신료 향기, 마른 잎, 홍차, 부엽토, 버섯, 가죽냄새, 담배 냄새 등으로 표현한다. 오크통에서 장기 숙성된 레드와인은 바닐라, 토스트 향, 삼목 나무 향 등으로 많이 표현된다.
화이트와인은 레드와인보다 가벼운 느낌의 향기로 레몬, 라임, 사과와 같은 신선한 과일향기가 나는 것이 많다. 그리고 장미, 백합, 라일락 등의 꽃향기, 박하, 바질 등의 허브 향, 흰곰팡이, 버섯, 건초, 말린 과일 등으로 표현한다. 또한, 꿀 같은, 버찌 같은, 식물 같은, 꽃과 같은, 복합적인, 과일 향, 미네랄 등으로 나타내기도 한다.

(3) 향을 분석하는 방법

표 8-2 향 분석법

향	향의 성질	향을 맡는 방법
1차 향	포도품종 고유의 향	글라스가 흔들리지 않게 조심스럽게 맡는다.
2차 향	와인 양조과정에서 나타나는 향	향의 발산을 위해 잔을 흔들어 여러 번 돌린 후 향을 맡는다.
3차 향	1, 2차향이 산화되면서 진화되는 향	와인을 마시고 난 후 남은 빈 글라스의 향을 맡는다.

(4) 향의 종류

와인의 향은 크게 10여 가지로 분류할 수 있다.

표 8-3 와인 향의 분류

과일 향(FRUITS)	자두, 베리(berry)류, 무화과, 바나나, 블랙커런트, 복숭아, 배, 사과, 살구, 포도, 자몽, 오렌지, 레몬, 감귤류, 파인애플, 딸기, 산딸기, 오디, 말린 과일, 체리
식물 향(VEGETABLES)	건초, 타바코, 잔디, 풀, 피망, 콜리플라워(양배추꽃), 익은 양배추, 유칼리나무, 짚, 차 등
꽃 향(FLORAL)	아카시아, 제라늄, 제비꽃, 장미, 라벤더, 아이리스, 오렌지꽃, 리나로올 등
향신료 향	(HERB, SPICY) 향, 흑색후추, 감초, 박하향, 바닐라 커리, 등
동물 향	사향, 피냄새, 고양이 오줌 냄새, 고기, 베이컨, 가죽 등

미생물	사우어크라우트, 부티르산, 땀내, 젖산, 효모 등
화학적 향	고무, 석유, 알코올, 벤젠, 식초, 요오드, 산화된 냄새, 황화수소, 황
광물질 향	철, 인, 유황
흙냄새	(EARTHY) 버섯, 먼지, 곰팡이, 부식토
나무 향	(WOODY) 참나무, 삼나무, 소나무 등 여러 가지 나무의 냄새
탄 내	(BURNT) 커피, 연기, 고무 탄내, 굽는 냄새, 구운 토스트, 담배
감미로운 향	꿀, 버터 스카치, 버터, 초콜릿, 모카, 비스킷, 당밀 등
건과류	밤, 호두, 헤이즐넛, 아몬드 등

- **바나나(Banana)** : 잘 익은 바나나 향은 화이트와인이나 갓 양조했거나 가벼운 레드에서 나온다. 샤르도네, 가메이, 시라 품종에 주로 포함되어 있다.
- **그레이프 프루트(Grapefruit)** : 말레이시아가 원산지로 감귤류 가운데 가장 큰 과일이다. 보르도의 샤또 뒤껨, 소떼른이나 바작의 스위트와인, 알자스의 게뷔르츠트라미너, 리슬링, 르와르의 뿌이 퓌메, 그리고 오스트리아의 스위트 와인, 캘리포니아와 뉴질랜드의 소비뇽 블랑에서도 보인다.
- **레몬(Lemon)** : 숙성되지 않은 화이트와인에서 맡을 수 있는 향으로 특히 소비뇽 블랑이나 논-빈티지 샴페인, 리슬링에서 가장 두드러지게 나타난다.
- **라임(Lime)** : 호주의 좋은 세미용이나 리슬링에서 나타나는데 리슬링은 병입 후에 라벤더향으로 바뀌기도 한다.
- **릿찌(Lychee)** : 통조림으로 가공되어 중국요리의 디저트로 많이 쓰이는 과일로 천연상태의 릿찌는 무화과향과 비슷하며 숙성된 와인에서 맡을 수 있다. 알자스의 게뷔르츠트라미너에서 나오는 장미향과 더불어 전형적인 향이다.
- **메론(Melon)** : 아시아가 원산지로서 유럽에 전해져 교황을 위시해서 식도락가들이 즐긴 과일이다. 프로방스의 꼬뜨 드 프로방스, 오스트리아의 리슬링, 호주와 미국의 사르도네에서 두드러진다.
- **오렌지(Orange)** : 주로 보르도의 소떼른과, 바작, 르와르, 트로켄베렌아우스레제와 같은 좋은 스위트와인에서 나타나며, 블라인드 테이스팅에서 뮈스까와인을 구별하는데 단서가 된다.
- **파인애플(Pineapple)** : 15세기에 브라질에서 처음 발견된 이 과일은 강한 신맛과 더불어 지방 분해성분이 있어 과식했을 때 소화음식으로도 쓰인다.
  와인에서 열대과일 향이라고 할 때 파인애플 향을 의미할 때가 많다.
  보트리티스 시네리아의 세미용으로 만든 스위트와인이나 늦 수확 스위트에서 두드러진다. 리슬링에서 레몬향과 섞여 나타나기도 하며, 일반적으로 숙성되지 않은 와인에서 드러나지만 시간이 지나면서 사라져버린다.

표 8-4 아로마 휠[1)]

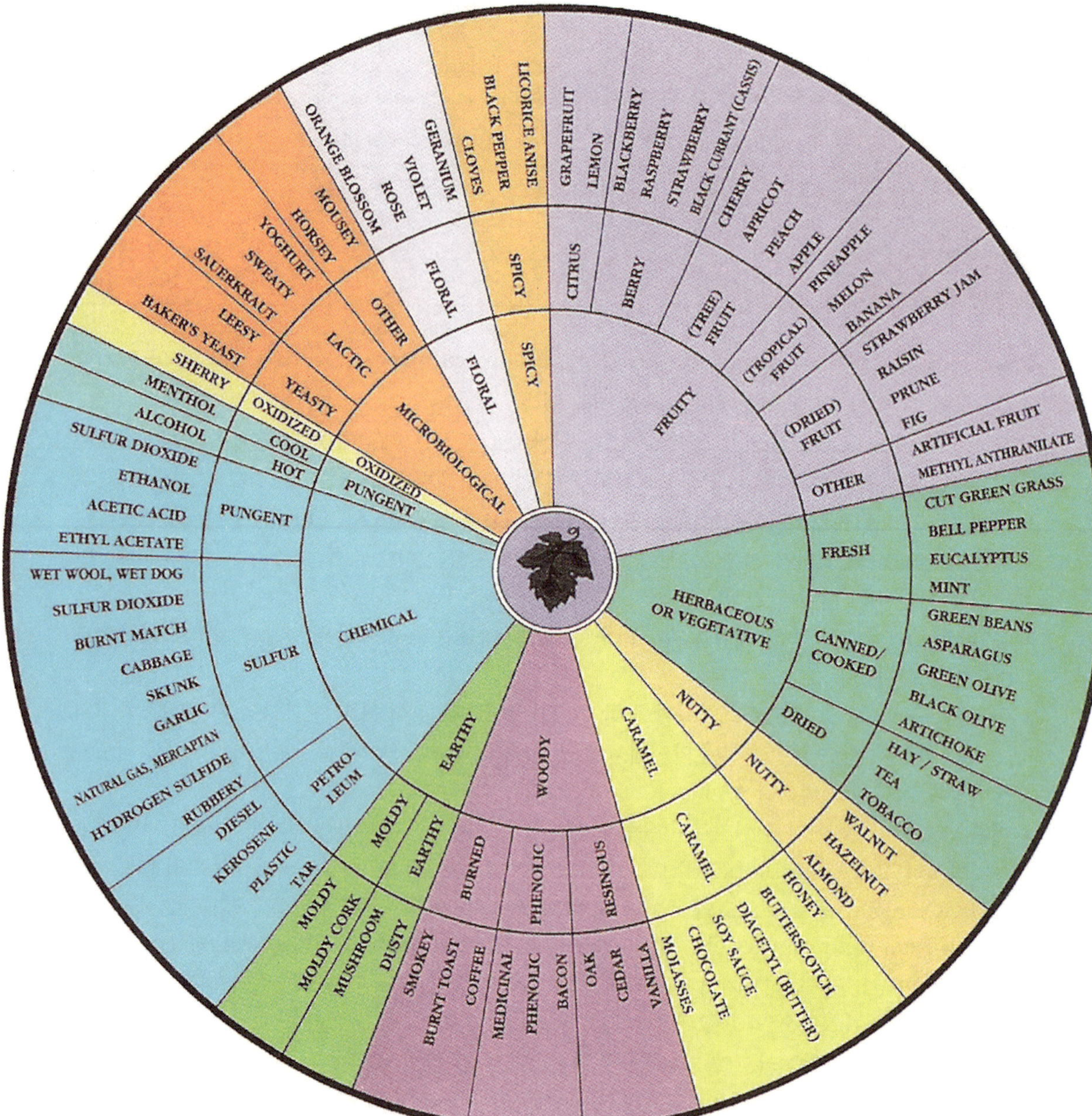

1) Albert W.A. Schmid, "*The Hospitality Manager's Guide to Wines, Beers, and Spirits*", Pearson Prentice Hall, 2004. p.86

(5) 후각적 표현

순도(refinement)는 맑은(clean), 탁한(unclean)으로 구별되며, 농도(intensity)는 약한(week), 미디엄, 진한(pronounced), 강한(intensive), 강렬(Powerful)으로, 숙성도(development)는 미숙성(youthful), 숙성(mature)로 표현한다.

(6) 아로마 휠(Aroma wheel)

아로마 휠은 노블(Ann C. Noble)교수가 캘리포니아대학교 데이비스 캠퍼스 (University of California at Davis)의 에서 행해진 '와인 지각 연구결과'를 통해 개발한 기준표이다. 아로마 휠에는 와인에서 나는 복잡한 향을 쉽게 표현 할 수 있도록 기준을 제시해준다. 아로마 휠은 자신의 테이스팅 기술 향상과 용어를 개발하는 데 도움을 준다. 아로마 휠을 이용하는 방법은 먼저 아로마 휠 안쪽의 이용하여 먼저 일반적인 향을 구분하고, 바깥쪽의 세분화된 향을 찾는다.

(7) 아로마 키트

향(액)이 담긴 작은 유리병과 와인에서 나오는 여러 향의 개요와 설명, 사진, 와인과의 연관성 등을 공부하기 위한 키트다. 종류가 많지만 부르고뉴 출신의 장 르누아르가 1981년 내 놓은 '르 네 뒤 뱅(Le Nez du Vin : 와인의 코)'의 선호도가 높다.

레드/화이트 각 12가지, 24가지 향, 향 54종 세트, 오크통 숙성을 거친 와인 향, 등의 종류가 있다.

3 맛(Taste)

미각은 혀에 분포되어 있는 맛감각과 입천장, 잇몸 등의 입안 전체에서 다양한 맛을 느끼게 된다. 이에는 기본적으로 와인을 구성하고 있는 주요 요소인 알코올과 타닌, 당분 그리고 산을 통해 신맛, 짠맛, 단맛, 쓴맛을 식별할 수 있다. 이밖에 촉감이나 유질성, 수렴성 등을 느낄 수 있다.

맛을 식별하기 위해서는 와인을 입에 약간 머금고 혀로 굴려가며 입안 전체로 퍼뜨려 맛을 느껴본다. 입술을 오므려 "슷~~~"하고 공기를 들이마시면 입 안에서 맛과 향기가 퍼져 효과적으로 맛을 볼 수 있다. 와인의 맛은 단맛, 신맛, 떫은 맛, 쓴맛, 알코올 등으로 균형이 결정된다. 혀는 끝부분에서 단맛을, 양 옆 부분에서 신맛을, 안쪽 부분에서 쓴맛을 느낀다.

레드와인을 만들 때 프랑스 일부지방에서는 일정 비율 청포도를 섞기도 하지만 일반적으로는 검은 적포도를 사용하고, 고급와인은 특히 적포도만을 사용한다. 레드와인은 이 적포도의 씨와 껍질을 통째로 발효시킴으로써 떫은맛을 내는 타닌과 색소가 추출된다. 이 포도껍질과 씨에 들어있는 타닌은 떫은맛과 신맛의 미묘한 조화로 깊은 맛을 자아내게 하므로 레드와인의 맛을 결정하는 중요한 요소가 된다.

레드 와인에서 단맛은 별로 느끼질 못하지만, 입을 오므라들게 하는 것은 타닌 때문이다.

화이트 와인은 산이 많기 때문에 신맛을 강하게 느낄 수 있다.

당도를 나타내는 것으로는 드라이하다, 스위트하다로 구분한다. 지속성을 표현하는 것으로는 짧다, 오랜 등으로 나타낸다. 와인과 혀끝이 처음 만나는 순간을 어택크(attack)라고 한다. 혀끝에서는 당도를 알 수 있게 된다.

- **단맛(Sweetness)** : 와인에서 단맛을 내는 물질은 발효가 안 되고 남아있는 당분, 글리세롤(Glycerol), 알코올 등이며, 글리세롤은 발효의 부산물로 단맛에 기여한다. 당도에 따라 와인을 스위트(sweet), 미디엄스위트(medium-sweet), 드라이(dry)로 구분한다. 그러나 단맛과 과일향(flavour of fruits)은 다르며, 와인의 맛에서 스위트의 반대되는 말은 드라이이다.
- **신맛(Acidity, Sourness)** : 모든 와인은 신맛을 가지지만 종류에 따라 강하게 느껴지는 것도 있다. 와인의 신맛은 주로 사과산, 젖산, 구연산이며 레드보다는 화이트와인에 많이 포함되어 있다. 화이트와인에서 신맛은 와인 테이스팅의 핵심이 된다. 즉 신맛이 적당한 화이트는 상큼한 맛이 느껴지는 반면 신맛이 없는 화이트는 늘어져서 맥이 빠진 듯한 느낌이 들기 때문이다.

산도는 낮은, 미디엄, 높은으로 표현한다.

- **떫은 맛(Tannin : Astrigency)** : 타닌은 껍질과 씨와 줄기에 들어있는 자연 성분이다. 떫은맛은 화이트보다는 레드와인에 많이 함유되어 있는데 레드와인은 껍질과 씨를 함께 발효시키기 때문이다. 이 타닌의 정도에 따라 레드와인을 Astrigent(收斂性), Firm(탄탄한, 견실한), Soft(부드러운, 軟性)라 표현할 수 있다. 와인의 색깔과 향미에 큰 영향을 끼친다. 타닌(tannin)은 적은, 미디엄, 많은으로 구별한다
- **짠맛(Saltness)** : 와인에 들어있는 염(鹽)은 산과 금속의 결합형태로 와인에 독특한 맛을 형성시키고 신선감을 주기도 한다.

1.2 좋은 품질의 와인

(1) 균형(Balance)

단맛과 신맛, 탄닌이 와인의 맛을 구성하는 3대 요소다.

와인을 마시는 이유는 알코올이 그 첫 번째이지만 맛으로는 그 다음의 순위가 된다 할 수 있다. 이러한 요소들 가운데 하나가 다른 요소들과의 연관 관계를 균형이라 한다. 즉 와인을 마셨을 때 어떤 특정 요소 하나만 강렬하지 않고 고루 느끼게 하는 것이다. 탄닌과 신맛은 중성(重性) 요소이며, 단맛은 연성(軟性) 요소가 된다. 균형이란 와인에서의 이 강하고 연한 현상이 서로 잘 조화된 것으로서 품질을 나타내 주는 핵심이 된다.

균형이 잘 잡힌 상급 와인에 대한 찬사는 기품 있는, 우아한, 세련된 이라는 말을 쓰며 최고의 찬사는 그레이트(위대한)이라는 말이다. 가볍다 혹은 무겁다, 풀 바디(full body)라는 말을 많이 쓴다. 또한 맛이 깊다, 힘이 있다, 뼈대가 좋다, 뼈대가 튼튼하다, 조직이 탄탄하다, 맛이 깊다, 라는 말도 무거운 와인에 표현한다. 무거운 느낌이라도 풍미의 풍성함이 있으면 리치(rich)한 와인이라 하는 것이 더 어울린다.

(2) 길이(Length)

와인을 평가할 때 흔히 길다(long), 혹은 짧다(short)라고 하는데 이는 병의 크기나 다른 용적을 나타내는 것이 아닌 입안에서의 미각을 묘사하는 용어이다. 혀에서의 느낌이 오래 가거나 테이스팅 중에 그 맛이 금방 사라지지 않은 것을 가리킨다. 길이가 긴 와인은 와인의 질이 좋은 것을 나타내는 신호가 된다.

(3) 깊이(Depth)

깊이는 좋은 품질의 와인임을 나타내 주는 계량할 수 없는 다른 표현이 된다. 입안에서 와인이 평평하거나 일차원적으로 느껴지는 것은 결코 좋은 와인이 되지 못한다.

(4) 복잡성(Complexity)

와인은 스스로가 다양한 성질을 지니고 있다. 와인을 마실 때 마다 새로운 향이나 인상을 준다면 그것은 좋은 와인으로 평가된다. 여러 가지 향과 맛을 지닌 와인은 그것을 전체적으로 느껴야 한다.

(5) 질감(body)

입안에서 느껴지는 무게(weight)와 크기(size)로 질감을 말한다. 즉 혀로 느끼는 와인 전체의 무게로서 '깊은 정도'의 의미다. 맛이 진한 장기 숙성 타입의 와인을 풀 바디(full body), 가벼운 타입의 와인은 라이트 바디(light body), 그 중간은 미디엄 바디(medium body)라 한다.

같은 와인이라도 마실 때의 느낌은 가벼운 것에서부터 무거운 것까지 다양하여 이런 무게의 차이는 포도의 종류나 숙성도에 의한 차이이다. 침용(浸溶, maceration)은 '물에 담구어 부드럽게 하다'라는 뜻으로, 껍질과 씨가 포도즙 속에서 잠겨있는 채로 잠시 더 발효시키는 것을 말한다. 이 침용도 무게의 차이에 관련이 있어 침용 시간이 짧으면 가벼운 와인이 되고, 시간이 길면 색이 진한 무거운 와인이 된다. 침용(浸溶) 후의 껍질과 씨는 오크통에 넣기 전에 완전히 제거한다.

숙성이 덜 되었으면 거칠다, 그린 와인, 영(young, 젊은)하다. 미숙한, 덜 익은 와인이라고도 한다. 숙성이 진행 중인 와인은 예리한 신 맛이 나는데, 같은 신 맛이라도 기분 좋은 청량감을 느끼게 되면 발랄한, 개운한, 상큼한 와인이라고 하는 게 좋겠다.

타닌 맛이 많이 느껴지면 하드한 느낌이라고도 하지만 간단하게는 그냥 떫다라고 하면 된다. 좋은 샴페인이나 섬세한 양질의 화이트와인은 레이스와 같다, 실키(silky)하다는 표현을 쓴다. 색다르게 어떤 맛이 확실하게 느껴지면 개성이 강하다고 하면 좋겠다. 힘이 넘치는 와인은 남성적인 반면에, 복합적이고 우아한 맛은 여성적이다고도 한다.

(6) 풍미(Flavour)

입안에서 느끼는 향과 맛으로 와인에 따라 마실 때 차이가 난다. 즉 과일 맛이 나거나, 매운 맛, 어떤 와인은 흙냄새가 나거나 허벌 향이 나기도 한다.

감촉이란 혀로 느끼는 매끄러움을 뜻한다. 와인의 성분 입자가 섬세할수록 매끄럽게 느껴지며 상급의 와인은 혀의 감촉이 좋아서 "벨벳과 같은 느낌"으로 표현하기도 한다. 끊는 맛은 드라이한 와인에 대해서 평가할 때 많이 사용된다. 좋은 화이트 와인은 끊는 맛이 상쾌하다. 이와 함께 자주 쓰는 말이 "목으로 넘길 때의 감촉이 좋다"는 말이다. 섬세한 양질의 드라이 화이트와인은 "산뜻한 목 넘김" 등의 표현을 하기도 한다.

(7) 마감(Finish)

와인을 마시고 나서 목이나 입에 남은 여운의 느낌을 마감(finish)이나 뒷맛(aftertaste)이라 한다. 좋은 와인이라면 과일이나 향신료의 향 같은 와인의 향을 계속 감지할 수 있다. 어떤 와인은 강한 알코올로 인해 뒷맛이 얼얼하기도 하고 어떤 것은 타닌으로 인하여 쓰기도 하는데 이는 바람직하지 않은 것이다. 또는 마시고 나서 아무런 느낌이 없는 뒷맛이 없는 것도 있다.
여운이 길 때는 'long finish'라고 표현된다.

(8) 전형성(Typicity)

와인이 스스로가 가지고 있는 타입에 맞는 것인가를 판단하기 위해서는 그 와인이 어떤 타입인가를 먼저 알아야 한다. 그러기 위해서 다양한 포도 품종에 따라 만들어지는 와인의 성격과, 세계 각국의 와인 생산지역과 특성을 공부하는 것이다. 예를 들어 까베르네 소비뇽 품종은 까막까치밥나무(black currants)의 향과 풍미가 있다는 것이다.

1.3 와인 테이스팅의 실제적인 표현

와인을 테이스팅하여 향과 맛을 표현하는 방법은 실로 다양하지만 와인의 품질이나, 각 품종별로 많이 나타나는 특색의 표현은 다음과 같다.

(1) 품질 표현

거칠다, 기분 좋은 향, 고상/훌륭하다(noble), 섬세하다, 엘리건트(elegent)하다라고 표현하며, 닫혀있다(closed)는 말은 아직 숙성이 되지 않아 맛과 향이 제대로 나타나지 않을 때를 뜻한다.
맛이 없을 때나 무슨 맛인지 모를 때는 개성이 강하다, 독특하다, 라고 둘러 표현하지만 상대방이 극구 칭찬하면 '잠재력(potential)이 있을 것 같다'라고 여유를 보이는 것도 필요하다.

(2) 구조에 관련된 표현

구조(structure)는 와인을 입에 넣었을 때 느끼는 입체감(volume), 농도(consistency)를 일컫는 것으로 형태(body), 밀도(density), 뼈대(architecture)와 관련된다.
꽉 짜인(full-bodied), 꽉 찬(full), 입안에 꽉 차는, 듬직한(voluminous), 잘 조직된(well-built), 풍만한(corpulent), 지속감이 있는(consistent), 구성이 좋은(well-constituted), 균형 잡힌(well-balanced), 조화를 이룬(harmonious) 등이 좋은 와인에 쓰이는 말이다.

빈약한(tiny), 깡마른(thin), 왜소한(petit), 형태가 명확하지 않은, 균형감이 없는, 조화를 못이룬 등이 와인의 구조가 빈약할 때 사용되는 말이다.

(3) 와인 향의 표현

미각에 앞서 후각이 일차적으로 와인을 평가할 때 감지되는 평가이다. 따라서 좋은 와인이란 맛에 앞서 좋은 냄새를 발산하는 와인이다.

- **동물 냄새(animal)** : 레드와인이 병안에서 숙성되면서 나타나는 동물적 향으로, 모피냄새, 사향냄새, 가죽 내, 고기 냄새, 땀내 등이 나타나게 된다.
- 화학물질 냄새(chemical)는 석유냄새와 같이 별로 유쾌하지 않은 냄새를 이른다.
- **탄내(burned smell)** : 탄내는 볶거나 태울 때 나는 냄새로 탄내, 구운 내, 연기 내, 담배 냄새, 초콜릿이나 커피, 캐러멜 냄새로 품질이 뛰어난 와인에서 자주 나타난다.
- **나무 냄새(woody)** : 숙성이나 보관 중에 나무로부터 와인에 스며드는 냄새와 타닌은 와인 구조와 관련이 깊다.
- **향신료 냄새(spicy)** : 계피(cinamon), 감초(licorice), 후추(pepper), 박하향(mint), 생강(ginger) 향 등이 감지된다.
- **송진 향(balsamic)** : 소나무에서 나는 테레벤틴(terebinthine)냄새와 유사하며, 보르도의 특급와인이나, 론, 프로방스 와인, 디저트 와인에서 발견된다.
- **식물냄새** : 좋은 냄새는 까막까치밥(black current)의 나뭇잎, 고사리, 건초 등을 이르며, 송로버섯의 향은 특등급 와인의 일부에서 나타난다. 부엽토나 이끼 냄새는 나쁜 냄새에 속하나 잘 숙성된 특급와인은 품질의 상징이 되기도 한다. 풀냄새는 좋지 않은 냄새로 여겨진다.
- **과일 향** : 체리, 딸기, 나무딸기(raspberry), 까막까치밥나무과 같은 붉은 과일, 망고, 바나나, 리치, 파인애플, 오렌지, 감귤류, 레몬, 자몽 등의 열대과일류, 아몬드, 호두, 밤, 헤이즐넛과 같은 견과류가 있다. 그리고 자두, 살구, 무화과(fig), 복숭아, 배와 같은 과일 향을 들 수 있다.
- **꽃 향기** : 재스민, 국화, 제비꽃, 붓꽃, 히아신스 등과 같은 꽃 향기로 주로 영(young)한 와인에서 감지되며 숙성되면서 점차 사라진다.

(4) 품종별 감지되는 향

- **까베르네 소비뇽** : 블랙 커런트(보르도, 뉴 월드 산), 민트(마국, 남 호주 산), 초콜릿(뉴 월드 산), 깍은 연필(메독, 그라브 산)
- **샤르도네** : 버터, 복숭아, 호두, 토스트 향
- **메를로** : 자두, 과일, 장미향, 케익, 민트 약간
- **소비뇽 블랑** : 열대의 과일향, 풀향(프랑스 산), 커런트와 나뭇잎(루아르 산), 스모크/부싯돌(쌍쎄르, 뿌이 퓌메 산)
- **시라/시라즈** : 블랙 베리(호주 산), 블랙 커런트, 랍스베리, 허브(론 산), 검은 후추(북부 론, 호주 빅토리아 산), 초콜릿(호주 산), 스파이스(오크통 숙성 와인)

- **피노 누아** : 랍스베리, 야생 딸기, 장미, 바이올렛(부르고뉴 산 고급 레드), 송로버섯
- **리슬링** : 사과(독일 모젤 산), 꿀(독일 산), 라임(호주 산), 석유(독일, 루아르 쌩 또뱅 산)

(5) 알코올 함량에 대한 표현

힘 있는(powerful), 기운찬(vigorous), 강건한(robust) 등은 힘을 느끼게 하는 표현으로 어느 정도의 알코올 함량을 갖추어야 가능하다.
알코올 도수가 낮은 와인은 도수 낮은(lower), 가벼운(light), 빈약한(weak), 허약한(thin), 물기있는(watery), 희석된(diluted)과 같은 표현을 쓴다.

1.4 와인 테이스팅(Tasting)

와인은 종류에 따라 너무나 다양한 맛과 성질을 가지고 있다. 따라서 정확한 와인의 시음(tasting)을 통해 와인을 평가하고 자신의 입맛에 맞는 와인을 선택하게 된다.
영국 왕 에드워드 7세는 "와인은 그저 마시기만 하면 되는 게 아니다. 코로 냄새 맡고, 눈으로 관찰하고, 혀로 맛보고, 이 사이로 빨아 마시고, 그리고 와인에 대한 이야기도 즐길 줄 알아야 한다"고 말했다. 와인의 맛은 품종과 재배지역과 블렌딩 즉 양조한 와이너리에 따라 너무나 다르다. 제각기의 독특한 향과 맛의 특성을 지니고 있는데 기본적으로 단맛(sweetness), 신맛(acidity), 짠맛(salty), 쓴맛(bitterness)이다. 또한 와인의 맛을 결정하는 요소로는 품종, 떼루아, 양조법을 들 수 있다.[2)]

(1) 테이스팅 순서

와인을 테이스팅(맛보기)할 때에는 드라이한 와인에서 스위트한 와인으로, 어린 와인에서 오래 숙성된 와인의 순으로 마셔야 한다. 스위트 혹은 숙성된 와인부터 마시면 다음 것의 향이나 맛을 잘 알 수 없기 때문이다.

- **색깔 관찰** : 투명성, 유동성을 관찰한다.
- **향기 맡기** : 색을 관찰한 후 와인의 향을 일차로 우선 맡는다. 그리고 글라스를 들고 빙빙 돌려 와인이 글라스 안에서 울렁거리며 파도치게 하여 재차 향을 음미해 본다. 다시, 입속에 한 모금 머금은 상태에서 입속으로 외부 공기를 약간 들이마셔서 혀끝으로 와인을 천천히 굴리며 음미해야 한다. 혀에 분포되어 있는 여러 군데의 맛감각과, 또한 입 내부의 입천장, 잇몸 등에 골고루 접촉시킨다. 그러면서 입에 들어와 있는 공기를 코로 내쉬면 와인이 갖고 있는 복합적인 맛을 제대로 느낄 수 있다.
  테이스팅 전에는 담배를 피워도 안 되며 향수를 뿌려서도 안 된다. 와인의 예민한 향을 덮어버리기 때문이다. 테이스팅 후에는 깨끗한 물로 입을 헹구어내어 다음 테이스팅 준비를 하도록 한다.

2) Stuart Walton, "*The New Encyclopedia of Wine*", Lorenz Books, Updated edition 2006, pp.10-11

입 속에서 이루어지는 와인의 테이스팅은 와인의 맛뿐이 아니라 그 와인이 지니고 있는 전반적인 성격이나 품격을 평가할 수 있다.

- **균형(Balance)** : 와인을 구성하고 있는 요소인 타닌, 산도, 알코올, 감미가 총체적으로 상호 균형 관계에 있는 것을 말한다. 타닌이나 산은 와인의 성격을 강건하게 하고, 알코올과 당(糖)은 부드럽게 한 요소로서 이 강건함과 부드러움의 관계를 와인의 균형이라 한다. 조화와 균형이 이루어진 와인이란 타닌, 산, 단맛, 알코올, 과일 향과 다른 성분의 적절한 배합을 뜻한다. 이러한 각각의 균형이 잘 이루어져 있으면 와인의 전체적인 맛이 부드럽다. 밸런스가 나쁜 와인은 신맛이 강하거나 떫은맛이 강하여 한쪽으로 너무 치우쳐 있어서 불쾌한 느낌을 가지게 되는 것을 말한다.
- **지속성(Length)** : 혹은 뒷맛(Finish)으로, 와인을 마신 후에 입속에 아련한 풍미가 남아 있음을 느끼는 것을 말한다. 와인을 마시고 난 이후에 맛이 얼마동안 입속에 남아있는 것은 롱 피니쉬(Long Finish)라 한다. 무거운 와인은 진하고 향기가 짙으며, 질이 좋은 와인은 깊이 있는 풍미를 오래도록 즐길 수 있다. 모젤처럼 가벼운 와인은 향기가 좋지만 빨리 시들어 버린다.
- **깊이(Depth)** : 맛이 평면적이 아닌 입체적인 여러 두께가 느껴지는 와인이 좋은 와인이다.
- **복합성(Complexity)** : 단순한 맛이 아닌 여러 가지 복합적인 풍미와 인상을 느끼게 하는 와인이 좋은 와인이다.
- **특성(Characteristic)** : 자신만이 가지고 있는 특성이 있어야 좋은 와인이다. 즉 보르도의 메독, 부르고뉴의 와인은 각각 다른 품종과 지역의 차이로 인하여 그 맛과 향에 차이가 나타나고 전형적인 자신의 타입을 가지고 있다.

제 2 절 와인 즐기기

2.1 와인 보관

와인을 보관할 때의 기본은 옆으로 뉘어놓는 것이다. 이렇게 하면 코르크가 와인에 젖어 팽창하여 유해한 미생물 등의 침입을 막아주기 때문이다. 최대의 적은 고온, 온도변화, 빛, 건조, 냄새, 진동이다.

(1) 온도

와인의 보관은 6℃ ~ 18℃정도도 무방하기는 하나 최상의 적합한 온도는 12℃ ~ 15℃(55°F ~ 60°F) 정도가 좋다. 온도가 너무 낮으면 숙성을 멈추고, 반대로 높게 되면 쉽게 증발하고 빨리 숙성되어 변질되기 쉽다.[3] 또한 온도의 변화가 크면 쉽게 변질될 우려가 많다. 되도록이면 온도의 변화가 적은 장소가 이상적이다. 년 중의 온도의 변화보다 일교차가 큰 것이 더 해롭다.

3) Kevin Zraly, "*Windows on the world Complete Wine Course*", Sterling Publishing Co, 2005, p.206

와인은 마개를 딴 그날에 다 마시는 것이 원칙이다. 공기와 접촉하게 되면 산화가 진행되어 풍미를 느낄 수 없게 된다. 그러나 마시고 남았을 때에는 코르크로 단단히 막고 냉장고에 보관하는 것이 좋다.

(2) 빛

와인이 싫어하는 것은 빛이다. 햇볕에 장기간 노출되는 것은 와인 품질이 떨어지는 가장 큰 요인이 된다. 이는 직사광선을 쬐게 되면 온도가 상승하게 되어 품질이 떨어지게 되기 때문이다. 형광등 외의 다른 불빛도 와인의 질을 떨어뜨리는데 빛에 노출되는 와인은 쉽게 산화되며 아스코르브산 함량이 떨어져서 와인이 어두워지고 맛이 떨어지기 때문이다. 이를 방지하기 위해서 와인 병 자체에 빛을 차단시키는 물질을 함유시켜 갈색이나 녹색으로 터닝하고 있지만 어느 정도 뿐이다. 그래서 와인 보관 창고에는 창문을 만들지 않는다.

(3) 습도

코르크나 캡슐로 병 입구를 단단히 막아도 미세한 공기의 유출입이 이루어진다. 따라서 습도가 낮아 건조한 환경에서는 와인이 쉽게 증발되거나 코르크가 건조해져서 빼기가 어려워지고 미생물이 침투하여 질을 떨어뜨리게 된다. 와인에 적당한 습도는 80%~85% 정도가 좋다. 습기가 많으면 코르크나 레이블에 손상을 주거나 좋지 않은 냄새가 나는 곳에서의 보관은 와인의 향을 잃어버리게 할 수 있다. 그러나 양조자에 따라서는 습도가 많아도 좋다고 하며, 그래서 장기보관용에는 병에 레이블을 붙이지 않고 보관하기도 한다.

(4) 진동

와인 보관 시에는 진동을 피하는 것이 좋다. 가까이에 냉장고나 세탁기, 식기세척기 등의 기기가 있어 진동이 전해져 올 때는 와인에 좋지 않은 영향이 미친다.

(5) 장기 보관

장기 보관 시에 와인을 일반 냉장고에 보관하게 되면 온도가 너무 내려가 숙성이 멈추게 된다. 또한 코르크가 건조해져 미생물 침투의 우려가 있고, 다른 식품의 냄새가 배게 된다. 냉장고의 진동 또한 좋지 않다. 또한 병을 눕혀서 보관하여야 한다. 이렇게 하면 코르크 마개가 마르지 않고 계속 촉촉한 상태를 유지할 수 있기 때문이다.

(6) 와인 보관 냉장고

와인을 장기간 보존하려면 와인의 보관 상태에 주의를 기울여야 한다. 잘못하면 좋은 와인이 식초로 변할 수 있기 때문이다.

와인을 보존하기 위해서는 적절한 온도(16℃ 정도)와 습도(70% 정도)를 유지하여야 하며, 진동이나 빛의 침투가 없는 상태에서 보관할 때가 가장 좋다. 특히 하루의 일교차가 클 때가 즉 하루 동안의 변화가 많을 때가 가장 나쁘다. 하루의 일교차가 그다지 크지 않고 온도가 장기간에 걸쳐 서서히 변한다면 계절에 따른 웬만한 온도는 견뎌낼 수 있다.

(7) 마시다 남은 와인

마시다 남은 와인은 시간이 지나면서 산화되어 맛이 변화된다. 와인에 따라 일시적으로 질이 더 향상되는 경우도 있지만 하루가 지나게 되면 질이 많이 떨어지게 된다. 이런 와인을 요리에 조금씩 사용하면 와인의 풍취가 더해져 요리의 맛이 의외로 살아나는 때가 많다. 칵테일을 만드는 방법도 있는데, 소다수와 진저 엘을 섞고 레몬을 짜 넣으면 풍미가 색다르다. 또한 산화에 의한 변화를 조금이라도 늦추기 위해 진공펌프와 같은 소품들을 사용하고 있다.

(8) 와인 운송과 유통

다른 상품도 대체로 유통과정이 짧아 생산지에서 소비자에게 까지의 거리가 짧은 것이 좋지만 특히 와인은 생산지와 소비자 간의 이동 거리가 짧으면 짧을수록 좋다. 그러나 우리의 입장에서는 멀리의 유럽 혹은 더 먼 남미로부터의 와인이 들어오므로 운송과 유통에 대한 관심을 가질 필요가 있다.
와이너리에서 배에 선적될 때까지 소용되는 기간이 대략 1주일, 선적 후의 선박의 운항기간이 미서부(캘리포니아)에서는 2주일, 유럽이나 미 동부에서는 1개월, 칠레나 아르헨티나 등의 남미에서는 40일 가까이 걸린다. 그 이후에도 통관 절차가 또 며칠 기다리고 있다.
또한 유럽이나 남미, 그리고 호주 뉴질랜드에서 오는 선박은 모두 적도를 통과하게 된다. 이 과정에 선박 갑판의 상단이나 엔진 가까운 장소에 있는 일반 컨테이너에 실린 화물은 50~60°를 넘나드는 온도에 처해지게 된다. 와인을 구매 후의 보관만 신경 쓰다가는 이렇게 운송 중에 열악한 환경에서 내용물의 품질이 이미 저하된 와인을 구매할 우려가 있다.
이러한 우려를 불식시키기 위해서는 다음과 같은 방법이 있다.

- 항공 운송이 좋은 방법이기는 하나 운송 단가가 올라간다. 고품질의 고가의 와인에는 제일 좋은 방법이다.
- **냉장선(reefer)** : 'reefer'는 '대형냉장고, 냉동트럭, 냉동선'이라는 뜻이다. 즉 냉동컨테이너를 이용하여 와인이 운송되었다는 의미로 근래에는 와인에 'Reefer'라는 문구의 스티커를 따로 더 붙이는 것이 보이기 시작했다. 이는 운송에 신경을 쓰고 비용을 더 들였다는 뜻으로 그만큼 와인의 품질을 신뢰할 수 있다.

2.2 와인의 품질저하와 장기 보존

와인은 시간이 지나면서 숙성에 따라 품질이 오르기도 하며 떨어지기도 한다. 이는 와인에 따라 달라지며 맛이 제일 좋은 때를 전성기라 한다. 그 후에 품질이 차츰 저하되는데 질이 조금 떨어진 시기를 전성기를 지난 와인이라 하고, 이 시기를 지나면 불쾌한 냄새가 나며 와인이 급격하게 손상되어 마실 수 없게 된다.

일반적인 와인은 오래되면 품질이 떨어지므로 생산되어 1년 내에 거의 소비된다. 대부분의 로제와인이나 화이트와인은 6개월에서 1년이 지나면 색이 변하면서 신선한 맛과 향이 떨어지기 때문이다. 특정 빈티지 와인의 저장이나 장기보존에 대한 정보는 와이너리에서 제공하는 정보, 와인비평가의 의견, 와인상, 그리고 와인잡지나 정기간행물의 빈티지 차트에서 얻을 수 있다.

그리고 이름난 와인은 오래되면서 품질이 좋아지므로 특별 취급을 받게 된다. 품종에 적합한 토양에서 수확량을 제한하고 오크통에서 적절한 기간 동안 숙성도 거치기 때문이다. 또한 이러한 와인은 기후가 나쁜 해는 와인을 생산하지 않는 등의 그 명성을 지키기 위한 노력도 병행하고 있다.

장기보존이 가능한 와인이 되기 위해서는 여러 조건이 충족되어야 한다.

- **타닌 함량이 높아야 한다.**
  타닌은 포도의 껍질과 씨앗에서 추출되며 오크 숙성 중에 더해진다. 타닌은 숙성되면서 맛은 부드러워지고 색도 짙은 벽돌색으로 변하게 된다. 오크 숙성 중에 생긴 향에 병 숙성 중에 형성되는 부케가 다양한 향이 형성되며, 이 타닌이 와인 속의 다른 성분과 반응하여 헤드 스페이스(병목 부분)의 공기를 소비하므로 병입 후 한 달 내에 병 내부의 공기가 없어지게 된다.
- **포도의 당도와 산도가 높아야 한다.**
  포도의 당도와 산도는 품종과 떼루아에 달려 있다. 즉 품종에 적합한 토양과, 햇볕을 충분히 받고 수확기에 비가 없어야 하며 배수가 잘 되는 땅에 자란 포도로서 단위 면적 당 수확량도 적절하게 제한한다. 이렇게 자란 포도 자체의 당도가 충분해야 알코올 농도를 높일 수 있다.
- **보관 조건이 적절해야 한다.**
  와인의 보관은 무엇보다 일정한 온도가 중요하다. 온도의 변화가 심하여 와인의 팽창과 수축이 심해져 코르크에 영향을 주게 되면 와인의 성격을 변화시키는 산소의 유입이 우려된다.
  온도가 높으면 숙성이 빨라져 수명을 앞 당긴다. 낮고 적정한 온도(13℃ ~ 18℃)와 햇볕이 차단되는 어두운 곳에서는 빛의 반응과 산화작용도 막아 숙성을 천천히 진행시킬 수 있다. 또한 진동이 없어야 와인이 안정되어 와인의 전성기를 오래 유지 할 수 있게 된다.

2.3 와인 기물과 액세서리

1 와인글라스

야외에 피크닉을 가거나 비행기 안에서 와인을 마실 때는 글라스의 좋고 나쁨을 굳이 따질 필요가 없다. 그러나 기념일 등의 특별한 날에 좋은 와인을 준비한다면 손잡이(stem)가 있는 글라스를 준비하여야겠다. 와인의 좋은 향과 맛의 복합성은 좋은 글라스에 살아나기 때문에 와인의 맛은 글라스의 종류에 따라 달라진다고 한다. 그리고 글라스를 세척할 때 세제를 잘못 쓰면 미세한 잔류 성분이 글라스의 표면에 얇은 막을 형성하여 와인의 맛과 향에 영향을 끼칠 수 있다. 그러므로 기계에 의한 자동 세척보다 일일이 사람의 손으로 씻기를 적극 권장한다. 세제로는 세척용 소다나 혹은 중탄산나트륨(중조라고도 부르며, 빵을 만들 때 사용하므로 베이킹 소다라고도 한다)을 사용하면 된다. 일반적인 비누나 세제를 사용하여 좋은 와인의 품질을 떨어뜨리면 곤란하겠다.
와인글라스를 선택하는 기본 요소로는 글라스의 크기, 모양, 두께의 세 요소가 중요하다.[4]

(1) 크기(Size)

드라이한 레드와인이나 화이트와인에는 작은 잔이 상극이다. 향을 맡기가 힘들뿐 아니라 엎지르지 않으면 다행이고 잔을 계속 채워주어야 하는 번거로움까지 있다. 작은 잔은 셰리나 디저트와인에나 어울린다. 이런 와인들은 향도 강할 뿐 아니라 양 또한 작다.
대부분의 경우, 잔은 클수록 좋으며, 레드와인용은 12온스 이상이 되어야 하며, 좋은 글라스들은 용량이 16~24온스나 혹은 그 이상이 된다.
화이트와인용은 적어도 10~12온스, 스파클링용 글라스는 8~12온스 정도의 용량이면 알맞다.[5]

(2) 모양(Shape)

여러 종류의 와인들은 각각이 지니고 있는 독특한 향취와 맛이 다르다. 이에 맞추어 글라스도 와인에 따라 달라져야 와인 본연의 성격을 잘 드러내 줄 수 있게 된다. 따라서 어떤 와인글라스는 넓적하며 어떤 것은 가늘고 길고, 또 어떤 것은 좁은 것이 있다.

① **튤립형(Tulip glass)** : 다른 이름으로 샴페인 글라스로도 불리는, 거품이 이는 스파클링 와인에 이상적인 글라스다. 가늘고 길며, 좁고 키가 큰 형으로 튤립 꽃과 같은 모양이다. 이 형태는 와인 속에 있는 기포가 쉽게 기화되지 않고 오래 남아 있도록 유지시켜 준다.
② **플루트형(Flute glass)** : 플루트 악기처럼 가늘고 길게 생겨 좋은 스파클링와인 글라스이다. 그러나 튤립형처럼 입구를 좁히지 않아 튤립형보다는 덜 이상적이다.
③ **트럼펫형(Trumpet glass)** : 트럼펫처럼 입구가 벌어져 있어 스파클링 와인용으로는 적합지 않으나 기품이 있어 보여 좋은 분위기에 적합하다. 트럼펫형의 또 다른 약점은 디자인에 따라 글라스의 목(stem)의 거의 없어 목을 잡은 손으로 와인을 따뜻하게 데우게 된다는 점이다. 보기에는 좋으나 와인용으로는 적합하지 않다.
④ **타원형(Oval-shaped bowl)** : 잔의 입구를 타원형으로 좁혀 놓은 것이다. 보르도, 까베르네 소비뇽, 메를로, 끼안티, 진판델과 같은 레드와인에 좋다.
⑤ **부르고뉴형(Bourgogne style bowl)** : 부르고뉴, 피노 누아, 바롤로와 같은 레드와인들은 몸통(bowl)이 큰 글라스가 적합하다.

4) 豊田眞維 外, "世界が認めた 日本のワイン", リイド社, 2006, p.70
5) 온스는 야드-파운드법의 질량, 부피의 단위이다. 단위는 oz이며, 질량을 표현하는 1oz는 28.35g이다. 따라서 10온스(oz)는 283.5g

(3) 두께(Thickness)

두껍지 않고 투명한 것이 바람직하다. 재질이 두꺼우면 입술에 닿을 때의 감촉이 좋지 않고, 멋있는 색깔이 약간 들어간 글라스는 보기에는 좋으나 와인의 색을 있는 그대로 나타내주거나 이를 식별하기에는 방해가 된다. 손잡이가 있는 글라스류는 매우 얇고 좋은 크리스털로 만들므로 가격이 보통 글라스들보다 비싸다. 이 비싼 가격이 많은 사람들이 선호하기도, 회피하기도 하는 이유다. 좋은 크리스털 글라스를 사용하는 진짜 이유는 와인의 맛을 더 좋게 하기 때문이다. 심미적인 안목과 품위를 높여주기도 한다.

(4) 글라스 제조사

- **바카라(Baccarat)** : 1764년 설립된 프랑스 정통 크리스털 브랜드이다. 빨강, 검정 등의 유색 크리스털과 투명한 것을 조합한 디자인으로 유명하며 크리스털 세공품을 예술의 경지로 올려놓았다.
- **리델(Riedal)** : 모차르트가 태어난 해인 1756년, 리델(Johan Cri-topher Riedal)이 보헤미아(현 체코)에서 창업해 오스트리아 쿠프슈타인에 본사를 두고 세계 70여 개 국에 진출해 있다.
  5대손(孫)이 글라스에 형광색상을, 7대손은 600여 가지의 컬러를 유리에 입히고, 8대손은 입으로 불어 만드는 고급 와인 잔을 만들어 당시로서는 모두 획기적인 일이었다. 9대손 '클라우스'는 오스트리아 티롤에 공장을 세우고, 긴 다리에 얇고 섬세한 민짜 와인 잔과 표면에 조각을 새긴 잔을 만들어 혀에 닿는 촉감이 좋도록 하였고, 10대손 '조지'는 와인의 맛과 향, 균형과 여운이 잔의 크기와 모양에 따라 달라진다는 사실을 밝혀 다양한 와인 잔을 만들어 내었다.
  현재 11대 손(Georg Riedel)이 가업을 이어가고 있는데 "와인 잔은 골프채와 같다. 드라이버, 아이언, 퍼터로 바꾸어가며 쳐야 좋은 점수가 나듯 와인도 종류에 따라 잔을 구분해야 제대로의 맛을 즐길 수 있다"고 했다.
  와인 잔 외에도 위스키, 브랜디, 보드카, 럼에 이르기까지 모든 술에 적합한 잔과 디켄터도 생산하고 있다.
- **슈피겔라우(Spigelau)** : 16세기부터 독일에서 가내 수공업 형식으로 와인 잔을 만들어 '가볍고 강한 잔'이라는 이미지를 가지고 있다.
- **츠비젤(Zwiesel)** : 독일 와인 잔 브랜드로 납이 들어가지 않은 무연 크리스탈을 만들고 있다. 중저가 라인인 '쇼트 츠비젤(Shott Zwiesel)'과, 중간 라인은 '포티시모 시리즈', 그리고 고급 라인인 '즈위젤 1872'로 용도에 따라 소비자가 선택할 수 있게 하였다.
- **생 루이(Saint Louis)** : 1782년 프랑스에서 크리스털을 처음 만든 회사로 1995년 에르메스그룹이 인수했다.
- **아크 인터내셔널(Arc International)** : 프랑스 서북부 아크시에서 1825년 설립된 이 회사는 강화유리를 이용해 그릇, 접시 머그 컵, 와인 잔 등 환경친화적 제품을 생산하고 있다.
  강화유리 브랜드인 '루미냑'으로 유럽 1위의 식기 회사가 되었고, '그린 테이블'이라는 중저가 친환경 브랜드를 보였으며, '퀵스(Kwarx)'라는 신소재로 와인 잔을 만들고 있다.

- **LSA** : 1972년 설립된 영국 브랜드로 폴랜드의 전통 수제기술로 글라스를 제조한다. 매년 100여 가지의 새로운 라인을 출시하며, 간결하고 현대적인 디자인이 장점이다.
- **이딸라(Littala)** : 어떤 내용을 담더라도 고유의 색과 형태를 감상할 수 있도록 군더더기 없는 깔끔한 디자인이 특징이다. 핀란드 생활용품 디자인 브랜드로 초록, 빨강, 파랑 색이 들어간 다양한 유리잔도 출시한다.
- **플라스틱 잔** : 피크닉이나 야외에서 와인을 마실 때 유리 잔은 깨질 위험이 많다. 그래서 플라스틱 재질로 만들어 손상될 위험없이 어디서나 간편하게 휴대하여 와인을 즐길 수 있는 잔인 위글(Wigle)이 있다.

(5) 글라스 세척

유리잔은 오래 쓰다 보면 물때가 생기게 된다. 이럴 대 일반 식기세척제를 쓰면 물에 헹구어도 세척제의 잔재가 남아서 얇은 막을 형성하여 향을 없애거나 맛에 변화를 줄 수 있다.
글라스 세척은 깨끗한 행주에 식초와 소금을 묻혀 닦거나, 젖은 스펀지에 베이킹 소다가루를 뿌려 세척한다. 또 오렌지나 레몬처럼 산성을 띠는 과일을 이용하여 즙을 짜서 스펀지에 묻혀 씻으면 효율적이며 평소에도 한번 씩 해주면 윤기가 나고 투명한 상태를 유지한다.
볼이 긴 샴페인 잔이나 디켄터처럼 손이 안까지 들어가지 않는 유리는 식초와 굵은 소금을 넣고 잘 흔들어주면 된다.
유리로 된 글라스, 특히 크리스탈 잔은 직접 손으로 닦는 편이 좋지만 식기세척기를 이용할 때엔 수온은 40° 이하로, 수압은 약하게 하는 편이 좋다.
세척 후에는 뒤집어 천 위에 올려놓아 어느 정도 자연 건조가 되면 얇은 면이나 부드러운 린넨으로 물기를 제거하여 보관하면 잔에 얼룩이 남지 않는다.

2 코르크 스크류(Cork Screw)

보통 와인 병 입구 지름은 18mm인데 코르크마개의 지름은 24mm로 코르크가 병에 삽입된 채로 강하게 압축되어 있다. 스파클링 와인의 경우는 17.5mm의 입구에 31mm의 코르크가 끼워져 있어 탄산가스에 의한 팽창을 방지하고 있음을 여실히 보여준다. 병에서 코르크를 빼내기 위한 코르크 스크류는 손잡이 부분과 스핀들로 구성되어 있다.

표 8-5 코르크 스크루

스핀들	내용	
길이	6mm 이상	가장 긴 코르크보다 길어야 한다
두께	가늘어야 한다	관통할 때 코르크에 생기는 흠집을 최소화
나선	많아야 좋다	많을수록 코르크를 빼기가 쉽다
	나선의 너비	성냥개비 하나의 크기. 더 크면 코르크가 부서질 확률 많다
삽입	코르크 속으로	열에 강한 합성수지 "테플론'으로 코팅

표 8-6 코르크 스크류의 종류

스크류	특성
T-자형(T-Corkscrew)	가장 단순. 저렴. 사용 시 힘이 많이 들어간다
버터플라이(Butterfly)	힘들이지 않고 부드럽게 빼 낸다
웨이터 친구(Waiter's Friend)	단순 안전. 지렛대 원리
풀탭(Pulltap)	지렛대 역할. 레버가 두 단계
보틀풀(Bottlepull)	오스트리아에서 개발
스크류풀 엘리트(Screwpull Elite)	병위에 올려놓고 스핀들을 돌려주는 방식
집게형(Butler's Friend)	오래되거나, 완전히 젖은 상태. 쉽게 부서지는 코르크에 용이
레버풀(Leverpull)	레버를 돌리지 않고 눌렀다가 놓는 방식
프로세코	권총 모양의 손잡이. 이탈리아에서 개발
바쿠 빈	크고 작은 레버가 있는 큰 사이즈
코르크 팝스	압축 가스식 코르크 제거기

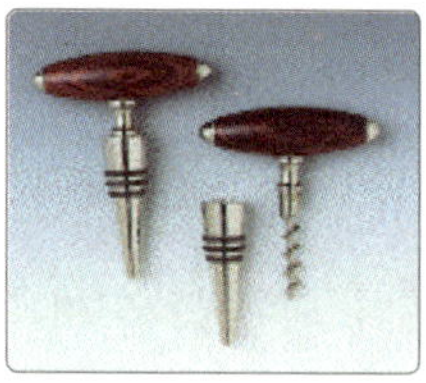
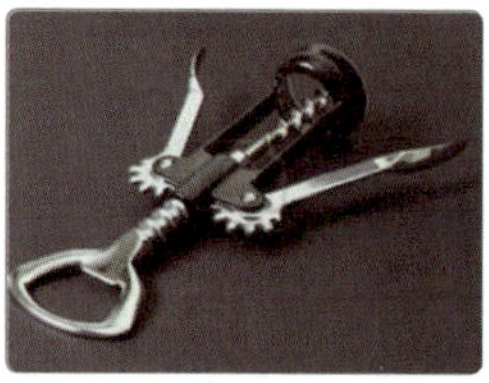
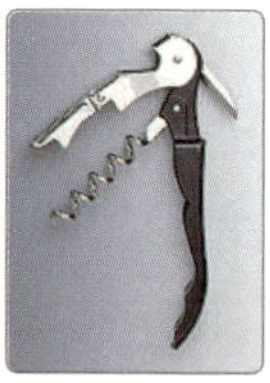

3 호일 커터(Foil Cutter)

병 입구에 덮여 있는 알루미늄 호일을 쉽게 벗길 수 있도록 만든 기물이다. 병 입구를 호일 커터안에 넣고 손에 힘을 가하여 살짝 돌리면 알루미늄 호일이 쉽게 벗겨진다. 밀라노 출신의 건축가인 멘디니(Alessandro Mendini)가 디자인한 알레시(Allessi)사의 안나(Anna)와, 샤또 라기올(Château Laguiole)사의 제품이 유명하다.

4 와인 보관 액세서리

(1) 진공 펌프

산화된 와인은 신맛이 너무 강해지거나 맛이 떨어지게 되므로 마시다 남은 와인을 보관할 때에는 가능한 한 산소의 접촉을 피해야 하는데 이때 사용되는 것이 진공펌프이다. 마시다 남은 와인을 그대로 두면 공기와 접촉하여 산화되기 때문에 한번 오픈한 와인은 가능한 한 다 마시는 편이 제일 좋다. 병 속의 산소를 뽑아내고 진공상태로 만들어 보관하는 방법으로 2~3일이나 길게는 1주일 까지도 비교적 좋은 상태로 보관해 가능하나 장기 숙성된 와인이나 민감한 와인은 별 효과를 못 볼 수도 있다.

(2) 바개스(Bargas)

탄산가스의 증발을 방지하면서 병 속의 기압이 떨어지는 것을 막아주기 위한 스테인리스 마개다.

5 드롭 스톱(Drop Stop)

와인을 서빙하면서 잔에 따르고 병을 들어 올릴 때 병을 타고 흘러내리거나 한 방울씩 떨어져서 바닥을 더럽히게 된다. 이 때 '드롭 스톱'을 사용하면 이를 방지할 수 있다. 작은 고무 링 같이 생겨 병 입구 쪽으로 밀어 넣어 사용한다.

제 3 절 와인 서빙(Wine Serving)

칠링(Chilling), 워밍(Warming), 디켄팅(Decanting) 등의 방법은 최적의 조건을 마련하여 와인을 제대로 이해하고 즐기고자 하는 것이다. 따라서 좋은 서빙은 이러한 최적의 조건을 미리 마련하여 와인이 지니고 있는 본연의 성품을 마음껏 발휘하게 해 주는 것이다.

1 칠링(Chilling)

화이트와인의 서빙 온도는 일반적으로 와인의 성격에 따라 5℃~8℃ 사이의 낮은 온도에서 맛과 향이 살아나므로, 와인의 온도를 이에 맞추어 서브 온도를 낮게 해 주는 것을 이른다. 글라스 내의 와인은 실내온도와 어우러져 음용 온도는 통상 1~2° 정도 더 올라가게 되므로 이를 참고하여야 한다. 정찬 시의 화이트나 스파클링 와인은 두 세 시간 전에 미리 냉장고에 넣어 둔다. 오찬 시에는 거의 대부분의 레스토랑에서 칠링시킨 와인을 서버하게 된다.

다른 방법으로는, 마시기 30~40분 전에 와인 쿨러에 얼음과 물을 섞어 두고 와인을 병째로 담그는 방법을 이용한다. 보관되어 있던 와인을 이렇게 서브온도에 맞추고 음용 중에도 온도의 변화가 일어나지 않도록 하려면 아이스 버켓에 와인을 보관하며 서빙하게 된다. 스파클링와인은 거의 이런 방법을 사용한다.[6)]

레드와인은 실내의 온도에 맞추어 서브하는 것이 일반적이나, 라이트 바디의 레드와인은 여름에는 가볍게 칠링해서 서브한다.

6) Harriet Leimbeck, "*Grossman's Guide to Wines, Beers, & Spirits*", Wiley Publishing Inc, 7th Revised Edition 2006, pp.428-429

2 워밍(Warming)

레드 와인은 보통 실온보다 차가운 곳에서 보관하고 있다. 이런 와인을 서빙 할 때에는 실온에 맞추어 주는 것이 좋으므로 서빙하기 전에 미리 셀러에서 꺼내어 실온에 30분~1시간 정도 두었다가 하는 것을 이른다.

3 디켄팅(Decanting), 데캉타주(Decantage : 불어)

오래 숙성되지 않았거나 타닌이 많이 느껴지는 와인은 병을 따서 바로 마시게 되면 입안이 거칠거나 좋지 않은 냄새가 나는 경우가 있다. 종종 오래된 와인의 경우에도 이런 일이 있을 수 있다. 병에서 바로 나온 와인은 한동안 산소를 마음껏 접하게 하여 자신이 가지고 있는 매력을 마음껏 발휘하게 할 필요성이 있는 것이다. 이럴 때 디켄팅을 하다.

모든 와인은 화학적 변화를 거치면서 천천히 숙성하며 활동하고 있다. 와인은 어디에 있든 산소를 받아들이면서 산화되고 있는 것이다. 포도가 와인으로 변화하면서 다른 생물들처럼 이산화탄소를 방출하므로 우리는 와인이 숨 쉬고 있다고 표현하는 것이다. 와인 병의 목이 좁은 것은 이처럼 산소와 접촉하는 부분을 최소화시켜서 와인의 변화를 줄이기 위함이다. '디켄팅하다', '숨 쉬게 하다'는 말은 에어링(airing) 즉, 와인을 공기와 접촉시켜 '공기를 쐬게 하는 것'이다.

- **와인을 어떻게 공기와 접촉시킬까 ?**

  디켄트하는 방법과, 마시기 적어도 10분 전에 큰 글라스에 따라 두는 방법이 있다.

- **어떤 와인을 공기와 접촉시켜야 될까.**

  첫째, 타닌이 있는 영(young)한 레드와인이다. 까베르네 소비뇽이나 보르도, 론 밸리의 와인과 이탈리아의 많은 와인들이 공기와 접촉시키면 타닌이 부드러워지고 덜 거슬러서 맛이 나아진다. 이태리 피에몬테 지방의 레드와인, 바롤로나 바르바레스코의 와인들도 타닌이 많아 공기와 더 접촉시켜야 하는데 부드럽게 만들려면 적어도 한 시간, 때에 따라서는 세 네 시간의 공기 접촉이 필요하기도 하다.

  둘째, 침전물이 있는 오래된 레드와인이다. 레드와인의 대부분이 8년 이상이 되면 타닌과 다른 물질들이 응고되어 침전물이 생긴다. 타닌 성분이므로 맛 또한 쓰다. 그리고 와인에 있는 검은 미세입자들이 글라스 밑바닥에 보이기도 하는데 이는 보기에 좋지 않다. 그래서 이러한 침전물들을 제거하기 위해서 적어도 하루 이틀은 와인 병을 똑 바로 세워두었다가 조심스럽게 디켄트한다. 와인을 조심스럽게 따르면 밑바닥의 침전물이 거의 목 부분에 이를 정도로 와인을 다 따랐을 때 멈추어서 디켄트 속으로 따라 들어가지 않도록 하면 된다.

  셋째, 풀 바디의 화이트 부르고뉴와인이나, 보르도와인과 매우 좋은 알자스와인 같은 최상급의 드라이 화이트와인도 역시 공기접촉이 필요하다. 예를 들어서 최상급의 화이트 부르고뉴 와인인 꼬르똥 샤를르마뉴(Corton-Charlemagne)가 좋은 향이나 맛이 덜할 때 이는 공기 접촉이 반드시 필요하다는 반증이 된다. 한 시간 이상에 걸쳐 디켄트를 하고 또 다시 한 번 더 한다면 그 향과 맛이 반드시 환상적으로 변할 것이다.

넷째, 빈티지 포트와인(Port wine)이다. 유명한 강화와인 중의 하나인 포트(뽀르또, Porto)도 역시 공기접촉이 필요한데, 아직 세련되지 못한 타닌이 많은 영 빈티지 뽀르또는 8시간 이상, 장기 숙성된 오래된 뽀르또도 네 시간 이상의 공기접촉이 필요하다. 오래된 뽀르또는 또 다른 이유로 디켄트가 필요하다. 즉 침전물이 많기 때문이며 어떤 것은 용량의 10% 가까이 있기도 하다. 그래서 빈티지 포트는 개봉하기 전에 며칠 동안 병을 세워두는 것이 바람직하다.

- **디켄트를 하지 말아야 할 레드와인이 있다.**
첫째 라이트 바디(light-body)의 타닌이 적은 와인들이다. 예를 들면 피노 누아, 부르고뉴, 보졸레, 꼬뜨 드 론, 라이트 진판델, 그리고 돌체토, 바르베라, 라이트 끼안티와 같은 라이트 바디의 이태리 레드와인이다.
둘째, 가격이 비싸지 않은 와인들이다. 이도 역시 타닌이 많지 않으므로 공기 접촉이 필요하지 않다.
셋째, 갈색 뽀르또이다. 빈티지 뽀르또를 제외한 다른 포트들은 침전물이 없으므로 병을 개봉해서 바로 마셔도 좋다.
- **와인 침전물과 레이블 손상** : 화이트와인 중에 이물질처럼 보이는 것이 있다. 불투명한 하얀 부유물 같은 것은 완전히 걸러지지 않은 효모찌꺼기일 수 있으며 작은 유리 알갱이처럼 보이는 것은 숙성 중에 포도의 주석산이 칼륨, 칼슘과 반응해 결정화되었을 크다. 이 성분은 품질이 좋은 와인이 산(酸)을 많이 포함한다고 해서 '와인의 다이아몬드'리고 불리기도 하는 주석산염 또는 주석(酒石)이라는 것이다.
어느 쪽이든 인체에는 무해하지만 보기에도 마실 때에도 좋지 않으므로 이런 와인은 마시기 몇 시간 전에 세워두어 침전물이 바닥에 가라앉으면 살며시 따라 마시는 게 좋겠다. 이러한 침전물은 와인에 따라 맛과 향을 복합적으로 상승시키는 측면이 있어 완전히 거르지 않는 양조장도 있다. 습도가 높은 곳에 장기간 와인을 보관하면 와인 병 표면 특히 레이블에 곰팡이가 피기도 하여 장기보관용 와인은 레이블을 떼 내어 따로 보관하기도 한다. 따라서 레이블이 손상되엇다고 해서 내용이 손상된 것은 아니다.
- **디켄터(Decanter)** : 크리스털이나 유리로 만든 입구가 길고 좁으며 내부는 넓은 항아리 식이다. 디켄터 전문 제조회사는 오스트리아의 리델(Riedel), 프랑스의 '레스프리 에 르 뱅(L'esprit & le vin), 스페인의 풀텍스(Pulltex), 독일의 스피겔라우(Spiegelau), 이탈리아의 피덴자(Fidenza), 미국의 레녹스(Lenox)가 있다.

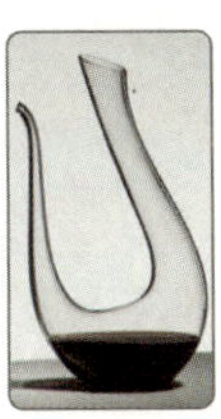

4 시즈닝(Seasoning)

식사 중에 다른 와인을 마시고자 하는데 여분의 글라스가 없는 경우에는 '시즈닝'을 하여 마시고 있던 와인의 맛을 없애 주어야 한다. 즉 사용하던 글라스에 새 와인을 조금 따라 흔든 후 버리면 처음의 와인 향과 맛이 완전히 가시게 되어 새 와인의 맛을 제대로 음미할 수 있다. 그러나 화이트에서 레드로 바꾸는 등의 다른 종류의 와인을 마실 때에는 글라스도 반드시 교체해 주어야 한다.
코스별로 나오는 음식을 먹으며 와인을 여러 종류로 마실 때 빵을 조금 잘라 먹으면 입속에 남아 있는 이전의 와인이나 음식의 흔적을 지워 새 와인의 온전한 맛을 제대로 느낄 수 있다.
이스트를 사용하지 않고 밀가루와 설탕, 우유, 버터 등으로 만드는 것은 파티세리(Pâtisserie) 즉 과자류이고, 이스트와 물, 소금, 밀가루만으로 만드는 것은 블랑쥬리(boulangerie)라고 하는 빵이다. 입가심 용으로는 파티세리는 어울리지 않고 블랑쥬리가 적당하다.

5 와인의 시음 온도

와인 뿐 아니라 모든 음식이 먹을 때 각각의 적당한 온도가 있다. 콜라나 맥주는 차게 마시고 커피나 차는 뜨거워야 맛있다. 예민한 맛을 지닌 와인을 마실 때 적정한 온도를 지키는 것은 너무나 당연하다.

표 8-7 와인의 적정 시음온도

구분	적정 온도	주요 와인
스파클링 와인	6℃~8℃	대부분의 샴페인, 크레망
스위트 와인	10℃~12.8℃	비싸지 않은 스위트 와인, 로제, 핑크빛와인
	8℃~10℃	소떼른 와인, 루아르, 따벨, 프로방스
화이트와인	9℃~10℃	단순, 비싸지 않은, 손쉬운 화이트
	8℃~12℃	고급 화이트와인, 샤블리, 무스까데, 쌍세르, 리슬링
	14℃~16.5℃	고급, 드라이 화이트
셰리 와인	12℃~13℃	드라이셰리, 피노(fino), 만자니야(manzanilla)
	16℃~18℃	일반적인 셰리
디저트 와인	14℃~16.5℃	고급의 소떼른과 같은 디저트와인
레드 와인	10℃~13℃	가벼운 맛의 레드와 로제와인
	13℃~15℃	3년 정도 숙성된 중간급의 레드
	16℃~18℃	5년 이상 된 중후한 고급 레드

와인은 온도가 낮으면 신선하고 생동감이 느껴지며 신맛과 쓴맛 떫은맛이 강해진다. 반대로 온도가 높으면 숙성감, 복합성, 단맛이 강해지고 신맛, 쓴맛, 떫은맛이 부드러워져 상쾌하게 느껴지며 향도 더 살아나지만 섬세한 맛은 없어진다.
레드와인은 너무 차가우면 거칠어지고 텁텁해지지만 보졸레나 루아르의 가벼운 레드는 조금 차게 마신다. 화이트와인이 온도가 높아지면 밋밋하고 무덤덤하여 생동감이 없어지며 온도가 낮을수록 신선하고 섬세하지만 아로마나 부케나 덜 느껴지므로 와인이나 기호에 따라서 마시는 온도가 달라질 수 있다.

6 플라이트 서비스(Flight Service)

와인은 보통 병 단위로 주문하며 '잔 술'을 시킬 수 있는 것은 '하우스 와인' 정도이다. 그런데 다양한 와인을 이것저것 조금씩 맛 볼 수 있는 것이 바로 플라이트 서비스다.
유럽에서는 없는 미국식 스타일로 이것저것 마시면서 와인을 다양하게 알면 매출이 늘어나게 되므로 마캐팅 차원에서 개발되었다고 하는데 '비행'을 뜻하는 'flight'라는 단어도 이 지역에서 저 지역으로 날아다니듯이 한 자리에서 프랑스 와인 미국 와인, 그리고 이태리로 호주로 날아다니듯이 여러 지역의 와인을 다양하게 마실 수 있는 방식에서 유래되었다.
와인 플라이트에 나오는 잔에 담긴 와인의 량은 50ml 정도이다. 보통 호텔이나 레스토랑에서 와인 한 잔을 130~150ml로 계상하니 1/3 정도 되는 분량인 셈이다.

7 이색 와인

(1) BIB 와인

와인은 개봉과 동시에 공기와 접촉하게 되어 산화가 급속히 시작하게 된다. 이러한 폐단을 줄여보고자 개발된 것이 BIB 와인, 즉 'Bag in Box' 와인으로서 박스와인 혹은 캐스크(cask)와인으로도 부른다.
이 와인은 종이로 만든 진공 팩에 담겨져 있어 와인을 밀봉한 마개가 상자 밑에 있어 마개를 빼낸 뒤 마개에 장착된 버튼을 누르면 와인이 나오는 방식이다. 구멍이 바닥에 있어서 개봉 후에도 산소가 유입되지 않는 구조로 4주에서 6주까지 맛이 변하지 않는다.
BIB와인의 대부분이 3~5리터로서 양이 많아 급이 낮은 와인이라는 오해를 받지만 품질이 높은 와인도 상당히 많아 북구의 와인소비의 절반 가까이가 BIB와인이며, 미국과 호주에서도 21세기에 들어 BIB의 판매 비중이 계속 늘고 있다.

(2) 캐주얼 와인

맥주 캔 사이즈(250ml)에 담은 캔 와인과, 187ml의 생수병 크기 용기에 담은 일명 '스트리트 와인'으로 부르는 미니와인이 있다.

프렉시넷(Cavas Freixenet)[7]의 코르동 네그로(Cordon Negro)는 빨대를 꽂아 마시는 와인으로 유명하다.

(3) 페트병 와인

와인 병의 무게는 병의 무게는 보르도 지역의 테이블와인이 보통 400g, 고급와인은 550g, 혹은 그 이상이 되어 고급와인 일수록 병의 중량이 무거워 중후한 느낌이 드는데 로마네 콩티, 키슬러(Kistler Vineyards, 소노마)는 800g이 넘기도 한다.

호주의 울프 블라스(Wolf Blass : South Aus-Barossa Valley)에서 페트병 와인을 판매 중에 잇으며, 2008년 부르고뉴의 부아세(Boisse)그룹에서 미국 수출용 보졸레 누보를 페트병에 담아 출시하여 매년 수량을 늘리고 있는 외에 프랑스의 여러 곳에서 페트병 와인을 출시하고 있다. 이렇게 페트병을 사용하면 수송 중량을 40% 이상 줄여 운송비용과 용기의 제조원가도 낮아지게 된다.

(4) 유기농과 바이오 다이나믹 와인

유기농 와인(organic wine)이란 일반적으로 화학비료, 제초제, 살충제를 쓰지 않고 재배한 포도로 만든 와인을 의미하는데 미국에서는 병입할 때 보존제를 첨가하지 않은 와인을 일컫는다.

바이오 다이나믹 와인(bio0dynamic wine)은 유기농 보다 한층 더 적극적으로 유기농 비료마저 사용하지 않으며 퇴비도 소량만을 사용한다. 해충을 잡을 때는 무당벌레와 같은 천적을 사용하여 산업화 이전의 방식을 따르는 복고적(復古的) 방식이다.

일반적으로 와인 생산은 농약이나 화학비료가 많이 사용되지 않으며 발효과정을 거치면서 인체에 해로운 농약성분이 대부분 분해 소멸되어 잔존량이 거의 없어지게 된다. 또한 농약이나 살충제를 사용하면 포도의 생산은 늘어나게 되더라도 각각의 와인이 지닌 개성 즉 떼루아(terrior)가 없어지므로 와인생산자들은 품질을 높이고자 가능하면 농약과 살충제의 사용을 억제하여 왔다.

8 와인 매너

와인은 자신의 취향대로 편하게 마시면 그만이다. 너무 매너에만 치우쳐서 스트레스를 받으면 와인을 즐기는 것이 아니라 와인이 고문이 되어 버린다. 그러나 여러 사람이 어울리는 자리에서는 최소한의 예의를 지켜야 서로가 편하며 좋은 분위기를 만들 수 있다.

- 테스팅(testing)이 아닌 테이스팅(tasting)을 하는데 이는 여러 명이 외부에서 서빙 받을 때는 호스트나 그룹 리더가 먼저 와인의 향과 맛을 보고 결함이 있는지를 확인하여 오케이 사인을 내는 것이다. 테이스팅은 여성과 손님을 보호한다는 취지에서 비롯된 것이므로 반드시 초창 당사자인 남성이 하여야 한다.
- 코스요리를 먹으며 와인의 종류가 바뀌면 새로운 글라스를 사용하여야 한다.

7) 스페인의 스파클링 와인인 까바(Cava)는 바르셀로나의 남쪽에 있는 '페네데스'지역의 까바(D.O. Cava)에서 많이 나오며 이곳에 있는 프렉시넷에서 Freixenet Cordon Negro, Cordon Rosado, Carta Nevada, Elyssia Grand Cuveé, Gran Cordón Negro가 생산된다.

- '좌빵우물'이라는 말이 있다. 테이블에 앉았을 때 빵은 왼쪽, 음료는 오른쪽 것이 나에게 할당된 몫이다. 내가 잘못해서 '우빵좌물'을 하면 옆 사람, 또 그 옆 사람에게 연쇄반응을 일으켜 마치 첫 단추를 잘 못 끼면 마지막 단추를 꿸 자리가 없어지는 것과 마찬가지인 일이 벌어지게 된다.
- 우리는 상대방에게 술을 따라주고 받는 걸 예의로 생각한다. 윗사람이 따라줄 때에는 두 손으로 잔을 받쳐 들고 받아야 한다고 알고 있지만 와인은 좀 다르다. 와인 잔을 들면 따르는 사람이 병을 더 높이 올리고 불편해진다. 윗사람이 와인을 따라 주는데 가만히 앉아 있기가 불편하면 잔의 밑바닥 받침 위에 손을 살짝 올려 누르는 정도로만 하면 된다.
- 와인은 잔 한가운데에서 병을 높이 들어 따른다. 와인이 잔에 들어가는 동안에 공기와 접촉하여 향이 살아나도록 하기 위해서이다. 스파클링 와인은 잔 옆면으로 흘러내리도록 조용히 따라 따르는 동안에 기포가 없어지지 않도록 한다.
- 건배는 가슴 높이로 와인 잔을 들고 모인 사람들과 눈을 마주치는 게 좋다.
- 와인 잔을 계속 돌리거나, 와인을 입에 머금고 입 속에서 가글하는 사람도 있다. 제한된 시간 내에 많은 와인들을 시음해야 하는 자리에서 와인의 맛과 향을 최대한 빨리 파악하기 위해서 하는 방식이다. 여러 사람이 같이 식사를 하거나 대화를 즐기는 일반적인 자리에서는 삼가는 편이 좋다.
- 여성들은 가능한 향이 진한 향수를 피하고, 와인을 마시기 전에 내프킨으로 립스틱을 살짝 닦아내는 것이 좋다. 강한 향과 립스틱은 와인 고유의 향과 맛을 방해하기 때문이다. 더구나 잔에 묻은 립스틱은 보기에도 좋지 않고 씻기에도 힘들다.
- 초대 받은 자리에서 와인을 선택해야 하는 경우라면 와인 한 병의 가격이 1인의 식사값을 넘지 않는 것이 예의다.
- 빵은 와인이나 음식이 바뀌는 사이에 먹으면 다음에 먹는 음식이나 와인 본연의 맛을 잘 느끼도록 해 준다.
- 와인은 또 상대방의 잔이 비워질 때마다 적절히 채워줘야 한다. 상대방이 내 빈 잔을 채워주지 않을 때는 먼저 상대방의 잔을 채워주면서 자신의 잔을 채우는 방법이 있다.

9 와인 운송

우리나라에 수입하는 와인은 80% 이상이 배로 운송된다. 운송비용이 적게 들기 때문이다. 매년 11월 셋째 주 목요일에 전 세계에 걸쳐 동시에 시판되는 보졸레 누보가 가격이 비싼 것은 바로 비행기에 의해 운송되기 때문이다.
배로 운송되는 와인은 보름에서 두 달에 걸쳐 파도 위에서 출렁거리며 된다. 대부분은 또 적도를 통과해야 하므로 이로 인해서 와인 온도변화와 진동에 의한 품질의 저하는 불가피하게 된다. 이러한 품질 저하를 방지하기 위한 방법으로 냉장 컨테이너를 쓰거나 하절기에는 운송을 중단하기도 하고, 화물선의 수면보다 낮은 배의 밑바닥에 싣기도 한다.
좋은 품질과 자랑할 만한 일은 소비자에게 알리고 또 그만한 대접을 받아야 한다. 냉장 컨테이너를 사용하면 일반 컨테이너에 비해 3배가량 바싸다. 이렇게 운송과정을 알리는 것이 소비자나 공급자에게 다 같이 도움이 되는 소중한 일이다.
국내 고급 와인 가격은 일본이나 홍콩에 비해 많이 비싸다. 세금 때문인 줄 알았는데 실상은 식품의약안전청의 식품위생 조사가 핵심이다. 생산연도(빈티지)가 좋은 고급와인은 가격이 비싸기 때문에 3~12병 단위로 수입된다. 예컨대 프랑스 부르고뉴산 로마네 콩티 세 병을 수입하면 식약청이 검사한다며 한 병을 가져간다. 거기다 병당 약 50만원의 검사비까지 받아간다. 수입업체는 남은 로마네 콩티 두 병을 세 병 값을 받고 팔아야 한다. 그러니 국제시세보다 터무니없이 비쌀 수밖에 없다.[8)]

10 와인과 건강

(1) 발효의 건강 원리

발효식품이 몸에 좋은 이유는,

- **발효작용을 하게 되는 원재료 자체가 건강에 좋다.**
  김치의 재료가 되는 배추, 무, 파, 마늘, 된장의 원료인 콩, 치즈와 요구르트는 우유, 와인의 재료가 되는 포도는 그 자체로도 좋다.
- **발효과정에서 생기는 유산균의 작용이다.**
  발효과정에서 생기는 유산균이 원재료를 소화가 잘 될 수 있도록 어느 정도 분해하므로 몸에 재료의 흡수가 좋게 된다. 또한 이 유산균은 장 내에서 다른 잡균이 음식물을 이상 발효시키지 못하도록 억제하여 장의 건강을 유지시킨다. 장에 서식하는 유산균의 하나인 비피더스는 소화 흡수작용을 도우며 이 균이 장 내에 부족하면 설사를 하게 된다.
- **균의 증식과 생성**
  발효 과정이나 후에는 좋은 균을 증식시키거나 전에 없던 새로운 물질이 생겨나게 된다. 바실러스균은 항암, 항 당뇨에 효과가 있고, 치즈에는 우유에 없던 CLA(체지방 분해성분)이 생겨나고, 청국장에는 콩에 없는 낫또키나아제 효소와 글리감마글루탐산, 레빈이라는 물질이 생성된다. 이러한 균들은 혈전용해 효과와 칼슘 흡수의 촉진, 인슐린과 유사한 작용을 하여 혈당을 낮추는 것으로 알려졌다.

(2) 와인과 건강

와인의 건강에 대한 이미지는 올리브유와 함께 지중해 연안의 대표적 장수식품으로 알려지면서 웰빙(wellbeing)과 연관 지어 졌으며 또 하나는 '프렌치 패러독스' 때문이다. 이는 육류를 즐기는 프랑스 사람들의 심장병 발병률이 다른 서구인에 비해 절반 수준이라는 것이다. 와인에 함유된 폴리페놀 등 항산화 물질이 혈관에 쌓인 활성 유해산소를 없애준다는 것이다.
와인을 하루에 2~3잔을 마시면 이 폴리페놀이 콜레스트롤의 산화를 막아 심장관상동맥 경화증을 막아주며, 동맥경화를 방지하는 고밀도 지방단백질(HDL)은 증가하고 동맥경화를 촉진하는 LDL은 감소한다고 보르도대학이 발표한 적이 있다.
와인은 물이 85%를 차지한다. 알코올이 8~14%이며 나머지는 당분, 비타민, 유기산, 미네랄, 폴리페

---

8) *"식중독 분유와 로마네 콩티의 공통점"*, 김영수(기사기획 에디터), 조선일보 2011 3.21, A35

놀로 구성되어 있으므로 마시는 야채라고 한다. 폴리페놀은 레드와인에 리터당 1 ~ 3g, 화이트에는 리터당 0.2g이 함유되어 있다.

한의학에서는 와인의 재료인 포도를 '기혈이 허약한 사람에게 유효하며 폐가 약해서 해수 및 천식을 잘 일으키는 사람에게 효력을 나타낸다'고 본다. 또한 가슴이 뛰고 잘 놀라면서 식은땀이 흐를 때에도 사용한다. 그러나 포도를 많이 먹으면 열이 생기는 부작용이 있으며 와인은 술이므로 특히 조심해야 한다.

(3) 와인의 역효과

심장 등의 혈관 건강에는 와인을 적당량(1 ~ 2잔) 마시면 유익하나 그 이상 마시면 오히려 해롭다고 알려져 있다. 와인의 알코올 도수는 10 ~ 14% 정도, 4 ~ 6%인 맥주보다는 몇 배 높으며 와인 한 잔의 알코올 량은 약 17g이다. 세계보건기구(WHO)의 알코올 하루 섭취 권장량이 성인남자가 30g이다.

와인은 과일주로 포도당, 과당 등의 당분을 함유하고 있어 구강 내에 충치균의 온상이 되므로 양치질이 필수다. 또한 와인을 포함한 과실주들은 서서히 취하고 늦게 깬다. 그래서 과음을 삼가야 하겠지만 피치 못하게 과음하여 숙취가 심할 때에는 소회향과 자소엽을 끓여 마시면 좋다.

소회향은 한방에서 성질이 따뜻하고 간, 신, 비위의 기능을 도우므로 기(氣)를 통하게 하는 식물로 보고 있으며 소화를 돕기도 한다. 서양에서는 펜넬(fennel)이라는 식물로 허브차로 즐겨 마시는 것 중의 하나이다. 지소엽은 차조기 잎이다. 정신을 맑게 하고 진정, 발한, 이뇨효과가 있어 숙취의 예방과 효소에 탁월하다. 감기를 초기에 잡는데 뛰어나며, 일본에서는 우메보시(청매실)을 빨갛게 물들일 때 사용한다.

Tip 혈중 알코올 농도

- 0.01 ~ 0.05 % : 일반적으로 사람이 영향을 거의 받지 않는다.
- 0.05 ~ 0.12 % : 기분 좋은 상태가 되어 말이 많아 지고 자신감이 커지며 억제력이 떨어진다. 또한 주의 판단력이 떨어지므로 이때부터는 운전을 삼가야 한다.
- 0.1 ~ 0.25 % : 흥분상태가 되어 감정이 불안정하고 기억력, 이해력, 반응속도가 현저히 떨어진다.
- 0.18 ~ 0.3 % : 방향감각 상실, 정신 혼미, 현기증, 사물의 겹쳐 보임 현상이 생긴다.
- 0.27 ~ 0.4 % : 몸의 마비증상이 일어나 서 잇기가 힘들게 된다.
- 0.35 ~ 0.5 % : 무의식 혼수상태가 되어 반사작용이나 감각이 사라져 호흡과 혈액순환이 잘 안되어 사망이 우려도 생긴다.
- 0.45 % 이상 : 호흡작용이 마비되어 사망에 이를 확률이 매우 높아지게 된다.

※ 위드마크 공식은 음주량과 혈중 알코올 농도의 상관관계를 나타내는 것으로, 최종 음주시각부터 혈중 알코올 농도는 상승하여 30분에서 90분 사이에 최고수준에 다다른 뒤 시간당 약 0.03 ~ 0.08 %씩 감소하는 현상을 이용하여 특정 시점의 취한 상태를 추정 하는 계산하는 방식이다.

11 와인의 활용

마시다 남은 와인을 그냥 두면 공기와 접촉하여 급격한 산화현상을 보여 맛이 변한다. 이럴 때 남은 와인을 활용하는 방법이 있다.

(1) 샹그리라와 글루바인

샹그리아는 레드와인에 각종 과일 넣어 것으로 유럽에서 특히 스페인에서는 식전주로 즐겨 마신다. 글루바인(Gluhwein)은 독일어로 '따뜻한 와인'이란 뜻으로 말 그대로 와인을 따뜻하게 끓여 마시는 와인이다.
레드와인에 계피와 정향을 넣고 끓이는데 겨울철에 마시면 혈액순환과 감기예방에 좋다. 숙면을 유도하는 효과도 있으며 심한 운동 뒤에 마시는 피로회복용으로도 쓰인다.
오렌지를 반으로 잘라 껍질에 정향(glove)을 꽂고(끓이고 난 뒤 거르기 좋게), 냄비에 레드와인과 함께 계피와 오렌지를 넣고 센 불로 끓인다. 끓으면 불을 줄이고 설탕과 바닐라 엣센스 조금 넣고 저어 불을 금방 끄면 된다.
프랑스에서는 뱅쇼라고 부르는 글루바인은 겨울이 긴 유럽에서 몸을 따뜻하게 하기 위하여 끓여 마시는 와인으로 주전자에 담아 가스버너로 끓이며 길거리에서 팔기도 한다. 프랑스에서는 감기에 걸리면 이 글루바인이 민간치료법이며 스키장에서는 특히나 없어서는 안된다.

(2) 요리에 사용

고기를 재울 때 사용하면 쉽게 활용할 수 있다. 통상 육류에는 레드, 닭고기에는 화이트를 사용한다. 고기가 약간 잠길 정도로 와인을 붓고 반시간 정도 재우는데 기호에 따라 허브나 생강을 추가해도 좋다.
와인을 식초로 만든 것이 발사믹 식초다. 샐러드의 드레싱으로, 올리브유와 섞어 빵을 찍어 먹어도 좋다. 남은 와인에 물을 2~30% 섞어 따뜻한 곳에 2개월 정도 놓아두면 알코올이 날아가고 식초로 변한다. 이를 커피 필터로 걸러 사용한다. 이탈리아의 유명 발사믹은 최소 4년에서 몇 십 년을 숙성시킨 것이다.

(3) 목욕과 빨래

포도의 폴리페놀 성분은 각질을 제거하고 피부 생성을 촉진하며 피부 미용기능이 뛰어나다. 남은 와인은 각질제거제 스크러브, 팩, 목욕제 등으로 다양하게 사용 할 수 있다.
거즈에 와인을 적셔 얼굴에 덮고 가볍게 두드리고 거즈가 마르면 물로 씻으면 된다. 팩을 만들 때는 와인에 꿀, 레몬을 넣어 얼굴에 펴 바르면 된다. 10~20분 후에 물로 씻어내면 된다. 또한 욕조에 물을 받고 와인 반 병 정도 섞은 다음 목욕하면 피로를 푸는 데 좋다.
레드와인 특유의 떫은맛인 타닌은 기름때를 제거해 주는 세정기능이 있으므로 천연세재로 사용할 수 있으며, 빨래를 마지막으로 헹굴 때에 몇 방울을 떨어뜨리면 삶는 효과가 있지만 흰색 옷은 화이트와인이 좋다. 마른 행주에 와인을 묻혀 사용하면 기름때가 가스레인지 주변을 깨끗이 닦아내며 더운 물에 끼기 쉬운 화이트와인과 식초를 조금 섞으면 유리 세정제로도 좋다.

제 4 절 와인 구매

1 와인 구매

와인을 사려고 하는 사람이 가장 관심을 많이 가지는 것이 '싸고 맛있는 와인'이다. 일반적으로 좋은 와인은 비싸지만 와인에 대한 기초 상식을 익히면 때와 장소와 취향에 따라 싸고 맛있는 와인을 찾을 수도 있다.
와인 구입요령은 다음과 같다.

- **와인에 대한 지식을 숙지한다.**
  스위트하거나 드라이한 화이트 와인. 떫지 않은 가벼운 레드, 부드러운 레드, 타닌이 많은 짜임새있는 강건한 와인을 구별한다.
- **와인 선택의 폭을 좁힌다.**
  이렇게 와인 스타일을 정하여 가격대와 산지(나라)를 결정하고 어떤 장소, 어떤 음식과 같이 마실 것인지를 생각하면 폭이 줄어든다.
- **와인 샵 매니저의 도움을 받는다.**
  와인 선택의 폭을 좁혀 직원에게 이야기하면 자세한 도움을 받을수 있다.

2 와인 가격

샤또 마고 2000년 빈티지의 경우 현지가 58만원, 뉴욕에서는 61만원인데 비하여, 도오쿄오가 114만원, 한국에서는 198만원이 된다.[9)]
한국의 와인 값은 세계에서 가장 비싼 측에 속했다. 중앙일보가 KOTRA 및 여러 자료를 통해 세계 주요도시에서 팔리고 있는 유명 와인의 가격을 비교해 본 결과 한국이 맨 윗자리를 차지했다.

3 와인 투자

(1) 와인 경매

세계의 와인 경매시장 규모는 년간 3억 달러에 이르며 이 중 미국이 50% 이상을 차지하여 영국의 4배 수준이다.
경매회사는 세계 경매시장의 양대 회사인 크리스티(Christie)와 소더비(Sothebys)가 미술품뿐 아니라 와인에서도 각 30%씩 차지하여 세계시장을 주도해 왔으며, 크리스티가 영국 런던에서 1766년 문을 연 날에 보르도 레드와인과 스페인 마데이라를 경매했다는 기록이 남아있다. 그러나 근래에는 애커 매럴 & 콘디트(Acker Merrall & Condit), 재키스(Zachys) 등의 신흥 와인경매회사들이 활동이 두드러지고 있으며 비주류인 영국계 본햄스(Bonhams)는 지난 2008년 홍콩에서 와인과 관

9) 동아일보. 2006년 10월 3일.

련된 모든 세금이 완전히 사라지자 홍콩에 경매시장을 열었다.
세금을 없애도 와인과 관련된 부가가치가 생겨 와인의 입출입에 따른 선적과 항만사용, 창고, 여행객의 증가로 음식과 숙박을 비롯한 관광의 활성화 등 주변이 덩달아 발전하기 때문이다.
와인경매의 3D라는 말이 있다. 사망(death), 빚(dept), 이혼(divorce)라는 말로서 경매에 등장하는 비사고 귀하고 오래된, 상품가치가 있는 와인이 시장에 나오는 가장 큰 세 가지 이유라는 뜻이다. 물론 와인 너무 많아 저장하기 곤란하거나 와인 구성을 다양하게 하기 위해서 기존의 물건이 나오는 경우도 있다. 영국 뮤지컬계의 유명 인사인 '앤드류 로이드 웨버'[10]가 1997년 소장 와인 1만 8000병을 내놓아 당시 돈으로 약 70억 원 어치가 경매되기도 했었다.
오스피스 드 본느(Hospeces de Beune)는 부르고뉴에서 열리는 와인경매로 세계에서 가장 오래된 자선 와인경매이다. 부르고뉴공국의 재상인 롤랭(Nicholas Rolin)이 세운 병원을 지원하기 위해 귀족들이 포도밭을 기부했는데 더 많은 지원을 확보하기 위해 1859년 소유한 포도밭에서 생산되는 와인을 경매하기 시작했다. 이 경매는 병에 든 와인이 아니라 숙성되기 전의 오크통(일반병 기준 300병)단위로 거래되므로 오크통값, 세금, 네고시앙 수수료, 경매 수수료를 다로 더 내어야 된다.
한국에서는 주류 판매허가가 있어야 거래가 가능하며 되팔기가 어려워 유동성이 떨어지는 등의 이유로 경매가 쉽지 않아 '아트 옥션'이 유일하다.

(2) 실물 투자

와인은 해마다 품질이 달라지고 그에 따라 가격도 달라지고 좋은 와인은 시간이 지날수록 숙성되면서 그만큼 가격도 올라간다. 게다가 수요는 계속 늘지만 생산량은 거의 정해져 있다. 따라서 좋은 빈티지의 와인을 오랫동안 잘 보관하면 그 가치는 해가 지남에 따라 점차 높아간다.
와인 실물에 직접 투자하는 실물펀드는 영국이 와인 재(財)테크의 중심도시로 명성을 이어가고 있으며 우리나라도 지난 2007년부터 선보여 SK네트웍스와 하나은행 등 금융권에서 상품을 내놓아 최상급 와인을 구매하여 런던의 보세창고에서 5년 이상 보관 뒤 되팔아 수익을 남기는 방식이다.
투자의 3대 조건은 숙성력, 희소성, 지명도로서

- **숙성력** : 와인은 장기 보관이 가능해야 투자 대상이 가능하다.
- **희소성** : 품질이 우수한 와인이 생산량이 적다면 당연히 가격도 올라간다. 부르고뉴나 캘리포니아의 부티끄와이너리들이 이에 해당된다.
- **지명도** : 와인 이름 자체가 하나의 브랜드가 된 경우로 보르도의 그랑 크뤼, 페트뤼스, 쉬발 블랑(Cheval Blanc), 오존(Ausone), 디켐, 부르고뉴의 DRC, 앙리 자이에, 르로아(Leroy) ,루미에(Roumier), 콩트 라퐁(Comtes Lafon), 코슈 뒤리(Coche Dury), 뒤가-피(Dugat-Py), 이탈리

10) 웨버(Andrew R. Webber)는 뮤지컬 '오페라의 유령'의 작곡가로 평생 모은 와인 1만 8000병이 1997년 출품되었는데 보르도 와인은 최고의 빈티지라는 1982년 산이 슈발 블랑 37상자, 오브리옹이 20상자, 라투르 10상자, 마고 24상자였다. 페트리스 매그넘(1.5리터) 1947년산 12병, 1900년 마고 6병, 20세기 최고의 와인이라는 슈발 블랑 1947년도 여러 병이 나왔다.
당시 경매를 주관했던 소더비의 와인경매사 세레나 서클리프는 "만약 술의 신인 바쿠스가 셀러를 가진다면 아마도 그것은 웨버의 것과 같았을 것"이라고 극찬했을 정도로 온도와 습도가 안정적으로 유지되는 이상적인 지하 저장소에 보관되고 있었다.

아는 슈퍼 투스칸, 바롤로의 자코모 콘테르노(Giacomo Conterno), 브루노 지아코자(Bruno Giacosa), 브루넬로 디 몬탈치노의 비욘디 산티(Biondi Santi), 솔데라(Soldera), 바르바레스코의 안젤로 가야(Angelo Gaja), 미국의 스크리밍 이글(Screaming Eagle), 할란(Harlan Estate), 그레이스(Grace Family) 등은 투자 실패의 우려가 희박한 와인들로 알려져 있다.

Tip 와인 샵

홍콩의 와인 샵

- 베리 브라더스(Berry Brothers & Rudd) : 1698년 문을 연 세계에서 가장 오래된 와인 거래상으로 1999년 홍콩 지점을 열었다. 오래된 빈티지 귀한 와인이 많다.
- 올리버스(Oliver's) : 가격 대비 맛이 뛰어난 중간 가격대 와인이 많은 고급 식료품점.
- 폰티(Ponti Food & Wine Cellar) : 중, 고가 와인 특히 보르도 와인 전문
- 스리식스티(ThreeSixty) : 와인의 종류도 적고 가격도 안 좋으나 홍콩에서 가장 큰 유기농 매장.
- 왓슨스(Watson's Wine Cellar) : 대형 드러그(drug) 스토어 '왓슨스'에서 운영하는 홍콩에서 규모가 가장 큰 와인 샵으로 저가 와인에서 고급 와인까지.

파리의 와인 샵

라비니아(Lavinia)는 프랑스 파리를 안내하는 관광책자에 세계에서 가장 큰 와인 샵이라고 나와있는 지하 1층, 지상 1층에 6000여종의 와인들이 진열되어 있다. 구입한 와인은 2층에 있는 레스토랑에서 와인과 어울리는 고급요리와 함께 마실 수 있다.

4 와인 투자

특급 와인들의 좋은 빈티지는 몇 억 원을 호가하기도 하여 2007년 5월 크리스티경매장에서 로마네 콩티(1985년산)이 23만 7천 달러에 팔렸는데 이 와인이 다시 나온다면 더 비싼 가격이 될 것이다. 이렇게 와인 가격이 급등하므로 와인 투자도 인기를 얻고 있다.

1982년산 '샤토 르 팽'이 1999년에 200만 원 정도 거래되었는데 2006년에는 2400만원까지 치솟았다. 와인 가격이 뛰는 이유는 와인 생산량의 증가가 쉽지 않고 주요 생산국들이 공급량을 규제하기도 하며 특히 로마네 콩티는 일년에 5000병 정도로 특급 와인의 생산량이 극히 제한되어 있으며 해가 갈수록 그 휘귀성은 더해지기 때문이다. 또한 가격 변동성이 낮아 외부 환경의 변화에 영향을 그리 받지 않는다는 안정성이 있다. 하지만 와인 투자가 쉽지 않다. 될성부른 와인을 고르기나 구하기가 보관이 쉽지 않기 때문이다.

제 5 절 와인 전문가

5.1 와인 전문가와 와인 행사

프랑스는 와인대국답게 전 국민 중 10% 이상이 와인과 관련된 직업에 종사한다고 하는데 이에는 포도의 재배나 양조 등의 생산에서부터 최종적으로 소비자와 만나게 되는 소매, 소믈리에까지 다양한 직업군이 형성되어 있다.

1 소믈리에(Sommelier)

중세 유럽에서 식재료 보관을 담당하는 솜(somme)이라는 직책에서 유래된 말이다.
소믈리에는 호텔이나 레스토랑에서 고객의 입맛이나 음식에 어울리는 와인을 추천하는 것을 주 업무로 하고 있다. 또한 와인의 주문, 품목선정, 구매와 저장, 재고관리, 목록작성, 판매까지 담당한다. 그러므로 각종 와인의 종류와 맛을 알아야 하고 포도의 품종이나 숙성방법, 원산지, 수확연도 등의 와인의 특징에 대한 지식도 풍부하게 갖춰야 한다. 우리나라에서는 2001년에 직업분류에 등재되었으며 호텔이나 레스토랑, 와인 바, 와인을 취급하는 일반 음식점, 와인수입회사 직원으로 근무한다.

- 기끼자케시(利き酒師)는 일본 술인 '사께'의 가이드를 말한다.
- 수수보리(須須保理)는 일본에 술 빚는 법을 준해준 백제사람으로 '술 빚는 사람'을 뜻하는 말이다. 수수보리(秀水保利) 아카데미가 '빼어난 물을 보호하고 이롭게 하는 사람'이란 취지로 개원하여 지(知), 미(美), 주(酒), 강(講)과정을 개설하고 있다.(www.susubori.ac.kr)
- **로봇 소믈리에** : 일본의 전자회사 NEC가 2008년 개발한 '건강과 식품 조언 로봇'으로 전자 코와 전자 혀를 갖추고 음식 맛을 보는 역할을 대신 할 수 있게 되었다. 와인에 다양한 파장의 적외선을 조사(照射)하면 포도의 종류와 숙성도에 따라 파장이 달라지는 원리를 이용한 것이다.
  미리 입력해 놓은 와인의 특성치와 비교하면 포도 품종과 재배 장소, 당도의 정도를 알아낼 수 있게 된다.

2 소믈리에 대회

프랑스, 이탈리아, 미국, 일본에서는 국가공인 소믈리에 자격증이 나오지만 우리나라는 아직 없다.
우리나라의 소믈리에 대회는 프랑스 농수산부 주최의 한국 소믈리에 대회와, 경희대관광대학원과 한국 국제소믈리에협회(KISA)가 공동주최하는 한국 국제 소믈리에대회가 있다.
1969년에 설립된 '국제 소믈리에협회(ASI)'에서 3년에 한번 씩 소믈리에 대회(The World Best Sommelier)를 개최하는데 2010년 4월 6일부터 2주간 칠레의 산티아고에서 열린 제13회 대회를 개최했었다. 최종 결승 3인에게 주어진 문제는 다음과 같았다.

- 레드 2종, 화이트 1종, 디저트와인 1종류를 테이스팅하고 그 품종과 빈티지는? (제한 시간 12분)
- 10개의 와인 리스트를 보고 잘못된 부분의 수정(제한 3분)
- 5개의 사진을 보고 어느 나라의 무슨 와이너리인지 ?(제한 3분)
  이 대회에서 프랑스 태생의 영국인인 '제라르 바세'가 우승했다. 그는 29세 때에 프랑스 국가공인 소믈리에가 된 후, 4년 후에 '마스터 소믈리에(MS)'를 획득했다. MS는 와인, 하드 리큐, 시가 등의 종합전문가에게 수여하는 자격으로 1969년 첫 시험 이래 지금까지 171명만이 획득했었다. 1998년에는 와인 마스터(MW)에 합격했다.
- 소믈리에 전문학교인 CFPPA는 부르고뉴의 본(Beaune)에 있다.

3 이태리의 와인 교육기관

(1) ONAV

ONAV는 'Organizzazione Nazionale degli Assaggiation di Vino'의 약자로 이태리 최초의 와인 교육기관이다. 아스티(Asti)지방의 와인 전문가들이 이태리 와인의 질적 향상을 도모하고자 1950년도 초에 만들어졌으며 강사진은 대부분이 양조기술자로 구성되어 상업성을 거부하고 협찬도 받지 않으므로 객관성을 유지하는 비영리기관이다.
교육은 두 단계로 구성되며 수강료도 1단계가 300유로 정도이며 2단계는 와이너리 견학시마다 20유로 정도의 실비만 받고 있다.
1단계는 이론 코스로 이태리 와인의 역사와 양조방법, 평가 등을 와인을 시음하며 배우며 이 단계를 통과하면 시음가(Assaggiatore)의 자격을 얻는다.
2단계는 실기코스로 계절에 따른 포도 재배와 양조과정을 와이너리의 현장에 나가 체험하는 코스이다.

(2) AIS(Asociazione Italina Sommeliers)

AIS는 1965년에 ONAV에서 분리되어 현재는 이태리를 대표하는 와인 교육기관이다. 강사진은 약 1,800명으로 양조기술자, 소믈리에 등의 와인 전문가로 3단계의 과정에 각 과정은 매회 2시간씩 주 2회로 약 3개월이 소요되며 1년 반 이상이 걸리는 3단계의 전 과정을 마치고 시험을 통과하면 소믈리에 칭호를 받게 되며 일 년 간 레스토랑에서 실무경험을 거쳐야 전문 소믈리에(Sommelier professionista)가 된다.
1단계 과정은 모든 주류의 제조와 소믈리에의 기능, 와인평가 기법, 묘사용어 등이다.
2단계는 이태리 각 지방과 전 세계의 포도 품종과 대표적인 와인들과 평가기법 등이다.
3단계는 음식 맛의 분석과 묘사 방법, 음식 별로 매칭할 수 있는 와인에 대해서 배운다.

(3) FISAR(Federazione Italiana Sommelier Albergation Ristoration)

FISAR은 '호텔 · 식당 이태리 소믈리에 연맹'의 뜻으로 AIS와 교육 내용이 유사하지만 호텔이나 레스토랑의 종사자들만 교육을 받을 수 있는 전문직종 교육기관이다.

피렌체에 본부가 있으며 '일 소믈리에(Il sommelier)'란 격월간 잡지도 발행되고 있다.

4 MW(Master of Wine)

와인 마스터는 영국의 와인마스타 협회(Institute of Masters of Wine)에서 시행하며 1953년 처음 시험이 치러진 후 현재까지 290명이 탄생한 MS보다 더욱 광범위하고 깊이 있는 학술적 지식을 갖추어야 되는 자격으로 아시아인으로는 2008년에 홍콩의 'Jeannie Cho Lee(한국명 이지연의 교포)'가 딴 바 있다.

1989년에는 프랑스의 둡스(Serge Dubs)가 월드베스트에 뽑혔는데 그는 알자스의 'Auberge de Ill'이라는 미슐랭 3스타 레스토랑에서 소믈리에로 일했다.

1992년의 우승자는 마르세유 출신의 '포르브락(Philippe Faure-Brac, 1960년생)'으로 현재 'Bistro du Sommelier'라는 식당을 운영하고 있다. 이곳의 지하 와인셀러에는 1만병 이상의 와인이 보관되어 있는데 와인리스트가 성경책보다 더 두툼하다.

아시아인으로는 처음으로 1995년에 일본의 '다사키 신야(田崎 眞也)'가 우승했었다.

MW 시험은 와인 시음과 필기가 4일 동안 진행되는데 성적이 미흡하면 첫날이라도 탈락된다.

- 12가지 와인을 맛보고 생산지, 생산년도, 포도 품종, 품질, 그리고 그렇게 판단한 이유에 대해 와인 당 1~2장으로 써서 세 시간 내에 답변.
- 세 군데의 포도밭의 토양과 화학성분, 기후, 강우량에 대해 20~30장정도 2시간 내에 필기
- 영국 MW협회의 MW과정은 2년.

5 와인 평가

와인에 대한 평가는 주로 와인평론가들이 와인 전문잡지를 통하여 하고 있다. 와인 평가에서 좋은 점수를 받은 와인은 좀처럼 그 명성이 떨어지지 않는다. 실제의 와인 품질이 떨어졌다고 해서 그 점수를 받았다는 사실에는 변함이 없고 소비자는 그 사실을 오래 기억하기 때문이다.

(1) 와인 잡지

- **와인 스펙테이터(WS : Wine Spectator)** : 1976년 미국에서 창간되어 와인의 질, 가격, 생산량을 주요기준으로 하여 점수를 매기는데 부르고뉴나 컬트와인들은 연간 생산량이 작아 높은 점수를 받기 힘들다. 현재는 약 40만병 이상의 정기구독자가 있다.

  WS에서 선정하는 '올해의 와인 톱 100'도 가장 주목받는 평가 중의 하나이다.

  2000년 1위에 오른 솔라이아(Solaia)는 투스카나 와인 열풍을 몰고 왔고 2006년에는 역시 투스카나 와인인 카사노바 디 네리(Casanova di Neri)에서 생산하는 브루넬로 테누타 누오바(Brunello Tenuta Nuova)가 1위로 선정되면서 금세 유명 와인이 되어 가격이 급등하였다.
- **와인 애드버키트(Wine Advocate)** : 미국의 로버트 파커가 1978년 발행하여 세계의 와인들의 맛과 향을 평가해 100점 만점으로 점수를 매기는 파커 포인트를 도입하였다. 현재의 구독자는 5만명 가까이 되며 그의 평가에 따라 와인 가격이 출렁이므로 '파커가 시음한 와인을 뱉는 순간 와

인업자들이 전율한다'는 말이 있을 정도다. 90점 이상이면 고급와인, 80점 이하이면 저가 와인으로 평가되므로 파커는 '볼티모어의 독재자'로도 불린다.

100점 만점으로 점수를 매기는 파커 포인트를 도입하였다. 현재의 구독자는 5만명 가까이 되며 그의 평가에 따라 와인 가격이 출렁이므로 '파커가 시음한 와인을 뱉는 순간 와인업자들이 전율한다'는 말이 있을 정도다. 90점 이상이면 고급와인, 80점 이하이면 저가 와인으로 평가되므로 '볼티모어의

- **디켄터(Decanter)** : 영국에서 출판되는 주류전문 잡지로 와인이 비중이 크다. 별의 개수와 함께 20점 만점 시스템을 동시 적용하는데 별은 5개가 최고 점수다.
- **QRW** : Auarterly Review of Wines
- **W & S(Wine & Spirits)** : 영국에서 출판되는 주류 잡지
- **RVF(Bevue du Vin de France)** : 프랑스 와인 전문 잡지

(2) 와인전문가

- 와인양조가는 국내에 거의 없는 실정이다. 와인의 본 고장에서는 와인의 질이 토양과 기후와 사람의 세 군데에 달려 있다고 한다. 이 중의 사람에 해당되는 것이 바로 와인메이커이다.
  앙리 자이에르, 미셀 롤랑, 리카르도 코타렐라와 같은 이가 유명하다.
- 와인경매사, 와인 컨설턴트, 와인전문 잡지 기자와 칼럼니스트, 와인마케팅 담당, 와인스쿨의 강사나 전문교육기관의 교수도 우리나라는 아직 그 수가 미미하다.
- **와인 평론가** : 평론가들이 와인의 운명을 좌우하게 된다. 대표적인 와인평론가는 미국의 로버트 파커(Robert Parker)로 그가 매기는 점수는 와인업계에서 마치 신과 같은 영향력을 발휘한다.
- **로버트 파커** : 법대를 나와 변호사로 일하다 1967년 프랑스에 머물면서 와인을 본격적으로 공부했다. 1982년의 보르도 빈티지를 대부분의 비평가들이 산도가 낮고 수명이 짧은 것으로 평가했는데 파커가 높이 평가하여 최고의 비평가로 군림하게 되었다.
  2006년에는 로빈슨(Jancis Robinson)이 '형편없다(20점 만점에 12점)'고 한 샤토 파비(Château Pavie : 쌩떼밀리옹 Premier Grand Cru Class B) 2003'을 '대단하다'고 평가하여 평가가 엇갈린 적이 있다.
  와인 업계에서는 파커 점수로 90점 이상을 받아야 고급 와인으로 간주된다. 매년 10여 종, 현재까지 총 212종이 넘는 와인이 100점을 기록했다. 2009년 평가를 받은 2007년 빈티지의 경우 전 세계에서 18종의 와인이 100점을 받았다.[11]
  와인 구매자 안내서(Wine Buyer's Guide)를 발간하여 전 세계 8000여 종의 와인에 대한 설명을 하고 있다.

11) 조선일보, 2009. 12월 28일

Tip Robert Parker's rating system

- 96~100 : An extraordinary wine 깊이 있고 복합성을 띤 최상등급 와인
- 90~95 : An outstanding wine 훌륭한 특성을 지닌 빼어난 와인
- 80~89 : above average to very good wine 양호한 등급보다 한 등급 높은 와인
- 70~79 : An average wine 평범하며 특성이 없는와인
- 60~69 : A below average wine 산이나 타닌이 지나치거나, 맛이 떨어지는 와인
- 50~59 : unacceptable. 와인으로서의 수준이 안 되는 것.

- **젠시스 로빈슨(Jancis Robinson)** : 1975년부터 'Wine & Spirits'에 기고하면서 평론가로 데뷔하였고, 유명한 와인 가이드 북인 'The Oxford Companion to Wine'의 발간을 책임지고 있으며, 'Financial Times'에 와인 평을 기고하고 있다. 하루에 시음하는 와인이 30종류, 150가지 이상이라 알려져 있다.
- **마이클 브로드밴트(Michael Broadbent)** : 오랜 영국적인 전통을 바탕으로 와인에 대한 평가를 내리는 와인평론가이자 크리스티 와인경매를 책임지고 있다. 오랫동안 경매 현장에서 올드 빈티지 와인들을 시음해 오면서 쌓인 경험이 올드 와인에 대한 세계 최고의 전문가라는 평을 받는다.
  휴 존슨(Hugh Johnson) : 'The World Atlas of Wine'을 젠시스 로빈슨과 같이 펴내어 전 세계의 와인 산지를 폭 넓고 깊이 있게 다루어 와인 이해에 많은 도움을 준 평론가이다.
  'The Story of Wine'도 출간했다.
- **미셸 롤랑(Michel Rolland)** : 프랑스 출신의 와인 컨설턴트.
  자신의 와이너리도 많이 가지고 있는데, 보르도 뽀므롤에 Château Le Bon Pasteur, Château Bertineau Saint-Vincent, 쌩 떼밀리옹에 Château Rolland-Maillet, Château La Grande Clotte, 프롱삭에 Château Fontenil,
- **버튼 앤더슨(Burton Anderson)** : 'Wines of Italy'의 저자로 이탈리아 와인에 대한 전문가이다.
- **Jess Jackson, Kevin Zraly**

(3) 와인 수입상

좋은 와인을 찾아서 합리적인 가격에 구입해 소비자에게 제공하는 곳이 와인수입사이다. 이러한 노력이 소비자에게 인정받을수록 계속적인 발전과 더불어 이윤도 많이 창출 할 수 잇을 것이다.

- **알랭 융귀넷(Alain Junguenet)** : 미국 뉴 저지에서 1984년부터 와인 수입을 하며 프랑스 와인 특히 론 지방의 샤토뇌프-뒤-파프 와인에 대해 조예가 깊어 로버트 파커로부터 '미스터 샤토뇌프-뒤-파프'라는 말을 들었다. 그가 수입한 와인은 레이블에 'Alain Junguenet Selection'이란 스탬프를 찍으므로 이는 곧 신뢰할 수 있는 와인이란 표시이다.
- **닐 로젠탈(Neil Rosenthal)** : 뉴욕에 와인 샵이 있는 수입상으로 프랑스 특히 이탈리아의 가족경영의 작은 와이너리들에 대한 안목이 높다. 테루아에 의한 와인의 부케, 향, 칼라로 와인의 차이

를 강조한다.

RWM(Rosenthal Wine Merchant)를 포함한 'Mad Rose'를 운영하고 있으며 'Reflections of a wine merchant'란 책도 저술했다.

- **베리 브러더스 앤드 러드(Berry Brothers & Rudd)** : 1698년에 창설된 영국의 Wine & Spirits Merchants로 위스키 커티 삭(Cutty Sark)의 소유주이기도 하다.
- **에릭 솔로몬(Eric Solomon)** : 'European Cellars'를 만들어 프랑스의 남부 론 와인에 주목했으며, 특히 'New Spain'으로 불릴만큼 스페인 와인에 대해서는 인정받고 있다.

5.2 와인과 골프

와인을 소비하는 사람들 중 많은 사람이 골프를 즐기고 있으며 와인은 매너와 품격을 중시한다는 점에서 골프와 비슷하다. 프로 골퍼들은 대회 직전에 열리는 파티에 참석하고 있으므로 자연스럽게 와인 문화와 접하게 되고 친숙해져 와인을 직접 만들게 되는 경우가 많다.

골퍼의 이름을 딴 와인 : 잭 니클라우스, 아놀드 파머, 그레그 노먼, 닉 팔도, 안니카 소렌스탐, 아니 엘스, 레티프 구센, 루크 도널드.

- **털라토 와인 그룹(Terlato Wines International)** : 1947년에 설립되어 3대째 운영되고 있는 가족회사로 50여개의 브랜드를 가진 와인의 생산, 수입, 수출, 도매, 소매, 와인제조 컨설팅을 하고 있으며, 인터넷 와인 쇼핑몰(uncorked.com)에는 '골프와 와인'코너도 개설되어 있다.
- **애니카 소렌스탐** : 미국 캘리포니아 샌프란시스코만 근처의 리버모아 밸리에서 창업 이후 5대째 130년 동안 와인을 만들어 온 '웬트 비니어드'와 친분을 쌓아 와인 생산에 나서 '애니카'를 출시했다.
- **잭 니틀라우스(Jack Nicklaus)** : 미국 골퍼로 내파(Napa Valley)에서 털라토 그룹과 파트너십
- **그레그 노먼 Estates** : 호주 쿠나와라 야라밸리, 자신의 아이콘인 백상어가 표시된 '그레그 노먼 와인'을 출시하고 있다.
- **아널드 파마(미국)** : 내파 밸리, 루나 빈야드 파트너십
- **닉 팔도(영국)** : 호주 쿠나와라 야라밸리, 카트눅 이스테이트(윙가라 그룹)와 파트너십
- **어니 앨스(남아공)** : '스윙의 교과서'라는 엘스는 남아공 스텔렌 보쉬에 친구인 장 엥겔 브레히트와 함께 1998년 '엥겔 브레히트 엘스 에스테이트'를 세웠다.
- **안니카 소렌스탐(스웨덴)** : 웬티 빈야즈 파트너십, 캘리포니아 리버모어 밸리
- **게리 플레이어(남아공)** : '골프계의 살아있는 전설'이라는 플레이어는 2004년 'Bochendal Estate'를 인수, 퀀락 빈야드 파트너십, 남아공 스텔렌 보쉬
- **레티프 구센** : '구즈 와이너리', 남아공 케이프 멘털의 랑크루프(Upper Langkloof)에 있다.
- **데이비드 프로스트 Wine Estate(남아공)** : 남아공 파를
- **마이크 와이어(Mike Weir)** : 캐나다 온타리오 태생으로 2005년 나이아가라 패닌슐러에 'Mike Weir Estate Winery)를 설립하여 좋은 아이스 와인을 생산한다.

5.3 와인 행사

(1) 와인박람회

- **빈엑스포(Vinexpo)** : 와인박람회로서 1981년부터 열리기 시작하여 전 세계에서 가장 큰 와인행사로 자리 잡았다. 매년 40~50여 개 국의 2~3000개 업체와 와인수입상, 전문가, 애호가들이 참가하는 행사로 격년제로 열리며 보르도에서 격년제로 열린다.
  1996년부터는 프랑스에서 열리지 않는 짝수 해에 미국, 홍콩 등의 다른 나라에서 열리고 있다.
- **프로바인(ProWein)** : 독일의 뒤셀도르프(Duesseldorf)에서 매년 3월 열리는 와인 & 스피리츠 무역박람회로 1994년부터 개최되었다.
- **비니탈리(Vinitaly)** : 로미오와 줄리엣의 도시로 유명한 베로나에서 열리는 행사로 이태리 와인의 위상을 높이고 홍보하기 위해 열린다.

(2) 와인 축제

- **보르도 와인 축제(The Bordeaux Wine Festival)** : 보르도 관광청과 보르도 와인협회(CIVB), 보르도 시청이 주최하는 이 축제는 1998년부터 매년 6월 하순에 열린다. 와인 시음과 양조장 투어는 물론, 디너 파티, 워크 샵, 재즈와 클래식 음악공연이 있다. (www.bordeaux-fete-le-vin.com)

5.4 와인 관련 사이트

(1) 와인 포털 사이트

www.wine21.com www.wine.co.kr www.grandvin.co.kr www.vinevalley.co.kr
www.winer.co.kr www.bestwine.co.krwww.wineok.com www.winefinder.co.kr
www.bordeaux.com (보르도 와인협회)www.thewinedoctor.com
www.wine.com www.winechateau.com www.vinavitus.com www.nicola.com
www.wine-search.comwww.boutiquewineries.com.au www.lavina.es
www.cellartracker.com
www.snooth.com 와이너리의 간단한 히스토리와 도메인 주소, 와인가격이 나와있다.
www.WineSpectator.com (Wine Spectator magazine)
www.wineok.com 전 세계 와인의 종류를 포도의 품종, 생산국, 지역별로 확인하여 가격, 판매처 등에 대한 정보를 한글과 영어로 찾아볼 수 있다.
www.bxwinex.com (Tour Bordeaux Chateaux Tour with the Bordeaux Specialists! Chateau Stay, Great Wine Food & Fun)

(2) 와인 사이트

- **와인 동호회** : cafe.daum.net/winesommelier, www.seri.org/forum/wine
- **와인 악세서리 전문점** : www.nvino.com, www.winemate.co.kr
- **와인 자가양조 관련** : www.winekit.co.kr, www.selfwine.co.kr
- **BIB 와인** : www.aboutboxedwine.com

(3) 와이너리 투어

- **Great Wine Capital Global Network** : 도시 간의 교류를 통해 와인 관광 촉진을 도모하고자 199년 설립된 단체다. 가입도시로는 보르도(프랑스), 피렌체(이탈리아), 마인츠 라인헤센(독일), 빌바오 리오하(스페인), 뽀르투(포르투갈), 내파(미국), 크라이스트 처지(뉴질랜드), 멘도사(아르헨티나), 케이프타운(남아공)이다. 매년 연례대회가 열려 숙박, 식당, 와이너리, 건축, 체험 프로그램, 서비스 시설 부문에서 1위를 선정하여 발표하며 선정된 곳의 정보는 사이트에서 누구나 공유할 수 있다. (www.greatwinecapitals.com)

(4) 아이패드용 앱 : 와인 오퍼(Wine Offer)

전 세계의 3만 5000쳐종의 와인에 대한 정보를 제공하고 상황에 맞는 와인을 추천해 주는 아이패드용 앱(응용 프로그램)이다.
와인의 이름, 생산국과 지역, 생산자, 종류, 당도, 도수, 맛과 향, 색 등을 알려주며, 로버트 파커가 높이 평가한 국가별, 가격대 별 와인도 통계로 보여 준다.
점수가 높은 순, 당도가 높은 순, 가격이 낮은 순 등의 정열과 비교 기능을 보며 와인을 결정할 수 있다.

(5) 와인 영화

- **와인 미라클(Bottle Shock)**
  '파리의 심판'이라 불리우는 1976년의 파리 와인 테이스팅 대회에서 1등한 '샤토 몬텔레나'의 한 병의 와인이 탄생하기 까지의 과정을 보여준다. 원제인 'Bottle Shock'는 와인을 병에 넣거나 선적하는 과정에서 일시적으로 풍미가 변하는 현상을 이른다.

- **구름 위의 산책**

'키아누 리브스' 주연의 영화로 캘리포니아 와이너리의 전경이 잘 나와 있다. 끝없이 펼쳐지는 포도밭에서 자연을 닮은 사람들이 정성스레 포도를 수확하고 여인들이 포도를 으깨기 위해 큰 통 속에 들어가 춤을 추며 발로 포도를 밟는 장면이 나온다.
알퐁소 아라우 감독, 키에누 리브스 주연

- **사이드웨이**(Sideways) 2004 : 와인애호가인 마일즈가 친구와 함께 두 중년남성이 캘리포니아 산타바바라 지역의 와인농장을 여행하며 겪는 에피소드를 담았다. 마일즈가 친구와 함께 모는 차로 '샤브 900 컨버터블'이 나오는데 현재 시판 중인 '샤브 9-3 컨버터블'의 원조 격이다. 빨간색 차체와 검은색 천지붕이 캘리포니아의 풍광과 어울린다.

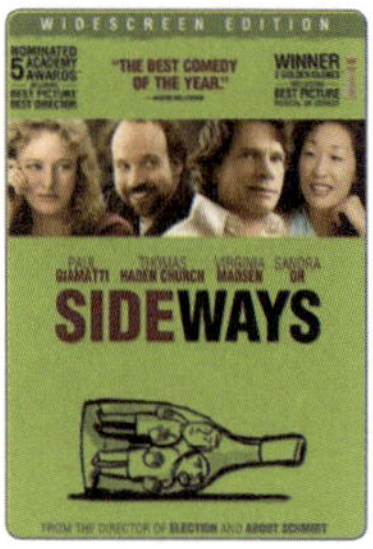

- **사랑보다 아름다운 유혹**(Cruel Intentions) 1998
- **트루 로맨스**(True Romance) 1993
- **블러드 앤 와인**(Blood and Wine) 1996

와인 판매상으로 나오는 잭 니콜슨이 사기를 꾸미는 범죄 스릴러물이다.
- **어느 멋진 순간**(A Good Year) 2006

런던 증권가의 잘나가는 투자은행가인 주인공이 삼촌으로부터 프랑스 프로방스 지방의 포도밭을 상속받으며 벌어지는 로맨스를 그린 작품이다.
- **몬도비노**(Mondovino) 2004

조나단 노시터 감독의 다큐멘터리 영화
원래는 10부작 다큐멘터리로 만든 것인데 2시간으로 편집하여 극장 개봉한 것이다. '와인의 세계화'에 대한 르포/다큐이며 촬영기술이 떨어지므로 장시간 보기에는 다소 불편하다는 것이 흠이다. 전체 10부작 다큐는 프랑스, 미국, 아르헨티나, 이탈리아 등 세계 곳곳의 생산자들을 취재하는 방대한 내용인데, 2시간짜리는 그 일부밖에 보여주지 못하는 아쉬움도 남는다.
와인을 잘 모르는 사람에게는 지루하기 짝이 없을 수도 있다.
- **프렌치 키스**(French Kiss) 1995

프랑스 프로방스 지방을 배경으로 벌어지는 러브 스토리.
- **술과 장미의 나날**(Days of Wine and Roses)

1962에 만든 '블레이크 에드워즈' 감독의 고전영화
알콜 중독을 소재로 한 영화로서 영화음악 작곡가인 맨시니(Henry Mancini)가 음악을 작곡하여 아카데미 음악상을 탔다.

- **바베트의 만찬(Babettes gæstebud)**
  1987의 가브리엘 악셀(Gabriel Axel) 감독
  로또!에 당첨된 주인공 바베트가, 당첨금을 마을사람들과의 저녁 만찬에 쓰는 내용으로 프랑스 최고급 요리 풀코스와 함께 최고급 와인이 서빙된다.(1845년산 클로 드 부조)
- **메트레스 연인(Maitresse)**
  카시마 츠토무 감독의 2004년 작품으로 , 카와시마 나오미, 미타무라 쿠니히코 출연의 일본 드라마. 긴자의 고급 프랑스 레스토랑에서 소몰리에로 일하는 이야기
- **와인이 흐르는 강(The Children Of The Marshland, Les Enfants Du Marais) 1999**
  장 베케르 감독, 쟈끄 빌라레(Jacques Villeret) 출연의 1930년대를 배경으로 한 프랑스 영화
- **맛있게 드십시요(L'Aile Ou La Cuisse, The Wing And The Thigh) 1976**
  끌로드 지디 감독, 루이스 드 푸네스, 코루체 출연, 프랑스 영화
- **펠리칸의 시선(Pelican's watch)**
  2011년 6월 9일(목) 로스앤젤레스에 열리는 그리스 영화 페스티벌에서 상영된 영화로 그리스의 유명한 산토리니(Santorini) 섬과 와인이 관련된 신작 다큐멘터리 영화로 그리스 테살로니카 다큐멘터리 영화제(Thessaloniki International Documentary Festival)에 기념작품으로 초빙되었다. 이 영화의 감독은 "그리스 와인 가이드(Greek Wine Guide)"라는 책을 쓴 니코스 마네시스(Nico Manessis) 씨와 고령의 포도재배자인 크리스토스 달미라스(Christos Dalmiras)와 니코스 펠레카노스(Nikos Pelekanos), 와인양조가인 파리스 시갈라스(Paris Sigalas), 레아 빈저(Lea Binzer)가 공동으로 맡았다.
- **몬도비노(Mondovino)**
  와인전문가이기도 감독 조나단 노시터(Nossiter)가 유럽, 미국, 남미를 다니며 와인 재벌과 와인메이커, 와인평론가와 재배업자들을 만나고 인터뷰하여 와인산업의 내면을 파헤친 내용이다.

(9) 와인 책

- **무라카미 류의 '와인 한잔의 진실'**
- **로알드 달의 '맛'**
  샤또 브라네르 뒤크리(Château Branaire Ducru : 보르도, 생 줄리앙) 1934를 걸고 레이블을 가린 채 이름을 맞히는 내기를 하는 내용.
- **포트폴리오 다양화를 위한 와인 투자(Wine Investment for Portfolio Diversitication)**
  캐나다 마운트 로열 칼리지 경영학 교수인 마헤시 쿠마르(Mahesh Kumar)가 쓴 책으로 50개의 투자 가능한 와인을 골라 수익률을 분석한 책이다. 뉴욕 및 런던 증시와 영국정부 채권에 비해 더 많은 이익을 내고 변동성도 훨씬 안정적이었다는 분석이다.

- **신의 물방울**
  12사도로 명명된 12개의 와인과 신의 물방울로 불리는 최후의 와인을 찾는다는 내용이다. 등장하는 와인도 많고 내용도 쉽지 않아 비록 만화이기는 해도 초보자가 보기에는 만만치 않다.
  아시아와 프랑스까지 포함해 세계적으로 800만부 가까이 팔렸으며, 세계 미식가대회(Gourmet World Cookbook Awards)에서 만화책으로는 처음으로 최고상을 받았고, 와인잡지 디켄터에서 2년마다 발표하는 '세계 와인계의 영향력 있는 인물 50인'에 선정되기도 했다.
- **파리의 심판**
  영국인 '스티븐 스피리어'가 연 블라인드 테이스팅에서 캘리포니어 와인이 프랑스의 굴지의 와인들을 누르고 1등을 차지한 사건.

제 6 절 와인과 음식의 궁합

마리아주(marriage). 와인과 음식의 만남, 즉 결혼이라는 말이다.
포도의 품종, 국가별 지역별 생산지, 와인 종류, 이 모든 것은 마지막으로 디너 테이블에 앉기 위한 과정이다. 궁극적으로 와인은 우리의 생활을 풍요롭게 하기 위한 것이므로 음식과 와인은 서로에게 중요한 의미를 가진다. 소금과 후추가 미국인의 식탁에 놓여있듯이 와인 병은 유럽인의 식탁에 놓여있다.
일찍이 에피큐로스가 말했다. "만약 미각(味覺)의 즐거움을 빼앗는다면 나는 행복의 본질을 어떻게 이해해야할지 모르겠다."

6.1 음식궁합과의 기본

무엇보다 중요한 것은, 이때까지 와인전문가들로부터 들은 것, 책에서 본 것들을 모두 잊는 것이다. 사람마다의 기호가 다르듯이 입맛도 다르다. 누가 뭐라 하든지 선입견을 버리고 내 입에 맞는 것이 가장 좋은 궁합이다. 그러므로 여기서는 와인 전문가를 비롯하여 많은 사람들이 오래 경험하고 말하는 일반적이고 보편적인 사항을 논할 뿐이다.
굴이나 신선한 생선에 레몬즙을 짜서 뿌리거나 파스타에 파마산(Parmesan) 치즈를 뿌리는 것은 음식에 간장을 치거나 소금을 뿌리는 것과는 다르다. 이는 음식을 보다 더 맛있게 먹기 위해서 음식과의 조화를 이루는 것이다. 즉 음식과 와인의 조화를 이루어 시너지(synergy) 작용을 이루는 것이다.

- **같은 성질을 조화시킨다.**
  조화의 기본 원칙은 음식이 가지고 있는 고유의 맛과 질감이나 느낌에 따라 와인을 달리하는 것이다. 음식의 맛이 진하고 강렬하다면 와인도 지하고 힘 있는 것으로 해야 하고, 음식이 가벼운 것이라면 와인도 그에 따라 가벼운 것으로 한다.

- **압도하는 것이다.**
  단맛이 강한 디저트에는 더 찐한 스위트 와인으로 짝을 짓는다. 식초가 많이 들어간 샐러드에는 산이 많은 드라이 화이트를 매칭한다.
- **조화의 원칙이다.**
  짠 음식에는 스위트와인, 신 음식에는 드라이 화이트, 쓴 맛의 음식은 진한 풀 바디로 매칭하는 방법이다. 이러면 한 쪽이 상대의 농도를 받아들이고 서로 조화를 이루게 된다. 이러한 원칙을 견지하면서 고려해야 할 사항으로는,
  - 어떤 와인을 마시고 싶은지 우선 결정하여 와인에 음식을 조화시킨다.
  - 음식의 양(heavy or light) : 음식이 미리 정해져 있으면 그 음식의 양이 많은지 적은지와 음식의 성격을 파악한다.
  - 음식의 조리방법에 대해서 알아본다.
    음식의 조리 방법에는 여러 가지가 있지만 특히 튀겨서 기름이 많은지, 원래 지니고 있던 기름이 조리과정에서 빠져 담백해졌는지, 재료의 원 질감을 그대로 살린 것인지를 살핀다.
  - 음식의 소스(sauce)가 무엇인지 확인한다.
    음식에 사용하는 소스의 종류에 따라 음식의 맛이나 성격이 달라진다. 소스가 진한 것인지, 신 것인지, 향이 강한 것인지에 따라 와인의 맛에 전해지는 미묘한 차이가 생기게 된다. 닭고기의 경우 단순한 요리이면 light-body의 화이트가 어울리겠지만, 닭에 크림소스나 치즈소스가 들어갔다면 medium-body나 혹은 full-body가 더 잘 맞을 수 있다. 마리나라(marinara : 토마토로 만든 이탈리아 소스)나 토마토 페이스트 소스라면 light-body의 레드가 어울린다.

6.2 코스별 음식과의 조화

(1) 애피타이저

전통적으로 애피타이저 음식의 식욕을 돋우는 것 두 가지는 스파클링 와인과 드라이 셰리이다. 가벼운 논-빈티지의 샴페인이나 캘리포니아산, 뉴질랜드산이 좋다. 육류를 먹기 전의 카나페(canapés)나 올리브, 너트를 먹는다면 셰리가 제일이다.

(2) 첫 번째 코스(1st Course)

- **수프(Soups)** : 일반적으로 수프에는 와인이 없어도 되지만 크림이 들어간 진한 수프에는 '블랑 드 노아'와 같은 발포성 음료가 좋다.
  육류로 만든 콘소메(consommé) 수프에는 작은 잔에 셰리나 마데이라를 채워 마시면 잘 어울린다. 채소 등을 넣은 진한 미네스트론(minestrone) 수프에 끼안티(Chianti)나 몬테풀치아노 다부루쪼(Montepulciano d'Abruzzo)와 같은 이태리 와인을 곁들이면 한 겨울에 딱이다.

- **생선 빠테(Fish pâtés)**[12]
  향이 너무 짙지 않은 라이트, 드라이 화이트가 어울린다. 샤블리, 알자스 피노 블랑, 무스카데, 독일의 리슬링 카비네트가 좋고, 고등어와 같이 기름이 많은 생선은 셰리가 어울린다.
- **닭이나 돼지의 간 빠테** : 강하고 자극적인 향의 화이트 와인 - 알자스의 게비르츠트라미너, 캘리포니아의 푸메 블랑, 헌터 밸리(Hunter Valley)의 세미용, 가벼운 레드 - 발폴리첼라, 발데페나스(Valdepeñas)
- **훈제 연어** : 알자스의 게비르츠트라미너나 피노 그리와 같은 튼튼한 화이트.
  꼬트 드 본, 캘리포니아의 오크통에서 숙성된 샤르도네
- **멜론** : 신선하고 스위티한 강한 향의 노블-랏(noble-rot) 무스카데(Muscat)나 리슬링. 워싱턴이나 캘리포니아산. 캐나다의 아이스와인
- **참 새우, 작은 새우, 잔 새우 류** : 상큼한 드라이 화이트 - 소비뇽 블랑이 아주 좋다. 그러나 오크통 숙성의 헤비한 와인은 피할 것. 마요네즈를 곁들인다면 산이 좀 강한 것이 좋다.

- **버섯 튀김** : 꼬트 드 론이나 가벼운 진판델과 같은 미디움-바디의 레드가 좋다.

- **아스파라가스** : 뉴질랜드의 풍부한 스타일의 소비뇽
- **파스타류** : 파스타라면 당연히 이태리와인이 최상이다.
  크림소스나 해산물 파스타는 베르나차(Vernaccia), 아르네이스(Arneis), 소아베(Soave)와 같은 잘 응축된 화이트가 좋다. 이태리 토착품종으로 만든 라이트 혹은 미디엄-바디의 레드는 토마토소스의 파스타와 안성맞춤이다. 그렇지 않으면 캐리포니아산 바르베라나 산지오베제도 권할 만하다.

(3) 생선, 조개류

- **굴** : 굴에는 역시 샴페인이다. 혹은 무스카데(Muscadet)나 샤블리. 오크통 숙성이 아닌 소비뇽도 역시 상쾌하게 어울린다.

- **가리비** : 부드럽고 라이트한 화이트 - 부르고뉴의 꼬트 샬로네(Côte Chalonnaise)
  미디엄-드라이 - 독일이나 뉴질랜드의 리슬링, 알토 아디제의 샤르도네
- **바다가재** : 샐러드와 같이 나오는 찬 바다가재는 뿌이-푸메(Pouilly-Fumé), 드라이 부브래(Vouvray), 샤블리, 남아프리카의 셰닝 블랑(Chenin Blanc), 호주의 리슬링과 같은 산도가 조금

12) 짓이긴 고기나 간을 요리한 것

있는 강한 화이트가 어울린다.
메인코스로 나오는 따뜻한 바다가재는 헤비한 와인-뫼르소(Meursault), 캘리포니아나 남 호주의 샤르도네. 알자스의 피노그리. 에르미타쥬(Hermitage)와 같은 론(Rhône) 화이트.

- **연한 흰색 생선** : 가자미, 송어류에는 오크통 숙성이 아닌, 오크통 숙성일 경우에는 아주 가벼운 화이트가 어디서나 거의 잘 어울린다.
- **살이 두툼한 생선** : 바다농어, 넙치, 대구 등에는 풀-바디의 화이트가 제격이다. 보르도의 화이트 크뤼 크라세, 화이트 리오하, 호주 세미용, 캘리포니아의 푸메 블랑과 오크 숙성의 샤르도네가 제격이다.
- 아귀에는 에르미타쥬나 꽁드리유(Condrieu), 호주의 샤르도네와 같은 헤비하고 도수가 높은 화이트가 어울린다.
- **연어** : 그랑 크뤼 샤블리나 캘리포니아, 오레곤, 뉴질랜드 샤르도네(Chardonnay)와 같은 산도가 있는 미드-웨이트가 어울린다. 알자스나 독일의 드라이한 리슬링도 좋다. 크뤼 보졸레나 피노 누아와 같은 가벼운 레드도 괜찮다.

- **참치** : 향이 강한 레드가 화이트보다 더 어울리는 편이다. 캘리포니아나 꼬트 드 본의 피노누아, 잘 숙성된 루아르(Loire) 레드, 워싱턴주의 메를로, 호주의 시라즈, 칠레의 까베르네, 진판델.

(4) 육류와 가금

- **닭** : 오븐에 구울 경우(roast)에는 숙성된 부르고뉴, 리제르바 리오하(Reserva Rioja), 캘리포니아의 메를로와 같은 부드러우면서 날카로운 느낌의 레드가 어울린다. 소스에 따라서 리치(rich)한 화이트도 좋다.
- **칠면조** : 크리스마스나 추수감사절의 칠면조는 보르도산 레드, 생떼밀리옹이나 뽀메롤. 샤또뇌프 뒤 빠프, 미국이나 호주산의 까베르네-메를로나 까베르네-시라즈 블렌딩와인이 권할 만하다.

- **토끼** : 로스트 치킨과 동일하다.
- **돼지** : 오븐에 굽거나 얇게 저며서 석쇠에 구울 때는 풀-레드가 제일이다. 론(Rhône) 남부의 블렌드, 호주 시라즈, 캘리포니아 시라, 비노 노비레(Vino Nobilo)나 브루넬로(Brunello)와 같은 토스카나 레드
- **양** : 잘 익은 까베르네 소비뇽이라면 보르도에서부터 나파밸리, 뉴질랜드 어디서든 좋은 것을 찾을 수 있다.
- **소** : 등심이나 우둔살에는 탄탄한 레드라면 어떤 것이라도 좋다. 에르미타주, 꼬트-로티(Côte-Rotie), 진판델, 바롤로, 바르바레스코, 쿠나와라(Coonawarra) 시라즈.

안심에는 좀 부드러운 것, 즉 보르도나 미드-웨이트의 샤또뇌프.
후추를 뿌린 스테이크나 겨자(Mustard), 서양고추냉이가 들어간 고기는 시라(Syrah)나 그르나슈(Grenache), 산도가 높은 이태리의 블렌딩 와인.

- **오리** : 크로제 에르미타주(Crozes-Hermitage), 끼안티 클라시코(Chianti Classico), 캘리포니아나 뉴질랜드의 피노(Pinot)
- **사슴** : 병 숙성의 잘 응축된 레드. 보르도나 북부 론의 크뤼 클라세(Cru Classé). 더운 기후에서 자란 까베르네, 시라즈, 진판델도 잘 어울린다.
- **내장** : 간이나 콩팥은 개성이 강한 영(young) 레드와 잘 조화된다. 끼논(Chinon), 리베라 델 두에로(Ribera del Duero), 바르베라, 뉴질랜드 까베르네.
  송아지 췌장은 알자스의 숙성된 강건한 화이트를 곁들이면 맛이 더 잘 살아난다.

(5) 디저트

신선한 과일 샐러드는 산이 많은 와인과 같이 내면 좋다.
아이스크림이나 셔벳과 같이 얼린 디저트는 입안을 무디게 해서 와인의 맛에 영향을 끼치기도 한다.
커스터드[13]나 무스[14]와 같이 계란이나 크림으로 만든 디저트는 소떼른, 바작, 몽바지약(Monbazillac), 부브래의 노블 랏(noble rot), 혹은 유럽 외의 이와 비슷한 성격의 와인가 잘 맞는다.
초코레트는 풍성하고 알코올 도수가 높은 것이 어울리며, 과일 타트[15]는 늦게 수확한 독일이나 호주의 리슬링, 북미의 뮈스캣, 리슬링이 제일이다.
머랭[16]이나 크림이 들어간 과자나 케이크는 스위티 스타일의 스파클링 와인이 좋다.

6.3 치즈와의 조화

와인과 치즈는 포도와 우유라는 자연에서 나온 것이므로 서로에게 잘 맞을 뿐 아니라 맛이나 풍미, 효능에서 서로 상승작용을 이룬다. 이러한 치즈는 종류만도 2000여종이 넘으며 우리에게는 그다지 친숙하지 않아 음식과의 조화를 맞추기가 어렵다. 또한 이름의 대부분이 생산지의 지명을 따

13) 커스터드(Custard) : 우유·계란에 설탕·향료를 넣어서 찐[구운] 과자
  • custard pudding : 커스터드푸딩
14) 무스(Mousses) : 거품이 인 크림에 젤라틴·설탕 등을 섞은 차가운 디저트
15) 타트(Tart) : 과일 등을 얹은 작은 파이. (영국에서는)속에 싼 것.
16) 머랭(Meringue) : 설탕과 거품을 일게 한 흰자위 등을 섞은 것. 파이 등에 얹는다.
  • 머랭 과자

서 짓는데 그 특색이 생산지의 수만큼이나 다양하여 더 어렵게 느껴진다.
그러나 근래에 국내에서 판매되는 치즈도 다양해지고 있으며 우리에게도 차츰 친근하게 다가오고 있으므로 치즈가 보편화 된 곳에서 일반화된 와인과의 궁합을 살펴보고자 한다.

1 치즈의 분류

치즈는 우선 가공 치즈와 자연산으로 나누는데 가공 치즈는 노란색 낱장 형태의 변형 체다 치즈나, 피자에 뿌려 먹는 파마산 치즈 등이 있다. 짜지 않고 오래 보관할 수 있는 것이 특징이다.
자연산 치즈는 단단한 정도에 따라 생 치즈, 연성치즈, 준 경성치즈, 경성치즈 등으로 분류한다.

(1) 생 치즈, 연질치즈(Soft Cheese)

숙성과정을 가지치 않은 후레시 치즈로 수분이 55 내지 80%나 된다. 맛이 부드럽고 지방이 적다. 연두부처럼 물에 담아 파는 코티지(Cottage)는 숟가락으로 떠먹고, 마스카르포네는 빵에 발라 먹거나 티라미수 케이크의 재료로 쓰인다.

(2) 연질치즈

솜털 같은 흰 곰팡이로 덮여있다. 우유, 양유, 염소의 젖을 이용하여 만든 것으로 각각의 원료에 따라 독특한 냄새와 맛을 가지고 있다. 연질치즈는 부드러운데 그 이유는 유장을 완전히 배출시키지 않았으므로 수분을 45~55% 정도로 많이 함유하고 있기 때문이다.

- Banon, Bel Paese, Brie, Brousse, Camenbert, Coulommiers, Cream Cheese, Curd Cheese, Feda, Gaperon, Goronzola, Langres, Livalot, Maroilles, Mascarporne Mozzarella, Murol, Port-Salut, Reblochon, Ricotta, Saint-Marcellin, Saint-Maure, Saint-Nectaire, Stracchino, Valencay

(3) 준경성치즈

수분이 35~55% 정도의 치즈이다. 탄력성이 좋아 씹는 즐거움이 있다.

(4) 경질치즈

수분 함량이 35% 미만으로 박테리아로 숙성된다. 주로 강판에 갈거나 가루를 내 먹으며 단백질과 지방이 농축되어 있어 열량이 매우 높다.
조직의 굳기에 따라 일반 경질치즈와 초경질치즈가 있는데 일반경질에는 체더(Chedder : 영국), 에담(Edam : 네델란드), 고우다(Gouda : 네델란드) 등이 있으며, 초경질치즈에는 파르메잔(Parmesan), 로마노(Romano : 이탈리아), Sapsago 등이 있다.

- Appenzell, Beaufort, Bel paese, Boerenkass, Burrino, Cantal, Carphilly, Cheddar, Cheshire, Comte, Derby, Double Gloucester, Edam, Emmenthal, Friese, Gouda, Leyden, Limberger,

Pecorino, Provolone, Roquefort, Samsoe, Tilsit, Wensleydale, 이탈리아 경질치즈인 파르메잔에는 Giovane/Fresco, Vecchio, Tipico, Stravecchio 등의 종류가 있다.

2 와인과의 조화

와인의 성격과 특성은 떼루아(terrior)와 포도품종에 기인하지만 와인을 선택할 때 어떠한 특정의 빈티지나 생산자를 고집하기 보다는 선호하는 와인의 카테고리를 정해 둘 필요가 있다. 와인 숍이나 와인 바에서 모든 와인을 다 갖추어 놓지 못하므로 그에 근접하는 와인을 찾기 위함이다. 이럴 때 잘 조화되는 치즈를 곁들이면 바로 천생연분(marraiage made in heaven)이 된다.
치즈와 와인과의 조화는 다음과 같은 전제하에 고려되어야 한다.

첫째, 아주 미묘하고 부정확하다.
둘째, 그러므로 이에 대해서는 전문가의 말을 신봉할 필요가 없다.
셋째, 일반적인 통념과 전통적 개념을 배제하여야 한다.
넷째, 경험에 의존하라는 것이다.

와인과 치즈는 사람의 취향과 호불호가 달라 어떤 것이 제일 좋다하고 단정할 수 없다. 따라서 이 둘의 조화는 본인의 경험에 의존하여 판단할 따름이고 전문가나 일반적인 사회 통념은 단지 참고로 할 뿐이다.[17]
다음의 내용은 맥칼먼/깁슨스(M McCalman/D.Gibbons)의 '치즈(Cheese)'[18] 중 잘 어울리는 와인을 설명한 것이다.(R : Red, W : White).

- Abondance : (R)페리퀴타(Periquita) 블렌드(뗌프라니오-시라-메를로의 포르투갈 레드), 메를로, 산지오베제
- Afuega'l Pitu : (W)리슬링
- Aisy Cendré : (W)샤르도네, 또론테스(풀 바디의 향이 진한)
  (R)바르바레스코, 네비올로, 까베르네 소비뇽/메를로
- Ardrahan : (W)샤르도네, 리슬링/토카이 피노그리
  (R)네비올로, 블렌드(까베르네 소비뇽/피노누아/진판델), 시라 블렌드
- Azeitão : (W)피노블랑, 셰닝 블랑
  (R)바르베라 다스티, 피노누아/진판델, 시라블렌드, 뗌프라니오 블렌드
- Banon : 드라이 화이트와 가장 잘 어울린다.
  (W)샤르도네, 소비뇽 블랑, 셰닝 블랑
  (R)산지오베제, 가메이
- Beaufort : (W)샤르도네, 리슬링 스패트레제

17) Max McCalman, David Gibbons, "*Cheese*", Random House, 2005, pp.47-50
18) Max McCalman, David Gibbons, "*Cheese*", Random House, 2005,

(R)피노 누아, 시라, 시라/그르나슈 블렌드,
(Sparkling)샴페인 블랑 드 노아, 로제

- Berkswell : (W)게비르츠트라미너, 스패트라제, 리슬링 스패트레제
  (R)네비올로, 피노누아, 시라 블렌드, 산지오베제, 뗌프라니오
- Big Holmes : (W)리슬링, 소비뇽 블랑, 셰닝 블랑 등 여러 타입의 화이트
  (R)산지오베제, 메를로
- Bleu De Gex : (W)샤르도네, 셰닝 블랑
  (R)가메이, 메를로
- **브라(Bra)** : 레드와인에 좋으며, 특히 향이 깊은 것과 조화된다.
  (R)네비올로, 까베르네 소비뇽, Dolcetto d'Alba, 가메이

- **브리(Brie)** : (R)에르미따쥬
- Brin D'amour : 여러 타입과 고루 맞으나, 화이트와는 더 잘 조화된다.
  (W)샤르도네, 리슬링, 리슬링 아우스레제/
  스패트레제, 소비뇽 블랑
  (R)네비올로, 까베르네 소비뇽, 피노 누아,
- Cabrales : 디저트/포티파이드 와인 : 마데이라, 셰리, 스위트 와인
- Caerphilly : (W)샤르도네, 비오니에, 셰닝 블랑, 게뷔르츠트라미너/리슬링
  (R)시라, 피노 누아
- **까망베르(Camenbert)** : (W)샤르도네, (소비뇽 블랑만은 피할 것)
  (R)가메이, 까베르네 소비뇽, 피노누아, 산지오베제,
  뗌프라니오, 진판델

- **깡탈(Cantal)** : 테이블 와인과 잘 조화된다.
  (W)소비뇽 블랑
  (R)보졸레 가메이, 까베르네 소비뇽, 메를로, 피노누아
- Cardinal Sin : (W)스위트 와인 외에 여러 타입
  (R)가메이, 까리냥, 피노누아
- Cashel Blue : 디저트와인이나 샤르도네 품종의 와인에 좋다.
  (W)샤르도네, (R)피노누아
- Catahoula : (W)피노 블랑
- Chaource : (W)샤르도네, 피노 블랑
  (R)네비올로, 가메이, 메를로, 뗌프라니오 등 어떤 타입
  과도 잘 조화된다

- **체다(Cheddar)** : 많은 타입의 와인과 잘 조화되고 특히 프랑스나 미국
  의 피노누아와 좋다.
  (W)샤르도네, 게비르츠트라미너 스패트레제, 피노블
  랑 등 많은 타입

(R)네비올로, 까베르네 소비뇽 블렌드, 시라, 피노 누아
- Cheshire : (W)샤르도네, 무스카텔러 카비네트(독), 소비뇽 블랑
(R)가메이, 산지오베제
- Classic Blue : (R)산지오베제, 시라
- Coolea : 과일향이 나는 부드러운 화이트나 레드와 조화된다.
(W)알바리뇨, 셰닝 블랑
(R)시라/그르나슈/무르베드르 블렌드, 가메이, 피노누아/진판델, 시라즈,
- Coulommiers : (W)샤르도네, 소비뇽 블랑의 드라이 화이트
(R))피노누아, 까르메네르/메를로 블렌드, 부드러운 레드 와인
- Durrus : (W)게비르츠트라미너 스패트레제/리슬링 아우스레제, 셰닝 블랑
(R)네비올로, 가메이, 까베르네 소비뇽-메를로 블렌드
- **에멘탈**(Emmental) : 향이 풍부한 드라이 화이트, 시라즈

- Evora : (W)소비뇽 블랑, 소비뇽 블랑/세미용 블렌드
(R)말벡, 뗌프라니오/그르나슈 블렌드, 시라즈, 산지오
베제
- Flixer : (W)샤르도네, 게비르츠트라미너/리슬링, 피노 블랑, 소비
뇽 블랑
- Fougerus : (W)산지오베제, 소비뇽 블랑/세미용 블렌드, 피노블랑, 셰닝 블랑
(R)가메, 산지오베제, 메를로

- Gamonedo : (W)샤르도네
(R)가메이, 페리퀴타(Periquita : 포르투갈), 뗌프라니
오 블렌드
- **고르곤졸라**(Gorgonzola) : (R)까베르네. 디저트/포티파이드 와인
- **구다**(Gouda) : (W)샤르도네, 토카이 피노그리
(R)까베르네 소비뇽, 시라/그르나슈/무르베드르 블렌
드, 메를로

- Gruyère : (W)소비뇽 블랑, (S)샴페인 블랑 드 블랑, 블랑 드 노아
(R)시라/그르나슈 블렌드, 산지오베제, 시라즈, 진판델
- Gubbeen : (W)게비르츠트라미너 스패트레제, 리슬링, 셰닝 블랑
(R)코르나스(Cornas)
- **하바티**(Havarti) : (R)프레쉬 레드

- Ibores : (W)알바리뇨(Albariño), 샤르도네, 소비뇽 블랑
(R)네비올로, 피노 누아, 메를로, 시라/시라 블렌드
- Laguiole : (R)가메이, 피노 누아, 시라/시라 블렌드, 진판델
- Lancashire : (W)게비르츠트라미너 스패트레제, 리슬링 카비네트
(R)네비올로, 피노 누아, 시라/시라 블렌드, 까베르네 소비뇽
- Langres : (W)알바리뇨(Albariño), 소비뇽 블랑, 리슬링, (R)피노누아, 진판델

- Lavort : (W)소비뇽 블랑, (R)까베르네 소비뇽 블렌드, California 메를로
- Livarot : (W)게비르츠트라미너, 리슬링(카비네트/스패트레제/아우스레제)
  (R)가메이
- Mahón : (W)샤르도네
  (R)네비올로, 까베르네 소비뇽 블렌드, 뗌프라니오 블렌드
- Manchego : (R)가메이, 피노누아 등의 과일향의 레드와인
- maroilles : (W)게뷔르츠트라미너와 같은 스위트 화이트
  (R)그르나슈/시라/카리냥 블렌드, 진판델, 뗌프라니오 블렌드
- Mimolette : (R)카리냥, 말벡, 그리고 깔끔한 디저트 와인
- Montasio : 부드러운 레드에 적합하다.
  (W)게타리아코(Getariako Txakolina), 피노 블랑
  (R)네비올로, 까베르네 소비뇽 블렌드, 카리냥, 메를로
- Morbier : (R)피노 누아, 가르나차 블렌드)
- Le Moulis : (R)네비올로, 가메이, 까베르네 소비뇽, 피노 누아, 메를로/진판델
  뗌프라니오 블렌드
- Mozzarella : 신선한 디저트 와인, 스파클링, 가벼운 화이트와인
- Munster : (W)Alsace 게뷔르츠트라미너/피노블랑/리슬링, 리슬링
  (R)시라즈
- Nisa : (W)뮈스캣, 무스카텔러 카비넷
  (R)무르베드르/시라 블렌드, 말벡, 가메이, 피노 누아
- Pau : (W)셰닝 블랑, 세미용,
  (R)산지오베제/메를로 블렌드, 메를로/진판델
- 파마산(Parmesan) : 드라이한 보르도나 이탈리아 레드
- Pavé D'auge : (W)게비르츠트라미너, 리슬링, 샤르도네
  (R)까베르네 소비뇽 블렌드, 메를로, 산지오베제, 카호르(남 프랑스)
- Peñamellera : (W)소비뇽 블랑/세미용 블렌드, 샤르도네, 소비뇽 블랑
  (R)까베르네 소비뇽, 시라/ 그르나슈/무르베드르 블렌드, 진판델
  뗌프라니오/가르나차 블렌드
- Pérail : (W)비오니에, 샤르도네
  (R)까베르네 소비뇽, 카리냥, 까르메네르/메를로 블렌드, 가메이, 시라
- Piave : (W)리슬링 스패트레제
  (R)메를로/진판델, 마디란(madiran), 산지오베제-메를로 블렌드
- Pont L'évêque : (W)셰닝 블랑, (R)가메이
- Prättigauer : (W)리슬링, 리슬링 스패트레제
  (R)아그리아니코(Aglianico del Vulture), 메를로, 마디란(Madiran)
- Reblochon : (W)게비르츠트라미너/토카이 피노그리, 가메이, 리슬링 카비네트

(R)피노 누아, 진판델

- Red Hawk : (W)게비르츠트라미너, 소비뇽 블랑,
  (R)아그리아니코(Aglianico), 시라, 마디란(madiran)
- **로비올라(Robiola)** : 로비올라는 많은 종류로 나뉘어지는 치즈이다.
  (W)샤르도네, 소비뇽 블랑, 셰닝 블랑, 피노 블랑,
  (R)발폴리첼라, 발폴리첼라, Bandol(무르베드르/생소/그르나슈 블렌드)
  까베르네 소비뇽 블렌드, 뗌프라니오 블렌드
  Periquita(Portugal의 템프라니오/시라/메를로 블렌드)
  메를로, 피노누아, 소비뇽 블랑, 산지오베제

- Roncal : (W)알바리뇨(Albariño), 소비뇽 블랑
  (R)산지오베제, California 메를로/진판델, 뗌프라니오 블렌드
- Roomano : (R)까베르네 소비뇽, 카리냥, 시라 블렌드, 메를로/진판델
- **록포르(Roquefort)** : (W)토카이 피노그리, 소떼른 (R)진판델,

- Roucoulons : (W)독일 리슬링 카비네트
  (R)까베르네 소비뇽 블렌드
- Sbrinz : (W)샤르도네, 뿌이-퓌메 소비뇽 블랑, 리슬링 카비네트
  (R)바르베라 달바, 바롤로/바르바레스코, 네비올로
  까베르네 소비뇽-메를로 블렌드
- Serpa : (W)소비뇽 블랑
  (R)메를로, 그르나슈-시라 블렌드, 뗌프라니요 블렌드
- Spenwood : (W)게뷔르츠트라미너 스패트라제, 토카이 피노그리,
  부브레 데미-섹 셰닝 블랑
  (R)까베르네 소비뇽, 끼안티 클라시코, 산지오베제
  코르나스/지공다스/꼬트 로티/에르미따주/론 레드,
  피노누아

- **스틸턴(Stilton)** : 뽀르토, 마데이라와 같은 강화와인에 어울린다.
  (R)가메이, 진판델

- **탈레지오(Taleggio)** : 네비올로나 바르베라 품종으로 만든 이태리북부지방의 와인과 맞는다.
  (W)알자스 게뷔르츠트라미너/피노 그리지오, 샤르도네, 셰닝 블랑
  (R)바르베라 달바, 네비올로 베이스 와인(Barolo, Barbaresco)
- Tarentaise : 미디움-풀 바디의 과실향 레드에 가장 잘 어울린다.
  (R)시라즈, 시라/시라 그르나슈 블렌드, 메를로, 피노누아,
  슈퍼 투스칸 산지오베제 메를로 블렌드

- Taupinière : (W)샤르도네, 소비뇽 블랑
  (R)피노누아
- Ticklemore : 미디움 바디의 향이 강한 와인에 가장 잘 어울린다.
  (W)알바리뇨, 샤르도네, 리슬링 카비네트, 세미용/비오니에, 피노그리,
  (R)Amarone della Valpolicella, 까베르네 소비뇽
- Torta Del Casar : (W)셰닝 블랑
  (R)가메이, 피노누아, 까베르네 소비뇽-메를로 블렌드, 산지오베제, 시라
- Triple Crèmes : (W)샤르도네, 비오니에, 게뷔르츠트라미너/리슬링, 토카이 피노그리
  (R)가메이, 까베르네 소비뇽
- Tumalo Tomme : (W)셰닝 블랑, 피노블랑,
  (R)가메이, 메를로/진판델

3 치즈의 보관

3~5°의 냉장 보관이 이상적이다. 고온에서 보관하면 지방이 분리되고 산화되어 맛이 변한다. 그리고 0.5℃ 이하에서는 푸석푸석하게 된다. 자연 치즈는 젖산균이 그대로 살아있어 장기간 보관하면 숙성이 지나쳐 품질이 저하된다. 가공 치즈는 젖산균 살균으로 개봉하지 않으면 6개월 정도의 보존이 가능하다.

참고문헌

- 김기재, 김주희, 돈 카틀리, 김명진, "와인을 알면 비즈니스가 즐겁다", 세종서적, 2004.
- 김민환, 와인나라 출판부, "더 와인 가이드", 와인나라, 2003.
- 김종법, "이탈리아 포도주 이야기", 학민사, 2003.
- 김준철, "와인(Wine an Introduction)", 백산출판사, 2003.
- 김준철, "와인, 알고 마시면 두 배로 즐겁다", 세종서적, 2004.
- 김혁, "김혁의 프랑스 와인 기행", 세종서적, 2000.
- 배상면, 홍성천, "과실 및 약용식물을 이용한 가양주 만들기", 배상면연구소, 2004.
- 서한정 편역, 와인 에센셜 (Le Cordon Bleu Wine Essentiais). 아카데미북, 2004.
- 서한정, 김준철, 한관규, "웰빙 와인상식 50", 그랑벵 코리아, 2005.
- 손진호, "와인", 대원사, 2004.
- 원융희, "우리의 술 이야기", 백산출판사, 1999.
- 원융희, "와인의 세계", 보경문화사, 1997.
- 윤권상, "정통와인 만들기", 야스미디어, 2005.
- 이주호, "이제는 와인이 좋다", 바다출판사, 2000.
- 장인식, "음료 이야기", 기문사, 2005.
- 조현우, "포도재배", 농축산기술자원연구소, 1993.
- 조호철, "우리 술 빚기", 넥서스BOOKS, 2004.
- 지철호, "한국의 술, 반세기의 바가지", 백산출판사, 2004.
- 방진석, "항공사 와인서비스 품질 개선에 관한 연구(First Class 서비스 대상으로 연구)", 한국외식경영학회, Volume3.Number1, 2000. 8.

- Allain Gullino, 박혜영·송수미, "맛과 향", 영림카디날, 2003.
- Daniel Le Conte des Floris, Éric Riewer, Tamara Thorgevsky, Pirre-Émille Durand, 박찬규역, "와인", 창해ABC북, 2001.
- Hanazaki Kazuo, 류해인 역, '베스트 칵테일 142', 하서출판사, 1998.
- Hirokane Kenshi, 한복진·신현섭 역, "한손에 잡히는 WINE", Cookand (주)베스트홈, 2005.
- Hirokane Kenshi, 박현신 역, "한손에 잡히는 칵테일 & 위스키", Cookland (주)베스트홈, 2004.
- 장 루이 스파르몽. 장 클로드 콜랭. 크리스티앙 드글라, 김주경 역, "맥주", 창해 ABC 북, 2001.
- Jens Priewe, 이순주역, "WINE, 와인입문교실", 백산출판사, 2004.
- 村上龍, 권남희역, "와인 한잔의 진실", 창해, 1999.
- Oz Clark, 정수경역, "오즈 클라크의 와인 이야기", 푸른 길, 2005.
- Sylvie Girard-Lagorce, 최재호 역 "100 Vins de Légende", "Al Dente Books", 2008.
- 요안나 사이먼, 손진호·이은희역, "매혹적인 와인의 세계", 예경, 2004.
- 何滿子, 김하림·한종완 역, "중국의 술 문화", 에디터, 2004.

- Blom Philipp, "*The Wines of Austria*", Mitchell Beazley Classic Wine Library.
- Caldewey Jeffery, Chuck House, "*Icon-Art Of The Wine Label*", The Wine Appreciation Guild, 2003.
- Clarke Oz, "*Oz Clarke's Australian Wine Companion*", Harcourt Inc, 2004.
- Clarke Oz, Margaret Rand, "*Oz Clarke's Encyclopedia of Grapes*" Webster International Publishes, Harcourt Inc, 2001.
- Coates M.W Clive, "*Côte d'Or*", University of California Berkeley, 1997.
- Coates M.W Clive, "*The Wines Of Bordeaux*", University of California Berkeley, 2004.
- Cooper Michael, "*Wine Atlas of New Zealand*", Hodder Moa Beckett Publishers, 2002.
- D'Alessio Ornella, Marco Santini, "*Wine Country Europe*", Rizzoli International Publications, 2005.
- Doerper John, "*Oregon Wine Country*", Compass American Guides Fodor's Travel Publications, 2004.
- Doerper John, "*Washington Wine Country*", Compass American Guides Fodor's Travel Publications, 2004.
- Fielden Christopher, "*The Wines of Argentina, Chile and Latin America*", Faber and Faber, 2001.
- Frost Doug, "*On Wine, A Master Sommelier and Master of Wine Tells All*", Rizzoli International Publications, 2001.
- Godsmark Elizabeth, "*Controlling Liquor, Wine, & Beverage Costs*", Atlantic Publishing Group, 2003.
- Guy Patricia, "*Wines of Italy(il gusto italiano del vino)*", Tide-Mark Press, 2003.
- Hattox Ralphs, "*Coffee and Coffeehouses*", University of Washington Press, 1988.
- Hobly Stephen, "*A Traveller's Wine Guide to Italy*", Interlink Books, 2006.
- Howie Mildred, "*Sonoma Wine Tour*", The Wine Appreciation Guild, 2003.
- Jenkins Steven, "*Cheese Primer"*, Workman Publishing, 1996.
- Johnson Hugh, "*Tuscany and Its Wines*", Chronicle Books, 2005.
- Johnson Hugh, Fancis Robinson, "*The World Atlas of Wine*", Mitchell Beazley, 5th Edition, 2005.
- Joseph Robert, "*French Wine*s", DK Publishing Book, 1999.
- Juhlin Richard, "*4000 champagnes*", Flammarion, 2004.
- Lembeck Harriet, "*Grossman's Guide To Wines, Beers, & Spirits"*, Wiley Publishing, Inc, 7th Edition, 2006.
- MacNeil Karen, "*The Wine Bible*", Workman Publishing, 2001.
- Martin Don W., Betty Woo Martin, "*The Best of the Wine Countr*y", Discover Guide, 2005.
- Masui Kazuko and Tomoko Yamada, "*French Cheeses*", Dorling Kindersley, 2000.
- Matthews Sara, "*Chile-The Art of Wine*", Origo Ediciones, 2004.
- McCalman Max, David Gibbons, "*Cheese*", Clark Potter Publishers New York, 2005.
- McCarthy Ed, "*Champagne For Dummies*", IDG Books Worldwide, 1999.
- McCarthy Ed, Mary Ewing-Muligan, "*Wine for Dummies*", Wiley, 2003.
- McCarthy, Ed, Mary Ewing-Muligan, "*White Wine for Dummies*", IDG Books, 1997.
- McCarthy Ed, Mary Ewing-Muligan, "*Italian Wine for Dummies*", Hungry Minds, 2001.

- Melnik Peg, Tim Fish, "*The Napa & Sonoma Book*", The Countryman Press, 2005.
- Parker,Jr Robert M, "*Parker's Wine Buyer's Guide*", 5th Edition, by 1999.
- Parker,Jr Robert M, "*The World's Greatest Wine Estates-A Modern Perspective*", Simon & Schuster, 2005.
- Peynaud Emile, "*The Taste of Wine*", The Wine Appreciation Guild LTD, 1987.
- Phillips Rod, "*Ontario Wine Country*", Whitecap Books, 2006.
- Read Jan, "*Wines of Spain*", Octopus Publishing Group, 2005.
- Robinson Jancis, "*Jancis Robinson's Wine Course*", BBC. 1999.
- Saunders Peter, "*Wine Label Language*", Firefly Books, 2004.
- Schmid Albert, W.A "*The Hospitality Manager's Guide to Wines, Beers, and Sprits*", Pearson Prentice Hall, 2004.
- Schreiner John, "*British Columbia Wine Country*", Whitecap Books, 2004.
- Stevenson Tom, "*Tom Stevenson's Champagne & Sparkling wine Guide*" 4th Edition 2002.
- Stevenson Tom, "*The New Sotheby's Wine Encyclopedia*", A Dorling Kindersley Book, 3rd Edition, 2001.
- Stewart Kerry, "*A Traveller's Wine Guide to Germany*", Aurum Press, 1998.
- Sutcliffe Serena, "*The Wines of Burgundy*", Mitchell Beazley Wine Guide, Fully revised and updated by Neil Beckett. Revised Editions 2005.
- Touring Club of Italy, "*The Italian Wine Guide*", Touring Club Italiano, 2004.
- Walton Stuart, "*The New Encyclopedia of WINE*", Lorenz Books, 2005.
- Woods Simon, "*Understanding Wine Labels*", Octopus Publishing, 2004.
- Zraly Kevin, "*Windows On The World Complete Wine Course*", Sterling, 2006 Edition.

- Crea due eats, "ホントに おいしいワインの選び方", Bungeishunju, Winter 2005.
- 飛鳥出版, "世界のワイン&チ-ズ事典", 飛鳥出版社, 1993.
- 大塚謙一, 戸塚昭, 東條一元, 福西英三, 山本博, "ワインの事典", 柴田書店, 2003.
- 村上 龍, "村上龍 料理小説集", 講談社, 1998.
- Noda(野田) Hiroko, "ベスト ワイン", ナツメ社, 2006.
- Noda(野田) Hiroko, "ワイン ベスト セレクション300", 日本文藝社, 2002.
- 豊田眞維 外 世界が認めた 日本のワイン, リイド社, 2006(平成18).
- 淺田勝美, 21世紀のワイン, Bookman社, 2005.

INDEX

D